Let's talk about it

the legal practice and case analysis of GEM listing

说上就上

公司创业板上市法律实务和案例解析

毛　伟　张凌霄　罗纪钢　李　进　王朝勇　刘志民
汪祖伟　王宝林　刘宏辉　彭彦斌　孙　铭　雷敬云　/ 主编

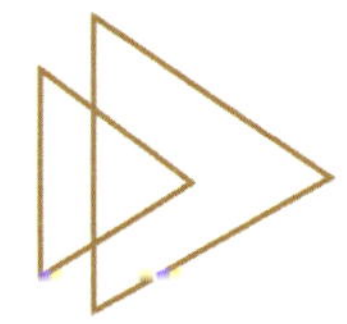

中国经济出版社
CHINA ECONOMIC PUBLISHING HOUSE

图书在版编目（CIP）数据

说上就上：公司创业板上市法律实务和案例解析 / 毛伟等著 . -- 北京：中国经济出版社，2019.5
ISBN 978-7-5136-5630-6

Ⅰ . ①说… Ⅱ . ①毛… Ⅲ . ①中小企业 - 股份有限公司 - 资本市场 - 法规 - 研究 - 中国 Ⅳ . ① D922.280.4
中国版本图书馆 CIP 数据核字（2019）第 068735 号

责任编辑 杨 莹
文字编辑 郑潇伟
责任印制 巢新强
封面设计 晨罡文化

出版发行 中国经济出版社
印 刷 者 北京柏力行彩印有限公司
经 销 者 各地新华书店
开 本 787mm × 1092mm 1/16
印 张 50.25
彩页印张 0.75
字 数 938 千字
版 次 2019 年 5 月第 1 版
印 次 2019 年 5 月第 1 次
定 价 198.00 元
广告经营许可证 京西工商广字第 8179 号

中国经济出版社 **网址** www.economyph.com **社址** 北京市西城区百万庄北街 3 号 **邮编** 100037
本版图书如存在印装质量问题，请与本社发行中心联系调换（联系电话：010-68330607）

编　委

王君秀　张　硕　李　浩　薛梦溪　王雨佳　邢战胜
闫　婷　陈　曦　李　勤　丁永聚　吴　静　王海龙
张立文　李宇航　胡　晓　马　磊　徐　霖　赵俊侠
李孟扬　常明理　王泽希　段帅广　冯子孑　王朝刚
高增涛　单子峰　刘清清　顾　乾　王浩德　曹　莹
李博文　黄志强　侯冰洁　李营营　段飞翔　刘绪光

作者简介

毛伟，律师、仲裁员。北京市京师律师事务所高级合伙人、资本市场部主任。最高人民法院国家责任研究基地研究员、中国政法大学法律硕士学院研究生兼职导师、中国人民大学虚假诉讼治理研究中心研究员、民盟北京市朝阳区教工委委员、中国—东盟法律合作(北京)中心理事、中国青年政治学院“一带一路”战略研究院高级顾问、北京市朝阳律协金融证券业务研究会委员。长期从事公司法律服务，业务专长为国企改革、企业境内外改制上市、私募及外商投融资、境内外并购重组、金融不良资产等法律服务领域，著有《保卫资本》《新三板操作实务及分析解读》《说赢就赢》《国有资产交易操作与法律实务》《说成就成》《最新H股香港上市法律实务和案例分析》等法律实务书籍。

张凌霄，律师、人民调解员。北京市京师律师事务所主任、创始人合伙人、“一带一路”法律事务部主任、慈善经济法律事务部主任，西藏自治区人民政府法律顾问，中国慈善联合会法律顾问，中国人民大学虚假诉讼治理研究中心研究员，国际公益学院公益网校特邀讲师，中国SOS儿童村协会监事会主席，北京市公益法律服务促进会副会长、理事，北京市公安局戒毒宣传大使，央视《今日说法》《我是大律师》《律师来了》栏目嘉宾，央视《热线12》《朝闻天下》《乡村法制剧场》栏目特约评论员。拥有十余年法律从业经验，专注于资本市场、公司股权纠纷、投融资、改制，重组、并购及争端解决、慈善经济法律事务，并致力于将京师打造成具有影响力的律师生态圈，著有《企业“新三板”市场融资实务操作实务指引(修订)》《说成就成：律师点评大要案》《国有资产交易操作与法律实务》《说上就上：151个案例实证解析新三板挂牌审核要点》。

罗纪钢，律师、仲裁员。北京市京师律师事务所高级合伙人。具有丰富的证券法律实践经验和深厚的金融证券理论功底，擅长于企业境内外上市及不良资产处置业务，解决过大量的企业资产重组、公司设立、公司治理、同业竞争、关联交易、土地、税收、环保、战略引资、知识产权、员工持股等疑难改制上市法律问题。著有《说上就上：151个案例实证解析新三板挂牌审核要点》《国有资产交易操作与法律实务》等法律实务书籍。

李进，律师。北京市京师律师事务所高级合伙人。拥有丰富的资本市场从业及民商事纠纷等各类诉讼经验。

业务专长：证券与资本市场，包括境内IPO、新三板挂牌、上市企业非公开发行、兼并与重组、尽职调查。诉讼领域专长于民、商事纠纷、知识产权侵权纠纷等。著有《说上就上：151个案例实证解析新三板挂牌审核要点》《国有资产交易操作与法律实务》。

王朝勇，律师、仲裁员。最高人民法院国家责任研究基地研究员、北京大学法学院法律硕士研究生兼职导师、清华大学法学院法律硕士专业学位研究生联合导师、中国政法大学法律硕士学院研究生兼职导师、中国人民大学虚假诉讼治理研究中心执行主任及研究员、北京市律师协会刑民交叉法律事务专业委员会委员。

刘志民，律师、仲裁员、研究员。北京市京师律师事务所总部投资合伙人，京师上海国际总部创始合伙人。中国东盟法律合作（北京）中心主任，中国人民大学虚假诉讼治理研究中心执行主任，中国政法大学法律硕士研究生院兼职导师，国际关系学院研究生实践导师，最高人民法院国家责任研究基地研究员，公安部公共安全行业标准起草工作组法律专家，人民日报海外版中国画强元课题法律顾问等。著有《保卫资本》《说赢就赢》《说成就成》《说过就过》《掘金之旅》《仲裁裁决被撤案例精析》《网络安全合规指引》以及文学专著《心灵漫步》等。评获 2016 年法制晚报法律大讲堂“魅力律师奖”，2017 年入选国家教育部“全国万名优秀创新创业导师人才库”，2018 年获北京市朝阳区律协党委“优秀共产党员”称号，获（2015—2018）北京市朝阳区律师行业贡献奖，2018 年入选中国改革开放四十周年《中国法律年鉴》年鉴人物优秀专业律师。

汪祖伟，律师、仲裁员。北京市京师律师所高级合伙人、业务指导委员会副主任，证券法律事务部主任、正和岛法律部落执委。在私募股权、企业改制上市及新三板、并购重组、发行债券等业务领域有丰富的项目经验和较高的专业水平，著有《国内创业板上市法律实务》《上市被否企业案例分析（2009年度）》《上市被否企业案例分析（2010—2011年度）》等专著。

王宝林，律师、仲裁员。最高人民法院国家责任研究基地研究员、中国政法大学法律硕士学院硕士生兼职导师、中国人民大学虚假诉讼治理研究中心研究员、中国—东盟法律合作（北京）中心理事，山西省律师协会副会长、山西宝翰律师事务所主任，大同市政协常委及其社会法制委员会副主任，中国北海国际仲裁院、太原仲裁委员会、大同仲裁委员会仲裁员。业务领域：主要为公司、民商、行政、仲裁法律事务，党政法律顾问。著有《说成就成——律师点评大要案》《说赢就赢》（续集）。担任《中学生法治教育读本》《说过就过》（2017版）、《说赢就赢——虚假诉讼案例指导》著作顾问。在《环球网》发表《借力“一带一路”打造历史文化名城——大同》《对接“一带一路”，俄罗斯开发远东的投资环境分析——以阿穆尔州为例》等。

刘宏辉，律师、仲裁员。北京市京师律师事务所创始合伙人、管委会委员、京师（杭州）律师事务所主任、京师全球资产配置中心主任、海南国际仲裁院仲裁员、北京市住房保障决策咨询专家组成员、中华全国律师协会宣传联络委员会委员、中国人民大学、最高人民法院国家责任研究基地研究员、美国 AKERMAN 律师事务所中国法顾问、首届北京市律师辩论赛优秀辩手、中央电视台大型政论片《法治中国》出镜律师代表、中央电视台《法律讲堂》节目主讲人、中央电视台《热线 12》《夜线》等节目特约评论员、北京电视台《法治中国 60 分》《第三调解室》等节目特约评论员律师、贵州卫视《现场》节目主持人。

彭彦斌，律师。北京市京师律师事务所高级合伙人，商事仲裁部主任。中央财经大学金融与证券犯罪研究所研究员，中国国际经济贸易仲裁委仲裁员、西安仲裁委仲裁员、北海仲裁委仲裁员，中国民主同盟盟员、法制工作委员会委员，北京市律师协会国际投资与贸易法律专业委员会副秘书长，中国佛教协会法律顾问。擅长各类商事仲裁，商事、民事诉讼；精通房地产、金融、投融资、股权类资本运作法律业务；熟悉国际、国内贸易业务及矿业、融资租赁法律业务。

孙铭，律师，最高人民法院国家责任研究基地研究员、中国政法大学法律硕士学院研究生兼职导师、中国人民大学虚假诉讼治理研究中心研究员，中国—东盟法律合作（北京）中心第一届理事会理事、中国—东盟法律合作（北京）中心企业投资与经济犯罪研究院研究员及专家委员会委员、中国青年政治学院“一带一路”战略研究院高级顾问、专家委员会委员。

雷敬云，北京市京师律师事务所国企部主任、高级合伙人，中国社会科学院研究生院法律系兼导师，京师律师学院讲师。主要从事国企改制、公司上市、企业并购和破产重整法律实务，熟悉国企改制、公司上市和企业并购重组相关法律、法规和政策规定，擅长改革方案及资产交易架构设计，具有丰富的国企改革、公司上市等法律实务操作经验。著有《国有资产交易操作与法律实务》（主编）、《说上就上：151 个案例实证解析新三板挂牌审核要点》（副主编）、《说赢就赢——虚假诉讼案例指导》等。

序

PREFACE

创业板从 1998 年的酝酿，到 2009 年的横空出世，成为了推动中国多层次资本市场体系的建设重要环节。创业板正式运行以来，截至 2018 年，创业板 IPO 企业的数量达七百余家，相较于整个 A 股上市企业的三千余家企业而言，创业板占据了四分之一的江山。十八大报告以及十八届三中全会通过的《中共中央关于全面深化改革若干重大问题的决定》对中国资本市场的建设提出了新要求，要求健全多层次资本市场体系，推行股票注册制改革，多渠道推动股权融资，发展并健全债券市场，同时，还鼓励金融创新，丰富金融市场层次和产品。创业板是健全多层次资本市场，对接新三板和 A 股上市公司的重要板块。创业板为上市企业从融资到发展，从产品到品牌提供了优质的渠道和服务，在一定程度上解决了高科技中小企业面临的紧迫现实问题。根据深圳证券交易所数据统计，截至 2018 年，创业板企业累计首发融资 3820 亿元，再融资 3253 亿元，创业板公司的单体融资能力远远超过其他板块的上市公司。

改革开放四十年来，在开放的大潮之下中国社会经历了历史的巨变，中国的经济获得了前所未有的增长和进步。在全球化浪潮和世界经济一体化的进程中，中国的经济获得了长足发展的机遇，与此同时，原有经济模式下的发展问题也逐步暴露，对中国经济的可持续发展造成不良影响。其中，企业融资贵、融资难的问题尤为突出。

资本运作是企业能够得以生存并持续发展的源泉，没有资本支持的创业无法实现技术向生产力的转化以及生产向市场的推动。中国的中小企业，尤其是其中的从事高科技业务的企业，具有较高的成长性，但往往成立时间较短且规模较小，没有资本的支持很难为计，更不用说发展了。中国的经济转型以及核心生产力的成长离不开中小企业，更离不开拥有高科技业务的企业，因此，解决中小企业融资难的问题很关键。当今，中国银行主导的间接融资占据主要地位，其自身具备的不稳定性、较高的成本以及对象的针对性等问题，越发突显。中国政府也逐步认识到这一问题的严重性，因此，通过国家政策、法律以及多层次资本市场建设等措施，扩大股权投资等直接融资的规模，并逐步减少银行主导的间接融资，利用资本逐步推动经济转型并走向大国崛起之路。

大鹏一日同风起，扶摇直上九万里！在新的经济形势和新的环境背景之下，中国资本市场的先驱们从1998年开始探索，2009年的正式成立创业板，再到如今的数以千亿的融资规模，为中小企业的融资之路、发展之路奠定了扎实的基础。与主板与中小板市场相比，创业板市场主要服务于自主创新企业及其他成长型创业企业，随着科技兴国战略的不断深化，不断踊跃申报的优秀中小企业和源源不绝的资金涌入创业板市场。创业的时代来临了，资本服务于实体的时代来临了！

在这种情况下，本书的作者根据企业首次公开发行股票并在创业板上市的法定条件，结合典型案例，对企业在创业板上市过程中需要注意的问题进行分析和说明。本书作为一本法律实务类书籍，本书的编辑者力图专业而不失通俗，在保留专业的法律规定、术语名词等一般读者较少接触的专业名词时结合编者的理解及实操经验，为读者呈现一个清晰明了、通俗易懂的画面。

众所周知，企业创业板上市不仅仅只依靠律师。在企业创业板上市的路途中凝聚了财务顾问、审计机构、评估机构以及律师等中介机构的辛勤劳动和智慧结晶。打铁还需自身硬，中介机构的一切努力都是以拟上市企业自身条件为基础，优秀的企业基础和明智的决策是不可或缺的。因此，企业一定要对自身有一个深入的了解，关注国家政策、行业动态、企业自身成长、盈利水平等因素的变化，选择恰当的时机，争取早日创业板上市。

本书的写作团队均为从事证券法律业务多年的律师，实务经验丰富，故在本书的编纂过程中将以实际案例为指导，以审核重要问题为导向，给予读者良好建议为发心。写作团队精选几十家成功上市的企业案例，以阅读、查阅和摘取数量巨大、内容繁多的公开披露文件为基础，以取其精华去其糟粕的精神为核心，通过点评、分析、提示重点为读者解惑。

总而言之，本书对于企业创业板上市感兴趣的相关人士有一定的参考价值，而且，对筹备创业板上市的企业的以及正在从事企业经营管理的决策者有一定的参考价值。以本书提及的重点问题为考量标准，通过与中介机构的充分沟通寻求解决途径，谋求企业早日创业板上市。

张凌霄
2019年3月

目录
CONTENTS

第一部分

第二部分

第一部分

第一章　创业板上市概述

第一节　创业板的设立

创业板又称第二板或第二板市场（Second-board Market），即第二股票交易市场，是相对于主板市场而言的，专为暂时无法在主板上市的创业型企业、中小企业和高科技产业企业等需要进行融资和发展的企业提供融资途径和成长空间的证券交易市场，是对主板市场的重要补充，在资本市场有着重要的位置。

创业板的概念于20世纪70年代初始于美国，即1971年2月8日成立的纳斯达克市场（NASDAQ）。随着纳斯达克市场的不断完善及其对企业创新和对中小企业发展的作用日渐显现，其他国家和地区开始纷纷仿效。至21世纪初，创业板市场已经在许多国家和地区得到完善，成为所在国家和地区资本市场的重要组成部分。

创业板市场在服务对象、上市标准、交易制度等方面均不同于主板市场。通常，世界各国的创业板市场主要以中小型高科技企业为服务对象，同时兼具资本市场的一般功能，既能为高科技企业的发展提供良好的市场环境，同时还能改善高科技企业的融资条件。创业板市场一般具有较为完善的退出机制，可以充分发挥优胜劣汰的功能，将不再具备发展前景的企业淘汰出局。相较于主板市场，创业板市场有以下五个主要特点：

第一，上市要求低。世界各个主要的创业板市场通常没有关于盈利状况的要求，其次没有对于净资产额的要求。之所以如此规定，一是因为创业板市场面向的是中小企业，看重的是企业的增长潜力，而不是现时的财务基础；二是知识经济形态的出现使对企业的衡量标准发生了根本性的变化，评价一个企业的最重要指标开始倾向于其拥有的人才和技术等，这些指标是现代投资者判断企业是否值得投资时的重要决策基础。

第二，服务于高成长的中小企业。创业板的主要目的是创造一个让从事创新性、有市场潜力的中小企业能够得到金融帮助的环境，这类高成长性公司在发展初期规模较小，在主板市场上很难上市。创业板将为创业基金提供良好的资金进入和退出通道，促使这些基金更乐于投资于高成长性的中小型公司。

第三，扶持高科技中小企业。创业板市场主要支持高科技企业，对技术含量较低的企业而言，即使具有很高的成长性，也很难被创业板市场接受，这也是创业板在各国设立的初衷。从世界上主要创业板市场已经上市的企业来看，这一特点非常明显。

第四，公司股份全部流通。在主板市场，公司的股份虽然可以依法转让，但发起人持有的公司股票，自公司成立之日起 3 年内不得转让。而创业板公司有关上市规则中规定，上市公司公开发行前的所有股东自公司股票上市之日起，1 年内不得出售其所持该公司股份[①]。这种规定有利于创业板市场的流动性，使市场更加活跃。

第五，比主板有更严格的信息披露要求。因为创业板市场上市条件较低，许多经营状况差强人意的中小企业很可能与优质企业资源并存，而且对高科技企业的评价相比传统产业而言更缺少客观性。因此，发行人充分披露信息，有利于投资者对企业做出客观的判断，有效地化解投资风险。

由于创业板市场具有上述明显的优点，设立创业板市场会对微观经济发展产生巨大的推动力，尤其是在我国大力发展创新型企业的背景下。第一，创业板市场的设立能激励和鼓励社会各界的创业精神和创业行为，为经济发展提供物质支持和技术基础。第二，创业板市场的设立能激励和鼓励创业投资。创业板给予了一个有效的市场定价机制和资本退出机制，可以激发投资者冒高风险进行创业的热情和勇气，促进商业性高新技术的开发、高新技术的产业化。第三，设立创业板市场还会对我国整个宏观经济运行产生有利的影响。创业板无论是从股票的发行上市制度、信息披露制度还是交易规则等都是完全按照市场机制来运行的，创业板市场的发展，有利于我国资本市场的规范和完善，从而影响整个资本市场的制度建设。然而，创业板市场在运行过程中由于市场的不确定性及监管部门管理经营不足等问题而存在着不容忽视的风险因素，需要加强管理和风险防范。

---

① 详见《深圳证券交易所创业板股票上市规则》。

第二节 我国创业板的历史

在我国，有两个上市交易场所可供企业选择，一个是上海证券交易所，一个是深圳证券交易所，两个交易所均属主板市场。特别强调一下，深圳中小企业板仍属于主板市场，其是在现行法律法规不变、发行上市标准以及上市规则完全不变的前提下，在深圳证券交易所设立的。之所以称其为中小企业板，并无具体法律释义，主要取决于在深圳上市企业的规模，包括企业本身规模和发行规模。

2004 年 5 月 17 日，深圳中小企业板经国务院同意、证监会批准在深交所设立。深圳中小企业板的设立，是分步推进我国创业板市场建设迈出的一个重要步骤。深圳中小企业板当时的设计主要考虑了以下四个方面：一是暂不降低发行上市标准，而是在主板发行上市的框架下设立中小板；二是在考虑企业高成长性和技术含量的同时，尽可能扩大行业的覆盖面；三是在现有的主板市场内设立中小板，可以依托主板市场形成初始规模，避免直接建立创业板市场初始规模过小带来的风险；四是在主板的制度和框架内相对独立运行，目的在于有针对性地解决市场监管的特殊性问题，初步推进制度创新，为建立创业板市场积累经验。

短短几年的发展，中小企业板就已初具规模，与此同时，为了更好地在全国开展中小企业的上市推广工作，深交所还设立了专门的上市推广部。可以说，深圳中小企业板已经为我国发展创业板市场奠定了坚实的基础。但是，深圳中小企业板毕竟不是创业板，我国仍需要多层次的资本市场以适应不同企业的多层次融资需求。尤其是随着科技型民营企业的迅速发展，以及我国建设创新型国家的需要，对于创业板市场的设立日益迫切。

事实上，早在 2001 年我国证券监管部门即已开始酝酿设立创业板的问题。当时即已将创业板定位是服务于高成长型企业，特别是自主创新企业。同时对保荐人制度也做适当调整，明确在推荐环节对公司是否具有高成长性专门进行尽职调查，在成长性和自主创新方面出具专门意见。持续督导期限主板是两年，创业板考虑是三年。设立创业板上市审核委员会，与主板的审核机制完全区分开来。信息披露方面以网站为主、报刊为辅，另外，专门增加板块风险提示的要求。财务指标为营业收入环比增幅不低于 30%，发行前净资产不低于 2000 万，发行后股本不低于 3000 万，没有无形资产不高于 30% 的要求，现金流要求亦有降低。主板上市要求主业突出，

但是允许有两个主业，而在创业板上市只能从事一种主业，控股股东单独审核确认招股说明书。募集资金使用方面只能用于主营业务，须限于固定资产投资，可以用于补充流动资金，比例没有规定。

鉴于上述原因，2008 年 3 月，证监会就为贯彻党的十七大提出的“提高自主创新能力，建设创新型国家”的精神，落实国务院建立多层次资本市场体系、优化资本市场结构的要求，制定了《关于〈首次公开发行股票并在创业板上市管理办法〉》（征求意见稿），并在该意见稿中说明，设立创业板市场，是落实自主创新国家战略和多渠道提高直接融资比重的重要举措。在中小板之外建立独立的创业板，有利于突出对高成长型创业企业的吸引力，实行更加适应创业企业投融资需求和风险管理要求的制度安排，形成创业板市场特色。创业板定位于服务成长型创业企业，重点支持具有自主创新能力的企业。此后，证监会于 2009 年 5 月 1 日正式发布了《首次公开发行股票并在创业板上市管理暂行办法》。该办法也基本囊括了 2001 年拟建立创业板的主旨和思路。2009 年 10 月 23 日，中国创业板举行开板启动仪式，数据显示，首批在创业板上市的企业共计 28 家。截至 2018 年 10 月 31 日，在创业板上市的企业已达 760 家。

第三节　我国创业板上市的基本条件

一、对于主体资格的要求

主体资格是指主体依照法律或专业规范应当具备的相应的资质。本处所指的主体资格，则是对拟在创业板发行股票的公司形式、注册资本、主营业务等方面的要求。根据《首次公开发行股票并在创业板上市管理暂行办法》（已在 2018 年进行修订）的规定，在创业板上市的公司形式必须是依法设立的股份有限公司，且必须持续经营三年以上。若为有限责任公司按原账面净资产值折股整体变更为股份有限公司的，持续经营时间可以从有限责任公司成立之日起算。这一点和主板上市的要求一致。

同时，拟在创业板发行股票的发行人的注册资本需已足额缴纳，发起人或者股东用作出资的资产的财产权转移手续已办理完毕，所有资产均已转至发行人名下。如各类产所有权证明、土地使用权证等应也已过户到发行人名下，确实成为发行人名下的资产，不能还在出资的股东名下。对上述出资方面的审查，必须要有验资报告，验资报告都要追究其是否真实合法。有些企业在成立时，股东的出资没有办理合法转移手续将出资转至企业名下，或者出资的验资报告存在不实情况，这些都会成为未来创业板上市的实质性障碍。

这些不仅是证监会对拟上市企业的要求，也是工商登记管理方面的法律法规的要求。此外，发行人的主要资产不能存在重大权属纠纷。因为主要资产，包括但不限于房产、土地、厂房、生产设备及知识产权等，是企业经营运转的基础、核心，是企业赖以生存的基本条件，如果存在重大权属纠纷，也即企业赖以生存的资产权属存在不确定性，必然会衍生各种纠纷，影响企业发展，因此，存在重大权属纠纷也不符合上市条件。

在主板上市，要求发行人最近三年内主营业务没有发生重大变更，创业板则要求发行人应当主营一种业务，且最近两年内主营业务没有重大变化。这主要是因为创业企业规模小，且处于成长发展阶段，如果业务范围分散，缺乏核心业务，既不利于有效控制风险，也不利于形成核心竞争力。因此，《管理办法》要求发行人集中有限的资源主要经营一种业务，并强调符合国家产业政策和环境保护政策。同时，要求募集资金只能用于发展主营业务。企业经营活动应当合法，这是所有经营企业的人士都了解的。但是要想在资本市场获得投资者认可，还应当符合更严格的要求，即经营活动不仅要合法，还要符合公司章程的规定。公司在经营活动中如果严重违反公司章程是会影响上市的，这些企业经营者应当高度重视。

在主板上市，要求发行人最近三年内主营业务和董事、高级管理人员均没有发生重大变化，实际控制人没有发生变更。而在创业板上市，对上述方面在时间上的要求减少了一年只要求在两年内未发生重大变化即可。这是考虑到在创业板上市的企业多数为成立时间不太长、规模较小且科技含量较高的实际情况而制定的。

在股权方面，在创业板上市要求发行人的股权清晰，控股股东和受控股股东、实际控制人支配的股东所持发行人的股份不存在重大权属纠纷。因此，并非发行人的任何股份存在权属纠纷都会影响上市。

二、独立性方面的要求

在独立性方面，对于创业板上市企业的要求与在主板上市要求基本一致，即“五独立”原则，就是发行人的资产独立（完整）、业务独立、人员独立、财务独立、机构设置独立。

所谓资产独立（完整）是指生产型企业应当具备与生产经营有关的生产系统、辅助生产系统及配套设施，合法拥有与生产经营有关的土地、厂房、机器设备以及商标、专利、非专利技术的所有权或者使用权，具有独立的原料采购和产品销售系统；非生产型企业应当具备与经营有关的业务体系及相关资产。当然，现有规则是允许企业以租赁的方式取得土地、厂房等生产条件、设备的使用权，但主要的生产设备不能租赁。

业务独立是指发行人的业务应当独立于控股股东、实际控制人及其控制的其他企业，与控股股东、实际控制人及其控制的其他企业间不得有同业竞争或者显失公平的关联交易。

人员独立是指发行人的总经理、副总经理、财务负责人和董事会秘书等高级管理人员不得在控股股东、实际控制人及其控制的其他企业中担任除董事、监事以外的其他职务，不得在控股股东、实际控制人及其控制的其他企业领薪；发行人的财务人员不得在控股股东、实际控制人及其控制的其他企业中兼职。

财务独立是指发行人应当建立独立的财务核算体系，能够独立作出财务决策，具有规范的财务会计制度和对分公司、子公司的财务管理制度；发行人不得与控股股东、实际控制人及其控制的其他企业共用银行账户。财务独立的限制很多，如与关联企业间的借款，就要对数额、用途及还款时间进行明确、控制。有些企业的运营资金是靠向大股东或关联企业借钱取得，这必然导致还款时，企业所剩资金不足以维持运营的隐患，故，财务不独立，会成为上市的障碍。

机构独立是指发行人应当建立健全内部经营管理机构，独立行使经营管理职权，与控股股东、实际控制人及其控制的其他企业间不得有机构混同的情形。机构独立，企业一定要有独立的股东大会、董事会、监事会、管理层。

业务的完整是指从原材料、生产环节、销售环节要形成一条完整的业务链；业务独立，则要求拟上市公司具有完整的业务体系和直接面向市场独立经营的能力。两者不可或缺。同时，发行人的业务还要求与控股股东、实际控制人及其控制的其他企业间不存在同业竞争，以及严重影响公司独立性或者显失公允的关联交易。

三、规范运行方面的要求

在规范运行方面，创业板上市要求发行人具有完善的公司治理结构，即能够依法建立健全股东大会、董事会、监事会以及独立董事、董事会秘书、审计委员会制度，相关机构和人员能够依法履行职责。在这方面，通常要做到能够依法召开“三会”，即股东大会、董事会和监事会。三会的运作是否正常、独立董事是否发挥应有的作用、内控是否严格。虽说在提交材料前，中介机构会帮助企业进行合法合规的梳理，但关键还是在平时运营中做到规范运作，毕竟“三会文件”的齐全和规范是发审委员们重点关注之一。

除上面提到的“三会”运行规范外，规范运行方面还有一个要求，即发行人应当具有严格的资金管理制度，不能存在资金被控股股东、实际控制人及其控制的其他企业以借款、代偿债务、代垫款项或者其他方式占用的情形。

对于发行人的规范运行，证监会对公司章程有着具体明确的规定，要求发行人的公司章程必须明确对外担保的审批权限及审议程序，不能存在违规为控股股东、实际控制人及其控制的其他企业进行担保的情形。也即，可以存在担保，但是必须合法、符合章程规定的条件以及履行必要的程序。

对于发行人的董事、监事和高级管理人员，证监会也提出了明确的要求，即要求上述人员了解公司上市发行股票的相关法律法规及规章制度，知悉上市公司及其董事、监事和高级管理人员的法定义务和责任。还应当忠实、勤勉，具备法律、行政法规和规章规定的资格，如根据《管理办法》第十九条，存在下列情形之一的，不得成为拟上市公司的董事、监事和高级管理人员：

（一）被中国证监会采取证券市场禁入措施尚在禁入期的；

（二）最近三年内受到中国证监会行政处罚，或者最近一年内受到证券交易所公开谴责的；

（三）因涉嫌犯罪被司法机关立案侦查或者涉嫌违法违规被中国证监会立案调查，尚未有明确结论意见的。

最后，需要特别强调，证监会针对规范运行的有关规定，不仅是对拟上市公司的行为的要求，还对发行人的大股东与实际控制人的行为也进行了一定程度的约束。如《管理办法》第二十条规定：“拟上市公司的控股股东、实际控制人最近三年内不存在损害投资者合法权益和社会公共利益的重大违法行为；控股股东、实际控制人最近不存在未经法定机关核准，擅自公开或者变相公开发行证券，或者有关违法行为虽然发生在三年前，但目前仍处于持续状态的情形”。如存在该种情况，则公司不具备上市条件。

四、财务与会计方面的要求

对于拟在创业板上市的公司，其上市条件相对于主板上市而言大大降低，而这种条件降低则主要体现在财务标准的要求上。根据《管理办法》第十一条第（二）（三）（四）项规定：“（二）最近两年连续盈利，最近两年净利润累计不少于一千万元；或者最近一年盈利，最近一年营业收入不少于五千万元；净利润以扣除非经常性损益前后孰低者为计算依据；（三）最近一期末净资产不少于二千万元，且不存在未弥补亏损；（四）发行后股本总额不少于三千万元”。从上述规定可以看出，创业板上市强调企业具备成长性，而对于持续盈利年限的要求放宽到了最低一年。

上述财务标准是量化的要求，在财务会计方面，还存在着一些非量化的要求。如要求拟上市公司的会计基础工作规范，财务报表的编制符合企业会计准则和相关会计制度的规定，在所有重大方面公允地反映了发行人的财务状况、经营成果和现金流量，并由具有证券从业资格的会计师事务所中执业的注册会计师出具无保留意见的审计报告。另外，还要求拟上市公司有效执行健全的内部控制制度，确保公司财务报告的可靠性、生产经营的合法性、营运的效率与效果。

五、募集资金运用方面的要求

拟上市公司募集资金的投向十分重要。对于上市后发行股票所募集资金的运用，要有明确的用途，创业板上市企业募集的资金必须用到主营业务上，不能用于财务投资，不能去做定向发行。现在要求募集资金要专户存储即放于董事会决定的专项账户。并由专门银行监督，不能大额、大量用于出售的金融资产。

募集资金的规模要与目前生产规模、技术水平、管理能力相适应。发审委员会也会就此进行重点关注，如果不相符，则很有可能不能成功登板。如东土科技，被否原因之一，就是募集资金数额和投资项目与公司现有生产经营规模、财务状况和管理能力等不相适应。同时，募集资金的投向还要符合国家的产业政策，要符合有关环保、土地等方面的法规，募集资金的投向不能产生同业竞争或严重的关联交易，否则会形成障碍。

募集资金的投向的可行性研究报告要客观可行，不能胡乱吹嘘。募集资金用得好不好，对公司未来的再融资起着决定性作用，因此，报告必须要结合实际、稳健。总之，募集资金应当按照证监会的要求用于主营业务，并有明确的用途。募集资金数额和投资项目应当与发行人现有的生产经营规模、财务状况、技术水平和管理能力等相适应。

六、创业板重点支持的企业

创业板是我国多层次资本市场的重要组成部分，但并非所有行业的企业达到上述各节要求的条件就能够在创业板上市。由于创业板的特殊性及其不同于主板的服务宗旨，事实上，在创业板上市还有一些软性条件，或者说政策性要求。具体来说，创业板重点支持六类企业[①]，其他行业的企业即使达到上述各节要求的条件，目前也

---

① 详见深交所副总经理陈鸿桥在 2008 中国（深圳）投资贸易洽谈会“中小企业与创投基金对接会”的讲话，中国证券报，2008.6.30。

不适合在创业板上市。

创业板重点支持的企业主要是新兴企业，包括新经济、“中国服务”“中国创造”、文化创意、现代农业、新商业模式六种模式的企业。

创业板关注的第一个模式是对于以互联网、移动通讯的增值服务为基础的新经济模式企业，包括如门户网站、网游、搜索、电子商务、移动增值服务、在线培训等形式。新经济模式不仅节约人力、空间，可以提高效率，降低能耗，还比较容易缩小和世界顶尖企业的距离，较快地产生世界级的企业。

创业板关注的第二个模式是具有“中国服务”概念的企业。中国服务将会与中国制造并驾齐驱。“中国服务”需要关注三个方面：一是商业连锁，如连锁经济型酒店和连锁中餐店，形成连锁和复制的形式，企业才有重新创造价值的能力，才可能成为世界级服务性企业；二是高技术和服务业的结合，比如现代物流业，电子化技术和传统货物运输结合，改造原有的物流状态；三是服务外包，包括 IT 服务外包、金融服务、配餐公司等。

创业板关注的第三个模式是具有“中国创造”概念的企业。“中国创造”即具有独特性、应用性、领先性、扩张性和持续性。不仅仅是技术创新，还有服务创新、商业模式创新、管理创新以及机制创新，还具有“三高两低”的特征，即研发投入的比例、研发人员的数量、无形资产占整个资产的比重要高于同行业；产值相比其他企业耗费低、污染低。要高度专业化、细分化，能够把一个技术领域、一个产品做到精深透彻，能够在关键领域、关键环节实现关键创新。

创业板关注的第四个模式是文化创意产业，这是创业板要实现突破的板块。众所周知，信息技术产业和文化产业将成为 21 世纪最具潜力的两大企业，文化创意产业在我国还属于没有充分被挖掘的产业。随着经济实力的增强，我国的教育培训、影视传播、动漫、工业设计等一些文化创意产业将会迅速崛起，创业板将在资本层面予以支持。

创业板关注的第五个模式是现代农业。现代农业应具有四个特点：注重科学技术的应用；注重现代工业化的生产流水线，标准化生产方法的应用；注重现代服务业的品牌管理；注重不可复制性。现代农业的实质是把简单的、粗放的农业化的生产，变成一种融合现代工业化和现代服务业的产业链条，提高附加值。

创业板关注的第六个模式是具有新商业模式的企业。商业模式的概念创新应该贯穿于制造业、现代服务业、现代农业等各种业态和产业领域当中，商业模式创新就是在传统经营和现有基础上创造新的盈利方式，开辟新的利润空间。如制造业与创意产业的结合，品牌的虚拟经营、化废为宝、特种水泥等新兴产业。

除上述创业板支持的六种模式外，2013年7月1日，证监会还作出了《关于进一步做好创业板推荐工作的指引》，其中明确说明，创业板看重的是符合国家战略性新兴产业发展方向的企业，特别是新能源、新材料、信息、生物与新医药、节能环保、航空航天、海洋、先进制造、高技术服务等领域的企业，以及其他领域中具有自主创新能力、成长性强的企业。可以看出，证监会对拟在创业板上市的企业在技术和业务模式方面是否具有突出的自主创新能力、关键的核心技术、突出的研发优势、是否有利于促进产业结构调整和技术升级、企业创新的业务模式以及市场开拓能力是否够强非常重视。

第四节　我国创业板上市的审核重点

一、审核的基本理念及原则

（一）基本理念

证监会在《关于进一步做好创业板推荐工作的指引》中，特别强调了重点支持的企业类型为符合国家战略性新兴产业发展方向的企业，特别是新能源、新材料、信息、生物与新医药、节能环保、航空航天、海洋、先进制造、高技术服务等领域的企业，以及其他领域中具有自主创新能力、成长性强的企业。同时，对纺织、服装；电力、煤气及水的生产供应等公用事业；房地产开发与经营、土木工程建筑；交通运输；酒类、食品、饮料；金融；一般性服务业；国家产业政策明确抑制的产能过剩和重复建设的行业，持审慎论证的态度，要说明企业在技术和业务模式方面是否具有突出的自主创新能力，是否有利于促进产业结构的调整和技术升级。因此，对拟在创业板上市的企业，想要审核过程保持流畅的前提之一，就是拟上市主体要尽量为国家鼓励在创业板上市的企业。

（二）基本原则及重点

目前，创业板的审核基本上本着合规性审核为本，信息披露为核心，风险发现为重点的原则对拟上市企业进行审核。审核的重点为下述内容：

1. 对主体资格的审核。其中具体关注点及对应关注内容如下：

（1）对拟发行人的成立是否取得了前置批准程序；设立的方式是发起设立还是整体变更，运行期限是否合规要进行详细说明。

（2）对出资合法合规性的审核。这里要明确出资的方式、内容是否符合公司法的规定，如用于出资的资产是否可以估值及转让；是否存有发行人用债权进行出资的情形，如有，则要详细说明，债权的权利人是否为发行人，若存在用第三方债权出资的情形，务必注意并进行清理；然后要叙述，发行人的债权是否真实。

（3）注册资本。要说明注册资本是否已足额缴纳；发起人或股东用作出资的资产的财产权转移手续是否已经办理完毕，发行人的主要资产是否存在重大权属纠纷。

（4）主要资产。此处要详细说明拟发行人的经营基础涉及的核心资产是否存在重大权属纠纷；生产经营用土地、房屋建筑物的取得程序是否有瑕疵，权属是否存在问题；生产的核心技术是否存在纠纷，如股东以技术出资的，该出资是否涉及职务成果所有权的问题。

（5）发起人和股东。关注发起人和股东的资格问题，并要求说明股东人数，人数标准根据规定，以200人为界；其中，股东是否包含私募基金、合伙企业或内部职工股问题，如因此情形导致人数超过200人，则需要着手清理。

（6）股权清晰。关注控股股东或受控股股东控制的股份是否在重大权属纠纷，因为涉及发行人股权的稳定性，因此，若有纠纷，则需及时处理。同时，拟发行人的股东中，是否涉及国有股，如涉及国有股，则需要重点就股份设置批复、股份转让、国有股转持等情况进行详细披露，在申报之前必须要明确历次国有股变动都要有批复文件，转让程序不存在瑕疵。即便存在豁免情形也需要有豁免文件。

如涉及集体股份，则要重点说明集体股份的形成、转让、退出是否履行了集体决策的程序；集体股份无偿给自然人的，需要披露省级人民政府作出的确认意见。

若存在股份代持行为，上市之前必须解除，虽然公司法解释中对代持行为是认可的，但证监会相关规定则不承认代持行为。

其他还有突击入股、股权激励、股份锁定的内容，也应根据规定全面披露及说明。

（7）经营业务、管理层、实际控制人具有稳定性：考察期及业务的相关规定，可阅览本书关于相关问题的说明，这里着重强调一下对实际控制人的认定问题，对于实际控制人的认定还是需要结合发行人的实际情况，从公司的历史沿革、历次决策等来判断，充分合理地进行分析和说明。

2. 对经营的审核。其中具体关注点及对应关注内容如下：

（1）要求拟发行人的经营业务类型不能过于分散，确保主营业务突出，主要经营一种业务。

（2）要确保经营项目合法合规，且符合国家产业政策和环保政策。详尽披露拟发行人的经营资质，确保齐备、有效，若有效期将至，须及时处理；对于拟发行人是否属于限制发展的行业、重污染行业（冶金、化工、石化、煤炭、水电、建材、造纸、酿造、制药、发酵、纺织、制革、采矿业），需要严格审核，确保已取得省级环保部门或国家环保部门出具的文件。

3. 对“独立性”的披露、审核也是常规重点内容之一，具体内容请参考本书第二章第三节。

4. 对公司的治理和规范运行的审核。其中具体关注点及对应关注内容如下：

须保证拟发行人不存在资金占用和违规担保，若原来存在不规范状况，需及时清理确保无碍。需要注意的是，对于资金占用的行为，审核中是全面关注的，即使在中介机构进场后发生大规模的资金占用，审核时也依然会关注。即便存在的是程序合规的担保，也要关注被担保人的经营情况和偿债能力，如果被担保方经营能力不行，那对发行人也会有影响。

确保控股股东和实际控制人不存在重大违法行为，考察期为三十六个月。对此，主板和创业板的规定是一致的。

最后，要密切关注拟发行人依法缴纳社保及住房公积金的情况，审核时，对此处也是细致入微。

5. 募集资金运用。对于募集资金的运用，最大的关注点就是能否与生产经营相匹配。此点前面内容也强调过。若发现存在大规模扩张产能的情况时，则需要及时了解扩张的规模能否被产能所消化。

6. 具有持续盈利能力和经营能力。此处主要关注的是核心技术对发行人的影响以及创造的盈利能力，详细说明专利与发行人业务的具体关系，确保两者密不可分。

第五节　创业板企业上市业务流程

一、设立股份公司

《公开发行股票并在创业板上市管理暂行办法》规定，上市企业应当是股份有限公司并存续三年以上，有限责任公司以账面原净资产折股改制的可以连续计算。因此，企业申请发行股票并在创业板上市，必须先发起设立股份公司。设立方式有三种，一是新设设立，即 2 个以上发起人出资新设立一家股份公司。二是改制设立，即企业将原有的全部或部分资产经评估或确认后作为原投资者出资而设立股份公司，原公司通常注销。三是有限责任公司整体变更为股份有限公司。

通常情况下，中介机构在该阶段会初步审查或预估企业是否符合创业板上市条件。根据《公开发行股票并在创业板上市管理暂行办法》的规定，企业在创业板上市应当符合下列二十二个条件：

（一）发行人是依法设立且持续经营三年以上的股份有限公司。

有限责任公司按原账面净资产值折股整体变更为股份有限公司的，持续经营时间可以从有限责任公司成立之日起计算。

（二）最近两年连续盈利，最近两年净利润累计不少于一千万元，且持续增长；或者最近一年盈利，且净利润不少于五百万元，最近一年营业收入不少于五千万元，最近两年营业收入增长率均不低于百分之三十。净利润以扣除非经常性损益前后孰低者为计算依据。

（三）最近一期末净资产不少于两千万元，且不存在未弥补亏损。

（四）发行后股本总额不少于三千万元。

（五）发行人的注册资本已足额缴纳，发起人或者股东用作出资的资产的财产权转移手续已办理完毕。发行人的主要资产不存在重大权属纠纷。

（六）发行人应当主要经营一种业务，其生产经营活动符合法律、行政法规和公司章程的规定，符合国家产业政策及环境保护政策。

（七）发行人最近两年内主营业务和董事、高级管理人员均没有发生重大变化，实际控制人没有发生变更。

（八）发行人应当具有持续盈利能力，不存在下列情形：

（1）发行人的经营模式、产品或服务的品种结构已经或者将发生重大变化，并对发行人的持续盈利能力构成重大不利影响；

（2）发行人的行业地位或发行人所处行业的经营环境已经或者将发生重大变化，并对发行人的持续盈利能力构成重大不利影响；

（3）发行人在用的商标、专利、专有技术、特许经营权等重要资产或者技术的取得或者使用存在重大不利变化的风险；

（4）发行人最近一年的营业收入或净利润对关联方或者有重大不确定性的客户存在重大依赖；

（5）发行人最近一年的净利润主要来自合并财务报表范围以外的投资收益；

（6）其他可能对发行人持续盈利能力构成重大不利影响的情形。

（九）发行人依法纳税，享受的各项税收优惠符合相关法律法规的规定。发行人的经营成果对税收优惠不存在严重依赖。

（十）发行人不存在重大偿债风险，不存在影响持续经营的担保、诉讼以及仲裁等重大或有事项。

（十一）发行人的股权清晰，控股股东和受控股股东、实际控制人支配的股东所持发行人的股份不存在重大权属纠纷。

（十二）发行人资产完整，业务及人员、财务、机构独立，具有完整的业务体系和直接面向市场独立经营的能力。与控股股东、实际控制人及其控制的其他企业间不存在同业竞争，以及严重影响公司独立性或者显失公允的关联交易。

（十三）发行人具有完善的公司治理结构，依法建立健全股东大会、董事会、监事会以及独立董事、董事会秘书、审计委员会制度，相关机构和人员能够依法履行职责。

（十四）发行人会计基础工作规范，财务报表的编制符合企业会计准则和相关会计制度的规定，在所有重大方面公允地反映了发行人的财务状况、经营成果和现金流量，并由注册会计师出具无保留意见的审计报告。

（十五）发行人内部控制制度健全且被有效执行，能够合理保证公司财务报告的可靠性、生产经营的合法性、营运的效率与效果，并由注册会计师出具无保留结论的内部控制鉴证报告。

（十六）发行人具有严格的资金管理制度，不存在资金被控股股东、实际控制人及其控制的其他企业以借款、代偿债务、代垫款项或者其他方式占用的情形。

（十七）发行人的公司章程已明确对外担保的审批权限和审议程序，不存在为控股股东、实际控制人及其控制的其他企业进行违规担保的情形。

（十八）发行人的董事、监事和高级管理人员了解股票发行上市相关法律法规，知悉上市公司及其董事、监事和高级管理人员的法定义务和责任。

（十九）发行人的董事、监事和高级管理人员应当忠实、勤勉，具备法律、行政法规和规章规定的资格，且不存在下列情形：

（1）被中国证监会采取证券市场禁入措施尚在禁入期的；

（2）最近三年内受到中国证监会行政处罚，或者最近一年内受到证券交易所公开谴责的；

（3）因涉嫌犯罪被司法机关立案侦查或者涉嫌违法违规被中国证监会立案调查，尚未有明确结论意见的。

（二十）发行人及其控股股东、实际控制人最近三年内不存在损害投资者合法权益和社会公共利益的重大违法行为。

发行人及其控股股东、实际控制人最近三年内不存在未经法定机关核准，擅自公开或者变相公开发行证券，或者有关违法行为虽然发生在三年前，但目前仍处于持续状态的情形。

（二十一）发行人募集资金应当用于主营业务，并有明确的用途。募集资金数额和投资项目应当与发行人现有生产经营规模、财务状况、技术水平和管理能力等相适应。

（二十二）发行人应当建立募集资金专项存储制度，募集资金应当存放于董事会决定的专项账户。

二、辅导

股份公司成立后，即可以聘请辅导机构进行辅导。创业板上市的辅导目前还没有出台专门规定，在此之前，沿用2001年10月16日证监会发布的《首次公开发行股票辅导工作办法》，该办法规定的辅导程序主要是：

（1）聘请具有保荐资格的证券经营机构以及其他经有关部门认定的机构；

（2）与辅导机构签署辅导协议，由辅导机构到股份公司所在地的证监局办理辅导备案登记手续；

（3）辅导机构针对公司存在的问题提出整改建议，督促公司完成整改；

（4）辅导机构对接受辅导的人员进行至少1次的书面考试；

（5）向公司住所地证监局提交辅导评估申请；

（6）证监局验收，出具辅导监管报告报证监会备案。

根据《首次公开发行股票辅导工作办法》，上市辅导的主要内容是：

（1）督促股份公司董事、监事、高级管理人员、持有5%以上（含5%）股份的股东（或其法定代表人）进行全面的法规知识学习或培训；

（2）督促股份公司按照有关规定初步建立符合现代企业制度要求的公司治理基础；

（3）核查股份公司在设立、改制重组、股权设置和转让、增资扩股、资产评估、资本验证等方面是否合法、有效，产权关系是否明晰，股权结构是否符合有关规定；

（4）督促股份公司实现独立运营，做到业务、资产、人员、财务、机构独立完整，主营业务突出，形成核心竞争力；

（5）督促股份公司规范与控股股东及其他关联方的关系；

（6）督促股份公司建立和完善规范的内部决策和控制制度，形成有效的财务、投资以及内部约束和激励制度；

（7）督促股份公司建立健全公司财务会计管理体系，杜绝会计造假；

（8）督促股份公司形成明确的业务发展目标和未来发展计划，制定可行的募股资金投向及其他投资项目的规划；

（9）对股份公司是否达到发行上市条件进行综合评估，协助开展首次公开发行股票的准备工作。

三、制作股票发行申请文件

本部分工作包括律师和会计师分别着手开展核查验证和审计工作，与保荐机构共同制定初步发行方案，明确股票发行规模、发行价格、发行方式、募集资金投资项目及滚存利润的分配方式，并形成相关文件以供股东大会审议。对募集资金投资项目的可行性进行评估，并出具募集资金可行性研究报告；需要相关部门批准的募集资金投资项目，取得有关部门的批文。对于需要环保部门出具环保证明的设备、生产线等，应组织专门人员向环保部门申请环保测试，并获得环保部门出具的相关证明文件。整理公司近三年的纳税申报表，并向税务部门申请出具公司最近三年是否存在税收违规的证明。

上述工作完成后即可以制作股票发行申请文件，根据证监会的规范性要求，股票发行申请文件主要包括以下内容：

（1）招股说明书及摘要；

（2）最近三年审计报告及财务报告；

（3）股票发行方案与发行公告；

（4）保荐机构向证监会推荐公司发行股票的函；

（5）保荐机构关于公司申请文件的核查意见；

（6）辅导机构报证监局备案的《股票发行上市辅导汇总报告》；

（7）律师事务所的法律意见书和律师工作报告；

（8）企业申请发行股票的报告；

（9）企业发行股票授权董事会处理有关事宜的股东大会决议；

（10）本次募集资金运用方案及股东大会的决议；

（11）募集资金投向的可行性研究报告；

（12）有权部门对固定资产投资项目建议书的批准文件（如需要立项批文）；

（13）股份公司设立的相关文件；

（14）其他相关文件，如同业竞争情况的说明、重大关联交易的说明、业务及募股投向符合环境保护要求的说明、原始财务报告及与申报财务报告的差异比较表及注册会计师对差异情况出具的意见、历次资产评估报告、历次验资报告、关于纳税情况的说明及注册会计师出具的鉴证意见等、大股东或控股股东最近一年又一期的原始财务报告。

四、股票发行审核

1. 受理申请文件。申报文件要求齐全和形式合规；审计资料最后审计日在三个月内。

2. 初审。具体包括发行部静默审核申报材料、发行部提出反馈意见、发行人及中介机构落实反馈意见、发行部审核反馈意见落实情况、发行部形成初审报告。在此过程中，证监会还就公司募股投向是否符合国家产业政策征求国家发展和改革委员会的意见。

3. 发行审核委员会审核。证监会发行部初审完毕后，将初审报告和申请文件提交专门成立的创业板发行审核委员会工作会议（以下简称“发审会”）审核。7名委员进行充分讨论后，以记名投票方式对股票发行申请进行表决，同意票数达到5票为通过。

4. 核准发行。依据发审会的审核意见，证监会对发行人的发行申请作出核准或不予核准的决定。予以核准的，出具核准公开发行的文件。不予核准的，出具书面意见，说明不予核准的理由。证监会应当自受理申请文件之日起3个月内作出决定。

在审核过程中收到的举报信必须处理完毕，方能提请发审会讨论发行申请；在发审会后收到的举报信，必须处理完毕后，方可核准发行。

五、股票发行与上市

股票发行工作主要包括下列步骤：

（1）刊登招股说明书摘要及发行公告；

（2）发行人通过互联网采用网上直播方式进行发行路演（也可辅以现场推介）；

（3）投资者通过各证券营业部申购新股；

（4）深圳证券交易所向投资者的有效申购进行配号，将配号结果传输给各证券营业部；

（5）证券营业部向投资者公布配号结果；

（6）承销商在公证机关监督下组织摇号抽签；

（7）承销商在中国证监会指定媒体上公布中签结果，证券营业部张贴中签结果公告；

（8）各证券营业部向中签投资者收取新股认购款；

（9）中国证券登记结算公司深圳分公司进行清算交割和股东登记，并将募集资金划入承销商指定账户；

（10）承销商将募集资金划入发行人指定账户；

（11）发行人聘请会计师事务所进行验资。

以上工作完成后即进入最后的股票上市阶段，该阶段主要工作包括：发行人提出股票代码与股票简称的申请，报深交所核定。发行人股票发行完毕后，应向深交所上市委员会提出上市申请。证券交易所上市委员会在受到上市申请文件并审查完毕后，发出上市通知书。发行人在收到上市通知后，应当与深交所签订上市协议书，以明确相互间的权利和义务。发行人在股票挂牌前3个工作日内，将上市公告书刊登在中国证监会指定报纸上。申请上市的股票将根据深交所安排和上市公告书披露的上市日期挂牌交易。一般要求，股票发行后7个交易日内挂牌上市。

第六节　创业板股票发行流程

一、市值配售方式股票发行流程

1. T–4日（T日为新股申购日，下同）。

（1）保荐机构（承销商）按发行申请文件清单的要求向深交所发审监管部提供发行申请文件；

（2）保荐机构（承销商）从深交所发审监管部领取《市值配售新股发行划款通知》《股票上市与登记申报表》一式三份及电子表格，并组织发行人填写；

（3）保荐机构（承销商）联系证监会指定信息披露报刊（以下简称“指定报刊”），确定招股说明书摘要及路演公告的刊登事宜；

（4）保荐机构（承销商）联系巨潮网站，确定招股说明书全文、路演公告等相关文件网上披露事宜。

2. T–3日。

（1）招股说明书摘要及路演公告见报；

（2）招股说明书全文及路演公告于上午10：00前在巨潮网站披露；

（3）保荐机构（主承销商）联系指定报刊，确定发行公告刊登事宜（注：发行公告需深交所发审监管部审核后方可联系指定报刊刊登）；

（4）保荐机构（承销商）联系巨潮网站，确定发行公告网上披露事宜。

3. T–2 日。

（1）发行公告见报；

（2）发行公告于上午 10：00 前在巨潮网站披露。

4. T 日。

（1）保荐机构（承销商）下午 16：30 到深交所发审监管部领取新股发行的初步结果；

（2）保荐机构（承销商）准备新股申购情况及中签率公告并联系指定报刊次日刊登；

（3）保荐机构（承销商）联系摇号机构，准备 T+1 日的摇号事宜。

5. T+1 日。

（1）新股二级市场配售投资者新股申购情况及中签率公告见报；

（2）保荐机构（承销商）上午主持摇号仪式；

（3）保荐机构（承销商）将配售摇号结果在上午 11：00 前送深交所发审监管部；

（4）保荐机构（承销商）准备中签摇号结果公告，并联系指定报刊在次日刊登。

6. T+2 日。

摇号中签结果公告见报。

7. T+3 日。

（1）中签投资者缴款或放弃认购；

（2）保荐机构（承销商）15：30 前将《市值配售新股发行划款通知》交中国结算深圳分公司资金交收部。

8. T+4 日。

（1）中国结算深圳分公司资金交收部将扣除相关费用后的募集资金划至保荐机构（承销商）结算备付金账户；

（2）保荐机构（承销商）到中国结算深圳分公司资金交收部领取新股发行认购情况说明。

9. T+5 日以后。

（1）保荐机构（承销商）将募集资金划入发行人指定账户，发行人请会计师事务所验资并出具验资报告；

（2）保荐机构（承销商）到中国证券登记结算公司深圳分公司登记存管部领取网上发行股份的股东名册；

（3）保荐机构（承销商）协助发行人尽快到中国证券登记结算公司深圳分公司登记存管部办理股份登记等事宜；

（4）保荐机构（承销商）协助发行人尽快办理工商登记变更手续；

（5）保荐机构（承销商）协助发行人准备好上市申请材料，做好上市准备。

二、上网定价方式股票发行流程

1. T–4 日（T 日为新股申购日，下同）。

（1）保荐机构（承销商）按发行申请文件清单的要求向深交所发审监管部提供发行申请文件；

（2）保荐机构（承销商）从深交所发审监管部领取《新股发行划款通知》《股票上市与登记申报表》一式三份及电子表格，并组织发行人填写；

（3）保荐机构（承销商）联系证监会指定信息披露报刊（以下简称“指定报刊”），确定招股说明书摘要刊登事宜；

（4）保荐机构（承销商）联系巨潮网站，确定招股说明书全文等相关文件网上披露事宜。

2. T–3 日。

（1）招股说明书摘要见报；

（2）保荐机构（承销商）联系指定报刊，确定发行公告的刊登事宜（注：发行公告需深交所发审监管部审核后方可联系指定报刊刊登）；

（3）保荐机构（承销商）联系巨潮网站，确定发行公告等相关文件网上披露事宜。

3. T–2 日。

（1）发行公告见报；

（2）发行公告等相关文件于上午 10：00 前在巨潮网站披露。

4. T 日。

（1）上网定价发行；

（2）16：00 后，保荐机构（承销商）到深交所发审监管部领取新股发行初步结果。

5. T+1 日。

（1）中国结算深圳分公司资金交收部冻结实际到账的有效申购资金；

（2）保荐机构（承销商）联系摇号机构，准备 T+3 日的摇号事宜。

6. T+2 日。

（1）16：00，保荐机构（承销商）到深交所发审监管部领取新股定价发行结果；

（2）17：00，保荐机构（承销商）将《新股发行划款通知》交中国结算深圳分公司资金交收部，中国证券登记结算公司深圳分公司组织保荐机构（承销商）及会计师事务所进行验资；

（3）保荐机构（承销商）准备新股定价发行结果公告，并联系指定报刊准备在次日刊登公告。

7. T+3 日。

（1）新股定价发行中签率公告见报；

（2）保荐机构（承销商）主持摇号仪式；

（3）保荐机构（承销商）上午 11：30 前将中签号码表交深交所发审监管部；

（4）保荐机构（承销商）准备摇号结果公告，并联系指定报刊在次日刊登。

8. T+4 日。

（1）中签摇号结果见报；

（2）中国证券登记结算公司深圳分公司资金交收部解冻实际有效的申购资金并将募集资金扣除相关费用后划至保荐机构（承销商）的结算备付金账户；

（3）保荐机构（承销商）到中国证券登记结算公司深圳分公司资金交收部领取新股发行认购情况说明。

注：在新股发行季度结息日的下一个工作日，中国证券登记结算公司深圳分公司资金交收部将该只新股的冻结资金利息计入保荐机构（承销商）的结算备付金账户中。

9. T+5 日以后。

（1）保荐机构（承销商）将募集资金划入发行人指定账户，发行人请会计师事务所验资并出具验资报告；

（2）保荐机构（承销商）到中国证券登记结算公司深圳分公司登记存管部领取网上发行股份的股东名册；

（3）保荐机构（承销商）协助发行人尽快到中国证券登记结算公司深圳分公司登记存管部办理股份登记等事宜；

（4）保荐机构（承销商）协助发行人尽快办理工商登记变更手续；

（5）保荐机构（承销商）协助发行人准备好上市申请材料，做好上市准备。

三、上网询价方式股票发行流程

1. T–4 日（T 日为新股申购日，下同）。

（1）保荐机构（承销商）按发行申请文件清单的要求向深交所发审监管部提供

发行申请文件；

（2）保荐机构（承销商）从深交所发审监管部领取《新股发行划款通知》《股票上市与登记申报表》一式三份及电子表格，并组织发行人填写。

2. T–3 日。

（1）保荐机构（承销商）联系证监会指定信息披露报刊（以下简称“指定报刊”），确定招股说明书摘要、发行公告和路演公告的刊登事宜（注：发行公告需深交所发审监管部审核后方可联系指定报刊刊登）；

（2）保荐机构（承销商）联系巨潮网站，确定招股说明书全文、发行公告、路演公告等相关文件网上披露事宜。

3. T–2 日。

（1）招股说明书摘要、发行公告及路演公告见报；

（2）招股说明书、发行公告、路演公告等相关文件于上午 10：00 前在巨潮网站披露。

4. T 日。

（1）上网询价发行；

（2）16：00，保荐机构（承销商）到深交所发审监管部领取初步申购数据盘及新股发行初步结果。

5. T+1 日。

中国证券登记结算公司深圳分公司资金交收部冻结实际到账的有效申购资金。

6. T+2 日。

（1）16：00，保荐机构（承销商）到深交所发审监管部领取询价结果数据盘及询价发行申购结果；

（2）17：00，保荐机构（承销商）将《新股发行划款通知》交中国证券登记结算公司深圳分公司资金交收部；中国证券登记结算公司深圳分公司资金交收部组织保荐机构（承销商）及会计师事务所进行验资。

7. T+3 日。

（1）保荐机构（承销商）9：30 前向深交所发审监管部报送发行价格、配售比例等发行数据；

（2）保荐机构（承销商）准备发行申购情况公告，并联系指定报刊在次日刊登。

8. T+4 日。

（1）发行申购情况公告见报；

（2）中国证券登记结算公司深圳分公司资金交收部解冻实际有效的申购资金并

将募集资金扣除相关费用后划至保荐机构（承销商）的结算备付金账户；

（3）保荐机构（承销商）到中国证券登记结算公司深圳分公司资金交收部领取新股发行认购情况说明。

注：在新股发行季度结息日的下一个工作日，中国证券登记结算公司深圳分公司将该只新股的冻结资金利息计入保荐机构（承销商）的结算备付金账户中。

9. T+5 日以后。

（1）保荐机构（承销商）尽快将募集资金划入发行人指定账户，发行人请会计师事务所验资并出具验资报告；

（2）保荐机构（承销商）尽快到中国结算深圳分公司登记存管部领取网上发行股份的股东名册；

（3）保荐机构（承销商）协助发行人尽快到中国结算深圳分公司登记存管部办理股份登记等事宜；

（4）保荐机构（承销商）协助发行人尽快办理工商登记变更手续；

（5）保荐机构（承销商）协助发行人准备好上市申请材料，做好上市准备。

第七节 创业板股票发行上市所需要的申请文件

一、股票发行申请文件

（1）中国证监会“证监发行字”核准批文（原件及复印件，原件核对后退回发行人）；

（2）经中国证监会核准的发行申报文件（必须保证与证监会的最后定稿一致，包括招股说明书全文文本及备查文件）；

（3）路演公告（公司盖章）；

（4）股票发行公告［保荐机构（承销商）盖章］；

（5）以上三个文件的电子文件电子文件以电子邮件的形式发至 fsjgb@szse.cn）及电子文件与书面文件一致的证明文件（承诺内容需包括电子文件与证监会的最后定稿一致的保证］；

（6）股票发行基本情况表［格式由深圳证券交易所提供，保荐机构（承销商）盖章］；

（7）行业分类情况表［格式由深圳证券交易所提供，保荐机构（承销商）盖章］；

（8）股票发行申请［公司和保荐机构（承销商）盖章］；

（9）保荐机构（承销商）经办人员的身份证复印件［保荐机构（承销商）盖章］、保荐机构（承销商）授权委托书及保荐机构（承销商）法定代表人身份证明书；

（10）发行人办理公司发行事宜经办人员的身份证复印件（发行人盖章）、公司授权委托书及公司法定代表人身份证明书。

二、股票上市申请文件

（1）经中国证监会核准的发行申报文件（必须保证与证监会的最后定稿一致）；

（2）董事会关于申请上市的决议（复印件，加盖董事会公章）；

（3）上市申请书（原件）；

（4）保荐机构出具的上市推荐书（原件，需附保荐协议原件）；

（5）具有执行证券、期货相关业务资格的会计师事务所出具的公司全部资本的验资报告（包括实物资产所有权已转移至上市公司的证明文件原件）；

（6）股票发行后按规定需新增的财务资料和有关重大事项的说明文件原件；

（7）历次股东大会重要决议（如发行申报文件中已包括股东大会决议，此处只需提供股票发行核准后新的股东大会决议）；

（8）股票发行后公司变更工商登记后的营业执照复印件及工商登记机关的证明文件（如公司在办理上市申请时尚未完成工商登记的变更，则公司需出具办理工商登记变更的承诺书）；

（9）公司盖章上市公告书；

（10）公司拟聘任或已聘任的公司董事会秘书人选及证券事务代表的资料。发行人已聘任董事会秘书和证券事务代表的，在提供以下材料的同时应提供董事会聘任书，公司拟聘任董事会秘书和证券事务代表的，应同时提供包括被推荐人符合《深圳证券交易所股票上市规则》任职资格的说明、职务、工作表现及个人品德等内容的董事会推荐书：

① 个人简历、学历证明（复印件，学历证明需公司盖章）；

② 联系方式，至少应包括办公电话、住宅电话、移动电话、传真、通信地址及专用电子邮件信箱地址，董事会秘书应当保证深圳证券交易所可以随时与其联系；

③ 董事会秘书资格证书（复印件，公司盖章）；

（11）证券事务代表的授权委托书；

（12）公司法定代表人身份证明书；

（13）公司董事、监事和高级管理人员持股情况的报告（公司盖章）；

（14）董事（监事、高级管理人员）声明及承诺书（空白文本由深圳证券交易所提供）；

（15）公司盖章的公司章程；

（16）股票上市与登记申报表（表格由深圳证券交易所提供）；

（17）第一大股东一年内或更长期限不转让其持有的发行人股份，也不要求或接受上市公司回购其持有的股份的承诺函原件；

（18）路演电子文件（报送经公司盖章的光盘，并将电子文件以电子邮件形式发至 fsjgb@szse.cn）；

（19）公司全部股票已经中国证券登记结算有限责任公司深圳分公司托管的证明文件；

（20）保荐机构和相关保荐代表人已经中国证监会注册登记并列入保荐机构和保荐代表人名单的证明文件和授权委托书；

（21）深圳证券交易所要求的其他文件。

第二章　创业板上市的中介机构

企业改制上市是一项复杂的系统工程，需要不同的专业机构和专业人员共同配合才能完成。根据监管机构的要求，完成一个企业的改制发行上市，必不可少的机构有三个：一是保荐机构，即通常所说的券商；二是律师事务所；三是会计师事务所。如果发行人的资产中包含国有资产，则必须经过资产评估，则资产评估机构也称为必不可少的中介机构；即使是纯粹的民营企业上市，如果需要评估，也应当聘请具有证券从业资格的评估机构，包括资产评估机构和土地评估机构。有时企业在改制上市的前期也可能聘请单独的财务顾问，由于券商一般可以承担此工作，通常在改制上市过程中再单独聘请财务顾问的不常见。

第一节　保荐机构

一、保荐机构（主承销商）的主要工作

保荐机构即通常所说的证券公司或叫券商，但是必须另外具有证监会授予的股票发行上市的报检资格。保荐机构是企业改制上市的总协调人，对企业改制上市出现的所有问题均负有责任。

保荐机构（主承销商）的主要职责和工作如下：

（1）改制重组阶段负责改制重组的全面协调工作；

（2）制定改制上市的方案及时间表；

（3）按照证监会的规定对发行人进行辅导；

（4）与企业共同编制招股说明书；

（5）制作申报文件，出具保荐意见；

（6）对申报材料进行内核，并出具内核意见；

（7）在证监会审核过程中，对审核部门的反馈意见进行汇总，组织企业和各中介机构出具专项意见，就其中的重大事项、经营状况、经营业绩、重大关联交易等发表意见；

（8）与企业确定发行方式、发行方案；出具定价分析报告，与企业确定发行价格；

（9）负责证券发行的主承销工作，组织承销团，确定销售计划；

（10）在发行人证券上市后，保荐机构应当持续督导发行人履行规范运作、信守承诺、信息披露义务。

二、如何选择保荐机构

证监会对保荐机构实行从业资格管理，这里包含两层含义：一是对证券公司，要求公司至少有三名保荐代表人，才可能被授予保荐资格；二是对从业人员的资格管理，即保荐代表人制度。通过证监会组织的保荐代表人资格考试并至少在一个证券项目（不限于首次发行上市）上签字的人员才可能被授予保荐代表人资格。企业在选择保荐机构时，不仅应考虑保荐机构的经验，更应考察项目负责人的经验和沟通协调能力以及敬业精神，尤其应该考虑保荐机构对本企业改制上市项目的重视程度，如是否派保荐代表人始终到现场工作等，不应一味地追求保荐机构的规模和名气。保荐机构和保荐代表人名单可以从中国证监会网站上查询。

第二节　会计师事务所

一、会计师事务所的主要工作

从事股票上市工作的会计师事务所同样实行从业资格管理，企业改制上市的审计工作必须由具有证券从业资格的会计师事务所承担。会计师的主要工作如下：

（1）审验企业账目；

（2）提供财务咨询；

（3）对有问题的出资进行复核；

（4）从财务角度论证改制、重组方案的合理性；

（5）纠正企业的会计违规；

（6）在发行上市阶段，出具发行人三年（加一期）的审计报告；

（7）对发行人三年一期的原始财务报告和申报财务报告的差异比较出具意见；

（8）对公司出具盈利预测报告；

（9）对公司的内控制度及风险管理系统的完整性、合理性、有效性进行评价；

（10）对公司在报告期内的资产减值准备计提政策的稳健性和公允性，并对公司是否已经足额计提资产减值准备、是否影响发行人的持续经营能力发表意见；

（11）对申报材料中，审计机构对证监会提出的反馈意见中的审计、财务问题出具意见；

（12）对发审委审核后是否存在重大事项出具意见；

（13）如需要，则对募集资金的到账情况出具验资报告。

二、如何选择会计师事务所和会计师

企业在选择会计师事务所和会计师时，不仅应考虑会计师事务所的项目经验，更应当考察项目负责人的经验和沟通协调能力。具有证券从业资格的会计师事务所名单可以从中国证监会网站上查询。

第三节　律师事务所

一、律师的主要工作

律师事务所是企业改制上市必须聘请的中介机构，律师的主要工作如下：

（1）协助保荐机构设计改制重组方案；

（2）协助拟上市企业规范设立股份公司，起草相关文件，如发行人协议，公司章程，“三会制度”等；

（3）在改制上市的不同阶段出具各类法律意见书；

（4）出具律师工作报告；

（5）制作律师工作底稿；

（6）对有关申请文件提供鉴证意见；

（7）对企业改制上市涉及的法律问题进行审查并提出改正意见。

二、如何选择律师

选择改制上市的律师事务所和律师，应主要考虑以下因素：

（1）律师所和律师的专业性。2002 年 11 月 1 日《中国证监会、司法部关于取消律师及律师事务所从事证券法律业务资格审批的通告》取消了证券律师确认资格制度，使得任何一个取得律师执业证书的人都能从事证券法律业务。但是改制上市可以说是非常复杂的系统工程，对律师的知识结构和执业水平不同于一般传统业务。它要求律师不仅要具备扎实的法律功底，还需要具备其他必要的基础知识，如财务会计、金融证券等。企业应注重考察律师的专业经验和知识背景，同时应注重考查律师所的综合实力和专业实力。

（2）沟通协调能力。这里面包含两方面的内容，一是律师与中介机构的协调沟通能力，二是律师事务所及律师与证监会、发改委等相关机构的沟通渠道要畅通。沟通能力就像是润滑剂，沟通能力强可以使项目运转更顺畅，无形中为企业节省时间和花费。

（3）现场工作团队。除了律师事务所的规模、经验外，还要考察本项目律师现场工作团队的经验、水平，注重考察主办律师和参与律师的经验、水平、敬业精神、时间的保证等因素，尤其注意签约律师是否能够始终到场工作。

第四节　其他中介机构

一、资产评估机构

证监会对资产评估机构从事证券业务亦实行从业资格管理。资产评估机构在涉及国有控股或参股企业上市中是必不可少的，至于民营企业在改制重组阶段往往也需要对公司的资产进行评估。资产评估工作通常是由具有证券从业资格的资产评估机构承担，资产评估具有严格的程序，整个过程一般包括申请立项、资产清查、评定估算和出具评估报告。

资产评估师的主要工作如下：

（1）在改制重组阶段，根据资产重组的范围和改制上市方案出具资产评估报告；如涉及国有资产，应报国资监管部门备案；

（2）对企业历史上出资涉及的资产评估瑕疵进行复核；

（3）除有限公司整体变更为股份公司、按照审计的净资产 1∶1 折股的以外，在资产评估后协助企业按照资产评估的结果建账；

（4）在申报过程中，对有关资产评估问题出具专项意见。

企业在选择资产评估机构时，不仅应考虑资产评估机构的项目经验，更应当考察项目负责人的项目经验和沟通协调能力。

二、土地评估机构

土地使用权的评估不同于其他资产的评估，需要由专门的具有土地评估资质的评估机构进行评估。企业在改制时如涉及土地使用权出资，往往需要对公司的土地使用权进行评估。土地使用权的评估具有严格的程序，整个过程一般包括申请立项、资产清查、评定估算和出具评估报告。

土地评估师的主要职责和工作如下：

（1）根据改制、重组方案，制定土地处置方案，并协助企业报国土部门审批；

（2）根据改制、重组方案，对有关土地进行评估，出具土地估价报告；

（3）在申报过程中，对有关土地评估问题出具专业的意见；

（4）对于募集资金收购或股份公司重组涉及土地收购问题，应单独出具土地评估报告。

对土地评估机构的选择与对资产评估机构的标注类似，应从其是否具有相应的评估资质及项目经验来考虑。

第三章　律师的主要工作——核查和验证

改制上市是一项复杂的系统工作，需要专业的中介机构来进行，在这其中律师的工作是必不可少的一个环节。创业板上市降低的是企业的上市标准，律师的工作环节与主板上市并没有减少，工作要求也没有降低。由于律师素质参差不齐，与证券市场发展的需求尚有较大的差距，证监会会同司法部曾于1993年开始对律师、律师事务所从事证券法律业务实行资格管理，即设置了证券专业律师考试。2002年11月1日，《国务院关于取消第一批行政审批项目的决定》（国发〔2002〕24号）取消了从事证券法律业务律师资格确认和律师事务所资格确认两项行政许可项目。在取消证券法律业务资格审批后，为防止出现管理脱节，证监会会同司法部于2007年3月9日联合发布第41号令，出台《律师事务所从事证券法律业务管理办法》（以下简称“《证券法律业务管理办法》”），并于2007年5月1日开始实施，《中国证券监督管理委员会关于加强律师从事证券法律业务管理的通知》（证监法字〔1998〕1号）同时废止。《证券法律业务管理办法》对律师事务所及其律师从事证券法律业务提出了比较细致、严格的要求，并规定了律师事务所及其经办律师相应的法律责任。此外，为了规范法律意见书和律师工作报告的制作，证监会在2001年即发布了《公开发行证券公司信息披露的编报规则第12号——公开发行证券的法律意见书和律师工作报告》，详细规定了法律意见书的具体标准和内容，律师应根据该规则制作法律意见书和律师工作报告。

本章和第四、第五、第六章内容主要围绕《证券法律业务管理办法》和《公开发行证券公司信息披露的编报规则第12号——公开发行证券的法律意见书和律师工作报告》阐述律师在企业改制与发行上市过程中的法律工作内容。

第一节　律师在改制上市各个阶段的核查和验证工作

核查和验证是律师办理企业改制上市项目的必备工作，基础工作，几乎贯穿企业改制上市工作的始终，也是出具法律意见书和律师工作报告不可或缺的工作程序。在律师办理证券法律业务的整个过程中，核查和验证工作的工作量占全部工作量的一半以上。核查和验证工作的细致与否，直接关系到律师办理证券法律业务的工作质量，关乎到律师和律师所可能承担风险和责任，因此，律师应高度重视核查和验证工作，在办理证券法律业务时应当投入足够的时间和精力进行核查和验证。

《证券法律业务管理办法》第十二条规定，律师事务所及其指派的律师从事证券法律业务，应当按照依法制定的业务规则，勤勉尽责，审慎履行核查和验证义务。律师进行核查和验证，可以采用面谈、书面审查、实地调查、查询和函证、计算、复核等方法。《证券法律业务管理办法》第十三条规定，律师事务所及其指派的律师从事证券法律业务，应当依法对所依据的文件资料内容的真实性、准确性、完整性进行核查和验证；在进行核查和验证前，应当编制核查和验证计划，明确需要核查和验证的事项，并根据业务的进展情况，对其予以适当调整。

第二节　核查和验证的方法

一、面谈

面谈主要是指律师在核查和验证的过程中，与公司的董事、监事、经理等高层管理人员，以及业务人员，如营销、财务、技术、管理、法律等相关人员进行面对面交流、沟通和了解。核查和验证中的面谈方式主要适用于没有文件资料佐证的，或者虽有文件资料，但需要对这些文件资料进一步审核查验的情况。找企业的管理层或其业务人员面谈，要制作谈话记录，由谈话的双方在谈话记录上签字，以示对谈话内容的确认。

二、书面审查

书面审查主要是按照律师提供的资料清单从公司收集文件资料，律师在收集文件资料时应当遵循以下要求：

（1）要求企业披露与发行上市有关的重要事实并提供相关法律文件，包括原件、传真件、复印件、副本和节录本；

（2）应当收集文件资料的原件，如果收集原件确有困难，可以复制或收集副本、节录本。对复制件、副本和节录本等应当由企业或文件提供人在文件上签字、加盖公章或以其他方式加以确认，以证明与原件或正本相一致；

（3）对于重要而又缺少相关资料支持的事实，应当取得企业对该事实的书面确认，律师还应当在法律意见书中作出相应说明；

（4）对于需要进行公证、见证的法律文件，应当及时通知企业办理。

三、实地调查

实地调查就是对企业进行实地走访，查看企业相关项目的厂房设备、办公场地，以确认或证明其确实存在。对于实地考察，要做好调查记录及拍照或录像留档。对于有些企业的房产和土地没有相应的权证的情况，律师有时甚至需要实地丈量计算以验证是否与企业提供的资料相符合。

四、查询和函证

律师在办理证券法律业务的过程中，会遇到有些事实没有文件资料的情况，或在核查和验证中发现其他对证券业务有影响的问题，经企业说明、解释后，仍然不能确定的，律师应当从完成委托事项实际需要、维护委托方合法权益并减少执业风险出发，到有关部门去进行核查验证。通常，律师应当到相关工商登记部门查阅、复制企业的工商登记资料，对相关方进行函证。如果律师对必须核实的事项进行了核实，确实有证据证明律师履行了勤勉尽责的义务，其当时得出的结论虽与后来查明的事实有出入，律师也可以免责。找相关方面核对事实，应当制作调查笔录，由调查人和被调查人在笔录上签名，以示双方对调查笔录内容的确认。

五、复核

企业改制与上市时间周期很长，有时长达数年。期间企业的人员、资产、股权、业务都会不断发生发展，这就要求律师根据需要对已经核查和验证过的有关情况和材料进行复核，以免发生披露、发表法律意见等内容不符合客观的实际情况。

律师在核查和验证工作中应当注意与企业和其他中介机构的配合，这样不仅可以减少自己的不必要的工作，也可以减少企业的重复工作。例如有些资料是律师、会计师和保荐机构都需要的，应当事前与其他中介机构沟通好，避免企业一遍一遍地重复复印等。以上介绍的方法是《证券法律业务管理办法》列举的一些核查和验证方法，除此以外，律师可以根据实际情况采用行之有效的其他方法进行核查和验证，以达到工作目的。

需要注意的是，律师在核查验证过程中应随时警惕自身的执业风险。如发现委托人提供的材料有虚假记载、误导性陈述、重大遗漏，或者委托人有重大违法行为的，应当要求委托人纠正、补充；委托人拒不纠正、补充的，律师可以拒绝继续接受委托，同时应当按照规定向有关方面履行报告义务。

第三节 核查和验证的主要原则

根据《证券法律业务管理办法》的规定，可以把律师验证和核查的原则归纳为以下几种：

1. 计划性

《证券法律业务管理办法》规定，在进行核查和验证前，应当制定核查和验证计划，明确需要核查和验证的事项，并根据业务的进展情况，对其予以适当调整。因此，律师在进行核查和验证工作时，应当严格按照《证券法律业务管理办法》的要求制定核查和验证的计划，这样做也是为了使核查和验证工作更加严谨，避免遗漏对与证券业务有关的事实的调查。计划性原则也是《证券法律业务管理办法》的强制性要求，如果违反，中国证监会及其派出机构可以对相关的律师、律师事务所采取责令改正、监管谈话、出具警示函等措施。

2. 独立性

独立性是律师工作的灵魂所在，这里所说的独立性有两层含义，一是独立于委托人即拟上市企业，二是独立于其他中介机构。虽然律师受企业委托办理业务，企业是客户，是“上帝”，但是律师并不从属于委托人，而是独立从事证券法律业务，不受委托人意志左右，其地位和意见是独立的。这种独立性要求律师在办理证券法律业务时，对于已勤勉尽责仍不能发表肯定性意见的事项，应发表保留意见，并说明相应的理由及其对发行上市的影响程度。律师进行核查和验证时同样也不受其他中介机构的干预，实践中尤其注意不要受保荐机构的影响而丧失自己的独立判断。

3. 客观性

律师在办理证券业务过程中应时刻注意保持客观性，避免任何主观随意性的判断。律师要根据改制发行上市的要求，在核查和验证的过程中，一切尊重客观事实，实事求是地从与业务相关的客观存在的事实材料出发进行核查和验证工作，而不能从任何假想、臆想出发进行核查和验证，否则将无法保证核查和验证的客观性。

4. 全面性

律师在办理证券业务过程中所涉及的法律知识面非常广，需要核查和验证的内容也非常广泛，律师要对发行上市所涉及到的各方面或各细节进行调查，把应该收集的所有与发行上市法律业务各方面相关的文件资料和事实都要收集到，以免以偏概全出现重大遗漏，从而既误导投资者也给自己和律师所带来执业风险。

第四节 律师调查清单

律师在尽职调查阶段进行核查和验证工作通常要向企业提交一份较为详细的调查清单，该调查清单通常以律师将来出具法律意见书和律师工作报告所涉及的内容为依据编制，通过完整收集调查清单上的资料能够比较详细地了解企业的历史沿革和现状。但是此时的调查清单并不是最终的，律师还会根据初步调查结果及不同企业的特殊情况提供补充调查清单。通常调查清单包括以下内容：

1. 拟上市企业主体资格方面的资料

（1）企业历史沿革方面的资料；历史沿革方面要追溯到最初的出资者，包括历次产权变更情况，股权变化和重大资产重组情况。要把企业从开业到目前的上述所有的工商登记资料复印并加盖工商部门的查询专用印章；

（2）企业的营业执照正、副本、组织机构代码证、地税登记证、国税登记证；

（3）各类特许经营权证书，如进出口企业资格等证书；

（4）企业现行组织机构文件。

2. 拟上市企业全体股东的主体资格方面资料

企业全体股东的主体资格方面资料，包括历史沿革方面的资料，重点调查其主要股东（占5%股权以上的股东）的主体资格、历史沿革、业务和资产情况。调查控股股东一直要追溯到实际控制人。如股东为自然人，应提交身份证，国内住所证明等。

3. 拟上市企业财务方面的材料

（1）企业近三年的资产负债表；

（2）企业近三年的利润表及利润分配表；

（3）企业近三年的现金流量表；

（4）企业适用的各种税种、税率的说明；

（5）企业享受的各种税收优惠和补贴的有关文件和说明。

4. 企业资产方面的材料

（1）企业所有或使用的土地使用权、房产证书及情况说明；

（2）企业拥有的专利、商标、专有技术等权利证书或有权使用依据，公司自主研发的主要技术成果；

（3）有价证券（股票和债券）、合资或合作权益、融资租赁和经营租赁合同；

（4）车辆、主要机器设备等；

（5）其他资产文件及证明。

5. 关联关系方面的资料

（1）企业与控股股东、实际控制人及其控制的其他企业之间有关资产、财务方面的协议和原材料供应、产品生产、销售及日常经营业务所签订的合同；

（2）企业与控股股东、实际控制人及其参股的其他企业之间有关资产、财务方面的协议和原材料供应、产品生产、销售及日常经营业务所签订的合同；

（3）企业与本企业董事、监事以及经理等高管人员及其关系密切的亲属之间有关资产、财务方面的协议和原材料供应、产品生产、销售及日常经营业务所签订的合同，向本企业董事、监事以及经理等高管人员支付的重大报酬及补贴、退休或养老金计划等；

（4）企业将来可能产生的其他关联交易的关联方及关联关系的说明。

6. 拟上市企业尚未履行完毕的重大合同、在建工程、债权债务

（1）尚未履行完毕的重大合同通常是指金额在100万元（根据拟上市企业的规模该金额可能会增加）以上的原材料供应合同、产品销售合同、生产设备购买合同、货物运输合同、基建合同、抵押等担保合同、工程承包合同、进出口合同、保险合同、代理合同、租赁合同以及其他重大合同，以及虽然金额不大甚至没有金额但是对企业有较大影响的合同，如有关知识产权的合同；

（2）在建工程从可研报告、立项开始的有关政府部门的批文；

（3）因租赁、借贷、担保、抵押、设质等形式形成的债权债务关系；

（4）因环保、知识产权、产品质量、劳动安全、人身权等原因产生的侵权之债。

7. 拟上市企业额有关贷款文件

（1）经担保或互保类的贷款合同；

（2）未经担保的贷款合同；

（3）还贷情况及还贷计划。

8. 环保、税务、保险、涉讼情况

（1）拟上市企业包括控股企业因生产经营所涉及的环评文件以及环保部门出具

的最近三年未受环保处罚的证明；

（2）各类完税证明以及税务部门出具的最近三年未受税务处罚的证明；

（3）拟上市企业缴纳社会保险的种类、人数、时间的说明及证明文件；

（4）拟上市企业缴纳住房公积金的人数、时间的说明及证明文件；

（5）拟上市企业及其控股企业涉及的重大诉讼情况及其对企业可能的影响情况的说明。

9. 拟上市企业重要会议决议

（1）公司历次董事会纪要、决议；

（2）公司历次股东大会召开的通知、决议；

（3）公司历次监事会决议。

10. 拟上市企业的董事、监事及高管人员情况

（1）公司现任董事、监事、经理、财务负责人、核心技术人员的简历，及前述人员在其他单位的兼职情况；

（2）公司成立以来上述人员的变化情况。

11. 重大投资项目情况

（1）项目可研报告及其他批文、环境影响评价表或环评报告；

（2）项目进展及收益情况的说明。

12. 律师根据企业特殊情况而需要调查的其他重要事项。

第五节 基于核查和验证的改制重组建议

核查和验证是律师工作的手段，目的是基于核查和验证的结果就拟上市企业的改制重组提出建议。通常情况下，律师在企业改制重组阶段应就下列问题提出建议。

第一，如何避免同业竞争。如在尽职调查后发现拟上市企业存在同业竞争，律师应会同券商和会计师一起提出重组建议，以避免同业竞争。如何避免同业竞争问题见本书后述“同业竞争问题”。

第二，如何减少和规范关联交易。如在尽职调查后发现拟上市企业存在可能影响上市的关联交易问题，律师应会同券商和会计师一起提出重组建议，以减少和规范关联交易。

第三，就拟上市企业中存在的不当兼职提出改正建议。《首次公开发行股票并上

市管理办法》第十六条规定，发行人的总经理、副总经理、财务负责人和董事会秘书等高级管理人员不得在控股股东、实际控制人及其控制的其他企业中担任除董事、监事以外的其他职务，不得在控股股东、实际控制人及其控制的其他企业领薪；发行人的财务人员不得在控股股东、实际控制人及其控制的其他企业中兼职。通常拟上市企业存在上述规定中禁止的兼职情况，律师应对每个人的兼职情况进行分析，如有不当兼职，应提出改正建议。值得注意的是《首次公开发行股票并在创业板上市管理暂行办法》并没有如此详细的禁止不当兼职的规定，但因无前例可循，建议实践中还应当按照主板上市的有关要求办理。

第四，就拟上市企业中历史上和现在存在的违法违规问题提出补救措施和改正建议。例如，经过核查，发现拟上市企业在社保问题上存在缴纳人数不足的问题，某些应缴险种没有缴纳问题，或者没有为职工办理住房公积金等，或者某个项目没有办理环评等，均应及时向拟上市企业提出，促使其改正和规范。对与企业发行上市有关的其他重大事项和法律问题进行重点审查并出具相应的建议。

第四章　律师的主要工作——法律意见书

第一节　概述

出具法律意见书是律师在办理证券法律业务过程中最重要的工作成果。在改制上市的整个过程中，律师出具的法律意见书不止一个，通常所说的也是最重要的法律意见书指的是企业公开发行股票并在上交所或深交所上市法律意见书。其他的还包括对特定事项出具的专项法律意见书等。根据《证券法律业务管理办法》的规定，律师应当按照下列要求出具法律意见书：

（1）法律意见是律师事务所及其指派的律师针对委托人委托事项的合法性，出具的明确结论性意见，是委托人、投资者和中国证监会及其派出机构确认相关事项是否合法的重要依据。法律意见应当由律师在核查和验证所依据的文件资料内容的真实性、准确性、完整性的基础上，依据法律、行政法规及相关规定作出。

（2）法律意见书应当列明相关材料、事实、具体核查和验证结果、国家有关规定和结论性意见。法律意见不得使用“基本符合”“未发现”等含糊措辞。

（3）有下列情形之一的，律师应当在法律意见中予以说明，并充分揭示其对相关事项的影响程度及其风险：

① 委托人的全部或者部分事项不符合中国证监会规定；

② 事实不清楚，材料不充分，不能全面反映委托人情况；

③ 核查和验证范围受到客观条件的限制，无法取得应有证据；

④ 律师已要求委托人纠正、补充而委托人未予纠正、补充；

⑤ 律师已依法履行勤勉尽责义务，仍不能对全部或者部分事项作出准确判断；

⑥ 律师认为应当予以说明的其他情形。

（4）律师从事发行上市的证券法律业务，其所出具的法律意见应当经所在律师事务所讨论复核，并制作相关记录作为工作底稿留存。

（5）律师从事发行上市的证券法律业务，其所出具的法律意见应当由 2 名执业律师和所在律师事务所负责人签名，加盖该律师事务所印章，并签署日期。

（6）法律意见书等文件在报送证监会及其派出机构后，发生重大事项或者律师发现需要补充意见的，应当及时提出补充意见。

此外，根据《证券法律业务管理办法》第 14 条规定，律师在出具法律意见时，对与法律相关的业务事项应当履行法律专业人士特别的注意义务，对其他业务事项履行普通人一般的注意义务，其制作、出具的文件不得有虚假记载、误导性陈述或者重大遗漏。以下各节就改制上市过程中律师必须出具的法律意见书进行逐一阐述。

第二节　出具首次公开发行股票的法律意见书

法律意见书和律师工作报告是发行人向证监会申请公开发行证券的必备文件。拟首次公开发行股票公司所聘请的律师事务所及其委派的律师必须按证监会的要求出具法律意见书、律师工作报告。为了规范法律意见书和律师工作报告的制作，证监会于 2001 年发布了《公开发行证券公司信息披露的编报规则第 12 号——公开发行证券的法律意见书和律师工作报告》，详细规定了法律意见书的具体标准和内容，律师应根据该规则制作法律意见书和律师工作报告。

根据规定，律师在该法律意见书中应对任何与发行有关的法律问题明确发表结论性意见。律师签署的法律意见书报送后，不得进行修改。如律师认为需补充或更正，应另行出具补充法律意见书。律师出具法律意见书所用的语词应简洁明晰，不得使用“基本符合条件”或“除 ××× 以外，基本符合条件”或“未发现”一类的措辞。对不符合有关法律、法规和证监会有关规定的事项，或已勤勉尽责仍不能对其法律性质或其合法性作出准确判断的事项，律师应发表保留意见，并说明相应的理由。

律师应在法律意见书中承诺对拟上市企业的行为以及本次申请的合法、合规进行了充分的核查验证，并对招股说明书及其摘要进行审慎审阅，并在招股说明书及其概要中发表声明：“本所及经办律师保证由本所同意发行人在招股说明书及其摘要中引用的法律意见书和律师工作报告的内容已经本所审阅，确认招股说明书及其摘要不致因上述内容出现虚假记载、误导性陈述及重大遗漏引致的法律风险，并对其真实性、准确性和完整性承担相应的法律责任。”

律师出具的法律意见书的依据均为证监发〔2001〕37号文《公开发行证券公司信息披露的编报规则第12号——公开发行证券的法律意见书和律师工作报告》，针对发行人是否符合发行上市的条件（主要是法律方面的条件）发表结论意见。不需要有过多的论证过程，而要对改制与发行上市的各方面的法律问题作法律上的明确判断和结论。

下面举例说明发行股票并在交易所上市法律意见书的写法。

法律意见书通常分为以下几个部分：

第一部分　律师声明

法律意见书开头部分应载明，律师是否根据《证券法》《公司法》等有关法律、法规和证监会的有关规定，按照律师行业公认的业务标准、道德规范和勤勉尽责精神，出具法律意见书。

律师应声明的事项包括：

1. 律师应承诺已依据本规则的规定及本法律意见书出具日以前已发生或存在的事实和我国现行法律、法规和证监会的有关规定发表法律意见。

2. 律师应承诺已严格履行法定职责，遵循了勤勉尽责和诚实信用原则，对发行人的行为以及本次申请的合法、合规、真实、有效进行了充分的核查验证，保证法律意见书和律师工作报告不存在虚假记载、误导性陈述及重大遗漏。

3. 律师应承诺同意将法律意见书和律师工作报告作为发行人申请公开发行股票所必备的法律文件，随同其他材料一同上报，并愿意承担相应的法律责任。

4. 律师应承诺同意发行人部分或全部在招股说明书中自行引用或按证监会审核要求引用法律意见书或律师工作报告的内容，但发行人作上述引用时，不得因引用而导致法律上的歧义或曲解，律师应对有关招股说明书的内容进行再次审阅并确认。

5. 律师可作出其他适当声明，但不得作出违反律师行业公认的业务标准、道德规范和勤勉尽责精神的免责声明。

第二部分　正文

律师应在进行充分核查、验证的基础上，对本次股票发行上市的下列（包括但不限于）事项明确发表结论性意见。所发表的结论性意见应包括是否合法合规，是否真实有效，是否存在纠纷或潜在风险。

一、本次发行上市的批准和授权

（一）股东大会是否已依法定程序作出批准发行上市的决议。

（二）根据有关法律、法规、规范性文件以及公司章程等规定，上述决议的内容是否合法有效。

（三）如股东大会授权董事会办理有关发行上市事宜，上述授权范围、程序是否合法有效。

本所律师认为，发行人本次发行上市的批准和授权合法、合规、真实、有效。

二、发行人本次发行上市的主体资格

（一）发行人是否具有发行上市的主体资格。

（二）发行人是否依法有效存续，即根据法律、法规、规范性文件及公司章程，发行人是否有终止的情形出现。

本所律师经核查认为，发行人具备本次股票发行与上市的主体资格。

三、本次发行上市的实质条件

分别就不同类别或特征的发行人，对照《公司法》《证券法》等法律、法规的规定，特别是按照证监会《创业板管理办法》规定的条件逐条核查发行人是否符合发行上市条件。

（一）发行人本次发行股票属于发起设立的股份有限公司首次公开发行人民币普通股（A股）并上市。

（二）发行人本次股票发行与上市符合《公司法》《证券法》和《首发管理办法》及其他规范性文件规定的实质条件：

本部分的实质条件应按照《公司法》《证券法》以及《创业板管理办法》第二章中规定的五个方面的条件；

本所律师认为，发行人本次股票发行上市符合《公司法》《证券法》和《首发管理办法》及其他规范性文件规定的实质条件。

四、发行人的设立

（一）发行人设立的程序、资格、条件、方式等是否符合当时法律、法规和规范性文件的规定，并得到有权部门的批准。

（二）发行人设立过程中所签订的改制重组合同是否符合有关法律、法规和规范性文件的规定，是否因此引致发行人设立行为存在潜在纠纷。

（三）发行人设立过程中有关资产评估、验资等是否履行了必要程序，是否符合当时法律、法规和规范性文件的规定。

（四）发行人创立大会的程序及所议事项是否符合法律、法规和规范性文件的规定。

五、发行人的独立性

（一）发行人业务是否独立于股东单位及其他关联方。

（二）发行人的资产是否独立完整。

（三）如发行人属于生产经营企业，是否具有独立完整的供应、生产、销售系统。

（四）发行人的人员是否独立。

（五）发行人的机构是否独立。

（六）发行人的财务是否独立。

（七）概括说明发行人是否具有面向市场自主经营的能力。

本所律师经核查认为，公司的业务、机构、人员、财务和资产均独立于股东单位及其他关联方，具有独立完整的供应、生产和销售系统，具备独立面向市场的自主经营能力。

六、发起人或股东（追溯至发行人的实际控制人）

（一）发起人或股东是否依法存续，是否具有法律、法规和规范性文件规定担任发起人或进行出资的资格。

（二）发行人的发起人或股东人数、住所、出资比例是否符合有关法律、法规和规范性文件的规定。

（三）发起人已投入发行人的资产的产权关系是否清晰，将上述资产投入发行人是否存在法律障碍。

（四）若发起人将其全资附属企业或其他企业先注销再以其资产折价入股，应说明发起人是否已通过履行必要的法律程序取得了上述资产的所有权，是否已征得相关债权人同意，对其原有债务的处置是否合法、合规、真实、有效。

（五）若发起人以在其他企业中的权益折价入股，是否已征得该企业其他出资人的同意，并已履行了相应的法律程序。

（六）发起人投入发行人的资产或权利的权属证书是否已由发起人转移给发行人，是否存在法律障碍或风险。

七、发行人的股本及其演变

（一）发行人设立时的股权设置、股本结构是否合法有效，产权界定和确认是否存在纠纷及风险。

（二）发行人历次股权变动是否合法、合规、真实、有效。

（三）发起人所持股份是否存在质押，如存在，说明质押的合法性及可能引致的风险。

八、发行人的业务

（一）发行人的经营范围和经营方式是否符合有关法律、法规和规范性文件的规定。

（二）发行人是否在中国大陆以外经营，如存在，应说明其经营的合法、合规、真实、有效。

（三）发行人的业务是否变更过，如变更过，应说明具体情况及其可能存在的法律问题。

（四）发行人主营业务是否突出。

（五）发行人是否存在持续经营的法律障碍。

九、关联交易及同业竞争

（一）发行人是否存在持有发行人股份5%以上的关联方，如存在，说明发行人与关联方之间存在何种关联关系。

（二）发行人与关联方之间是否存在重大关联交易，如存在，应说明关联交易的内容、数量、金额，以及关联交易的相对比重。

（三）上述关联交易是否公允，是否存在损害发行人及其他股东利益的情况。

（四）若上述关联交易的一方是发行人股东，还需说明是否已采取必要措施对其他股东的利益进行保护。

（五）发行人是否在章程及其他内容规定中明确了关联交易公允决策的程序。

（六）发行人与关联方之间是否存在同业竞争。如存在，说明同业竞争的性质。

（七）有关方面是否已采取有效措施或承诺采取有效措施避免同业竞争。

（八）发行人是否对有关关联交易和解决同业竞争的承诺或措施进行了充分披露，以及有无重大遗漏或重大隐瞒，如存在，说明对本次发行上市的影响。

十、发行人的主要财产

（一）发行人拥有房产的情况。

（二）发行人拥有土地使用权、商标、专利、特许经营权等无形资产的情况。

（三）发行人拥有主要生产经营设备的情况。

（四）上述财产是否存在产权纠纷或潜在纠纷，如有，应说明对本次发行上市的影响。

（五）发行人以何种方式取得上述财产的所有权或使用权，是否已取得完备的权属证书，若未取得，还需说明取得这些权属证书是否存在法律障碍。

（六）发行人对其主要财产的所有权或使用权的行使有无限制，是否存在担保或其他权利受到限制的情况。

（七）发行人有无租赁房屋、土地使用权等情况，如有，应说明租赁是否合法有效。

经本所律师核查，发行人不存在对其主要财产的所有权或使用权的行使有其他限制或权属争议及潜在纠纷，也不存在担保或其他权利受限制的情况。

十一、发行人的重大债权债务

（一）发行人将要履行、正在履行以及虽已履行完毕但可能存在潜在纠纷的重大合同的合法性、有效性，是否存在潜在风险，如有风险和纠纷，应说明对本次发行上市的影响。

（二）上述合同的主体是否变更为发行人，合同履行是否存在法律障碍。

（三）发行人是否有因环境保护、知识产权、产品质量、劳动安全、人身权等原因产生的侵权之债，如有，应说明对本次发行上市的影响。

（四）发行人与关联方之间是否存在重大债权债务关系及相互提供担保的情况。

（五）发行人金额较大的其他应收、应付款是否因正常的生产经营活动发生，是否合法有效。

十二、发行人的重大资产变化及收购兼并

（一）发行人设立至今有无合并、分立、增资扩股、减少注册资本、收购或出售资产等行为，如有，应说明是否符合当时法律、法规和规范性文件的规定，是否已履行必要的法律手续。

（二）发行人是否拟进行资产置换、资产剥离、资产出售或收购等行为，如拟进行，应说明其方式和法律依据，以及是否履行了必要的法律手续，是否对发行人发行上市的实质条件及本规定的有关内容产生实质性影响。

十三、发行人《公司章程》的制定与修改

（一）发行人章程或章程草案的制定及近三年的修改是否已履行法定程序。

（二）发行人的章程或章程草案的内容是否符合现行法律、法规和规范性文件的规定。

（三）发行人的章程或章程草案是否按有关制定上市公司章程的规定起草或修订。如无法执行有关规定的，应说明理由。发行人已在香港或境外上市的，应说明是否符合到境外上市公司章程的有关规定。

经本所律师核查，发行人章程的制定及修改已履行法定程序；公司章程及公司章程修订草案内容符合现行法律、法规和规范性文件规定。

十四、发行人股东大会、董事会、监事会议事规则及规范运作

（一）发行人是否具有健全的组织机构。

（二）发行人是否具有健全的股东大会、董事会、监事会议事规则，该议事规则是否符合相关法律、法规和规范性文件的规定。

（三）发行人历次股东大会、董事会、监事会的召开、决议内容及签署是否合法、合规、真实、有效。

（四）股东大会或董事会历次授权或重大决策等行为是否合法、合规、真实、有效。

十五、发行人董事、监事和高级管理人员及其变化

（一）发行人的董事、监事和高级管理人员的任职是否符合法律、法规和规范性文件以及公司章程的规定。

（二）上述人员在近3年尤其是企业发行上市前一年是否发生过变化，若存在，应说明这种变化是否符合有关规定，履行了必要的法律程序。

（三）发行人是否设立独立董事，其任职资格是否符合有关规定，其职权范围是否违反有关法律、法规和规范性文件的规定。

十六、发行人的税务

（一）发行人及其控股子公司执行的税种、税率是否符合现行法律、法规和规范性文件的要求。若发行人享受优惠政策、财政补贴等政策，该政策是否合法、合规、真实、有效。

（二）发行人近三年是否依法纳税，是否存在被税务部门处罚的情形。

十七、发行人的环境保护和产品质量、技术等标准

（一）发行人的生产经营活动和拟投资项目是否符合有关环境保护的要求，有权部门是否出具意见。

（二）近3年是否因违反环境保护方面的法律、法规和规范性文件而被处罚。

（三）发行人的产品是否符合有关产品质量和技术监督标准。近3年是否因违反有关产品质量和技术监督方面的法律法规而受到处罚。

十八、发行人募集资金的运用

（一）发行人募股资金用于哪些项目，是否需要得到有权部门的批准或授权。如需要，应说明是否已经得到批准或授权。

（二）若上述项目涉及与他人进行合作的，应说明是否已依法订立相关的合同，这些项目是否会导致同业竞争。

（三）如发行人是增资发行的，应说明前次募集资金的使用是否与原募集计划一致。如发行人改变前次募集资金的用途，应说明该改变是否依法定程序获得批准。

十九、发行人业务发展目标

（一）发行人业务发展目标与主营业务是否一致。

（二）发行人业务发展目标是否符合国家法律、法规和规范性文件的规定，是否

存在潜在的法律风险。

二十、诉讼、仲裁或行政处罚

（一）发行人、持有发行人5%以上（含5%）的主要股东（追溯至实际控制人）、发行人控股公司是否存在尚未了结的或可预见的重大诉讼、仲裁及行政处罚案件。如存在，应说明对本次发行、上市的影响。

（二）发行人董事长、总经理是否存在尚未了结的或可预见的重大诉讼、仲裁及行政处罚案件。如存在，应说明对发行人生产经营的影响。

（三）如上述案件存在，还应对案件的简要情况作出说明（包括但不限于受理该案件的法院名称、提起诉讼的日期、诉讼的当事人和代理人、案由、诉讼请求、可能出现的处理结果或已生效法律文书的主要内容等）。

二十一、原定向募集公司增资发行的有关问题

（一）公司设立及内部职工股的设置是否得到合法批准。

（二）内部职工股是否按批准的比例、范围及方式发行。

（三）内部职工股首次及历次托管是否合法、合规、真实、有效。

（四）内部职工股的演变是否合法、合规、真实、有效。

（五）如内部职工股涉及违法违规行为，是否该行为已得到清理，批准内部职工股的部门是否出具对有关情况及对有关责任和潜在风险承担责任进行确认的文件。

二十二、发行人招股说明书法律风险的评价

是否参与招股说明书的编制及讨论，是否已审阅招股说明书，特别对发行人引用法律意见书和律师工作报告相关内容是否已审阅，对发行人招股说明书及其摘要是否存在虚假记载、误导性陈述或重大遗漏引致的法律风险进行评价。

二十三、律师认为需要说明的其他问题

未明确要求，但对发行上市有重大影响的法律问题，律师应当发表法律意见。

第三部分 律师对本次发行上市的总体结论性意见

根据上述事实和分析，律师认为，股份公司本次发行和上市符合《公司法》《证券法》《公开发行股票并在创业板上市管理暂行办法》等有关法律、法规及证监会有关规范性文件所规定的股票发行和上市的各项条件。股份公司本次股票发行及上市申请尚需获得证监会核准并经有关证券交易所作出安排后方可实施。

在结论部分中，如果律师已经勤勉尽责但仍不能发表肯定的法律意见，则可以发表保留意见或某个问题符合法律或法规或公司章程等的意见，并对其中存在的问题、问题出现的原因和理由以及对发行上市的影响程度作出说明，予以披露。对于

某些不规范的情形，律师应该核查事实情况，分析不规范问题的原因和法律后果，作出是否合法、合规的法律意见，予以披露；对于无法弥补的问题，律师应就该问题对发行上市的影响和潜在的法律风险发表意见，并且在招股说明书中按规定进行披露。在出具法律意见书时，律师应当时刻牢记执业风险，避免出现虚假陈述或重大遗漏。

下面是近年来上市的某公司的发行上市法律意见书[①]：

北京市 ××× 律师事务所关于深圳市 ××× 科技股份有限公司公开发行股票的法律意见书：

本所接受发行人委托，根据本所与深圳市 ××× 科技股份有限公司（下称发行人）签订的《委托代理协议》，担任发行人首次公开发行股票并上市的特聘专项法律顾问。

本所律师系依据《中华人民共和国证券法》（下称"《证券法》"）、《中华人民共和国公司法》（下称"《公司法》"）以及《首次公开发行股票并上市管理办法》（下称"《管理办法》"）、《律师事务所从事证券法律业务管理办法》等我国现行有效的有关法律、法规和中国证券监督管理委员会（下称"中国证监会"）的有关规定并按照律师行业公认的业务标准、道德规范和勤勉尽责精神出具本法律意见书。

第一部分　声明事项

为出具本法律意见书和律师工作报告，本所律师特作如下声明：

1. 本所律师已根据中国证监会颁布的《公开发行证券公司信息披露的编报规则（第 12 号）——公开发行证券的法律意见书和律师工作报告》及本法律意见书出具日以前已经发生或存在的事实和我国现行法律、法规和中国证监会有关规定发表法律意见。

2. 本所律师已严格履行法定职责，遵循了勤勉尽责和诚实信用原则，对发行人的行为以及本次申请的合法、合规、真实、有效进行了充分的核查验证，保证法律意见书和律师工作报告不存在虚假记载、误导性陈述及重大遗漏。

3. 本所律师同意将本法律意见书和律师工作报告作为发行人本次申请发行股票及上市所必备法律文件，随其他材料一同上报，并愿意承担相应的法律责任。

4. 本所律师同意发行人部分或全部在招股说明书中自行引用或按中国证监会审

---

① 详见中国证监会网站

核要求引用法律意见书或律师工作报告的内容，但发行人作上述引用时，不得因引用而导致法律上的歧义或曲解，并需经本所律师对招股说明书的有关内容进行审阅和确认。

5. 在为出具本法律意见书和律师工作报告所进行的调查过程中，发行人向本所律师保证其已经提供了本所律师认为作为出具本法律意见书和律师工作报告所必需的、真实的原始书面材料、副本材料、书面或口头的证言。

6. 本所律师是以某项事项应适用的法律、法规为依据认定该事项是否合法、有效，对于本法律意见书和律师工作报告至关重要而又无法得到独立的证据支持的事实，本所律师依赖政府有关部门、发行人股东、发行人或者其他有关机构出具的证明文件及本所律师的核查出具本法律意见书。

7. 本法律意见书仅供发行人本次发行与上市之目的使用，不得用作任何其他目的。

第二部分 正文

一、本次发行上市的授权和批准

2007 年 4 月 20 日，发行人召开 2007 年度第一次临时股东大会。临时股东大会以同意票 7700 万股，占出席会议有表决权股份总数的 100% 审议通过了《申请首次公开发行 2600 万股人民币普通股（A 股）股票并上市的议案》。

本所律师认为，发行人股东大会已依法定程序作出批准发行上市的决议，股东大会的召集召开程序符合法律、法规、规范性文件和公司章程的规定；股东大会通过的发行上市的决议内容合法有效；发行人股东大会已授权董事会办理本次有关发行上市事宜，授权范围、程序合法有效；但发行人本次股票公开发行申请尚须经中国证监会核准，并且其股票上市交易尚需经证券交易所核准。

二、发行人本次发行上市的主体资格

经本所律师核查，发行人符合法律法规和规范性文件规定的发行上市的主体资格条件；本次发行上市已依法经过上市辅导；发行人已通过 2006 年度工商年检，根据法律、法规、规范性文件及公司章程规定，发行人没有需要终止的情形出现，依法有效存续。因此，本所律师认为，发行人具有发行上市的主体资格。

三、本次发行上市的实质条件

（一）发行人本次发行符合《公司法》规定的条件。

发行人本次拟发行的股票为人民币普通股票，每股面值一元，每一股份具有同等权利；每股的发行条件和发行价格相同，任何单位或者个人所认购的股份，每股

应当支付相同价额，符合《公司法》第一百二十七条的规定。

（二）发行人本次发行上市符合《证券法》规定的条件

1. 发行人符合《证券法》第十三条规定的公开发行新股的条件：

（1）具备健全且运行良好的组织机构。

（2）具有持续盈利能力，财务状况良好。

（3）最近三年财务会计文件无虚假记载，无其他重大违法行为。

（4）经国务院批准的国务院证券监督管理机构规定的其他条件。

2. 除还需要取得中国证监会关于公开发行股票的核准外，发行人符合《证券法》第五十条规定的股票上市条件：

（1）发行人目前的股本总额为人民币 7700 万元，本次发行完毕后股本总额将进一步增加，股本总额将不少于人民币三千万元。

（2）发行人本次公开发行 2600 万股人民币普通股，本次发行完成后，股本总额为 10300 万股，公开发行的股份将达到公司股份总数的 25% 以上。

（3）发行人最近三年无重大违法行为，财务会计报告无虚假记载。

（三）发行人本次发行符合《管理办法》规定的条件

1. 发行人的主体资格

（1）经本所律师核查，发行人是依法设立且合法存续的股份有限公司，符合《管理办法》第八条的规定。

（2）发行人自 2000 年 10 月 25 日成立，并于 2006 年 12 月 29 日按原账面净资产值折股整体变更为股份有限公司，持续经营时间在 3 年以上，符合《管理办法》第九条的规定。

（3）发行人的注册资本已足额缴纳，发起人或股东用作出资的资产的财产权转移手续已办理完毕，发行人的主要资产不存在重大权属纠纷，符合《管理办法》第十条的规定。

（4）发行人的生产经营符合法律、行政法规和公司章程的规定，符合国家产业政策，符合《管理办法》第十一条的规定。

（5）发行人最近三年内主营业务和董事、高级管理人员没有发生重大变化，实际控制人没有发生变更，符合《管理办法》第十二条的规定。

（6）发行人的股权清晰，控股股东和受控股股东、实际控制人支配的股东持有的发行人股份不存在重大权属纠纷，符合《管理办法》第十三条的规定。

2. 发行人的独立性

（1）发行人具有完整的业务体系和直接面向市场独立经营的能力，符合《管理办法》第十四条规定。

（2）发行人的资产完整，具备与生产经营有关的生产系统、辅助生产系统和配套设施，合法拥有与生产经营有关的机器设备以及商标、专利技术的所有权，具有独立的原料采购和产品销售系统，符合《管理办法》第十五条规定。

（3）发行人的人员独立，发行人的总经理、副总经理、财务负责人和董事会秘书等高级管理人员未在控股股东、实际控制人及其控制的其他企业中担任任何职务，未在控股股东、实际控制人及其控制的其他企业领薪；发行人的财务人员未在控股股东、实际控制人及其控制的其他企业中兼职，符合《管理办法》第十六条规定。

（4）发行人的财务独立，发行人建立了独立的财务核算体系，能够独立作出财务决策，具有规范的财务会计制度和对分公司、子公司的财务管理制度；发行人未与控股股东、实际控制人及其控制的其他企业共用银行账户，符合《管理办法》第十七条规定。

（5）发行人的机构独立，发行人建立健全了内部经营管理机构，独立行使经营管理职权，与控股股东、实际控制人及其控制的其他企业间不存在机构混同的情形，符合《管理办法》第十八条规定。

（6）发行人的业务独立，发行人的业务独立于控股股东、实际控制人及其控制的其他企业，与控股股东、实际控制人及其控制的其他企业间不存在同业竞争或者显失公平的关联交易，符合《管理办法》第十九条规定。

（7）发行人在独立性方面不存在其他严重缺陷，符合《管理办法》第二十条规定。

3. 发行人的规范运行

（1）发行人已经依法建立健全股东大会、董事会、监事会、独立董事、董事会秘书制度，相关机构和人员能够依法履行职责，符合《管理办法》第二十一条的规定。

（2）经过保荐人和本次发行其他中介机构对发行人的辅导，发行人的董事、监事和高级管理人员已经了解与股票发行上市有关的法律法规，知悉上市公司及其董事、监事和高级管理人员的法定义务和责任，符合《管理办法》第二十二条的规定。

（3）发行人的董事、监事和高级管理人员符合法律、行政法规和规章规定的任职资格，且不存在下列情形，符合《管理办法》第二十三条的规定：

a. 被中国证监会采取证券市场禁入措施尚在禁入期的；

b. 最近 36 个月内受到中国证监会行政处罚，或者最近 12 个月内受到证券交易所公开谴责；

c. 因涉嫌犯罪被司法机关立案侦查或者涉嫌违法违规被中国证监会立案调查，尚未有明确结论意见。

（4）根据信永中和会计师事务所有限责任公司（下称“信永中和”）出具的《内部控制鉴证报告》，发行人的内部控制制度健全且被有效执行，能够合理保证财务报告的可靠性、生产经营的合法性、营运的效率与效果，符合《管理办法》第二十四条的规定。

（5）根据政府有关主管部门出具的证明以及发行人的确认和承诺，并经本所律师适当核查，发行人不存在下列情形，符合《管理办法》第二十五条的规定：

a. 最近36个月内未经法定机关核准，擅自公开或者变相公开发行过证券；或者有关违法行为虽然发生在36个月前，但目前仍处于持续状态；

b. 最近36个月内违反工商、税收、土地、环保、海关以及其他法律、行政法规，受到行政处罚，且情节严重；

c. 最近36个月内曾向中国证监会提出发行申请，但报送的发行申请文件有虚假记载、误导性陈述或重大遗漏；或者不符合发行条件以欺骗手段骗取发行核准；或者以不正当手段干扰中国证监会及其发行审核委员会审核工作；或者伪造、变造发行人或其董事、监事、高级管理人员的签字、盖章；

d. 本次报送的发行申请文件有虚假记载、误导性陈述或者重大遗漏；

e. 涉嫌犯罪被司法机关立案侦查，尚未有明确结论意见；

f. 严重损害投资者合法权益和社会公共利益的其他情形。

（6）发行人的公司章程中已明确对外担保的审批权限和审议程序，不存在为控股股东、实际控制人及其控制的其他企业进行违规担保的情形，符合《管理办法》第二十六条的规定。

（7）根据信永中和出具的编号为XYZH/2006SZA1005-11的《审计报告》（下称“《审计报告》”）和本所律师核查，发行人有严格的资金管理制度，不存在资金被控股股东、实际控制人及其控制的其他企业以借款、代偿债务、代垫款项或者其他方式占用的情形，符合《管理办法》第二十七条的规定。

4. 发行人的财务与会计

（1）根据信永中和出具的《审计报告》，发行人资产质量良好，资产负债结构合理，盈利能力较强，现金流量正常，符合《管理办法》第二十八条的规定。

（2）根据信永中和出具的《内部控制鉴证报告》，发行人的内部控制在所有重大方面是有效的，并由注册会计师出具了无保留结论的内部控制鉴证报告，符合《管理办法》第二十九条的规定。

（3）根据信永中和出具的《审计报告》以及《内部控制鉴证报告》，发行人会计基础工作规范，财务报表的编制符合企业会计准则和相关会计制度的规定，在所有重大方面公允地反映了发行人的财务状况、经营成果和现金流量，并由注册会计师出具了无保留意见的审计报告，符合《管理办法》第三十条的规定。

（4）根据信永中和出具的《审计报告》以及《内部控制鉴证报告》，发行人编制财务报表以实际发生的交易或者事项为依据；在进行会计确认、计量和报告时保持了应有的谨慎；对相同或者相似的经济业务，选用一致的会计政策，不存在随意变更的情形，符合《管理办法》第三十一条的规定。

（5）根据发行人本次公开发行股票的招股说明书以及信永中和出具的《审计报告》，发行人已完整披露了关联方关系并按重要性原则恰当披露了关联交易。关联交易价格公允，不存在通过关联交易操纵利润的情形，符合《管理办法》第三十二条的规定。

（6）根据信永中和出具的《审计报告》，发行人具备下列条件，符合《管理办法》第三十三条的规定：

a. 2004 年、2005 年以及 2006 年度的净利润（以扣除非经常性损益前后较低者为计算依据）分别为人民币 17,839,549.79 元、人民币 19,580,219.48 元、人民币 16,500,173.56 元，累计金额为人民币 53,919,942.83 元，最近 3 个会计年度净利润均为正数且累计超过人民币 3000 万元；

b. 2004 年、2005 年以及 2006 年度经营活动产生的现金流量净额累计为人民币 57,084,668.58 元，营业收入累计为人民币 310,902,571.3 元，最近 3 个会计年度经营活动产生的现金流量净额累计超过人民币 5000 万元，最近 3 个会计年度营业收入累计超过人民币 3 亿元；

c. 发行前股本总额为人民币 7,700 万元，不少于人民币 3,000 万元；

d. 最近一期末无形资产（扣除土地使用权、水面养殖权和采矿权等后）为 223,773.37 元，占净资产的比例为 0.25%，占净资产的比例不高于 20%；

e. 最近一期末不存在未弥补亏损。

（7）根据发行人出具的说明以及本所律师核查，发行人最近三年依法纳税，发行人享受“两免六减半”的企业所得税优惠（即从开始获利年度起，第一年和第二年免征企业所得税，第三年至第八年减半征收企业所得税）的依据仅为深圳市人民政府的规定，没有法律、行政法规和国务院的有关规定作为依据，但对本次发行上市不会构成法律障碍，不影响本次发行上市。发行人的经营成果对税收优惠不存在严重依赖，符合《管理办法》第三十四条的规定。

（8）根据发行人的确认，并经本所律师适当核查，发行人不存在重大偿债风险，不存在影响持续经营的担保、诉讼以及仲裁等重大或有事项，符合《管理办法》第三十五条的规定。

（9）根据信永中和出具的《审计报告》、发行人的确认以及本所律师适当核查，发行人申报文件中不存在下列情形，符合《管理办法》第三十六条的规定：

a. 故意遗漏或虚构交易、事项或者其他重要信息；

b. 滥用会计政策或者会计估计；

c. 操纵、伪造或篡改编制财务报表所依据的会计记录或者相关凭证。

（10）经本所律师核查，发行人不存在下列影响持续盈利能力的情形，符合《管理办法》第三十七条的规定：

a. 发行人的经营模式、产品或服务的品种结构已经或者将发生重大变化，并对发行人的持续盈利能力构成重大不利影响；

b. 发行人的行业地位或发行人所处行业的经营环境已经或者将发生重大变化，并对发行人的持续盈利能力构成重大不利影响；

c. 发行人最近 1 个会计年度的营业收入或净利润对关联方或者存在重大不确定性的客户存在重大依赖；

d. 发行人最近 1 个会计年度的净利润主要来自合并财务报表范围以外的投资收益；

e. 发行人在用的商标、专利、专有技术以及特许经营权等重要资产或技术的取得或者使用存在重大不利变化的风险；

f. 其他可能对发行人持续盈利能力构成重大不利影响的情形。

5. 发行人的募集资金运用

（1）发行人本次发行募集资金用途为特尔佳电涡流缓速器项目、汽车电子技术研发中心项目，具有明确的使用方向，系用于主营业务，募集资金使用项目不属于持有交易性金融资产和可供出售的金融资产、借予他人、委托理财等财务性投资，未直接或间接投资于以买卖有价证券为主要业务的公司，符合《管理办法》第三十八条的规定；

（2）根据发行人对募集资金投资项目的可行性研究报告，募集资金数额和投资项目与发行人现有生产经营规模、财务状况、技术水平和管理能力等相适应，符合《管理办法》第三十九条的规定；

（3）募集资金投资项目符合国家产业政策、投资管理、环境保护、土地管理以及其他法律、法规和规章的规定，符合《管理办法》第四十条的规定；

（4）发行人董事会对募集资金投资项目的可行性进行了认真分析，确信投资项目具有较好的市场前景和盈利能力，能够有效防范投资风险，提高募集资金使用效益，符合《管理办法》第四十一条的规定；

（5）募集资金投资项目实施后，不会产生同业竞争或者对发行人的独立性产生不利影响，符合《管理办法》第四十二条的规定；

（6）发行人于 2007 年 4 月 20 日召开临时股东大会通过了《深圳市 ××× 科技股份有限公司募集资金管理及使用制度》，建立了募集资金专项存储制度，募集资金存放于董事会决定的专项账户，符合《管理办法》第四十三条的规定。

综上，本所律师认为发行人符合《公司法》《证券法》以及《管理办法》等法律法规和规范性文件规定的发行上市的实质条件；发行人本次公开发行还需要获得中国证监会核准，其股票上市还需要获得证券交易所核准。

四、发行人的设立

发行人由深圳市 ××× 运输科技有限公司（下称“特尔佳有限公司”）整体变更，以发起设立的方式设立，其设立不需要政府部门的批准。经本所律师核查，××× 有限公司设立以及 ××× 有限公司整体变更为股份有限公司的程序、资格、条件、方式等符合当时法律、法规和规范性文件的规定；发行人由有限责任公司整体变更为股份有限公司的过程中，由有限责任公司的全体股东签订的《深圳市 ××× 科技股份有限公司发起人协议》符合有关法律、法规和规范性文件的规定，不会因此引致发行人设立行为存在潜在纠纷；发行人设立过程中有关资产评估、验资等履行了必要的程序，符合当时有关的法律法规和规范性文件的规定；发行人创立大会的程序及所议事项符合法律、法规和规范性文件的规定。

五、发行人的独立性

（一）发行人业务独立于股东单位及其他关联方。

根据发行人的陈述与说明及本所律师核查，发行人目前所从事的主要业务为：生产、销售电涡流缓速器等业务；发行人上述业务的产品、技术、品牌、原料采购、销售均独立于股东单位及其他关联方，发行人与控股股东不存在同业竞争以及显失公平的关联交易。因此，本所律师认为，发行人业务独立于股东单位及其他关联方。

（二）发行人的资产独立完整。

经本所律师核查，发行人设立时，各股东投入的资产已经全部出资到位；目前，发行人独立、完整地拥有其所使用的商标、专利技术以及生产经营所需的主要生产设备，不存在与他人共同使用设备、技术或商标的情况；发行人的资产与其股东、其他关联方或第三人之间产权界定清楚、划分明确。因此，本所律师认为，发行人

的资产独立完整。

（三）发行人具有独立完整的供应、生产和销售系统。

经本所律师核查，发行人建立有专门的采购部、生产计划部、技术开发部、质量部、销售部，上述部门均由发行人自行管理和控制，独立于股东及其他关联方。因此，本所律师认为，发行人具有独立完整的供应、生产和销售系统。

（四）发行人的人员独立。

根据发行人总经理、副总经理、财务负责人和董事会秘书等高级管理人员的陈述和本所律师核查，发行人的总经理、副总经理、财务负责人和董事会秘书等高级管理人员不在控股股东、实际控制人及其控制的其他企业中担任除董事、监事以外的其他职务，不在控股股东、实际控制人及其控制的其他企业领薪；根据发行人的财务人员的陈述和本所律师的核查，发行人的财务人员不在控股股东、实际控制人及其控制的其他企业中兼职；发行人的董事、监事、总经理、副总经理、财务负责人和董事会秘书等高级管理人员的任命程序均符合发行人《公司章程》及其他内部制度的规定，不存在股东、其他任何部门或单位或人员超越公司股东大会和董事会作出人事任免的情形；发行人拥有独立于各股东单位和其他关联方的员工，员工均专职在发行人处工作并从发行人处领取薪酬，不存在在股东单位工作或从股东单位领取报酬的情形。因此，本所律师认为，发行人的人员独立。

（五）发行人的机构独立。

经本所律师核查，发行人设立有独立于其他单位的董事会、监事会及经营管理机构，各组织机构和经营管理部门均与控股股东或其他关联方完全分开，不存在机构混同的情形；发行人各内部组织机构和各经营管理部门的设立符合法律、法规、规范性文件、《公司章程》及其他内部制度的规定，其设置不受任何股东或其他单位或个人的控制；发行人各内部组织机构和各经营管理部门均独立履行其职能，独立负责发行人的生产经营活动。因此，本所律师认为，发行人的机构独立。

（六）发行人的财务独立。

经本所律师核查，发行人建立了独立的财务核算体系，能够独立作出财务决策，具有规范的财务会计制度和对分公司、子公司的财务管理制度；发行人在中国建设银行股份有限公司深圳 ××× 支行开立基本存款账户，不存在与控股股东、实际控制人及其控制的其他企业共用银行账户的情形；发行人不存在资金被控股股东、实际控制人及其控制的其他企业以借款、代偿债务、代垫款项或者其他方式占用的情形；发行人具有有效的国税和地税税务登记证，且独立进行纳税申报和履行税款缴纳义务。因此，本所律师认为，发行人的财务独立。

（七）发行人拥有独立产品、独立技术、独立品牌及经营所需的主要资产，具备独立完整的经营管理体系、独立的人员、机构和财务体系，法人治理结构完善。因此，本所律师认为，发行人具有面向市场自主经营的能力。

六、发行人的股东（追溯至实际控制人）

（一）发行人的股东包括深圳市 ××× 资本投资有限公司一个法人单位和 ×××、××× 等二十七名自然人；根据各股东的持股比例、担任的职务和相互之间的关系，×××、××× 构成发行人的实际控制人。经本所律师核查，发行人的法人股东合法设立，并合法有效存续；所有自然人股东均为中国境内公民。本所律师认为，发行人的股东（追溯至实际控制人）均具有担任发起人及进行出资的资格。

（二）经本所律师核查，发行人的发起人或股东人数、住所、出资比例均符合有关法律、法规和规范性文件的规定；发起人已投入发行人的资产的产权关系清晰，将上述资产投入发行人不存在法律障碍；发行人不存在发起人将其全资附属企业或其他企业先注销再以其资产折价入股的情形；发行人不存在发起人以在其他企业中的权益折价入股的情形；发起人投入发行人的资产或权利均已转移给发行人，不存在法律障碍或风险。

七、发行人的股本及其演变

（一）经本所律师核查，××× 有限公司设立时，其注册资本为 300 万元，其股权设置已经各股东签署的公司章程确认，并办理工商登记备案；××× 有限公司整体变更为股份有限公司时，其注册资本为 7,700 万元，其股权设置和股本结构经各发起人所签署的《发起人协议》和《公司章程》确认，办理了验资手续和工商登记备案。因此，本所律师认为，发行人设立时的股权设置、股本结构合法有效，产权界定和确认不存在纠纷和风险。

（二）经本所律师核查，发行人自设立（指 ××× 有限公司设立）后至今，历次股权变动均经过股东会或股东大会决议，并办理工商变更登记。因此，本所律师认为，发行人历次股权变动合法、合规、真实、有效。

（三）根据发行人各发起人的确认和本所律师核查，发行人的各发起人所持有的发行人的股份目前均不存在质押。

八、发行人的业务

经本所律师核查，发行人经营范围和经营方式符合有关法律、法规和规范性文件的规定；发行人目前不存在在中国大陆以外经营的情形；发行人自设立以来，主营业务没有发生过变更；发行人的主营业务突出；发行人不存在持续经营的法律障碍。

九、关联交易及同业竞争

（一）目前直接持有发行人 5% 以上股份的关联方包括 ×××、×××、×××、×××、×××、×××。其中，××× 对外投资设立了深圳市 ××× 投资顾问有限公司，持有该公司 90% 的股权并担任该公司监事，深圳市 ××× 投资顾问有限公司持有深圳市 ××× 服务有限公司 12% 的股权，××× 担任该公司的董事。

（二）发行人与关联方之间在最近三年及最近一期存在的关联交易包括：

1. 关联方为发行人的银行借款向相关担保公司或银行提供反担保或担保。

2. 发行人于 2007 年从股东 ××× 处无偿受让一项专利技术。

（三）本所律师经核查后认为，关联方为发行人无偿提供担保或反担保以及无偿转让专利技术，没有损害发行人及其他股东的利益；发行人已采取必要措施对其他股东的利益进行保护。

（四）经本所律师核查，发行人在现行公司章程、《公司章程（草案）》及其他内部规定包括《股东大会议事规则》《董事会议事规则》《独立董事工作制度》《关联交易决策制度》中明确规定了关联交易的公允决策程序。本所律师认为，发行人的上述规定符合国家有关法律、法规、规范性文件的规定。

（五）根据发行人的关联方的说明和本所律师核查，发行人与关联方之间目前不存在同业竞争；有关关联方已经承诺采取有效措施避免将来产生同业竞争；有关关联方避免同业竞争的承诺合法有效。

（六）经本所律师核查，发行人已对有关关联交易和解决同业竞争的承诺或措施进行了充分披露，无重大遗漏和重大隐瞒。

十、发行人的主要财产

（一）发行人不拥有房产（但租赁有房产），目前正在建设“××× 观澜厂区”在建工程；发行人拥有“××× 观澜厂区”在建工程所在土地的使用权、9 项专利、8 项专利申请权和 5 项注册商标等无形资产，发行人的全资子公司深圳市 ××× 信息技术有限公司（下称“信息公司”）拥有一项软件著作权；发行人主要固定资产为工况测试台、驱动器老化测试台等。

（二）经发行人确认和本所律师核查，发行人现有的主要财产不存在产权纠纷或潜在纠纷；发行人或其全资子公司拥有的土地使用权、专利权、注册商标、软件著作权及主要生产经营设备系以合法方式取得，均已取得完备的权属证书；除“××× 观澜厂区”所使用土地的土地使用权按照深圳市当地条例不得转让并且该土地正在办理抵押登记手续外，发行人对其主要财产的所有权或使用权的行使不存在限制。

（三）发行人目前向深圳市 ××× 投资有限公司（下称“××× 公司”）租赁房屋作为生产经营使用，向深圳市 ××× 物流有限公司（下称“××× 公司”）租赁房屋作为办公使用。经本所律师核查，上述出租方对出租的房屋均未能提供相应的房地产证，上述租赁关系存在被认定为无效的风险。但发行人自租赁上述房屋使用以来，未因此发生任何纠纷或受到任何政府部门的调查、处罚，未影响到发行人的实际使用；发行人的主要股东 ××× 先生和 ××× 先生已出具《承诺函》，承诺如果租赁上述房屋的租赁关系无效或者出现任何纠纷，导致发行人需要另租其他房屋进行搬迁、被有权的政府部门罚款、或者被有关当事人追索，××× 先生和 ××× 先生将对发行人承担连带赔偿责任，使发行人不因此遭受任何损失。发行人正在建设 ××× 观澜厂区，该厂区包括了足够的生产厂房和办公场所，建成后，发行人将搬入该厂区进行生产经营。因此，本所律师认为，尽管发行人租赁上述房屋的租赁关系存在法律瑕疵，但不会对发行人的生产经营产生重大风险，对本次发行上市不会构成重大不利影响，不影响本次发行上市。

十一、发行人的重大债权债务

（一）根据发行人提供的有关资料和本所律师核查，发行人将要履行、正在履行的重大合同均合法有效；已经履行完毕的重大合同不存在潜在纠纷；上述合同均是以发行人的名义对外签署，合同的履行不存在法律障碍。

（二）根据发行人说明和本所律师核查，发行人目前没有因环境保护、知识产权、产品质量、劳动安全、人身权等原因产生的侵权之债。

（三）根据发行人确认和本所律师核查，截至本法律意见书出具之日，发行人与关联方之间不存在重大债权、债务关系；除披露的发行人股东为发行人的借款提供的担保或反担保之外，发行人与关联方之间不存在其他的相互提供担保的情况。

（四）根据信永中和出具的《审计报告》及本所律师核查，截至 2007 年 6 月 30 日，发行人金额较大的其他应收、应付款均因正常的生产经营活动发生，均合法有效。

十二、发行人重大资产变化及收购兼并

（一）根据发行人说明及本所律师核查，发行人自设立以来无合并、分立、减少注册资本的情况；发行人自 ××× 有限公司设立以来发生的增资扩股行为，均符合当时法律法规和规范性文件的规定，履行了必要的法律手续；发行人自设立以来未发生重大的收购兼并事项，所发生的比较重要的对外投资事项为 ××× 有限公司出资 100 万元人民币，在深圳市南山区注册成立信息公司，该公司由 ××× 有限公司 100% 控股，该事项符合当时法律、法规和规范性文件的规定并履行了必要的手续。

（二）经发行人确认及本所律师核查，发行人目前不存在拟进行的资产置换、资产剥离、资产出售或收购等行为。

十三、发行人章程的制定与修改

经本所律师核查，发行人公司章程或章程草案的制定和历次修改均已履行了法定程序；发行人的公司章程或章程草案的内容符合现行法律、法规和规范性文件的规定；公司章程（草案）系按照有关制定上市公司章程的规定起草，内容合法有效。

十四、发行人股东大会、董事会、监事会议事规则及规范运作

（一）根据发行人提供的发行人组织机构图和本所律师核查，发行人具有健全的组织机构，发行人的公司章程对公司各组织机构的职权作出明确的划分。

（二）经本所律师核查，发行人具有健全的股东大会、董事会、监事会议事规则，该议事规则符合相关法律、法规和规范性文件的规定；除《公司章程》和股东大会、董事会、监事会议事规则外，发行人还制定了一系列的规章制度，对公司经营管理的各项审批权限、决策程序、监督和制约、管理办法等进行了系统的规范，发行人的上述规章制度符合相关法律、法规和规范性文件的规定。

（三）经本所律师核查，发行人设立以来的历次股东大会、董事会、监事会的召开、决议内容及签署均合法、合规、真实、有效；股东大会或董事会历次授权或重大决策等行为均合法、合规、真实、有效。

十五、发行人董事、监事和高级管理人员及其变化

（一）经本所律师核查，发行人的董事、监事和高级管理人员的任职符合法律、法规和规范性文件以及《公司章程》的规定。

（二）经本所律师核查，发行人董事和高级管理人员在近三年保持基本稳定，没有发生重大变化；发行人董事、监事和高级管理人员在近三年所发生的变化情况符合有关法律法规、规范性文件和《公司章程》的规定，并履行了必要的法律程序，不会对本次发行上市构成影响。

（三）经本所律师核查，发行人设有三名独立董事，其任职资格及职权范围符合法律、法规和规范性文件的规定。

十六、发行人的税务

（一）根据信永中和出具的《审计报告》及本所律师核查，发行人及其控股子公司执行的税种、税率符合现行法律、法规和规范性文件的要求；发行人享受“两免六减半”的企业所得税税收优惠政策的依据仅为深圳市人民政府的规定，没有法律、行政法规和国务院有关规定作为依据，但对本次发行上市不构成法律障碍，不影响

本次发行上市；发行人及其控股子公司所享受的其他优惠政策、财政补贴合法、合规、真实、有效。

（二）根据相关税务主管部门出具的证明及本所律师核查，发行人近三年认真执行国家有关税收法律、法规，能按时依法申报并缴纳税款。发行人在2004年12月因2002年度和2003年度的税务违法行为被深圳市南山区国家税务局处罚。该项行政处罚相应的违法行为发生在2002年度和2003年度，并非在最近三年，并且已执行完毕；深圳市南山区国家税务局已出具说明，认为发行人“以上税务违法事实情节较轻”，因此，本所律师认为，发行人的上述违法行为不属于“情节严重”的情形，发行人受到的该项税务处罚对本次发行上市不构成法律障碍，不影响本次发行上市。

十七、发行人的环境保护和产品质量、技术等标准

（一）根据深圳市环境保护局出具的证明及本所律师核查，发行人的生产经营活动和本次募集资金投资项目符合环境保护的有关规定；发行人近三年不存在因违反环境保护方面的法律、法规和规范性文件而被处罚的情形。

（二）根据深圳市质量技术监督局出具的证明及本所律师核查，发行人产品符合有关产品质量和技术监督标准，近三年不存在因违反有关产品质量和技术监督方面的法律法规而受到处罚的情形。

十八、发行人募股资金的运用

（一）发行人本次募股资金投资项目已经过股东大会合法批准，并已获得有权国家机关的立项批复或备案，合法有效。

（二）经发行人确认和本所律师核查，上述募股资金投向项目的实施并不涉及与他人进行合作；并且上述项目的实施不会导致关联方之间的同业竞争。

（三）发行人本次股票发行是首次向社会发行股票，不存在前次募集资金使用的问题。

十九、发行人业务发展目标

根据发行人的陈述及本所律师核查，发行人业务发展目标与主营业务一致；发行人业务发展目标符合国家法律、法规和规范性文件的规定，不存在潜在的法律风险。

二十、诉讼、仲裁或行政处罚

（一）根据相关各方的确认及本所律师核查，发行人、持有发行人5%以上股份的股东（追溯至实际控制人）、发行人的控股公司目前均不存在尚未了结的或可预见的重大诉讼、仲裁或行政处罚案件。

（二）根据发行人董事长×××先生和总经理×××先生分别出具的《确认函》及本所律师核查，×××先生、×××先生目前均不存在尚未了结的或可预见的重大诉讼、仲裁或行政处罚案件。

二十一、发行人《招股说明书》法律风险的评价

本所律师未参与发行人本次发行上市《招股说明书》的编制，但在《招股说明书》及其摘要编制过程中，本所律师参与了法律问题的讨论，并已审阅该《招股说明书》，特别对发行人引用法律意见书和律师工作报告相关内容进行重点审阅。本所律师确认，发行人《招股说明书》及其摘要不会因上述引用而存在虚假记载、误导性陈述或重大遗漏引致的法律风险。

二十二、律师认为需要说明的其他问题

本所律师确认，对发行人本次发行上市的重大事项均进行了核查和披露，不存在需要说明的其他问题。

二十三、总体结论性意见

综上所述，本所律师认为：发行人符合股票发行上市条件，已依法履行公司内部批准和授权程序；发行人申请公开发行股票并上市不存在法律障碍；招股说明书及其摘要引用法律意见书和律师工作报告的内容已经本所律师审阅，引用的内容适当；发行人作为一家合法成立和有效存续的股份有限公司，申请向社会公开发行股票并上市在得到有权机关核准后，可将其股票在证券交易所上市交易。

第三节　会后事项的法律意见书

会后事项的法律意见书是指公司申请公开发行股票通过证监会发审委的审核后，在公开上市发行之前，公司发生了重大事项[①]。所谓重大事项，根据2002年2月3日证监会发布的《关于加强对通过发审会的拟发行证券的公司会后事项监管的通知》（证监发行字〔2002〕15号）（以下称“15号文”）的规定，是指可能影响本次发行上市及对投资者做出投资决策有重大影响的应予披露的事项。

如高管或核心技术人员离职、出现数额重大的诉讼和仲裁、发生重大财产损失等情况，以上情况足以对公司资产及经营造成重大不利影响，从而使公司的上市条

① 详见《关于加强对通过发审会的拟发行证券的公司会后事项监管的通知》

件发生重大变化，进而影响到投资者对公司持续盈利能力的判断。出现上述情况后，中介机构需要在事项发生后 2 个工作日内对此作出专项说明；而如果是在刊登了招股说明书以后发生重大事项，则应对在 1 个工作日内向证监会作出书面说明。其中，律师应对上述事先出具专项法律意见书，这就是会后事项的法律意见书。证监会将根据情况决定暂缓发行或者重新上发审会，这样做的目的是确保拟上市公司符合上市条件，降低发行风险。

根据 2002 年 5 月 10 日证监会发行监管部发布股票发行审核标准备忘录第五号《关于已通过发审会拟发行证券的公司会后事项监管及封卷工作的操作规程》规定和“15号文”的规定，审核员应督促发行人提供会后重大事项说明，要求保荐人、发行人律师、会计师对公司在通过发审会审核后是否发生重大事项分别出具专业意见。

第四节 询价、发行阶段的法律意见书

根据证监会有关询价制度的规定，企业应聘请律师事务所对询价过程是否符合法律法规及本通知的规定等进行见证，并出具专项法律意见书[①]。另外，律师要参与发行的全过程，并根据需要就其中某些问题出具有关法律意见。

律师在刊登招股说明书的前一个工作日，发行人应向中国证监会说明拟刊登的招股说明书与其封卷稿之间是否存在差异，保荐机构及中介机构（包括律师）也应核查招股说明书与其封卷稿之间是否存在差异，如没有差异，应出具声明和承诺；如有差异，应具体说明差异。律师还应对所有与发行上市有关的事项进行充分的核查验证，保证不存在虚假记载、误导性陈述及重大遗漏。

第五节 向交易所申请上市的法律意见书

拟上市企业申请公开发行股票经过证监会发审委审核通过后，应当在六个月内安排股票上市交易，企业应向上交所或深交所提出股票上市申请。此时应交易所上

① 详见《证券发行与承销管理办法》四十七条

市规则的要求应提交的材料包括律师的法律意见书，通常称为申请上市的法律意见书。其实例如下[1]：

交易所上市的法律意见书

×××律师事务所关于×××股份有限公司首次公开发行的股票于深圳证券交易所上市的法律意见书

致：×××股份有限公司

根据×××股份有限公司（以下简称“发行人”）与×××律师事务所（以下简称“本所”）签订的《证券法律业务委托协议书》，本所接受发行人的委托，指派×××、×××律师（以下简称“本所律师”）担任发行人申请首次公开发行人民币普通股（A股）股票并上市（以下简称“本次发行上市”）的特聘专项法律顾问。发行人首次公开发行人民币普通股（A股）股票的申请已于2008年××月××日获得中国证券监督管理委员会（以下简称“中国证监会”）证监许可〔2008〕×××号文核准，现发行人拟申请其首次公开发行的股票在深圳证券交易所上市（以下简称“本次上市”）。根据《中华人民共和国证券法》（以下简称“《证券法》”）、《中华人民共和国公司法》（以下简称“《公司法》”）、中国证监会《首次公开发行股票并上市管理办法》（以下简称“《管理办法》”）和《深圳证券交易所股票上市规则（2006年5月修订）》（以下简称“《上市规则》”）等有关法律、法规和规范性文件的规定，按照律师行业公认的业务标准、道德规范和勤勉尽责精神，本所特此出具本法律意见书。

对于本法律意见书，本所特作如下声明：

1. 本所律师是依据本法律意见书出具日以前已经发生或者存在的事实和我国现行法律、法规和中国证监会、深圳证券交易所的有关规定发表法律意见。

2. 本所律师承诺已严格履行法定职责，遵循了勤勉尽责和诚实信用原则，对发行人的行为以及本次上市申请的合法、合规、真实、有效进行了充分的核查验证，保证本法律意见书不存在虚假记载、误导性陈述或者重大遗漏。

3. 本所律师同意将本法律意见书作为发行人申请本次上市所必备的法律文件，随其他申报材料一同上报，并愿意承担相应的法律责任。

4. 本所律师并不对有关会计、审计、验资等专业事项发表意见。本所律师在本法律意见书中引用有关会计报表、审计报告、验资报告中的数据或结论时，并不意味着本所律师对这些数据或结论的真实性和准确性作出任何明示或默示的保证。

5. 发行人保证已经提供了本所律师认为作为出具本法律意见书所必需的、真实

① 详见中国证监会网站

的原始书面材料、副本材料、复印材料或者口头证言。

6. 对于本法律意见书至关重要而又无法得到独立的证据支持的事实，本所律师依赖于政府有关部门、发行人或者其他有关单位出具的证明文件出具法律意见。

7. 本法律意见书仅供发行人为本次上市之目的使用，不得用作其他任何目的。

基于上述声明，本所现出具法律意见如下：

一、本次上市的批准和授权

（一）2007 年 ×× 月 ×× 日，发行人召开 2007 年第二次临时股东大会，审议通过了《关于首次公开发行股票并上市的议案》《关于股票发行前滚存的未分配利润由新老股东共享的议案》《关于公司首次公开发行股票募集资金投资项目可行性分析的议案》和《关于修改公司章程并制定公司章程草案的议案》。根据上述股东大会决议，发行人股东大会已经批准了本次上市。根据上述股东大会决议对董事会的授权，发行人于 2008 年 ×× 月 ×× 日召开第一届董事会第一次临时会议，审议通过了《关于确定首次公开发行 A 股股票发行数量的议案》，发行人董事会同意将首次公开发行人民币普通股（A 股）股票数量确定为 2,680 万股。本所律师认为，上述股东大会和董事会会议的召集程序、召开方式、表决程序和表决方式均符合《公司法》和发行人章程的规定，发行人股东大会和董事会作出的关于本次上市的决议合法有效。

（二）在发行人 2007 年第二次临时股东大会审议通过的《关于首次公开发行股票并上市的议案》中，发行人股东大会授权董事会办理公司股票在深圳证券交易所上市交易事宜。本所律师认为，上述授权范围、程序合法有效。

（三）根据中国证监会证监许可〔2008〕××× 号《关于核准 ××× 股份有限公司首次公开发行股票的批复》，发行人首次公开发行股票的申请已获得中国证监会核准。

（四）本次上市尚需获得深圳证券交易所核准。

二、发行人申请本次上市的主体资格

（一）发行人是由原 ××× 有限公司整体变更设立的股份有限公司，于 2007 年 4 月 9 日在 ××× 工商行政管理局登记注册，《企业法人营业执照》注册号：×××。发行人自设立以来合法存续，不存在法律、法规、规范性文件以及发行人章程规定的需要终止的情形。因此，发行人系依法设立且合法存续的股份有限公司，符合《管理办法》第八条之规定。

（二）发行人前身 ××× 有限公司是于 2004 年 5 月 17 日在 ××× 市工商行政

管理局注册成立的有限责任公司。发行人由有限责任公司整体变更为股份有限公司时，是按经审计的原账面净资产值进行折股。因此，发行人持续经营时间可从原 ××× 有限公司成立之日起计算，至今已超过三年，符合《管理办法》第九条之规定。

（三）发行人的注册资本已由其发起人足额缴纳，发起人用作出资的资产的财产权转移手续已办理完毕，发行人的主要资产不存在重大权属纠纷，符合《管理办法》第十条之规定。

（四）发行人的生产经营符合法律、行政法规和发行人章程的规定，符合国家产业政策，符合《管理办法》第十一条之规定。

（五）发行人最近三年内主营业务和董事、高级管理人员没有发生重大变化，实际控制人也没有发生变更，符合《管理办法》第十二条之规定。

（六）发行人的股权清晰，控股股东和受控股股东、实际控制人支配的股东持有的发行人股份不存在权属纠纷，符合《管理办法》第十三条之规定。

综上，本所律师认为，发行人具备申请本次上市的主体资格。

三、本次上市的实质条件

（一）根据中国证监会证监许可〔2008〕××× 号《关于核准 ××× 股份有限公司首次公开发行股票的批复》和《××× 股份有限公司首次公开发行股票网下配售结果公告》《××× 股份有限公司首次公开发行股票网上定价发行申购情况及中签率公告》，发行人首次公开发行的股票经国务院证券监督管理机构核准已公开发行，符合《证券法》第五十条第一款第（一）项和《上市规则》第 5.1.1 条第（一）项之规定。

（二）根据《××× 股份有限公司首次公开发行股票网下配售结果公告》和《××× 股份有限公司首次公开发行股票网上定价发行申购情况及中签率公告》，发行人首次公开发行股票的数量为 2,680 万股，本次发行后，发行人的股本总额为 10,688 万元，不少于人民币五千万元，符合《证券法》第五十条第一款第（二）项和《上市规则》第 5.1.1 条第（二）项之规定。

（三）如上所述，发行人首次公开发行股票的数量为 2,680 万股，在本次发行完成后，发行人公开发行的股份占其股份总数 10,688 万股的比例为 25.07%，达到发行人股份总数的 25% 以上，符合《证券法》第五十条第一款第（三）项和《上市规则》第 5.1.1 条第（三）项之规定。

（四）根据 ××× 会计师事务所有限公司 ××× 号《审计报告》以及发行人确认，并经本所律师适当核查，发行人最近三年无重大违法行为，财务会计报告无虚假记载，符合《证券法》第五十条第一款第（四）项和《上市规则》第 5.1.1 条第（四）项之规定。

（五）发行人控股股东 ××× 集团股份有限公司及实际控制人 ××× 先生承诺：自发行人股票上市之日起三十六个月内，不转让或者委托他人管理其本次发行前已直接或间接持有的发行人股份，也不由发行人回购该部分股份。上述承诺符合《上市规则》第 5.1.5 条第一款之规定。

综上，本所律师认为，发行人申请本次上市符合《证券法》和《上市规则》规定的实质条件。

四、发行人申请本次上市履行的程序

（一）根据具有执行证券、期货相关业务资格的 ××× 会计师事务所有限公司出具的 ××× 号《验资报告》，发行人首次公开发行股票 2,680 万股所募集的资金已全部缴足。

（二）根据中国证券登记结算有限责任公司深圳分公司（以下简称“结算公司”）出具的《发行新股股份登记证明》，发行人的全部股票已由结算公司托管。

（三）按照《上市规则》第 3.1.1 条的要求，发行人的董事、监事和高级管理人员已在本所律师的见证下，签署了《上市公司董事（监事、高级管理人员）声明及承诺书》，并向深圳证券交易所报备。

（四）按照《上市规则》第 5.1.2 条的要求，发行人在申请本次上市时已按照有关规定编制了上市公告书。

（五）按照《上市规则》第 5.1.4 条的要求，发行人及其董事、监事和高级管理人员已保证向深圳证券交易所提交的上市申请文件内容真实、准确、完整，不存在虚假记载、误导性陈述或重大遗漏。

五、保荐机构和保荐代表人

（一）发行人本次上市是由 ××× 证券股份有限公司（以下简称“××× 证券”）保荐，××× 证券已出具《上市保荐书》，保荐发行人上市。经本所律师核查，××× 证券是经中国证监会注册登记并列入保荐机构名单，同时具有深圳证券交易所会员资格的证券经营机构，符合《上市规则》第 4.1 条之规定。

（二）××× 证券已指定 ××× 和 ××× 作为保荐代表人具体负责发行人本次上市保荐工作。经本所律师核查，上述二名保荐代表人是经中国证监会注册登记并列入保荐代表人名单的自然人，符合《上市规则》第 4.3 条之规定。

六、结论意见

综上所述，本所律师认为，发行人具备申请本次上市的主体资格；发行人申请本次上市符合《证券法》和《上市规则》规定的股票上市的实质条件，并已按照《上市规则》的要求履行了有关程序。本次上市尚需获得深圳证券交易所核准。

本法律意见书于二〇〇八年七月三十日签署。正本伍份，副本若干份，具有同等法律效力。

特此致书！

第六节　其他法律意见书

在改制上市过程中，除上述必要的法律意见书外，有时根据不同情况，还需要律师制作其他的法律意见书。例如，在拟上市企业改制重组和股权转让过程中，如果涉及申请批准国有产权转让等行为时，律师也需要应相关机构的要求当出具法律意见书。

根据《股份有限公司国有股权管理暂行办法》（国资企发〔1994〕81号）以及《关于股份有限公司国有股权管理工作有关问题的通知》（财管字〔2000〕200号）的规定，原来财政部和省级财政（国资）部门在批复公司国有股权（包括国家股及国有法人股）的设置时需要律师出具法律意见书。根据《企业国有产权转让管理暂行办法》第28条之规定，在申请批准企业国有产权转让时应上报国资委的文件有“律师事务所出具的法律意见书”。有的拟上市企业存在内部职工股问题，对此，律师应出具专项法律意见书核查公司设立及内部职工股的设置是否得到合法批准；内部职工股是否按批准的比例、范围及方式发行；内部职工股首次及历次托管是否合法、合规、真实、有效；内部职工股的演变是否合法、合规、真实、有效；如内部职工股涉及违法违规行为，是否该行为已得到清理，批准内部职工股的部门是否出具对有关情况及对有关责任和潜在风险承担责任进行确认的文件。

第五章　律师的主要工作——律师工作报告

第一节　律师工作报告的内容

律师工作报告和法律意见书一样是发行人向中国证券监督管理委员会（以下简称“证监会”）申请公开发行证券的必备文件。

律师在律师工作报告中应详尽、完整地阐述所履行核查和验证的情况，在法律意见书中所发表意见或结论的依据、进行有关核查验证的过程、所涉及的必要资料或文件。律师签署的律师工作报告报送后，不得进行修改。如律师认为需补充或更正，应另行出具补充律师工作报告。律师工作报告所用的语词应简洁明晰，不得使用“基本符合条件”或“除 ××× 以外，基本符合条件”或“未发现”一类的措辞。对不符合有关法律、法规和证监会有关规定的事项，或已勤勉尽责仍不能对其法律性质或其合法性作出准确判断的事项，律师应发表保留意见，并说明相应的理由①。

律师应在律师工作报告中承诺对发行人的行为以及本次申请的合法、合规进行了充分的核查验证，并对招股说明书及其摘要进行审慎审阅，并在招股说明书及其概要中发表声明：“本所及经办律师保证由本所同意发行人在招股说明书及其摘要中引用的法律意见书和律师工作报告的内容已经本所审阅，确认招股说明书及其摘要不致因上述内容出现虚假记载、误导性陈述及重大遗漏引致的法律风险，并对其真实性、准确性和完整性承担相应的法律责任”。

在实践中，律师出具律师工作报告的依据为证监发〔2001〕37 号文《公开发行证券公司信息披露的编报规则第 12 号——公开发行证券的法律意见书和律师工作报

① 详见证监发〔2001〕37 号文

告》。法律意见书是律师对发行人是否符合发行上市的条件（主要是法律方面的条件）发表的结论意见，而律师工作报告则主要是形成法律意见结论的调查结果和论证过程。因而，律师工作报告要详细列举核查的过程，核查的事实，相关法律、法规的规定和依据，并在此基础上进行分析、论证，最终得出是否合法的结论，这些论证过程应当逻辑严密，合法合理，让监管层和投资者信服。

根据中国证监会证监发〔2001〕37号文《公开发行证券公司信息披露的编报规则第12号——公开发行证券的法律意见书和律师工作报告》的规定，律师工作报告的必备内容如下（下文的条文数目是该规定原文中的条文数）：

一、开头和引言部分

上述证监会编报规则规定，律师工作报告开头部分应载明，律师是否根据《证券法》《公司法》等有关法律、法规和中国证监会的有关规定，按照律师行业公认的业务标准、道德规范和勤勉尽责精神，出具律师工作报告。在引言部分应首先简介律师及律师事务所，包括（但不限于）注册地及时间、业务范围、证券执业律师人数、本次签名律师的证券业务执业记录及其主要经历、联系方式等。其次，应说明律师制作法律意见书的工作过程，包括（但不限于）与发行人相互沟通的情况，对发行人提供材料的查验、走访、谈话记录、现场勘查记录、查阅文件的情况，以及工作时间等。

二、正文部分

正文部分应包括如下内容：

第三十条　本次发行上市的批准和授权

（一）股东大会是否已依法定程序作出批准发行上市的决议。

（二）根据有关法律、法规、规范性文件以及公司章程等规定，上述决议的内容是否合法有效。

（三）如股东大会授权董事会办理有关发行上市事宜，上述授权范围、程序是否合法有效。

第三十一条　发行人发行股票的主体资格

（一）发行人是否具有发行上市的主体资格。

（二）发行人是否依法有效存续，即根据法律、法规、规范性文件及公司章程，发行人是否有终止的情形出现。

第三十二条　本次发行上市的实质条件

分别就不同类别或特征的发行人，对照《证券法》《公司法》等法律、法规和规范性文件的规定，逐条核查发行人是否符合发行上市条件。

第三十三条　发行人的设立

（一）发行人设立的程序、资格、条件、方式等是否符合当时法律、法规和规范性文件的规定，并得到有权部门的批准。

（二）发行人设立过程中所签订的改制重组合同是否符合有关法律、法规和规范性文件的规定，是否因此引致发行人设立行为存在潜在纠纷。

（三）发行人设立过程中有关资产评估、验资等是否履行了必要程序，是否符合当时法律、法规和规范性文件的规定。

（四）发行人创立大会的程序及所议事项是否符合法律、法规和规范性文件的规定。

第三十四条　发行人的独立性

（一）发行人业务是否独立于股东单位及其他关联方。

（二）发行人的资产是否独立完整。

（三）如发行人属于生产经营企业，是否具有独立完整的供应、生产、销售系统。

（四）发行人的人员是否独立。

（五）发行人的机构是否独立。

（六）发行人的财务是否独立。

（七）概括说明发行人是否具有面向市场自主经营的能力。

第三十五条　发起人和股东（追溯至发行人的实际控制人）

（一）发起人或股东是否依法存续，是否具有法律、法规和规范性文件规定担任发起人或进行出资的资格。

（二）发行人的发起人或股东人数、住所、出资比例是否符合有关法律、法规和规范性文件的规定。

（三）发起人已投入发行人的资产的产权关系是否清晰，将上述资产投入发行人是否存在法律障碍。

（四）若发起人将其全资附属企业或其他企业先注销再以其资产折价入股，应说明发起人是否已通过履行必要的法律程序取得了上述资产的所有权，是否已征得相关债权人同意，对其原有债务的处置是否合法、合规、真实、有效。

（五）若发起人以在其他企业中的权益折价入股，是否已征得该企业其他出资人的同意，并已履行了相应的法律程序。

（六）发起人投入发行人的资产或权利的权属证书是否已由发起人转移给发行

人，是否存在法律障碍或风险。

第三十六条　发行人的股本及演变

（一）发行人设立时的股权设置、股本结构是否合法有效，产权界定和确认是否存在纠纷及风险。

（二）发行人历次股权变动是否合法、合规、真实、有效。

（三）发起人所持股份是否存在质押，如存在，说明质押的合法性及可能引致的风险。

第三十七条　发行人的业务

（一）发行人的经营范围和经营方式是否符合有关法律、法规和规范性文件的规定。

（二）发行人是否在中国境外经营，如存在，应说明其经营的合法、合规、真实、有效。

（三）发行人的业务是否变更过，如变更过，应说明具体情况及其可能存在的法律问题。

（四）发行人主营业务是否突出。

（五）发行人是否存在持续经营的法律障碍。

第三十八条　关联交易及同业竞争

（一）发行人是否存在持有发行人股份5%以上的关联方，如存在，说明发行人与关联方之间存在何种关联关系。

（二）发行人与关联方之间是否存在重大关联交易，如存在，应说明关联交易的内容、数量、金额，以及关联交易的相对比重。

（三）上述关联交易是否公允，是否存在损害发行人及其他股东利益的情况。

（四）若上述关联交易的一方是发行人股东，还需说明是否已采取必要措施对其他股东的利益进行保护。

（五）发行人是否在章程及其他内部规定中明确了关联交易公允决策的程序。

（六）发行人与关联方之间是否存在同业竞争。如存在，说明同业竞争的性质。

（七）有关方面是否已采取有效措施或承诺采取有效措施避免同业竞争。

（八）发行人是否对有关关联交易和解决同业竞争的承诺或措施进行了充分披露，以及有无重大遗漏或重大隐瞒，如存在，说明对本次发行上市的影响。

第三十九条　发行人的主要财产

（一）发行人拥有房产的情况。

（二）发行人拥有土地使用权、商标、专利、特许经营权等无形资产的情况。

（三）发行人拥有主要生产经营设备的情况。

（四）上述财产是否存在产权纠纷或潜在纠纷，如有，应说明对本次发行上市的影响。

（五）发行人以何种方式取得上述财产的所有权或使用权，是否已取得完备的权属证书，若未取得，还需说明取得这些权属证书是否存在法律障碍。

（六）发行人对其主要财产的所有权或使用权的行使有无限制，是否存在担保或其他权利受到限制的情况。

（七）发行人有无租赁房屋、土地使用权等情况，如有，应说明租赁是否合法有效。

第四十条　发行人的重大债权债务

（一）发行人将要履行、正在履行以及虽已履行完毕但可能存在潜在纠纷的重大合同的合法性、有效性，是否存在潜在风险，如有风险和纠纷，应说明对本次发行上市的影响。

（二）上述合同的主体是否变更为发行人，合同履行是否存在法律障碍。

（三）发行人是否有因环境保护、知识产权、产品质量、劳动安全、人身权等原因产生的侵权之债，如有，应说明对本次发行上市的影响。

（四）发行人与关联方之间是否存在重大债权债务关系及相互提供担保的情况。

（五）发行人金额较大的其他应收、应付款是否因正常的生产经营活动发生，是否合法有效。

第四十一条　发行人重大资产变化及收购兼并

（一）发行人设立至今有无合并、分立、增资扩股、减少注册资本、收购或出售资产等行为，如有，应说明是否符合当时法律、法规和规范性文件的规定，是否已履行必要的法律手续。

（二）发行人是否拟进行资产置换、资产剥离、资产出售或收购等行为，如拟进行，应说明其方式和法律依据，以及是否履行了必要的法律手续，是否对发行人发行上市的实质条件及本规定的有关内容产生实质性影响。

第四十二条　发行人章程的制定与修改

（一）发行人章程或章程草案的制定及近三年的修改是否已履行法定程序。

（二）发行人的章程或章程草案的内容是否符合现行法律、法规和规范性文件的规定。

（三）发行人的章程或章程草案是否按有关制定上市公司章程的规定起草或修订。如无法执行有关规定的，应说明理由。发行人已在香港或境外上市的，应说明是否符合到境外上市公司章程的有关规定。

第四十三条　发行人股东大会、董事会、监事会议事规则及规范运作

（一）发行人是否具有健全的组织机构。

（二）发行人是否具有健全的股东大会、董事会、监事会议事规则，该议事规则是否符合相关法律、法规和规范性文件的规定。

（三）发行人历次股东大会、董事会、监事会的召开、决议内容及签署是否合法、合规、真实、有效。

（四）股东大会或董事会历次授权或重大决策等行为是否合法、合规、真实、有效。

第四十四条　发行人董事、监事和高级管理人员及其变化

（一）发行人的董事、监事和高级管理人员的任职是否符合法律、法规和规范性文件以及公司章程的规定。

（二）上述人员在近三年尤其是企业发行上市前一年是否发生过变化，若存在，应说明这种变化是否符合有关规定，履行了必要的法律程序。

（三）发行人是否设立独立董事，其任职资格是否符合有关规定，其职权范围是否违反有关法律、法规和规范性文件的规定。

第四十五条　发行人的税务

（一）发行人及其控股子公司执行的税种、税率是否符合现行法律、法规和规范性文件的要求。若发行人享受优惠政策、财政补贴等政策，该政策是否合法、合规、真实、有效。

（二）发行人近三年是否依法纳税，是否存在被税务部门处罚的情形。

第四十六条　发行人的环境保护和产品质量、技术等标准

（一）发行人的生产经营活动和拟投资项目是否符合有关环境保护的要求，有权部门是否出具意见。

（二）近三年是否因违反环境保护方面的法律、法规和规范性文件而被处罚。

（三）发行人的产品是否符合有关产品质量和技术监督标准。近三年是否因违反有关产品质量和技术监督方面的法律法规而受到处罚。

第四十七条　发行人募股资金的运用

（一）发行人募股资金用于哪些项目，是否需要得到有权部门的批准或授权。如需要，应说明是否已经得到批准或授权。

（二）若上述项目涉及与他人进行合作的，应说明是否已依法订立相关的合同，这些项目是否会导致同业竞争。

（三）如发行人是增资发行的，应说明前次募集资金的使用是否与原募集计划一致。如发行人改变前次募集资金的用途，应说明该改变是否依法定程序获得批准。

第四十八条　发行人业务发展目标

（一）发行人业务发展目标与主营业务是否一致。

（二）发行人业务发展目标是否符合国家法律、法规和规范性文件的规定，是否存在潜在的法律风险。

第四十九条　诉讼、仲裁或行政处罚

（一）发行人、持有发行人5%以上（含5%）的主要股东（追溯至实际控制人）、发行人的控股公司是否存在尚未了结的或可预见的重大诉讼、仲裁及行政处罚案件。如存在，应说明对本次发行、上市的影响。

（二）发行人董事长、总经理是否存在尚未了结的或可预见的重大诉讼、仲裁及行政处罚案件。如存在，应说明对发行人生产经营的影响。

（三）如上述案件存在，还应对案件的简要情况作出说明（包括但不限于受理该案件的法院名称、提起诉讼的日期、诉讼的当事人和代理人、案由、诉讼请求、可能出现的处理结果或已生效法律文书的主要内容等）。

第五十条　原定向募集公司增资发行的有关问题

（一）公司设立及内部职工股的设置是否得到合法批准。

（二）内部职工股是否按批准的比例、范围及方式发行。

（三）内部职工股首次及历次托管是否合法、合规、真实、有效。

（四）内部职工股的演变是否合法、合规、真实、有效。

（五）如内部职工股涉及违法违规行为，是否该行为已得到清理，批准内部职工股的部门是否出具对有关情况及对有关责任和潜在风险承担责任进行确认的文件。

第五十一条　发行人招股说明书法律风险的评价

是否参与招股说明书的编制及讨论，是否已审阅招股说明书，特别对发行人引用法律意见书和律师工作报告相关内容是否已审阅，对发行人招股说明书及其摘要是否存在虚假记载、误导性陈述或重大遗漏引致的法律风险进行评价。

第五十二条　律师认为需要说明的其他问题

本规则未明确要求，但对发行上市有重大影响的法律问题，律师应当发表法律意见。

第二节　律师工作报告的格式实例

某某公司首次公开发行 A 股并上市的律师工作报告[①]

广东某某律师事务所关于深圳某某股份有限公司首次公开发行 A 股并上市的律师工作报告

目录

① 详见中国证监会网站

发行人的环境保护和产品质量、技术等标准

发行人募股资金的运用

发行人业务发展目标

诉讼、仲裁或行政处罚

发行人招股说明书法律风险的评价

释义

在本律师工作报告内，除非文义另有所指，下列词语具有下述涵义：

本所指广东 ××× 律师事务所

公司 / 发行人指深圳 ××× 股份有限公司

某某有限指深圳市 ××× 有限公司（发行人前身）

融信南方指深圳市融信南方投资有限公司

深圳好来指深圳市好来实业有限公司

润宝盈信指东莞市润宝盈信实业投资有限公司

东莞聚富指东莞市聚富有限公司

东莞瑞德丰指东莞市瑞德丰生物科技有限公司

某某农资指深圳市某某农资有限公司

瑞德丰农资指深圳市瑞德丰农资有限公司

陕西标正指陕西标正作物科学有限公司

渭南标正指渭南标正科技有限公司

西安标正指西安标正生物科技有限公司

成都皇牌指成都皇牌专业杀虫剂有限公司

成都华邦指成都华邦生物科技有限公司

成都新诺维指成都新诺维生物科技有限公司

济南奥诺指济南奥诺植保科技有限公司

深圳中农指深圳中农农药科学研究所

A 股指境内发行上市人民币普通股

本次发行上市指公司首次公开发行 A 股并上市

《招股说明书》指《深圳某某股份有限公司首次公开发行股票招股说明书》（申报稿）

《审计报告》指大华 ××× 出具的深华（2007）审字 737 号《审计报告》

《内部控制鉴证报告》指大华 ××× 出具的深华（2007）专审字 296 号《内部控制鉴证报告》

《公司章程》指《深圳某某股份有限公司章程》

《公司章程》(修订草案)指《深圳某某股份有限公司章程》(修订草案)

《公司法》指《中华人民共和国公司法》

《证券法》指《中华人民共和国证券法》

《管理办法》指《首次公开发行股票并上市管理办法》

中国证监会指中国证券监督管理委员会

国家发改委指中华人民共和国国家发展和改革委员会

大华 ××× 指深圳大华 ××× 会计师事务所

报告期、近三年一期指 2004 年度、2005 年度、2006 年度及 2007 年 1—6 月

关于深圳某某股份有限公司首次公开发行 A 股并上市的律师工作报告

致：深圳某某股份有限公司

广东 ××× 律师事务所受深圳 ××× 股份有限公司的委托，担任发行人首次公开发行人民币普通股（A 股）股票并上市的特聘专项法律顾问。本所律师根据《中华人民共和国证券法》《中华人民共和国公司法》《首次公开发行股票并上市管理办法》等有关法律、法规和中国证监会的有关规定，按照中国证监会《公开发行证券公司信息披露的编报规则第 12 号——公开发行证券的法律意见书和律师工作报告》的要求，按照律师行业公认的业务标准、道德规范和勤勉尽责精神，出具本律师工作报告。

第一节　引言

一、本所及本次签名律师简介

1. 本所成立于 2003 年 5 月 26 日，注册地址为深圳市福田区 ××× 大厦 B 座 1601 室；负责人为 ×××；业务范围为主要从事公司证券、外商投资、金融、国际贸易、建筑工程、房地产、诉讼与仲裁等法律业务。

2. 本次签名律师的证券业务执业记录及其主要经历、联系方式（略）本次法律意见书及律师工作报告的签名律师为 ××× 和 ×××，两位律师从业以来无违法违规记录。

×× 律师，毕业于中南大学，获得硕士学位，现为广东 ××× 律师事务所合伙人，主要从事股份制改造、股票发行上市、收购兼并、外商投资等公司证券法律业务。

××× 律师，毕业于西南政法大学，获得法学学士学位，现为广东 ××× 律师事务所律师，主要从事股份制改造、股票发行上市、收购兼并、外商投资等公司证券法律业务。

二、本所律师制作法律意见书的过程

本所律师接受发行人委托后，协助保荐机构对发行人进行了辅导，对发行人的高级管理人员进行了法律法规的培训，按出具法律意见书的要求及律师审慎调查的执业规范，向发行人送交了要求其提供的文件资料清单，并对所提供文件资料的真实性进行了查验，就专门问题走访了相关政府部门，对有关人员和机构进行了谈话和书面询证，查勘了发行人主要财产和生产经营现场，审阅了相关中介机构及发行人的招股说明书、审计报告等申请发行必备文件，在此基础上制作了法律意见书、律师工作报告及工作底稿。本所律师为本次发行上市共花费了约60个工作日。

第二节　正文

本次发行上市的批准和授权

（一）发行人股东大会已依法定程序作出批准本次发行上市的决议

1. 2007年7月15日，发行人召开了2007年第1次临时股东大会。出席本次股东大会的股东及股东代表6名，代表股份9,000万股，占发行人总股本的100%。本次股东大会以逐项表决方式审议通过了发行人董事会提交的有关本次发行上市的相关议案:《关于公司申请公开发行人民币普通股（A股）股票并上市的议案》《关于公司募集资金投资项目的议案》、《关于公司发行前滚存利润分配方案的议案》《关于授权董事会全权办理公开发行股票并上市相关事宜的议案》《关于〈公司章程〉（修订草案）的议案》。

2. 发行人上述有关本次发行上市的股东大会决议，包含了本次发行股票的种类和数量、发行对象、发行方式、募集资金用途、发行前滚存利润的分配方案、决议的有效期、对董事会办理本次发行事宜的授权等《管理办法》中所要求的必须包括的事项。

（二）本所律师对发行人2007年第1次临时股东大会的会议通知、会议议程、表决票、会议记录和决议等相关文件进行核查后认为，发行人本次股东大会召开程序合法，决议内容符合《公司法》《证券法》《管理办法》等法律、法规、规范性文件以及发行人现行《公司章程》的有关规定，合法有效。

（三）经本所律师核查，发行人2007年第1次临时股东大会审议并通过的《关于授权董事会全权办理公开发行股票并上市相关事宜的议案》，决议授权董事会全权办理公司本次公开发行股票并上市的有关事宜，包括但不限于：

1. 根据中国证监会的要求和证券市场的实际情况，在股东大会决议范围内具体确定发行数量、发行价格、发行方式、股票上市地点等事项。

2. 签署本次股票发行并上市（包括聘请中介机构）文件和募集资金投资项目运作过程中的重要合同。

3. 按中国证监会及其他政府有关部门的要求，修改《公司章程》（修订草案）有关条款、办理有关股权变更、工商登记手续。

4. 全权办理与本次发行股票并上市有关的其他一切事宜。

5. 决议有效期：自股东大会通过之日起一年内有效。

本所律师认为，上述授权范围、程序符合法律、法规的规定，合法有效。

（四）根据《公司法》《证券法》《管理办法》等有关法律、法规和规范性文件的规定，发行人本次股票发行并上市尚待中国证监会审核批准和证券交易所上市挂牌交易的同意。

二、发行人本次发行上市的主体资格

（一）发行人是依法成立且合法存续的股份有限公司。

1. 发行人系经深圳市人民政府以深府股〔2005〕23 号文《关于以发起方式改组设立深圳某某股份有限公司的批复》批准，由 ××× 有限整体变更设立的股份有限公司，并于 2005 年 11 月 22 日取得了注册号为 4403012032450 号的《企业法人营业执照》。

2. 经本所律师核查，发行人（包括其前身）自成立以来至今，不存在未通过工商行政管理等部门年检的情况。发行人为依法有效存续的股份有限公司，不存在根据法律、法规、规范性文件以及发行人现行《公司章程》需要终止的情形。

（二）发行人前身 ××× 有限系于 1999 年 9 月 18 日依法设立的有限责任公司。发行人系由 ××× 有限按原账面净资产值折股整体变更设立的股份有限公司，持续经营时间可以从某某有限成立之日起计算，至今持续经营时间已超过三年。

（三）根据大华 ××× 于 2005 年 10 月 28 日出具的深华（2005）验字 076 号《验资报告》以及于 2006 年 9 月 28 日出具的深华（2006）验字 075 号《验资报告》，发起人或股东在发行人的出资履行了验资程序，发行人的注册资本已足额缴纳。经本所律师核查，发起人或者股东用作出资的资产的财产权转移手续已办理完毕，发行人的主要资产不存在重大权属纠纷。

（四）根据发行人现行有效的营业执照、公司章程记载以及发行人《招股说明书》，发行人主要从事农药制剂产品的研发、生产、销售和植保技术服务。经本所律师核查，发行人的生产经营符合法律、行政法规及公司章程的规定，符合国家产业政策。

（五）经本所律师核查，并经发行人书面确认，发行人最近三年内主营业务和董事、高级管理人员没有发生重大变化，实际控制人没有发生变更。

1. 发行人的主营业务为农药制剂产品的研发、生产、销售和植保技术服务，最近三年内没有发生变化。

2. 根据本律师工作报告正文第十五部分“发行人董事、监事和高级管理人员及其变化情况”所述，发行人最近三年内董事、高级管理人员的变化，符合《公司法》及《公司章程》的规定，履行了必要的法律程序；没有给公司生产经营管理造成实质性影响；发行人董事和高级管理人员最近三年内没有发生重大变化。

3. 发行人的实际控制人为 ××× 先生、××× 先生、××× 女士、××× 女士、××× 女士，最近三年内没有发生变更。

（六）根据本律师工作报告正文第六部分“发起人或股东（实际控制人）”所述，发行人的股权清晰，控股股东和受控股股东、实际控制人支配的股东持有的发行人股份不存在重大权属纠纷。

综上，本所律师认为，发行人具备本次发行上市的主体资格。

三、本次发行上市的实质条件

发行人本次发行系首次向社会公开发行人民币普通股股票（A 股）。经本所律师核查，发行人本次发行上市符合《公司法》《证券法》《管理办法》等法律、行政法规、规范性文件规定的实质条件：

（一）发行人本次拟发行的股票为每股面值人民币 1 元的 A 股，每股的发行条件和价格相同，每一股份具有同等权利，符合《公司法》第一百二十七条的规定。

（二）根据本律师工作报告正文十四部分“发行人股东大会、董事会、监事会议事规则及规范运作”所述，本所律师认为，发行人具备健全且运行良好的组织机构，符合《证券法》第十三条第一款第（一）项的规定。

（三）根据大华 ××× 出具的《审计报告》，发行人最近三年连续盈利，具有持续盈利能力，财务状况良好，符合《证券法》第十三条第一款第（二）项的规定。

（四）根据大华 ××× 出具的《审计报告》以及有关主管部门出具的证明，并经发行人书面确认，发行人最近三年财务会计文件无虚假记载，无重大违法行为，符合《证券法》第十三条第一款第（三）项、第五十条第一款第（四）项的规定。

（五）根据发行人《招股说明书》，发行人本次公开发行后股本总额不少于人民币 3000 万元，发行人本次公开发行的股份达到公司股份总数的百分之二十五以上，符合《证券法》第五十条第一款第（二）项、第（三）项的规定。

（六）主体资格

根据本律师工作报告正文第二部分“发行人本次发行上市的主体资格”所述，发行人具备本次发行上市的主体资格，符合《管理办法》第八条至第十三条的规定。

（七）独立性

根据本律师工作报告正文第五部分“发行人的独立性”所述，发行人具有完整的业务体系和直接面向市场独立经营的能力，发行人的资产完整、人员独立、财务独立、机构独立、业务独立，符合《管理办法》第十四条至第二十条的规定。

（八）规范运行

1. 根据本律师工作报告正文第十四部分“发行人股东大会、董事会、监事会议事规则及规范运作”所述，发行人已经依法建立健全股东大会、董事会、监事会、独立董事、董事会秘书制度，相关机构和人员能够依法履行职责，符合《管理办法》第二十一条的规定。

2. 经保荐机构及其他中介机构的辅导，并经发行人书面确认，发行人的董事、监事和高级管理人员已经了解与股票发行上市有关的法律法规，知悉上市公司及其董事、监事和高级管理人员的法定义务和责任，符合《管理办法》第二十二条的规定。

3. 经本所律师核查，并经发行人书面确认，发行人的董事、监事和高级管理人员符合法律、行政法规和规章规定的任职资格，且不存在被中国证监会采取证券市场禁入措施尚在禁入期、最近36个月内受到中国证监会行政处罚或者最近12个月内受到证券交易所公开谴责、因涉嫌犯罪被司法机关立案侦查或者涉嫌违法违规被中国证监会立案调查尚未有明确结论意见的情形，符合《管理办法》第二十三条的规定。

4. 根据大华×××出具的《内部控制鉴证报告》及本所律师核查，发行人的内部控制制度健全且被有效执行，能够合理保证财务报告的可靠性、生产经营的合法性、营运的效率与效果，符合《管理办法》第二十四条的规定。

5. 根据工商、税收、环保、技术监督等有关政府部门出具的证明文件及发行人出具的确认函，并经本所律师核查，发行人不存在以下情形，符合《管理办法》第二十五条的规定：

（1）最近36个月内未经法定机关核准，擅自公开或者变相公开发行过证券；或者有关违法行为虽然发生在36个月前，但目前仍处于持续状态；

（2）最近36个月内违反工商、税收、土地、环保以及其他法律、行政法规，受到行政处罚，且情节严重；

（3）最近36个月内曾向中国证监会提出发行申请，但报送的发行申请文件有虚假记载、误导性陈述或重大遗漏；或者不符合发行条件以欺骗手段骗取发行核准；或者以不正当手段干扰中国证监会及其发行审核委员会审核工作；或者伪造、变造发行人或其董事、监事、高级管理人员的签字、盖章；

（4）本次报送的发行申请文件有虚假记载、误导性陈述或者重大遗漏；

（5）涉嫌犯罪被司法机关立案侦查，尚未有明确结论意见；

（6）严重损害投资者合法权益和社会公共利益的其他情形。

6. 发行人的《公司章程》《公司章程》（修订草案）中已明确对外担保的审批权限和审议程序，发行人不存在为控股股东、实际控制人及其控制的其他企业进行违规担保的情形，符合《管理办法》第二十六条的规定。

7. 发行人有严格的资金管理制度，目前不存在资金被控股股东、实际控制人及其控制的其他企业以借款、代偿债务、代垫款项或者其他方式占用的情形，符合《管理办法》第二十七条的规定。

（九）财务与会计

1. 根据大华 ××× 出具的《审计报告》，并经发行人书面确认，发行人资产质量良好，资产负债结构合理，盈利能力较强，现金流量正常，符合《管理办法》第二十八条的规定。

2. 发行人的内部控制在所有重大方面是有效的，大华 ××× 出具了无保留结论的《内部控制鉴证报告》，符合《管理办法》第二十九条的规定。

3. 根据大华 ××× 出具的《审计报告》及《内部控制鉴证报告》，并经发行人书面确认，发行人会计基础工作规范，财务报表的编制符合企业会计准则和相关会计制度的规定，在所有重大方面公允地反映了发行人的财务状况、经营成果和现金流量，大华 ××× 为其财务报表出具了无保留意见的审计报告，符合《管理办法》第三十条的规定。

4. 根据大华 ××× 出具的《审计报告》及《内部控制鉴证报告》，并经发行人书面确认，发行人编制财务报表以实际发生的交易或者事项为依据；在进行会计确认、计量和报告时保持了应有的谨慎；对相同或者相似的经济业务，选用了一致的会计政策，不存在随意变更的情形，符合《管理办法》第三十一条的规定。

5. 经本所律师核查，并经发行人书面确认，发行人已完整披露关联方关系并按重要性原则恰当披露关联交易，关联交易价格公允，不存在通过关联交易操纵利润的情形，符合《管理办法》第三十二条的规定。

6. 根据大华 ××× 出具的《审计报告》，发行人财务状况符合《管理办法》第

三十三条的规定。

（1）2004 年、2005 年、2006 年净利润均为正数且累计超过人民币 3000 万元，净利润以扣除非经常性损益前后较低者为计算依据。

（2）2004 年、2005 年、2006 年营业收入累计超过人民币 3 亿元。

（3）本次发行前股本总额为 9,000 万元，不少于人民币 3,000 万元。

（4）最近一期末无形资产（扣除土地使用权等后）占净资产的比例不高于 20%。

（5）最近一期末不存在未弥补亏损。

7. 经本所律师核查，并经发行人书面确认，发行人依法纳税；根据本律师工作报告正文第十六部分所述，发行人及其子公司某某农资、瑞德丰农资享受 15% 的企业所得税税率，发行人自获利年度（即 2002 年）起享受“两免三减半”企业所得税，以及自 2007 年度起享受三年减半缴纳企业所得税，是深圳市政府的税收优惠政策，没有明确的国家相关税收法律法规作为依据，但上述企业所得税优惠对本次发行上市不构成实质性障碍；除上述企业所得税优惠外，发行人税收优惠符合相关法律法规的规定；发行人的经营成果对税收优惠不存在严重依赖，符合《管理办法》第三十四条的规定。

8. 经本所律师核查，并经发行人书面确认，发行人不存在重大偿债风险，不存在影响持续经营的担保、诉讼以及仲裁等重大或有事项，符合《管理办法》第三十五条的规定。

9. 经本所律师核查，并经发行人书面确认，发行人申报文件中不存在故意遗漏或虚构交易、事项或者其他重要信息，滥用会计政策或者会计估计，操纵、伪造或篡改编制财务报表所依据的会计记录或者相关凭证的情形，符合《管理办法》第三十六条的规定。

10. 经本所律师核查，并经发行人书面确认，发行人不存在下列影响持续盈利能力的情形，符合《管理办法》第三十七条的规定：

（1）发行人的经营模式、产品或服务的品种结构已经或者将发生重大变化，并对发行人的持续盈利能力构成重大不利影响；

（2）发行人的行业地位或发行人所处行业的经营环境已经或者将发生重大变化，并对发行人的持续盈利能力构成重大不利影响；

（3）发行人最近 1 个会计年度的营业收入或净利润对关联方或者存在重大不确定性的客户存在重大依赖；

（4）发行人最近 1 个会计年度的净利润主要来自合并财务报表范围以外的投资收益；

（5）发行人在用的商标、专利、专有技术以及特许经营权等重要资产或技术的取得或者使用存在重大不利变化的风险；

（6）其他可能对发行人持续盈利能力构成重大不利影响的情形。

（十）募集资金运用

1. 根据发行人2007年第1次临时股东大会决议以及发行人《招股说明书》，发行人募集资金有明确的使用方向，用于主营业务，符合《管理办法》第三十八条的规定。

2. 根据发行人《招股说明书》，并经发行人书面确认，发行人募集资金数额和投资项目与发行人现有生产经营规模、财务状况、技术水平和管理能力等相适应，符合《管理办法》第三十九条的规定。

3. 根据发行人《招股说明书》，并经本所律师核查，发行人募集资金投资项目符合国家产业政策、投资管理、环境保护、土地管理以及其他法律、法规和规章的规定，符合《管理办法》第四十条的规定。

4. 经本所律师核查，并经发行人书面确认，发行人董事会已对募集资金投资项目的可行性进行认真分析，确信投资项目具有较好的市场前景和盈利能力，能有效防范投资风险和提高募集资金使用效益，符合《管理办法》第四十一条的规定。

5. 根据发行人《招股说明书》，并经本所律师核查，募集资金投资项目实施后，不会产生同业竞争或者对发行人的独立性产生不利影响，符合《管理办法》第四十二条的规定。

6. 经本所律师核查，并经发行人书面确认，发行人已建立募集资金专项存储制度，募集资金将存放于董事会决定的专项账户，符合《管理办法》第四十三条的规定。

综上，本所律师认为，发行人本次发行上市符合《公司法》《证券法》《管理办法》等法律、行政法规、规范性文件规定的实质条件。

四、发行人的设立

发行人系一家经深圳市人民政府于2005年10月22日以深府股〔2005〕23号文《关于以发起方式改组设立深圳某某股份有限公司的批复》批准，并于2005年11月22日在深圳市工商局登记注册，由某某有限以整体变更方式设立的股份有限公司。发行人设立过程如下：

（一）2005年9月28日，某某有限股东会作出决议，同意某某有限的股东×××、融信南方、深圳好来、润宝盈信、东莞聚富、×××作为发起人，以2005年8月31日为基准日，将某某有限整体变更为股份公司。根据大华×××于2005年9月27日出具的深华（2005）审字490号《审计报告》，截至2005年8月31日，某某有限的净资产值为人民币72,653,578.35元。

×××有限以截至2005年8月31日经审计净资产扣除利润分配53578.35元后的净资产余额7,260万元按1:1的比例折成7,260万股股份，各发起人以所持某某有限股权比例对应的净资产作为出资认购股份。

（二）2005年9月28日，某某有限的股东×××、融信南方、深圳好来、润宝盈信、东莞聚富、×××签订了《关于变更设立深圳某某股份有限公司的发起人协议书》。该协议就拟设立股份公司的名称、股份总数、股本设置和出资方式、发起人的权利和义务等内容作出了明确约定。

（三）2005年9月28日，某某有限的股东×××、融信南方、深圳好来、润宝盈信、东莞聚富、×××签订了《深圳某某股份有限公司章程》。

（四）2005年10月20日，深圳市工商局以0737260号《企业名称变更核准通知书》，核准某某有限的企业名称变更为深圳某某股份有限公司。

（五）2005年10月22日，深圳市人民政府以深府股〔2005〕23号文《关于以发起方式改组设立深圳某某股份有限公司的批复》，同意深圳市某某有限公司整体变更为深圳某某股份有限公司，股份公司的股本总额为7,260万股，每股面值1元，注册资本为人民币7,260万元。其中：×××出资2,655.7949万元，持股比例为36.58%；融信南方出资2,178万元，持股比例为30%；深圳好来出资1,089万元，持股比例为15%；润宝盈信出资726万元，持股比例为10%；东莞聚富出资363万元，持股比例为5%；×××出资248.2051万元，持股比例为3.42%。

（六）2005年10月28日，大华×××出具深华（2005）验字076号《验资报告》验证，截至2005年10月28日，发行人已将截至2005年8月31日经审计的净资产72,653,578.35元中的7,260万元，按1∶1的比例折算成7,260万股，每股面值1元，共计股本为7,260万元，由某某有限的原股东按照各自在公司的股权比例持有。

（七）2005年11月8日，发行人召开创立大会，通过了股份公司筹建情况的报告、股份公司章程等议案，选举产生股份公司第一届董事会和第一届监事会成员。

（八）2005年11月22日，发行人在深圳市工商局注册登记，领取了注册号为4403012032450号的企业法人营业执照。

本所律师核查后认为：

（一）发行人设立的程序、资格、条件、方式等方面符合当时法律、法规和规范性文件的规定，并得到了有权部门的批准。

（二）发行人在设立过程中所签订的发起人协议等改制重组合同符合有关法律、法规和规范性文件的规定，不会引致发行人设立行为存在潜在纠纷。

（三）发行人设立过程中有关审计、验资均已履行了必要程序，符合当时法律、法规和规范性文件的规定。

（四）发行人创立大会召开程序及所议事项符合法律、法规和规范性文件的规定，形成的创立大会决议真实有效。

五、发行人的独立性

（一）发行人的业务独立。

发行人主营业务为农药制剂产品的研发、生产、销售和植保技术服务。经本所律师核查，发行人的业务独立于控股股东、实际控制人及其控制的其他企业，与控股股东、实际控制人及其控制的其他企业间不存在同业竞争或者显失公平的关联交易。（详见本律师工作报告正文第九部分“关联交易及同业竞争”）

（二）发行人的资产独立完整。

1. 发行人作为生产型企业具备与生产经营有关的生产系统、辅助生产系统和配套设施，合法拥有与生产经营有关的土地、厂房、机器设备以及商标、专利、非专利技术的所有权或者使用权。发行人目前不存在被股东及其他关联方违规占用资金、资产及其他资源的情形。

2. 发行人作为生产经营企业，具有独立完整的供应、生产、销售系统。

（1）供应系统：发行人计划供应部直接面向市场独立采购，统一负责全公司生产及服务所需的原材料、辅助材料、生产设备、办公设施及办公用品等的采购。

（2）生产系统：发行人已建立健全独立的生产系统，公司设立水剂、微乳剂、乳油、可湿性粉剂、悬浮剂等车间进行组织生产，并制定了一套严格的管理制度，规范产品生产、产品质量检验和存货管理等各个生产环节。

（3）销售系统：发行人自成立以来逐步建立了独立完整的销售系统。在销售模式上，目前主要通过经销商的方式进行销售。

（三）发行人的人员独立。

1. 发行人的董事、监事、总经理及其他高级管理人员严格按照《公司法》《公司章程》及其他有关规定产生。

2. 发行人的总经理、财务负责人和董事会秘书等高级管理人员未在控股股东、实际控制人及其控制的其他企业中担任除董事、监事以外的其他职务，未在控股股东、实际控制人及其控制的其他企业领薪；发行人的财务人员未在控股股东、实际控制人及其控制的其他企业中兼职。

3. 发行人建立了员工聘用、考评、晋升等完整的劳动用工制度，发行人的劳动、人事及工资管理完全独立。

（四）发行人的机构独立。

1. 发行人的股东大会、董事会、监事会均依法、依公司章程设立，并规范运作。

2. 发行人独立设置了市场部、研究所、计划供应部、工程技术部、品管部、营销部、物流部、审计部、财务部、证券投资部、总经办、人力资源部、IT 部等职能部门。此外，发行人在东莞设立了深圳某某股份有限公司东莞分公司，该分公司现持有注册号为（分）4419001912236 号的《营业执照》，营业场所为东莞市大岭山镇大岭村，其目前主要从事“某某”品牌农药制剂产品的生产。

3. 发行人已建立健全内部经营管理机构，独立行使经营管理职权，与控股股东、实际控制人及其控制的其他企业间不存在机构混同的情形。

4. 发行人的生产经营场所和办公机构与股东及其他关联方完全分开，不存在股东及其他关联方干预发行人机构设置的情况。

（五）发行人的财务独立。

1. 发行人已建立独立的财务核算体系，能够独立作出财务决策，具有规范的财务会计制度和对子公司的财务管理制度。

2. 发行人拥有独立的银行账户，未与控股股东、实际控制人及其控制的其他企业共用银行账户。

3. 发行人依法独立纳税。

4. 发行人能够独立作出财务决策，不存在控股股东干预发行人资金使用的情况。

（六）发行人具有完整的业务体系和直接面向市场独立经营的能力。

发行人具有完整的业务体系，包括采购、生产、销售等。发行人的收入和利润主要来源于自身经营，不依赖于股东及其他关联方，发行人具有直接面向市场独立经营的能力。

综上，本所律师认为，发行人业务独立，资产独立完整，具有独立完整的供应、生产、销售系统，人员、机构、财务独立，具有完整的业务体系和直接面向市场独立经营的能力。

六、发起人或股东（实际控制人）

（一）发行人的发起人

发行人的发起人为 ×××、深圳市融信南方投资有限公司、深圳市好来实业有限公司、东莞市润宝盈信实业投资有限公司、东莞市聚富有限公司、×××，其均为发行人的现有股东。

（二）发行人的现有股东

1. ×××

×××，身份证号为44030119620808××××，中国国籍，未有任何国家和地区永久海外居留权。

××× 是发行人的控股股东，发起人，现持有发行人3,895.7949万股股份，占发行人股份总数的43.29%。

2. 深圳市融信南方投资有限公司

融信南方是一家于2002年12月11日在深圳注册成立的有限责任公司，现持有注册号为4403012102170的《企业法人营业执照》，注册地为深圳市宝安区，注册资本为人民币4,500万元（实收资本：4,500万元），主营业务为实业投资。该公司已通过2006年度企业法人年检，依法有效存续。融信南方目前股权结构：卢柏强持股90%、卢丽红持股6%、卢叙安持股4%。融信南方是发行人的股东，发起人，现持有发行人2178万股股份，占发行人股份总数的24.2%。

3. 深圳市好来实业有限公司

深圳好来是一家于2004年10月14日在深圳注册成立的有限责任公司，现持有注册号为4403012155895的《企业法人营业执照》，注册地为深圳市宝安区，注册资本为人民币1,800万元（实收资本1,800万元），主营业务为实业投资。该公司已通过2006年度企业法人年检，依法有效存续。深圳好来目前股权结构：（略）深圳好来是发行人的股东，发起人，现持有发行人1,589万股股份，占发行人股份总数的17.66%。

4. 东莞市润宝盈信实业投资有限公司

润宝盈信是一家于2004年11月18日在东莞注册成立的有限责任公司，现持有注册号为44190023349987的《企业法人营业执照》，注册地为东莞市莞城区，注册资本为人民币1,200万元，主营业务为实业投资。该公司已通过2006年度企业法人年检，依法有效存续。润宝盈信目前股权结构：（略）润宝盈信是发行人的股东，发起人，现持有发行人726万股股份，占发行人股份总数的8.06%。

5. 东莞市聚富有限公司

东莞聚富是一家于1993年6月2日在东莞注册成立的有限责任公司，现持有注册号为4419002002176的《企业法人营业执照》，注册地为东莞市莞城区，注册资本为人民币800万元，主营业务为建筑技术咨询、经济信息咨询，建筑设备租赁，销售，

民用建材。该公司已通过2006年度企业法人年检，依法有效存续。东莞聚富目前股权结构：（略）东莞聚富是发行人的股东，发起人，现持有发行人363万股股份，占发行人股份总数的4.03%。

6. ×××

×××，身份证号为44190064120××××，中国国籍，未有任何国家和地区永久海外居留权。

×××是发行人的股东，发起人，现持有发行人248.2051万股股份，占发行人股份总数的2.76%。

本所律师核查后认为：

1. 发行人上述四名法人发起人均为合法设立且有效存续的企业法人；上述两名自然人发起人均为具有完全民事权利能力和完全民事行为能力的境内自然人；各发起人在中国境内均有固定住所。各发起人均具有法律、法规和规范性文件规定的担任发起人的资格。

2. 发行人的发起人共六名，其中四名为境内企业法人，两名为境内自然人。发行人设立时，六名发起人全额认购了发行人100%的股份。发起人的人数、住所、出资比例均符合有关法律、法规和规范性文件的规定。

（三）本次发行前，发行人的总股本为9,000万股，卢氏兄妹即卢柏强先生、卢叙安先生、卢翠冬女士、卢翠珠女士、卢丽红女士合计直接或间接持有发行人78.31%的股份；同时，卢柏强担任发行人的董事长。因此，发行人的实际控制人为卢氏兄妹，其基本情况如下：

1. ×××先生为发行人控股股东，基本情况见本节上述“发行人的现有股东”内容。

2. ×××先生，卢柏强先生的弟弟，身份证号码为44190019720622 ××××，中国国籍，未有任何国家和地区永久海外居留权。

3. ×××女士，卢柏强先生的妹妹，身份证号码为44252719650720 ××××，中国国籍，未有任何国家和地区永久海外居留权。

4. ×××女士，卢柏强先生的妹妹，身份证号码为44252719701029 ××××，中国国籍，未有任何国家和地区永久海外居留权。

5. ×××女士，卢柏强先生的妹妹，基本情况见本节上述“发行人的现有股东”内容。

（四）发行人系由某某有限整体变更设立的股份公司，各发起人以其在诺普信有限的经审计的净资产出资，并履行了必要的批准、审计、验资等法定程序。发起人已投入发行人的资产的产权关系清晰，不存在法律障碍。

（五）发起人以其在 ××× 有限的经审计的净资产出资，不存在发起人将其全资附属企业或其他企业先注销再以其资产折价入股和以在其他企业中的权益折价入股的情况。

（六）发行人系由 ××× 有限整体变更设立的股份公司，××× 有限的资产、业务和债权、债务概由发行人承继。××× 有限为权利人的资产或权属证书已变更或正在变更至发行人名下，不存在法律障碍或风险。

七、发行人的股本及其演变

（一）发行人设立时的股本

1. 发行人设立时股本总额为 7,260 万股，均为人民币普通股。

2. 发行人设立时的股权设置、股本结构已经深圳市人民政府以深府股〔2005〕23 号文批准；各发起人对发行人的出资经大华 ××× 出具的深华（2005）验字 076 号《验资报告》验证，已经全部缴足。本所律师审查后认为，发行人设立时的股权设置、股本结构合法有效，产权界定和确认不存在纠纷及风险。

（二）发行人历次股本变动

发行人的前身为深圳市某某有限公司。2005 年 11 月，某某有限整体变更为深圳某某股份有限公司。发行人历次股权变动情况如下：

1. 1999 年 9 月某某有限设立

1999 年 9 月 18 日，某某有限在深圳市工商局注册成立，领取了注册号为 4403012032450 的《企业法人营业执照》，注册资本为人民币 200 万元。

根据深圳北成会计师事务所于 1999 年 9 月 8 日出具的验字〔1999〕173 号《验资报告》，截至 1999 年 9 月 7 日，上述股东已经足额缴纳其出资，出资方式为人民币现金。

2. 2001 年 3 月某某有限增资至 400 万元

2001 年 2 月 25 日，某某有限股东会作出决议，同意公司注册资本由 200 万元增加至 400 万元，新增资本 200 万元由 ××× 以人民币现金认缴。

2001 年 3 月 26 日，深圳市工商局核准了上述股权变更登记，并向某某有限核发了变更的《企业法人营业执照》。

根据深圳正理会计师事务所于 2001 年 2 月 27 日出具的深正验字（2001）第 A060 号《验资报告》，股东卢柏强已经足额缴纳其出资，出资方式为人民币现金。

3 2001 年 3 月某某有限股东转让股权

2001 年 3 月 27 日，卢叙安与卢柏强签订了股权转让协议，约定卢叙安将其持有某某有限40%股权以人民币160万元价格全部转让给卢柏强。

2001年3月27日，深圳市瑞德丰农药有限公司与卢翠冬签订了股权转让协议，约定深圳市瑞德丰农药有限公司将其持有某某有限10%股权以人民币40万元价格全部转让给卢翠冬。

2001年3月27日，×××有限股东会作出决议，同意了上述股权转让。2001年6月4日，深圳市工商局核准了上述股权变更登记。

2004年12月3日，×××有限股东会作出决议，同意公司注册资本由400万元增加至1,170万元，新增资本770万元由×××、融信南方、深圳好来、润宝盈信、东莞聚富以人民币现金认缴。其中：×××投入348万元，其中68万元记入公司注册资本，280万元记入公司资本公积金；融信南方投入1,800万元，其中351万元记入公司注册资本，1,449万元记入公司资本公积金；深圳好来投入900万元，其中175.5万元记入公司注册资本，724.5万元记入公司资本公积金；润宝盈信投入600万元，其中117万元记入公司注册资本，483万元记入公司资本公积金；东莞聚富投入300万元，其中58.5万元记入公司注册资本，241.5万元记入公司资本公积金。

2004年12月30日，深圳市工商局核准了上述股权变更登记，并向某某有限核发了变更的《企业法人营业执照》。

根据大华×××于2004年12月6日出具的深华（2004）验字069号《验资报告》，股东×××、融信南方、深圳好来、润宝盈信、东莞聚富已经足额缴纳其出资，出资方式为人民币现金。

5. 2005年11月×××有限整体变更为发行人

×××有限整体变更为发行人情况，具体详见本律师工作报告正文第四部分“发行人的设立”。

6. 2006年9月发行人增资至9,000万元

2006年9月25日，发行人股东大会作出决议，同意公司股东×××、深圳好来以人民币现金对公司进行增资。其中：×××投入1,860万元，认购公司人民币普通股1,240万股，每股价格1.5元，每股面值1元，其中1,240万元记入公司注册资本，620万元记入公司资本公积金；深圳好来投入750万元，认购公司人民币普通股500万股，每股价格1.5元，每股面值1元，其中500万元记入公司注册资本，250万元记入公司资本公积金。公司增资后注册资本为人民币9,000万元，股份总数为9,000万股，均为人民币普通股。

2006年10月10日，深圳市工商局核准了上述股权变更登记，并向发行人核发

了变更的《企业法人营业执照》。

根据大华 ××× 于 2006 年 9 月 28 日出具的深华（2006）验字 075 号《验资报告》，股东卢柏强、深圳好来已经足额缴纳其出资，出资方式为人民币现金。

综上，本所律师认为，发行人历次股权变动符合相关法律、法规的规定，发行人历次股权变动合法有效。

（三）经发行人各股东确认和本所律师核查，截至本律师工作报告出具之日，发行人的各股东所持股份不存在质押。

八、发行人的业务

（一）根据发行人现行有效的营业执照、公司章程记载以及发行人《招股说明书》，发行人的主营业务为农药制剂产品的研发、生产、销售和植保技术服务。根据《农药生产管理办法》《农药管理条例实施办法》和《中华人民共和国农药管理条例》的规定，开办农药生产企业应经国家发改委核准，农药生产企业核准有效期限为五年。五年后要求延续保留农药生产企业资格的企业，应当在有效期届满三个月前向国家发改委提出延续核准申请。发行人及其子公司东莞瑞德丰、陕西标正为农药生产企业。2006 年 11 月 16 日，东莞瑞德丰通过了国家发改委的农药生产企业延续核准并已公告。2007 年 6 月 29 日，发行人通过了国家发改委的农药生产企业延续核准并已公告。陕西标正目前正在办理农药生产企业延续核准手续。2006 年 12 月 10 日，陕西石化行业管理办公室出具了《关于陕西标正科学有限公司等 15 家农药企业申请延续核准的报告》，认为陕西标正符合延续核准的条件，提请国家发改委对其农药生产企业资格进行审查、核准。根据《中华人民共和国农药管理条例》《农药管理条例实施办法》和《农药生产管理办法》的规定，生产农药必须取得农药登记证、农药生产批准证书（或工业产品生产许可证），产品质量标准执行国家标准或行业标准，如无国家标准及行业标准的，由企业拟定企业标准，经审查备案后执行。农药产品只有同时具备“农药登记证”“农药生产批准证书”（或“工业产品生产许可证”）以及符合规定的质量标准，才允许生产和销售。发行人及其子公司东莞瑞德丰、陕西标正为农药生产企业。

根据本所律师核查并经发行人确认，发行人及其子公司东莞瑞德丰、陕西标正生产和销售的产品均取得了农药登记证、农药生产批准证书（或工业产品生产许可证），产品标准均办理了备案登记。

截至本律师工作报告出具日，发行人及其子公司东莞瑞德丰、陕西标正拥有“三证”[农药登记证、农药生产批准证书（或工业产品生产许可证）、产品标准]的农药产品共 324 个，其中发行人 137 个，东莞瑞德丰 158 个，陕西标正 29 个，其农药产品“三证”具体情况详见本律师工作报告附件一：发行人、东莞瑞德丰、陕西标正的农药产品“三证”。

综上，本所律师认为，发行人的经营范围和经营方式符合《中华人民共和国农药管理条例》《农药管理条例实施办法》和《农药生产管理办法》的要求以及其他有关法律、法规和规范性文件的规定。

（二）经本所律师核查，并经发行人书面确认，发行人未在中国大陆以外经营。

（三）根据本所律师核查，发行人自设立以来持续从事农药制剂产品的研发、生产、销售和植保技术服务，发行人的主营业务未发生过变更。

（四）根据发行人提供的资料以及大华天诚出具的《审计报告》，发行人的收入和利润主要来自于主营业务。据此，本所律师认为发行人的主营业务突出。

（五）发行人设立后，连续盈利，经营情况良好；根据本所律师核查，发行人在持续经营方面不存在法律障碍。

九、关联交易及同业竞争

（一）关联方

1. 发行人的控股股东、实际控制人及其控制的其他企业

（1）发行人的控股股东为×××，发行人的实际控制人为×××先生、×××先生、×××女士、×××女士、卢丽红女士，其基本情况详见本律师工作报告正文第六部分“发起人或股东（实际控制人）”。

（2）除控制发行人外，发行人的控股股东、实际控制人控制的其他企业共有六家，包括：融信南方、润宝盈信、东莞市威尔格实业投资有限公司、东莞市正晖实业投资有限公司、东莞市施普旺生物科技有限公司、成都新诺维。

①融信南方、润宝盈信的基本情况详见本律师工作报告正文第六部分“发起人或股东（实际控制人）”。

②东莞市威尔格实业投资有限公司、东莞市正晖实业投资有限公司、东莞市施普旺生物科技有限公司、成都新诺维的基本情况详见下表：（略）

2. 其他持有发行人股份5%以上的股东其他持有发行人股份5%以上的股东为融信南方、深圳好来、润宝盈信，其目前分别持有发行人24.2%、17.66%、8.06%的股份，其基本情况详见本律师工作报告正文第六部分“发起人或股东（实际控制人）”。

3. 发行人的子公司

发行人目前有六家全资及控股子公司，具体情况如下：

（1）东莞市瑞德丰生物科技有限公司

东莞瑞德丰，成立于2001年8月17日，现持有注册号为441900200 7859的《企

业法人营业执照》，住所为东莞市大岭山镇大片美村，注册资本为人民币1,050万元（实收资本：1,050万元），其目前具体负责“瑞德丰”品牌农药制剂产品的生产。

东莞瑞德丰现为发行人的全资子公司，发行人持有其100%股权。

（2）深圳市瑞德丰农资有限公司

瑞德丰农资，成立于2005年1月20日，现持有注册号为4403012165148的《企业法人营业执照》，住所为深圳市宝安区西乡水库路113号某某办公楼304室、305室（办公场所），注册资本为人民币100万元（实收资本：100万元），其目前具体负责“瑞德丰”品牌农药制剂产品的销售。瑞德丰农资现为发行人的全资子公司，发行人持有其100%股权。

（3）深圳市某某农资有限公司

某某农资，成立于2001年12月13日，现持有注册号为4403012079091的《企业法人营业执照》，住所为深圳市宝安区西乡水库路113号某某办公楼403、404室（办公场所），注册资本为人民币50万元（实收资本：50万元），其目前具体负责“某某”品牌农药制剂产品的销售。某某农资现为发行人的全资子公司，发行人持有其100%股权。

（4）陕西标正作物科学有限公司

陕西标正，成立于2005年8月24日，现持有注册号为6105001400220的《企业法人营业执照》，住所为渭南市高新区朝阳路西段，注册资本为人民币600万元（实收资本：600万元），其目前具体负责“标正”品牌农药制剂产品的生产。陕西标正现为发行人的控股子公司，发行人持有其90%股权。

（5）渭南标正科技有限公司

渭南标正，成立于2006年1月16日，现持有注册号为6105001400234的《企业法人营业执照》，住所为渭南市高新区崇业路与朝阳路交汇处，注册资本为人民币200万元，经营范围为农化产品的研究、开发及转让，经济信息的咨询。渭南标正现为发行人的控股子公司，发行人持有其90%股权。

（6）西安标正生物科技有限公司

西安标正，成立于2005年7月12日，现持有注册号为6101012427472的《企业法人营业执照》，住所为西安市碑林区含光路中段46号新西部医药大厦605室，注册资本为人民币60万元，其目前具体负责“标正”品牌农药制剂产品的销售。西安标正现为发行人的控股子公司，发行人持有其90%股权。

4. 发行人近三年曾控股的企业单位

（1）成都皇牌专业杀虫剂有限公司

成都皇牌成立于2006年3月29日，2007年6月27日经工商局核准注销。注销前，其注册资本为人民币50万元，发行人曾持有其52%的股权。

（2）成都华邦生物科技有限公司

成都华邦成立于2006年9月14日，2007年6月26日经工商局核准注销。注销前，注册资本为人民币200万元，发行人曾持有其70%的股权。

（3）成都新诺维生物科技有限公司

成都新诺维成立于2006年9月14日，注册资本为人民币1,000万元，发行人曾持有其60%的股权。2007年3月，发行人将持有该公司的股权全部转让给融信南方、润宝盈信。

（4）济南奥诺生物科技有限公司

济南奥诺成立于2006年5月10日，2007年7月23日经工商局核准注销。注销前，其注册资本为人民币50万元，发行人持有其52%的股权。

（5）深圳中农农药科学研究所

深圳中农成立于2006年6月16日，开办资金为人民币50万元。2007年4月，发行人将所持有深圳中农51%权益全部转让给独立第三方叶端平，并于2007年6月6日在深圳市民政局办理了变更登记手续。

5. 发行人的董事、监事和高级管理人员

发行人的董事、监事和高级管理人员对发行人的经营决策、日常管理有较大影响力，也是发行人的主要关联方。发行人董事、监事和高级管理人员的名单详见本律师工作报告正文第十五部分“发行人董事、监事和高级管理人员及其变化”。

6. 其他关联方

（1）×××，×××先生的弟弟。

（2）×××，×××先生的配偶。

（3）深圳市瑞德丰农药有限公司，卢丽红曾持有其75%的股权。2007年2月，卢丽红将持有该公司的股权全部转让给独立第三方。该公司目前正在办理注销登记手续。

（4）深圳市维尼格化妆品有限公司，×××、融信南方曾合计持有其100%的股权。2007年6月，×××、融信南方将持有该公司的股权全部转让给独立第三方。该公司目前不再是发行人的关联方。

（5）东莞市同方实业投资有限公司，系发行人董事×××先生实际控制的企业，成立于2003年3月4日，注册资本为人民币1,850万元，经营范围为实业项目开发投资，（涉及许可证的，凭许可证经营）销售：建筑材料及装饰材料。

（二）关联交易

1. 收购股权

（1）收购东莞瑞德丰股权

2006 年 7 月，发行人作为新股东以人民币现金 1,100 万元对东莞瑞德丰增资。本次增资后，发行人持有东莞瑞德丰 52.38% 的股权。上述增资行为已经发行人 2005 年度股东大会批准，关联股东回避了表决。

2007 年 4 月，发行人以人民币 625 万元价格购买融信南方持有东莞瑞德丰 23.81% 的股权，以人民币 625 万元价格购买 ××× 持有东莞瑞德丰 23.81% 的股权，本次收购价格以东莞瑞德丰截至 2007 年 3 月 31 日经审计的净资产值为定价依据。本次收购完成后，发行人持有东莞瑞德丰 100% 的股权。上述收购行为已经发行人 2006 年度股东大会批准，关联股东回避了表决。

（2）收购瑞德丰农资股权

2006 年 7 月，发行人以人民币 134.2 万元价格购买深圳市瑞德丰农药有限公司持有瑞德丰农资 20% 的股权，以人民币 214.72 万元价格购买卢叙安持有瑞德丰农资 32% 的股权，本次收购价格以瑞德丰农资截至 2006 年 6 月 30 日经审计的净资产值为定价依据。本次收购完成后，发行人持有瑞德丰农资 52% 的股权。上述收购行为已经发行人 2005 年度股东大会批准，关联股东回避了表决。

2007 年 4 月，发行人以人民币 600 万元价格购买 ××× 持有瑞德丰农资 48% 的股权，本次收购价格以瑞德丰农资截至 2007 年 3 月 31 日经审计的净资产值为定价依据。本次收购完成后，发行人持有瑞德丰农资 100% 的股权。上述收购行为已经发行人 2006 年度股东大会批准，关联股东回避了表决。

（3）收购某某农资股权

2007 年 4 月，发行人以人民币 97.5 万元价格购买 ××× 持有某某农资 10% 的股权，本次收购价格以某某农资截至 2007 年 3 月 31 日经审计的净资产值为定价依据。本次收购完成后，发行人持有某某农资 100% 的股权。上述收购行为已经发行人 2006 年度股东大会批准，关联股东回避了表决。

2. 转让股权

（1）转让成都华邦股权

2007 年 3 月，发行人将所持有成都华邦 70% 股权中的 65% 转让给融信南方，转让价格为人民币 130 万元，其余 5% 转让给润宝盈信，转让价格为人民币 10 万元，本次股权转让价格以成都华邦的注册资本为定价依据。本次股权转让完成后，发行人不再持有成都华邦股权。上述股权转让行为已经发行人 2006 年度股东大会批准，关联股东回避了表决。

（2）转让成都新诺维股权

2007 年 4 月，发行人将所持有成都新诺维 60%股权中的 55%转让给融信南方，转让价格为人民币 550 万元，其余 5%转让给润宝盈信，转让价格为人民币 50 万元，本次股权转让价格以成都新诺维的注册资本为定价依据。本次股权转让完成后，发行人不再持有成都新诺维股权。上述股权转让行为已经发行人 2006 年度股东大会批准，关联股东回避了表决。

3. 委托加工

发行人 2004 年、2005 年曾委托东莞瑞德丰加工农药瓶。2004 年委托加工金额为 192.87 万元，2005 年为 346.29 万元，委托加工定价参照市场一般价格确定，2006 年，东莞瑞德丰纳入发行人合并报表范围。

4. 厂房租赁

根据东莞瑞德丰与东莞市施普旺生物科技有限公司于 2005 年 12 月 19 日签订的《厂房租赁合同》，东莞瑞德丰租赁东莞市施普旺生物科技有限公司位于东莞大岭山镇的厂房［权证号：东府国用（2002）第特 302 号］，建筑面积为 4043 平方米，租赁期为 2006 年 1 月 1 日—2015 年 12 月 31 日；从 2006 年 1 月 1 日—2010 年 12 月 31 日，每月租金为 3.75 万元，从 2011 年度开始，租赁双方根据市场变化情况调整；租赁期满后，在同等条件下，东莞瑞德丰有优先承租的权利。

5. 购买土地使用权

为落实本次募股资金拟投资项目“年产 2 万吨水性化环保型农药制剂产业化项目”的用地，发行人与东莞市威尔格实业投资有限公司于 2007 年 7 月 18 日签订了土地使用权转让合同，发行人向东莞市威尔格实业投资有限公司购买面积为 25，569.2 平方米的土地使用权［权证号：东府国用（2005）第特 250 号］，价格为人民币 1，200 万元。

6. 关联方为发行人提供担保

（1）2006 年 6 月 30 日，发行人与深圳市商业银行营业部签订编号为深商银（营）委贷字（2006）第（C110010600689）号《国家开发银行人民币资金委托贷款借款合同》，深圳市商业银行（受托人）受国家开发银行（委托人）委托向发行人贷款人民币 400 万元，借款期限为 36 个月。

根据发行人与深圳中科智担保投资有限公司签订的编号为 SZDBQY06047-01《委托担保协议书》，深圳中科智担保投资有限公司为发行人上述委托借款提供担保。

根据 ××× 与深圳中科智担保投资有限公司签订的编号为 SZDBQY06047-09A

《反担保保证书》，其为上述《委托担保协议书》提供连带责任保证。

根据×××与深圳中科智担保投资有限公司分别签订的编号为SZDBQY06047-09B《反担保保证书》、SZDBQY06047-07《股权质押（反担保）协议书》，其为上述《委托担保协议书》提供连带责任保证及质押担保。

（2）2006年11月28日，发行人与中国农业银行深圳宝安支行（贷款人）签订编号为NO81101200600001990号《借款合同》，借款金额为人民币1000万元，借款期限为自2006年11月28日至2007年8月27日。

根据×××与贷款人签订的编号为NO81905200600000181号《最高额保证合同》，其为上述《借款合同》提供连带责任保证。

（3）2006年12月25日，发行人与深圳市商业银行皇岗支行（贷款人）签订编号为深商银（皇岗）承兑字（2006）第C110340600647号《银行承兑合同》，发行人向贷款人申请开立银行承兑汇票，金额为人民币2,000万元，在合同生效之日起三个月内，分期分批开立。

根据×××与贷款人签订的编号为深商银（皇岗）个抵字（2006）第C110340600647号《个人抵押合同》、编号为深商银（皇岗）个保字（2006）第C110340600647号《个人保证合同》，其为上述《银行承兑合同》提供抵押担保、连带责任保证。

（4）2007年4月18日，发行人与深圳市商业银行皇岗支行（贷款人）签订编号为深商银（皇岗）贷字（2007）第C110340700123号《借款合同》，发行人向贷款人借款人民币2,000万元，借款期限为9个月。

根据×××与贷款人签订的编号为深商银（皇岗）个抵字（2007）第C110340700123号《个人抵押合同》、编号为深商银（皇岗）个保字（2007）第C110340700123号《个人保证合同》，其为上述《银行承兑合同》提供抵押担保、连带责任保证。

（5）2007年4月29日，发行人与中国农业银行深圳宝安支行（贷款人）签订编号为No81101200700000838号《借款合同》，发行人向贷款人借款人民币900万元，借款期限为2007年4月29日—2007年10月28日。

融信南方、×××、×××、×××、×××、×××、×××与贷款人签订编号为No81901200700001471、No81901200700001472、No81901200700001473《保证合同》，为上述《借款合同》提供连带责任保证。

（6）2006年12月26日，东莞瑞德丰与中信银行东莞分行（贷款人）签订编号为银授字/第06X332《综合授信额度合同》，贷款人向东莞瑞德丰提供人民币3,000

万元综合授信额度，额度期限为2006年12月26日至2007年12月26日。以下各关联方为上述《综合授信额度合同》提供担保：

①东莞市威尔格实业投资有限公司与贷款人签订编号为银保字/第06X05305号《最高额抵押合同》，提供抵押担保。

②东莞市施普旺生物科技有限公司与贷款人签订编号为银保字/第06X05308号《最高额抵押合同》，提供抵押担保。

③卢柏强与贷款人签订编号为（2006）莞银最保字第06X33201号《最高额保证合同》，提供连带责任保证。

④卢翠珠与贷款人签订编号为（2006）莞银最保字第06X33202号《最高额保证合同》，提供连带责任保证。

⑤融信南方与贷款人签订编号为（2006）莞银最保字第06X33204号《最高额保证合同》，提供连带责任保证。

⑥东莞市正晖实业投资有限公司与贷款人签订编号为（2006）莞银最保字第06X33206号《权利质押合同》，提供质押担保。

上述关联方为发行人提供担保的行为，已经发行人2005年度、2006年度、2007年第1次临时股东大会批准，关联股东回避了表决。

7. 关联方资金往来

根据大华×××出具的《审计报告》以及发行人提供的相关资料，近三年一期，发行人与关联方资金往来情况如下：

2004年末，关联方向发行人的暂借款余额为2,320万元，2005年末为2,793.25万元。截至2006年12月31日，关联方向发行人的暂借款已归还。

2006年末，发行人向关联方的暂借款余额为104.99万元。截至2007年6月30日，发行人向关联方的暂借款已归还。

上述关联方往来借款已经发行人2006年度股东大会确认。

本所律师核查后认为，上述关联交易均为双方协商一致的结果，遵循了一般市场公平原则，交易条件公允、合理，不存在损害发行人及其他股东利益的情况；

上述关联交易按发行人《公司章程》和《关联交易决策制度》的规定，需提交董事会、股东大会审议、确认的，有关联关系的董事、股东已经回避表决，发行人已采取必要措施对其他股东利益进行保护，关联交易的决策程序合法、有效；上述发行人与关联方之间的往来借款行为现已规范，未给发行人及其股东的利益造成实质性损害，对本次发行上市不构成实质性障碍。

（三）关联交易的解决措施

2007 年 6 月 30 日，发行人的实际控制人、股东向发行人出具《减少关联交易承诺函》，承诺：本人（本公司）及本人（本公司）所控制的企业将尽量避免、减少与贵公司发生关联交易。如关联交易无法避免，本人（本公司）及本人（本公司）所控制的企业将严格遵守中国证监会和贵公司章程的规定，按照通常的商业准则确定交易价格及其他交易条件，公允进行。

2007 年 6 月 30 日，发行人的实际控制人向发行人出具《不占用公司资源承诺函》，承诺：自本承诺函出具之日起，本人及本人控制的其他企业将不以任何理由和方式占用贵公司的资金或贵公司其他资产。

（四）关联交易公允决策的程序

发行人在《公司章程》及《关联交易决策制度》《独立董事制度》等内部规定中明确了关联交易公允决策的程序：

1.《公司章程》第 38 条第 5 项规定：公司对股东、实际控制人及其关联方提供的担保，须经股东大会批准后方可实施。

第 75 条规定：股东大会审议有关关联交易事项时，关联股东不应当参与投票表决，其所代表的有表决权的股份数不计入有效表决总数。

第 104 条第 3 项规定：公司与关联人发生的交易（公司获赠现金资产和提供担保除外）金额在 3,000 万元以上，且占公司最近一期经审计净资产绝对值 5% 以上的关联交易，应提交股东大会审议。

第 113 条规定：董事与董事会会议决议事项所涉及的企业有关联关系的，不得对该项决议行使表决权，也不得代理其他董事行使表决权。该董事会会议由过半数的无关联关系董事出席即可举行，董事会会议所作决议须经无关联关系董事过半数通过。出席董事会的无关联董事人数不足 3 人的，应将该事项提交股东大会审议。

2. 发行人就关联交易公允决策的程序制定了《关联交易决策制度》，该制度明确规定了关联交易的概念、关联交易原则、关联人和关联交易的范围、关联交易的决策、关联交易的信息披露等内容。

3. 发行人《独立董事制度》第 5 条第 2 款规定：重大关联交易（指公司拟与关联人达成的总额高于 300 万元或公司最近一期经审计的净资产值的 5% 的关联交易）应由独立董事认可后，提交董事会讨论；独立董事作出判断前，可以聘请中介机构出具独立财务顾问报告，作为其判断的依据。第 6 条第 4 款规定：独立董事应就“公司的股东、实际控制人及其关联企业对公司现有或新发生的总额高于 300 万元或高于公司最近经审计净资产值的 5% 的借款或其他资金往来，以及公司是否采取有效

措施回收欠款”的事项向董事会或股东大会发表独立意见。

综上，本所律师认为，上述关联交易公允决策的程序为保护中、小股东的权益，避免不正当交易提供了适当的法律保障。

（五）同业竞争及解决措施

1. 同业竞争

发行人的控股股东为×××，发行人的实际控制人为×××先生、×××先生、×××女士、×××女士、×××女士。

发行人的控股股东、实际控制人控制的其他企业包括：融信南方、润宝盈信、东莞市威尔格实业投资有限公司、东莞市正晖实业投资有限公司、东莞市施普旺生物科技有限公司、成都新诺维。

融信南方、润宝盈信、东莞市威尔格实业投资有限公司、东莞市正晖实业投资有限公司主要从事投资业务；成都新诺维主要从事生物技术产品的研究、开发业务；东莞市施普旺生物科技有限公司主要从事产销微肥、生物肥；上述各公司的主营业务与发行人完全不同。

经本所律师核查，发行人与控股股东、实际控制人及其控制的其他企业不存在同业竞争。

2. 不从事同业竞争承诺

为避免同业竞争，2007年6月30日，发行人的实际控制人、股东向发行人出具了《不从事同业竞争承诺函》，承诺：截至本承诺函出具之日，本人（本公司）及本人（本公司）所控制的企业并未以任何方式直接或间接从事与贵公司相竞争的业务，并未拥有从事与贵公司可能产生同业竞争企业的任何股份、股权或在任何竞争企业有任何权益；将来不会以任何方式直接或间接从事与贵公司相竞争的业务，不会直接或间接投资、收购竞争企业，也不会以任何方式为竞争企业提供任何业务上的帮助。

综上，本所律师认为，发行人与控股股东、实际控制人及其控制的其他企业，不存在同业竞争；发行人的实际控制人、股东已作出不从事同业竞争承诺，发行人采取的避免同业竞争的措施是有效的。

（六）根据本所律师核查，发行人对有关关联交易及解决同业竞争的承诺或措施已经在《招股说明书》中作了充分披露，没有重大遗漏或重大隐瞒。

十、发行人的主要财产

（一）发行人及子公司拥有的主要财产如下：

1. 房产

发行人及其子公司现拥有的房产主要为办公楼、生产厂房和仓库等，通过购买和自建方式取得，具体如下：

（1）已取得权属证书的房产共4宗（略）；

（2）正在办理权属证书的房产共2宗。

发行人在座落于深圳宝安西乡土地上自建办公楼一宗，建筑面积为6904.08平方米。发行人已取得该办公楼使用范围内的土地使用权，土地使用权证号为深房地字5000180949号。该办公楼的建设已办理了规划、施工、竣工验收等手续，房产证尚在办理中。

发行人的子公司渭南标正在座落于陕西渭南高新区土地上自建厂房一宗，建筑面积为2,934平方米。发行人已取得该厂房使用范围内的土地使用权，土地使用权证号为渭高新国用（2006）第13号。该厂房的建设已办理了规划、施工、竣工验收等手续，房产证尚在办理中。

2. 土地使用权

发行人及其子公司现拥有的土地使用权共有6宗，用途均为工业用地，具体如下：（略）

（3）商标

发行人及其子公司现拥有注册商标共12项，具体如下：（略）发行人的上述7项注册商标由其前身（略）有限申请取得，目前正在国家商标局办理注册人变更为发行人的手续。根据本所律师核查及经发行人确认，截至本律师工作报告出具之日，上述商标未设置质押及其他权利限制，也未许可他人使用上述商标。

4. 专利

（1）发行人及其子公司现拥有专利共7项，具体如下：（略）发行人的上述4项专利由其前身×××有限申请取得，目前正在国家知识产权局办理权利人变更为发行人的手续。根据本所律师核查及经发行人确认，截至本律师工作报告出具之日，上述专利未设置质押及其他权利限制，也未许可他人使用上述专利。

（2）发行人向国家知识产权局提交了21项发明专利申请，该等专利申请尚在审查过程中，具体情况如下：（略）

（3）发行人的子公司东莞瑞德丰向国家知识产权局提交了26项外观设计专利申请，该等专利申请尚在审查过程中。

5. 主要生产经营设备

发行人的主要生产经营设备包括水平包装机、公用工程设备、气流粉碎机、成品罐、调制釜、尾气除尘系统、螺杆空压机、螺杆冷水机及其他设备等。发行人是通过承继某某有限的资产产权、购买等方式取得上述生产经营设备的所有权。根据本所律师核查及经发行人确认，截至本律师工作报告出具之日，上述主要生产经营设备未设置任何抵押或其他权利担保。

（二）根据本所律师对上述财产的权属凭证、证明材料的核查及经发行人确认，发行人及其子公司对上述财产具有合法的所有权或使用权，不存在产权纠纷或潜在纠纷。

（三）发行人是通过承继某某有限的全部资产产权、购买、自建等方式取得其上述财产的所有权或使用权；发行人的子公司是通过购买、自建等方式取得其上述财产的所有权或使用权。

（四）发行人及其子公司以3宗房产、3宗土地使用权为银行借款提供了抵押担保，抵押的房产的权证号为粤房地证字C1299579号、C1299580号、C2423464号，抵押的土地使用权的权证号为深房地字5000180949号、东府国用（1999）第特470号、东府国用（2005）第特921号。上述抵押财产的所有权或使用权的行使受到一定限制。

（五）租赁房屋情况

发行人的生产经营地在东莞大岭山镇。根据发行人与东莞瑞德丰于2005年12月29日签订的《厂房租赁合同》，东莞瑞德丰将其租赁东莞市施普旺生物科技有限公司位于东莞大岭山镇的厂房转租给发行人作为生产经营用地，建筑面积为4,043平方米，租赁期为2006年1月1日至2015年12月31日。

根据本所律师核查，发行人租赁上述房屋的行为合法有效。

十一、发行人的重大债权债务

（一）截至本律师工作报告出具日，发行人及其子公司将要履行、正在履行的重大合同（指合同金额在500万元以上或对公司有重要影响的合同）如下：

1. 借款合同及担保合同

（1）2006年11月28日，发行人与中国农业银行深圳宝安支行（贷款人）签订编号为NO81101200600001990号《借款合同》，借款金额为人民币1,000万元，借款期限为自2006年11月28日至2007年8月27日。

上述《借款合同》的担保合同如下：

① 2006年11月28日，发行人与贷款人签订编号为NO819062006 00000116号《最高额抵押合同》，提供抵押担保，抵押物为使用权面积为19,006.3平方米的工业用地［权证号为：深房地字第5000180949号］。

② 2006年11月28日，东莞瑞德丰、×××与贷款人签订编号为NO81905200600000181号《最高额保证合同》，提供连带责任保证。

（2）2007年4月18日，发行人与深圳市商业银行皇岗支行（贷款人）签订编号为深商银（皇岗）贷字（2007）第C110340700123号《借款合同》，借款金额为人民币2,000万元，借款期限为9个月。

上述《借款合同》的担保合同如下：

①2007年4月18日，东莞瑞德丰与贷款人签订编号为深商银（皇岗）保字（2007）第（C110340700123）号《保证合同》，提供连带责任保证。

②2007年4月18日，×××与贷款人签订编号为深商银（皇岗）个抵字（2007）第C110340700123号《个人抵押合同》，提供抵押担保，抵押物为房产［权证号：深房地产字第4000061045］。

③2007年4月18日，×××与贷款人签订编号为深商银（皇岗）个保字（2007）第C110340700123号《个人保证合同》，提供连带责任保证。

（3）2007年4月29日，发行人与中国农业银行深圳宝安支行（贷款人）签订编号为No81101200700000838号《借款合同》，借款金额为人民币900万元，借款期限为2007年4月29日至2007年10月28日。

2007年4月29日，东莞瑞德丰、融信南方、×××、×××、×××、×××、×××、×××、×××与贷款人签订编号为No81901200700001471、No81901200700001472、No81901200700001473《保证合同》，为上述《借款合同》提供连带责任保证。

（4）2006年12月26日，东莞瑞德丰与中信银行东莞分行（贷款人）签订编号为银授字/第06X332《综合授信额度合同》，贷款人向东莞瑞德丰提供人民币3000万元综合授信额度，额度期限为2006年12月26日至2007年12月26日。

上述《综合授信额度合同》的担保合同如下：

①2006年3月16日，东莞市威尔格实业投资有限公司与贷款人签订编号为银保字/第06X05305号《最高额抵押合同》，提供抵押担保，抵押物为使用权面积为25,569.2平方米的工业用地［权证号：东府国用（2005）第特250号］。

②2006年3月16日，东莞瑞德丰与贷款人签订编号为银保字/第06X05306号《最高额抵押合同》，提供抵押担保，抵押物为使用权面积为7,323.4平方米的工业用地［权证号：东府国用（1999）第特470号］及使用权面积为5,406平方米的工业用地［权证号：东府国用（2005）第特921号］。

③2006年3月16日，东莞瑞德丰与贷款人签订编号为银保字/第06X05307号《最高额抵押合同》，提供抵押担保，抵押物为建筑面积为1,722.8平方米的工业宿舍［权证号：粤房地证字第C2423464号］、建筑面积为1,044平方米的工业厂房［权证号：粤房地证字第C1299579号］及建筑面积为1,401.8平方米的工业宿舍［权证

号：粤房地证字第 C1299580 号]。

④ 2006 年 3 月 16 日，东莞市施普旺生物科技有限公司与贷款人签订编号为银保字 / 第 06X05308 号《最高额抵押合同》，提供抵押担保，抵押物为使用权面积为 19,950 平方米的工业用地［权证号：东府国用（2002）第特 302 号］。

⑤ 2006 年 12 月 26 日，卢柏强与贷款人签订编号为（2006）莞银最保字第 06X33201 号《最高额保证合同》，提供连带责任保证。

⑥ 2006 年 12 月 26 日，卢翠珠与贷款人签订编号为（2006）莞银最保字第 06X33202 号《最高额保证合同》，提供连带责任保证。

⑦ 2006 年 12 月 26 日，发行人与贷款人签订编号为（2006）莞银最保字第 06X3203 号《最高额保证合同》，提供连带责任保证。

⑧ 2006 年 12 月 26 日，融信南方与贷款人签订编号为（2006）莞银最保字第 06X33204 号《最高额保证合同》，提供连带责任保证。

2. 采购合同

（1）2006 年 12 月 6 日，发行人（需方）与南京第一农药集团有限公司（供方）签订 07 年度供货协议，约定发行人向南京第一农药集团有限公司采购 42% 百草枯二氯盐等农药产品；发行人支付人民币 1,200 万元作为购货预付款；确定了产品最高价，若供货时市场价格上升，则按产品最高价执行；若供货时市场价格下降，供方按市场较低价格下调，并在此基础上给予需方一定的价格优惠；具体要货时间及数量以需方订单为准，需方提前一个月确认下月具体要货计划。

（2）2006 年 12 月 2 日，发行人（需方）与江苏常隆化工有限公司（供方）签订《工业品买卖合同》，约定发行人向江苏常隆化工有限公司采购吡虫啉、高效氯氟氢聚酯等原药产品，确定了各类原药产品的牌号商标、规格型号、计量单位、数量、单价，采购总金额为人民币 2,238.5 万元；具体交货时间及数量根据需方订单确定。

3. 销售合同

由于行业特点，发行人（包括其销售子公司）销售多以年度购销合同及长期合作为基础，每年度期初，发行人（供方）与经销商（需方）签订年度购销合同，该合同是发行人向经销商本年度供货的基本合同，仅对双方商定的供货的基本条款进行约定，每次供货的具体数量及价格以经销商订单确定。

截至本律师工作报告出具日，发行人（包括其销售子公司）与龙海市建晟农药有限公司、天水兴昌农资经营中心等重要客户签订的年度购销合同仍在履行。

4. 购买土地使用权合同

为落实本次募股资金拟投资项目“年产 2 万吨水性化环保型农药制剂产业化

项目”的用地，发行人与东莞市威尔格实业投资有限公司于2007年7月18日签订了土地使用权转让合同，发行人向东莞市威尔格实业投资有限公司购买面积为25,569.2平方米的土地使用权［权证号：东府国用（2005）第特250号］，价格为人民币1,200万元。

根据本所律师核查，上述将要履行、正在履行的重大合同形式和内容未违反现行法律、法规的限制性规定，合法有效，且不存在潜在纠纷；上述重大合同均由发行人或其子公司作为合同一方，不存在合同主体变更的情形，合同继续履行不存在法律障碍。

（二）经本所律师核查，并经发行人确认，发行人已履行完毕的重大合同不存在潜在纠纷。

（三）经本所律师核查，并经发行人确认，发行人不存在因环境保护、知识产权、产品质量、劳动安全、人身权等原因产生的重大侵权之债。

（四）除本律师工作报告正文第九部分“关联交易及同业竞争”披露的情况外，发行人与关联方之间不存在其他重大债权债务关系及相互提供担保的情况。

（五）发行人金额较大的其他应收、应付款经本所律师核查，并经发行人确认，发行人金额较大的其他应收、应付款是因正常的生产经营活动发生，是合法有效的债权债务。

十二、发行人的重大资产变化及收购兼并

（一）发行人变更设立至今没有合并、分立、减少注册资本的行为。

（二）发行人的增资扩股行为

2006年9月25日，发行人股东大会作出决议，同意公司注册资本由7,260万元增资至9,000万元。该次增资扩股具体情况详见本律师工作报告正文第七部分“发行人的股本及其演变”。

经本所律师核查，发行人上述增资扩股行为依法履行了批准、验资和工商变更等法定程序，合法、有效。

（三）发行人的收购、出售重大资产行为

1. 收购股权

为消除同业竞争、减少关联交易，发行人于2006年、2007年收购了东莞瑞德丰、瑞德丰农资、某某农资的股权，具体情况如下：

（1）收购东莞瑞德丰股权

东莞瑞德丰成立于2001年8月17日，注册资本原为人民币500万元。2006年7月21日，发行人与融信南方、××× 签订《增资协议》，发行人作为新股东以人民

币现金1,100万元对东莞瑞德丰增资，增资后，发行人持有东莞瑞德丰52.38%的股权。上述增资行为已经发行人2005年度股东大会以及东莞瑞德丰于2006年7月21日召开的股东会批准，并于2006年8月10日办理了工商变更登记。

2007年4月15日，发行人与融信南方、××× 签订《股权转让协议》，发行人以人民币625万元价格购买融信南方持有东莞瑞德丰23.81%的股权，以人民币625万元价格购买 ××× 持有东莞瑞德丰23.81%的股权，收购价格以东莞瑞德丰截至2007年3月31日经审计的净资产值为定价依据，收购完成后，发行人持有东莞瑞德丰100%的股权。上述收购行为已经发行人2006年度股东大会批准以及东莞瑞德丰于2007年4月15日召开的股东会批准，并于2007年4月28日办理了工商变更登记。

（2）收购瑞德丰农资股权

瑞德丰农资成立于2005年1月20日，注册资本为人民币100万元。2006年7月31日，发行人与深圳市瑞德丰农药有限公司、××× 签订《股权转让协议》，发行人以人民币134.2万元价格购买深圳市瑞德丰农药有限公司持有瑞德丰农资20%的股权，以人民币214.72万元价格购买卢叙安持有瑞德丰农资的32%股权，收购价格以瑞德丰农资截至2007年6月30日经审计的净资产值为定价依据，收购完成后，发行人持有瑞德丰农资52%股权。上述收购行为已经发行人2005年度股东大会批准以及瑞德丰农资于2006年7月31日召开的股东会批准，并于2006年9月18日办理了工商变更登记。

（3）收购某某农资股权

2007年4月15日，发行人与卢翠珠签订《股权转让协议》，发行人以人民币97.5万元价格购买卢翠珠持有某某农资10%的股权，收购价格以某某农资经审计的净资产值为定价依据，收购完成后，发行人持有诺普信农资100%股权。上述收购行为已经发行人2006年度股东大会批准以及诺普信农资的股东会批准，并办理了工商变更登记。

本所律师认为，发行人上述收购股权行为符合当时法律、法规和规范性文件的规定，已履行了必要的法律手续，消除了同业竞争、减少了关联交易，交易真实公允，合法有效。

2. 转让股权

发行人于2007年转让了其所持有的成都华邦、成都新诺维、中农研究所的股权，具体情况如下：

（1）转让成都华邦股权

2007年3月16日，发行人与融信南方、润宝盈信签订《股权转让协议》，发行人将所持有成都华邦70%股权中的65%转让给融信南方，转让价格为人民币130万元，其余5%转让给润宝盈信，转让价格为人民币10万元，本次股权转让价格以成都华邦的注册资本为定价依据。股权转让完成后，发行人不再持有成都华邦股权。

上述股权转让行为已经发行人2006年度股东大会批准以及成都华邦的股东会批准，并办理了工商变更登记。

（2）转让成都新诺维股权

2007年3月16日，发行人与融信南方、润宝盈信签订《股权转让协议》，发行人将所持有成都新诺维60%股权中的55%转让给融信南方，转让价格为人民币550万元，其余5%转让给润宝盈信，转让价格为人民币50万元，本次股权转让价格以成都新诺维的注册资本为定价依据。股权转让完成后，发行人不再持有成都新诺维股权。上述股权转让行为已经发行人2006年度股东大会批准以及成都新诺维的股东会批准，并办理了工商变更登记。

（3）转让深圳中农权益

2007年4月，发行人将所持有深圳中农51%权益全部转让给独立第三方×××，并于2007年6月6日在深圳市民政局办理了变更登记手续。

本所律师认为，发行人上述转让股权行为符合当时法律、法规和规范性文件的规定，已履行了必要的法律手续，合法有效。

3. 注销控股子公司

发行人于2007年注销了成都皇牌、济南奥诺，具体情况如下：

（1）注销成都皇牌

成都皇牌成立于2006年3月29日，2007年6月27日经工商局核准注销。注销前，其注册资本为人民币50万元，发行人持有其52%的股权。

（2）济南奥诺植保科技有限公司

济南奥诺成立于2006年5月10日，2007年7月23日经工商局核准注销。注销前，其注册资本为人民币50万元，发行人持有其52%的股权。

经本所律师核查，上述公司的注销已经发行人2006年度股东大会及成都皇牌、济南奥诺股东会批准，履行了法定的公告及债权债务清理程序，并办理了税务注销登记以及工商注销登记手续。

本所律师认为，发行人上述注销控股子公司行为符合当时法律、法规和规范性文件的规定，已履行了必要的法律手续，合法有效。

（四）经发行人确认，发行人本次发行上市不涉及重大资产置换、资产剥离、资产出售或收购等行为。

十三、发行人公司章程的制定与修改

（一）发行人现行公司章程是根据当时《公司法》《上市公司章程指引》等法律、法规和规范性文件制定的，已经2005年11月22日发行人创立大会审议通过，并已在深圳市工商局备案。

（二）发行人设立后，对公司章程进行了三次修改，历次修改均由股东大会审议通过，并已在深圳市工商局备案。

1. 2006年6月28日，发行人2005年度股东大会审议通过了《关于修改〈公司章程〉的议案》。该次公司章程修改的主要内容为：根据《公司法》（2005年10月修订）、《上市公司章程指引（2006年修订）》等法律、法规和规范性文件的规定，对公司章程进行了重新修订。

2. 2006年9月25日，发行人临时股东大会审议通过了《关于修改公司章程部分条款的议案》。该次公司章程修改的主要内容为：根据发行人增资扩股情况，对公司注册资本、股份总数、股东所持股数等条款进行了修改。

3. 2006年11月25日，发行人临时股东大会审议通过了《关于修改公司章程部分条款的议案》。该次公司章程修改的主要内容为：根据发行人增设独立董事情况，增加了与独立董事相关的条款。

（三）为本次发行上市，根据《公司法》（2005年10月修订）、《上市公司章程指引（2006年修订）》等法律、法规和规范性文件的规定，发行人制订了《公司章程》（修订草案），该《公司章程》（修订草案）将于本次发行上市后生效。该《公司章程》（修订草案）已经发行人于2007年7月15日召开的2007年第1次临时股东大会审议通过，并授权董事会根据中国证监会的审核意见进行相应修改。

本所律师核查后认为，发行人公司章程的制定及历次修改履行了必要的法定程序；章程内容符合现行法律、法规和规范性文件的规定，是按有关制定上市公司章程的规定起草的；发行人《公司章程》（修订草案）的制定履行了必要的法定程序，内容符合现行法律、法规和规范性文件的规定，是按有关制定上市公司章程的规定修订的。

十四、发行人股东大会、董事会、监事会议事规则及规范运作

（一）发行人根据其生产经营的特点建立了健全的组织机构，按照《公司法》《公司章程》的规定建立了股东大会、董事会、监事会、董事会秘书制度，并设立了市场部、研究所、计划供应部、工程技术部、品管部、营销部、物流部、审计部、财务部、证券投资部、总经办、人力资源部、IT部等职能部门。根据本所律师核查及经发行人确认，相关机构和人员能够依法履行职责。

（二）为保证公司规范运作，发行人分别制定了《股东大会议事规则》《董事会

议事规则》《监事会议事规则》。经本所律师审查，各议事规则符合相关法律、法规和规范性文件的规定。

（三）发行人自设立以来共召开了5次股东大会、6次董事会会议、5次监事会会议。根据本所律师核查，发行人历次股东大会、董事会、监事会的召开、决议内容及签署合法、合规、真实、有效。

（四）根据本所律师核查，发行人股东大会及董事会历次授权行为或重大决策等行为合法、合规、真实、有效。

十五、发行人董事、监事和高级管理人员及其变化

（一）发行人的董事、监事和高级管理人员及其任职资格

1. 发行人董事会由9人组成，分别为：（略）

2. 根据发行人提供的董事、监事和高级管理人员的简历及其承诺，并经本所律师核查，发行人的董事、监事和高级管理人员的任职符合法律、法规和规范性文件以及公司章程的有关规定。

（二）发行人董事、监事和高级管理人员近三年变化情况

1. 2005年11月22日，发行人创立大会作出决议，选举×××、×××、×××、×××、×××为公司第一届董事会董事；选举×××、×××为股东代表监事，其与职工监事仲旭云组成公司第一届监事会。

2. 2005年11月22日，发行人第一届董事会第一次会议作出决议，选举×××为公司董事长，聘任×××为公司总经理，聘任×××为公司董事会秘书，聘任×××为公司财务总监。

3. 2006年5月28日，发行人第一届监事会第二次会议作出决议，选举×××为公司监事会主席。

4. 2006年9月10日，发行人第一届董事会第三次会议作出决议，同意×××辞去公司总经理职务，聘任×××为公司总经理。

经本所律师核查，上述变化符合法律、法规和规范性文件以及公司章程等有关规定，并履行了必要的法律手续，没有给公司生产经营管理造成实质性影响。

（三）发行人的独立董事

发行人已聘请×××、×××、×××为公司独立董事，并制定了《独立董事制度》，独立董事的任职资格和职权范围符合中国证监会颁布的《关于在上市公司建立独立董事制度的指导意见》等有关法律、法规和规范性文件的规定。

十六、发行人的税务

（一）发行人及其子公司目前执行的主要税种和税率如下：（略）

（二）发行人及其子公司享受的税收优惠

1. 全国人民代表大会常委会于1980年8月26日颁发的《广东省经济特区条例》第14条规定："特区企业所得税税率为15%"。深圳市政府于1993年1月21日颁布的《关于宝安、龙岗两个市辖区有关税收政策问题的通知》第2条规定："设在宝安、龙岗两区的所有企事业单位，按照深圳经济特区的规定，一律按15%的税率征收企业所得税，免征地方所得税和地方附加"。

发行人及其子公司某某农资、瑞德丰农资为在深圳市宝安区注册的企业，根据上述规定，税务主管部门对发行人及其子公司某某农资、瑞德丰农资按15%的税率征收企业所得税。

2. 2001年11月8日，深圳市地方税务局宝安分局以深地税减免〔2001〕287号《关于深圳市某某农化有限公司申请减免企业所得税问题的批复》批准：发行人属新办的生产性企业，经营期限10年以上，根据《深圳市人民政府关于深圳特区税收政策若干问题的规定》（深府〔1988〕232号）及《关于印发〈深圳市地方税务局税收管理若干权限规定〉的通知》（深地税发〔1996〕354号）的规定，发行人从事生产性经营部分所得，从开始获利年度起，第一年和第二年免征企业所得税，第三年至第五年减半征收企业所得税。

根据上述规定并经发行人确认，发行人自获利年度（即2002年）起享受"两免三减半"企业所得税。

3. 2006年10月27日，深圳市地方税务局第五稽查局以深地税五函〔2006〕142号《关于深圳某某农化股份有限公司申请减免企业所得税问题的复函》批准：发行人于2002年被深圳市科学技术局认定为高新技术企业，且2003—2006年经深圳市科技和信息局考核合格。根据《深圳市人民政府关于深圳特区企业税收政策若干问题的规定》（深府〔1988〕232号）第八条规定，同意发行人从2007年至2009年减半缴纳企业所得税，若经考核不合格而被取消高新技术资格的，则从取消资格的月份起停止享受减半缴纳企业所得税的优惠。根据上述规定并经发行人确认，发行人自2007年度起仍可享受3年减半缴纳企业所得税。

本所律师认为，发行人及其子公司某某农资、瑞德丰农资享受15%的企业所得税税率，发行人自获利年度（即2002年）起享受"两免三减半"企业所得税，以及自2007年度起享受3年减半缴纳企业所得税，是深圳市政府的税收优惠政策，没有明确的国家相关税收法律法规作为依据，存在补缴以前年度的企业所得税差额的风险。但是鉴于：1. 上述企业所得税优惠是以在深圳市普遍适用的规章、规范性文件作为依据的；2. 在本次发行的《招股说明书》的相关内容中，发行人已经对上述享受的税收优惠可能存在的风险作出了充分披露；3. 发行人的控股股东卢柏强已承诺：如政府有关部门追缴上述税款，本人将自行承担补缴发行人上市前各年度因享受上述税收优惠而被追缴的企业所得税差额。因此，本所律师认为，上述企业所得税优惠对本次发行上市不构成实质性障碍。

4. 财政部、国家税务总局于1994年3月29日颁布的《关于企业所得税若干优惠政策的通知》（财税〔1994〕001号）规定：对新办的独立核算的从事物资业的企业，自开业之日起，报经主管税务机关批准，可减征或者免征所得税1年。瑞德丰农资为从事农药批发销售的企业。2005年4月28日，深圳市宝安区国家税务局龙华分局以深国税宝龙减免〔2005〕0081号《深圳市国家税务局减、免税批准通知书》批准：瑞德丰农资从生产经营之日起，第1年的经营所得免征所得税。

5. 国务院于1993年12月13日颁布的《中华人民共和国增值税暂行条例》第2条规定：销售农药的增值税税率为13%。根据上述规定，发行人、东莞瑞德丰、陕西标正销售的农药产品适用13%的增值税税率。

6. 财政部、国家税务总局于2001年7月20日颁布的《关于若干农业生产资料征免增值税政策的通知》（财税〔2001〕113号）规定：批发、零售的农药免征增值税。某某农资、瑞德丰农资、西安标正作为农药销售企业，根据上述规定，其销售的农药产品免征增值税。

综上，本所律师认为，发行人及其子公司某某农资、瑞德丰农资享受15%的企业所得税税率，发行人自获利年度（即2002年）起享受“两免三减半”企业所得税，以及自2007年度起享受3年减半缴纳企业所得税，是深圳市政府的税收优惠政策，没有明确的国家相关税收法律法规作为依据，但上述企业所得税优惠对本次发行上市不构成实质性障碍。除此之外，发行人及其子公司所适用的税种、税率符合现行法律、法规和规范性文件的要求，所享受的税收优惠政策，合法、合规、真实有效。

（三）发行人享受的财政补贴

根据深圳市发展计划局于2003年12月30日下发的《关于下达深圳市数字电视公共测试平台等高新技术产业示范项目2003年政府投资计划的通知》（深计〔2003〕1068号），发行人的利用纳米技术生产水基化环保新剂型农药的产业化项目被列入《深圳市2003年政府投资项目计划表》，获政府补助资金人民币100万元。

本所律师核查后认为，发行人享受的上述财政补贴合法、合规、真实、有效。

（四）根据发行人主管税务机关出具的相关证明及本所律师核查，发行人近三年依法纳税，未发生重大税务处罚。

十七、发行人的环境保护和产品质量、技术等标准

（一）发行人的生产经营活动和拟投资项目符合有关环境保护的要求。

发行人及其子公司东莞瑞德丰、陕西标正为农药制剂生产企业。农药制剂生产过程属于技术加工过程，无化学合成。公司在生产过程中不产生废水和废弃物，少量的清洗设备用水通过收集后循环使用，最后进入工厂污水处理装置；经过滤、沉淀和生化反应后，余量沉渣物送交政府指定的有资质部门处理；在生产过程中少量的粉尘和气体采用碱洗喷淋塔处理后由活性炭吸附，无废气和粉尘排出。公司环境保护设施齐备，拥有收集槽、浮气泵、多级板框过滤机、碱洗喷淋塔、活性炭吸附塔和生化处理池等环保设备及设施，并已通过 ISO 14001 环境管理体系认证。

根据本所律师核查及发行人、东莞瑞德丰、陕西标正的主管环保部门分别出具的《环保守法情况的证明》，发行人及其子公司东莞瑞德丰、陕西标正的生产经营活动和本次募股资金拟投资项目符合有关环境保护的要求。根据东莞市环境保护局于2007 年 7 月 31 日出具的《关于深圳某某农化股份有限公司东莞分公司 2 万吨水性化环保农药制剂产业化项目的批复》（东环建〔2007〕898 号），发行人本次募股资金拟投资项目“年产 2 万吨水性化环保农药制剂产业化项目”已取得了环境保护部门的批准。根据渭南市环境保护局于 2007 年 5 月 14 日出具的《关于陕西标正科学有限公司西北生产基地环保型农药制剂项目环境影响报告表的批复》（渭环审〔2007〕32 号），发行人本次募股资金拟投资项目“西北生产基地环保型农药制剂项目”已取得了环境保护部门的批准。

（二）根据本所律师核查及发行人、东莞瑞德丰、陕西标正的主管环保部门分别出具的《环保守法情况的证明》，发行人及其子公司东莞瑞德丰、陕西标正近三年没有因违反环境保护方面的法律、法规和规范性文件而受到处罚的情形。

（三）发行人的主要产品为农药制剂。发行人的农药制剂产品均取得了农药登记证、农药生产批准证书（或工业产品生产许可证），产品标准均办理了备案登记。

根据本所律师核查及深圳市质量技术监督局出具的证明，发行人的产品符合有关产品质量和技术监督标准；发行人近三年没有因违反产品质量和技术监督方面的法律、法规而受到处罚的情形。

十八、发行人募股资金的运用

（一）根据发行人 2007 年第 1 次临时股东大会审议通过的《关于公司募集资金投资项目的议案》，发行人本次募股资金将用于以下项目：

1. 年产 2 万吨水性化环保型农药制剂产业化项目

该项目总投资人民币 7,661 万元，已经东莞市发展和改革局于 2007 年 5 月 21

日以《关于核准深圳某某农化股份有限公司东莞分公司年产 2 万吨水性化环保型农药制剂产业化项目的通知》（东发改〔2007〕160 号）核准。

2. 西北生产基地环保型农药制剂项目

该项目总投资人民币 4,339 万元，已经渭南高新区经济发展局于 2007 年 5 月 18 日以《关于陕西标正科学有限公司西北生产基地环保型农药制剂项目备案确认的通知》（渭高经发〔2007〕24 号）备案。

3. 基层营销网络建设项目

该项目总投资人民币 6,130 万元，已经深圳市发展和改革局于 2007 年 5 月 22 日以《关于下达深圳某某农化股份有限公司农药新剂型工程技术研发中心和基层营销网络建设等项目固定资产投资前期计划的通知》（深发改〔2007〕840 号）核准。

4. 农药新剂型工程技术研发中心建设项目

该项目总投资人民币 6,734 万元，已经深圳市发展和改革局于 2007 年 5 月 22 日以《关于下达深圳某某农化股份有限公司农药新剂型工程技术研发中心和基层营销网络建设等项目固定资产投资前期计划的通知》（深发改〔2007〕840 号）核准。

5. 补充营运资金项目

该项目总投资人民币 5,000 万元。上述第 1、3、4、5 项目由发行人作为投资主体。上述第 2 项目由发行人子公司陕西标正作为投资主体，在本次股票发行成功后，发行人将以募集资金中拟投入本项目的资金对陕西标正进行增资。

（二）根据本所律师核查，并经发行人确认，上述项目不涉及与他人进行合作。

（三）根据本所律师核查，发行人上述募集资金投资项目均用于主营业务，符合《中华人民共和国农药管理条例》《农药管理条例实施办法》和《农药生产管理办法》以及其他有关法律、法规和规范性文件规定的国家产业政策。

十九、发行人业务发展目标

（一）经发行人确认，发行人的业务发展目标为：持续推出创新的高效、低毒、环保的农药制剂产品，建立覆盖全国所有农业县（市）的营销网络，以高效敏捷的市场响应速度满足不同地区不同种植户多样化的病虫草害防治需求，强化基层中心店建设，强化针对零售店的技术推广等增值服务功能，巩固和扩大本公司在农药制剂领域的领先地位，进一步提升公司品牌。

（二）本所律师核查后认为，发行人的业务发展目标与其主营业务相一致，符合国家法律、法规和规范性文件的规定，不存在潜在的法律风险。

二十、诉讼、仲裁或行政处罚

（一）根据本所律师核查，并经发行人确认，发行人、持有发行人 5% 以上股份的股东、发行人的控股子公司不存在尚未了结的或可预见的重大诉讼、仲裁或行政处罚案件。

（二）根据本所律师核查，并经发行人确认，发行人董事长、总经理不存在尚未了结的或可预见的重大诉讼、仲裁及行政处罚案件。

二十一、发行人招股说明书法律风险的评价

本所律师参与了《招股说明书》的编制与讨论，已审阅《招股说明书》，特别对发行人引用法律意见书和律师工作报告的相关内容予以审慎阅读。

本所律师认为：发行人《招股说明书》及其摘要之内容和格式符合《公开发行证券的公司信息披露内容与格式准则第 1 号——招股说明书（2006 年修订）》的规定，不存在虚假记载、误导性陈述或重大遗漏。

本律师工作报告正本三份、副本三份。经本所盖章及经办律师签字后生效。

［此页为 ××× 律师事务所关于深圳 ××× 股份有限公司首次公开发股并上市的律师工作报告之签字页，无正文］

××× 律师事务所

负责人：××× 经办律师：×××，×××

×××× 年 ×× 月 ×× 日

第六章　律师工作底稿

第一节　工作底稿的概念与特征

工作底稿是指律师在从事证券法律业务过程中形成的工作记录及在工作中获取的相关文件、会议纪要、谈话记录等资料[①]。证监会发布的《公开发行证券公司信息披露的编报规则第 12 号——公开发行证券的法律意见书和律师工作报告》要求"律师在制作法律意见书和律师工作报告的同时，应制作工作底稿"。

律师工作底稿是律师制作法律意见书和律师工作报告的基础，所谓工作底稿由律师在整个企业改制上市过程中积累的书面文件编制而成。制作工作底稿不仅是监管部门的要求，同时也是律师勤勉尽责的重要依据，必要时甚至可以帮助律师在一定程度上规避执业风险。

工作底稿具有如下特征：

（1）工作底稿是律师工作的客观记录或获取的客观资料。

（2）工作底稿的资料是律师在制作法律意见书和律师工作报告或从事其他证券法律业务过程中完成的。

第二节　制作工作底稿的意义

一、制作工作底稿是证券监管部门的要求

证监会发布的《公开发行证券公司信息披露的编报规则第 12 号——公开发行证

① 陈菊香．企业改制与发行上市法律实务［M］．北京：法律出版社，2007

券的法律意见书和律师工作报告》要求“律师在制作法律意见书和律师工作报告的同时，应制作工作底稿”，并且表明“工作底稿的质量是判断律师是否勤勉尽责的重要依据”。

证监会、司法部联合发布的《证券法律业务管理办法》第18条规定：律师应当归类整理核查和验证中形成的工作记录和获取的材料，并对法律意见书等文件中各具体意见所依据的事实、国家相关规定以及律师的分析判断作出说明，形成记录清晰的工作底稿；工作底稿由出具法律意见的律师事务所保存，保存期限不得少于7年，证监会对保存期限另有规定的，从其规定。

二、工作底稿是进行责任划分的依据

根据《最高人民法院关于审理证券市场因虚假陈述引发的民事赔偿案件的若干规定》第24条“专业中介服务机构及其直接责任人违反证券法第161条和第202条的规定虚假陈述，给投资人造成损失的，就其负有责任的部分承担赔偿责任。但有证据证明无过错的，应予免责”的规定。中介机构承担责任的前提是存在主观过错，而实践中，执法或司法部门往往通过调阅中介机构的工作底稿，从工作底稿的完备程度或工作底稿记载的内容来判定中介机构是否存在主观过错。这时，工作底稿就成为判断中介机构是否有责任的重要依据。

三、工作底稿是律师出具法律意见的依据

工作底稿是律师出具法律意见书和律师工作报告的基本事实依据。没有工作底稿，法律意见书和律师工作报告的真实程度就难以分辨。从律师免责和防范风险角度来看，工作底稿记载的工作过程与丰富程度可以证明律师是否勤勉尽责、工作是否合乎业务标准，对于在特定情况下确定律师发表的法律意见是否有事实依据具有十分重要的作用。

第三节　工作底稿的内容、要求与制作

一、工作底稿的内容

根据《证券法律业务管理办法》的规定及实践经验，工作底稿应主要包括以下

内容：

（1）律师承担项目的基本情况，包括委托单位名称、项目名称、制作项目的时间或期间、工作量统计；

（2）为制作法律意见书和律师工作报告制定的工作计划及其操作程序的记录，如需要发行人提供资料的清单；

（3）与发行人（包括发起人）设立及历史沿革有关的资料，如设立批准证书、营业执照、合同、章程等文件或变更文件的复印件；

（4）重大合同、协议及其他重要文件和会议记录的摘要或副本；

（5）与发行人及相关人员相互沟通情况的记录，对发行人提供资料的检查、调查访问记录、往来函件、现场勘查记录、查阅文件清单等相关的资料及详细说明；

（6）发行人及相关人员的书面保证或声明书的复印件；

（7）对保留意见及疑难问题所作的说明；

（8）其他与出具法律意见书和律师工作报告相关的重要资料。

上述资料应注明来源。凡涉及律师向有关当事人调查所作的记录，应由当事人和律师本人签名。

二、制作工作底稿的要求

制作工作底稿的基本要求：及时、准确、真实、完整。根据证监会的规定，工作底稿的正式文本应由两名以上律师及律师事务所负责人签名和律师事务所加盖公章，其内容应真实、完整、记录清晰，并标明索引编号及顺序号码。除上述要求外，律师编制工作底稿还可以参考案件卷宗的编制方法。制作工作底稿的基本要求是及时、准确、真实、完整，指律师应在制作法律意见书和律师工作报告的同时，制作工作底稿。

真实是指工作底稿的资料应该直接来拟上市企业以及有关政府部门提供的客观资料，或律师的亲自调查取证，律师不能靠主观臆断添加资料。

准确是指工作底稿中由律师客观记录的内容，如谈话记录、调查笔录、工作过程记录等，应该忠实于原始情况，尽可能与当时情况一致。

完整是指工作底稿应当包括有关证券发行的全部资料或记录，不得隐瞒、欠缺或遗漏。

根据中国证监会的规定，工作底稿的正式文本应由两名以上律师及律师事务所负责人签名和律师事务所加盖公章，其内容应真实、完整、记录清晰，并标明索引编号及顺序号码。

除上述要求外，律师编制工作底稿还可以参考案件卷宗的编制方法。

第二部分

第一章　股东的适格性

股东适格性问题属于企业上市主体资格问题，而主体资格符合法律、法规和规范性文件的规定是企业上市的最基本要求。

第一节　案例分析

【案例1】资管计划、契约型基金或信托产品作为股东问题——佩蒂股份（股票代码：300673）

A股上市情况：2017年5月10日召开的中国证券监督管理委员会创业板发行审核委员会2017年第40次发审委会议审核：佩蒂动物营养科技股份有限公司（首发）获通过。

案例解读

佩蒂股份是新三板公司转板申报创业板的企业，其在新三板挂牌期间，可能存在"三类股东"，即契约型私募基金、资产管理计划（主要指基金子公司和券商资管计划）和信托计划作为股东的情况，监管部门对此提出疑问。

佩蒂股份在审核过程中，监管部门要求公司说明，其直接或间接股东中是否存在资管计划、契约型基金或信托产品，说明相关产品作为发行人股东的适当性。

佩蒂股份共有股东12名，其中机构股东包括中山联动、平阳荣诚和北京泓石，其余均为自然人股东中山联动属于《证券投资基金法》《私募投资基金监督管理暂行办法》和《私募投资基金管理人登记和基金备案办法（试行）》规范的私募投资基金，已于2015年7月9日在中国证券投资基金业协会完成私募投资基金备案，基金编号为S37176；其管理类型为自我管理，已于2015年5月14日完成基金管理人登记，登记编号为P1013059。

平阳荣诚系以持有发行人股份为主营业务的有限责任公司。

北京泓石属于《证券投资基金法》《私募投资基金监督管理暂行办法》和《私募投资基金管理人登记和基金备案办法（试行）》规范的私募投资基金，已于2015年9月15日在中国证券投资基金业协会完成私募投资基金备案，基金编号为S67218；其管理人北京泓石资本管理股份有限公司已于2015年3月19日完成基金管理人登记，登记编号为P1009511。

中介机构核查后认为，发行人直接或间接股东中，不存在资管计划、契约型基金或信托产品，股东适格。

专家点评

“三类股东”是契约型基金、资产管理计划和信托计划的总称。

“三类股东”都是典型的代持，不符合企业上市股权清晰的要求，因此在监管上对其披露的要求较多，监管部门也专门就此类问题的解决颁布了具体的要求。

若企业直接或间接股东中存在“三类股东”，则“三类股东”因为天然存在的管理人、产品、投资人相分离的重要特征，且投资人可以较为自由地转让及变动，第三方较难通过公开渠道获得最终投资人及权益持有人情况，因此持续披露存有“三类股东”的最终投资者结构及其变动状况是否真实、是否涉及未披露关联方等事项，具有相当程度的困难性和复杂性；进一步地，较难论证及判定拟上市企业股东所持股权是否清晰、稳定，是否存在重大权属纠纷等事项。此外，“三类股东”还可能滋生股份代持、利益输送，规避关联交易、股份限售、短线交易、股东适格性等问题，因此“三类股东”问题是IPO企业几乎无法逾越的一道门槛。

2018年1月12日，中国证券监督管理委员会（“中国证监会”）在其官方发布的“新闻发布会问答环节”中，对市场关注已久的挂牌企业IPO过程中的“三类股东”的审核问题，给出了较为明确的监管政策（以下简称“监管新政”）：

（1）基于证券法、公司法和IPO办法的基本要求，公司的稳定性与控股股东与实际控制人的明确性是基本条件，为保证拟上市公司的稳定性、确保控股股东履行诚信义务，要求公司控股股东、实际控制人、第一大股东不得为“三类股东”。

首先，由于在实践操作中控股股东、实际控制人、第一大股东很可能同时存在，因此需要明确“控股股东”“实际控制人”与“第一大股东”的含义范围。控股股东即直接持有公司股份，且对公司具有控制权；实际控制人即不直接持有公司股份或虽直接持有公司股份但未达到控股股东比例，且对公司具有控制权；第一大股东即直接持有公司股份，且股份数最多。

其次，由于本次三类股东监管政策将该项列为“基本条件”，监管部门认为“控股股东与实际控制人的明确性”与“公司稳定性”如此重要的原因，正是因为控股股东、实际控制人对于公司具有控制权，对于公司的发展与稳定起到至关重要的作用。

最后，需要明确本次三类股东监管政策禁止三类股东成为公司控股股东、实际控制人、第一大股东的原因。因为三类股东本质都是金融机构通过非公开方式向出资人募集资金，进而由管理人运作资金获得收益，最终将收益按照与出资人的事先约定进行分配并承担风险。三类股东相较传统形式的基金具有较多的灵活性与优势，但却面临以下三点风险：一是三类股东无法取得有效的法人资格，且法律关系中的代持问题会导致其确权困难；二是三类股东的产品设计中普遍存在交易杠杆，且普遍利用资金池进行投资的情形，易导致其股权不稳定；三是三类股东在其产品结构设计中涵盖的投资人数较多、投资关系错杂，因此，易导致其对于最终投资人数难以把控。

（2）鉴于目前管理部门对资管业务正在规范过程中，为确保“三类股东”依法设立并规范运作，要求其已经纳入金融监管部门有效监管。

“金融监管部门的有效监管”至少是应该达到“经行业协会备案”的标准，即三类股东应当满足在中国证券投资基金业协会登记备案的要求。在挂牌企业拟上市的核查过程中，通常对于三类股东的核查会要求其提供管理人的私募基金管理人登记资料，以及相应产品的备案资料。

（3）为从源头上防范利益输送行为，防控潜在风险，从严监管高杠杆结构化产品和层层嵌套的投资主体，要求存在上述情形的发行人提出符合监管要求的整改计划，并对“三类股东”做穿透式披露，同时要求中介机构对发行人及其利益相关人是否直接或间接在“三类股东”中持有权益进行核查。

本次的三类股东监管政策除明确了三类股东的负面清单以及基本的监管口径，还对参与挂牌企业转板上市的中介机构提出的具体穿透核查要求。结合 IPO 之前对于股东核查的法规政策，本次的三类股东监管政策对于三类股东的核查要求具体有如下三点：

其一，对于穿透核查中“穿透程度”的要求。挂牌企业中的机构股东，需要逐层核查该机构股东的股权结构，逐层向上穿透至自然人、国资委（集体企业）及上市公司。

其二，对于穿透核查中核查内容的要求。根据上述“穿透程度”的要求，在核查机构股东时，需要每一层股东提供的资料包括但不限于：营业执照、章程、合伙

协议、资管计划合同、投资人名单、信托协议、私募基金管理人登记证明、产品备案文件、核查表、股东承诺等；在核查自然人股东以及核查机构股东穿透到自然人时，需要相关自然人提供简历、身份证、核查表及自然人承诺。

其三，对于穿透核查中需要着重关注的风险。在穿透核查过程中，需要关注的风险主要为：1）机构股东近三年的股权变动情况；2）核查自然人股东以及核查机构股东穿透到自然人时，相关自然人近五年内的从业经历；3）核查自然人股东以及核查机构股东穿透到自然人时，相关自然人与挂牌企业的关联关系；4）穿透核查后股东人数是否超过二百人。

（4）为确保能够符合现行锁定期和减持规则，要求“三类股东”对其存续期作出合理安排。

非公开募集的金融产品根据各自不同的特性，均在相关合同或协议中明确规定了产品的存续期间。该存续期间与挂牌公司上市进度以及挂牌公司上市后对公司及股东、实际控制人股份锁定的要求，多数情况下不完全匹配。

一方面我国法律法规对于拟上市公司及其股东、实际控制人存在法定限售期，另一方面在上市的准备与核查过程中，挂牌公司及其股东、实际控制人也需要根据监管政策对所持股份的限售期予以承诺。通过对股份的限售期进行锁定，进一步确定公司股权的稳定性。

纵观本次三类股东监管政策以及之前挂牌公司拟转板上市的监管政策，这是中国证监会首次以官方口径明确回应了三类股东的监管与核查要求，为之后越来越多的拟转板上市的挂牌企业解决三类股东问题提供了较为明确的方向。但也应该看到的是，上述四点新政策，无一不是在基于基本IPO审核规则的基础上进一步细化明确，并且有更为严格的规定，这对于拟上市的挂牌企业及相关中介机构的准备及核查工作提出了更高的要求。同时，结合实践当中的具体情况，三类股东至今会成为一个“问题”，其自身与生俱来的灵活性导致的股权不稳定、不清晰密不可分。基于此，只有在具体业务主管部门进一步明确三类股东所涉及业务的规范细则之后，三类股东问题才会真正得以根本解决，彼时三类股东或许才将不再会是一个“问题”，也不再会变成挂牌企业上市之路的阻碍。

【案例2】对43家机构股东的全面核查——华大基因（股票代码：300676）

A股上市情况：2017年5月24日召开的中国证券监督管理委员会创业板发行审核委员会2017年第45次发审委会议审核：深圳华大基因股份有限公司（首发）获通过。

案例解读

华大基因现有43家股东，全部为机构股东。监管部门要求中介机构穿透说明相关机构股东的适格性、持有发行人股权是否合法合规、是否存在变相公开发行等情况，其出资人、实际控制人与发行人及发行人的实际控制人、董事、监事、高级管理人员、其他核心人员有无关联关系，有无代持或其他利益安排；相关机构及其主要出资人、实际控制人是否存在其他投资、投资的其他企业与发行人是否存在同业竞争或交易、资金往来。并发表明确意见。

一、关于发行人现有43家股东的基本情况

根据发行人股东出具的《股东基本情况调查表》、相关企业的工商基本信息、相关股东就公司主要出资人和实际控制人情况出具的说明，并经中介机构查询国家企业信用信息公示系统网站（http://gsxt.saic.gov.cn/）、中国证券投资基金业协会官方网站（http://www.amac.org.cn/）情况，并参照企业信息查询平台APP查询信息，截至本补充法律意见书出具之日，发行人股东共计43名，均为机构股东，其中27家为私募投资基金（表1–1中归为A类），5家为实业公司（表1–1中归为B类），8家为利用自有资金进行多项专业投资的机构（表1–1中归为C类），3家为利用自有资金暂仅投资于发行人的机构（表1–1中归为D类），具体情况见表1–1。

表1–1 关于发行人现有43家股东的基本情况

序号	股东	持股数量（股）	持股比例	主要出资人	实际控制人	穿透后股东人数（个）
A类：私募投资基金						
1	和玉高林	35,849,588	9.95%	深圳盈泰华瑞投资管理有限公司	无	1
2	丰悦泰和	8,962,397	2.48%	中诚信托有限责任公司	宁波杭州湾新区正昊股权投资合伙企业（有限合伙）	1
3	上海珍尤	6,168,790	1.71%	上海智鹿资产管理有限公司	光大金控资产管理有限公司	1
4	国华腾飞	4,203,345	1.17%	陈斌	深圳市国华投资管理股份有限公司	1
5	金翼汇顺	4,203,345	1.17%	朱群英	刘小林	1
6	上海国和	1,107,052	0.31%	上海国际集团资产管理有限公司	无	1

续表

序号	股东	持股数量（股）	持股比例	主要出资人	实际控制人	穿透后股东人数（个）
7	北京国投	3,783,010	1.05%	王东辉	无	1
8	天津高林	2,189,912	0.61%	高林永泰（天津）股权投资合伙企业（有限合伙）	无	1
9	东土盛唐	2,150,975	0.60%	杨宝国	深圳市东土盛唐投资基金管理有限公司、深圳市盛桥投资管理有限公司	1
10	苏州松禾	2,101,673	0.58%	宁波深港成长创业投资合伙企业（有限合伙）	罗飞	1
11	上海腾希	1,681,337	0.47%	上海东方证券创新投资有限公司	王旭屏	1
12	西安尔湾	1,542,195	0.43%	西安中金投资有限公司	西安复思尔湾投资管理有限公司	1
13	上海开物	1,542,195	0.43%	沈黎明、天津歌斐基业股权投资基金合伙企业（有限合伙）、天津歌斐兴业股权投资基金合伙企业(有限合伙）	周树华	1
14	常春藤	1,433,984	0.40%	深圳市前海富荣资产管理有限公司	深圳市盛桥投资管理有限公司、深圳常春藤资本管理有限公司	1
15	盛桥新健康	2,509,471	0.70%	张亚林、郭斐	无	1
16	盛桥创鑫	2,467,513	0.69%	中国华电集团资本控股有限公司	无	1
17	国信弘盛	3,053,553	0.85%	国信弘盛创业投资有限公司	国信弘盛创业投资有限公司	1
18	宁波博源	3,084,395	0.85%	钟坚龙	宁波梅山保税港区博源弘盛投资合伙企业（有限合伙）	1
19	中小企业基因投资	3,084,391	0.85%	北京美涛佳艺影视文化传播有限责任公司	中小企业（深圳）产业投资基金管理有限公司	1

续表

序号	股东	持股数量（股）	持股比例	主要出资人	实际控制人	穿透后股东人数（个）
20	上海云锋	3,392,830	0.94%	深圳市腾讯商业管理有限公司、巨人投资有限公司	王育莲	1
21	盛桥新领域	3,510,951	0.98%	金春保	无	1
22	中金佳成	3,683,986	1.02%	宁波美域股权投资合伙企业（有限合伙）	中金佳盟（天津）股权投资基金管理有限公司	1
23	苏州软银	492,025	0.14%	柳啸	陈琪航	1
24	宁波软银	970,196	0.27%	陈琪航	张旭	1
25	创润投资	616,878	0.17%	金春保	无	1
26	红土生物	1,638,897	0.46%	深圳市创新投资集团有限公司	深圳市人民政府国有资产监督管理委员会	1
27	深创投	1,638,897	0.46%	深圳市人民政府国有资产监督管理委员会	深圳市人民政府国有资产监督管理委员会	1
B类：实业公司						
28	华大三生园	3,935,824	1.09%	华大控股	汪建	1
29	荣之联	936,766	0.26%	王东辉、吴敏	王东辉、吴敏	1
30	华大控股	148,773,893	41.33%	汪建	汪建	1
31	中国人寿	8,962,397	2.48%	中华人民共和国财政部	中华人民共和国财政部	1
32	华夏人寿	1,542,195	0.43%	北京千禧世豪电子科技有限公司、北京世纪力宏计算机软件科技有限公司	无	1
C类：利用自有资金进行多项专业投资的机构						
33	青岛金石	4,203,345	1. 17%	金石投资有限公司	金石投资有限公司	1
34	有孚创业	4,203,345	1.17%	陈颖	杨映松	1
35	锋茂投资	1,233,756	0.34%	姜皓天、杨瑞荣	姜皓天	1
36	汇晟资产	1,075,488	0.30%	刘斌、曾先娥	刘斌	1

续表

序号	股东	持股数量（股）	持股比例	主要出资人	实际控制人	穿透后股东人数（个）
37	海百合	370,124	0.10%	姜任飞	姜任飞	1
38	深港产学研	358,496	0.10%	崔京涛	崔京涛	1
39	乐华源城	4,203,345	1.17%	刘斌、曾先娥	刘斌	1
40	华弘资本	2,173,359	0.60%	李自英	李自英	1
D类：利用自有资金暂仅投资于发行人的机构						
41	南海成长	2,506,537	0.70%	南海成长精选（天津）股权投资基金合伙企业（有限合伙）	南海成长精选（天津）股权投资基金合伙企业（有限合伙）	2
42	宸时资本	1,542,195	0.43%	高维珊	高维珊	1
43	华大投资	66,915,154	18.59%	王俊	王俊、杨焕明、杨爽、李英睿、尹烨	33
	合计	360,000,0	100.00	—	—	76

二、关于该等股东适格性、持有发行人股权是否合法合规、是否存在变相公开发行等情况

1. A类股东：私募投资基金（共27家）

根据发行人股东出具的《股东基本情况调查表》并经中介机构检索中国证券投资基金业协会官方网站（http://www.amac.org.cn/）相关公示信息，前述A类股东及其基金管理人已按照《私募投资基金监督管理暂行办法》及《私募投资基金管理人登记和基金备案办法（试行）》的规定分别办理相关私募投资基金备案手续及私募投资基金管理人登记手续。

根据《私募投资基金监督管理暂行办法》的规定，依法设立并在基金业协会备案的投资计划视为合格投资者，不再穿透核查最终投资者是否为合格投资者且合并计算投资者人数。因此，以发行人股东人数穿透计算口径，该等A类股东人数各按照1名计算，合计共27名。

2. B类股东：实业公司（共5家）

根据发行人股东出具的《股东基本情况调查表》、相关企业的工商基本信息、相关股东就公司主要出资人和实际控制人情况出具的说明，并经中介机构查询国家企业信用信息公示系统网站（http://gsxt.saic.gov.cn/），并参照企业信息查询平台 APP 信息，前述 B 类股东均为设立多年的实业公司，除投资发行人外，还依法投资了其他企业，不属于专为投资发行人而设立的投资平台。因此，以发行人股东人数穿透计算口径，该等 B 类股东人数各按照 1 名计算，合计共 5 名。

3. C 类股东：利用自有资金进行多项专业投资的机构（共 8 家）

根据发行人股东出具的《股东基本情况调查表》、相关企业的工商基本信息、相关股东就公司主要出资人和实际控制人情况出具的说明，并经中介机构查询国家企业信用信息公示系统网站（http：//gsxt.saic.gov.cn/），并参照企业信息查询平台 APP 信息，C 类股东均为利用自有资金进行多项专业投资的机构，除投资发行人外，还依法投资了其他企业，不属于专为投资发行人而设立的投资平台。因此，以发行人股东人数穿透计算口径，该等 C 类股东人数各按照 1 名计算，合计共 8 名。

4. D 类股东：利用自有资金暂仅投资于发行人的机构（共 3 家）

经中介机构核查，发行人股东中属于利用自有资金暂仅投资于发行人的机构共 3 家，即南海成长、宸时资本和华大投资，具体情况如表 1–2 所示。

（1）南海成长。经中介机构核查发行人股东提供的资料并检索中国证券投资基金业协会官方网站（http://www.amac.org.cn/）相关公示信息，南海成长精选（天津）股权投资基金合伙企业（有限合伙）及其基金管理人已按照《私募投资基金监督管理暂行办法》及《私募投资基金管理人登记和基金备案办法（试行）》的规定分别办理相关私募投资基金备案手续及私募投资基金管理人登记手续。

经中介机构核查，南海成长精选（天津）股权投资基金合伙企业（有限合伙）设立于 2011 年 4 月 13 日，累计投资企业超过 30 家，不属于为投资发行人而专设的投资主体，应按照 1 个股东计算。

综上，南海成长的自然人股东共 1 名，企业股东共 1 名，以发行人股东人数穿透计算口径，南海成长的股东合计共 2 名。

表1–2 南海成长股东基本情况

序号	股东名称	出资额（万元）	出资比例
1	黄荔	3,628.0822	31.2010%
2	南海成长精选（天津）股权投资基金合伙企业（有限合伙）	8,000.0000	68.7990%
合计		11,628.0822	100%

（2）宸时资本。经中介机构核查，宸时资本的股东共 1 名，具体如表 1–3 所示。

表1–3　宸时资本股东基本情况

序号	股东名称	出资额（万元）	出资比例
1	高维珊	1,000	100%
合计		1,000	100%

根据上述情况，以发行人股东人数穿透计算口径，宸时资本的股东合计共 1 名。

（3）华大投资

根据华大投资的《变更（备案）通知书》，结合中介机构在深圳市市场和质量监督管理委员会官网（http://www.szscjg.gov.cn/）查询的商事登记簿信息、在国家企业信用信息公示系统官网（http://gsxt.saic.gov.cn/）查询情况，截至本补充法律意见书出具之日，华大投资的股本结构如表 1–4 所示。

表1–4　华大投资股本结构

序号	合伙人名称	合伙人类别	出资额（万元）	出资比例
1	王俊	普通合伙人	2,685.6288	53.7932%
2	杨焕明	普通合伙人	1,029.5000	20.6209%
3	杨爽	普通合伙人	474.0000	9.4942%
4	天府管理（集团）有限公司	有限合伙人	167.8712	3.3625%
5	张秀清	有限合伙人	57.5000	1.1517%
6	李英睿	普通合伙人	51.5000	1.0315%
7	尹烨	普通合伙人	48.0000	0.9614%
8	李松岗	有限合伙人	42.0000	0.8413%
9	牟峰	有限合伙人	41.5000	0.8312%
10	方健秋	有限合伙人	41.0000	0.8212%
11	李京湘	有限合伙人	32.5000	0.6510%
12	董伟	有限合伙人	29.5000	0.5909%
13	冯小黎	有限合伙人	29.5000	0.5909%
14	方林	有限合伙人	27.0000	0.5408%
15	张勇	有限合伙人	24.5000	0.4907%
16	徐讯	有限合伙人	23.5000	0.4707%
17	孙英俊	有限合伙人	22.5000	0.4507%

续表

序号	合伙人名称	合伙人类别	出资额（万元）	出资比例
18	王威	有限合伙人	20.0000	0.4006%
19	张耕耘	有限合伙人	17.0000	0.3405%
20	李黎	有限合伙人	16.5000	0.3305%
21	杜玉涛	有限合伙人	14.5000	0.2904%
22	李宁	有限合伙人	12.0000	0.2404%
23	倪培相	有限合伙人	10.0000	0.2003%
24	任琳维	有限合伙人	9.5000	0.1903%
25	丛丽娟	有限合伙人	9.0000	0.1803%
26	叶葭	有限合伙人	9.0000	0.1803%
27	李国庆	有限合伙人	8.5000	0.1703%
28	杨晓楠	有限合伙人	7.5000	0.1502%
29	殷波	有限合伙人	7.0000	0.1402%
30	叶辰	有限合伙人	7.0000	0.1402%
31	张建国	有限合伙人	7.0000	0.1402%
32	杨碧澄	有限合伙人	6.5000	0.1302%
33	朱岩梅	有限合伙人	4.0000	0.0801%
合计			4,992.5000	100.0000%

根据华大投资的有限合伙人天府管理（集团）有限公司出具的说明及其现行有效的公司章程并经中介机构查询国家企业信用信息公示系统网站（http://gsxt.saic.gov.cn/）、中国证券投资基金业协会官方网站（http://www.amac.org.cn/）情况，并参照企业信息查询平台APP信息，天府管理（集团）有限公司系利用自有资金进行专业投资的机构，不属于专为投资发行人而设立的投资平台，除投资发行人外，还依法投资了多家其他企业，按照发行人股东人数穿透计算口径，天府管理（集团）有限公司应按照1名股东计算。

综上，华大投资的自然人合伙人共32名，企业合伙人共1名，以发行人股东人数穿透计算口径，华大投资的合伙人合计共33名。

综上，中介机构认为发行人股东身份适格，其各自持有发行人股份合法合规，以发行人股东人数穿透计算口径，发行人股东人数合计为76人，不存在变相公开发行情况。

案例解读

（1）私募投资基金或私募投资基金管理人作为股东必须按照《私募投资基金监督管理暂行办法》及《私募投资基金管理人登记和基金备案办法（试行）》等相关法律法规履行登记备案程序。（2）机构股东进行穿透核查，需要逐层核查该机构股东的股权结构，逐层向上穿透至自然人、国资委（集体企业）及上市公司。（3）发行人股东人数穿透计算口径，直接或间接股东中自然人、国资委（集体企业）及上市公司按1名计算，私募投资基金不再穿透核查最终投资者是否为合格投资者且合并计算投资者人数，按照1名计算；以自有资金对外投资，不专为投资发行人而设立的机构，按照1名计算。

【案例3】全民所有制企业作为股东的适格性——海特生物（股票代码：300683）

A股上市情况：2017年6月1日召开的中国证券监督管理委员会创业板发行审核委员会2017年第46次发审委会议审核：武汉海特生物制药股份有限公司（首发）获通过。

案例解读

监管部门注意到，海特生物有一个股东是湖北医学院基础部科技开发服务部，要求中介机构就其作为公司股东的适格性发表意见。

湖北医学院基础部科技开发服务部成立于1992年1月，成立时系全民所有制企业，持有湖北省工商行政管理局颁发的注册号为17756087-7的营业执照，经营范围为康复保健服务，诊断，治疗新技术的特殊检查。1998年4月，因其主管单位名称变更为湖北医科大学，湖北医学院基础部科技开发服务部更名为湖北医科大学基础医学院科技开发部，企业性质为国有经济，持有湖北省工商行政管理局颁发的注册号为4200001101558的营业执照，经营范围为康复保健服务，诊断，治疗新技术的特殊检查，医疗咨询，信息服务。

经核查了湖北医科大学基础医学院科技开发部的营业执照、工商登记档案，查阅了其主管单位武大资产出具的声明、对武大资产就相关事项进行访谈。中介机构认为，湖北医学院基础部科技开发服务部（后更名为湖北医科大学基础医学院科技开发部）是独立法人，作为公司股东和发起人并不违反当时的法律法规的规定。

案例解读

全民所有制企业虽未改制为公司，但根据《全民所有制工业企业法》属于企业法人，可以以国家授予其经营管理的财产承担民事责任，从发行上市角度可以成为上市公司的股东。

【案例4】对外资股东适格性的核查——富满电子（股票代码：300671）

A股上市情况：2017年5月10日召开的中国证券监督管理委员会创业板发行审核委员会2017年第40次发审委会议审核：深圳市富满电子集团股份有限公司（首发）获通过。

案例解读

发行人有外资股东2名，对其核查情况如下：

1. 集晶（香港）

根据集晶（香港）的历年周年申报表、香港公司注册处记录、香港律师出具的法律意见书等相关资料，发行人股东集晶（香港）于2010年2月4日依据香港《公司条例》在香港注册成立，注册编号为1419395，注册地址为香港九龙尖沙咀漆咸道南67—71号安年大厦12楼1202室，现任董事为刘景裕（LIUJingYu），注册股本为10,000股，已发行股本为10,000股，每股面值1港元。

依据邓兆驹律师事务所于2017年2月21日出具的《关于集晶（香港有限公司之法律意见书》，集晶（香港）是依照香港公司条例成立，是依法成立的；在香港公司登记处的登记册上没有任何影响集晶（香港）合法存续的情况，根据香港法律以及集晶（香港）的公司章程，香港公司登记处的登记册内已登记事项不存在导致其在可预见的未来终止营业的情形。

根据该香港法律意见书，集晶（香港）在2010年2月4日成立时由刘景裕（LIUJingYu）认购了10,000股普通股，截至该香港法律意见书出具之日，集晶（香港）的股权没有发生任何改变。

集晶（香港）的唯一股东刘景裕，男，1964年出生，中国台湾籍，本科学历。2001年创立富满电子有限；2010年起任集晶（香港）有限公司董事；2011年12月—2014年11月任富满电子有限董事长；2012年6月—2014年11月任深圳市富满电子有限公司总经理；2014年12月起任发行人董事长、总经理。

据此，集晶（香港）系依法设立并有效存续的香港公司，不存在法律法规规定不得作为发行人股东的情形。

2. 晶远国际

根据晶远国际的历年周年申报表、香港公司注册处记录、香港律师出具的法律意见书等相关资料，晶远国际于 2011 年 8 月 26 日依据香港《公司条例》在香港注册成立，注册编号为 1660487，注册地址为香港九龙尖沙咀漆咸道南 67–71 号安年大厦 12 楼 1202 室，现任董事为游凯翔（YOUKaiShyang），注册股本为 10,000 股，已发行股本为 10,000 股，每股面值 1 港元。

依据邓兆驹律师事务所于 2017 年 3 月出具的《关于晶远国际有限公司之法律意见书》，晶远国际是依照香港公司条例依法成立的；在香港公司登记处的登记册上没有任何影响晶远国际合法存续的情况，根据香港法律以及晶远国际的公司章程，香港公司登记处的登记册内已登记事项不存在导致其在可预见的未来终止营业的情形。

晶远国际的唯一股东游凯翔，男，1974 年出生，中国台湾籍。2005 年至今任台湾积体电路股份有限公司研发工程师，现任晶远国际董事。

据此，晶远国际系依法设立并有效存续的香港公司，不存在法律法规规定不得作为发行人股东的情形。

综上所述，发行人的境外股东集晶（香港）与晶远国际均系依法设立的并有效存续的香港公司，不存在法律法规规定不得作为发行人股东的情形。

专家点评 >>>

中外合资股份有限公司在境内上市已经为数很多，需要关注的是公司控股股东为境外企业时，该企业实际控制人的国籍身份问题，如果为境内自然人身份，则构成红筹架构，该红筹架构需要在上市前拆除，参考案例：263、向日葵、华平股份。

第二节　股东适格性的基本概念和要求

一、股东的基本概念

这里涉及到的股东适格性主要是指企业在整体变更改制成股份公司的时候作为发起人的身份。适格的股东，即要求公司的股东不存在相关法律法规规定不得或限制成为企业股东的情形。必须是符合法律、法规和规范性文件要求的，不适合当股东的情况如公务员、国有企业领导人员、证券公司从业人员、职工持股会和工会、事业单位（大学、研究所）、县以上妇联、共青团、文联以及各种协会、基金会、会计师事务所、审计事务所、资产评估机构、律师事务所、外商投资性公司或者个人。不符合要求的就必须予以纠正，否则会影响企业上市。

第一，根据《公司法》《证券法》的要求，如果股份有限公司是发起设立的，发起人必须符合以下要求：有 2 人以上、200 人以下为发起人，其中须有过半数的发起人在中国境内有住所；公司股东在企业上市过程中应当符合该条件，并不违反其他法律法规的限制性条款。

发起人是指依照有关法律规定订立发起人协议，提出设立股份有限公司申请，认购公司股份，并对公司设立承担责任的人。发起人应具有完全的民事行为能力和民事责任能力，独立地承担民事责任。

根据《民法通则》《公司法》等法律、法规的规定，股份有限公司发起人应当具备以下资格：

（1）能独立地承担民事责任的自然人。但外商投资股份有限公司的中方发起人不得为自然人；

（2）企业法人；

（3）除法律、法规禁止其从事投资和经营活动之外，事业单位和社会团体法人，具备企业法人条件的，应当先申请企业法人登记，才可作为发起人；

（4）出资额已缴足、已经完成原审批项目、已经开始缴纳企业所得税的外商投资企业可以作为发起人；

（5）具备法人的条件并经依法登记为法人的农村集体经济组织具有发起设立股份有限公司的资格；

（6）个人独资企业、职工持股会组织等因不具备法人资格而不能成为发起人；

（7）党政机关、司法行政部门以及党政机关主办的社会团体不能作为股份公司的发起人。会计师事务所、审计事务所、资产评估机构、律师事务所不得作为投资主体成为股份公司的股东。基金会不能投资设立企业；

（8）其他组织，法律、法规另有规定的除外。

第二，公司股东中不能有法律禁止和限制担任股东的人员，如公检法机关人员、国家公务员等是不允许从事商业经营活动的。如根据《国家公务员暂行条例》规定，国家公务员不得经商、办企业以及参与其他盈利性的经营性活动。拟上市公司的股东中存在公检法机关人员、国家公务员的，应当在有限责任公司进行整体变更成股份公司之前进行清理，通常的做法是将其持有的股份转让给无法律禁止或者限制担任股东的人员或者其放弃公职，如果该股东持有拟上市公司的股份数额达到相当的数量，其转让股份的行为会影响到公司的实际控制人发生变化，则其必须放弃公职。

二、股东股份流通的限制

公司在上市后可能涉及到的公司股权转让、人事变更等不确定因素，也可能令公司股东及股权结构发生变化，不利于上市公司的内部管理层的稳定，从而直接影响到公司的持续经营能力；因此保持上市公司部分股东股份的稳定，对上市公司正常经营及运作有重要意义。《公司法》《证券法》《首次公开发行股票并在创业板上市管理办法》以及证监会、交易所上市规则等规定都对股份转让的锁定有限制。

根据《公司法》的规定，发起人持有的本公司股份，自公司成立之日起一年内不得转让。公司公开发行股份前已发行的股份，自公司股票在证券交易所上市交易之日起一年内不得转让。

公司董事、监事、高级管理人员应当向公司申报所持有的本公司的股份及其变动情况，在任职期间每年转让的股份不得超过其所持有本公司股份总数的百分之二十五；所持本公司股份自公司股票上市交易之日起一年内不得转让。上述人员离职后半年内，不得转让其所持有的本公司股份。

三、职工股的问题

目前我国很多股份公司存在大量的隐性职工股。即股份公司私自向职工发行股份，公司实际股东人数远远超过法定人数，而工商登记的股东人数却符合现行法律法规的规定。同时，我国还存在历史遗留的内部职工股问题。这些问题的存在往往也是引发纠纷的原因。

内部职工股是我国20世纪90年代初进行国有企业股份制改造的产物。改制中的许多股份有限公司经国家有关部门批准后，面向本公司职工以定向募集方式发行了大量的内部职工股。按照当时的有关规定，内部职工股采用记名股权证形式，并限定在本公司内部成员之间转让。1993年4月3日国务院办公厅转发国家体改委等部门《关于立即制止发行内部职工股不规范做法意见的紧急通知》以及1994年6月19日国家体改委发布的《关于立即停止审批定向募集股份有限公司并重申停止审批和发行内部职工股的通知》，禁止再发行内部职工股。根据《股票发行审核标准备忘录第11号（新修订）关于定向募集公司申请公开发行股票有关问题的审核要求》，对于已经发行的内部职工股，从新股发行之日起满三年后上市流通；内部职工股由现有股东继续持有，暂不上市流通。但是，目前该备忘录已经失效，内部职工问题如何解决，监管层的态度还不太明朗。

这种在实践当中大量存在的职工股，如果不进行有效的规范，会埋下多种隐患。首先，股东人数超过 200 人是违反法律规定的，根据《证券法》的规定，股份公司如果是发起设立的，发起人人数超过 200 人，除非报经国务院证券监督管理机构或者国务院授权的部门核准，否则即属于非法公开发行股票。其次，很多股份公司实际股东的法律关系构成非常复杂。有的股份公司的实际股东通过名义股东进行投资，即所谓“隐名持股”的现象，权利义务关系不明确，极易造成纠纷，必须在公司改制重组过程中予以解决和规范；有的股份公司登记股东符合法律规定，但是，股份公司直接向上述登记股东以外的股东颁发股权证，这类股东的权利显然不受法律的保护。

关于职工持股会和工会，根据 2000 年 7 月民政部发布《关于暂停对企业内部职工持股会进行社会法人团体登记的函》及 2000 年 12 月证监会《关于职工持股会及工会能否作为上市公司股东的复函》都已经明确规定不受理职工持股会或工会持有拟上市公司股权的上市申请，也即职工持股会和工会不能成为公司的股东。

目前的实践当中，解决职工股问题的法律方案主要有：

（1）通过战略投资者或者有关股东收购职工股，消除隐名股东；

（2）设立有限责任公司或股份公司代替职工持股；

（3）通过签订委托协议由受托人持股；

（4）通过信托公司持股；

（5）设置民事信托。

以下为方案讨论：

方案 1：由于企业存在上市的可能性，而上市往往能带来股票较大幅度的溢价，职工往往不愿意将手中的职工股转让，这种方案被职工接受的可能性较小。

但是从公司上市操作的实务来看，很多企业已经在逐步规范公司的股权设置结构，以往存在的全员持股的现象在大幅度减少，大部分企业对建立现代企业制度认识的加深，使规范公司股权结构成为必然。公司在改制重组过程中通过战略投资者或者有关股东收购职工股，是消除隐名股东的最佳办法。通过对公司隐名股东股权的收购，使公司股权结构简单清晰，完全符合《首次公开发行股票并在创业板上市管理办法》的规定，即“发行人的股权清晰，控股股东和受控股股东、实际控制人支配的股东所持发行人的股份不存在重大权属纠纷”中对发行人股权的要求，是成功上市的根本保证。

方案 2：比较规范，权利义务比较明确，容易得到监管部门的认可。但是设立有限责任公司或股份公司涉及费用较高，所得也存在双重征税问题。目前设立合伙企业的居多。

还需要注意的是，目前存在很多拟上市公司在改制重组中，为了解决职工股的问题而专门设立若干投资性质的公司，以法人股东的身份代替职工持股，尤其是职工人数超过法定200人，这样规避法律的做法，是不可行的。设立有限责任公司或股份公司带持股的前提是，已存在的职工人数是在法定限度200人内，如果超过法定的限度，即使设立数个公司作为法人股东进行规避，也同样构成公开发行。

根据《中华人民共和国公司法》第七十九条规定，设立股份有限公司，应当有二人以上二百人以下为发起人，其中须有半数以上的发起人在中国境内有住所。

同时根据《中华人民共和国证券法》第十条的规定，公开发行证券，必须符合法律、行政法规规定的条件，并依法报经国务院证券监督管理机构或者国务院授权的部门核准；未经依法核准，任何单位和个人不得公开发行证券。

有下列情形之一的，为公开发行：

（1）向不特定对象发行证券；

（2）向累计超过二百人的特定对象发行证券；

（3）法律、行政法规规定的其他发行行为。

什么是特定的对象？向特定对象发行的，只能不超过二百人，超过二百人就算是公开发行，而且要求是累计不超过二百人，包括信托的方式、代理的方式，不管是直接持股还是间接持股，只要股东超过二百人就是公开发行行为。

因此以设立有限责任公司或股份公司代替职工持股的方式，必须保证进入公司的职工人数不能超过法律法规和证监会规定的数目。

方案3：委托人和受托人签署委托协议，难以对受托人实施有效监督，委托人存在较大风险，且容易引发纠纷，对公司以后的正常经营可能会产生影响；委托人的财产不能与受托人独立，该财产可以被法院判决用于偿还受托人的债务，不利于保护职工利益。

这种方式，在实践中已基本不存在。

方案4、方案5：在目前证监会审核通过的股份公司首次公开发行案例当中已出现过类似方案。中材科技股份有限公司第二大股东南京彤天科技实业有限责任公司（以下简称“南京彤天”）登记股东49人，实际出资人为2,527名自然人。2,527名自然人通过信托关系由49名股东代表其行使出资权。信托协议约定的主要内容有：委托人将资金委托给受托人，由受托人以受托人的名义投资于南京彤天。受托人以信托财产投资于南京彤天，由此获得的相应利润分红或其他投资收益由委托人或其指定的受益人享有，受托人自愿放弃收取任何信托报酬。受益人是本协议项下信托利益的享有人。委托人可以指定受益人；没有指定受益人的，受益人为委托人本人及其继承人。委托人享有权利有：（1）委托人有权要求受托人按照协议的规定，向委托人支付或其指定的受益人支付信托利益；（2）委托人有权要求受托人向其介绍南京彤天的经营情况和财务状况；（3）委托人有权查阅南京彤天的公司章程；（4）委托人有权了解南京彤天股东会的决议事项；（5）南京彤天终止或清算时，受托人以信托财产所获分配的剩余财产，委托人有权要求受托人支付给委托人或其指定的受托人。在收益分配问题上，在每年南京彤天做出利益分配方案并经股东会批准后，受托人应以书面形式通知委托人或其指定的受益人。收到上述利益分配后，受托人应在一定时间内将该信托利益交付委托人或其指定的受益人。

我们认为，出现南京彤天这样大量股东通过信托方式来解决职工股问题的模式，不能普遍化，只能是解决南京彤天这样具有特殊情况的公司的一个特例。使用信托的方式解决职工股问题，我们已经在前述方案 2 中强调过，只要股东人数累计超过 200 人，无论是使用信托的方式、代理的方式，还是间接持股，只要股东超过二百人就是公开发行行为。

因此，通过信托公司持股或设置民事信托，不能作为解决职工问题的妥善方式。

四、股东适格性的梳理

股东适格是企业上市主体资格问题中首要解决的问题，因此，我们对关于股东适格的法律法规进行梳理，以备查阅：

表1-5 股东适格的法律法规梳理

序号	身份	是否禁止成为公司股东	法律法规
1	公务员	禁止	《公务员法》第 53 条第 14 款规定：“公务员必须遵守纪律，不得从事或者参与营利性活动，在企业或者其他营利性组织中兼任职务。”
2	党政机关的干部和职工	禁止	根据《关于严禁党政机关和党政干部经商、办企业的决定》以及《关于进一步制止党政机关和党政干部经商、办企业的规定》，国家机关法人的干部和职工，除中央书记处、国务院特殊批准的以外，一律不准经商、办企业。因此，国家机关法人的干部和职工不得投资公司成为股东。《中国共产党党员领导干部廉洁从政若干准则》第二条规定，禁止私自从事营利性活动，不准个人或者借他人名义经商、办企业

续表

序号	身份	是否禁止成为公司股东	法律法规
3	处级以上领导干部配偶、子女	有条件禁止	根据中央纪委《关于“不准在领导干部管辖的业务范围内个人从事可能与公共利益发生冲突的经商办企业活动”的解释》（中纪发〔2000〕4号）、《关于省、地两级党委、政府主要领导配偶、子女个人经商办企业的具体规定（试行）》（中纪发〔2001〕2号）和各地市纪委《关于区、县党政机关局级领导干部的配偶、子女从业问题“两不准”的实施意见》，处级以上领导干部配偶、子女不准在领导干部管辖的业务范围内投资兴办可能与公共利益发生冲突的企业
4	县以上党和国家机关退（离）休干部	禁止	《中共中央办公厅、国务院办公厅关于县以上党和国家机关退（离）休干部经商办企业问题的若干规定》明确禁止县级以上党和国家机关退的（离）休干部，不得兴办商业性企业
5	国有企业领导人	有条件禁止	《国有企业领导人员廉洁从业若干规定》第5条规定，国有企业领导人员不得有利用职权谋取私利以及损害本企业利益的下列行为：（1）个人从事营利性经营活动和有偿中介活动，或者在本企业的同类经营企业、关联企业和与本企业有业务关系的企业投资入股
6	国企领导人配偶、子女	有条件禁止	《国有企业领导人员廉洁从业若干规定》第6条规定，国有企业领导人员应当正确行使经营管理权，防止可能侵害公共利益、企业利益行为的发生。不得有下列行为：国有企业领导人员的配偶、子女及其他特定关系人，在本企业的关联企业、与本企业有业务关系的企业投资入股
7	现役军人	禁止	《中国人民解放军内务条令》第127条规定，军人不得经商，不得从事本职以外的其他职业和传销、有偿中介活动，不得参与以营利为目的的文艺演出、商业广告、企业形象代言和教学活动，不得利用工作时间和办公设备从事证券交易、购买彩票，不得擅自提供军人肖像用于制作商品
8	银行工作人员	不明确	《银行业金融机构从业人员职业操守指引（2011版）》等未做明确禁止，但有些商业银行有内部规章约束
9	在职教师	允许	《教师法》和《教师职业道德规范》未禁止教师成为公司股东
10	未成年人	允许	国家工商行政管理总局于2007年6月25日《关于未成年人能否成为公司股东的答复》（工商企字131号）：《公司法》对未成年人能否成为公司股东没有作出限制性规定。因此，未成年人可以成为公司股东，其股东权利可以由法定代理人代为行使。”
11	家庭成员	允许	家庭成员共同出资设立有限责任公司，必须以各自拥有的财产作为注册资本，并各自承担相应的责任，登记时需提交财产分割的书面证明或者协议

续表

序号	身份	是否禁止成为公司股东	法律法规
12	国有企业职工	有条件禁止	《关于规范国有企业职工持股、投资的意见》
13	职工持股会和工会	禁止	《中国证券监督管理委员会法律部关于职工持股会及工会持股有关问题的法律意见》（法协字〔2002〕第115号），其二、在民政部门不再接受职工持股会的社团法人登记之后，职工持股会不再具备法人资格，不再具备成为上市公司股东及发起人的主体资格，而工会成为上市公司的股东与其设立和活动的宗旨不符
14	分公司	禁止	有限责任公司或股份有限公司可以对公司制企业、集团所有制企业投资，但其所设立的分公司不能对外投资
15	一人公司	有条件允许	一人有限公司原则上可以成为公司的股东；自然人只能投资设立一个一人有限公司，而且该一人有限公司不能投资设立新的一人有限公司
16	商业银行	有条件允许	商业银行原则上不能成为非金融机构的股东，但国家另有规定的除外，如司法判决或抵押质押等不属于主动投资行为
17	被吊销营业执照的公司	允许	拟上市股东被吊销营业执照，但其法人资格并未就此消亡，营业执照的吊销只说明其丧失了经营资格，其法人资格依旧存在，因此不影响其对股份的持有。但因为营业执照被吊销，可能存在法人资格丧失的风险，由此导致股权的不确定性。因此拟上市鉴于股权的稳定性考虑，若出现被吊销营业执照的法人股东，还是建议转给他人
18	非营利性非企业法人	有条件允许	总体上来说，机关法人、社会团体法人、事业单位法人等非企业法人都可以投资设立有限责任公司、股份有限公司和外商投资企业等。但是一般来说，国家政府性质的非营利性的非企业法人不具备股权投资的主体资格
19	基金公司	允许	未作禁止性规定
20	个人独资企业	允许	个人独资企业可以作为有限公司的股东，并可设立分支机构。不得投资设立非公司企业法人
21	外商投资企业	允许	出资额已缴足、已经完成原审批项目、已经开始缴纳企业所得税的外商投资企业可以作为发起人
22	合伙企业	允许	合伙企业可以作为有限公司的股东，并可以设立分支机构
23	中介机构	禁止	会计师事务所、审计事务所、律师事务所和资产评估机构不能作为其他行业股份有限公司的发起人

续表

序号	身份	是否禁止成为公司股东	法律法规
24	事业单位	禁止	《中央行政事业单位国有资产管理暂行办法》第29条规定，各部门行政单位和参照公务员法管理的单位，不得将国有资产用于对外投资。其他事业单位应当严格控制对外投资，不得利用国家财政拨款、上级补助资金和维持事业正常发展的资产对外投资
25	高校	禁止	教育部发布了《教育部关于积极发展、规范管理高校科技产业的指导意见》（教科发〔2005〕2号文），该文对部属高校作出了如下规定：高校除对高校资产公司进行投资外，不得再以事业单位法人的身份对外进行投资
26	社会团体法人	允许	除法律法规禁止其从事的投资和经营活动之外，社会团体法人可以成为上市公司发起人
27	村民委员会	允许	未作禁止性规定

第二章　出资问题

关于股东的出资，一直是企业上市在申报过程中受到监管部门重点关注的问题，尤其是企业在设立之初和历史沿革中历次的出资情况，尤为重要。股东或者发起人可以用货币出资，也可以用实物、知识产权、土地使用权等可以用货币估价并可以依法转让的非货币财产作价出资。股东或者发起人不得以劳务、信用、自然人姓名、商誉、特许经营权或者设定担保的财产等作价出资。企业在出资问题中普遍都存在这样或者那样的法律瑕疵，但是这些法律瑕疵并不是都会成为企业上市的直接障碍，对具体问题进行仔细分析，提出妥善的解决方案，是可以进行规避和整改的。

第一节　出资来源的合法性审查

【案例1】对实际控制人亲属对公司出资的资金来源的合法性的审查——智动力（股票代码：300686）

A股上市情况：2017年6月1日召开的中国证券监督管理委员会创业板发行审核委员会2017年第46次发审委会议审核：深圳市智动力精密技术股份有限公司（首发）获通过。

案例解读

请发行人补充说明直接或间接持有发行人股权的自然人股东尤其是实际控制人的儿子、外甥、外甥女、侄子等对发行人出资的资金最终来源及合法性，该等人员持股是否存在委托持股或法律纠纷。请中介机构补充说明对该问题的核查方式、核查手段及其充分性、合法性。

就发行人各自然人股东对发行人出资的资金来源及合法性的相关问题，中介机构进行了以下核查工作:（1）对发行人各自然人股东包括间接持有发行人股权的各个自然人股东逐一进行了访谈。（2）查阅了股权转让及增资的相关决议文件、协议、验资报告、资产评估报告、审计报告及历次增资、股权转让过程中股东的资金支付凭证。（3）取得直接、间接自然人股东的身份证明文件、户口登记卡、各近亲属的身份证明文件，若为员工股东的，还取得了劳动合同、社保证明等资料。（4）各股东填写的利益相关方信息采集表。

发行人各自然人股东的出资款均源于自有资金，不存在发行人代为垫付等情形，合法合规，具体情形如表 2-1 所示。

表2-1 发行人各自然人股东出资情况

序号	姓名	直接或间接持股数额（万股）	资金来源
1	吴加维	2,992.4991	家庭积累
2	陈奕纯	2,562.8972	家庭积累
3	林长春	934.50	上市公司分红、薪酬、家庭积累等
4	郑永坚	890	家庭积累
5	吴加和	512.80	家庭积累
6	陈晓明	360	家庭积累
7	方平	300	家庭积累
8	吴雄驰	139.42	家庭积累
9	杨云柏	100.00	家庭积累
10	刘奕君	100.00	家庭积累
11	陈丹华	79.99	家庭积累
12	陈林波	50.00	家庭积累
13	刘炜	49.97	家庭积累
14	陈恃岳	39.96	家庭积累
15	陈晓升	35.90	家庭积累
16	方吉鑫	35.00	家庭积累
17	周厚英	25.00	家庭积累
18	张培钦	19.99	家庭积累

续表

序号	姓名	直接或间接持股数额（万股）	资金来源
19	高建新	19.99	家庭积累
20	陈其泽	19.99	家庭积累
21	林雄源	15.99	家庭积累
22	吴少丽	15.01	家庭积累
23	吴雄涛	15.01	家庭积累
24	张国书	13.99	家庭积累
25	金成华	13.01	家庭积累
26	阳宾菲	9.99	家庭积累
27	田云峰	6.00	家庭积累
28	熊永强	6.00	家庭积累
29	黄才平	5.02	家庭积累
30	周石岐	5.02	家庭积累
31	陈虹宇	5.02	家庭积累
32	吴雄壮	5.02	家庭积累
33	戴添文	5.02	家庭积累
34	罗海辉	2.00	家庭积累

另外，实际控制人的儿子、外甥、外甥女、侄子出资金额较小，与其个人工作经历及家庭经济状况匹配，出资均来源于其个人和家庭多年积累。

综上核查，中介机构认为，直接或间接持有发行人股权的自然人股东尤其是实际控制人的儿子、外甥、外甥女、侄子等对发行人出资的资金合法，该等人员持股不存在委托持股或法律纠纷，中介机构针对该问题的核查方式、核查手段充分、合法。

专家点评

资金来源合法性是出资问题的关键，根据最高人民法院〔2005〕民二终字第148号民事判决“石德毅与中国欧美进出口公司、湖北益丰贸易公司、上海茗合贸易公司代理进口合同纠纷上诉案”最高人民法院认为：股东挪用或者抽逃资金的前提是注册资金来源合法，没有合法的资金来源，应认定为没有出资，公司的法人资格就不存在，股东对公司的债务非有限责任而是无限连带责任。

【案例2】对外部股东是否与公司有关联关系以及出资的来源合法性的审查——智动力（股票代码：300686）

A股上市情况：2017年6月1日召开的中国证券监督管理委员会创业板发行审核委员会2017年第46次发审委会议审核：深圳市智动力精密技术股份有限公司（首发）获通过。

案例解读

这个案例也是智动力的，监管部门要求将关于9名外部自然人股东的资金来源细化列明，并说明合法合规性。9名自然人股东及其对外投资的企业与发行人及其关联方、客户、供应商是否存在资金、业务往来，是否在发行人的客户、供应商处拥有权益，是否存在为发行人承担成本费用、输送利益等情形。

一、核查手段

中介机构就该问题主要采取了如下核查手段：

（1）取得了外部自然人股东关于资金来源合法合规的说明及外部证据；

（2）通过网络核查方式查询了9名外部自然人股东的对外投资情况；

（3）访谈了9名外部自然人股东并取得该等股东填写的《利益相关方信息采集表》、户口本、身份证复印件等资料，核查其与发行人及其关联方、客户、供应商之间是否存在资金、业务往来，是否在发行人的客户、供应商处拥有权益，是否存在为发行人承担成本费用、输送利益等情况；

（4）取得发行人报告期内前二十大客户、供应商名单，通过网络核查方式查询其工商信息，核对9名外部自然人股东是否在发行人客户、供应商处任职或拥有权益；

（5）对发行人前二十大客户及供应商进行访谈或由其出具声明，核查9名外部自然人股东与发行人供应商、客户之间是否存在关联关系或往来。

二、核查情况

1. 外部自然人股东的情况及资金来源

表2-2 外部自然人股东的情况及资金来源

序号	姓名	入股、转股所涉资金额（万元）	资金来源
1	林长春	1,452.86	林长春为佳隆股份实际控制人之一，2008—2011 年获得佳隆股份多次分红共计约 1,300 万元（税后），以及曾担任佳隆股份的董事、总经理多年的薪酬等家庭积累
2	郑永坚	1,432.90	广东君一律师事务所从事律师多年工资收入以及房地产投资开发收益
3	陈晓明	579.60	从 1998 年开始从事废旧电子产品的回收积累所得
4	方平	498	1998 年其妻子开始经营外贸出口生意（主要产品为日用陶瓷），2005 年方平也下海经商与妻子成立深圳市乐信贸易有限公司继续经营外贸出口生意的收益积累
5	吴雄驰	231.44	实际控制人吴加维与陈奕纯之子，资金来源为父母多年经商所得
6	杨云柏	161	2012 年前，经营燃气供应站 15 年获得的收益积累
7	刘奕君	161	1990—2002 年担任龙腾钢铁有限公司总经理，2003—2008 年月担任韶关市莱斯大酒店有限公司执行董事、总经理取得的多年工资及业务提成积累
8	陈林波	80.50	2004—2008 年，从事化工销售业务，2008 年以后自己从事油漆贸易的工资及业务提成所得
9	陈恃岳	64.40	其母亲方芳为发行人原财务总监，2002—2012 年期间担任其他公司财务经理，工资收入积累

综上，发行人上述股东入股涉及的资金为股东个人或家庭多年积累，来源合法合规。

2. 9 名自然人股东及其对外投资的企业与发行人及其关联方、客户、供应商之间关系

外部自然人股东的对外投资情况如表 2-3 所示。

表2-3　外部自然人股东对外投资情况

序号	姓名	对外投资情况
1	林长春	广东佳隆食品股份有限公司 5.82% 深圳市中深光电有限公司 14.08% 广州赢润资产管理有限公司 100%
2	郑永坚	深圳市如智投资咨询有限公司 100% 广东如智律师事务所负责人 深圳前海国元基金管理有限公司 10%
3	陈晓明	—
4	方平	广东英联包装股份有限公司 5%
5	吴雄驰	深圳千汇投资担保有限公司 100%
6	杨云柏	深圳市云柏健诚科技有限公司 50%
7	刘奕君	深圳市纳斯皇廷投资管理有限公司 20% 深圳市中久华成实业有限公司 80% 深圳市鑫弘成环保有限公司 37.5%
8	陈林波	深圳市欧歌文化传媒有限公司 100% 深圳市中深光电有限公司 2.39%
9	陈恃岳	—

经核查，上述9名自然人股东中，陈晓明系实际控制人之一陈奕纯女士的堂弟，吴雄驰系实际控制人吴加维与陈奕纯夫妇之子，陈恃岳系发行人原财务总监方芳之子。

除上述关系外，上述9名自然人股东及其对外投资的企业与发行人及其关联方、客户、供应商之间不存在资金、业务往来，在发行人的客户、供应商处不拥有权益，不存在为发行人承担成本费用、输送利益等情形。

专家点评

从《公司法》角度来看，无内部股东和外部股东之分，所有股东同股同权，均平等享有股东权利，承担股东义务，这里所言内部股东和外部股东划分标准是按有无公司里担任董监高职务，有任职为内部股东，如无则相反。鉴于内部股东在上市期间受到严格监管，内部股东有时会利用外部股东身份搞一些小动作，例如资金拆借、利益输送等。同时，根据证监会要求股票上市后内部股东和外部股东限售期也存在较大区别，内部股东售卖股票受到严格控制，因此，实践中也有内部股东将所持公司股权进行分割，将部分股权交由外部股东持有。本案例中介机构核查的方式具有借鉴性，相似项目可以参考。

【案例3】以集体企业资产及负债对公司出资的情况——万马科技（股票代码：300698）

A股上市情况：2017年7月12日召开的中国证券监督管理委员会创业板发行审核委员会2017年第57次发审委会议审核：万马科技股份有限公司（首发）获通过。

案例解读

监管部门要求公司提供2008年浙江省人民政府办公厅出具的关于万马集团股权变动和产权界定事项确认的函，说明万马集团以集体企业资产及负债对发行人出资是否符合相关法律法规规定，是否合法、有效。

1. 万马集团设立的背景

万马集团系根据中共浙江省委办公厅、浙江省人民政府办公厅《关于进一步完善乡村集体企业产权制度改革的若干意见》（省委办〔1994〕39号）的精神，经浙江省计划经济委员会、浙江省经济体制改革委员会“浙计经企（1994）278号”《关于建立浙江万马集团的批复》组建的具有独立法人资格的挂靠集体所有制经济实体（挂靠当时的临安市乡镇企业局）。

2. 万马集团改制

万马电子2000年改制，实质上是万马集团及下属企业（包括万马电子）整体改制的一部分，万马集团改制具体如下：

3. 制定改制方案

2000年，万马集团拟按照《公司法》的要求规范操作，开始进行改制。万马集团制定《浙江万马集团公司整体改制方案》，就本部资产及下属投资公司浙江万马集团电缆有限公司、浙江万马集团电子有限公司（即发行人前身万马电子）、浙江万马集团电缆附件有限公司、浙江万马高分子材料股份有限公司等子公司进行改制，并向临安市人民政府递交《关于要求对万马集团公司资产界定的请示报告》（浙万马（2000）85号）。

4. 资产评估

2000年2月，万马集团委托资产评估机构以2000年3月31日为基准日，评估确认万马集团及下属企业（包括万马电子）剔除少数股东权益后经评估的净资产为

254,620,831.61 元。

以 2000 年 3 月 31 日为评估基准日，临安钱王资产评估有限公司对浙江万马集团公司及其所属公司（包括浙江万马集团公司电缆厂、浙江万马集团公司电缆附件厂、浙江万马集团公司通信设备厂）、浙江资产评估公司对万马集团所属公司浙江万马集团公司高分子材料厂、杭州市无形资产评估事务所对“万马”“万马神”“都临”三个商标权进行了资产评估，分别出具了“钱资评字（2000）第 9 号”“钱资评字（2000）第 10 号”“钱资评字（2000）第 11 号”“钱资评字（2000）第 12 号”“浙评报（2000）第 17 号”《资产评估报告》、“杭无评报字（1999）20 号”《评估报告书》，经以上评估，万马集团及其所属企业（包括浙江万马集团公司通信设备厂）剔除少数股东权益后净资产为 254,620,831.61 元。

5. 主管部门审批

2000 年 9 月 7 日，临安市乡镇企业局出具了《临安市乡镇企业改制批复》（临乡企改 2000-3 号），同意万马集团按照浙江万马集团有限责任公司形式进行改制。

经临安市人民政府委托，临安市财政局于 2001 年 1 月 16 日出具《关于对浙江万马集团公司资产界定的批复》（临财企〔2001〕14 号），确认万马集团及下属企业评估净资产 254,620,831.61 元，减除“国有扶持基金”6,909,882.81 元后的 247,710,948.80 元产权界定为张德生所有。根据临安市人民政府于 2000 年作出的《关于对有一定规模的乡镇企业改制履行审核手续的批复》（临政发（2000）234 号），临安市人民政府同意对具有一定规模的乡镇企业改制履行审核和产权界定职责；具体工作由临安市人民政府委托临安市财政局负责。

6. 各级人民政府确认

2008 年 3 月 28 日，临安市人民政府以“临政发〔2008〕75 号”《临安市人民政府关于要求确认浙江万马集团有限公司历次股权变动及产权界定等有关事项的请示》确认：“万马集团在 2000 年、2001 年的产权界定及改制符合当时的法律法规及政策，已依法履行了必要的法律程序，合法有效，不存在纠纷及潜在纠纷。除留用的 6,909,882.80 元的‘国家扶持基金’外，万马集团不存在集体或国有资产成份。”

2008 年 4 月 11 日及 2008 年 5 月 6 日，杭州市人民政府及浙江省人民政府办公厅就以上请示分别出具《关于要求确认浙江万马集团有限公司历次股权变动及产权界定等有关事项的请示》（杭政发〔2008〕22 号）及《关于浙江万马集团有限公司历次股权变动和产权界定有关事项确认的函》（浙政办函〔2008〕30 号）予以确认。

7. 万马集团以浙江万马集团公司通信设备厂资产及负债对发行人出资的合法合规性

基于上述，根据当时相关的法律、法规、规章以及规范性文件的规定，以及临安县锦城镇经济委员会与张德生之间的有关协议，万马集团系由张德生个人投资的企业；万马集团在历史上曾为挂靠集体企业，但其资产权属已按法定程序经有权部门界定。浙江万马集团公司通信设备厂作为万马集团资产的一部分，实质上也并非集体企业资产，而系挂靠集体企业，且浙江万马集团公司通信设备厂的资产（及负债）作为万马集团资产（及负债）的一部分，也已经通过前述产权界定而确认归属于张德生（"国家扶持基金"除外）。因此，中介机构认为，万马集团以浙江万马集团公司通信设备厂资产及负债对发行人进行出资不存在违反相关法律法规的情形，系合法、合规、有效的。

专家点评

根据中国证监会审核要求，拟上市公司历史沿革过程中涉及集体资产处置的，在审核前必须取得省级人民政府就集体资产处置的合规性的公函。这个案例的主管部门就对其出资问题出具了相关说明或证明材料，对企业涉及到的问题进行了证明。需要提醒的是集体资产处置与国有资产处置程序的区别在于集体资产处置仅需评估，而国有资产处置程序需审计和评估。如参与评估的机构不具备证券从业资格，则在上市前需具备证券从业资格的评估机构进行复核。

【案例4】对历次增资是否足额缴纳，是否存在虚假出资的核查——晶瑞股份（股票代码：300655）

A股上市情况： 2017年4月11日召开的中国证券监督管理委员会创业板发行审核委员会2017年第30次发审委会议审核：苏州晶瑞化学股份有限公司（首发）获通过。

案例解读

监管部门要求中介机构说明发行人设立及历次增资应缴付出资的金额、时间和比例、实际出资是否按时足额缴纳，如存在未按时足额缴纳的情形，请说明具体原因、是否存在虚假出资情形、相关股东是否存在重大法律责任。

一、发行人设立及历次增资的具体情况

经核查，发行人设立及历次增资的缴付出资情况具体如表2-4所示。

表2-4 发行人设立及历次增资的缴付出资情况

序号	设立／增资阶段	应缴付出资金额、时间及比例	实际缴付出资金额、时间及比例	延期缴付出资情况
1	2001年11月，晶瑞有限设立	瑞晶公司缴纳72.29万美元，占注册资本的75%；新侨投资缴纳24.09万美元，占注册资本的25%；注册资本由各方按其出资比例从营业执照签发之日起12个月内缴清	瑞晶公司自2001年2月14日—2002年3月25日分6次缴足认缴出资额72.29万美元；新侨投资2002年3月22日缴纳出资23.76万美元，占其认缴出资额的98.63%，2003年3月10日缴足其余认缴出资额	因汇率原因导致新侨投资少缴纳出资0.33万美元；此外，由于吴中外经局软件升级，导致晶瑞有限设立时新侨投资的出资比例由25%变更为24.99%，低于25%。为严格满足外资比例不得低于25%的相关规定，晶瑞有限各股东对各自的认缴出资额进行微调，即瑞晶公司缴纳72.28万美元，占注册资本的75%；新侨投资增加出资0.01万美元，缴纳24.10万美元，占注册资本的25%。新侨投资前述少缴纳的0.33万美元及后续增加的出资0.01万美元共计0.34万美元已于2003年3月10日缴足。该等情形已经苏州市嘉泰联合会计师事务所分别于2002年3月25日及2004年12月28日出具的嘉会审字〔2002〕第053号《验资报告》及嘉会外验字〔2004〕099号《验资报告》验证
2	2006年3月，第一次增资	注册资本由96.38万美元增至221.38万美元，各股东按其原出资比例增资，其中，瑞晶公司货币增资93.75万美元，占新增注册资本的75%；奥托斯以晶瑞有限向其所借之外债出资31. 25万美元，占新增注册资本的25%。新增注册资本于营业执照签发之日起三个月内缴付20%，余额2年内缴清	瑞晶公司分别于2006年4月3日、2006年4月7日、2006年4月13日缴纳出资132万元人民币、300万元人民币、325万元人民币，等值93.75万美元的部分作为实收资本，其余作其他应付款处理；奥托斯以晶瑞有限向其所借之外债出资31.25万美元，该等出资已经银信资产评估有限公司于2016年12月30日出具的以2006年4月13日为评估基准日的银信评报字［2016］沪第1479号《追溯评估报告》评估确认。苏州天勤联合会计师事务所于2006年4月13日出具苏天勤验字（2006）3017号《验资报告》对前述增资事宜进行验证	不涉及

续表

序号	设立／增资阶段	应缴付出资金额、时间及比例	实际缴付出资金额、时间及比例	延期缴付出资情况
3	2010年4月，第二次增资	注册资本由221.38万美元增至1500万美元，各股东按其原出资比例增资，其中，瑞晶公司出资958.965万美元，以晶瑞有限2007—2009年度税后未分配利润归属其部分（等值191.793万美元）和等值767.172万美元的人民币现金出资，占新增注册资本的75%；新银国际（香港）出资319.655万美元，以晶瑞有限2007年度至2009年度税后未分配利润归属其部分（等值63.931万美元）和255.724万美元现汇出资，占新增注册资本的25%。新增注册资本于批准之日起一个月内缴付20%，余额自新营业执照签发之日起2年内缴清	经苏州金鼎会计师事务所有限公司于2010年5月19日出具的金鼎会验字（2010）1052号《验资报告》验证，瑞晶公司以2007—2009年度未分配利润13,099，461.90元人民币，折合1,917,930.00美元（固定汇率1：6.83）作为首期出资转增注册资本，占其新增认缴出资额的20%；新银国际（香港）以2007年度至2009年度未分配利润4,366,487.30元人民币，折合639,310.00美元（固定汇率1：6.83）作为首期出资转增注册资本，占其新增认缴出资额的20%。其余新增注册资本的缴纳情况详见本表编号5所述	详见本补充法律意见书“《反馈意见》问题1”之“九、2012年10月减少注册资本的原因、履行程序及合法合规性。”
4	2011年4月，第三次增资	注册资本由1,500万美元增至1,578.9474万美元，其中，南海成长以人民币19,183,158元作为出资认缴423,158美元，占新增注册资本的53.60%；祥禾股权以人民币16,606,300元作为出资认缴366,316美元，占新增注册资本的46.40%，根据认购价款支付之日中国人民银行公布的人民币对美元汇率的中间价折算，超出部分计入晶瑞有限资本公积；新增注册资本应于新的营业执照签发之日前全部缴清	南海成长于2011年3月18日缴付人民币19,183,158.00元，折合2,921,233.78美元，其中423,158美元计入实收资本，2,498,075.78美元计入资本公积；祥禾股权于2011年3月14日缴付16,606,300.00元人民币，折合2,527,556.66美元，其中366,316.00美元计入实收资本，2,161,240.66美元计入资本公积。该等出资已经信永中和会计师事务所有限公司上海分所于2011年3月18日出具的XYZH/2010SHA2027《验资报告》验证	不涉及

续表

序号	设立／增资阶段	应缴付出资金额、时间及比例	实际缴付出资金额、时间及比例	延期缴付出资情况
5	2012年5月，变更出资方式、资本公积金转增股本	2012年3月30日，晶瑞有限召开董事会，决议将2010年月增资事宜中的部分现金出资（4,183,082.00美元）变更为资本公积金转增实收资本，各股东按其出资比例享有资本公积金转增实收资本的权益，其中祥禾股权书面声明放弃10.6207万美元的转增权益，南海成长书面声明放弃28. 8567万美元的转增权益。该等出资方式变更事宜已经吴中外经局2012年月17日出具的吴外资[2012]80号《关于同意“苏州晶瑞化学有限公司”变更出资方式的批复》批准同意	经苏州金鼎会计师事务所有限公司于2012年5月18日出具的金鼎会验字（2012）1030号《验资报告》验证，截至2012年5月18日，晶瑞有限以资本公积金转增实收资本4,183,082.00美元。本次资本公积金转增实收资本金额占晶瑞有限此次认缴增资金额的32.72%	详见本补充法律意见书“《反馈意见》问题1”之“八、2012年5月变更出资方式的原因……”
6	2012年10月，减资	2012年5月8日，晶瑞有限召开董事会，决议将晶瑞有限注册资本由1,578.9474万美元减至960万美元，各股东同比例减资。该等减资事宜已经吴中外经局2012年9月28日出具的吴外资〔2012〕174号《关于同意“苏州晶瑞化学有限公司”减资及修改公司章程、合同的批复》批准同意，并依法履行了通知债权人、公告义务	经苏州金鼎会计师事务所有限公司于2012年10月14日出具的金鼎会验字（2012）1062号《验资报告》验证，截至2012年10月10日，晶瑞有限注册资本、实收资本均为960万美元	详见本补充法律意见书“《反馈意见》问题1”之“九、2012年10月减少注册资本的原因、履行程序及合法合规性。”

二、核查过程和核查意见

中介机构履行了如下核查程序：

（1）取得并核查了发行人设立及历次增资、减资的工商登记备案资料。

（2）取得并核查了发行人设立及历次增资、减资的股东（大）会决议、董事会决议等内部决策文件。

（3）取得并核查了发行人设立及历次增资、减资的商务部门批复文件。

（4）取得了发行人设立及历次增资、减资的验资报告、资产评估报告、缴付出资银行入账凭证等资料。

经核查，中介机构认为，发行人设立及历次增资过程中不存在虚假出资的情形，相关股东亦不存在重大法律责任。

专家点评

公司历史沿革股东增资过程中除了正常的现金增资以外，还有债权增资及资本公积金转增实收资本。

1. 债权增资。《公司注册资本登记管理规定》提出，债权人可以将其依法享有的对在中国境内设立的公司的债权，转为公司股权。

转为公司股权的债权应当符合下列情形之一：

（一）债权人已经履行债权所对应的合同义务，且不违反法律、行政法规、国务院决定或者公司章程的禁止性规定；

（二）经人民法院生效裁判或者仲裁机构裁决确认；

（三）公司破产重整或者和解期间，列入经人民法院批准的重整计划或者裁定认可的和解协议。

用以转为公司股权的债权有两个以上债权人的，债权人对债权应当已经作出分割。

债权转为公司股权的，公司应当增加注册资本。

债权属于非货币资产，债权增资应履行评估和验资程序。

2. 资本公积金转增资本。资本公积的用途主要之一是转增股本，即增加实收股本（或资本）。资本公积转增注册资本（股权），无须公司股东再额外对公司进行资金或资产上的投入，实践中，初创企业将投资溢价形成的资本公积转增成公司注册资本的情况较为常见。一直比较困扰大家的一个问题是，资本公积转增注册资本（股权）时，股东是否需要纳税？

答案：对于企业股东，资本公积转增注册资本（股本）时不会涉及纳税的问题；

就个人而言，资本公积转增注册资本（股本）是否纳税，得看资本公积成因。如果属于溢价发行收入所形成的资本公积金转增股本的，不征收个人所得税。如企业以资本公积的其他项目（非资本溢价）转增股本的，应按股息、红利所得代扣代缴个人所得税。

3. 未分配利润与盈余公积转增资本纳税问题。如果股东为居民企业，被投资企业的未分配利润与盈余公积转增资本时，居民企业按照投资比例增加的部分注册资本是免企业所得税。如果股东为个人，未分配利润、盈余公积转增股本或注册资本，实际上是该公司将未分配利润、盈余公积金向股东分配了股息、红利，股东再以分得的股息、红利增加注册资本。自然人股东应当按“利息、股息、红利所得”项目征收个人所得税。

【案例5】实物出资评估作价的问题——江丰电子（股票代码：300666）

A股上市情况：2017年4月25日召开的中国证券监督管理委员会创业板发行审核委员会2017年第33次发审委会议审核：宁波江丰电子材料股份有限公司（首发）获通过。

案例解读

发行人设立时注册资本1,288万美元，两名股东日本新井、江丰集团的出资均为实物出资，主要为靶材生产线等设备，评估值10,108.83万元。相关设备系日本新井向其他供应商购买，但无法提供各设备的购置时间、价格、供应商等信息。请发行人说明：无法提供上述信息的合理性，评估作价10,108.83万元的依据是否充分，该次出资是否存在出资不实等情形，是否对本次发行上市构成障碍。

一、日本新井无法提供出资设备购置信息的合理性

经中介机构对日本新井工业株式会社（以下简称“日本新井”，即有限会社バンチ）董事长（代表取缔役）渡部丰进行访谈确认，由于日本新井出资设备的购置时间较早，且系分批向不同供应商购买，所以日本新井无法提供各具体设备的购置时间、价格、出售方信息。

根据公开信息，日本国税厅对账本类文件的保管期限作了如下规定：法人必须备有账簿用来记录其交易，同时账簿以及为了记录交易所作成的或者所收到的文书票据，包括现金日记账、固定资产台账等各种账簿以及订单、合同、收据等文件，必须自本财务年度纳税申报书提交的次日起开始保存7年。

中介机构认为，因发行人前身宁波江丰电子材料有限公司（以下简称“江丰有

限”）成立距今已逾十年，日本新井无法提供其出资设备有关的账簿记录具有一定的合理性。

二、江丰有限成立时，股东出资设备的评估作价依据充分

江丰有限成立时，宁波文汇会计师事务所有限公司对股东用于出资的设备进行评估并出具了《资产评估报告书》；2011 年 12 月，北京中企华资产评估有限责任公司对上述《资产评估报告书》进行评估复核并出具了《评估复核报告》，认为前述《资产评估报告书》的评估结论基本合理。

中介机构经核查后认为：

（1）宁波文汇会计师事务所有限公司具备资产评估资格，其对江丰有限成立时股东用于出资的设备进行评估并得出的评估结果，符合其业务资质，合法、有效。

（2）北京中企华资产评估有限责任公司具备证券期货相关业务评估资格，其对宁波文汇会计师事务所有限公司出具的上述《资产评估报告书》进行评估复核并得出的复核结论，亦符合其业务资质，合法、有效。

综上，江丰有限成立时股东用于出资之设备的评估作价依据充分，合法、有效。

三、江丰有限成立时，股东不存在出资不实等情形，不会对本次发行构成法律障碍

中介机构查阅了宁波文汇会计师事务所有限公司对江丰有限成立时股东用作出资之设备进行评估并出具的《资产评估报告书》，北京中企华资产评估有限责任公司出具的《评估复核报告》，股东日本新井和江丰集团有限公司（以下简称“江丰集团”）签署的《投资作价协议》，以及宁波文汇会计师事务所有限公司对江丰有限成立时股东出资进行审验并出具的《验资报告》。

经核查，中介机构确认：

（1）日本新井和江丰集团对江丰有限成立时股东用于出资之设备已签署《投资作价协议》，该等设备的产权界定清晰，不存在纠纷或潜在纠纷。

（2）上述出资设备经宁波文汇会计师事务所有限公司评估，日本新井和江丰集团以该等设备作价的金额不高于评估值；且前述设备的评估值经具备证券期货相关业务评估资格的北京中企华资产评估有限责任公司复核，确认结论基本合理（注：评估值差异和差异率均较小，属于正常合理范围）。

（3）日本新井和江丰集团已将该等设备的所有权转移给发行人，并由宁波文汇会计师事务所有限公司审验并出具《验资报告》予以确认。

所以中介机构认为，江丰有限成立时，股东不存在出资不实等情形，不会对本次发行构成法律障碍。

专家点评

以实物资产、专利技术、非专利技术、土地使用权等非货币形式的资产进行出资，含新设公司时的出资和增资时的出资，必须权属清晰，产权无争议，并就该资产进行评估作价。该资产必须同时具备两个条件：一是可以用货币评估作价；二是可以依法进行转让。

【案例 6】两名股东共同实物出资的情况——江丰电子（股票代码：300666）

A 股上市情况：2017 年 4 月 25 日召开的中国证券监督管理委员会创业板发行审核委员会 2017 年第 33 次发审委会议审核：宁波江丰电子材料股份有限公司（首发）获通过。

案例解读

发行人设立时注册资本 1,288 万美元，两名股东日本新井、江丰集团的出资均为实物出资，主要为靶材生产线等设备，相关设备由日本新井购置、但属于两名股东共同出资的原因、合理性。请中介机构发表明确意见。

针对题述事项，中介机构查阅了下列文件资料：

（1）江丰有限成立时的《公司章程》；

（2）江丰有限成立时，股东日本新井和江丰集团签署的《投资作价协议》；

（3）发行人的工商登记档案资料；

（4）日本新井董事长（代表取缔役）渡部丰的访谈笔录。

经核查，根据日本新井和江丰集团的协商以及江丰有限公司章程的约定，2005 年江丰有限成立时，相关设备由日本新井购置公司生产所需的设备并以双方的名义作价投入，由江丰集团在 3,000 万元的额度内提供江丰有限日常运营所需的资金并以租赁方式提供公司经营所需的场所。基此，日本新井和江丰集团分别按 57% 和 43% 的比例享有江丰有限的股权。

中介机构认为，日本新井和江丰集团对江丰有限设立时股东出资设备的上述作价安排，系在双方分别向江丰有限投入公司成立后日常运行所需的生产要素的前提下，达成的正常商业安排。该等作价安排是双方的真实意思表示，不违反适用法律、法规的禁止性规定，合理、合法。

专家点评

根据当时生效的《中华人民共和国中外合资经营企业法（2001 修正）》第五条

合营企业各方可以现金、实物、工业产权等进行投资。

外国合营者作为投资的技术和设备，必须确实是适合我国需要的先进技术和设备。如果有意以落后的技术和设备进行欺骗，造成损失的，应赔偿损失。

中国合营者的投资可包括为合营企业经营期间提供的场地使用权。如果场地使用权未作为中国合营者投资的一部分，合营企业应向中国政府缴纳使用费。

上述各项投资应在合营企业的合同和章程中加以规定，其价格（场地除外）由合营各方评议商定。

由此，日本新井和江丰集团对江丰有限设立时可以对出资的设备作价进行安排。

【案例7】公司设立时股东以未经评估无形资产出资问题——海特生物（股票代码：300683）

A股上市情况：2017年6月1日召开的中国证券监督管理委员会创业板发行审核委员会2017年第46次发审委会议审核：武汉海特生物制药股份有限公司（首发）获通过。

案例解读

1992年4月海特有限成立时，股东湖北医学院基础部科技开发服务部作为出资的无形资产（药用凝血酶生产工艺）未经评估机构评估。

1991年颁布的《国有资产评估管理办法》规定“第三条国有资产占有单位（以下简称占有单位）有下列情形之一的，应当进行资产评估：……（三）与外国公司、企业和其他经济组织或者个人开办中外合资经营企业或者中外合作经营企业；……”

湖北医学院基础部科技开发服务部作为出资的无形资产（药用凝血酶生产工艺）未经评估机构评估不符合上述规定。

2016年5月，教育部财务司发函《关于武汉大学确认武汉海特生物制药股份有限公司国有股权历次变动情况的复函》（教财司函〔2016〕309号），要求武汉大学确认海特生物设立及存续期间历次股权变动情况。武汉大学于2016年6月发函《武汉大学关于武汉海特生物制药股份有限公司国有股权（武汉大学及武汉大学资产经营投资管理有限责任公司持股期间）历次变动情况的复函》（武大产字〔2016〕1号），确认“我校持有武汉海特生物制药股份有限公司股权期间（包括湖北医学院基础部科技开发服务部、湖北医科大学基础医学院科技开发部持有武汉海特生物制药股份有限公司及其前身武汉海特生化制药有限公司股权期间）及在武汉海特生物制药股份有限公司设立及存续期间国有股权的历次变动中，不存在国有资产流失问题。”

2015年11月16日，武汉市工商行政管理局出具《证明》："武汉海特生物制药股份有限公司自1992年4月8日—2015年11月16日期间，暂未发现其工商登记类行为被我局行政处罚。"

公司实际控制人陈亚、吴洪新、陈宗敏出具《承诺书》，承诺如果海特有限在从设立到变更为股份公司过程中，如果发现有出资不实的情况，由陈亚、吴洪新、陈宗敏承担补足出资不实部分的责任。

国有企业以资产出资成立中外合营企业，应按照《国有资产评估管理办法》的要求对出资资产进行评估，当时的股东未进行评估，存在瑕疵。经武汉大学确认，湖北医学院基础部科技开发服务部对海特有限的出资不存在国有资产流失问题。武汉市工商行政管理局也出具了未发现海特有限设立时存在工商登记类违法行为的证明。

经核查，中介机构认为海特有限成立时股东以未经评估的无形资产出资不构成重大违法行为及本次发行造成法律障碍。

核查情况：中介机构核查了海特有限的工商登记档案、湖北医科大学基础医学院科技开发部的营业执照、工商登记档案，查阅了其主管单位武大资产出具的声明、对武大资产就相关事项进行访谈、公司实际控制人陈亚、吴洪新、陈宗敏出具的《承诺书》，并对公司实际控制人进行了访谈。

专家点评

1992年4月海特有限成立时，《中华人民共和国公司法》尚未颁布实施。我国1979年颁布并在1990年修订的《中华人民共和国中外合资经营企业法》第五条规定"合营企业各方可以现金实物工业产权等进行投资。……上述各项投资应在合营企业的合同和章程中加以规定，其价格（场地除外）由合营各方评议商定"。因此，海特有限成立时，作为出资的无形资产（药用凝血酶生产工艺）未经评估并不违反当时的《中华人民共和国中外合资经营企业法》。

第二节　基础知识

一、出资的法律规定

《公司法》第二十七条规定，股东可以用货币出资，也可以用实物、知识产权、土地使用权等可以用货币估价并可以依法转让的非货币财产作价出资；但是，法律、行政法规规定不得作为出资的财产除外。

对作为出资的非货币财产应当评估作价，核实财产，不得高估或者低估作价。法律、行政法规对评估作价有规定的，从其规定。

因此，发起人可以以货币资产、实物资产、无形资产及债权、股权等方式出资。其中，实物资产指公司生产经营所需的物品，包括房产、机器设备、办公设备、交通工具、原材料等；无形资产主要指企业生产经营所需的土地使用权、水面养殖权和采矿权等。

关于以实物出资，在这里特别要指出：股东以实物折价入股的，其出资应当是能用于该企业生产经营必需的物品，包括交通工具、办公用房、办公用品、生产经营设备、原材料及产品等，以经营性资产出资，应同时将与该业务密切关联等商标、特许经营权出资折股。与该企业无关联关系的实物不能作为出资。另外用于出资的实物不得设定担保，设定担保的实物资产属于权利受限的实物，不具备出资的条件。实物资产出资必须进行评估作价，还需要到有权机关办理产权过户手续。

2009 年 1 月 14 日国家工商行政管理总局颁布并施行了《股权出资登记管理办法》，该办法规定投资人可以其持有的在中国境内设立的有限责任公司或者股份有限公司（以下统称股权公司）的股权作为出资，投资于境内其他有限责任公司或者股份有限公司。

企业股东以股权作为出资的，应当注意的是：

一是股东可以以其持有的股权（在其公司内占控股地位的股权）出资设立公司，但用以出资的股权应不存在权利瑕疵及潜在纠纷。

二是股东用以出资的股权应当是其能够控制、且作为出资的股权所对应企业的业务应与所组建公司的业务基本一致。业务无关联的，并不适合进行出资。

三是该股权的出资表现为在工商行政主管部门的登记备案。

四是股东以其持有的股权作为出资，需要按照《公司法》的规定办理股权转让手续。

中国证监会要求公司股东的出资合法、合规，出资方式及比例应符合《公司法》相关规定。

在实务中，中国证监会要求中介机构核查公司出资的过程，并就核查的细节进行说明并发表法律意见。

二、出资的手续

股东出资应当经过法定手续。

（1）《公司法》规定股东应当按期足额缴纳公司章程中规定的各自所认缴的出资额。股东以货币出资的，应当将货币出资足额存入公司在银行开设的账户；以非货币财产出资的，应当依法办理其财产权的转移手续。

（2）非货币资产出资应当经过评估。从维护公司的正常经营活动、稳定社会经济关系和保护债权人的利益的角度，法律规定对非货币财产出资的作价须进行评估。在公司成立后如发现作为设立公司出资的非货币财产的实际价额显著低于公司章程所定价额的，应当由交付该出资的股东补足其差额，公司设立时的其他股东承担连带责任。

（3）以非货币财产出资，还需要注意投资方如期办理其财产权的转移手续。对于动产，原则上以交付为转移；对于不动产、机动车，由于我国一般实行登记主义，则需要进行相应的过户登记，对于法律法规规定需要办理过户登记才能算为财产权转移的，如违反规定未及时办理过户登记的，即使非货币财产已实际交付给公司使用，仍将视为投资方未履行相应的出资义务。

三、目前拟上市企业在出资问题上主要涉及的问题

1. 关于企业历史沿革中股东出资的问题

（1）出资未按期到位。《公司法》第二十八条　股东应当按期足额缴纳公司章程中规定的各自所认缴的出资额。股东以货币出资的，应当将货币出资足额存入有限责任公司在银行开设的账户；以非货币财产出资的，应当依法办理其财产权的转移手续。

股东不按照前款规定缴纳出资的，除应当向公司足额缴纳外，还应当向已按期足额缴纳出资的股东承担违约责任。

第八十三条　以发起设立方式设立股份有限公司的，发起人应当书面认足公司章程规定其认购的股份，并按照公司章程规定缴纳出资。以非货币财产出资的，应当依法办理其财产权的转移手续。

发起人不依照前款规定缴纳出资的，应当按照发起人协议承担违约责任。

根据《公司法》和《公司注册资本登记管理规定》规定，股东或者发起人应当按期足额缴纳公司章程中规定的各自所认缴的出资额或者所认购的股份。因此，发起人或股东应当做到以下几点：

一是及时足额缴纳出资。注册资本中以货币出资的，股东应当将其认缴的出资足额存入新设立公司所在地银行的“专用账户”。公司成立前，任何单位和个人不得动用“专用账户”内的资金。对于注册资本中以非货币性资产出资的，公司章程

应当就资产转移的方式、期限等作出规定，并按章程规定办理资产转移和产权过户手续。

二是不得虚假出资或抽逃资本。即公司成立后，不得非法抽逃其出资或转走其出资。包括抽回其股本、转走其作为股金存入银行的资金、将已经作价出资的房屋产权、土地使用权又转移于他人等。

（2）出资方式不合适。对企业已经实际使用的出资或者能获得其相关收益的，但由于缺少必要的出资手续的情况，则只需补办手续即可。如果公司未实际使用，亦未获取相关收益，那这相当于股东未及时缴纳出资。因此企业除了补办手续外，还应考察此类瑕疵出资的比重。

股东出资的非货币资产未进行评估的情况，则需要中介机构应事后核查非货币资产在当时的价值，若有不足，则应补足。若不足金额占比较大，恐怕还得在补足后规范运行一段时间。在这个问题上主要是存在非货币资产评估比较困难的情况，证明其评估的合理性也较难；还有就是非货币资产经常存在作价过高的情况，从而引出出资不到位的问题。

（3）用房屋使用权出资的。

（4）用合同权益出资的。

（5）用本公司财产重复出资的。股东拿原本属于公司的资产来出资的情况，则需要由股东补足出资，并充分解释说明当时行为的主观动机。因为这一问题不像未及时出资那样仅涉及股东诚信问题，还涉及到了公司财产边际，即公司独立性也有缺陷。所以，处理要更加重视和谨慎。最好在规范运行一段时间后再考虑申报。

（6）虚假出资（有违法嫌疑）。监管部门对此问题非常关注。作为拟上市企业，这是公司设立之初是否合法的问题，一个企业的根本问题。了解企业出资方面是否存在问题，需要律师与会计师有更多的细致的沟通，因为这个问题很多是需要会计师和律师来共同把关的。

处理上述问题，要区别对待。如果是上述6个问题，涉及的金额不大，时间不长，企业及时进行了处理和纠正，并且如实的披露，则不会有重大的影响。如果存在虚假出资且在改制成为股份公司之前仍然未补足，或者出资不到位的比例非常高，则需要综合考虑这种情况对企业申报上市造成的影响。

四、关于无形资产出资涉及的问题

（1）根据《公司法》的规定，股东可以用货币出资，也可以用实物、知识产权、土地使用权等可以用货币估价并可以依法转让的非货币财产作价出资；但是，法律、行政法规规定不得作为出资的财产除外。在具体操作上，根据《公司法》及相关法律法规的规定，以知识产权出资的，应当依法办理其财产权的转移手续，即到法定机构办理知识产权的权利转移手续，即“过户登记”。如果没有“过户登记”，知识产权在法律上仍然没有发生转移，出资人仍然没有完成出资。因此，以专利权作为出资的，当事人在签订书面出资协议后，并向国务院专利行政部门办理变更登记手续，由国务院专利行政部门予以公告。关于非专利技术类型的无形资产权利如何转移和变更目前在认定上比较困难，在实践中不容易把握。

根据《公司法》的规定，知识产权的出资必须进行评估作价，核实财产，不得高估或者低估作价。因此，知识产权出资必须进行评估，评估应该聘请具有相应资质的资产评估机构进行。在实践中存在无形资产评估作价过高的问题，导致出资不到位，如果的确存在这个问题，则用现金补足，不会对企业上市造成实质性的障碍。

最后，按照《公司法》的要求，知识产权办理转移登记手续后，还必须经依法设立的验资机构验资，并出具验资证明。

监管机构将关注公司现有商标、专利、专有技术等知识产权的取得或使用情况以及对股份公司核心竞争力的影响。公司还应如实披露公司自主研发的主要技术成果；公司与关联方有偿使用该无形资产的协议情况等；如存在无形资产交易，该无形资产的摊销年限及对拟上市企业未来经营产生的影响（用前三年与未来三年对比的方式，披露该项交易对经营财务指标的影响）。

另外企业在以无形资产出资时，还要考虑是否会存在潜在的知识产权纠纷以及是否以职务发明用作出资。企业应当把无形资产也即知识产权问题作为企业的重中之重，企业要确立公司知识产权发展和有效保护的战略，要有专门的机构处理企业知识产权事宜，对涉及到知识产权的法律问题要通过专业的法律服务机构来处理。

（2）关于无形资产在历史沿革中的问题。高科技型企业，以无形资产作为原始出资的情况比较典型，而且企业以轻资产较多，因此。关于无形资产出资比例过高的问题就比较突出。

例如，某公司在2001年设立，股东投入到公司的无形资产占注册资本的33%。

1993年《公司法》规定：“以工业产权、非专利技术作价出资的金额不得超过有限责任公司注册资本的百分之二十，国家对采用高新技术成果有特别规定的除外。”其关于无形资产的比例是20%，如按照旧《公司法》的规定，则该公司的无形资产出资比例违法。

该公司提供了证明出资合法的文件是国家科委、国家工商局《关于以高新技术成果出资入股若干问题的规定》（国科发政字【1997】326号），其中规定：“以高新技术成果出资入股，作价总额可以超过公司注册资本的百分之二十，但不得超过百分之三十五。出资入股的高新技术成果应符合的条件：（一）属于国家科委颁布的高新技术范围；（二）为公司主营产品的核心技术；（三）技术成果的出资者对该项技术合法享有出资入股的处分权利，保证公司对该项技术的财产权可以对抗任何第三人；（四）已经通过国家科委或省级科技管理部门认定。”

但是依据这个文件，公司就要提供股东作为出资的该技术成果已经当时通过国家科委或省级科技管理部门认定的文件。而股东无法提供。

在21世纪初，国内各界对无形资产出资的问题有过争论，1993年的《公司法》规定，“工业产权、非专利技术作价出资的金额不得超过有限责任公司注册资本的百分之二十”。在社会经济的发展过程中被认为其已经存在不符合发展的问题，因此在1999年12月修改的《公司法》中，添加了一条“国家对采用高新技术成果有特别规定的除外”，这在事实上为各地灵活地制定相关政策预留了空间。从2000年开始，对于高技术成果出资入股比例问题，北京、上海、深圳的高科技园区都制定了新的政策，不再进行限制。

如北京在2000年年底颁布的《中关村科技园区条例》第十一条规定，“高新技术成果作价出资占企业注册资本的比例，可以由出资各方协商约定”。与之相应，2001年3月，北京市出台了《中关村科技园区企业登记注册管理办法》，规定“以高新技术成果出资设立公司和股份合作企业的，对其高新技术成果出资所占注册资本（金）和股权的比例不作限制，由出资人在企业章程中约定。”“企业注册资本（金）中以高新技术成果出资的，对高新技术成果应当经法定评估机构评估。”“经全体出资人确认的高新技术成果可以作为注册资本（金）登记注册。”“在《营业执照》‘经营范围’栏的最后项下注明作为非货币出资的技术成果的价值金额、占注册资本的比例以及是否办理了财产转移手续的情况。”

北京市工商行政管理局于2000年5月16日颁布的《北京市工商行政管理局关于中关村科技园区高新技术企业注册登记改制改组工作的试点意见》（京工商发〔2000〕127条）第6条关于“鼓励投资者对园区内高新技术企业投资，以工业产权、非专利技术作价出资的，其作价出资的总金额占注册资本（金）的比例最高可达60%，另有约定的除外的规定”。

根据上述3项规定，可以证明该公司在2001年无形资产出资比例占注册资本33%是符合北京市的相关规定的。

因此可以认为，该公司在历史沿革上曾经出现的出资比例不符合1993年《公司法》的情况，只要这个比例在注册当时是有地方文件和政策支持，并且公司的条件也完全符合，就不构成瑕疵。这是在特定历史条件下出现的事务，而之所以出现这种情况，也是中国法律制度不断适应社会发展，在进步过程中逐步出现的情况，目前新的《公司法》对无形资产的出资比例已经没有限制了。

企业在改制过程中涉及到上述问题，如果在报告期间内该出资比例已经符合了法律、法规的要求，则不会对企业上市构成实质性的障碍。

（3）关于无形资产的出资形式。股东以无形资产作为出资其形式有一定限制。即无形资产必须符合可以用货币估价和可以依法转让的要求，股东不得以信用、自然人姓名、商誉、特许经营权等作价出资。涉及到以非专利技术出资的，股东应以法定方式向公司交付该技术以及公司在使用该技术上有无存在障碍（这个问题需要股东与公司在出资的时候以协议的形式进行约定）。涉及到以专利权和计算机软件著作权出资的，应注意其剩余保护年限及是否许可第三人使用的情况、对公司经营的影响。再就是无形资产出资需要评估作价。

（4）关于无形资产中介机构需要特别关注的问题：一是无形资产是否属于职务成果或职务发明。如果属于股东在公司任职的时候形成的，无论是否以专利技术或者非专利技术出资，股东都有可能涉嫌利用公司提供物质或者其他条件完成的该等职务成果（职务发明），该等专利技术或者非专利技术应当属于职务成果（职务发明），应当归属于公司。

解决方案：因为职务成果或者职务发明已经评估、验资并过户至公司，此种情况下，一般的做法是通过减资程序规范，财务上将已经减掉的无形资产做专项处理，并将通过减资置换出来的无形资产无偿赠送给公司使用，但是此种情况下，该等无形资产研发费用不能计提。

需要注意的是：实践中有些地方工商登记部门允许企业通过现金替换无形资产出资处理无形资产出资不规范问题。但是大部分工商登记部门因为法律上没有相关规定的原因，拒绝公司通过现金置换无形资产出资的方案，但是减资是公司法允许的方案，工商登记部门容易接受，但是不能进行专项减资，即专项减掉无形资产，但是会计师可以在减资的验资报告进行专项说明公司本次减资的标的是无形资产。

二是无形资产出资是否与主营业务相关。在实践中，有些企业为了申报高新技术企业，创始股东与大学合作，购买与公司主营业务无关的无形资产通过评估出资至公司，或者股东自己拥有的专利技术或者非专利技术后来因为种种原因，虽然评估出资至公司，但是公司后来主营业务发生变化或者其他原因，公司从来没有使用过该等无形资产，则该等行为涉嫌出资不实，需要通过减资程序予以规范。

三是无形资产出资是否已经到位。在实践中，有些企业股东以无形资产出资至公司，但是后续并未办理资产过户手续，该等情形一般可根据中介机构的意见在股改前整改规范即可。

① 以国有资产出资的，应遵守有关国有资产评估的规定。

② 公司注册资本缴足，不存在出资不实情形。

在实践中，有些公司在创业初期存在找中介公司进行代验资的情形，也有一些从事特殊行业的公司，相关法律规定注册资本达到一定的标准才可以从事某些行业或者可以参与某些项目的招投标而找中介公司进行代验资的情形。该等情形涉嫌虚假出资，大部分企业在财务上处理该等问题时，验资进来的现金很快转给中介公司提供的关联公司，而拟挂牌公司在财务报表上以应收账款长期挂账处理。该等情况的解决方案，一般是公司股东找到相关代验资的中介，由股东将曾经代验资的款项归还给该中介，并要求中介机构将公司目前挂的应收账款收回。如果拟挂牌公司已经将代验资进来的注册资本通过虚构合同的方式支付出去，或者做坏账消掉，则构成虚假出资，该等情形，中介机构需要慎重处理，本着解决问题，规范公司历史上存在的法律瑕疵，在公司没有造成损害社会及他人利益的情况下，公司应当根据中介机构给出的意见进行补足，具体应当以审计师给出的意见做财务处理。

第三章 股权问题

股东及由此形成的股权属于主体资格问题，而主体资格符合法律、法规和规范性文件的规定是企业上市的最基本条件。法律、法规要求拟上市企业在实际控制人和控股股东、主要资产和业务、主要管理层构成方面具有稳定性，并且股东对公司的出资以及因出资而形成的股权具有确定性，不存在瑕疵和潜在的纠纷或风险。在企业的申报文件和监管部门的反馈意见中股权均是首要关注的问题。

第一节 案例分析

【案例1】关于多层股权架构的核查——华森制药（股票代码：002907）

A股上市情况：2017年9月5日召开的中国证券监督管理委员会主板发行审核委员会2017年第136次发审委会议审核：重庆华森制药股份有限公司（首发）获通过。

案例解读

请发行人进一步说明：（1）游谊竹在境内外通过多层股权架构对发行人实施控制的原因和合理性。（2）发行人及其实际控制人有何措施确保景富投资（BVI）、珠海威林斯新型材料发展有限公司、珠海润地科技发展有限公司等间接拥有发行人控股权的股东持续遵守股份限售承诺、避免同业竞争、及时履行股权变动相关信息披露义务等法定义务和监管要求。（3）游谊竹、景富投资（BVI）、珠海威林斯新型材料发展有限公司、珠海润地科技发展有限公司、成都地方建筑机械化工程有限公司等股东直接或间接持有、控制发行人的股份是否存在质押、冻结或其他权利受到限制的情形。（4）游谊竹通过多层股权架构对发行人实施控制对发行人生产经营和股权稳定性是否存在不利影响，相关信息和风险是否已充分披露。请中介机构发表核查意见。

1. 游谊竹在境内外通过多层股权架构对发行人实施控制的原因和合理性

经核查并根据游谊竹的确认，游谊竹在境内外通过多层股权架构对发行人实施控制的状况，是发行人及其上层股东在历史沿革中逐步自然形成的。发行人上述股权架构形成过程和原因分析如下：

（1）1996 年成都地建作为原始股东，出资设立华森有限。在 1996 年重庆被规划为直辖市前夕，实际控制人游谊竹认为重庆将面临较好的发展机遇，并看好医药行业的发展前景，故通过其控股的成都地建以现金和收购的绿宝厂资产在重庆出资设立华森有限。自 1996 年华森有限设立以来，成都地建一直为其控股股东。

（2）珠海润地于 2008 年增资成为成都地建的控股股东。2004 年，游谊竹获得加拿大国籍后，游谊竹一年中只有部分时间可以在中国境内处理其控制的企业事务。为便于对其控制的中国境内的公司进行管理并提高决策效率，游谊竹开始逐步对其所控制的公司股权架构进行调整。根据各公司实际情况及考虑出入境便利，游谊竹选择将注册于珠海的公司作为中国境内公司的控股平台。2008 年游谊竹对中国境内公司整合时，注册于珠海的公司只珠海润地和珠海威林斯，珠海润地为内资企业，珠海威林斯为外商投资企业。游谊竹选择珠海润地增资成为成都地建的控股股东，基于以下三个原因：

第一，珠海润地当时无实际经营，且已控股其他几家关联公司，具有控股平台雏形，符合股权架构整合的出发点。

第二，由于当时股权结构存在进一步调整的可能，如果选择珠海威林斯作为成都地建的股东，珠海威林斯进行股权调整需经商务主管部门审批后方可办理工商变更登记，而珠海润地作为内资企业无需经商务主管部门审批即可办理工商变更登记，程序更为简单。

第三，自 2008 年 1 月 1 日起，中国内外资企业的企业所得税实行统一的 25% 税率，原外商投资企业及外商投资企业再投资企业享有的企业所得税税收优惠终止，珠海威林斯直接控股成都地建不会产生税收优惠。

综上原因，珠海润地于2008年4月通过增资方式成为成都地建的控股股东。

（3）2010 年珠海威林斯对珠海润地增资成为其控股股东，2011 年景富投资对珠海威林斯增资成为其控股股东。2007 年，游谊竹了解到，境外自然人通过在 BVI 或开曼群岛等具有税收优惠的地区设立公司，并将其作为投资主体再投资境内主体，是境外自然人境内投资惯常采取的投资架构方式，故游谊竹 2007 年 5 月设立景富投资，计划用景富投资作为境外持股主体，控股境内公司。在 2008 年 4 月完成上述珠

海润地增资控股成都地建的股权架构调整后，需要由景富投资对境内公司进行控股，为避免珠海润地由内资企业变更为外商投资企业增加审批环节，游谊竹选择了原已为外商投资企业的珠海威林斯与景富投资进行对接，即由景富投资控股珠海威林斯，再由珠海威林斯控股珠海润地。

景富投资通过珠海威林斯间接控股珠海润地和景富投资直接控股珠海润地便利性比较如表 3–1 所示。

表3–1　景富投资通过珠海威林斯间接控股珠海润地和直接控股珠海润地便利性比较

投资方式	便利性比较
景富投资通过珠海威林斯间接控股珠海润地	根据《关于外商投资企业境内投资的暂行规定》等相关规定，珠海威林斯作为外商投资企业控股内资企业珠海润地，珠海威林斯、珠海润地的企业性质不变。珠海润地仍为内资企业，其自身无需就本次增资及后续重大事项变更报商务主管部门审批
景富投资直接控股珠海润地	根据当时适用的《中华人民共和国外资企业法》（2000 年修订）等规定，景富投资作为外国投资者直接控股珠海润地，珠海润地需变更企业性质为外商投资企业，其自身需就本次增资及后续重大事项报商务主管部门审批

鉴于表 3–1 列示的景富投资通过珠海威林斯间接控股珠海润地的便利性，2010 年 2 月珠海威林斯对珠海润地增资成为其控股股东，2011 年 3 月景富投资对珠海威林斯增资成为其控股股东。至此，游谊竹通过设立 BVI 主体间接持有其境内公司的股权架构形成。

2. 发行人及其实际控制人有何措施确保景富投资（BVI）、珠海威林斯新型材料发展有限公司、珠海润地科技发展有限公司等间接拥有发行人控股权的股东持续遵守股份限售承诺、避免同业竞争、及时履行股权变动相关信息披露义务等法定义务和监管要求

截至目前，成都地建、游谊竹、魏成敏、景富投资（BVI）、珠海威林斯、珠海润地等直接和间接拥有发行人控股权的股东等均已作出相关承诺，具体内容如下：

第一，针对持续遵守股份限售事项、及时履行股权变动相关信息披露义务等事项，直接或间接拥有发行人控股权的股东分别作出如下承诺：

发行人控股股东成都地建承诺："（1）本公司将严格遵守本公司作出的关于持有华森制药股份的锁定期（以下简称'锁定期'）及减持的相关承诺以及法律法规关于锁定期及减持的相关规定，在锁定期内，不进行任何违反相关规定及股份锁定承诺的股份减持行为。（2）在锁定期满后，若本公司拟转让华森制药的股份，则本公司将依据法律法规的要求提前通知华森制药，履行信息披露义务，配合华森制药完成

信息披露工作。”

游谊竹承诺：“（1）本人知悉并理解成都地方建筑机械化工程有限公司（以下简称‘成都地建’）作出的关于持有华森制药股份的锁定期（以下简称‘锁定期’）及减持的相关承诺以及法律法规关于锁定期及减持的相关规定。本人将严格遵守成都地建的锁定期要求，在锁定期内不转让珠海威林斯新型材料发展有限公司（以下简称‘珠海威林斯’）或景富投资有限公司（以下简称‘景富投资’）的股权；（2）在锁定期满后，若本人拟转让珠海威林斯或景富投资的股权，则本人将提前通知成都地建以及华森制药，配合成都地建、华森制药完成信息披露工作。”

魏成敏承诺：“（1）本人知悉并理解成都地方建筑机械化工程有限公司（以下简称‘成都地建’）作出的关于持有华森制药股份的锁定期（以下简称‘锁定期’）及减持的相关承诺以及法律法规关于锁定期及减持的相关规定。本人将严格遵守成都地建的锁定期要求，在锁定期内不转让珠海威林斯新型材料发展有限公司（以下简称‘珠海威林斯’）的股权。（2）在锁定期满后，若本人拟转让珠海威林斯的股权，则本人将提前通知成都地建以及华森制药，配合成都地建、华森制药完成信息披露工作。”

景富投资承诺：“（1）本公司知悉并理解成都地方建筑机械化工程有限公司（以下简称‘成都地建’）作出的关于持有华森制药股份的锁定期（以下简称‘锁定期’）及减持的相关承诺以及法律法规关于锁定期及减持的相关规定。本公司将严格遵守成都地建的锁定期要求，在锁定期内不转让珠海威林斯新型材料发展有限公司（以下简称‘珠海威林斯’）的股权。（2）在锁定期满后，若本公司拟转让珠海威林斯的股权，则本公司将提前通知成都地建以及华森制药，配合成都地建、华森制药完成信息披露工作。”

珠海威林斯承诺：“（1）本公司知悉并理解成都地方建筑机械化工程有限公司（以下简称‘成都地建’）作出的关于持有华森制药股份的锁定期（以下简称‘锁定期’）及减持的相关承诺以及法律法规关于锁定期及减持的相关规定。本公司将严格遵守成都地建的锁定期要求，在锁定期内不转让珠海润地科技发展有限公司（以下简称‘珠海润地’）的股权。（2）在锁定期满后，若本公司拟转让珠海润地的股权，则本公司将提前通知成都地建以及华森制药，配合成都地建、华森制药完成信息披露工作。”

珠海润地承诺：“（1）本公司知悉并理解成都地方建筑机械化工程有限公司（以下简称‘成都地建’）作出的关于持有华森制药股份的锁定期（以下简称‘锁定期’）及减持的相关承诺以及法律法规关于锁定期及减持的相关规定。本公司将严格遵守成都地建的锁定期要求，在锁定期内不转让成都地建的股权。（2）在锁定期满后，

若本公司拟转让成都地建的股权，则本公司将提前通知成都地建以及华森制药，配合成都地建、华森制药完成信息披露工作。”

第二，为避免同业竞争，发行人控股股东成都地建，共同实际控制人游谊竹、游洪涛、王瑛均已作出相关承诺，具体内容如下：

发行人控股股东成都地建承诺：“（1）截至承诺函出具之日，成都地建及其控制的企业均未直接或间接从事任何与华森制药构成竞争或可能构成竞争的业务。（2）自承诺函出具之日起，成都地建及其控制的企业将不在中国境内外以任何方式（包括但不限于独资、合资、合作、联营、控制或指派高级管理人员或核心技术人员等）直接或间接经营任何与华森制药构成竞争或可能构成竞争的业务。（3）自承诺函出具之日起，成都地建及其控制的企业从任何第三方获得的任何商业机会与华森制药之业务构成或可能构成实质性竞争的，成都地建将立即通知华森制药，并将该等商业机会让与华森制药。（4）成都地建及其控制的企业承诺将不向业务与华森制药之业务构成竞争的其他公司、企业、组织或个人提供技术信息、工艺流程、销售渠道等商业秘密。（5）成都地建保证不会利用华森制药控股股东地位损害华森制药及其他股东（特别是中小股东）的合法权益。（6）如上述承诺被证明为不真实或未被遵守，成都地建将向华森制药赔偿一切直接和间接损失。”

发行人共同实际控制人游谊竹、游洪涛、王瑛承诺：“（1）截至承诺函出具之日，本人及本人控制的企业（除华森制药及其子公司外，下同）均未直接或间接从事任何与华森制药构成竞争或可能构成竞争的业务。（2）自承诺函出具之日起，本人及本人控制的企业将不在中国境内外以任何方式（包括但不限于独资、合资、合作、联营、控制或指派高级管理人员或核心技术人员等）直接或间接经营任何与华森制药构成竞争或可能构成竞争的业务。（3）自本承诺函出具之日起，本人及本人控制的企业从任何第三方获得的任何商业机会与华森制药之业务构成或可能构成实质性竞争的，本人将立即通知华森制药，并将该等商业机会让与华森制药。（4）本人及本人控制的企业承诺将不向业务与华森制药之业务构成竞争的其他公司、企业、组织或个人提供技术信息、工艺流程、销售渠道等商业秘密。（5）本人保证不会利用华森制药实际控制人的地位损害华森制药及其他股东（特别是中小股东）的合法权益。（6）如上述承诺被证明为不真实或未被遵守，本人将向华森制药赔偿一切直接和间接损失。”

景富投资（BVI）、珠海威林斯、珠海润地均属于游谊竹控制的企业，游谊竹所作出的避免同业竞争的承诺中，避免同业竞争的主体包括游谊竹本人及其控制的企业，即景富投资（BVI）、珠海威林斯、珠海润地均应依照游谊竹之承诺履行避免同业竞争的条款。

3. 游谊竹、景富投资（BVI）、珠海威林斯新型材料发展有限公司、珠海润地科技发展有限公司、成都地方建筑机械化工程有限公司等股东直接或间接持有、控制发行人的股份是否存在质押、冻结或其他权利受到限制的情形

经核查并根据景富投资、珠海威林斯、珠海润地、成都地建的确认，截至本补充法律意见书（五）出具之日，景富投资、珠海威林斯、珠海润地、成都地建直接或间接持有、控制的发行人的股份不存在质押、冻结或其他权利受到限制的情形。

4. 游谊竹通过多层股权架构对发行人实施控制对发行人生产经营和股权稳定性是否存在不利影响，相关信息和风险是否已充分披露

经核查，截至目前，游谊竹并未在发行人任职，亦未直接参与发行人的生产经营管理。发行人的股东大会、董事会以及高级管理人员严格依据《公司章程》的规定履行职责，并依据各自职责对发行人的生产经营相关事项进行决策或执行，权责清晰、明确。

经核查，截至目前，虽然游谊竹通过多层股权架构对发行人实施控制，但多层股权架构中境内各主体之间，股权结构较为集中，除成都地建持有发行人 52.25% 股份外，其余皆为 100% 控股。故而游谊竹控制发行人的股权结构清晰、股权关系稳定。因此游谊竹通过多层股权架构对发行人实施控制对发行人股权稳定性不存在不利影响。

基于上述，中介机构认为，游谊竹通过多层股权架构对发行人实施控制，具有合理的商业理由和真实的形成过程；发行人各层股东均已出具承诺，承诺持续遵守股份限售事项，及时履行股权变动相关信息披露义务；发行人控股股东及共同实际控制人均已出具避免同业竞争的承诺，发行人已采取有效措施确保景富投资（BVI）、珠海威林斯、珠海润地等间接拥有发行人控股权的股东持续遵守股份限售承诺、避免同业竞争、及时履行股权变动相关信息披露义务等法定义务和监管要求。游谊竹、景富投资（BVI）、珠海威林斯、珠海润地、成都地建等股东直接或间接持有、控制发行人的股份不存在质押、冻结或其他权利受到限制的情形。游谊竹通过多层股权架构对发行人实施控制对发行人生产经营和股权稳定性不存在不利影响。

专家点评

本案例关注发行人关注的“红筹架构”问题，所谓“红筹架构”指境内股东（主要为自然人）将其持有的境内权益为基础，以境外设立的壳公司返程收购境内权益并实现在境外发行股票并上市的行为。证监会的要求是：实际控制人为境内法人的红筹架构，要求拆除红筹架构，股权及控制权要求全部转回境内，中间环节要取消，除非有非常充分的理由证明并非返程投资。发行人未被认定为“红筹架构”，主

要原因为：成都地建自发行人设立起为其原始股东、控股股东，发行人实际控制人设立境外公司后未返程投资并购境内权益，致使控制权转移至境外。

【案例2】关于涉及BVI的核查——华森制药（股票代码：002907）

A股上市情况：2017年9月5日召开的中国证券监督管理委员会主板发行审核委员会2017年第136次发审委会议审核：重庆华森制药股份有限公司（首发）获通过。

案例解读

招股书披露，发行人控股股东股权结构中存在BVI。

（1）请中介机构核查说明发行人实际控制人及其关系密切的家庭成员直接或间接控制的各个海外实体的历史沿革情况；前述实体的主营业务和经营情况，是否存在与发行人从事相同或相近业务，或与发行人从事业务为上下游关系的情况，是否与发行人存在关联交易。（2）请中介机构核查说明发行人实际控制人通过设立BVI间接持有发行人股权的原因；各层股权关系的持股真实性，是否存在委托持股、信托持股或其他影响控股股权的约定。（3）发行人控股股东BVI架构中，是否存在违法违规行为，是否存在纠纷或潜在纠纷。（4）发行人控股股东股权架构中存在BVI是否会对发行人上市后续监管造成障碍或其他不利影响或监管不便，是否可能影响发行人后续信息披露的真实性、及时性，是否可能妨碍投资者对发行人投资价值作出准确判断。请中介机构发表明确核查意见。

1. 发行人实际控制人及其关系密切的家庭成员直接或间接控制的各个海外实体的历史沿革情况；前述实体的主营业务和经营情况，是否存在与发行人从事相同或相近业务，或与发行人从事业务为上下游关系的情况，是否与发行人存在关联交易

（1）发行人实际控制人及其关系密切的家庭成员直接或间接控制的各个海外实体历史沿革情况。发行人实际控制人及其关系密切的家庭成员直接或间接控制的各个海外实体的基本情况和历史沿革情况如表3-2所示。

表3-2 发行人实际控制人及其关系密切的家庭成员直接或间接控制的海外实体情况

序号	名称	股权结构	注册地
1	KINGFUL INVESTMENTS LIMITED	游谊竹直接持股100%	英属维尔京群岛
2	Canada Welins Enterprises Ltd.	游谊竹直接持股100%	加拿大
3	Bordeaux Vineam （Hong Kong） Limited	游谊竹直接持股100%	中国香港

续表

序号	名称	股权结构	注册地
4	Sky China International Limited	游谊竹直接持股 100%	中国香港
5	Bordeaux Vineam Vignobles	Bordeaux Vineam（Hong Kong）Limited 持股 100%	法国
6	Scea Du Chateau Grillon（以下简称“Chateau Grillon”）	Bordeaux Vineam（Hong Kong）Limited 持股 100%	法国
7	Sca Moulin à Vent（以下简称“Moulin à Vent”）	Bordeaux Vineam（Hong Kong）Limited 持股 100%	法国
8	Rocher Bellevue	重庆喜果农业科技有限公司持股 100%	法国
9	BORDEAUX VINEAM	Sky China International Limited 持股 100%	法国
10	La Salagre	Bordeaux Vineam 持股 100%	法国
11	Chateau Bourdicotte et Grand Ferrand（以下简称“Grand Ferrand”）	Bordeaux Vineam 持股 100%	法国

① KINGFUL INVESTMENTS LIMITED（景富投资有限公司）。根据 TRAVERS THORP ALBERGA ATTORNEYS-AT-LAW（以下简称“TRAVERS 律师事务所”）于 2017 年 5 月 12 日出具的法律意见书，KINGFUL INVESTMENTS LIMITED（以下简称“景富投资”）于 2007 年 5 月 30 日依法设立并有效存续。游谊竹于 2007 年 5 月 30 日获得景富投资 1 股，并于 2007 年 7 月 3 日登记为景富投资股东。自 2007 年 7 月 3 日起，景富投资的股东未发生变化。

② Canada Welins Enterprises Ltd.（加拿大威林斯实业有限公司）。根据 Lunny Atmore LLP（以下简称“Lunny 律师事务所”）于 2017 年 4 月 30 日出具的法律意见书，Canada Welins Enterprises Ltd.（以下简称“加拿大威林斯”）于 2000 年 2 月 21 日设立，游谊竹（Yi Zhu You）自加拿大威林斯设立至该法律意见书出具之日，一直为加拿大威林斯的唯一董事及股东。

③ Bordeaux Vineam（Hong Kong）Limited（波威纳酒庄集团（香港）有限公司）。根据李伟斌律师行于 2017 年 5 月 12 日出具的法律意见书，波威纳酒庄集团（香港）有限公司（以下简称“波威纳香港”）设立于 2014 年 5 月 21 日，其成立时的股本为 10,000 港币，游谊竹为其唯一股东，自成立以来未发生变动。

④ Sky China International Limited（天雅国际有限公司）。根据李伟斌律师行

于2017年5月12日出具的法律意见书，天雅国际有限公司（以下简称“天雅国际”）设立于2011年8月2日，其成立时的股本为1港币，股东为Bosco Consultancy Limited。2011年9月8日，Bosco Consultancy Limited将其持有的天雅国际1股转让给游谊竹，同时天雅国际向游谊竹配股9,999股，天雅国际的股本增加至10,000港币。2016年2月1日，天雅国际股本增加至112,918,910港币，游谊竹为唯一股东。

⑤ Bordeaux Vineam Vignobles（曾用名Bordeaux Vineam Negoce）。根据Ulysse Société d' Avocats（以下简称“Ulysse律师事务所”）于2017年5月5日出具的法律意见书，Bordeaux Vineam Vignobles成立于2013年12月3日，成立时股本为100,000欧元。2014年3月31日，Bordeaux Vineam Vignobles股东作出决议，股本增加至2,000,000欧元。2015年10月26日，Bordeaux Vineam Vignobles的股东Bordeaux Vineam将其持有的所有股份转让给波威纳香港，波威纳香港成为Bordeaux Vineam Vignobles唯一股东。2016年10月21日，Bordeaux Vineam Negoce更名为Bordeaux Vineam Vignobles。

⑥ Chateau Grillon。根据Ulysse律师事务所于2017年5月5日出具的法律意见书，Chateau Grillon成立于2013年9月10日，成立时股本为10,000欧元。2015年10月26日，Chateau Grillon的股东Bordeaux Vineam将其持有的所有股权转让给波威纳香港，波威纳香港成为Chateau Grillon唯一股东。2015年10月27日，Chateau Grillon股东作出决议，增加Chateau Grillon股本至510,000欧元。

⑦ Moulin à Vent。根据Ulysse律师事务所于2017年5月5日出具的法律意见书，Moulin à Vent成立于2002年4月10日。2013年6月17日，Marie-Hélène Raoux Hessel及Dominique Hessel将其持有的Moulin à Vent股权转让给Bordeaux Vineam。2015年10月26日，Bordeaux Vineam将其持有的Moulin à Vent所有股权转让给波威纳香港，波威纳香港成为Moulin à Vent唯一股东。2015年10月27日，Moulin à Vent股东作出决议，增加Moulin à Vent股本至661,600欧元。

⑧ Rocher Bellevue（曾用名Scigo France）。根据Ulysse律师事务所于2017年5月2日出具的法律意见书，Rocher Bellevue成立于2014年1月8日，成立时股本为1,000欧元。2014年3月25日，Rocher Bellevue股本增加至1,900,000欧元。2014年5月22日，Rocher Bellevue的股东游洪涛将其持有的Rocher Bellevue所有股份转让给重庆喜果。2016年10月21日，Scigo France更名为Rocher Bellevue。

⑨ Bordeaux Vineam。根据Ulysse律师事务所于2017年5月5日出具的法律意见书，Bordeaux Vineam成立于2013年4月19日，成立时股本为5,800,000欧元，天雅国际为其唯一股东。根据2015年10月27日的股东决定，Bordeaux Vineam的股本增加至13,357,165欧元，天雅国际仍为其唯一股东。

⑩ La Salagre。根据 Ulysse 律师事务所于 2017 年 5 月 5 日出具的法律意见书，La Salagre 成立于 2009 年 12 月 10 日，成立时股本为 1,000 欧元。2013 年 7 月 25 日，Bordeaux Vineam 与当时 La Salagre 的股东 R.C.R Group 签订股权购买协议，Bordeaux Vineam 取得 La Salagre 所有股权。2015 年 10 月 27 日，La Salagre 的股东作出决定，增加 La Salagre 的股本至 825,411 欧元，Bordeaux Vineam 仍为 La Salagre 唯一股东。

⑪ Chateau Bourdicotte et Grand Ferrand（曾用名 Rolet Jarbin）。根据 Ulysse 律师事务所于 2017 年 5 月 5 日出具的法律意见书，Grand Ferrand 成立于 1984 年 3 月 8 日，成立时股本为 5,515,000 法郎。2013 年 7 月 25 日，Grand Ferrand 的股本为 4,661,952 欧元，Bordeaux Vineam 与 Grand Ferrand 当时的股东 R.C.R Group 签订股权购买协议，Bordeaux Vineam 取得 Grand Ferrand 所有股权。

2015 年 10 月 27 日，Grand Ferrand 的股东作出决定，Grand Ferrand 的股本增加至 8,054,598 欧元，Bordeaux Vineam 仍为 Grand Ferrand 唯一股东。

（2）前述实体的主营业务和经营情况，是否存在与发行人从事相同或相近业务，或与发行人从事业务为上下游关系的情况，是否与发行人存在关联交易。根据境外律师出具的法律意见书及发行人实际控制人的说明，发行人实际控制人及其关系密切的家庭成员控制的各境外实体的主营业务及经营情况如表 3-3 所示。

表3-3 发行人实际控制人及其关系密切的家庭成员控制的境外实体情况

序号	名称	主营业务	2016 年度净利润	是否与发行人从事相同或相近业务	是否与发行人从事业务为上下游关系	是否与发行人存在关联交易
1	KINGFUL INVESTMENTS LIMITED	投资	0.00	否	否	否
2	Canada Welins Enterprises Ltd.	投资	-1,278 加元	否	否	否
3	Bordeaux Vineam（Hong Kong）Limited	投资	-686.05 港元	否	否	否
4	Sky China International Limited	投资	0 港元	否	否	否
5	Bordeaux Vineam Vignobles	葡萄酒贸易	-24.35 万欧元	否	否	否
6	Chateau Grillon	葡萄种植、葡萄酒生产、贸易	-2.85 万欧元	否	否	否
7	Moulin à Vent	葡萄种植、葡萄酒生产、贸易	25.24 万欧元	否	否	否

续表

序号	名称	主营业务	2016 年度净利润	是否与发行人从事相同或相近业务	是否与发行人从事业务为上下游关系	是否与发行人存在关联交易
8	Rocher Bellevue	葡萄种植、葡萄酒酿造、加工、销售	-3.36 万欧元	否	否	否
9	Bordeaux Vineam	投资	-65.36 万欧元	否	否	否
10	La Salagre	葡萄种植、葡萄酒酿造、加工，葡萄酒销售	1.71 万欧元	否	否	否
11	Grand Ferrand	葡萄种植、葡萄酒酿造、加工，葡萄酒销售	3,951 欧元	否	否	否

根据境外律师出具的法律意见书并根据对实际控制人的访谈确认，发行人实际控制人及其关系密切的家庭成员控制的各境外实体不存在与发行人从事相同或相近业务的情况，与发行人从事业务不存在上下游关系，与发行人不存在关联交易。

2. 请中介机构核查说明发行人实际控制人通过设立 BVI 间接持有发行人股权的原因；各层股权关系的持股真实性，是否存在委托持股、信托持股或其他影响控股股权的约定

（1）发行人实际控制人通过设立 BVI 间接持有发行人股权的原因。截至目前，发行人实际控制人间接控制发行人的股权架构如图 3-1 所示。

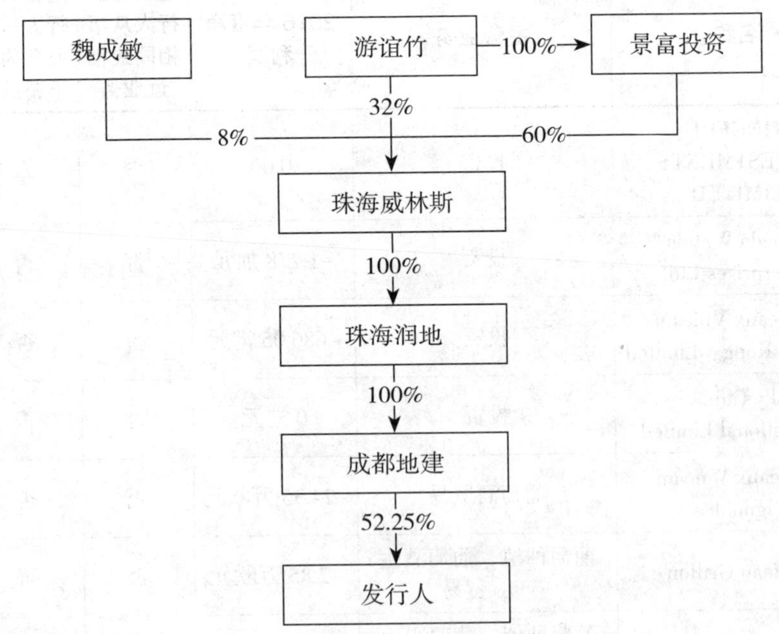

图 3-1　发行人实际控制人间接控制发行人股权架构

发行人实际控制人游谊竹于 2004 年取得加拿大国籍，2007 年设立 BVI 公司景富投资，景富投资 2010 年增资入股珠海威林斯新型材料发展有限公司（以下简称“珠海威林斯”）并间接持有发行人股份，形成目前的股权架构。根据发行人实际控制人的确认，发行人实际控制人通过 BVI 架构间接持有发行人股份的原因如下：当时经咨询，境外自然人通过设立在 BVI 或开曼群岛等具有税收优惠的地区设立公司，并将其作为投资主体再投资境内主体，是境外自然人境内投资惯常采取的投资架构方式，故发行人实际控制人采取了该种方式。

综上所述，中介机构认为，发行人实际控制人通过设立 BVI 主体间接持有发行人的股份，具有合理的商业理由。

（2）各层股权关系的持股真实性，是否存在委托持股、信托持股或其他影响控股股权的约定。根据发行人实际控制人的访谈，游谊竹真实有效地持有景富投资的股权，游谊竹、魏成敏及景富投资真实有效的持有珠海威林斯的股权，BVI 架构中各层股权关系真实，不存在委托持股、信托持股等情形，亦不存在影响发行人控股股权的约定。

根据 TRAVERS 律师事务所出具的法律意见书，景富投资的股东为游谊竹，景富投资的股东登记簿（Register of Members）上不存在登记的股权担保事项。

根据对珠海威林斯、珠海润地、成都地建及发行人（以下合称“境内主体”）的工商档案、企业信用报告的核查，并根据发行人实际控制人的访谈，境内主体的股东持股真实，不存在委托持股、信托持股或其他影响控股股权的约定。

基于上述情况，中介机构认为，发行人控股股权的各层股权关系真实，不存在委托持股、信托持股等情形，亦不存在影响发行人控股股权的约定。

3. 发行人控股股东 BVI 架构中，是否存在违法违规行为，是否存在纠纷或潜在纠纷

经核查，发行人控股股东 BVI 架构中，不存在违法违规行为，不存在纠纷或潜在纠纷，具体情形如下：

（1）景富投资有效存续，不存在纠纷。根据 TRAVERS 律师事务所出具的法律意见书，景富投资依法设立并有效存续。根据 TRAVERS 律师事务所在英属维尔京群岛高等法院的查询，截至 2017 年 5 月 10 日，不存在针对景富投资的起诉或未决诉讼。

（2）景富投资直接投资境内主体合法。2003 年 4 月 30 日，经珠海市对外贸易经济合作局核发的《关于设立外资企业珠海威林斯新型材料发展有限公司申请书及企业章程的批复》（珠外经贸投〔2003〕76 号）批准，游谊竹与魏成敏出资设立珠海

威林斯，其中游谊竹出资 80 万美元，魏成敏出资 20 万美元。2003 年 5 月 9 日，珠海市人民政府颁发了《外商投资企业批准证书》（外经贸粤珠外资证字〔2003〕0131 号）。经利安达信隆会计师事务所验资，珠海威林斯的股东出资已缴足。2003 年 5 月 12 日，珠海威林斯取得《企业法人营业执照》。

2010 年 12 月 17 日，珠海市科技工贸和信息化局颁发了《关于珠海威林斯新型材料发展有限公司章程修改之三的批复》（珠科工贸信资〔2010〕062 号），同意珠海威林斯增加注册资本 150 万美元，新增资本由新股东景富投资以现金支付。增资后景富投资、游谊竹、魏成敏分别持有珠海威林斯股权比例为 60%、32% 及 8%。经珠海市华城会计师事务所有限公司验资，珠海威林斯已收到景富投资的出资。2011 年 3 月 10 日，珠海威林斯取得核准本次变更的工商登记通知。

2014 年 1 月 15 日，经珠海市科技工贸和信息化局核发的《关于外资企业珠海威林斯新型材料发展有限公司分立的批复》（珠科工贸信资〔2014〕30 号）批准，珠海威林斯以存续分立方式进行分立，新设外资企业珠海威林斯酒店管理有限公司，注册资本为 200 万元美元，珠海威林斯继续存续，注册资本由 250 万美元变为 50 万美元，投资各方按原出资比例出资。2014 年 1 月 17 日，珠海市人民政府颁发了《外商投资企业批准证书》（外经贸粤珠外资证字〔2003〕0131 号）。2014 年 9 月 16 日，珠海威林斯取得新的《营业执照》。

基于上述情况，景富投资投资境内的珠海威林斯已取得相关主管机关的批准，履行了必要法律程序。

经核查工商资料、境外法律意见书并根据发行人实际控制人的访谈和确认，发行人控股股东 BVI 架构中，历层投资关系真实，股权权属清晰，不存在违法违规行为，不存在纠纷或潜在纠纷。

4. 发行人控股股东股权架构中存在 BVI 是否会对发行人上市后续监管造成障碍或其他不利影响或监管不便，是否可能影响发行人后续信息披露的真实性、及时性，是否可能妨碍投资者对发行人投资价值作出准确判断。请中介机构发表明确核查意见

发行人实际控制人游谊竹先生已出具承诺，在发行人上市后，“本人将严格遵守本人已出具的各项承诺，遵守中国境内上市公司监管的各项法律、法规和规范性文件，履行作为发行人实际控制人的应尽义务，及时、准确地告知发行人本人及本人直接或间接控制的其他直接或间接持有发行人股份的公司是否存在拟发生的股权 / 股份转让、资产重组或者其他重大事件。本人严格按照法律、法规和规范性文件的规定配合发行人做好信息披露工作，履行信息披露义务，确保信息披露的及时、真实、准

确、完整；不会滥用股东权利和支配地位，接受证券监管机构的监督与管理。”

发行人控股股东成都地建已出具承诺，在发行人上市后，“本公司将严格遵守本公司已出具的各项承诺，遵守中国境内上市公司监管的各项法律、法规和规范性文件，履行作为发行人控股股东的应尽义务，及时、准确地告知发行人本公司及直接或间接持有发行人股份的本公司关联方是否存在拟发生的股权/股份转让、资产重组或者其他重大事件。本公司严格按照法律、法规和规范性文件的规定配合发行人做好信息披露工作，履行信息披露义务，确保信息披露的及时、真实、准确、完整；不滥用股东权利和支配地位，接受证券监管机构的监督与管理。”

鉴于发行人实际控制人及控股股东已作出承诺，将严格遵守中国境内上市公司监管各项法律法规，履行信息披露义务，本所认为，发行人控股股东股权架构中存在 BVI 对发行人上市后续监管造成障碍或其他不利影响或监管不便的可能性较小，影响发行人后续信息披露的真实性、及时性或妨碍投资者对发行人投资价值作出准确判断的可能性较小。

综上所述，中介机构认为，发行人实际控制人及其关系密切的家庭成员直接或间接控制的各境外实体不存在与发行人从事相同或相近业务，与发行人从事业务不存在上下游关系，与发行人不存在关联交易；发行人控股股权的各层股权关系真实，不存在委托持股、信托持股等情形，亦不存在影响发行人控股股权的约定；发行人控股股东股权中的 BVI 架构不存在违法违规行为，不存在纠纷或潜在纠纷，对发行人上市后续监管造成障碍或其他不利影响或监管不便的可能性较小，存在影响发行人后续信息披露的真实性、及时性或妨碍投资者对发行人投资价值作出准确判断的可能性较小。

专家点评

发行人虽然存在 BVI 架构，但是架构涉及股权清晰，与发行人不存在从事相同或相近业务，与发行人不存在关联交易，更为关键的是，这些 BVI 架构未就境外上市进行一轮或几轮的私募，无须回购私募机构持有的 BVI 公司的股权。

【案例 3】强调核查方法，对股东的核查的合法合规性——名臣健康（股票代码：002919）

A 股上市情况：2017 年 9 月 28 日召开的中国证券监督管理委员会主板发行审核委员会 2017 年第 152 次发审委会议审核：名臣健康用品股份有限公司（首发）获通过。

案例解读

2012 年 12 月，发行人新增注册资本 460 万元，由许绍壁认缴。2014 年 12 月，发行人股东陈勤发将其所持有的发行人 2.5%、2.5%、2.5%、1.5%、1.5%、1.5% 股权分别转让给彭小青、林典希、余建平、陈东松、陈利鑫及张太军。2015 年 10 月，发行人新增注册资本 366.383 万元，由锦煌投资认缴。刘壮超持有汕头市锦煌投资有限公司 100% 股权。

请中介机构核查并在招股说明书中披露发行人引入许绍壁、锦煌投资的原因；陈勤发将其所持有的发行人 2.5%、2.5%、2.5%、1.5%、1.5%、1.5% 股权分别转让给彭小青、林典希、余建平、陈东松、陈利鑫及张太军的原因；增资及股权转让价格确定的依据；增资及股权转让过程是否履行了相应的股东会程序；资金具体来源及其合法性；各新股东与发行人之间是否存在对赌协议等特殊协议或安排。

请中介机构律师核查：（1）增资时锦煌投资的股权结构。（2）许绍壁、彭小青、林典希、余建平、陈东松、陈利鑫、张太军、刘壮超五年内的从业经历、现任职单位和职务、在发行人担任的职务。（3）上述自然人与发行人实际控制人、董监高、核心技术人员、本次申请发行中介机构及其负责人、工作人员是否存在亲属关系或其他关联关系。（4）发行人所有直接和间接股东是否存在以委托持股或信托持股等形式代他人间接持有发行人股份的行为，保荐机构、其他中介机构及负责人、工作人员是否直接或间接持股。

请中介机构说明上述问题的核查方式方法、核查过程、核查范围和所取得的证据等。

公司就历史沿革中引入许绍壁、彭小青、林典希、余建平、陈东松、陈利鑫、张太军及锦煌投资概览如表 3-4 所示。

表3-4 公司引入自然人及锦煌投资概览

事项	时期	增资及股权转让价格	是否履行股东会程序	资金来源	是否存在对赌协议等特殊协议或安排
许绍壁对发行人增资	2012.12	2.96 元 / 注册资本	是	自有合法资金	否
引入彭小青等	2014.12	3.5 元 / 注册资本	是	自有合法资金	否
锦煌投资对发行人增资	2015.10	4.37 元 / 股	是	自有合法资金	否

两次增资及股权转让的具体情况如下：

1. 引入许绍壁的原因、增资价格确定的依据、增资过程是否履行了相应的股东会程序、资金具体来源及其合法性、与发行人之间是否存在对赌协议等特殊协议或安排、许绍壁五年内的从业经历、现任职单位和职务、在发行人担任的职务中介机构就发行人引入许绍壁等事项进行核查的方式方法、过程、范围和所取得的证据等具体情况如下：

中介机构获取并查阅发行人于 2012 年 12 月引入许绍壁及增资的工商登记资料、汕头市嘉晟印务有限公司（以下简称“嘉晟印务”）的工商登记资料、名臣有限、陈勤发及许绍壁共同签署的《广东名臣有限公司投资协议》、公司章程及章程修正案，汕头市丰业会计师事务所出具的《广东名臣有限公司 2011 年度审计报告》（汕丰会审〔2012〕第 1059 号）及《验资报告》（汕丰会内验〔2012〕第 1110 号）及发行人关于本次增资的会计账簿、许绍壁本次增资的付款凭证、许绍壁的任职证明文件、作为劳动者签订的劳动合同、社保缴费记录等人事档案及其出具的声明与确认函，并与陈勤发及许绍壁访谈以形成访谈纪要；通过互联网检索公开信息等。

基于上述核查工作，中介机构发表意见如下：

（1）引入许绍壁的原因。许绍壁增资金额为 1,361 万元，引入许绍壁的投资可较好的补充公司资金。在 2012 年 12 月名臣有限收购嘉晟印务股权之前，许绍壁、蔡絮夫妇持有嘉晟印务 100% 股权，嘉晟印务主要进行纸质包装盒等材料的生产销售，2012 年以前曾一直和发行人有业务往来并保持良好业务合作关系，引入许绍壁作为股东时也考虑其所持嘉晟印务对发行人业务的补充支持，在许绍壁成为发行人股东后，2012 年 12 月，许绍壁及其配偶蔡絮即将其合计持有的嘉晟印务 100% 股权转予名臣有限。转让完成后，嘉晟印务即成为名臣有限全资子公司。

（2）引入许绍壁及增资价格确定的依据。许绍壁本次增资以增资前公司最近一个会计年度经审计的净资产为基础并给予一定溢价。截至 2011 年 12 月 31 日，公司的净资产为 92,409,148.85 元，公司注册资本为 5,280 万元，公司每份注册资本价值为 1.75 元。经双方协商，以许绍壁增资前公司每份注册资本对应的净资产为基础，溢价 1.69 倍后每份注册资本 2.96 元作为增资价格。综上，中介机构认为本次增资定价参照公司增资前最近一个会计年度经审计的净资产并予以适当上浮，定价公允。

（3）增资过程是否履行了相应的股东会程序公司就本次增资履行的决议程序具体情况如下。2012 年 12 月 5 日，名臣有限唯一股东陈勤发作出股东决定，同意增加新股东许绍壁且公司注册资本由 5,280 万元增至 5,740 万元；同意许绍壁作为新股东以货币资金向公司投资 1,361 万元，持股 8.014%，新股东的投资额中 460 万元计入公司实收资本，其余901万元计入公司资本公积。

综上所述，发行人已就上述增资作出股东决定，已按照《公司法》规定及公司章程约定履行决议程序。

（4）资金具体来源及其合法性。许绍壁投资发行人的资金来源为自有资金，该等资金来源合法、有效。

（5）许绍壁与发行人之间是否存在对赌协议等特殊协议或安排。许绍壁与发行人之间不存在对赌协议等特殊协议或安排，不存在纠纷或潜在纠纷，不存在影响和潜在影响公司股权结构的事项。

（6）许绍壁五年内的从业经历、现任职单位和职务、在发行人担任的职务。许绍壁五年内的从业经历、现任职单位和职务、在发行人担任的职务具体情况如表3-5所示。

表3-5 许绍壁从业经历及职务情况

序号	主体	五年内的从业经历	现任职单位及职务	在发行人担任的职务
1	许绍壁	2001年1月—2012年12月任嘉晟印务执行董事兼总经理，2012年12月—2014年12月任发行人监事，2014年12月起至今任发行人副董事长	现任发行人副董事长、名臣销售监事及嘉晟印务监事	副董事长

2. 陈勤发将其所持有的发行人2.5%、2.5%、2.5%、1.5%、1.5%、1.5%股权分别转让给彭小青、林典希、余建平、陈东松、陈利鑫及张太军的原因，股权转让价格确定的依据，股权转让过程是否履行了相应的股东会程序，资金具体来源及其合法性，上述人员与发行人之间是否存在对赌协议等特殊协议或安排，上述人员五年内的从业经历、现任职单位和职务、在发行人担任的职务

中介机构就发行人引入彭小青、林典希、余建平、陈东松、陈利鑫及张太军进行核查的方式方法、过程、范围和所取得的证据等具体情况如下：

中介机构获取并查阅发行人本次股权转让的工商登记资料，公司章程及修正案，转让各方签订的《股权转让协议》，彭小青、林典希、余建平、陈东松、陈利鑫及张太军提供的股权转让款付款凭证，正中珠江出具的《广东名臣有限公司2013年度审计报告》（广会审字〔2014〕G14011650013号），发行人的《员工花名册》，彭小青、林典希、余建平、陈东松、陈利鑫及张太军与公司签订的劳动合同，社保缴费记录等人事档案及上述人员出具的声明与确认函，并与陈勤发及上述人员访谈以形成访谈纪要；通过互联网检索公开信息等。

基于上述核查工作，中介机构发表意见如下：

（1）陈勤发将其所持有的发行人 2.5%、2.5%、2.5%、1.5%、1.5%、1.5% 股权分别转让给彭小青、林典希、余建平、陈东松、陈利鑫及张太军的原因。本次公司引入的新股东中，余建平及陈东松在发行人工作长达十余年，系发行人的老员工及骨干人员，有着极高的忠诚度并对公司运营管理有较高贡献；彭小青、陈利鑫及林典希系发行人重点引入的财务及行业管理人才，对发行人的规范运作及管理做出突出贡献；张太军在发行人技术部任职长达十余年，系发行人研究开发队伍的核心人员。

综上所述，陈勤发向彭小青、林典希、余建平、陈东松、陈利鑫及张太军转让股权的原因为实现公司高级管理人员及核心人员对公司持股，以达到公司骨干人员的稳定性并与公司长期发展利益一致、改善公司的治理结构、使骨干人员可共享公司价值增长之收益等目的。

（2）陈勤发向彭小青、林典希、余建平、陈东松、陈利鑫及张太军转让股权价格的确定。陈勤发向彭小青、林典希、余建平、陈东松、陈利鑫及张太军转让股权价格以股权转让前公司最近一个会计年度经审计的净资产为基础并给予一定溢价。截至 2013 年 12 月 31 日，公司净资产为 170,007,671.28 元，公司注册资本为 5,740 万元，公司每份注册资本对应净资产为 2.96 元，本次股权转让价格确定为每份注册资本 3.50 元，溢价 1.18 倍。根据《股权转让所得个人所得税管理办法（试行）》第 14 条之规定，“主管税务机关应依次按照下列方法核定股权转让收入：（一）净资产核定法……”，中介机构认为本次股权转让参照公司股权转让前最近一个会计年度经审计的净资产并予以适当上浮，定价公允。

（3）股权转让过程是否履行了相应的股东会程序公司。就本次股权转让履行的决议程序具体情况如下：

2014 年 12 月 21 日，名臣有限股东会作出决议，同意陈勤发以每份注册资本作价 3.50 元分别向彭小青、林典希、余建平、陈东松、陈利鑫及张太军转让其所持有的公司 2.5%、2.5%、2.5%、1.5%、1.5%、1.5% 股权，其他股东放弃优先购买权。

综上所述，发行人已就上述股权转让召开股东会并形成决议，已按照《公司法》规定及公司章程约定履行决议程序。

（4）资金具体来源及其合法性。彭小青、林典希、余建平、陈东松、陈利鑫及张太军支付股权转让款的资金来源为自有资金，该等资金来源合法、有效。

（5）彭小青、林典希、余建平、陈东松、陈利鑫及张太军与发行人之间是否存在对赌协议等特殊协议或安排。彭小青、林典希、余建平、陈东松、陈利鑫及张太军与发行人之间不存在对赌协议等特殊协议或安排，不存在纠纷或潜在纠纷，不存在影响和潜在影响公司股权稳定性的情形。

（6）彭小青、林典希、余建平、陈东松、陈利鑫及张太军五年内的从业经历、现任职单位和职务、在发行人担任的职务，具体情况如表3-6所示。

表3-6 彭小青、林典希、余建平、陈东松、陈利鑫及张太军五年内的从业经历及职务情况

序号	主体	五年内的从业经历	现任职单位及职务
1	彭小青	2004年4月—2013年8月任广东正中珠江会计师事务所有限公司项目经理、部门副经理等。2013年9月—今任发行人财务总监，2014年12月起至今任发行人董事、副总经理	现任发行人董事、副总经理及财务总监
2	林典希	2004年5月—2014年9月任拉芳家化股份有限公司总裁办公室主任及副总经理。2014年10月—2015年3月任发行人副总经理及总经理办公室主任，2015年4月起至今任发行人董事及副总经理	现任发行人董事及副总经理
3	余建平	自2000年入职发行人并历任督查部经理、销售部经、销售总监，2015年4月起至今任发行人副总经理	现任发行人副总经理
4	陈东松	自2004年10月入职发行人并历任财务结算二部经理，审计部经理，2015年4月起至今任发行人董事会秘书、证券事务部经理	现任发行人董事会秘书、证券事务部经理
5	陈利鑫	2007年8月—2013年11月历任骅威科技股份有限公司审计部负责人、财务部副经理，2013年12月起至今任发行人的财务部经理	现任发行人财务部经理
6	张太军	2010年7月起至今任发行人技术开发部经理	现任发行人技术开发部经理

3. 引入锦煌投资的原因、增资价格确定的依据、增资过程是否履行了相应的股东会程序、增资时锦煌投资的股权结构、与发行人之间是否存在对赌协议等特殊协议或安排、锦煌投资实际控制人刘壮超五年内的从业经历、现任职单位和职务、在发行人担任的职务

中介机构就发行人引入锦煌投资进行核查的方式方法、过程、范围和所取得的证据等具体情况如下：

中介机构获取并查阅发行人于2015年10月增资及引入锦煌投资的工商登记资料、发行人的公司章程及章程修正案、发行人发起人与锦煌投资签署的《关于名臣健康用品股份有限公司的增资认缴合同》、锦煌投资对发行人增资的付款凭证、正中珠江出具的《广东名臣有限公司2014年度审计报告》（广会审字〔2015〕

G14011650070 号）及《验资报告》（广会验字〔2016〕G14011650195 号）、锦煌投资提供的工商登记资料、公司章程及章程修正案及出具的声明与确认函、锦煌投资唯一股东及实际控制人刘壮超提供的确认函及简历、宜华健康医疗股份有限公司（股票代码：00015，以下简称“宜华健康”）及宜华生活科技股份有限公司（股票代码：600978，以下简称“宜华生活”）的定期报告，并与陈勤发及锦煌投资唯一股东及实际控制人刘壮超访谈以形成访谈纪要；通过互联网检索公开信息等。

基于上述核查工作，中介机构发表意见如下：

（1）引入锦煌投资的原因。发行人引入外部投资人锦煌投资的原因系公司为进一步完善治理结构，充实公司资金实力，做大做强发行人业务。锦煌投资对发行人增资系出于对公司未来发展及公司在日化行业经验及地位的认可。

（2）引入锦煌投资增资价格确定的依据。锦煌投资本次增资金额及定价系公司与锦煌投资基于公司所处行业、成长性、市盈率及每股净资产等因素协商一致后共同确定。截至 2014 年 12 月 31 日，发行人净资产为 207,399,886.16 元，股份数为 5,740 万股，每股净资产为 3.61 元，锦煌投资增资的对价为每股 4.37 元，高于增资前发行人最近一个会计年度每股净资产值，每股价值溢价 1.21 倍。综上所述，中介机构认为本次增资定价参照公司增资时最近一个会计年度经审计的净资产并予以适当上浮，定价公允。

（3）增资过程是否履行了相应的股东会程序。发行人就本次增资履行的决议程序具体情况如下：

2015 年 10 月 28 日，发行人 2015 年第一次临时股东大会作出决议，同意由锦煌投资对公司以货币资金增资 1,600 万元，其中 366.383 万元进入公司的注册资本，余额 1,233.617 万元计入资本公积。发行人各股东就上述事宜制定《名臣健康用品股份有限公司章程修正案》。

综上所述，发行人已就上述增资召开股东大会并形成决议，已按照《公司法》规定及公司章程约定履行决议程序。

（4）资金具体来源及其合法性。锦煌投资向公司增资的资金来源于其自有资金，该等资金来源合法、有效。

（5）锦煌投资与发行人之间是否存在对赌协议等特殊协议或安排锦煌投资与发行人之间不存在对赌协议等特殊协议或安排，不存在纠纷或潜在纠纷，不存在影响和潜在影响公司股权结构的事项。

（6）增资时锦煌投资的股权结构。发行人引入锦煌投资并增资时锦煌投资系刘壮超持股 100% 的企业。

（7）刘壮超五年内的从业经历、现任职单位和职务、在发行人担任的职务，具体情况如表3–7所示。

表3–7 刘壮超五年内的从业经历及职务情况

序号	主体	五年内的从业经历	现任职单位及职务	在发行人的职务
1	刘壮超	2011年9月—2015年11月任宜华生活首席运营官，2015年11月—2016年5月任宜华生活总经理，2016年5月—2017年5月任宜华生活副董事长、总经理，2017年5月起至今任宜华生活董事长	现任锦煌投资执行董事兼总经理；宜华生活董事长；新疆宜东股权投资有限合伙企业及新疆宜信股权投资有限合伙企业执行事务合伙人	无

4. 许绍壁、彭小青、林典希、余建平、陈东松、陈利鑫、张太军、刘壮超与发行人实际控制人、董监高、核心技术人员、本次申请发行中介机构及其负责人、工作人员是否存在亲属关系或其他关联关系

中介机构就上述问题进行核查的方式方法、过程、范围和所取得的证据的具体情况如下：

中介机构获取并查阅发行人实际控制人、董事、监事及高级管理人员等出具的有关家庭成员、近亲属及其他关联关系的声明与确认函、发行人、正中珠江及本所出具的确认函，中介机构签字人员及现场工作人员出具的确认函，查阅广发证券股份有限公司（股票代码：000776）的定期报告并通过国家企业信用信息公示系统等网上公开途径自行检索公开信息等。

基于上述核查工作，中介机构发表意见如下：

许绍壁、彭小青、林典希、余建平、陈东松、陈利鑫、张太军及刘壮超与发行人实际控制人、董事、监事、高级管理人员、核心技术人员、本次申请发行中介机构及其负责人、工作人员不存在亲属关系或其他关联关系。

5. 发行人所有直接和间接股东是否存在以委托持股或信托持股等形式代他人间接持有发行人股份的行为，保荐机构、其他中介机构及负责人、工作人员是否直接或间接持股

中介机构就上述问题进行核查的方式方法、过程、范围和所取得的证据的具体情况如下：

中介机构获取并查阅名臣有限、陈勤发及许绍壁共同签署的《广东名臣有限公司投资协议》、陈勤发与彭小青、林典希、余建平、陈东松、陈利鑫及张太军签署的

《广东名臣有限公司股权转让协议》、发行人发起人与锦煌投资签署《关于名臣健康用品股份有限公司的增资认缴合同》及所有股东出具的声明与承诺函、确认函，发行人、正中珠江及本所出具的确认函，中介机构签字人员及现场工作人员出具的确认函，查阅广发证券股份有限公司（股票代码：000776）的定期报告并通过国家企业信用信息公示系统等网上公开途径检索，并与发行人的全体股东、保荐机构、其他中介机构及负责人、现场工作人员访谈以形成访谈纪要，通过互联网检索公开信息等。

基于上述核查工作，中介机构发表意见如下：

（1）发行人所有直接和间接股东是否存在以委托持股或信托持股等形式代他人间接持有发行人股份；发行人所有直接和间接股东不存在以委托持股或信托持股等形式代他人间接持有发行人股份的行为。

（2）保荐机构、其他中介机构及负责人、工作人员是否直接或间接持股中介机构及其负责人、工作人员不存在直接或间接持有发行人股份的情形。

专家点评

对 IPO 前增资，重点关注有关增资是否真实，是否合法合规，是否履行相关程序，是否为真实意思表示；是否存在纠纷或潜在纠纷等；如增资是否履行了相应的股东会程序，是否已完成有关增资贷款和转让款的支付，是否办理了工商变更手续，关注增资入股新股东与发行人或者原股东及保荐人是否存在关联关系，要求说明有关资金来源的合法性等；定价方面，关注有关增资的定价原则，增资涉及评估为定价依据的，如当时的评估机构无证券从业资格，则本次增资需要具有证券从业资格的评估机构进行复核。

【案例 4】公司向员工持股平台增资的情况——深南电路（股票代码：002916）

A 股上市情况：2017 年 10 月 24 日召开的中国证券监督管理委员会第十七届发行审核委员会 2017 年第 10 次发审委会议审核：深南电路股份有限公司（首发）获通过。

案例解读

发行人曾向员工持股平台进行增资。请发行人：（1）披露向上述股东增发的股份数量、金额、价格，说明增资价格的公允性，是否存在影响股权价值的隐藏性条款，是否满足国资股权转让的要求。（2）说明是否就股份支付行为进行相关的会计处

理、公允价值的确定依据以及确认金额的准确性。（3）说明股份支付行为是否满足国资监管对于员工持股管理的相关规定，新增股东的款项是否足额缴纳。请中介机构进行核查并发表明确核查意见。

1. 对发行人员工 2010 年增资的股份数量、金额、价格，增资价格的公允性，是否存在影响股权价值的隐藏性条款，是否满足国资股权转让的要求等事项的补充核查

（1）发行人向由镭等 41 名自然人股东增发的股份数量、金额、价格，以及增资价格的公允性。2010 年 2 月 8 日，深南电路有限股东会作出决议，同意由镭等 41 名自然人（当时均为深南电路有限员工）向深南电路有限增资 4,831.40 万元，其中 980.00 万元计入注册资本，3,851.40 万元计入资本公积，深南电路有限注册资本变更为 13,980.00 万元。股份数量以及对应金额如表 3-8 所示（增资完成后的持股情况）。

表3-8　发行人向由镭等41名自然人股东增发股份情况

显名股东及出资情况				实际股东及出资情况		
序号	名称 / 姓名	出资额（万元）	出资比例	序号	名称 / 姓名	出资额（万元）
1	中航国际控股	12,350.00	88.35%	1	中航国际控股	12,350.00
2	中航国际深圳	650.00	4.65%	2	中航国际深圳	650.00
3	由镭	80.00	0.57%	3	由镭	57.00
				4	张红	6.40
				5	崔荣	6.40
				6	夏艳山	6.40
				7	陈国华	3.80
4	阳正华	45.40	0.31%	8	阳正华	37.00
				9	吴磊	6.00
				10	路加贝	1.40
				11	张浩海	0.30
				12	孙键	0.70
5	周进群	45.40	0.31%	13	周进群	37.00
				14	高晗	6.40
				15	陈熙	2.00

续表

<table>
<tr><th colspan="4">显名股东及出资情况</th><th colspan="3">实际股东及出资情况</th></tr>
<tr><th>序号</th><th>名称 / 姓名</th><th>出资额（万元）</th><th>出资比例</th><th>序号</th><th>名称 / 姓名</th><th>出资额（万元）</th></tr>
<tr><td rowspan="3">6</td><td rowspan="3">王成勇</td><td rowspan="3">45.40</td><td rowspan="3">0.31%</td><td>16</td><td>王成勇</td><td>37.00</td></tr>
<tr><td>17</td><td>徐军</td><td>4.40</td></tr>
<tr><td>18</td><td>程瑜</td><td>4.00</td></tr>
<tr><td rowspan="4">7</td><td rowspan="4">龚坚</td><td rowspan="4">45.40</td><td rowspan="4">0.31%</td><td>19</td><td>龚坚</td><td>35.80</td></tr>
<tr><td>20</td><td>卢中</td><td>3.50</td></tr>
<tr><td>21</td><td>彭锦强</td><td>5.30</td></tr>
<tr><td>22</td><td>董晋</td><td>0.80</td></tr>
<tr><td rowspan="6">8</td><td rowspan="6">李林宏</td><td rowspan="6">45.40</td><td rowspan="6">0.31%</td><td>23</td><td>李林宏</td><td>34.50</td></tr>
<tr><td>24</td><td>董晋</td><td>1.00</td></tr>
<tr><td>25</td><td>谭东昱</td><td>2.60</td></tr>
<tr><td>26</td><td>邢国岗</td><td>3.50</td></tr>
<tr><td>27</td><td>肖海清</td><td>3.20</td></tr>
<tr><td>28</td><td>韩卓江</td><td>0.60</td></tr>
<tr><td rowspan="3">9</td><td rowspan="3">孔令文</td><td rowspan="3">29.00</td><td rowspan="3">0.21%</td><td>29</td><td>孔令文</td><td>25.10</td></tr>
<tr><td>30</td><td>刘德波</td><td>2.20</td></tr>
<tr><td>31</td><td>李波</td><td>1.70</td></tr>
<tr><td rowspan="2">10</td><td rowspan="2">杨之诚</td><td rowspan="2">29.00</td><td rowspan="2">0.21%</td><td>32</td><td>杨之诚</td><td>22.50</td></tr>
<tr><td>33</td><td>杨智勤</td><td>6.50</td></tr>
<tr><td rowspan="3">11</td><td rowspan="3">李伟</td><td rowspan="3">29.00</td><td rowspan="3">0.21%</td><td>34</td><td>李伟</td><td>23.10</td></tr>
<tr><td>35</td><td>邓青</td><td>3.50</td></tr>
<tr><td>36</td><td>程瑜</td><td>2.40</td></tr>
<tr><td rowspan="4">12</td><td rowspan="4">张利华</td><td rowspan="4">29.00</td><td rowspan="4">0.21%</td><td>37</td><td>张利华</td><td>23.90</td></tr>
<tr><td>38</td><td>曾平</td><td>4.40</td></tr>
<tr><td>39</td><td>王琢</td><td>0.60</td></tr>
<tr><td>40</td><td>邢国岗</td><td>0.10</td></tr>
<tr><td rowspan="4">13</td><td rowspan="4">谢艳红</td><td rowspan="4">29.00</td><td rowspan="4">0.21%</td><td>41</td><td>谢艳红</td><td>23.90</td></tr>
<tr><td>42</td><td>王琢</td><td>3.00</td></tr>
<tr><td>43</td><td>李雷</td><td>2.00</td></tr>
<tr><td>44</td><td>邢国岗</td><td>0.10</td></tr>
</table>

续表

显名股东及出资情况				实际股东及出资情况		
序号	名称 / 姓名	出资额（万元）	出资比例	序号	名称 / 姓名	出资额（万元）
14	程云平	29.00	0.21%	45	程云平	23.90
				46	路加贝	5.00
				47	邢国岗	0.10
15	张丽君	29.00	0.21%	48	张丽君	23.20
				49	黄保安	2.60
				50	韩卓江	3.20
16	张家虎	29.00	0.21%	51	张家虎	23.90
				52	陈念明	5.00
				53	肖海清	0.10
17	江万茂	29.00	0.21%	54	江万茂	23.90
				55	杨青枝	3.80
				56	吴磊	1.20
				57	肖海清	0.10
18	谭秉雄	29.00	0.21%	58	谭秉雄	18.00
				59	陈青伟	3.80
				60	向飞跃	7.20
19	王春艳	29.00	0.21%	61	王春艳	19.70
				62	殷贵强	3.80
				63	李波	5.50
20	彭勤卫	29.00	0.21%	64	彭勤卫	18.00
				65	刘德波	5.00
				66	缪桦	6.00
21	罗亿龙	29.00	0.21%	67	罗亿龙	18.00
				68	李坚	7.20
				69	王双林	3.80
22	陈于春	29.00	0.21%	70	陈于春	19.60
				71	沙雷	6.20
				72	孙键	3.10
				73	肖海清	0.10

续表

显名股东及出资情况				实际股东及出资情况		
序号	名称 / 姓名	出资额（万元）	出资比例	序号	名称 / 姓名	出资额（万元）
23	刘怀斌	29.00	0.21%	74	刘怀斌	16.80
				75	肖生	6.20
				76	黄荣琼	6.00
24	徐勋明	29.00	0.21%	77	徐勋明	18.20
				78	刘宇	7.20
				79	张浩海	3.50
				80	肖海清	0.10
25	卢中	11.00	0.08%	81	卢中	11.00
26	孙俊杰	11.00	0.08%	82	孙俊杰	9.00
				83	杨智勤	0.70
				84	彭锦强	1.30
27	楼志勇	11.00	0.08%	85	楼志勇	9.40
				86	刘海龙	1.60
28	王彩霞	11.00	0.08%	87	王彩霞	9.00
				88	曾平	2.00
29	孙翔	11.00	0.08%	89	孙翔	9.40
				90	钱文鲲	1.60
30	周应杰	11.00	0.08%	91	周应杰	9.00
				92	钱文鲲	2.00
31	徐国生	11.00	0.08%	93	徐国生	9.00
				94	刘海龙	2.00
32	许瑛	11.00	0.08%	95	许瑛	9.00
				96	董晋	2.00
33	罗健	11.00	0.08%	97	罗健	9.80
				98	黄保安	1.20
34	刘庆辉	11.00	0.08%	99	刘庆辉	9.80
				100	陈念明	1.20

续表

显名股东及出资情况				实际股东及出资情况		
序号	名称 / 姓名	出资额（万元）	出资比例	序号	名称 / 姓名	出资额（万元）
35	王志军	11.00	0.08%	101	王志军	9.80
				102	谭东昱	1.20
36	邓青	11.00	0.08%	103	邓青	11.00
37	罗斌	11.00	0.08%	104	罗斌	9.40
				105	李雷	1.60
38	董军	11.00	0.08%	106	董军	9.40
				107	陈熙	1.60
39	吴迎新	11.00	0.08%	108	吴迎新	9.00
				109	徐军	2.00
40	巩丽虹	11.00	0.08%	110	巩丽虹	7.20
				111	贾超	3.80
41	孙英杰	11.00	0.08%	112	孙英杰	7.20
				113	宋国伟	3.80
42	杜玉芳	11.00	0.08%	114	杜玉芳	7.20
				115	申伟	3.80
43	武凤伍	11.00	0.08%	116	武凤伍	7.20
				117	李方华	3.80
合计		13,980.00	100.00	—	—	13,980.00

本次增资价格为每 1 元注册资本 4.93 元，系根据深南电路有限净资产评估值确定。根据中联资产评估有限公司出具的中联评报字 2009 第 200 号《评估报告》，以 2008 年 12 月 31 日为评估基准日，深南电路有限全部净资产评估值 64,107.15 万元，约合每 1 元注册资本 4.93 元。

中介机构认为，本次增资按照经评估的净资产值确定对价，增资价格公允。

（2）是否存在影响股权价值的隐藏性条款。本次增资系深南电路有限核心技术人员及管理骨干实施的管理层增资，实际参与增资人员为 84 人，考虑到增资后公司人数超过了《公司法》关于有限责任公司股东人数“五十人”的上限规定，为了依法完成工商变更登记手续，部分股东之间建立了委托持股关系并分别签署了《代持协议》，最终在工商登记备案材料中体现为41名自然人股东，其余自然人的股权通过上述41位显名股东代为持有。

根据对上述自然人股东的访谈并经核查《代持协议》条款，不存在影响股权价值的隐藏性条款。

（3）是否满足国资股权转让的要求。根据《企业国有资产监督管理暂行条例》第二十八条之规定：“国有资产监督管理机构可以对所出资企业中具备条件的国有独资企业、国有独资公司进行国有资产授权经营。被授权的国有独资企业、国有独资公司对其全资、控股、参股企业中国家投资形成的国有资产依法进行经营、管理和监督。”以及《企业国有资产评估管理暂行办法》（国务院国有资产监督管理委员会令第12号）第四条之规定；“企业国有资产评估项目实行核准制和备案制。经各级人民政府批准经济行为的事项涉及的资产评估项目，分别由其国有资产监督管理机构负责核准。经国务院国有资产监督管理机构批准经济行为的事项涉及的资产评估项目，由国务院国有资产监督管理机构负责备案；经国务院国有资产监督管理机构所出资企业（以下简称中央企业）及其各级子企业批准经济行为的事项涉及的资产评估项目，由中央企业负责备案。”

中联资产评估有限公司出具了中联评报字2009第200号《评估报告》，以2008年12月31日为评估基准日，深南电路有限全部净资产评估值64,107.15万元。2009年11月9日，中航工业对上述评估报告进行备案（备案编号：2009037）。

2010年6月2日，中联会计师事务所有限公司深圳分所出具中联深所验字〔2010〕第081号《验资报告》，验证截至2010年6月1日，深南电路有限已收到由镭等41名自然人股东缴纳的出资额合计4,831.40万元，其中980.00万元作为缴纳的新增注册资本（实收资本），3,851.40万元作为资本公积，各股东均以货币出资。

2010年6月8日，深南电路有限在深圳市市场监督管理局办理完成本次增资相关工商变更登记手续。

经核查，本次增资履行了评估项目备案程序，并经有权的国有资产监督管理部门批准，增资价格按照经评估的净资产值确定，满足国资股权转让的要求。

综上，中介机构认为，发行人员工2010年增资价格的公允，不存在影响股权价值的隐藏性条款，满足国资股权转让的要求。

2. 对本次增资是否就股份支付行为进行相关的会计处理、公允价值的确定依据以及确认金额的准确性等事项的补充核查

2009年5月22日，中联资产评估有限公司出具了中联评报字2009第200号《评估报告》，以2008年12月31日为评估基准日，深南电路有限全部净资产评估值

64,107.15 万元，每 1 元注册资本 4.93 元。2009 年 11 月 9 日，中航工业对上述评估报告进行备案（备案编号：2009037）。

因此，根据上述评估报告确定的估值，本次增资的价格为每 1 元注册资本 4.93 元，该价格为公允价格，不存在股份支付行为。所以，不存在对股份支付行为进行相关会计处理的情形。

综上，中介机构认为，本次公允价值的确定依据符合相关法律法规的规定，本次增资不存在股份支付行为。

3. 对股份支付行为是否满足国资监管对于员工持股管理的相关规定，新增股东的款项是否足额缴纳的补充核查

（1）本次增资是否满足国资监管对于员工持股管理的相关规定。根据《关于规范国有企业职工持股、投资的意见》（国资发〔2008〕139 号）规定："（七）规范入股资金来源。国有企业不得为职工投资持股提供借款或垫付款项，不得以国有产权或资产作标的物为职工融资提供保证、抵押、质押、贴现等；不得要求与本企业有业务往来的其他企业为职工投资提供借款或帮助融资。"

中介机构对本次增资所涉及的发行人持股员工进行了访谈，其入股资金来源均为自筹，且本次增资不构成股份支付行为，未违反上述国资监管对于员工持股管理的相关的规定。

（2）新增股东的款项是否足额缴纳。2010 年 6 月 2 日，中联会计师事务所有限公司深圳分所出具中联深所验字〔2010〕第 081 号《验资报告》，验证截至 2010 年 6 月 1 日，深南电路有限已收到由镭等 41 名自然人股东缴纳的出资额合计 4,831.40 万元，其中，980.00 万元作为缴纳的新增注册资本（实收资本），3,851.40 万元作为资本公积，各股东均以货币出资。

根据公司的确认以及中介机构对上述《验资报告》以及上述股东的缴款凭证的核查，新增股东的款项均已足额缴纳。

综上所述，中介机构认为，本次增资不存在股份支付行为，且已满足国资监管对于员工持股管理的相关规定，新增股东的款项已足额缴纳。

专家点评

本案例关注以下几点：

一、本次增资价格按照经评估的净资产值确定，履行了评估项目备案程序，并经有权的国有资产监督管理部门批准，满足国资监管要求。

二、本次增资的价格为每 1 元注册资本 4.93 元，根据评估报告确定估值，该价

格为公允价格，不存在股份支付行为。

三、本次增资所涉及的发行人持股员工入股资金来源均为自筹，符合《关于规范国有企业职工持股、投资的意见》（国资发〔2008〕139号）关于资金来源的规定。

【案例5】发行人股权转让频繁被要求核查——宇环数控（股票代码：002903）

A股上市情况：2017年8月22日召开的中国证券监督管理委员会主板发行审核委员会2017年第127次发审委会议审核：宇环数控机床股份有限公司（首发）获通过。

案例解读

招股书披露，发行人股权转让频繁。请中介机构核查并披露：（1）发行人股东（包括已退出股东）历次出资、增资及股权转让的资金来源。（2）发行人及历次新进股东的详细情况及其近五年从业经历，是否存在委托持股、信托持股或一致行动关系等情况。（3）新引入股东与发行人之间是否存在特殊协议或安排，是否存在纠纷或潜在纠纷，是否存在影响和潜在影响公司股权结构事项。（4）担任发行人本次发行申请的相关中介机构及相关人员是否存在直接或间接持有发行人股份的情形。

一、发行人股东（包括已退出股东）历次出资、增资及股权转让的资金来源

【核查手段】

1. 中介机构查阅了如下资料：

（1）发行人工商机读查询单、工商登记内档资料。

（2）发行人历次出资、增资的验资报告、银行进账单。

（3）发行人历次股权转让协议、股权转让款支付凭证。

（4）发行人全体股东出具的声明与承诺。

2. 中介机构就发行人历次增资、股权转让等情况访谈了发行人历次新进股东。

【回复意见】

经核查，发行人现有股东共16名，包括许世雄、许燕鸣、许亮、周晓红、许梦林、彭关清、邵爱玲、高端元、郑本铭、龙洋、何立纯、华腾一号、达晨创泰、达晨创恒、达晨创瑞、浏阳信投；已退出股东共4名，包括宇环实业、华摩投资、贺新强、李铭强。根据上述股东出具的声明承诺及中介机构对相关股东的访谈，上述股东历次出资、增资及股权转让的资金来源情况见表3–9至3–28。

（1）许世雄

表3-9 许世雄历次出资、增资及股权转让资金来源情况

入股时间	入股形式	获得股份所需资金（万元）	获得股数（万股）	资金来源	完成后占公司股份比例
2004.08	发起设立出资	400	400	自有资金、家庭积蓄	80.00%
2008.10	增资扩股	500	500	自有资金、家庭积蓄	90.00%
2008.11	增资扩股	260	260	自有资金、家庭积蓄	92.06%
2009.01	增资扩股	240	240	自有资金、家庭积蓄	93.33%
2009.09	增资扩股	300	300	自有资金、家庭积蓄	56.67%
2010.01	股权转让（受让宇环实业）	580	430	自有资金、家庭积蓄	71.00%
2012.01	股权转让（受让李铭强）	30	30	自有资金、家庭积蓄	67.00%
2012.07	股权转让（受让贺新强）	30	30	自有资金、家庭积蓄	56.04%
2012.10	整体变更时净资产折股	—	1020	净资产	51.00%
2013.04	资本公积转增股本	—	765	资本公积	51.00%

（2）许燕鸣

表3-10 许燕鸣历次出资、增资及股权转让资金来源情况

入股时间	入股形式	获得股份所需资金（万元）	获得股数（万股）	资金来源	完成后占公司股份比例
2004.08	发起设立出资	100	100	自有资金、家庭积蓄	20.00%
2010.01	股权转让	350	350	自有资金、家庭积蓄	15.00%
2012.10	整体变更时净资产折股	—	225	净资产	11.25%
2013.04	资本公积金转增股本	—	168.75	资本公积	11.25%

（3）许亮

表3-11　许亮历次出资、增资及股权转让资金来源情况

入股时间	入股形式	获得股份所需资金（万元）	获得股数（万股）	资金来源	完成后占公司股份比例
2012.04	增资扩股	546	260	自有资金、家庭积蓄	7.65%
2012.10	整体变更时净资产折股	—	130	净资产	6.50%
2013.04	资本公积转增股本	—	97.5	资本公积	6.50%

（4）周晓红

表3-12　周晓红历次出资、增资及股权转让资金来源情况

入股时间	入股形式	获得股份所需资金（万元）	获得股数（万股）	资金来源	完成后占公司股份比例
2010.01	股份转让（受让宇环实业）	—	240	自有资金、家庭积蓄	8%
2012.10	整体变更时净资产折股	—	120	净资产	6%
2013.04	资本公积转增股本	—	90	资本公积	6%

（5）许梦林

表3-13　许梦林历次出资、增资及股权转让资金来源情况

入股时间	入股形式	获得股份所需资金（万元）	获得股数（万股）	资金来源	完成后占公司股份比例
2012.04	增资扩股	294	140	自有资金、家庭积蓄	4.12%
2012.10	整体变更时净资产折股	—	70	净资产	3.50%
2013.04	资本公积转增股本	—	52.5	资本公积	3.50%

（6）彭关清

表3-14　彭关清历次出资、增资及股权转让资金来源情况

入股时间	入股形式	获得股份所需资金（万元）	获得股数（万股）	资金来源	完成后占公司股份比例
2010.12	股权转让（受让许世雄）	90	90	自有资金、家庭积蓄	3%
2012.10	整体变更时净资产折股	—	45	净资产	2.25%
2013.04	资本公积转增股本	—	33.75	资本公积	2.25%

（7）邵爱玲

表3-15　邵爱玲历次出资、增资及股权转让资金来源情况

入股时间	入股形式	获得股份所需资金（万元）	获得股数（万股）	资金来源	完成后占公司股份比例
2010.01	股权转让（受让宇环实业）	60	60	自有资金、家庭积蓄	2%
2012.10	整体变更时净资产折股	—	30	净资产	1.5%
2013.04	资本公积转增股本	—	22.5	资本公积	1.5%

（8）高端元

表3-16　高端元历次出资、增资及股权转让资金来源情况

入股时间	入股形式	获得股份所需资金（万元）	获得股数（万股）	资金来源	完成后占公司股份比例
2010.01	股权转让（受让宇环实业）	30	60	自有资金、家庭积蓄	2%
2012.10	整体变更时净资产折股	—	30	净资产	1.5%
2013.04	资本公积转增股本	—	22.5	资本公积	1.5%

（9）郑本铭

表3-17　郑本铭历次出资、增资及股权转让资金来源情况

入股时间	入股形式	获得股份所需资金（万元）	获得股数（万股）	资金来源	完成后占公司股份比例
2010.01	股权转让（受让宇环实业）	30	60	自有资金、家庭积蓄	2%
2012.10	整体变更时净资产折股	—	30	净资产	1.5%
2013.04	资本公积转增股本	—	22.5	资本公积	1.5%

（10）龙洋

表3-18　龙洋历次出资、增资及股权转让资金来源情况

入股时间	入股形式	获得股份所需资金（万元）	获得股数（万股）	资金来源	完成后占公司股份比例
2012.06	增资扩股	300	60	自有资金、家庭积蓄	1.65%
2012.10	整体变更时净资产折股	—	30	净资产	1.5%
2013.04	资本公积转增股本	—	22.5	资本公积	1.5%

（11）何立纯

表3-19　何立纯历次出资、增资及股权转让资金来源情况

入股时间	入股形式	获得股份所需资金（万元）	获得股数（万股）	资金来源	完成后占公司股份比例
2012.06	增资扩股	150	30	自有资金、家庭积蓄	0.82%
2012.10	整体变更时净资产折股	—	15	净资产	0.75%
2013.04	资本公积转增股本	—	11.25	资本公积	0.75%

（12）华腾一号

表3-20　华腾一号历次出资、增资及股权转让资金来源情况

入股时间	入股形式	获得股份所需资金（万元）	获得股数（万股）	资金来源	完成后占公司股份比例
2014.11	股权转让（受让许燕鸣、周晓红）	960	200	自有资金	2.67%
2015.01	股权转让（受让华摩投资）	1350	281.25	自有资金	6.42%

（13）达晨创泰

表3-21　达晨创泰历次出资、增资及股权转让资金来源情况

入股时间	入股形式	获得股份所需资金（万元）	获得股数（万股）	资金来源	完成后占公司股份比例
2012.07	增资扩股	972	108	自有资金	2.70%
2012.10	整体变更时净资产折股	—	54	净资产	2.70%
2013.04	资本公积转增股本	—	40.5	资本公积	2.70%

（14）达晨创恒

表3-22　达晨创恒历次出资、增资及股权转让资金来源情况

入股时间	入股形式	获得股份所需资金（万元）	获得股数（万股）	资金来源	完成后占公司股份比例
2012.07	增资扩股	954	106	自有资金	2.65%
2012.10	整体变更时净资产折股	—	53	净资产	2.65%
2013.04	资本公积转增股本	—	39.75	资本公积	2.65%

（15）达晨创瑞

表3-23　达晨创瑞历次出资、增资及股权转让资金来源情况

入股时间	入股形式	获得股份所需资金（万元）	获得股数（万股）	资金来源	完成后占公司股份比例
2012.07	增资扩股	774	86	自有资金	2.15%
2012.10	整体变更时净资产折股	—	43	净资产	2.15%
2013.04	资本公积转增股本	—	32.25	资本公积	2.15%

（16）浏阳信投

表3-24　浏阳信投历次出资、增资及股权转让资金来源情况

入股时间	入股形式	获得股份所需资金（万元）	获得股数（万股）	资金来源	完成后占公司股份比例
2012.07	增资扩股	540	60	自有资金	1.5%
2012.10	整体变更时净资产折股	--	30	净资产	1.5%
2013.04	资本公积转增股本	--	22.5	资本公积	1.5%

（17）宇环实业（已于2010年1月退出）

表3-25　宇环实业历次出资、增资及股权转让资金来源情况

入股时间	入股形式	获得股份所需资金（万元）	获得股数（万股）	资金来源	完成后占公司股份比例
2009.09	增资扩股	1200	1200	自有资金	40%

（18）华摩投资（已于2015年1月退出）

表3-26　华摩投资历次出资、增资及股权转让资金来源情况

入股时间	入股形式	获得股份所需资金（万元）	获得股数（万股）	资金来源	完成后占公司股份比例
2012.06	增资扩股	750	150	自有资金	4.12%
2012.10	整体变更时净资产折股	—	75	净资产	3.75%
2013.04	资本公积转增股本	—	56.25	资本公积	3.75%

（19）贺新强（已于 2012 年 7 月退出）

表3-27　贺新强历次出资、增资及股权转让资金来源情况

入股时间	入股形式	获得股份所需资金（万元）	获得股数（万股）	资金来源	完成后占公司股份比例
2010.12	股权转让（受让许世雄）	30	30	自有资金、家庭积蓄	1%

（20）李铭强（已于 2012 年 1 月退出）

表3-28　李铭强历次出资、增资及股权转让资金来源情况

入股时间	入股形式	获得股份所需资金（万元）	获得股数（万股）	资金来源	完成后占公司股份比例
2010.12	股权转让（受让许世雄）	30	30	自有资金、家庭积蓄	1%

二、发行人及历次新进股东的详细情况及其近五年从业经历，是否存在委托持股、信托持股或一致行动关系等情况

【核查手段】

1. 中介机构查阅了如下资料：

（1）发行人工商机读查询单、工商登记内档资料。

（2）发行人全体股东填写的调查表。

（3）发行人历次新进自然人股东的身份证复印件、法人股东的营业执照、合伙协议或公司章程。

（4）发行人历次新进股东出具的声明与承诺。

2. 中介机构履行了如下核查程序：

（1）访谈了发行人全体现有股东。

（2）对于发行人历次新进自然人股东核查了其近五年从业经历。

（3）对于非私募基金的法人股东进行了穿透核查直至最终自然人，取得了非私募基金法人股东就其穿透至最终自然人股东的基本情况、近五年从业经历情况出具的书面确认。

（4）对于属于私募基金的法人股东核查了其自然人合伙人的基本情况、近五年从业经历，取得了私募基金法人股东就其自然人合伙人的基本情况、近五年从业经历情况出具的书面确认。

【回复意见】

1. 发行人及历次新进股东的详细情况及其近五年从业经历

经核查，发行人自2004年设立至今共进行了7次增资，4次股权转让，具体情况如下：

（1）2008年9月20日，许世雄以货币出资500万元对宇环有限进行增资。许世雄先生系发行人的创始人之一，本次无新增股东。

（2）2008年10月26日，宇环有限注册资本由1,000万元增至1,260万元，由许世雄以货币增资260万元，本次无新增股东。

（3）2008年12月21日，宇环有限注册资本由1,260万元增至1,500万元，由许世雄以货币增资240万元，本次无新增股东。

（4）2009年9月16日，宇环有限注册资本由1,500万元增至3,000万元，新增注册资本1500 万元由许世雄以货币增资300 万元，宇环实业以货币增资1,200万元。本次新增股东宇环实业（已于2010年1月退出发行人）的情况如下：

宇环实业成立于1994年12月18日，原持有沅江市工商局核发的注册号为430981000009445的《企业法人营业执照》，住所：沅江市石矶湖大桥路12号；法定代表人：许梦林；注册资本500万元，实收资本500万元；公司类型：有限责任公司；经营范围：建材、五金、交电、针纺织品、政策允许的农产品购销（涉及行政许可的除外）；投资咨询（不含金融、证券、保险、银行及其他法律、行政法规、国务院决定禁止、限制的项目）；信息咨询（不含职业介绍及其他法律、行政法规、国务院决定禁止、限制的项目）；自有场地出租（以上涉及行政许可的凭有效许可证经营）；营业期限：1994年12月18日—2030年6月23日。

2014年3月7日，沅江市工商局出具（沅江）私营登记字〔2014〕第103号《准予注销登记通知书》，宇环实业已依法注销。宇环实业退出发行人时，股权结构为许世雄持股96.25%，许伟平持股3.75%，宇环实业股东基本情况如表3-29所示。

表3-29 宇环实业股东基本情况

序号	股东姓名	身份证号码	住所	最近五年从业经历
1	许世雄	43230219541214 ****	长沙市雨花区新建西路*号	2012年至今，担任发行人执行董事、董事长
2	许伟平	43230219591114 ****	湖南省沅江市琼湖路*号	2010年3月—2012年6月担任湖南宇兴机床有限公司监事；2013年12月年至今担任中涛起重总经理

（5）2009 年 12 月 6 日，宇环实业将其持有的宇环有限 1,200 万元股权分别转让许世雄、许燕鸣、周晓红、邵爱玲、高端元、郑本铭。除创始人股东许世雄和许燕鸣，本次新增的股东情况如表 3-30 所示。

表3-30　宇环实业2009年12月6日新增股东情况

序号	股东姓名	身份证号码	住所	最近五年从业经历
1	周晓红	43230219560620****	长沙市芙蓉区火炬路	2012 年—2015 年任发行人管理中心主任，2015 年 12 月退休
2	邵爱玲	43010319531108****	长沙市蔡锷南路*号	2012 年至今，退休
3	高端元	43230119530515****	湖南省益阳市赫山区	2012 年—2013 年 2 月任发行人生产副总、运营办主任；2013 年 2 月—2016 年 2 月，任宇环精工运营负责人；2016 年 3 月至今，由发行人退休返聘并任职
4	郑本铭	35210119630201****	福建省福州市马尾区	2012 年至今，历任发行人质检部部长、品质部部长、监事会主席

（6）2010 年 11 月 28 日，股东许世雄将其持有的 90 万元注册资本转让给彭关清、30 万元注册资本转让给贺新强、30 万元注册资本转让给李铭强。本次新增的股东情况如表 3-31 所示。

表3-31　宇环实业2010年11月28日新增股东情况

序号	股东姓名	身份证号码	住所	最近五年从业经历
1	彭关清	43090319630513****	广东省深圳市福田区梅林路	2012 年至今历任发行人总工程师、董事，现任发行人副总经理、研发中心副主任
2	贺新强（已退出）	43010419680218****	长沙市岳麓区银盆岭三村	2010 年 12 月—2012 年 7 月，任发行人财务经理；2012 年 8 月—今，任湖南湘晖资产经营股份有限公司副总裁
3	李铭强（已退出）	43232219700925****	长沙市雨花区井湾路	2009 年 2 月—2011 年 9 月，任发行人总经理助理；2011 年 9 月—2013 年 6 月，任湖南永清机械制造有限公司总经理；2013 年 6 月—2014 年 12 月，任长沙柯蓝 环保有限公司总经理；2014 年 12 月至今，任宇环智能执行总经理

（7）2011年12月21日，股东李铭强从发行人处离职，李铭强将其持有的30万元注册资本转让给发行人实际控制人许世雄，本次无新增股东。

（8）2012年3月28日，宇环有限注册资本由3,000万元增至3,400万元，新增注册资本由新增股东许亮、许梦林认缴，许亮、许梦林基本情况如表3-32：

表3-32 宇环实业2012年3月28日新增股东情况

序号	股东姓名	身份证号码	住所	最近五年从业经历
1	许亮	43098119810807****	长沙市雨花区新建西路*号	2012年至今，任发行人副总经理、董事会秘书
2	许梦林	43230219580929****	湖南沅江市琼湖路*号	2012年至今，任中涛起重法定代表人、执行董事

（9）2012年5月20日，宇环有限注册资本由3,400万元增加至3,640万元，新增注册资本由华摩投资、龙洋、何立纯认缴增资。

①华摩投资（已退出股东）。

华摩投资成立于2010年12月22日，经中介机构查阅全国企业信用信息系统，华摩投资目前持有深圳市市场和质量监管委福田局核发的统一社会信用代码为91440300567095645E的《营业执照》，执行事务合伙人为曹冬海，主要经营场所位于深圳市福田区沙头街道深南大道6033号金运世纪大厦5F，经营范围为股权投资、投资管理、投资咨询（以上不含证券业务及其他法律、行政法规、国务院决定规定需前置审批及禁止的项目）。

华摩投资2015年退出发行人时，其合伙人情况如表3-33所示：

表3-33 华摩投资合伙人情况

序号	合伙人姓名	身份证号码	住所	最近五年从业经历
1	林芳荔	43242519750111****	广东省深圳市南山区南山大道	2012年至今，自由职业
2	吴珊玉	43098119850807****	广东省深圳市龙岗区深惠路	2012年至今，自由职业
3	曹冬海	43230219511125****	湖南省南县大通湖区	2012年至今，退休

续表

②本次新增自然人股东情况。

表3-34 华摩投资新增自然人股东情况

序号	股东姓名	身份证号码	住所	最近五年从业经历
1	龙洋	43012219860508****	长沙市雨花区城南中路＊号	2012—2015 年，任长沙通正投资管理有限公司副总裁；2015 年至今，任湖南唯通领创投资管理有限公司执行董事
2	何立纯	43232119690518****	广州市天河区彩怡街	2012 年 12 月至今任三菱电机（广州）压缩机有限公司营业部业务科职员

（10）2012 年 6 月 29 日，股东贺新强从发行人处离职，贺新强将其持有发行人 30 万元注册资本转让给发行人实际控制人许世雄。本次无新增股东。

（11）2012 年 7 月 20 日，宇环有限注册资本由 3,640 万元增至 4,000 万元，新增注册资本由达晨创恒、达晨创泰、达晨创瑞、浏阳信投认缴。本次新增股东的情况如下：

①达晨创恒。

达晨创恒系已在中国证券投资基金业协会完成备案登记的私募投资基金，达晨创恒成立于 2011 年 4 月 19 日，现持有深圳市市场监督管理局福田分局核发的统一社会信用代码为 914403005731 33812C 的《营业执照》，主要经营场所：深圳市福田区深南大道特区报业大厦 2305；执行事务合伙人：深圳市达晨财智创业投资管理有限公司（委派代表：刘昼）；企业类型：有限合伙企业；经营范围：创业投资业务，代理其他创业投资企业等机构或个人的创业投资业务，创业投资咨询业务，为创业企业提供创业管理服务业务，参与设立创业投资企业与创业投资管理顾问机构。

达晨创恒的合伙人名单、合伙人基本情况及自然人合伙人最近五年的从业经历情况如表 3-35 所示。

表3-35 达晨创恒合伙人基本情况及自然人合伙人最近五年从业经历

序号	合伙人姓名 / 名称	身份证号 / 统一社会信用代码	住所	最近五年从业经历
1	深圳市达晨财智创业投资管理有限公司	91440300682017028L	深圳市福田区深南大道特区报业大楼 2303	—

续表

序号	合伙人姓名/名称	身份证号/统一社会信用代码	住所	最近五年从业经历
2	昆山歌斐嘉汇股权投资中心（有限合伙）	91320583575434395F	昆山市花桥经济开发区纬一路国际金融大厦 319 室	—
3	上海歌斐惟勤股权投资中心（有限合伙）	91310000063734351A	上海市嘉定区兴贤路 1388 号 3 幢一层 1355 室	—
4	陕西协和资产管理股份有限公司	916100005869776946	陕西省西安市曲江新区翠华路 808 号科泰大厦 23 层至 24 层	—
5	宁波锐策贸易有限公司	330282000158104	慈溪市宗汉街道西二环北路文教路口	—
6	昆山歌斐谨弘股权投资中心（有限合伙）	91320583583715939W	昆山花桥经济开发区纬一路国际金融大厦 408 室	—
7	昆山歌斐谨承股权投资中心（有限合伙）	91320583583715963D	昆山花桥经济开发区纬一路国际金融大厦	—
8	张家港保税区聚亨咨询服务有限公司	91320592074652159L	张家港保税区新世纪广场 407B 室	—
9	杭州金临贸易有限公司	91330000720085292L	杭州市上城区庆春路 155 号 13 楼	—
10	苏州瑞顺创业投资企业（有限合伙）	91320500570368675R	苏州市城北东路 1088 号	—
11	吴培生	32052019570116****	江苏省常熟市虞 ft 镇庙弄 * 号	2012 年 1 月至今，任常熟市莫城食品机械有限公司执行董事兼总经理、苏州市大华物业管理有限公司执行董事、苏州新协创业投资有限公司执行董事
12	勇晓京	32022319770530****	江苏省宜兴市宜城街道朝阳路 * 号	2012 年 1 月至今，任宜兴市瑞成废金属回收有限公司、宜兴市润峰铜业有限公司、江苏江润铜业有限公司、宜兴市意达铜业有限公司监事；2012 年 5 月至今，任上海登润贸易有限公司、江苏和顺典当有限公司监事；2013 年 1 月至今，任宜兴市华立信商贸有限公司、宜兴市凯通金属材料有限公司监事

序号	合伙人姓名 / 名称	身份证号 / 统一社会信用代码	住所	最近五年从业经历
13	张姚杰	33062119871107****	浙江省绍兴市越城区马山镇小潭村	2012 年 1 月—2015 年 4 月，任上海诺亚金融服务股份有限公司产品总监；2015 年 5 月至今，任上海向日葵投资有限公司投资经理
14	赵怀刚	32010719720427****	山东省日照市东港区文登路 * 号	2012 年至今，任日照市晨飞工贸有限公司执行董事兼总经理
15	邱杨林	33260119670809****	浙江省台州市椒江区洪家街道鸿洲大道	2012 年 1 月至今，任台州市椒江鸿发保健塑料厂厂长
16	张国平	32052419670201****	江苏省苏州市吴中区龙苑新村 * 幢	2012 年 1 月至今，任苏州新虹艺教育科技有限公司董事长兼总经理；2013 年 9 月—2014 年 8 月，任苏州虹艺教育投资有限公司执行董事
17	骆丽群	32022319760321****	江苏省宜兴市宜城街道东山三村 * 号	2012 年 1 月至今，任江苏中广润新材料科技有限公司、郎溪金润铜业有限公司、宜兴盈润咨询有限公司监事；2012 年 5 月至今，任江苏和顺典当有限公司董事；2012 年 9 月至今，任宜兴龙珠会文化发展有限公司、上海惠戌贸易有限公司监事；2014 年 11 月至今，任郎溪广润置业有限公司监事
18	尚亿文	33052319531024****	浙江省安吉县梅溪镇上赵村平桥自然村	2012 年至今，退休
19	林琥	33030319790102****	浙江省温州市龙湾区瑶溪镇机场大道	2012 年 1 月至今，任苏州鑫旺金属制品有限公司执行董事兼总经理、温州市永成标准件有限公司董事
20	傅忆钢	33020319581126****	浙江省宁波市海曙区孝闻街	2012 年至今，任宁波中工美进出口有限责任公司职员
21	施玲玲	33062119680616****	浙江省绍兴市越城区辕门新村	2012 年至今，任浙江古纤道股份有限公司董事
22	王承	3210241963092****	江苏省苏州市金阊区江枫园 * 幢	2012 年 1 月—2012 年 12 月，任职江苏艾兰得营养品有限公司；2013 年 1 月至今任江苏艾兰得营养品有限公司总经理顾问
23	顾菊芳	32022319630727****	江苏省宜兴市宜城街道朝阳路	2012 年 1 月至今，任江苏创新石化有限公司总经理、江苏鸿铭化工贸易有限公司监事

续表

序号	合伙人姓名/名称	身份证号/统一社会信用代码	住所	最近五年从业经历
24	魏文杰	32068219890802****	上海市黄浦区河南南路	2012年至今，历任上海诺亚金融服务股份有限公司项目经 理、香港高级分析员、高级项目经理
25	金洪辉	33072519691012****	浙江省义乌市稠城街道堂阁村洛界	2012年1月至今，任浙江天驰服饰有限公司董事长兼经理；2013年7月至今，任大陈衬衫产业股份有限公司董事
26	董剑英	33042119721214****	浙江省嘉善县姚庄镇姚庄村姚家浜	2012年至今，任嘉兴万源时装有限公司总经理
27	方忠良	33010619650414****	杭州市下城区丽景西苑	2012年1月至今，任浙江广信智能建筑研究院有限公司董事长兼总经理、杭州方捷电子有限公司监事；2012年9月至今，任浙江桥宝智慧科技有限公司董事长；2015年12月至今， 任浙江登腾实业有限公司执行董事兼总经理
28	张铁	34060319570721****	江苏省苏州市沧浪区金狮巷	2012年至今，任苏州卓越建设项目管理有限公司项目总监
29	任英	51010219680616****	广东省深圳市福田区农园路 * 号	2012年至今，任深圳亿东科技股份有限公司董事长
30	林时乐	35058319840607****	福建省南安市木头镇上林村	2012年12月至今，任福建省新时颖服饰工贸有限公司总经理；2015年至今任福建时颖投资有限公司总经理
31	马丹娟	33022219791124****	浙江省慈溪市浒山街道环城西路	2012年至今，任宁波获思德电器有限公司监事
32	江晓龙	33020319690711****	浙江省宁波市海曙区尚书街 * 号	2012年至今，为自由职业者
33	黄丽萍	32022319721117****	江苏省宜兴市屺亭街道寺东村兴福 * 号	2012年至今，任宜兴市天霸玻璃有限公司销售员
34	吴毅	32058219870511****	江苏省张家港市杨舍镇胜利新村	2012年1月至今，任江苏永钢集团有限公司总经理助理
35	赵丽	14010319591014****	山西省太原市尖草坪区迎新街	2012年1月至今，任无锡宝昌金属制品有限公司董事、无锡蓝海投资有限公司执行董事兼总经理、无锡市天隆不锈钢有限公司监事、无锡墨豹投资有限公司执行董事兼总经理

续表

序号	合伙人姓名 / 名称	身份证号 / 统一社会信用代码	住所	最近五年从业经历
36	张铭	33260119741105****	浙江省台州市椒江区台都花园	2012 年 1 月至今，任浙江荣康橡塑科技有限公司执行董事兼总经理；2013 年 5 月至今，任安徽润康橡塑科技有限公司执行董事兼总经理；2016 年 9 月至今，任广德麦科特管理投资合伙企业（有限合伙）执行事务合伙人
37	王庆芬	32022319740816****	江苏省宜兴市宜城街道太滆东路 * 号	2012 年 1 月至今，任宜兴市荣盛达环保有限公司监事、天津晟远环境有限公司执行董事兼经理
38	林尊	35020419871011****	厦门市思明区龙山南路 * 号	2012—2013 年，任厦门励诚会展有限公司国外展业务员；2013 年至今，任石狮龙祥制革有限公司外贸经理
39	周雅观	33022519630416****	杭州市西湖区曙光路	2012 年至今，任浙江嘉宝投资有限公司监事
40	金水良	33012119600310****	杭州市萧山区宁围镇宁安社区	2012 年 1 月至今，任上海诚伦电力设备有限公司执行董事、珠海海重钢管有限公司董事长、宁波海湾重工有限公司董事、杭州萧山兴时达物资有限公司执行董事兼总经理、宁波三鼎钢管工程有限公司董事
41	吕秀玲	33072219570930****	浙江省永康市江南街道紫薇南路	2012 年至今，退休
42	卢济荣	33010419641211****	浙江省台州市椒江区景苑花园	2012 年 1 月—2012 年 2 月，任中国人民财产保险股份有限公司台州市分公司椒江支公司经理；2012 年 3 月至今，任中国大地财产保险股份有限公司台州中心支公司总经理
43	沈海娟	33062119661015****	上海市普陀区梅岭南路 * 弄	2012 年至今，自由职业
44	濮翔	32050319700405****	江苏省苏州市平江区石板街	2012 年至今，任苏州市益鸿安装工程有限公司、苏州市市益祥机电设备有限公司监事

续表

序号	合伙人姓名/名称	身份证号/统一社会信用代码	住所	最近五年从业经历
45	王重良	33022719440203****	浙江省宁波市鄞州区云龙镇甲村	2012 年至今，任宁波碧彩实业有限公司监事
46	陈坤生	32052519540529****	江苏省吴江市松陵镇垂虹路一支弄＊号	2012—2014 年 3 月，任吴江市松陵电器设备有限公司经理；2013 年 10 月至今任苏州市汇能鑫电子科技有限公司监事
47	丁东晖	33062119891120****	浙江省绍兴县华舍街道华墟居委会＊号	2013 年 6 月—2014 年 8 月，任歌斐资产管理有限公司投后经理；2012 年 9 月至今，任上海高幸投资管理有限公司监事；2015 年 8 月至今，任上海高幸投资控股有限公司董事；2015 年 12 月至今，任上海高幸股权投资基金管理有限公司董事长；2016 年 1 月至今，任上海高幸互联网金融信息服务有限公司董事；2016 年 8 月至今，任上海迦百农财务管理咨询有限公司董事
48	於祥军	33260119621021****	浙江省台州市椒江区椒金路＊号	2012 年 1 月—2015 年 4 月，任浙江园牌机床附件有限公司董事长；2013 年 3 月至今，任台州吉宇工业机器人科技有限公司监事
49	楼朝明	33072519701218****	浙江省义乌市城西街道后叶村＊组	2012 年 1 月至今，任义乌市东佳服装厂（个体户）总经理

②达晨创泰。

达晨创泰系已在中国证券投资基金业协会完成备案登记的私募投资基金。达晨创泰成立于 2011 年 4 月 20 日，现持有深圳市市场监督管理局福田分局核发的统一社会信用代码为 9144030057312481XF 的《营业执照》，主要经营场所：深圳市福田区莲花街道深南大道特区报业大厦 2301；执行事务合伙人：深圳市达晨财智创业投资管理有限公司（授权代表：刘昼）；企业类型：有限合伙企业；经营范围：创业投资业务，代理其他创业投资企业等机构或个人的创业投资业务，创业投资咨询业务，为创业企业提供创业管理服务业务，参与设立创业投资企业与创业投资管理顾问机构。

达晨创泰的合伙人名单、合伙人基本情况及自然人合伙人最近五年的从业经历情况如表 3-36 所示。

表3-36 达晨创泰合伙人基本情况及自然人合伙人最近五年的从业经历

序号	合伙人姓名/名称	身份证号/统一社会信用代码	住所	最近五年的从业经历
1	深圳市达晨财智创业投资管理有限公司	91440300682017028L	深圳市福田区深南大道特区报业大2303	—
2	天津歌斐嘉安股权投资基金合伙企业（有限合伙）	91120116572322291Y	天津自贸试验区（空港经济区）西二道82号丽港大厦	—
3	天津歌斐基业股权投资基金合伙企业（有限合伙）	91120116566122103P	天津自贸试验区（空港经济区）西二道82号丽港大厦	—
4	天津歌斐兴业股权投资基金合伙企业（有限合伙）	911201165661289194	天津自贸试验区（空港经济区）西二道82号丽港大厦	—
5	佛山市凯吉投资服务有限公司	91440605570161754Y	佛山市南海区桂城南海大道北51号财汇大厦13层1301H室	—
6	百世财富（北京）投资有限公司	9111010858767189X9	北京市海淀区长春桥路5号2号楼九层1008（住宅）	—
7	上海中页营销策划事务所（普通合伙）	913101185726724355	上海市青浦区青赵公路4989号1幢2层B区228室	—
8	广州市高科通信技术股份有限公司	91440101618642080F	广州市天河区中山大道中398号	—
9	常州市欧凡路实业有限公司	913204007596681457	常州市武青北路1号-4	—
10	深圳市海富恒盈股权投资基金企业（有限合伙）	91440300594303366R	深圳市福田区大中华27C/2006、2007室62号房	—
11	永康市博绘图文设计合伙企业（有限合伙）	91330784350214586B	浙江省永康市金山东路9号综合楼二楼西面第一间	—

续表

序号	合伙人姓名/名称	身份证号/统一社会信用代码	住所	最近五年的从业经历
12	上海舒涵投资管理服务事务所	913101185707682229	青浦区青安路958号4幢2层J区233室	—
13	季平	31010419571225****	上海市徐汇区零陵路	2012年至今，为自由职业者
14	丁鼎	152701197902275****	内蒙古鄂尔多斯市东胜区伊煤北路	2012年至今，任鄂尔多斯市东方控股集团有限公司董事长
15	王胜英	32022119690202****	广东省佛山市禅城区圩岗路	2012年至今，任佛山市禅城区万通天花制品厂总经理
16	施海蓉	31023019770820****	上海市闸北区青云路	2012年至今，任上海明赢电信器材工程有限公司财务
17	胡敏	32011319600203****	南京市鼓楼区马台街	2012年1月至今，任南京新联电子股份有限公司董事长、南京新联创业园管理有限公司董事长、南京新联电力自动化有限公司董事、江苏瑞特电子设备有限公司董事长；2015年8月至今，任南京新联电能云服务有限公司董事长
18	叶飞	32010519750316****	南京市玄武区银城东苑	2012年至今，为自由职业者
19	沈军	37020519671109****	山东省青岛市李沧区南崂路	2012年1月至今，任青岛晟业城建开发有限公司董事兼副总经理、青岛百通城市建设集团股份有限公司总经理
20	陈广	44082119690817****	广东省佛山市南海区大沥镇工业大道城南新村	2012年1月至今，任广东兴美投资有限公司执行董事兼经理、广东兴美教育投资有限公司执行董事兼经理、佛山市兴美资源科技有限公司执行董事兼经理；2014年7月至今，任广东兴美集团有限公司执行董事兼经理；2015年1月至今，任广东日昌盛融资租赁有限公司监事
21	刘增艳	11010119721212****	北京市朝阳区和平街	2012年至今，为北京鹤年堂医药有限责任公司职员
22	王杭萍	33010319471030****	杭州市下城区东河锦园	2012年至今，退休

续表

序号	合伙人姓名／名称	身份证号／统一社会信用代码	住所	最近五年的从业经历
23	李智慧	13010519660209****	河北省石家庄市桥西区槐安东路	2012 年至今，任河北万高贸易有限责任公司总经理
24	万山	11010119700313****	北京市东城区康鸿家园	2012 年至今，任深圳市七彩虹科技发展有限公司执行（常务）董事
25	骆宇彬	44030119631011****	广东省深圳市罗湖区桂园北路	2012 年 1 月至今，任广东圣昌投资有限公司董事
26	刘永良	31010919361126****	上海市虹口区广中路	2012 年 1 月至今，任上海平和医院投资管理有限公司执行董事
27	康沙南	42010219651205****	武汉市江岸区台北	2012 年至今，任武汉市恒桑投资咨询有限公司监事
28	刘梦雨	32062219710204****	上海市长宁区仙霞路	2012 年至今，任苏州资丰置业有限公司董事兼总经理
29	江小满	33900519800416****	杭州市上城区金色家园 4 幢 3 单元 402 室	2012 年至今，任 HMS 有限责任公司杭州办事处总经理
30	张维	33010619710217****	杭州市西湖区文二路	2012 年至今，任杭州福阁贸易有限公司副经理
31	董霞	12010319640527****	海南省三亚市大东海社区居委会榆亚路	2012 年至今，任海南珠江国际旅行社有限公司执行董事兼总经理
32	陈林林	21010419760314****	上海市卢湾区打浦路	2012 年 1 月至今，任上海亮轩企业管理咨询有限公司副总经理
33	马朝明	32052419630802****	江苏省苏州市吴中区月浜二村	2012 年至今，任苏州国贸嘉和建筑工程有限公司董事长
34	刘文杰	61010319720815****	辽宁省大连市沙河口区正仁街	20012 年至今，任青岛船歌餐饮管理服务有限公司董事
35	邓晓林	37020219680908****	山东省青岛市市南区江西路	2012 年至今，任青岛吉森纤维有限公司监事
36	潘腾飞	44010419600215****	广州市越秀区东景街	2012 年至今，任广州市宝迪科技有限公司执行董事、总经理
37	吴应真	44060119631173****	广东深佛山市禅城区同华路	2012 年 1 月至今，任佛山市华业发展有限公司董事长、广东佛陶集团股份有限公司董事长兼总经理、佛山市瑞华投资有限公司董事长、佛山市瑞安投资有限公司执行董事

续表

序号	合伙人姓名/名称	身份证号/统一社会信用代码	住所	最近五年的从业经历
38	张洪忠	33032119620321****	浙江省温州市龙湾区永中街道桦组团	2012 年 1 月至今，任温州宏昇耐磨材料有限公司执行董事
39	郁永康	32050319540810****	江苏省苏州市沧浪区百步街	2012 年至今，任苏州吴中供水有限公司副总经理
40	支文珏	31010119781121****	上海市黄浦区广东路	2012 年至今，任上海启信化学品有限公司财务
41	查骏	36040219630122****	广东省深圳市罗湖区南湖路国贸商住大厦	2012 年 1 月至今，任北京禾绿餐饮管理有限公司执行董事
42	丁茂	11010419620821****	北京市石景山区杨庄中区	2012 年至今，任北京美亚园林绿化有限责任公司执行董事兼总经理
43	刘世波	37010219690219****	山东省潍坊市开发区富华新村	2012 年至今，任山东宏嘉工程造价咨询事务所有限公司董事长
44	范安容	65302119731205****	广州市海珠区康泰街	2012 年至今，任广州市皓彩数码科技有限公司副经理
45	徐水友	33062119610601****	浙江省绍兴县安昌镇海盐村何家	2012 年 1 月至今，任浙江金秋纺织有限公司执行董事；2012 年 2 月至今，任绍兴柯桥华联小额贷款股份有限公司董事
46	陈立英	33012419751030****	浙江省桐庐县桐庐街道滨江路桐庐	2012 年 1 月至今，任上海韵达货运有限公司董事、苏州韵必达快运有限公司执行董事兼总经理、上海韵达物流有限公司监事、南京苏韵快运有限公司监事、江苏韵达腾云物流有限公司执行董事兼总经理；2012 年 4 月至今，任淮安楚韵快运有限公司监事、新疆韵达快递有限公司监事；2012 年 5 月至今，任义乌义韵快递有限公司监事；2012 年 7 月至今，任江苏江韵物流有限公司监事；2012 年 9 月至今，任湖北韵达实业投资有限公司监事；2013 年 7 月至今，任广州市金韵快递有限公司董事；2013 年 8 月至今，任上海有递爱投资有限公司执行董事；2014 年 4 月至今，任上海云韵投资管理有限公司执行董事兼经理；2014 年 12 月至今，任上海罗颉思投资管理有限公司监事、上海迦纳投资管理有限公司监事；2015 年 12 月至今，任上海优递爱实业有限公司经理

续表

序号	合伙人姓名 / 名称	身份证号 / 统一社会信用代码	住所	最近五年的从业经历
47	冯志凌	32022219810829****	江苏省无锡市锡山区东北塘镇东旺新村	2012 年 1 月至今，任无锡市宇寿医疗器械有限公司董事兼总经理、无锡英航冶金科技有限公司监事
48	王宝明	42010619680127****	上海市浦东新区云山路	2012 年至今，任上海华腾市政建设工程有限公司经理
49	殷俊	32058319861205****	江苏省昆山市玉山镇枫桥半岛	2012 年 1 月至今，任江苏永泰隆非融资性担保有限公司监 事、昆山永泰隆企业管理有限公司监事；2013 年 5 月至今， 任昆山朗业建材有限公司执行董事兼总经理；2014 年 5 月至今，任昆山市汇添银投资有限公司执行董事兼总经理；2014 年 8 月至今， 任江苏人酒业昆山有限公司执行董事兼总经理；2016 年 12 月至今，任昆山汇添盈投资管理有限公司执行董事兼总经理
50	于飞	31010519701006****	上海市长宁区剑河路	2012 年 1 月至今，任上海赫马家居饰品有限公司监事；2015 年 12 月至今，任上海闲庭文化发展有限公司执行董事

③达晨创瑞。

达晨创瑞系已在中国证券投资基金业协会完成备案登记的私募投资基金，达晨创瑞成立于 2011 年 4 月 19 日，现持有深圳市市场监督管理局福田分局核发的统一社会信用代码为 91440300573108297Y 的《营业执照》，主要经营场所：深圳市福田区深南大道特区报业大厦 2303 室；执行事务合伙人：深圳市达晨财智创业投资管理有限公司（委派代表：刘昼）；企业类型：有限合伙企业；经营范围：创业投资业务，代理其他创业投资企业等机构或个人的创业投资业务，创业投资咨询业务，为创业企业提供创业管理服务业务，参与设立创业投资企业与创业投资管理顾问机构。

达晨创瑞的合伙人名单、合伙人基本情况及自然人合伙人最近五年的从业经历情况如表 3–37 所示。

表3-37　达晨创瑞合伙人基本情况及自然人合伙人最近五年的从业经历

序号	合伙人姓名 / 名称	身份证号 / 统一社会信用代码	住所	最近五年的从业经历
1	深圳市达晨财智创业投资管理有限公司	91440300682017028L	深圳市福田区深南大道特区报业大楼2303	—
2	电广传媒股份有限公司	91430000712106217Q	长沙市浏阳河大桥东	—
3	佛山市新盈科技有限公司	91440600314918199E	佛山市禅城区智慧路1号四座二幢2201房	—
4	苏州工业园区鼎成天晟创业投资中心（有限合伙）	91320594570393870X	苏州工业园区通园路56号	—
5	上海清科凯通投资管理合伙企业（有限合伙）	91310110588730396H	上海市杨浦区国定支路26号2009室	—
6	中山市崇锋废旧金属回收有限公司	91442000075142249G	中山市阜沙镇阜沙村（金色领域金属回收有限公司A区10号）	—
7	广东恒丰投资集团有限公司	91440300617437341C	深圳市宝安区西乡街道福中福社区宝源路财富港大厦D座1601-A号（办公场所）	—
8	江苏格兰德投资发展有限公司	913202815668588745	江阴市澄杨路538号	—
9	上海市杨浦区金融发展服务中心	事证第131011000507号	凤城四村8号307室	—
10	江苏汇鸿国际集团中锦控股有限公司	913200001347623184	南京市秦淮区白下路91号20-25楼	—
11	福城（天津）投资管理发展有限公司	91120223553411416G	天津静海北环工业区	—
12	上海古美盛合创业投资中心（有限合伙）	91310112585220817E	上海市闵行区平阳路258号一层A1100室	—

续表

序号	合伙人姓名 / 名称	身份证号 / 统一社会信用代码	住所	最近五年的从业经历
13	常州市久益股权投资中心（有限合伙）	91320400559322932H	常州市天宁区北塘河路 8 号恒生科技园二区 13 幢 2 号	—
14	朱少东	44062119610126****	广东省佛山市三水区西南街道张边路	2012 年 1 月至今，任佛山市三水兆和经贸发展有限公监事
15	胡刚	11010619730126****	北京市海淀区万寿寺中海紫金苑	2012 年 1 月至今，任深圳瑞德投资有限公司执行（常务）董事兼总经理；2014 年 8 月至今，任湖南广电网络云数据有限公司董事；2015 年 1 月至今，任霍尔果斯优视广告有限公司董事长兼总经理；2015 年 2 月至今，任印纪湘广传媒有限公司董事兼总经理
16	欧阳强	44060119541110****	广东省佛山市南海区桂城街道	2012 年 1 月至今，任佛山市南海通源混凝土有限公司执行董事兼总经理
17	林丽丽	44060119590307****	广东省佛山市南海区桂城街道怡	2012 年 1 月至 2015 年 1 月，任招商银行佛山分行副行长； 2015 年至今，任广东汇天利投资管理有限公司顾问
18	任宝根	33062219630906****	上海市浦东新区川沙镇妙境路	2012 年 1 月至今，任上海任盛机械制造有限公司董事，任成都亚商富易投资有限公司监事
19	王炜	31010519660327****	广东省深圳市福田区莲花北	已退休
20	陆金龙	31022419621019****	上海市浦东新区曹路镇海潮村	2012 年至今，为自由职业者
21	季豪	33062119920516****	浙江省绍兴县福全镇协兴村杨家溇	2013 年至 2016 年 4 月，任绍兴县明星皮塑有限公司副总经理；2016 年 4 月至今，任深圳翰瑞资本管理有限公司研究员
22	杨阳	44032119661111****	广东省佛山市三水区西南街道	已退休
23	高焕明	44060119511109****	广东省佛山市禅城区	2012 年至今，任佛山市恒润丰有色金属有限公司监事
24	蔡昌球	43252419620413****	湖南娄底市娄星区长青办事处关家居委会	2012 年至今，任冷水江市涟溪矿业有限公司董事长

续表

序号	合伙人姓名/名称	身份证号/统一社会信用代码	住所	最近五年的从业经历
25	周垂富	450305196 40720****	广东省深圳市福田区碧海云天	2012 年 1 月至今，任深圳市大赢家电子信息技术有限公司执行（常务）董事兼总经理、深圳市大赢家网络有限公司董事长兼总经理、融金赢领（北京）网络科技有限公司执行董事兼经理；2013 年 8 月至今，任深圳前海富鑫伟业财富管理有限公司执行（常务）董事兼总经理
26	黄颖斐	310230197 70325****	上海市徐汇区园南二村	2012 年 1 月至 2015 年 4 月，任佛山市三水兆和经贸发展有限公司经理；2015 年 5 月至今，任福维克家电有限公司烹饪顾问
27	高松	610112195 41123****	深圳市福田区东方玫瑰花园	2012 年 1 月至今，任深圳市金鸿泰投资发展有限公司监事
28	杨芸	330523196 20727****	浙江省安吉县递铺镇上郎社区第六自然村	2012 年 1 月至今，任安吉大东方家具有限公司监事
29	阮学平	330222197 20102****	浙江省慈溪市观海卫镇古窑浦村	2012 年至今，任上海百缔电器有限公司副经理
30	李帼珍	440602197 20813****	广东省佛山市禅城区圣堂大街	2012 年至今，任佛山市东欣经贸有限公司财务
31	杨小玲	440623196 41227****	广东省佛山市顺德区北滘碧桂园	2012 年至今，任广东顺德万田商业有限公司副总经理
32	宾树雄	430202197 31107****	上海市宝山区盘古路	2012 年至今，任上海贝奥实业有限公司执行董事、上海平青钢铁有限公司经理

④浏阳信投。

浏阳信投，成立于 2004 年 11 月 2 日，现持有浏阳市工商局核发的《营业执照》，统一社会信用代码为 914301817680164051；公司住所为浏阳市淮川办事处新文路 04 号长鑫时代广场五楼；法定代表人为谢冰；公司类型为有限责任公司；注册资本为人民币 5,000 万元；经营范围为工农业生产项目、城建项目的开发投资（以自有资产进行投资，不得从事吸收存款、集资收款、受托贷款、发放贷款等国家金融监管及财政信用业务）；信息咨询；上述国家限定或禁止公司经营的除外（依法须经批准的项目，经相关部门批准后方可开展经营活动）；经营期限自 2004 年 11 月 2 日—2024 年 11 月 2 日。

浏阳信投的股东名单、详细情况及最近五年的从业经历如表 3–38 所示。

续表

表3-38　浏阳信投股东情况及最近五年的从业经历

序号	股东姓名 / 名称	身份证号 / 统一社会信用代码	住所	最近五年的从业经历
1	湖南一能实业发展有限公司	914301005617478098	长沙高新开发区咸嘉湖西路	—
湖南一能实业	戴盛	43010419800804****	长沙市岳麓区友谊村	2012—2014 年任浏阳市天鹰包装有限公司总经理，2014 年至今任湖南达美程智能科技股份有限公司董事长
发展有限公司股东	张声统	42011119681208****	北京市房山区新镇原新西路	2012 年至今任湖南前卫工贸发展有限公司董事长
	刘永红	43010419661005****	长沙市天心区城南西路	2012 年至今任湖南达美程智能科技股份有限公司董事，2015 年至今任浏阳市信用投资有限公司总经理
	谢冰	43010419681128****	长沙市岳麓区石家冲	2012 年至今任浏阳市信用投资有限公司、湖南金信担保有限责任公司董事长
2	张声统	42011119681208****	北京市房山区新镇原新西路	2012 年至今任湖南前卫工贸发展有限公司董事长
3	谢冰	43010419681128****	长沙市岳麓区石家冲	2012 年至今任浏阳市信用投资有限公司、湖南金信担保有限责任公司董事长

（12）2013 年 3 月，发行人注册资本由 6,000 万元增加至 7,500 万元。公司全体股东按其所持有发行人的股权比例以公司资本公积金转增注册资本 1,500 万元，本次增资不涉及新股东。

（13）2014 年 11 月 30 日，发行人股东许燕鸣、周晓红分别向华腾一号转让其持有的公司 100 万元股份。本次新增股东华腾一号情况如下：

华腾一号系已在中国证券投资基金业协会完成备案登记的私募投资基金，华腾一号成立于 2014 年 8 月 26 日，现持有深圳市市场监督管理局核发的统一社会信用代码为 91440300312010988T 的《营业执照》，主要经营场所：深圳市前海深港合作区前湾一路 1 号 A 栋 201 室（入驻深圳市前海商务秘书有限公司）；执行事务合伙人：深圳市华腾资本投资中心（有限合伙）（代表曹甜）；企业类型：有限合伙；经营范围为：股权投资、投资咨询、投资管理、经济信息咨询、企业管理咨询（以上各项涉及法律、行政法规、国务院决定禁止的项目除外，限制的项目须取得许可后方可经营）；财务咨询；市场营销策划；受托资产管理（不得从事信托、金融资产

管理、证券资产管理等业务）；投资兴办实业（具体项目另行申报）；国内贸易（不含专营、专控、专卖商品）；经营进出口业务。

华腾一号的合伙人名单、详细情况及最近五年的从业经历如表 3–39 所示。

表3–39 华腾一号合伙人情况及最近五年的从业经历

序号	合伙人姓名 / 名称	身份证号 / 统一社会信用代码	住所	最近五年的从业经历
1	深圳市华腾资本投资中心（有限合伙）	914403003985291220	深圳市前海深港合作区前湾一路 1 号 A 栋 201 室	—
2	湖南汇怡实业有限公司	430194000013551	长沙经济技术开发区星沙产业基地开元东路 1318 号 308 室	—
3	黄鹍	44060219930429****	广东省佛山市禅城区大观街	2011 年 9 月—2016 年 7 月，就读安徽医科大学；2016 年 9 月至今，就读中山大学医学院
4	杜燕	36042519790424****	广东省深圳市福田区梅林路山水居	2012 年至今，自由职业
5	姜迎春	51292519740119****	广东省深圳市福田区翠海花园	2012 年至今，任深圳电视台记者
6	郑勤	44030119700907****	广东省深圳市福田区园岭新村	2012 年至今，自由职业
7	王少娜	44030119610415****	广东省深圳市罗湖区贝丽南路 * 号	2012 年至今，退休
8	林劲充	44010219711212****	广东省深圳市福田区农科中心	2012—2014 年 6 月，自由职业；2014 年 6 月至今，任深圳市华腾资本投资中心（有限合伙）财务总监
9	杨惠芳	43010419630309****	广东省深圳市罗湖区鹿丹村	2012 年 3 月—2016 年 10 月，任湘财证券股份有限公司深南中路营业部办公室主任；2016 年 11 月退休
10	李楚婷	44132219880206****	广东省博罗县罗阳镇观华区乐园 * 座	2011 年 7 月—2012 年 12 月，任北京大成元方信息科技有限公司招聘顾问；2013 年 1 月—2013 年 12 月，任摩宝微科（北京）软件技术有限公司人事行政专员；2014 年 1 月—2014 年 4 月，任申朴信息技术（上海）股份有限公司招聘顾问；2014 年 5 月—2015 年 7 月，任软通动力信息技术（集团）有限公司招聘顾问；2015 年 8 月至今，任 infosys 招聘顾问

续表

序号	合伙人姓名 / 名称	身份证号 / 统一社会信用代码	住所	最近五年的从业经历
11	郑丽红	44030119600506****	广东省深圳市罗湖区鹿丹村	2012 年至今，退休
12	刘雯玲	44052719710210****	广东省深圳市福田区富源大厦	2012 年 1 月—2015 年 3 月，任博时基金管理有限公司董事会秘书；2015 年 4 月至今，自由职业
13	盛晓红	33048319870320****	上海市黄浦区南昌路	2012 年至今，自由职业
14	刘婷婷	43072519811116****	湖南省常德市武陵区	2012 年至今，自由职业
15.	邓玲	43010219621213****	广东省深圳市福田区	2012 年至今，自由职业

2. 是否存在委托持股、信托持股或一致行动关系等情况

（1）全体股东均不存在委托持股、信托持股。根据发行人全体股东出具的声明承诺并经中介机构访谈发行人历次新进股东，发行人历次新进股东均真实持有发行人股份，不存在任何直接或间接委托他人持有，或代他人管理发行人股份的情形。

（2）部分股东之间存在一致行动关系。中介机构查阅了发行人股东填写的调查表、发行人股东出具的声明与承诺、各股东之间签署的一致行动协议或一致行动关系确认函等文件，并访谈了发行人股东，发行人现有股东中：

许世雄与许燕鸣系兄妹关系，许亮为许世雄之子，许梦林与许世雄系兄弟关系。因许世雄、许燕鸣、许亮之间存在上述关联关系，且三人目前都在发行人处担任董事或高管，许燕鸣、许亮已与许世雄签署了《一致行动人协议》，许世雄、许燕鸣、许亮存在一致行动关系。

达晨创泰、达晨创恒、达晨创瑞的普通合伙人、执行事务合伙人和私募基金的管理人均为深圳市达晨财智创业投资管理有限公司，达晨创泰、达晨创恒、达晨创瑞已签署了《一致行动关系确认函》，达晨创泰、达晨创恒、达晨创瑞存在一致行动关系。

根据发行人股东出具的声明承诺并经中介机构访谈发行人股东，除上述已披露的一致行动关系外，发行人其他股东之间均未达成一致行动协议及约定，不存在一致行动关系。

据此，本所认为，发行人历次新进股东均不存在委托持股、信托持股的情形；发行人现有股东中，许燕鸣、许亮、许世雄为一致行动人，达晨创泰、达晨创恒、达晨创瑞为一致行动关系，除此之外，发行人其他股东之间均不存在一致行动关系。

三、新引入股东与发行人之间是否存在特殊协议或安排，是否存在纠纷或潜在纠纷，是否存在影响和潜在影响公司股权结构事项

【核查手段】

1. 中介机构查阅了如下资料：

（1）发行人工商机读查询单、工商登记内档资料。

（2）发行人历次增资的股东会决议及股权转让协议。

（3）发行人历次新入股东出具的相关声明承诺。

2. 中介机构访谈了发行人历次新入股东以及发行人实际控制人。

【回复意见】

根据发行人历次新入股东出具的相关声明承诺并经中介机构核查，发行人历次新引入股东与发行人之间不存在特殊协议或安排，不存在纠纷或潜在纠纷，不存在影响和潜在影响发行人股权结构的事项。

据此，本所认为，发行人历次新引入股东与发行人之间不存在特殊协议或安排，不存在纠纷或潜在纠纷，不存在影响和潜在影响发行人股权结构的事项。

四、担任发行人本次发行申请的相关中介机构及相关人员是否存在直接或间接持有发行人股份的情形

【核查手段】

1. 中介机构查阅了如下资料：

（1）发行人出具的声明承诺。

（2）发行人全体股东出具的相关声明承诺。

（3）发行人本次发行聘请的中介机构安信证券、启元律所、天健、开元出具的相关声明承诺。

2. 中介机构访谈了发行人全体股东。

【回复意见】

根据发行人全体股东以及安信证券、启元律所、天健、开元出具的声明承诺并经中介机构核查，发行人本次发行聘请的中介机构及相关人员不存在直接或间接持有发行人股份的情形。

据此，本所认为，发行人本次发行聘请的中介机构及相关人员不存在直接或间接持有发行人股份的情形。

专家点评

涉及股权转让关注以下内容：股权转让是否签署了合法的转让合同，有关股权转让是否是双方真实意思表示，是否办理了工商变更手续，是否存在纠纷或潜在纠纷，是否存在代持或信托持股；关注有关股权转让的原因及合理性，股权转让的价格及定价依据。重点关注低价股权转让是否存在股份代持、利益输送问题；同时关注股权转让纳税情况。

【案例 5】重要股权对外转让受到关注——中新塞克（股票代码：002912）

A 股上市情况：2017 年 9 月 22 日召开的中国证券监督管理委员会主板发行审核委员会 2017 年第 149 次发审委会议审核：深圳市中新赛克科技股份有限公司（首发）获通过。

案例解读

请中介机构核查：（1）中兴通讯向深创投出售中兴特种的控股权是否符合当时法律法规和上市公司监管要求，是否履行必要的决策程序并履行信息披露义务，是否存在违法违规情形，是否损害公众投资者的合法权益。（2）中新赛克股东及董事、监事和高级管理人员在中兴通讯的任职情况，与中兴通讯是否存在关联关系；如曾在中兴通讯任职，说明出售相关股权是否属于关联交易，是否存在股权代持或利益输送的情形。（3）中兴通讯出售中兴特种股权的具体原因和背景，转让价款的定价依据和支付情况，定价是否公允。中兴通讯出售股权是否经过充分论证，是否符合中兴通讯的业务发展方向。

中介机构查阅了中兴通讯向深创投集团等投资者出售中新有限（以下或简称“中兴特种”）控股权（以下简称“本次交易”）的有关协议、公告等资料，就本问题回复如下：

一、中兴通讯向深创投出售中兴特种的控股权是否符合当时法律法规和上市公司监管要求，是否履行必要的决策程序并履行信息披露义务，是否存在违法违规情形，是否损害公众投资者的合法权益

1. 本次交易的具体情况

根据深创投集团 2017 年 3 月 31 日向深圳国资委报送的《关于深圳市中新赛克科技股份有限公司历史上股权变动及我司所持股权性质认定等问题的说明及请示》（深创新〔2017〕12 号，以下简称“深创投请示”），深创投集团于 2012 年 6 月就收

购中新有限事宜与中兴通讯展开竞争性谈判，当时参与谈判还包括金浦投资、中信并购基金、信达资本、中投财富等知名投资机构。

2012年9月7日，深创投集团召开第五届董事会第四次会议，审议批准深创投集团联合其他投资人以具有证券从业资格的会计师事务所审计的2012年净利润（不扣除非经常性损益）的11.1倍PE估值收购中新赛克68%股权，总投资额不超过5.66亿元，其中深创投集团直接投资及其管理的基金中折合其间接出资合计不超过3.80亿元。

2012年9月21日，中兴通讯董事会召开会议，审议批准《关于出售深圳市中兴特种设备有限责任公司股权的议案》，同意中兴通讯向深创投集团等10名投资者出售中新有限合计68%股权。

2012年9月21日，中兴通讯与深创投集团、广东红土、南京红土、昆山红土、郑州百瑞、上海融银、杭州众赢、苏州国润以及自然人张粤梅、陈章银签订《股权转让协议》，中兴通讯将其持有的中新有限68%的股权转让给深创投集团（41.6%）、广东红土（6.5%）、南京红土（2.5%），昆山红土（2.5%）、郑州百瑞（1.9%）、上海融银（5.1%）、杭州众赢（2%）、苏州国润（1.2%）、张粤梅（3.3%）、陈章银（1.4%）。

2012年9月22日，中兴通讯披露《第五届董事会第三十四次会议决议公告》《关于出售深圳市中兴特种设备有限责任公司股权的公告》，就本次交易的交易对方、交易标的、出售交易标的的目的和对上市公司的影响进行了相应披露。

2012年10月10日，中新有限全体股东通过了股东会决议，同意中兴通讯将其持有的中新有限的68%的股权转让给深创投集团、广东红土、南京红土、昆山红土、郑州百瑞、上海融银、杭州众赢、苏州国润以及自然人张粤梅、陈章银，其他股东同意放弃优先购买权。

2012年10月18日，深圳市监局就此次变更事宜向中新有限换发了《企业法人营业执照》（注册号：440301105536634号）。

2. 中兴通讯向深创投出售中兴特种的控股权是否符合当时法律法规和上市公司监管要求

（1）本次交易的股权并非由上市公司以募集资金形成。根据中兴通讯2012年9月22日披露的《关于出售深圳市中兴特种设备有限责任公司股权的公告》，于本次股权转让时，中兴通讯并未为中新有限提供担保、委托中新有限理财。中新有限不存在非经营性占用中兴通讯资金的情况。

根据中兴通讯2012年年度报告，中兴通讯于2012年6月13日公开发行公司债券，最终发行规模为60亿元人民币，该次募集资金用于偿还银行贷款、补充公司营运资金，截至2012年12月31日，该次发行募集资金已全部使用完毕。根据发行人确认，该次发行募集资金未用于对中新有限进行投资。

根据中兴通讯2011年年度报告、立信大华会计师事务所有限公司2010年4月6日出具的《募集资金2009年度存放与使用情况的鉴证报告》(立信大华核字〔2010〕596号)，中兴通讯2008年1月30日公开发行了400,000万元人民币认股权和债券分离交易的可转换公司债券，涉及投资项目包括TD-SCDMA HSDPA系统设备研发生产环境及规模生产能力建设项目、TD后向演进技术产业化项目等十一个项目。根据发行人确认，该等十一个项目未用于对中新有限进行投资。

根据中兴通讯2010年1月14日披露的《关于配售H股新股的公告》、2010年1月22日披露的《关于完成H股新股配售的公告》，中兴通讯于2010年1月21日成功向不少于六名承配人配发与发行H股股份，配售筹集资金用于中兴通讯的一般营运资金。根据发行人确认，该次配售募集资金未用于对中新有限进行投资。

根据中兴通讯2004年年度报告，中兴通讯2004年12月全球发售H股160,151,040股，募集资金用于全球IP移动交换平台项目、移动宽带业务应用综合系统项目等八个项目。根据发行人确认，该次募集资金未用于对中新有限进行投资。

根据中兴通讯2004年5月29日披露的《关于前次募集资金使用情况的说明》，深圳南方民和会计师事务所有限责任公司2004年5月12日出具的《关于中兴通讯股份有限公司前次募集资金使用情况的专项审计报告》(深南专审报字(2004)第ZA071号)，中兴通讯2001年3月13日公开发行人民币普通股5,000万股，募集资金项目包括WCDMA第三代移动通信建设项目、线速路由器建设项目等八个项目。根据发行人确认，该次募集资金未用于对中新有限进行投资。

中兴特种2003年2月成立时注册资本为100万元，其中中兴通讯出资54万元，至出售中兴特种控股权前中兴通讯未再追加投资，中兴特种的后续注册资本增至1000万元均来自于企业内部积累。综上，经核查，中介机构认为，中兴通讯向深创投出售的中兴特种控股权并非由中兴通讯以募集资金形成。

(2)中兴通讯出售中兴特种股权已履行中兴通讯内部必要的决策程序。根据发行人及发行人总经理凌东胜确认，以及中介机构及保荐机构2015年9月对中兴通讯相关人员的访谈、深创投请示等相关文件，中兴通讯该次转让中新有限股权是在进行了相应内部决策后，向多家专业投资机构发出出售发行人股权的意向文件，通过竞争性谈判的方式确定深创投集团等10家投资人。参与竞争性谈判的还包括金浦投资、中信并购基金、信达资本、中投财富等投资机构。

2012年9月21日，中兴通讯董事会召开会议，审议批准《关于出售深圳市中兴特种设备有限责任公司股权的议案》，同意中兴通讯向深创投集团等10名投资者出售中新有限合计68%股权。

根据本次交易发生时中兴通讯有效的公司章程，中兴通讯董事会有权批准出售金额不满中兴通讯最近一期经审计净资产百分之十的资产。根据中兴通讯2011年年度报告，截至2011年12月31日，其经审计的净资产为24,231,717,000元。中兴通讯转让前述股权的转让价款低于其最近一期经审计净资产的百分之十，故中兴通讯董事会有权批准上述股权转让，中兴通讯按照其章程规定履行了内部决策程序。

（3）本次交易按照《深圳证券交易所股票上市规则》履行了相应信息披露义务。根据2012年7月第七次修订的《深圳证券交易所股票上市规则（2012年修订）》，上市公司发生的交易产生的利润占上市公司最近一个会计年度经审计净利润的10%以上，且绝对金额超过100万元的，应当及时披露。及时指自起算日起或者触及上市规则披露时点的两个交易日内。

根据中兴通讯2011年年度报告，中兴通讯2011年度经审计净利润为20.60亿元，根据《关于出售深圳市中兴特种设备有限责任公司股权的公告》，本次股权转让将增加中兴通讯投资收益人民币3.6亿元至人民币4.4亿元，中兴通讯需就其出售中新有限股权履行信息披露义务。中兴通讯已于签署交易文件的次日披露了《关于出售深圳市中兴特种设备有限责任公司股权的公告》及与本次交易相关的董事会决议，就本次交易的交易对方、交易标的、出售交易标的的目的和对上市公司的影响进行了相应披露，符合《深圳证券交易所股票上市规则（2012年修订）》有关信息披露的要求。

（4）深创投集团收购中兴特种股权未进行评估，但已取得深圳市国资委认可

根据深创投请示，深创投集团收购发行人股权未进行评估，主要原因系其主营业务（即创业投资）的特殊性，其对外投资均按照市场化PE估值确定，在本次投资前对中新有限进行了尽职调查，并撰写了投资建议书、财务尽职调查报告、法律尽职调查报告和行业分析报告，遵循市场操作惯例与中兴通讯展开谈判，并根据深创投集团分级决策制度的相关规定取得了本次交易所需的深创投集团董事会审议批准。

根据《企业国有资产评估管理暂行办法》《深圳市属国有企业资产评估管理规定》，收购资产和企业产权应当进行评估并办理相应的资产评估核准或备案手续，深创投集团收购中兴特种股权时未进行评估，也未办理相应的资产评估备案手续，不符合《企业国有资产评估管理暂行办法》和《深圳市属国有企业资产评估管理规定》的规定。

根据深创投集团聘请的中联资产评估集团有限公司于2017年3月30日出具的《深创投购买中兴特种部分股权涉及的追溯评估项目资产评估报告》(中联评报字〔2017〕第459号),截至评估基准日2012年8月31日,中兴特种归属于母公司所有者权益账面价值20,557.28万元,评估价值82,927.75万元,对应68%股权的评估价值为56,390.87万元。

2017年3月31日,深创投集团就本次交易涉及的国有资产评估瑕疵等事宜向深圳国资委报送了《关于深圳市中新赛克科技股份有限公司历史上股权变动及我司所持股权性质认定等问题的说明及请示》(深创新〔2017〕12号),深圳市国资委在其于2017年5月4日就深创投集团请示向深创投集团下发的《深圳市国资委关于深圳市中新赛克科技股份有限公司相关问题的复函》(深国资委函〔2017〕358号)中确认本次交易未严格履行资产评估等产权变动工作程序,存在瑕疵,为弥补和解决上述问题,深创投集团已聘请资产评估机构进行追溯评估及按规定完善了资产评估项目备案手续,根据追溯评估结果,深圳市国资委确认该次产权变动的定价在合理范围内,未造成国有资产损失,产权变动行为有效。

据此,中介机构认为,深创投集团收购中兴特种股权时未进行评估,也未办理相应的资产评估备案手续,不符合《企业国有资产评估管理暂行办法》和《深圳市属国有企业资产评估管理规定》的规定但鉴于上述股权转让系通过市场化方式确定交易价格,交易价格与追溯评估的评估值无实质性差异,深圳市国资委已确认该次产权变动的定价在合理范围内,未造成国有资产损失,产权变动行为有效,前述程序瑕疵对发行人本次发行上市不构成实质性障碍。

3. 中兴通讯出售中兴特种股权是否履行必要的决策程序并履行信息披露义务

(1)中兴通讯出售中兴特种股权已履行必要的决策程序。如本补充法律意见书在上述“2、中兴通讯向深创投出售中兴特种的控股权是否符合当时法律法规和上市公司监管要求”项下“(2)中兴通讯出售中兴特种股权已履行中兴通讯内部必要的决策程序”所述,中兴通讯向深创投出售中兴特种的控股权应当取得中兴通讯董事会批准,本次交易已取得中兴通讯董事会批准,中兴通讯按照其章程规定履行了内部决策程序。

(2)中兴通讯已就本次交易履行相应的信息披露义务。如本补充法律意见书在上述“2。中兴通讯向深创投出售中兴特种的控股权是否符合当时法律法规和上市公司监管要求”项下“②本次交易按照《深圳证券交易所股票上市规则》履行了相应信息披露程序”所述,2012年9月22日,中兴通讯披露《第五届董事会第三十四次会议决议公告》、《关于出售深圳市中兴特种设备有限责任公司股权的公告》,就本次

交易的交易对方、交易标的、出售交易标的的目的和对上市公司的影响进行了披露，中兴通讯已就本次交易按照《深圳证券交易所股票上市规则》履行了相应的信息披露义务。

4. 本次交易是否存在违法违规情形，是否损害公众投资者的合法权益

如本补充法律意见书在上述“2. 中兴通讯向深创投出售中兴特种的控股权是否符合当时法律法规和上市公司监管要求”，“3. 中兴通讯出售中兴特种股权是否履行必要的决策程序并履行信息披露义务”所述，中介机构认为：

（1）中兴通讯向深创投出售中兴特种的控股权符合当时法律法规和上市公司监管要求，已履行必要的决策程序并履行信息披露义务，不存在违法违规情形或损害公众投资者的合法权益。根据中兴通讯2012年9月22日披露的《关于出售深圳市中兴特种设备有限责任公司股权的公告》《第五届监事会第二十一次会议决议公告》，中兴通讯五名独立董事、监事会均分别发表意见，认为本次交易合法有效、公允合理，不存在损害中兴通讯及股东利益的情况。

（2）就深创投集团收购发行人股权未进行评估及评估备案，鉴于本次交易系通过市场化方式确定交易价格，交易价格与追溯评估的评估值无实质性差异，深圳市国资委已确认该次产权变动的定价在合理范围内，未造成国有资产损失，产权变动行为有效，前述程序瑕疵对发行人本次发行上市不构成实质性障碍。

二、中新赛克股东及董事、监事和高级管理人员在中兴通讯的任职情况，与中兴通讯是否存在关联关系；如曾在中兴通讯任职，说明出售相关股权是否属于关联交易，是否存在股权代持或利益输送的情形

1. 中新赛克股东及董事、监事和高级管理人员在中兴通讯的任职情况，与中兴通讯是否存在关联关系

（1）中新赛克股东及董事、监事和高级管理人员在中兴通讯的任职情况。中介机构会同保荐机构就中新赛克股东、董事、监事和高级管理人员在中兴通讯的任职情况进行了相应核查，查阅了中兴通讯2010年至今的年度报告，中新赛克自然人股东及董事、监事和高级管理人员填写的调查问卷、因纽特的最终权益持有人（赵强、单孟川、许锡忠、杨丽璇、陈庚涌、周游、郑小玲）、南京创昀、南京众昀、南京众沣、南京创沣的自然人合伙人填写的调查问卷，经核查：① 中新赛克自然人股东中，凌东胜曾经在中兴通讯任职，其他人未曾在中兴通讯任职。② 因纽特的最终权益持有人赵强、单孟川、许锡忠、杨丽璇、陈庚涌、周游、郑小玲中，周游于2001—2006年曾经在中兴通讯任职，其他人未曾在中兴通讯任职。③ 南京创昀、南京众昀、南京众沣及南京创沣的自然人合伙人中，包括凌东胜、王明意、赵鸿海、童艺

川、李斌在内共有 54 人曾经在中兴通讯任职，其他人未曾在中兴通讯任职。④ 中新赛克董事、监事和高级管理人员中，凌东胜、王明意、赵鸿海、童艺川、李斌曾经在中兴通讯任职，其他人未曾在中兴通讯任职。

除上述情况外，中新赛克股东、董事、监事和高级管理人员在中兴通讯并未曾任职。

（2）中新赛克股东及董事、监事和高级管理人员与中兴通讯是否存在关联关系。中介机构会同保荐机构就中新赛克股东、董事、监事和高级管理人员与中兴通讯的关联关系进行了相应核查，查阅了中兴通讯 2010 年至今的年度报告，中新赛克自然人股东及董事、监事和高级管理人员填写的调查问卷、因纽特的最终权益持有人（赵强、单孟川、许锡忠、杨丽璇、陈庚涌、周游、郑小玲）、南京创昀、南京众昀、南京众沣、南京创沣的自然人合伙人填写的调查问卷，经核查：① 中新赛克股东及董事、监事和高级管理人员与中兴通讯不存在关联关系。② 因纽特的最终权益持有人（赵强、单孟川、许锡忠、杨丽璇、陈庚涌、周游、郑小玲）与中兴通讯不存在关联关系。③ 南京创昀、南京众昀、南京众沣及南京创沣的自然人合伙人中，曹雪梅与中兴通讯高级副总裁陈杰的弟弟为夫妻关系，其余自然人合伙人与中兴通讯不存在关联关系。

2. 如曾在中兴通讯任职，说明出售相关股权是否属于关联交易，是否存在股权代持或利益输送的情形

根据《深圳证券交易所股票上市规则》，上市公司的关联交易是指上市公司或者其控股子公司与上市公司关联人之间发生的转移资源或者义务的事项。就中兴通讯 2012 年 9 月将中兴特种控股权出售给深创投集团等 10 家投资者，经中介机构会同保荐机构核查，包括深创投集团在内的 10 家投资者并不属于中兴通讯的关联方，根据中兴通讯 2012 年 9 月 22 日披露的《关于出售深圳市中兴特种设备有限责任公司股权的公告》，“本次股权转让不构成关联交易，也不构成本公司重大资产重组”，因此，中兴通讯本次出售相关股权不属于关联交易。

根据中新赛克自然人股东及董事、监事和高级管理人员填写的调查问卷、因纽特的最终权益持有人（赵强、单孟川、许锡忠、杨丽璇、陈庚涌、周游、郑小玲）、南京创昀、南京众昀、南京众沣、南京创沣的自然人合伙人填写的调查问卷，就中兴通讯 2012 年 9 月出售中兴特种控股权一事，上述人员不存在股权代持或利益输送的情形。

根据中新赛克自然人股东及董事、监事和高级管理人员填写的调查问卷、因纽特的最终权益持有人（赵强、单孟川、许锡忠、杨丽璇、陈庚涌、周游、郑小玲）、

南京创昀、南京众昀、南京众沣、南京创沣的自然人合伙人填写的调查问卷，中兴通讯出售中兴特种控股权时，前述自然人均非中兴通讯董事、监事或高级管理人员；此外，根据中兴通讯公司章程，本次交易的有权决策机构为中兴通讯董事会，前述自然人不具备参与中兴通讯出售中兴特种控股权最终投资决策的资格。

三、中兴通讯出售中兴特种股权的具体原因和背景，转让价款的定价依据和支付情况，定价是否公允。中兴通讯出售股权是否经过充分论证，是否符合中兴通讯的业务发展方向

1. 中兴通讯出售中兴特种股权的具体原因和背景

根据中介机构 2015 年 9 月对中兴通讯相关人员的访谈，由于中兴特种所从事的业务不属于中兴通讯的核心业务，通过将其股权进行出售，一方面有利于中兴通讯聚焦核心业务，另一方面也有利于中兴通讯实现投资收益。

根据中兴通讯 2012 年 9 月 22 日披露的《关于出售深圳市中兴特种设备有限责任公司股权的公告》，“本公司出售中兴特种股权有利于集中力量，专注主业，符合本公司战略发展需要。本次股权出售将增加本公司投资收益人民币 3.6 亿元至人民币 4.4 亿元之间，增加本公司营运资金，支持主营业务发展。”

2. 转让价款的定价依据和支付情况，定价是否公允

根据深创投集团、发行人分别出具的说明、中介机构 2015 年 9 月对中兴通讯相关人员的访谈，以及中兴通讯 2012 年 9 月 22 日披露的《关于出售深圳市中兴特种设备有限责任公司股权的公告》，中兴通讯转让发行人股权是在进行了相应内部决策程序（包括中兴通讯投资管理部提出出售的请求、中兴通讯管理层决策、组建专业团队及聘请中介等）后，向多家专业投资机构发出出售中兴特种股权的意向文件，通过竞争性谈判的方式确定向深创投集团等 10 家投资人以具有证券从业资格的会计师事务所审计的 2012 年净利润（不扣除非经常性损益）的 11.1 倍 PE 估值出售 68% 的股权。

根据中兴通讯 2012 年 9 月 22 日披露的《关于出售深圳市中兴特种设备有限责任公司股权的公告》，“本公司独立非执行董事曲晓辉女士、魏炜先生、陈乃蔚先生、谈振辉先生及石义德先生认为：本公司出售其持有的深圳市中兴特种设备有限责任公司 68% 的股权有利于集中力量，专注主业，符合本公司战略发展需要。本次出售股权行为合法有效，交易公允合理，不存在损害本公司及股东利益的情况。”

根据中兴通讯 2012 年 9 月 22 日披露的《第五届监事会第二十一次会议决议公告》，“公司出售其持有的深圳市中兴特种设备有限责任公司 68% 股权有利于集中力量，专注主业，符合公司战略发展需要。本次出售股权行为合法有效，交易公允

合理，该事项审议程序符合相关法律法规的要求，不存在损害公司及股东利益的情况。”

根据中兴通讯与深创投集团等10家投资者2012年9月21日签署的《股权转让协议》第2.4条，本次交易的转让价款按照如下约定进行支付和调整：

（1）自协议签署日起5个工作日内，受让方向中兴通讯支付预估价款（52,836万元）的50%。

（2）交割日起5个工作日内或自本协议签署日期45日内支付预估价款的50%。

（3）自审计师出具中兴特种2012年审计报告之日起10个工作日内根据《股权转让协议》的约定就预估价款与转入价款的差价进行多退少补。

根据江苏苏亚金诚会计师事务所有限公司2013年2月20日出具的中兴特种2012年度审计报告，中兴特种2012年净利润（不扣除非经常性损益）为7,435.77万元，中兴特种68%股权最终价格为56,125.21万元。

根据发行人提供的银行支付凭证，深创投集团等10家投资者已分别于2012年9月、10月、11月、2013年3月向中兴通讯支付了本次交易的转让价款，合计支付56,125.21万元。

2017年3月31日，深创投聘请资产评估机构对收购中兴特种控股权进行追溯评估并按规定完善了资产评估项目备案手续，追溯评估的评估值与交易价格无实质性差异，深圳市国资委确认该次产权变动的定价在合理范围内，未造成国有资产损失，产权变动行为有效。综上，中介机构认为，该交易价格系由中兴通讯与各家投资机构进行竞争性谈判确定、市场化定价的结果，定价公允，深创投集团等10家投资者已完成股权转让价款的支付。

3. 中兴通讯出售股权是否经过充分论证，是否符合中兴通讯的业务发展方向根据中介机构2015年9月对中兴通讯相关人员的访谈及发行人出具的确认

本次交易的决策过程为中兴通讯投资管理部提出出售的请求，中兴通讯管理层初步决策，组建专业团队，聘请中介对中兴特种进行项目尽职调查，与潜在买方进行竞争性谈判，确定交易对象，提交中兴通讯董事会、监事会审议。

根据中兴通讯2012年9月22日披露的《关于出售深圳市中兴特种设备有限责任公司股权的公告》，“本公司出售中兴特种股权有利于集中力量，专注主业，符合本公司战略发展需要。本次股权出售将增加本公司投资收益人民币3.6亿元至人民币4.4亿元之间，增加本公司营运资金，支持主营业务发展。”

根据中兴通讯2012年9月22日披露的《第五届监事会第二十一次会议决议公告》，“公司出售其持有的深圳市中兴特种设备有限责任公司68%股权有利于集中

力量，专注主业，符合公司战略发展需要。本次出售股权行为合法有效，交易公允合理，该事项审议程序符合相关法律法规的要求，不存在损害公司及股东利益的情况。”

据此，中介机构认为，中兴通讯2012年9月出售中兴特种68%股权已经过其内部充分论证并取得董事会、监事会审议批准，该次交易符合中兴通讯的业务发展方向。

专家点评

根据证监会要求，中兴通讯属于上市公司，上市公司售卖持有股权，导致不再控股的，除关注信息披露及是否属于重大资产重组之外（需证监会审批），还应关注以下内容：一是上市公司公开募集的资金不能用于发行人业务；二是上市公司与发行人之间不存在同业竞争，发行人具备独立性；三是上市公司与股权转让后发行人的控股股东、实际控制人之间不存在关联关系；四是上市公司转出的股份不存在纠纷或潜在纠纷，转让事项按照公司章程履行了董事会、股东大会审批程序。

【案例6】股权转让是否侵害到上市公司的权益——中新赛克（股票代码：002912）

A股上市情况：2017年9月22日召开的中国证券监督管理委员会主板发行审核委员会2017年第149次发审委会议审核：深圳市中新赛克科技股份有限公司（首发）获通过。

案例解读

发行人系由收购上市公司中兴通讯（000063.SZ）的子公司发展而来。请发行人补充说明2012年深创投收购中兴通讯持有的发行人股份时，中兴通讯（000063.SZ）出售上述股权履行的决策程序、审批程序及信息披露情况；补充说明上述程序是否符合法律法规、公司章程及证监会、证券交易所有关上市公司监管和信息披露要求；补充说明深创投收购的股权是否由上市公司以募集资金形成，上述股权转让是否存在纠纷或诉讼；补充说明上述股权转让是否存在损害上市公司中兴通讯的合法权益的情形或造成国有资产流失的情形，是否对发行人本次发行上市构成障碍。请中介机构发表核查意见。

答复：

中介机构查阅了发行人的工商资料、股权转让银行流水凭证、发行人及深创投集团出具的确认函、中兴通讯披露的公告等资料，并于2015年9月15日与国信证券对中兴通讯相关人员进行了访谈，就本问题回复如下：

一、2012 年深创投收购中兴通讯持有的发行人股份时，中兴通讯（000063.SZ）出售上述股权履行的决策程序、审批程序及信息披露情况

根据深创投集团、发行人分别出具的说明、中介机构 2015 年 9 月对中兴通讯相关人员的访谈，以及中兴通讯 2012 年 9 月 22 日披露的《关于出售深圳市中兴特种设备有限责任公司股权的公告》，中兴通讯转让发行人股权是在进行了相应内部决策程序（包括中兴通讯投资管理部提出出售的请求、中兴通讯管理层决策、组建专业团队及聘请中介等）后，向多家专业投资机构发出出售发行人股权的意向文件，通过竞争性谈判的方式确定向深创投集团等 10 家投资人以 343,354,232.21 元的价格出售中新有限 41.6% 的股权，最终交易经中兴通讯第五届董事会第三十四次会议于 2012 年 9 月 21 日审议通过，并于 2012 年 9 月 21 日签署相关交易文件。

2012 年 9 月 22 日，中兴通讯就上述股权转让披露了《关于出售深圳市中兴特种设备有限责任公司股权的公告》。

二、上述程序是否符合法律法规、公司章程及证监会、证券交易所有关上市公司监管和信息披露要求

根据本次股权转让时中兴通讯有效的公司章程，中兴通讯董事会有权批准出售金额不满公司最近经审计的净资产百分之十的资产。根据中兴通讯 2011 年年度报告，截至 2011 年 12 月 31 日，其经审计的净资产为 24,231,717,000 元。中兴通讯转让前述股权的转让价款低于其最近经审计的净资产的百分之十，故中兴通讯董事会有权批准上述股权转让，中兴通讯按照其章程规定履行了内部决策程序。

根据 2012 年 7 月第七次修订的《深圳证券交易所股票上市规则（2012 年修订）》，上市公司发生的交易产生的利润占上市公司最近一个会计年度经审计净利润的 10% 以上，且绝对金额超过一百万元的，应当及时披露。根据中兴通讯 2011 年年度报告，中兴通讯 2011 年度经审计净利润为 20.60 亿元，根据《关于出售深圳市中兴特种设备有限责任公司股权的公告》，本次股权转让将增加中兴通讯投资收益人民币 3.6 亿元至人民币 4.4 亿元，中兴通讯需就其出售中新有限股权履行信息披露义务，中兴通讯已于签署交易文件的次日履行了相应的信息披露义务。

综上，中介机构认为，中兴通讯的上述股权转让行为符合法律法规、公司章程及证监会、证券交易所有关上市公司监管和信息披露要求。

三、深创投集团收购的上述股权并非由上市公司以募集资金形成，上述股权转让不存在纠纷或诉讼

根据中兴通讯 2012 年 9 月 22 日披露的《关于出售深圳市中兴特种设备有限责

任公司股权的公告》，于本次股权转让时，中兴通讯并未为中新有限提供担保、委托中新有限理财。中新有限不存在非经营性占用中兴通讯资金的情况。

根据中兴通讯2012年年度报告，中兴通讯于2012年6月13日公开发行公司债券，最终发行规模为60亿元人民币，该次募集资金用于偿还银行贷款、补充公司营运资金，截至2012年12月31日，该次发行募集资金已全部使用完毕，根据发行人确认及中介机构核查，不包括对中新有限进行投资。

根据中兴通讯2011年年度报告、立信大华会计师事务所有限公司2010年4月6日出具的《募集资金2009年度存放与使用情况的鉴证报告》（立信大华核字〔2010〕596号），中兴通讯2008年1月30日公开发行了400,000万元人民币认股权和债券分离交易的可转换公司债券，涉及投资项目包括TD-SCDMA HSDPA系统设备研发生产环境及规模生产能力建设项目、TD后向演进技术产业化项目等十一个项目，根据发行人确认及中介机构核查，该等十一个项目不包括对中新有限进行投资。

根据中兴通讯2010年1月14日披露的《关于配售H股新股的公告》、2010年1月22日披露的《关于完成H股新股配售的公告》，中兴通讯于2010年1月21日成功向不少于六名承配人配发与发行H股股份，配售筹集资金用于中兴通讯的一般营运资金，根据发行人确认及中介机构核查，不包括对中新有限进行投资。

根据中兴通讯2004 年年度报告，中兴通讯2004 年12 月全球发售H 股160,151,040股，募集资金用于全球IP移动交换平台项目、移动宽带业务应用综合系统项目等八个项目，根据发行人确认及中介机构核查，不包括对中新有限进行投资。

根据中兴通讯2004年5月29日披露的《关于前次募集资金使用情况的说明》，深圳南方民和会计师事务所有限责任公司2004年5月12日出具的《关于中兴通讯股份有限公司前次募集资金使用情况的专项审计报告》（深南专审报字（2004）第ZA071号），中兴通讯2001年3月13日公开发行人民币普通股5,000万股，募集资金项目包括WCDMA第三代移动通信建设项目、线速路由器建设项目等八个项目，不包括对中新有限进行投资，根据发行人确认及中介机构核查，不包括对中新有限进行投资。

综上，中介机构认为，深创投集团收购的中新有限股权并非由中兴通讯以募集资金形成。

根据中兴通讯2012年9月22日披露的《关于出售深圳市中兴特种设备有限责任公司股权的公告》，该次转让的中新有限68%股权未存在抵押、质押或者其他第三人权利，未涉及有关资产的重大争议、诉讼或仲裁事项、也未存在查封、冻结等司法措施等。此外，根据深创投集团、发行人分别出具的说明，中介机构2015年9

月对中兴通讯相关人员的访谈，该次股权转让不存在纠纷或诉讼。

四、上述股权转让不存在损害上市公司中兴通讯的合法权益的情形或造成国有资产流失的情形，对发行人本次发行上市不构成障碍

根据发行人及发行人总经理凌东胜确认，以及中介机构及保荐机构2015年9月对中兴通讯相关人员的访谈，中兴通讯该次转让中新有限股权是在进行了相应内部决策后，向多家专业投资机构发出出售发行人股权的意向文件，通过竞争性谈判的方式确定向深创投集团等10家投资人，该次股权转让按照中新有限经审计的2012年末净利润的11.1倍作价，系由中兴通讯与深创投集团等投资人协商确定，最终经中兴通讯第五届董事会第三十四次会议审议通过，且深创投集团等投资人已分别于2012年9月、10月、11月、2013年3月向中兴通讯支付了该次股权转让的价款。

根据中联资产评估集团有限公司于2017年3月30日出具的《深创投购买中兴特种部分股权涉及的追溯评估项目资产评估报告》（中联评报字〔2017〕第459号），截至评估基准日2012年8月31日，归属于母公司所有者权益账面价值20,557.28万元，评估价值82,927.75万元，评估增值62,370.47万元，增值率303.40%，本次68%股权的转让价格为56,125.21万元，非常接近前述68%股权的评估值56,390.87万元。

据此，中介机构认为，上述股权转让系通过市场化方式确定交易对手及交易价格，已取得中兴通讯董事会审议通过，交易价格与追溯评估的评估值无实质性差异，不存在损害上市公司中兴通讯的合法权益的情形或造成国有资产流失的情形，对发行人本次发行上市不构成障碍。

专家点评

中兴通讯作为上市公司按照要求，根据公司章程内部权限履行了董事会批准程序，根据信息披露程序进行了信息披露，股权转让以评估公允价格进行转让，故不存在上市公司权益受损的事项。

第二节 基本概念

一、基础知识

股权转让，是公司股东依法将自己的股东权益有偿转让给他人，使他人取得股

权的民事法律行为。股权转让是股东行使股权经常而普遍的方式，中国《公司法》规定股东有权通过法定方式转让其全部出资或者部分出资。

股权自由转让制度，是现代公司制度最为成功的表现之一。随着中国市场经济体制的建立，国有企业改革及《公司法》的实施，股权转让成为企业募集资本、产权流动重组、资源优化配置的重要形式，但由此引发的纠纷在公司诉讼中也是最为常见，其中股权转让合同的效力是该类案件审理的难点所在。

股权转让协议是当事人以转让股权为目的而达成的关于出让方交付股权并收取价金，受让方支付价金得到股权的意思表示。股权转让是一种物权变动行为，股权转让后，股东基于股东地位而对公司所发生的权利义务关系全部同时移转于受让人，受让人因此成为公司的股东，取得股东权。

但股权转让合同的生效并不等同于股权转让生效。股权转让合同的生效是指对合同当事人产生法律约束力的问题，股权转让的生效是指股权何时发生转移，即受让方何时取得股东身份的问题，所以，必须关注股权转让协议签订后的适当履行问题。

二、公司法的相关规定

1. 有关有限责任公司的股权转让

第七十一条　有限责任公司的股东之间可以相互转让其全部或者部分股权。

股东向股东以外的人转让股权，应当经其他股东过半数同意。股东应就其股权转让事项书面通知其他股东征求同意，其他股东自接到书面通知之日起满三十日未答复的，视为同意转让。其他股东半数以上不同意转让的，不同意的股东应当购买该转让的股权；不购买的，视为同意转让。

经股东同意转让的股权，在同等条件下，其他股东有优先购买权。两个以上股东主张行使优先购买权的，协商确定各自的购买比例；协商不成的，按照转让时各自的出资比例行使优先购买权。

公司章程对股权转让另有规定的，从其规定。

第七十二条　人民法院依照法律规定的强制执行程序转让股东的股权时，应当通知公司及全体股东，其他股东在同等条件下有优先购买权。其他股东自人民法院通知之日起满二十日不行使优先购买权的，视为放弃优先购买权。

第七十三条　依照本法第七十一条、第七十二条转让股权后，公司应当注销原股东的出资证明书，向新股东签发出资证明书，并相应修改公司章程和股东名册中有关股东及其出资额的记载。对公司章程的该项修改不需再由股东会表决。

第七十四条　有下列情形之一的，对股东会该项决议投反对票的股东可以请求公司按照合理的价格收购其股权：

（一）公司连续五年不向股东分配利润，而公司该五年连续盈利，并且符合本法规定的分配利润条件的；

（二）公司合并、分立、转让主要财产的；

（三）公司章程规定的营业期限届满或者章程规定的其他解散事由出现，股东会会议通过决议修改章程使公司存续的。

自股东会会议决议通过之日起六十日内，股东与公司不能达成股权收购协议的，股东可以自股东会会议决议通过之日起九十日内向人民法院提起诉讼。

第七十五条 自然人股东死亡后，其合法继承人可以继承股东资格；但是，公司章程另有规定的除外。

2. 有关股份公司的股权转让

第一百三十七条 股东持有的股份可以依法转让。

第一百三十八条 股东转让其股份，应当在依法设立的证券交易场所进行或者按照国务院规定的其他方式进行。

第一百三十九条 记名股票，由股东以背书方式或者法律、行政法规规定的其他方式转让；转让后由公司将受让人的姓名或者名称及住所记载于股东名册。

股东大会召开前二十日内或者公司决定分配股利的基准日前五日内，不得进行前款规定的股东名册的变更登记。但是，法律对上市公司股东名册变更登记另有规定的，从其规定。

第一百四十条 无记名股票的转让，由股东将该股票交付给受让人后即发生转让的效力。

第一百四十一条 发起人持有的本公司股份，自公司成立之日起一年内不得转让。公司公开发行股份前已发行的股份，自公司股票在证券交易所上市交易之日起一年内不得转让。

公司董事、监事、高级管理人员应当向公司申报所持有的本公司的股份及其变动情况，在任职期间每年转让的股份不得超过其所持有本公司股份总数的百分之二十五；所持本公司股份自公司股票上市交易之日起一年内不得转让。上述人员离职后半年内，不得转让其所持有的本公司股份。公司章程可以对公司董事、监事、高级管理人员转让其所持有的本公司股份作出其他限制性规定。

第一百四十二条 公司不得收购本公司股份。但是，有下列情形之一的除外：

（一）减少公司注册资本；

（二）与持有本公司股份的其他公司合并；

（三）将股份奖励给本公司职工；

（四）股东因对股东大会作出的公司合并、分立决议持异议，要求公司收购其股份的。

公司因前款第（一）项至第（三）项的原因收购本公司股份的，应当经股东大会决议。公司依照前款规定收购本公司股份后，属于第（一）项情形的，应当自收购之日起十日内注销；属于第（二）项、第（四）项情形的，应当在六个月内转让或者注销。

公司依照第一款第（三）项规定收购的本公司股份，不得超过本公司已发行股份总额的百分之五；用于收购的资金应当从公司的税后利润中支出；所收购的股份应当在一年内转让给职工。

公司不得接受本公司的股票作为质押权的标的。

第一百四十三条　记名股票被盗、遗失或者灭失，股东可以依照《中华人民共和国民事诉讼法》规定的公示催告程序，请求人民法院宣告该股票失效。人民法院宣告该股票失效后，股东可以向公司申请补发股票。

第一百四十四条　上市公司的股票，依照有关法律、行政法规及证券交易所交易规则上市交易。

第一百四十五条　上市公司必须依照法律、行政法规的规定，公开其财务状况、经营情况及重大诉讼，在每会计年度内半年公布一次财务会计报告。

第四章　股权代持

股权代持产生的原因很多，有企业存在股权激励由大股东给团队代持的，有人数过多超过公司规定的人数限制的，也有一些股东由于种种原因不愿意出面而由其他人代持的等情况。但是不管怎样，股权代持是中国证监会的红线，绝对不允许，企业上市要求股权要明晰，不能存在股权纠纷或者潜在纠纷，股权代持显然不符合要求，但是在实务中代持又是普遍存在的情况，对于企业上市而言，股权代持必须予以解决，不解决就将成为企业上市的实质性障碍，那如何解决代持则成为需要关注的要点。

第一节　案例分析

【案例1】让兄长代持的情况——雷迪克（股票代码：300652）

A股上市情况：2017年4月5日召开的中国证券监督管理委员会创业板发行审核委员会2017年第27次发审委会议审核：杭州雷迪克节能科技股份有限公司（首发）获通过。

案例解读

发行人2002年设立，由昌辉发展和沈仁荣以750万美元出资，沈仁荣的出资由沈仁龙、沈仁法代持。监管部门要求发行人说明：设立时存在代持的原因、是否合法合规。根据发行人实际控制人沈仁荣说明，雷迪克有限设立时其存在再生育子女的意向，因担心计划生育政策对其企业投资及持股形成可能存在的障碍因此由其兄长予以代持，该代持未违反法律法规，合法有效。

［备注：经查询，在发行人设立的历史时期，确曾经存在企业投资与计划生育相挂钩的情形，比如“有些登记机关额外要求企业提交计划生育证明等材料”参见：

《关于2003年度全省企业登记质量检查情况的通报》(浙工商企〔2004〕1号),计划生育问题对企业投资可能构成障碍]。

根据《最高人民法院关于适用〈中华人民共和国公司法〉若干问题的规定(三)》"第二十四条:有限责任公司的实际出资人与名义出资人订立合同,约定由实际出资人出资并享有投资权益,以名义出资人为名义股东,实际出资人与名义股东对该合同效力发生争议的,如无合同法第五十二条规定的情形,人民法院应当认定该合同有效。"

综上,中介机构认为,沈仁荣对雷迪克有限的出资由沈仁龙、沈仁法代持,沈仁荣为实际出资人,沈仁龙、沈仁法为名义出资人,该代持行为未违反法律法规,合法有效,沈仁荣作为雷迪克有限实际出资人及解除代持后的股东不存在法律风险和潜在纠纷。

专家点评

股份代持现实当中比较常见,股份代持根据《合同法》《公司法》的规定并不必然导致无效,但"股权清晰"是IPO的前提条件,股份代持原因真实合理往往注定股份代持真实存在。公司股东股份代持必须得到解除,代持的解除包括以下三个步骤:一是股份代持的形成,这个需要法律文件来支撑,例如《股份代持协议书》、银行资金流水等;二是股份代持解除的过程,一般建议使用《股份转让协议》和《股份代持解除协议书》来办理,《股份转让协议》签署后进行工商变更登记,股东变更登记完成后签署《股份代持解除协议书》;三是在上市辅导过程中在中介机构的主导下就公司历史上存在的股份代持及解决,进行访谈,形成《访谈笔录》,当事人签署《确认函》,确认目前的股权架构。

【案例2】涉港澳台地区的股权代持——江丰电子(股票代码:300666)

A股上市情况: 2017年4月25日召开的中国证券监督管理委员会创业板发行审核委员会2017年第33次发审委会议审核:宁波江丰电子材料股份有限公司(首发)获通过。

案例解读

发行人历史上存在股权代持,姚力军委托刘庆为其代持斯巴特股权、赵永升为其他股东代持股权。监管部门要求发行人说明存在上述代持的原因、合法合规情况、发行人是否还存在其他股权代持。并发表明确意见。

一、刘庆代持斯巴特股份的情况

1. 股份代持的原因

根据尼克松·郑黄林律师行于2015年11月18日出具的《关于“斯巴特国际有限公司”的法律意见》，2010年6月7日，刘庆认购斯巴特新发行股份586股（每股面值1港元），占斯巴特已发行股份总数的2.84%。经刘庆于2015年5月21日出具的《确认函》确认，其为斯巴特的名义股东，实际系代姚力军持有斯巴特的股份。

经对刘庆进行访谈，并查阅公开信息，刘庆代姚力军持有斯巴特股份的原因如下：

（1）刘庆是重庆大学长江学者特聘教授、博士生导师，主要从事轻合金（铝、镁）材料、形变金属与微结构、高温超导材料和材料电子显微分析领域的研究。

（2）刘庆与发行人的实际控制人姚力军为校友和多年好友。因刘庆在金属材料领域具有一定的知名度，姚力军为扩大尚处于创业期的江丰有限的影响力，邀请刘庆代其持有部分江丰有限控股股东斯巴特的股份。

2. 代持股份的合法合规性

根据尼克松·郑黄林律师行于2017年4月5日出具的《关于刘庆（作为代持人）与姚力军（作为被代持人）的代持关系说明函》，刘庆与姚力军就斯巴特股份的代持关系，套入香港的法律概念中，应是一种信托关系；刘庆与姚力军就斯巴特股份创设的这种代持关系（注：即香港法之下的信托关系），并不违反香港法律的规定。

3．股份代持的解除

经查阅发行人的工商登记档案资料、上述《关于“斯巴特国际有限公司”的法律意见》以及香港公司注册处于2016年1月8日出具的档号为CR/DR/125057141的函件，刘庆代姚力军持有斯巴特股份，并间接代持江丰有限股权的情形已经下列程序予以解除：

（1）2012年8月28日，经宁波市对外贸易经济合作局以《关于同意合资企业宁波江丰电子材料有限公司股权转让变更为内资企业的批复》（甬外经贸资管函〔2012〕435号）批准，并经宁波市工商行政管理局余姚分局准予变更登记，斯巴特将其所持有的江丰有限全部股权分别转让给姚力军、李义春、谢立新、王晓勇、张辉阳和宁波拜耳克，刘庆未受让斯巴特持有的任何江丰有限股权。本次股权转让完成后，刘庆不再代姚力军间接持有江丰有限股权。

（2）2015年2月13日，刘庆将其所持有的斯巴特全部股份转让给上纽投资。本次股份转让完成后，刘庆不再持有斯巴特的任何股份。

（3）2016年1月8日，斯巴特的注册经公告宣布撤销，并于当日予以解散。

经对刘庆进行访谈，并经刘庆出具的《确认函》予以确认，上述股份代持解除

后，其与发行人股东之间不存在任何有关代持发行人股份的协议或安排，将来发行人上市后，亦不会向发行人及其股东要求任何与发行人股份有关的利益补偿。

二、赵永升代持江丰有限股权的情况

1. 股权代持的原因

经查阅发行人的工商登记档案资料，2008 年 12 月 18 日，经宁波市对外贸易经济合作局以《关于同意合资企业宁波江丰电子材料有限公司股权变更的批复》（甬外经贸资管函〔2008〕885 号）批准，并经宁波市工商行政管理局准予变更登记，江丰有限增加注册资本 445.26 万美元，其中赵永升认缴 115.26 万美元，占本次增资完成后江丰有限注册资本总额的 6.65%。

经中介机构对发行人股东赵永升、俞建超、姚华俊、李勇成、王晓勇、冯晋和徐兴标进行访谈，并经该等股东出具的《确认函》确认，赵永升于江丰有限上述增资完成后所持有的部分公司股权系代俞建超、姚华俊、李勇成、王晓勇、冯晋和徐兴标持有，具体如表 4–1 所示。

表4–1　江丰有限名义出资人和实际出资人基本情况

名义出资人姓名	名义持股比例	实际出资人姓名	实际持股比例
赵永升	6.65%	赵永升	1.46%
		俞建超	1.77%
		姚华俊	1.14%
		李勇成	0.86%
		王晓勇	0.85%
		冯晋	0.45%
		徐兴标	0.13%

根据上述发行人股东的确认，因本次实际出资人较多，基于减少个人信息披露以及签署文件便利性考虑，经协商，俞建超、姚华俊、李勇成、王晓勇、冯晋和徐兴标委托赵永升为名义出资人代其持有江丰有限股权。

2. 代持股权的合法合规性中介机构经核查后认为：

（1）上述增资完成后，江丰有限变更为中外合资企业。发行人股东之间的上述股权代持行为不违反增资完成时适用的《中华人民共和国中外合资经营企业法》（根据 2001 年 3 月 15 日第九届全国人民代表大会第四次会议《关于修改〈中华人民共和国中外合资经营企业法〉的决定》第二次修正）和《公司法》（2005 年 10 月 27 日第十届全国人民代表大会常务委员会第十八次会议修订）的禁止性规定。

（2）发行人股东之间的上述股权代持行为不存在《中华人民共和国合同法》规定的合同无效情形，亦不属于《中华人民共和国民法通则》规定的无效民事行为。根据最高人民法院于 2011 年 1 月 27 日公布的《关于适用〈中华人民共和国公司法〉若干问题的规定（三）》的相关规定，发行人上述股东之间的该等股权代持行为有效。

综上，中介机构认为，发行人股东赵永升代俞建超、姚华俊、李勇成、王晓勇、冯晋和徐兴标持有江丰有限股权的行为合法、有效。

3. 股权代持的解除

经查阅发行人的工商登记档案资料，2012 年 8 月 28 日，经宁波市对外贸易经济合作局以《关于同意合资企业宁波江丰电子材料有限公司股权转让变更为内资企业的批复》（甬外经贸资管函〔2012〕435 号）批准，并经宁波市工商行政管理局余姚分局准予变更登记，赵永升将其代为持有的股权分别转让给俞建超、姚华俊、李勇成、王晓勇、冯晋和徐兴标，上述股权代持关系解除。

经中介机构对上述发行人股东进行访谈，并经该等股东出具的《确认函》予以确认，该等股东不存在因履行上述股权代持约定而产生的任何争议，亦不存在其他任何有关代持发行人股份的协议或安排。

三、发行人股东不存在股份代持情形

经中介机构对发行人股东进行访谈，并经该等发行人股东出具的《关于持股情况的声明》予以确认，发行人股东持有的发行人股份不存在委托持股、信托持股的情形，不存在对赌等其他可能引起发行人股权发生变更的协议或安排。

所以中介机构认为，发行人股东不存在代第三方持有发行人股份的情形。

专家点评

本案例需要关注以下几点：一是直接股东中如有外方股东代持中方股东股权的，代持并非必然无效。根据《最高人民法院关于审理外商投资企业纠纷案件若干问题的规定（一）》第十五条："合同约定一方实际投资、另一方作为外商投资企业名义股东，不具有法律、行政法规规定的无效情形的，人民法院应认定该合同有效。一方当事人仅以未经外商投资企业审批机关批准为由主张该合同无效或者未生效的，人民法院不予支持"。但基于中外合资企业性质涉及的税收优惠是否需要证明，将会得到关注。二是根据国际私法属地管辖原理，直接外商股东存在间接代持的，必须符合当地民商事法律的要求，目的在于防止该部分股权涉及纠纷或潜在纠纷。

【案例3】股权代持的认定——富满电子（股票代码：300671）

A股上市情况：2017年5月10日召开的中国证券监督管理委员会创业板发行审核委员会2017年第40次发审委会议审核：深圳市富满电子集团股份有限公司（首发）获通过。

案例解读

根据申报材料，公司自2001年成立到2011年十年间，股权一直处于代持状态，请中介机构说明，在没有代持协议和支付凭证的情况下，认定代持是否有充足依据。

中介机构采取了如下核查手段：

（1）对刘景裕进行访谈，查阅并复制其签署的声明及承诺文件。

（2）对自公司设立至2011年间的代持人程莉、李瑾、罗立友、段元香和杨金艳均进行了现场访谈，获取访谈笔录；查阅并复制其签署的声明及承诺文件。

（3）获取代持人的个人履历。

（4）查阅发行人工商登记资料中关于股东持股变化情况的工商登记档案。

（5）根据与发行人长期合作的客户和供应商以及工作时间较长的员工进行访谈，了解发行人自成立之日起2011年期间的经营管理者和重大事项的决策者。

通过上述核查手段，中介机构查明如下事实：

（1）发行人历史上存在的代持情形。公司成立时间较早，由于刘景裕早期规范意识不足以及出于对代持人的信任，刘景裕与代持人之间未就代持事项签订代持协议，且公司设立、2006年的第一次增资以及2010年的第二次增资均以货币资金方式缴纳，刘景裕本人未能提供出资款及增资款由其本人缴纳的凭证。但根据中介机构对刘景裕的访谈结果以及刘景裕提供的说明，刘景裕委托代持人出资设立公司，历次出资均由其本人缴付。第四次股权转让后，代持人杨金艳、段元香与刘景裕之间的股权代持关系终止。实际控制人刘景裕通过股权转让的方式，规范了发行人历史上存在的股权代持的情形。

（2）认定代持的充分性。

① 各方当事人的声明及确认文件。根据中介机构对刘景裕的访谈结果以及刘景裕提供的说明，刘景裕委托代持人出资设立公司，历次出资均由其本人缴付。根据中介机构对有关当事人的访谈及有关当事人出具的声明，各代持人均作出如下声明与承诺：

第一，发行人历史上的代持系委托人刘景裕与代持人协商一致的结果，代持人的历次出资均由刘景裕实际缴付。

第二，代刘景裕持有发行人股权的期间，代持人未参与目标公司的经营管理。

第三，截至2011年12月，代持人与委托人刘景裕之间的股权代持关系通过股权转让的方式予以解除；代持人不再以任何方式直接或间接持有发行人的股权或任何权益。

第四，代持人承诺不会在任何时候以任何方式向刘景裕及发行人就股权代持等相关事项主张任何权利。

② 中介机构访谈了自发行人成立至今仍与发行人保持合作的客户与供应商的相关负责人，访谈情况如表4–2所示。

表4-2 与发行人保持合作的客户与供应商访谈情况

序号	企业名称	与发行人的关系	合作期间	访谈结果
1	深圳市勤达实业有限公司	客户	2012年至今	据该等客户/供应商与发行人合作期
2	深圳市宇晶科技有限公司	客户	2004年至今	
3	广州市海林电子科技发展有限公司	供应商	2002年至今	
4	深圳市新双华兴电子有限公司	供应商	2004年至今	
5	天水华天科技股份有限公司	供应商	2004年至今	

③ 中介机构对发行人自设立至今仍在发行人处任职的员工进行了访谈，访谈情况如表4–3所示。

表4-3 发行人自设立至今仍在发行人处理职员工访谈情况

序号	员工姓名	工作期限	工作岗位	访谈结果
1	简军	2001年11月至今	销售部职员	访谈对象确认自入职之日至2011年，富满电子的经营管理者为刘景裕，重大事项均由刘景裕进行决策
2	李志伟	2002年2月至今	物流部职员	
3	张晓莉	2002年3月至今	财务部经理	
4	林惠依	2002年6月至今	物流部职员	
5	王秋娟	2002年9月至今	总经办助理	
6	陈映	2002年9月至今	行政人事部职员	
7	龙治铭	2002年10月至今	工程部主管	
8	谢姝	2002年12月至今	数据管理部职员	
9	张玉君	2002年12月至今	仓库二部主管	
10	邹晓娟	2002年12月至今	运营支持部主管	

综上所述，经中介机构对刘景裕与代持人的现场访谈以及相关当事人出具的书面声明文件，并经中介机构对发行人自设立至今保持合作的客户、供应商以及自发行人设立至今仍在发行人处任职的员工的访谈，2001—2011年期间，杨金艳、段元香等人系代刘景裕持有发行人的股权，代持人未参与发行人的经营管理，发行人的经营管理和重大决策由刘景裕作出。中介机构认为，认定发行人历史上曾存在代持情形，依据充分。

专家点评

代持情形存在是股东身份确认的理由，理由如果不充分，股东身份也就不存在了。代持书面协议可以印证代持的存在，在没有书面代持协议存在时，出资的资金流来源、其他股东对代持情形是否知悉、隐名股东在公司所享有的权利如管理权、知情权等均可佐证代持关系的存在。中介机构的访谈、代持人的书面证明也是证明代持存在的有利证据。

第二节 股权代持的法律风险

最高人民法院在《关于适用中华人民共和国公司法若干问题的规定（三）》（下称“公司法解释三”）中对股权代持的问题处理作出了司法解释，首次明确表明了我国法律对有限责任公司的实际投资人的股东资格的确认，对于实际投资人与名义股东之间的代持协议的效力问题，司法解释三规定只要相关协议不存在《合同法》第五十二条规定的情形，则应认定代持协议合法有效。《合同法》第五十二条规定：“有下列情形之一的，合同无效：一方以欺诈、胁迫的手段订立合同，损害国家利益；恶意串通、损害国家、集体或者第三人利益；以合法形式掩盖非法目的；损害社会公共利益；违反法律、行政法规的强制性规定。”实践中，如果设定股权代持的目的在于以合法形式掩盖非法目的或规避法律行政法规的强制性规定，比如外资为规避市场准入而实施的股权代持、以股权代持形式实施的变相贿赂等，该等股权代持协议最终可能被认定无效。

从民事法律关系来看，原则上股权代持是有效的。但是在实务中可能会存在种种法律瑕疵，产生股权纠纷，影响到企业的上市。例如股权代持使实际投资人面临的风险，由于实际投资人是公司股权的真正出资者，却在股权代持的情况下不持有公司股份，就会面临如下几方面的法律风险：

第一，名义股东滥用股东权利损害实际投资人利益的风险。由于实际出资人对于代持股份无法行使实际的控制权，则存在名义股东利用对股份的控制权损害实际投资人利益的问题。

第二，名义股东自身出现问题，对实际出资人的利益造成损害的风险。如名义股东出现不能偿还的债务时，法院和其他有权机关依法查封其代持股权，并将代持股权用于偿还名义股东的债务的风险。

第三，实际投资人股东资格无法恢复的风险。根据公司法解释三的规定“实际出资人未经公司其他股东半数以上同意，请求公司变更股东、签发出资证明书、记载于股东名册、记载于公司章程并办理公司登记机关登记的，人民法院不予支持”。《公司法》规定“股东向股东以外的人转让股权，应当经其他股东过半数同意。经股东同意转让的股权，在同等条件下，其他股东有优先购买权。两个以上股东主张行使优先购买权的，协商确定各自的购买比例；协商不成的，按照转让时各自的出资比例行使优先购买权。”因此，实际投资人想要撤销代持关系，恢复股东资格可能会面临两重障碍，一是其他股东未有过半数同意，二是其他股东要求行使优先购买权。

股权代持也会使名义股东面临风险。名义股东是股权的代持人，是显名股东，名义上持有公司股权，行使股东权利。因此，其就有被要求履行公司出资义务的风险。由于代持协议的效力不能对抗善意第三人，因此，名义股东承担公司的出资义务。如果出现实际投资人违约不出资，那么名义股东面临着必须出资的风险。

因此，公司存续过程中要尽量保持公司股权清晰，解决并防止股权代持情况出现。

第五章　土地房产问题

涉及企业的资产问题，主要集中在土地、房产权属上。例如土地问题最典型的情形就是由于土地使用权本身的问题而导致的房产所有权证不能办理的情况，房地一体，判断这些法律问题的关键在于土地的性质和使用该土地对企业经营造成的法律上的瑕疵。目前拟上市企业就土地问题的瑕疵审核还是很严格的，如果没有合理的解决措施，就会成为上市的实质性障碍。

第一节　案例分析

【案例1】租赁房产存在法律上的瑕疵、土地核查——智动力（股票代码：300686）

A股上市情况：2017年6月1日召开的中国证券监督管理委员会创业板发行审核委员会2017年第46次发审委会议审核：深圳市智动力精密技术股份有限公司（首发）获通过。

案例解读

请发行人补充说明其作为生产制造型企业而厂房和办公用房均为租赁取得的原因及合理性，该等租赁房产未取得房产证的具体原因及合法性，发行人如未能续租或不再租赁该等房产而租赁其他房产所需的时间周期、费用金额以及搬迁停产对发行人经营业绩的影响；补充说明发行人生产经营使用的房产全部为租赁取得是否对发行人的资产完整性构成重大不利影响、是否对本次发行上市构成实质性障碍。

一、使用租赁房产的原因及合理性

智动力有限于2004年成立时，股东投入资本较小，无足够资金购置厂房，便在田心工业区（目前生产所在地）租赁厂房进行生产。

发行人已租赁目前的厂房、办公用房10余年，与出租方建立了良好的合作关系，租赁期至2017年6月30日，租赁关系并不存在纠纷或争议。同时，根据发行人及子公司智和轩与深圳市坪山田心股份合作公司签订的《补充协议》，若发行人及子公司在上述房屋租赁协议到期后提出续租要求，深圳市坪山田心股份合作公司同意按照届时市场价格将上述房屋租赁给公司及子公司使用。

随着发行人经营规模的扩大，其希望在田心工业区周边取得国有土地使用权或厂房，但未找到合适的标的。

因此，中介机构认为，发行人及其子公司厂房和办公用房均为租赁取得的原因合理，对发行人生产经营不构成重大影响。

二、未取得房产证的原因及合法性

经发行人租赁房产的出租方深圳市坪山田心股份合作公司书面确认，其出租给发行人及智和轩的厂房于1997年建成，属生产经营性建筑物，因深圳市历史遗留问题，已依据深圳市两规的规定在相关部门办理了登记手续，尚未能取得房产证，未被纳入旧城改造、拆迁范围。

根据深圳市坪山新区坪山办事处土地管理中心及深圳市坪山新区坪山办事处征收拆迁事务中心出具《证明》，发行人及其子公司智和轩租赁的厂房已依据深圳市两规的规定在相关部门办理登记（普查编号：801-1201-00018-B-801-1201-00024-B），目前未被列入征地拆迁范围。

2013年12月16日，深圳市规划和国土资源委员会坪山管理局出具了《市规划国土委坪山管理局关于田心社区金田路相关地块核查情况的函》（深规土坪函〔2013〕987号），田心社区金田路352号的地块系非农建设用地，未涉及国有已出让地，未纳入近期年度招拍挂出让计划，且未纳入近期土地整备及征收地拆迁计划。

2014年9月28日，房屋出租方深圳市坪山田心股份合作公司出具了《声明与承诺》，确认在租赁合同的有效期内不对上述房屋进行拆迁，并承诺：若在租赁合同有效期内因政府原因导致的租赁厂房拆迁或其他原因致使其无法继续履行上述租赁合同，其将及时提前予以通知，并给与承租方合理的搬迁时间，该公司将承担承租方因搬迁受到的相应损失。

发行人实际控制人吴加维、陈奕纯已出具《补偿承诺函》，如上述租赁房产在租赁有效期内被强制拆迁或产生纠纷无法继续租用，将自愿承担发行人及其子公司智和轩因搬迁受到的一切损失。

综上所述，中介机构认为：

发行人及其子公司智和轩租赁厂房的产权虽存在一定瑕疵，但租赁关系并不存在纠纷或争议，相关行政主管部门已出文确认发行人租赁房产所在土地系非农建设用地，该地块未纳入近期年度招拍挂出让计划，未纳入近期土地整备及征收地拆迁计划；如租赁期间届满，或在租赁期限内该等房产不能续租或者因其他不可抗力导致租赁合同无法正常履行，发行人及其子公司智和轩亦能重新在当地寻找到合适厂房进行搬迁，且相关人员承诺承担可能发生的损失，故不会构成本次发行上市的实质性障碍。

三、发行人如未能续租或不再租赁该等房产而租赁其他房产所需的时间周期、费用金额以及搬迁停产对发行人经营业绩的影响

根据发行人的书面确认，发行人如未能续租或不再租赁该等房产而租赁其他房产所需的时间周期约为60天，其中租赁新的房产5天，无尘车间及其他装修45天，设备搬迁、安装及调试等10天。搬迁费用金额约为50万元，主要系设备的搬迁及安装费用。为了不影响正常生产可采取边搬迁边生产方式，保证公司不停产，并维持在75%左右的产能利用率。

因此，搬迁对发行人的经营业绩影响较小。

四、发行人生产经营使用的房产全部为租赁取得是否对发行人的资产完整性构成重大不利影响、是否对本次发行上市构成实质性障碍

1. 发行人拥有优先续租权

发行人自设立之日起即在现有租赁场所经营，与出租方建立了良好的合作关系，租赁期分别至2016年5月31日、2017年6月30日，租赁双方不存在纠纷或争议。同时，根据发行人及子公司智和轩与深圳市坪山田心股份合作公司签订的《补充协议》，若发行人及子公司在上述房屋租赁协议到期后提出续租要求，深圳市坪山田心股份合作公司同意按照届时市场价格将上述房屋租赁给公司及子公司使用。

2. 租赁房产近期无拆迁计划

2013年11月，深圳市坪山新区坪山办事处土地管理中心及深圳市坪山新区坪山办事处征收拆迁事务中心出具《证明》，公司及子公司租赁房产是属于深圳市两规的规定在相关部门办理登记的建筑物（普查编号：801-1201-00018-B—801-1201-00024-B），目前未被列入征地拆迁范围。

2013年12月，深圳市规划和国土资源委员会坪山管理局出具了《关于田心社区金田路相关地块核查情况的函》（深规土坪函〔2013〕987号），该地块全部未见征转地记录，全部位于G13317-65号及2006-60D-002号方案非农建设用地范围内，未涉及国有已出让地，未纳入近期年度招拍挂出让计划。

3. 若搬迁，对发行人经营影响较小

若发行人未能续租或不再租赁该等房产而租赁其他房产所需的时间周期约为60

天，搬迁费用金额约为50万元，主要系设备的搬迁及安装费用，采取边搬迁边生产方式，保证公司不停产，并能维持75%左右的产能，对发行人经营业绩的影响小。

4. 惠州智动力已获得土地使用权

发行人子公司惠州智动力已获得28,496.50平方米的土地使用权，实施募集资金投资项目，并已开工建设。

综上，中介机构认为：

发行人生产经营使用的房产全部为租赁取得对发行人的资产完整性不构成重大不利形象，对本次发行上市不构成实质性障碍。

2. 请发行人补充说明子公司惠州智动力取得惠府国用（2013）第13021750023号土地使用权的具体情况，包括取得时间、土地价款及支付情况，该土地及对应房产的建设进展情况，该等房产建成后发行人是否继续使用位于深圳坪山的租赁房产，发行人对该等租赁房产的未来计划。

（1）惠州智动力土地使用权的具体情况。信达律师核查了与该地块相关的《成交确认书》《成交确认书补充协议》《国有建设用地使用权出让合同》（441305-Z-［2013］-67）、土地价款缴纳凭证、《土地使用权证书》，确认如下事实：

该地块成交价款为974万元，发行人已根据合同的约定于2013年10月23日全额缴纳，于2013年11月20日取得惠府国用（2013）第13021750023号《土地使用权证书》，该土地使用权合法有效，不存在产权方面的纠纷或潜在纠纷。

（2）该地块目前建设进展情况。经核查，惠州智动力已取得《建设用地规划许可证》和《建设工程规划许可证》，并与福建省鑫钻建筑工程有限公司于2015年7月7日就惠州智动力厂区工程签订了施工合同，约定由福建省鑫钻建筑工程有限公司担任总包，工程内容为精密车间、厂房一、宿舍一的土建、水电、消防工程，工程规模为45269m^2，结构形式为框架结构。截至2015年6月30日，惠州智动力的在建工程为332.17万元。

（3）惠州智动力房产建成后对深圳坪山租赁房产的计划

惠州智动力房产建成后，其厂房规划、基础建设等均优于深圳坪山现有租赁房产，且深圳坪山租赁厂房已处于饱和状态，发行人将继续租赁深圳坪山厂房，但不新增产能，并根据生产经营情况，平稳有序地将部分机器设备搬迁至惠州智动力，减少现有租赁厂房的产能。

专家点评

发行人房屋建筑物尚未或者不能取得房产证书，存在被拆除的风险，这个风险需要进行量化，如是否属于核心生产经营用房、可否找到替代场所，说明该事项对公司生产经营不产生重大影响。

发行人存在承租房屋的，说明房屋租赁价格均为根据市场价格协商而定，且承租方或出租方与发行人是否存在关联关系，发行人租赁房屋对发行人的资产完整性、独立性是否存在实质不利影响。

土地问题一直是 IPO 审核的重点，审核重点关注土地使用是否合规。2008 年，国务院发布了《关于促进节约集约用地的通知》(国发〔2008〕3 号）等一系列文件，进一步明确了土地管理相关要求。发行人土地使用、土地使用权取得方式、取得程序、登记手续、募集资金投资项目用地应该合法，且发行人报告期内不得存在违反有关土地管理的法律、行政法规而受到行政处罚的情形。

【案例 2】租赁关联方的房产——永福股份（股票代码：300712）

A 股上市情况：2017 年 6 月 28 日召开的中国证券监督管理委员会创业板发行审核委员会 2017 年第 52 次发审委会议审核：福建永福电力设计股份有限公司（首发）获通过。

案例解读

发行人向关联方出租、承租房产。请补充披露关联租赁的背景和原因，是否存在利益输送情形，说明永福集团、新能研发是否具备自有办公、生产经营场地，未将承租博发投资房屋予以收购的原因，该情形对发行人独立性的影响。请中介机构发表核查意见。

一、关联租赁情况

（1）报告期内，发行人关联租赁情况如表 5–1 所示。

表5–1　报告期内发行人关联租赁情况

序号	承租人	出租人	租赁期	地点	面积（m^2）	月租金（元）	租赁用途
1	永福集团	发行人	2015.01.01—2016.12.31	福州高新区“海西高新技术产业园”高新大道 3 号永福设计办公大楼 A 座 20 层 2009 室	500	17,500	办公
2	新能研发	发行人	2015.09.01—2017.06.30	福州高新区“海西高新技术产业园”高新大道 3 号永福设计办公大楼 A 座 10 层	1,280	44,800	办公

序号	承租人	出租人	租赁期	地点	面积（m^2）	月租金（元）	租赁用途
3	昌明建材	发行人	2013.07.01—2015.06.30	福州高新区“海西高新技术产业园”高新大道3号永福设计办公大楼A座2层	200	5,000	办公
					260（注）	6,500	
			2015.07.01—2017.06.30		260	9,100	
4	永福设计北京分公司	博发投资	2015.01.01—2016.06.30	北京市东城区安定门外大街138号“皇城国际写字楼”A座地上十层1006号	110	16,170	办公
			2016.07.01—2017.06.30			21,450	

注：双方于2014年11月签署租赁补充协议，自2014年12月起租赁面积增加至260平方米。

（2）关联租赁的背景和原因。永福集团无自有房产，其租赁发行人房产的背景和原因为：发行人办公楼地处福州海西科技园，为高新技术产业园区，且办公楼配套设施齐全，临近高新技术开发区管委会，周边企业及人员素质较高，符合永福集团日常办公需要，房屋的租赁价格系与发行人协商并参考周边同类办公楼租赁单价确定。

新能研发无自有房产，其租赁发行人房产的背景和原因为：发行人办公楼地处福州海西科技园，为高新技术产业园区，符合新能研发主要从事海上风力发电的研究开发与相关技术咨询的业务定位，且发行人办公楼在规划、配套设施等方面均符合新能研发开展日常业务经营的需要，房屋的租赁价格系与发行人协商并参考周边同类办公楼租赁单价确定。

昌明建材无自有办公用房，其租赁发行人房产的背景和原因为：发行人办公楼地处福州海西科技园，为高新技术产业园区，且办公楼配套设施齐全，临近高新技术开发区管委会，周边企业及人员素质较高，符合昌明建材日常办公需要，房屋的租赁价格系与发行人协商并参考周边同类办公楼租赁单价确定。

发行人北京分公司租赁博发投资房产的背景和原因为：发行人北京分公司系公司在北京设立的办事机构，主要负责对外业务联络以及对内员工差旅接待等工作。博发投资名下的写字楼地处安定门外大街地坛公园西门，地理位置距离电力规划设计总院、中国石化等客户较近，并且交通、办公环境、配套设施等符合公司需求，房屋的租赁价格系与博发投资协商并参考周边同类办公楼租赁单价确定。

二、关联租赁是否存在利益输送情形

（1）发行人与永福集团、新能研发的租赁单价为35元/平方米·月，同一办公楼内发行人出租给其他非关联第三方福州海泓龙舞工贸有限公司的租赁单价同为35元/平方米·月，并且周边同类办公场所的参考租赁单价区间为30~40元/平方米·月。因此，发行人与永福集团、新能研发的关联租赁单价与非关联租赁单价一致，且处于周边类似房屋租赁价格区间内，不存在输送利益的情形。

（2）发行人与昌明建材租赁单价在2015年7月以前为25元/平方米·月，低于2015年内发行人与其他方的租赁价格。但鉴于，该项租赁合同最初签署于2013年7月，租赁期限（2年）尚未届满，且租赁面积较少，因此租赁单价稍低有其合理性。此外自2015年7月起，双方已将租赁单价调整至35元/平方米·月，与周边类似房屋租赁价格基本一致。因此，发行人与昌明建材的关联租赁不存在输送利益的情形。

（3）发行人北京分公司租赁博发投资房产的租赁单价2015年1月—2016年6月期间为147元/平方米·月，自2016年7月起调整至195元/平方米·月。报告期内，周边同类办公场所按照具体租赁单元的朝向、办公环境、楼层、装修及配套设施等差异，2015年度的租赁单价区间为120~180元/平方米·月，2016年度的租赁单价区间为150~220元/平方米·月，发行人与博发投资报告期内的关联租赁单价处于周边同类办公场所的租金价格区间内，发行人北京分公司与博发投资的关联租赁不存在输送利益的情形。

（4）上述报告期内的关联租赁事项均已按照发行人公司章程及关联交易管理制度规定权限予以确认，相关关联董事或股东均予以回避表决，发行人独立董事亦对该等关联租赁的定价公允性及相关事项发表了独立意见。

中介机构查阅了发行人与关联方签署的租赁合同、房屋产权证书以及发行人与关联方结算租金的凭证；查阅了发行人向其他非关联方出租房屋的租赁合同及结算租金凭证；通过百度网、房天下等网站检索相关出租房产周边同类办公场所的租赁单价；获取了发行人出具的书面说明以及发行人就审议关联租赁事项通过的董事会、股东大会决议文件，独立董事发表的独立意见。

中介机构认为，发行人报告期内的关联租赁定价公允、合理，不存在利益输送的情形。

三、未将承租博发投资房屋予以收购的原因，该情形对发行人独立性的影响

发行人主要从事电力工程勘察设计（含规划咨询）、EPC工程总承包等电力工程技术服务，归属于专业技术服务类中的工程技术服务业，发行人不属于生产型企业，业务经营过程中需要使用的经营场所类型主要是办公楼宇，而非工业制造厂房或仓储仓库。

发行人北京分公司系公司在北京设立的常驻办事机构，主要负责对外业务联络以及对内员工差旅接待等工作，并且北京市也非发行人主要业务经营活动所在地，北京分公司从实际情况出发通过租赁方式获得相应办公经营场所符合其机构定位。

北京分公司所租赁房屋位于北京市城区，周边拥有较为充裕的办公楼宇，租赁房源供应充足，必要时或关联租赁期满后如不再续租，北京分公司亦可在短期内找到可替代性房产，且周边均为标准写字楼，搬迁成本也较低，该等情形对其正常业务活动不会造成重大不利影响。

综上，中介机构认为，发行人采用租赁的方式使用博发投资房产，符合发行人自身业务特点，不会对发行人的独立性造成重大不利影响。

专家点评

发行人租赁关联方房产应关注发行人资产的独立性，毕竟房产作为主要生产要素不可或缺，但如果发行人生产经营行业特点（如设计、互联网等轻资产类行业）决定不必购置房产，则租赁房产理由比较充分。租赁关联方房产应保证交易价格的公允性，因为这情形决定了发行人的成本和利润水平。

【案例 3】购买俱乐部会籍获得土地、房屋的使用权的情况——英可瑞（股票代码：300713）

A 股上市情况：2017 年 6 月 14 日召开的中国证券监督管理委员会创业板发行审核委员会 2017 年第 48 次发审委会议审核：深圳市英可瑞科技股份有限公司（首发）获通过。

案例解读

发行人于 2013 年以 1,762.77 万元对价，通过购买深圳 TCL 光电科技有限公司高科技精英俱乐部会籍的方式，取得位于 TCL 高科技工业园区面积为 1447.77 平方米物业及相关土地使用权。根据相关合同约定，会员权益包括所约定的房屋在俱乐部土地使用年限内独家永久性免费占用、使用、装修、出租获取收益、转让、继承、赠予。此外，发行人其他生产经营用房均为租赁取得。发行人将房屋使用会籍费列入长期待摊费用。请发行人：（1）结合相关会籍买卖合同、会籍章程等文件的具体约定及发行人所付对价，按照实质重于形式的原则，说明上述会籍买卖合同的法律性质、相关主体之间的权利义务关系，是否构成对上述房屋建筑物及相关土地使用权的变相买卖，相关合同约定是否违反有关法律、法规及规范性文件的规定，是否违反上述土地使用权的用途及权利限制，会籍买卖合同及会籍章程是否合法、有效，是否构成重大违法行为及本次发行的法律障碍；说明上述资产是否存在权属瑕疵或纠纷风险，以及对发行人资产完整性的具体影响。（2）披露对房屋使用会籍费的摊销年限及依据，说明发行人相关会计处理是否符合准则规定。结合周边地区同类资产的买卖、租赁价格，说明上述交易的定价公允性，测算并披露对报告期内发行人业绩的具体影响。（3）就主要生产经营场所均为租赁取得的情况，披露对发行人资产完整性及生产经营稳定性的影响；说明出租方与发行人是否存在关联关系，租金及定价公允性。请中介机构核查上述问题并发表意见。

一、结合相关会籍买卖合同、会籍章程等文件的具体约定及发行人所付对价，按照实质重于形式的原则，说明上述会籍买卖合同的法律性质、相关主体之间的权利义务关系，是否构成对上述房屋建筑物及相关土地使用权的变相买卖，相关合同约定是否违反有关法律、法规及规范性文件的规定，是否违反上述土地使用权的用途及权利限制，会籍买卖合同及会籍章程是否合法、有效，是否构成重大违法行为及本次发行的法律障碍；说明上述资产是否存在权属瑕疵或纠纷风险，以及对发行人资产完整性的具体影响

根据发行人提供的于2013年1月签署的《深圳TCL光电科技有限公司高科技精英俱乐部会籍买卖合同》《深圳TCL光电科技有限公司高科技精英俱乐部会籍章程及权益书》、购买高科技精英俱乐部会籍的银行回单等文件材料，访谈深圳TCL光电科技有限公司，了解有关高科技精英俱乐部会籍的相关情况，以及深圳市档案局（馆）办事窗口的口头查询结果，并经中介机构核查，具体情况如下：

1. 发行人以17,627,705元人民币为对价，依据相关文件取得并享有下述物业的使用权及TCL高科技工业园区的其他权益

（1）所使用物业的具体情况如表5-2所示。

表5-2 发行人使用物业的基本情况

序号	物业权利主体	位置	用途	面积	使用权有效期	备注
1	深圳TCL光电科技有限公司	深圳市南山区中山园路1001号TCL高科技工业园区E1栋11层A型1101号房	工业研发	1,447.77平方米	土地使用权期限内，即2006年9月13日—2056年9月12日	土地使用权到期后，发行人在补齐地价及相关税费后可继续拥有该场地使用权

发行人享有使用权的物业之所附土地使用权情况如表 5-3 所示。

表5-3 发行人享有使用权的物业之所附土地使用权情况

<table>
<tr><td colspan="4">权利人：深圳 TCL 光电科技有限公司</td></tr>
<tr><td colspan="4">房地产证：深房地字第 4000378325 号（土地使用权证书）</td></tr>
<tr><td>宗地号</td><td>T502–0013</td><td>宗地面积</td><td>263,332.68 平方米</td></tr>
<tr><td>土地用途</td><td>高新技术园区用地</td><td>土地使用权来源</td><td>《深圳市土地使用权出让合同书》（深地合字（2006）0145 号）</td></tr>
<tr><td>土地位置</td><td colspan="3">南山区同乐路</td></tr>
<tr><td>使用年限</td><td colspan="3">50 年，从 2006 年 9 月 13 日起至 2056 年 9 月 12 日止</td></tr>
<tr><td>他项权利摘要</td><td colspan="3">土地性质：非商品房，不得进行房地产开发经营；建筑容积率不得超过 1.66；计入容积率的建筑总面积不超过 438,690 平方米，其中工业研发厂区 392,690 平方米，生活配套设施 46,000 平方米；生活配套设施占地面积不得超过 18,430 平方米，不得安排住宅、商业、办公等房地产项目；建筑层数：厂房不得超过 6 层，其余不得超过 18 层
本用地仅用于高新技术项目，不得转让，不得分割登记；未经出让方批准，不得用于抵押</td></tr>
</table>

（2）《深圳 TCL 光电科技有限公司高科技精英俱乐部会籍买卖合同》中相关权利义务的约定。

经中介机构核查，《深圳 TCL 光电科技有限公司高科技精英俱乐部会籍买卖合同》第二条约定："乙方成为甲方的会员后，可以享有以下权益：a. 免费参加俱乐部举办的高新科技成果交流沙龙；b. 免费参加俱乐部举办的专利推广活动；c. 免费参加俱乐部举办的高科技论坛讲座；d. 园区餐饮折扣价；e. 园区康疗项目折扣价；f. 园区健身设施（游泳，健身房……）折扣价；g. 免费获得俱乐部发放的会刊；h. 免费享用会员专用图书馆；i.《深圳 TCL 光电科技有限公司高科技精英俱乐部会籍买卖合同》所约定的房屋在俱乐部土地使用年限内免费使用；j.《深圳 TCL 光电科技有限公司高科技精英俱乐部会籍买卖合同》所约定的房屋在土地使用权有效期内出租获取收益；k. 会员权益可以依照《深圳 TCL 光电科技有限公司高科技精英俱乐部会籍章程及权益书》的规定转让、赠予、继承"。

第六条约定："乙方对选定的房屋仅享有使用权，其他权益详见《深圳 TCL 光电科技有限公司高科技精英俱乐部会籍章程及权益书》。"

第七条约定："本合同项下房屋的土地性质为工业研发用途，该房屋不能单独办理产权证及土地使用权证，乙方对此表示完全理解和接受。"

第十六条约定："房屋的土地使用权到期，按相关法律规定，乙方在补齐地价及相关税费的条件下，会员资格可以零代价无条件自动续约，乙方可以继续拥有对该房屋的使用权。如乙方不补交地价及相关税费，可由甲方收回该房屋的使用权，乙方的会员资格终止”。

第十七条约定：“如果国家、政府出台相关法律、法规或政策允许补交地价办理房产证，甲方应当积极配合乙方办理，该房屋产权归乙方，需向政府交纳的相关费用包括地价、过户费、契税等由乙方承担”。

第二十条约定：“甲方保证提供给乙方使用的房屋在交接时没有产权纠纷和财务纠纷。如上述房屋转让交接后发生交接前即存在的产权或财务纠纷，由甲方承担全部责任。甲方须保障乙方在土地使用期限内对会籍项下房屋享有充分的使用权，不因自己的经营行为，如可能的担保、抵押、资产遭冻结或查封、股权转让、歇业、清算等，而影响乙方的权益。在任何情况下，甲方不得以任何方式转让、抵押、出租会籍项下对应的房屋”。

（3）《深圳TCL光电科技有限公司高科技精英俱乐部会籍章程及权益书》中相关权利义务的约定

经中介机构核查，《深圳TCL光电科技有限公司高科技精英俱乐部会籍章程及权益书》第4.2条约定“申请人在成为俱乐部会员后，可以完全免费获得相应房屋在俱乐部土地使用年限内的使用权”，第6.9条约定“个人会员、企业会员可以将自己在入会时选定的房屋出租”，第8.6条约定“房屋的土地使用权到期，依照相关法律规定，会员在补齐低价及相关税费的条件下，会员资格自动延期。如果会员不愿意补交地价及相关税费，则会员资格终止”，第10.1条约定“会员在房屋所在的土地有效期内对已选定的房屋独享完整永久的使用权利”，第10.2条约定“经俱乐部同意，会员转让会籍的同时即转让房屋的使用权”。

依据上述《深圳TCL光电科技有限公司高科技精英俱乐部会籍买卖合同》《深圳TCL光电科技有限公司高科技精英俱乐部会籍章程及权益书》的约定，会员权益包括所约定的房屋在俱乐部土地使用年限内独家永久性免费占用、使用、装修、出租获取收益、转让、继承、赠予，为会员及其所属员工提供餐饮、康疗、健身设施折扣、免费发放会刊及享用会员专用图书馆等附加服务，以及深圳TCL光电科技有限公司为会员免费提供的高新科技成果交流沙龙、免费的专利推广活动、免费的高科技论坛讲座等高端商业服务。

中介机构认为，会籍模式实际上仅是深圳TCL光电科技有限公司向会员提供了相关物业的占有、使用、收益的权利，会员并没有享有相关房屋的完整产权或权利，无论是土地还是房屋的法定权利人或产权方均为深圳TCL光电科技有限公司；会员不能完全自由地处分所使用的物业，即便是转让会籍而引起物业使用权的变动，也还需要征得深圳 TCL 光电科技有限公司的特别同意。

因此，发行人以会籍方式取得物业使用权模式本身并不构成对上述房屋建筑物及相关土地使用权的变相买卖，没有改变上述土地使用权证记载的土地用途，亦未违反上述土地使用权证记载的用途及权利限制内容，不存在因以会籍方式取得物业使用权模式而被政府行政主管部门认定为违法而遭受行政处罚或潜在处罚、撤销等情形。同时，会籍买卖合同及会籍章程系在双方意思自治的基础上签订，合法有效，相关合同约定并未违反有关法律、法规及规范性文件的规定，不构成《中华人民共和国合同法》第五十二条规定的无效条件，未出现过被有权机关或司法机关认定无效的情形。

中介机构认为，发行人以会籍方式取得物业使用权，不构成本次发行的法律障碍。

2. 上述资产是否存在权属瑕疵或纠纷风险，以及对发行人资产完整性的具体影响

发行人一直将该等物业作为工业研发场所，自取得物业使用权以来，未存在权利纠纷、潜在纠纷或发生过对发行人正常生产经营产生重大不利影响的情形，发行人对上述物业的使用情况稳定。经检索"全国法院被执行人信息查询系统 http://zhixing.court.gov.cn/search/""全国法院失信被执行人名单信息查询系统 http://shixin.court.gov.cn/""中国裁判文书网 http://wenshu.court.gov.cn/"及深圳市档案局（馆）办事窗口的口头查询结果，未发现上述物业的所有权人深圳 TCL 光电科技有限公司存在尚未了结的重大诉讼及执行案件涉及该等物业和土地使用权。

根据相关协议及俱乐部会籍权益，将有效使得发行人享有对深圳市南山区中山园路 1001 号 TCL 高科技工业园区 E1 栋 11 层 A 型 1101 号房的独家免费占用及使用权利，对该等物业进行装修以及出租等权利。

根据发行人的说明，发行人一直将上述物业作为工业研发场所，即使上述物业使用权出现特殊情况导致发行人搬迁的，也可便利地找到替代场所，能够继续正常经营业务。

经中介机构核查，发行人与深圳 TCL 光电科技有限公司签署的《高科技精英俱乐部会籍买卖合同》为双方真实的意思表示，对双方具有法律约束力，相关内容和形式不构成《中华人民共和国合同法》第五十二条规定的无效条件未发现存在相关国家、地方法律法规、规章、规范性文件或相关政府行政主管部门对发行人使用上述物业有所限制或禁止的情形。发行人通过签订会籍买卖合同及会籍章程取得相关物业的使用权并不存在构成重大违法行为的情形，也不会对发行人资产完整性产生

任何重大不利影响。

二、就主要生产经营场所均为租赁取得的情况，披露对发行人资产完整性及生产经营稳定性的影响；说明出租方与发行人是否存在关联关系，租金及定价公允性。

1. 中介机构查验了发行人提供的房屋租赁合同、租赁房产的产权证书、租赁合同登记备案文件、发行人的说明、实际控制人的承诺等资料，报告期内，发行人及其子公司、分公司主要房屋租赁的具体情况如表 5-4 所示。

表5-4 发行人及其子公司、分公司主要房屋租赁情况

序号	证号	出租方	位置	用途	面积（平方米）	有效期	租金及相关费用
1	深房租龙华2016006857	深圳市粤核实业发展有限公司	深圳市龙华新区福城狮径社区核电工业园7号A3厂房一、二、三楼	厂房	5,846.4	2016.05.01—2019.04.30	前两年每月租金128,620.80元人民币，第三年每月租金138,910.46元人民币。物业管理、垃圾费每月合计10,523.52元人民币。
2	深房租南山2016003536	深圳宝成科技有限公司	深圳市南山区马家龙工业区77栋一、二、三层	厂房	2,395.37	2016.04.01—2019.03.31	月租金和管理费合计82,400.00元人民币
3	深房租南山2016003557	深圳宝成科技有限公司	深圳市南山区马家龙工业区宝成科技大楼一层东边Y2	厂房	390	2016.04.01—2019.03.31	月租金和管理费合计13,650元人民币。子公司英源所承租
4	深房租南山2016004625	深圳宝成科技有限公司	深圳市南山区马家龙工业区78栋二层厂房	厂房	1,570	2016.04.01—2019.03.31	每平米每月租金31元人民币，管理费每平方米1元人民币
5	深房租南山2016004625	深圳宝成科技有限公司	深圳市南山区马家龙工业区78栋三层东边厂房	厂房	942	2016.04.01—2019.03.31	每平米每月租金33元人民币，管理费每平方米1元人民币
6	深房租南山2016004625	深圳宝成科技有限公司	深圳市南山区马家龙工业区78栋一层东边厂房	厂房	280	2016.04.01—2019.03.31	每平米每月租金35元人民币，管理费每平方米1元人民币
7	宁房租字第1702432号	王锐	南京市江宁经济技术开发区将军大道50号瑞景园文华山庄2号312室	非住宅	76.88	2017.02.10—2018.2.09	每月租金4,300元人民币

发行人从成立初期即承租了深圳宝成科技有限公司位于马家龙工业区的部分厂房。发行人与深圳宝成科技有限公司之间的房产租赁关系一直稳定，在发行人提出续租、增租场地的情况下，深圳宝成科技有限公司均予以配合，且从未干涉发行人使用租赁物业，亦未发生过任何影响发行人使用租赁物业的情形。

为满足募投项目用厂房需求，发行人分公司向深圳市粤核实业发展有限公司租赁了龙华新区福城狮径社区核电工业园部分厂房，截至本补充法律意见书出具之日，并未发生过任何影响发行人使用租赁物业的情形。

为满足南京地区经营需要，发行人子公司南京英可瑞电源科技有限公司向出租人王锐租赁南京市江宁经济技术开发区将军大道50号瑞景园文华山庄2号312室，并未发生过任何影响发行人使用租赁物业的情形。

中介机构认为，首先，发行人拥有全部与生产经营有关的机器设备、商标、专利、非专利技术等知识产权的所有权或使用权；具有独立的原料采购和产品销售系统；合法拥有生产经营场所的使用权；其次，发行人向上述出租方租赁生产、经营场所的租赁价格系依据市场价格经双方协商确定，定价公允、合理，且当地存在其他同类厂房、办公及仓储场所可供租赁或替换，如因生产经营需要，发行人可随时更换或新增租赁物业，发行人生产经营活动对上述出租方并不存在依赖。因此，主要生产经营场所均为租赁取得对发行人资产完整性及经营稳定性并无重大不利影响。

2. 出租方与发行人的关联关系及租金、定价的公允性

（1）出租方与发行人的关联关系。发行人向中介机构提供了深圳市市场监督管理局调取出租方深圳宝成科技有限公司的工商档案、深圳市粤核实业发展有限公司函证及南京子公司出租方王锐出具的与发行人不存在关联关系的确认书，中介机构将发行人的工商档案、国家企业信用信息公示系统 http://www.gsxt.gov.cn/index.html、深圳信用网 http://www.szcredit.com.cn/ 查询情况与发行人股东、董监高的询证函内容进行对比、核查后，中介机构认为，深圳宝成科技有限公司、深圳市粤核实业发展有限公司、南京子公司出租方王锐与发行人不存在关联关系。

（2）租金、定价的公允性。根据发行人的说明及提供的可比性房屋租赁合同、第三方房屋经纪公司说明、查询深圳市房屋租赁行业协会网站 http://www.szfwzl.com，发行人及其子公司英源公司向深圳宝成科技有限公司租赁的房屋及土地位于马家龙工业区内，向深圳市粤核实业发展有限公司租赁的房屋及土地位于龙华新区福城狮径社区核电工业园内。深圳宝成科技有限公司、深圳市粤核实业发展有限公司按照市场资产租赁收费标准收取租金。发行人南京子公司向王锐租赁的

房屋位于南京市江宁经济技术开发区将军大道50号瑞景园文华山庄2号312室，出租方王锐按照市场收费标准收取租金。

①深圳市南山区马家龙工业区。深圳市房屋租赁行业协会网站http://www.szfwzl.com公示与发行人及子公司所租赁房屋相同区域位置、相同用途房屋租赁指导租金；发行人及子公司所租赁厂房出租方深圳宝成科技有限公司提供的第三方可比案例租赁合同具体情况如表5-5所示。

根据上述价格对比，发行人及其子公司英源公司向深圳宝成科技有限公司租赁的五处厂房（其中发行人承租四处、发行人子公司英源公司承租一处）的租金单价比深圳宝成科技有限公司作为出租人出租给除发行人及其子公司以外的第三方的租金单价及租金略低，主要系承租楼层、租赁面积、租赁期限等差异所致；该等厂房的租金单价高于2015年下半年深圳市房屋租赁行业协会网站http://www.szfwzl.com公示的指导价。考虑上述因素影响，中介机构认为，发行人向深圳宝成科技有限公司租赁房产的价格总体上遵循市场定价原则，租赁价格合理、公允。

②深圳市龙华新区福城狮径社区核电工业园。深圳市房屋租赁行业协会网站http://www.szfwzl.com公示与发行人所租赁房屋相同区域位置、相同用途房屋租赁指导租金及第三方深圳市中铭房地产经纪有限公司提供的可比案例具体情况如表5-6所示。

根据上述价格对比，发行人分公司向深圳市粤核实业发展有限公司租赁的厂房的租金单价比周边工业厂房租赁价格及2015年下半年深圳市房屋租赁行业协会网站http://www.szfwzl.com公示的指导价格略高，主要系厂房周边环境较好的原因所致。考虑上述因素影响，中介机构认为，发行人向深圳市粤核实业发展有限公司租赁房产的价格总体上遵循市场定价原则，租赁价格合理、公允。

③南京市江宁经济技术开发区将军大道50号瑞景园文华山庄。

第三方南京燕归巢房地产经纪有限公司提供的可比案例具体情况如表5-7所示。

表5-5 发行人及子公司所租赁订房可比案例情况

项目	案例 1	案例 2	案例 3	案例 4	发行人及子公司				
位置	马家龙工业区 78 栋四层厂房西边	马家龙工业区 78 栋四层厂房东边	马家龙工业区 78 栋五层东边厂房	马家龙工业区 78 栋一层西边厂房	马家龙工业区 77 栋一、二、三层	马家龙工业区 78 栋一层东边厂房	马家龙工业区 78 栋二层厂房	马家龙工业区 78 栋三层东边厂房	马家龙工业区 78 栋一层东边
租赁起始时间	2016.06.10—2018.06.10	2016.06.10—2018.06.10	2016.06.01—2018.05.31	2016.05.01—2018.04.30	2016.04.01—2019.03.31	2016.04.01—2019.03.31	2016.04.01—2019.03.31	2016.04.01—2019.03.31	2016.04.01—2019.03.31
付款方式	每月一付	每月一付	每月一付	每月一付	每月一付	每月一付	每月一付	每月一付	每月一付
租赁面积（平方米）	500	1070	1020	900	2395.37	280	1570	942	390
租金（元 / 每月）	19000	40660	35700	17750	82400	10080	50240	32028	13650
租金单价（元 / 月 · 平方米）	37	37	34	37.5	34	35	31	33	34
租金单价均值	36.375 元 /（月 · 平方米）				33.4 元 /（月 · 平方米）				
2015 年下半年协会指导价	一层：24 元 /（月 · 平方米）；二层以上：20 元 /（月 · 平方米）								

表5-6 发行人所租赁房屋可比案例情况

项目	案例 1	案例 2	案例 3	案例 4	案例 5	案例 6	发行人
位置	龙华新区福城狮径路 2 号宏远科技园 4 楼	龙华新区福城狮径路 18 号 1-3 楼	龙华新区福城狮径路 22 号 1-3 楼	龙华新区福城狮径路 28 号宏远科技园一楼	龙华新区福城狮径路 13 号外经工业园 1. 2. 栋	龙华新区福城狮径路 13 号外经工业园 5 栋	深圳市龙华新区福城狮径社区核电工业园 7 号 A3 厂房一、二、三楼
建造年份	2013 年	2005 年	2015 年	2013 年	2004 年	2004 年	2007 年
装修程度	无	无	无	无	无	无	无
租赁起始时间	2014—2018	2015—2018	2015—2018	2016—2018	2015—2017	2015—2017	2016.05.01—2019.04.30
付款方式	每月一付	每月一付	每月一付	每月一付	每月一付	每月一付	每月一付
环境	一般	一般	一般	一般	一般	一般	较好
租赁面积(平方米)	2600	3600	4500	2600	6000	2600	5846.4
租金单价(元/月·平方米)	合同单价 17 元/平方米，每两年递增 10%	18	18	25	17	17	前两年：22 第三年：23.76
租金单价均值	18.67 元/月·平方米						—
2015 年下半年协会指导价	一层：11 元/月·平方米 二层：9 元/月·平方米						

表5-7 发行人子公司所租赁经营场所可比案例情况

项目	案例 1	案例 2	案例 3	案例 4	案例 5	案例 6	发行人
位置	佛城西路11号江南青年城	将军大道山水华门	将军大道20号翠屏国际城	双龙大道1568号山水蓝湾	天元西路18号怡湖华庭	竹山路59号江宁万达广场	将军大道50号瑞景园文华山庄
建造年份	2003年	2011年	2006年	2012年	2011年	2014年	2010年
装修程度	简装	精装	中等装修	精装	精装	精装	简装
租赁起始时间	2016.09.10—2021.09.09	2016.07.23—2017.07.23	2016.10.05—2017.10.05	2016.01.13—2016.07.12	2016.04.12—2017.03.11	2016.03.06—2018.03.05	2017.02.10—2018.02.09
付款方式	半年一付	一年一付	一年一付	半年一付	半年一付	半年一付	每月一付
环境	一般	一般	一般	百家湖商业区	百家湖商业区	万达商业圈	一般
租赁面积（平方米）	146.4	214	107.41	121	140	160	76.88
租金（元/每月）	3600	7800	3600	9000	5000	8000	4300
租金单价（元/月·平方米）	24. 59	36. 45	33. 52	74.38	35. 71	50	55.93
租金单价均值	42.44元/月·平方米						—

根据上述价格对比，发行人子公司南京英可瑞向出租人王锐租赁的经营场所的租金单价比周边可比性房屋租赁价格略高，主要系租赁楼层低、房屋为商业用途、付款方式为每月一付等原因所致。考虑上述因素影响，中介机构认为，发行人子公司南京英可瑞向出租人王锐租赁房产的价格总体上遵循市场定价原则，租赁价格合理、公允。

专家点评

发行人根据与深圳TCL光电科技有限公司签署的《高科技精英俱乐部会籍买卖合同》取得房产和土地的使用权，相关内容和形式不构成《中华人民共和国合同法》第五十二条规定的无效情形，结合发行人业务情况，综合考量会籍买卖合同项下的房屋、土地使用情况，未对发行人资产完整性产生任何重大不利影响。

【案例4】未批先建建筑物及配套设施的情况——天常股份（股票代码:300728）

A股上市情况：2017年4月25日召开的中国证券监督管理委员会创业板发行审核委员会2017年第35次发审委会议审核：江苏天常复合材料股份有限公司（首发）

获通过。

案例解读

招股说明书披露：发行人子公司连云港天常存在未批先建建筑物及配套设施之情形。该批建筑物为连云港天常生产办公之主要场所，面积为10203.43平方米，截至2015年12月31日账面净值约为396.24万元。该批建筑物存在不能办理权属证书、被相关主管部门要求强制拆除、限期拆除或被行政主管部门处罚等导致发行人及其连云港子公司遭受损失的风险。请发行人说明连云港天常未批先建建筑物及配套设施的过程及情况，结合有关土地政策法律法规说明是否合法合规，是否受到相关主管部门的处罚，说明相关整改措施；说明上述建筑物及配套设施作为连云港天常生产办公主要场所是否有被相关主管部门要求强制拆除、限期拆除的风险，对发行人业务情况的影响情况；说明是否构成发行人本次发行上市的法律障碍。请中介机构对上述问题进行核查，说明核查过程并发表意见。

核查过程：中介机构多次实地走访连云港天常生产经营场地；查阅了政府主管部门出具的《确认函》《证明》等文件；核查了连云港天常制定的应急处理方案；访谈了连云港海州经济开发区管委会相关人员；查询了国家相关法律、法规的规定。

核查结论如下：

经公司说明及中介机构实地走访核查，发行人子公司连云港天常在自有土地上建有约10000平方米建筑物及配套设施，该等建筑物尚未取得房屋产权证书。连云港天常未取得产权证书的建筑物具体情况如表5-8所示。

表5-8 连云港天常未取得产权证书建筑物情况

序号	建筑物名称	面积（m^2）	用途	对生产经营的作用
1	1#生产车间	2243.54	成品及原料仓库	重要
2	2#生产车间	4875.29	生产车间	重要
3	大仓库	2016	仓库	重要
4	传达室	18.23	门卫室	不重要
5	厕所	59.49	厕所	不重要
6	配电房	45.02	配电室	一般
7	小仓库	418.61	备品配件仓库	一般
8	车库	527.25	车库	一般
合计		10203.43	—	—

连云港天常未批先建建筑物及配套设施的过程及情况如下：

中介机构实地走访了海州经济开发区管委会并经公司说明，连云港天常前身为连云港恒裕，连云港恒裕在2006年建成1#车间与传达室，2009年11月—2010年3月期间，连云港天常为满足生产需求，快速投产，在未取得土地使用权情况下，建成了2#车间。2011年8月，连云港天常已通过国有土地出让程序，依法取得了《土地使用权证书》(编号：连国用〔2011〕第HZ000501号)，房屋产权正在积极补办过程中。

2014年11月30日，连云港市住房保障和房产管理局出具《确认函》，确认：连云港天常在上述建筑物及配套设施的建设过程中按相关规定办理了相关手续。因国家对连云港天常所在地块的利用规划政策尚未落地，连云港天常尚未取得上述建筑物的产权证书，但截至确认函出具日连云港天常没有因此受到行政处罚或被要求拆除建筑物及配套设施。

2015年3月5日，海州经济开发区管委会出具《确认函》，确认：因历史原因，连云港天常暂未取得建筑物的产权证书。管委会对于房产问题高度重视，将协调各主管部门，协助连云港天常早日取得房产证书。经查询系统，未发现连云港天常2012年至今存在重大违法违规行为，亦未发现连云港天常被行政处罚的记录。

2015年5月22日，连云港市海州区住房和城乡建设局出具《确认函》，确认：连云港天常自有土地上建有10000平方米建筑物及配套设施，因历史原因，天常公司目前暂未取得上述建筑物的产权证书。经查本局系统，未发现天常公司2012年至今存在重大违法违规行为，亦未发现天常公司被行政处罚的记录。

2015年5月，江苏海州经济开发区规划建设局出具《确认函》，确认：连云港天常自有土地上建有约10000平方米建筑物及配套设施，因历史原因，天常公司目前暂未取得上述建筑物的产权证书。经查本局系统，未发现天常公司2012年至今存在重大违法违规行为，亦未发现天常公司被行政处罚的记录。

2016年9月14日，连云港海州区人民政府出具《证明》，连云港天常上述未取得产权证的建筑物及配套设施系由于历史原因和政策调整等多方面因素影响，不属于重大违法违规行为，该等建筑物及配套设施不会被限期要求拆除。

2017年1月，经走访连云港海州经济开发区管委会相关人员，并据该等人员口头介绍，连云港天常未取得房产证主要原因为海州经发区整体规划变更，须由连云港政府重新审批后作出新规划，届时连云港天常可继续办理房屋产权证书相关手续。

《中华人民共和国城乡规划法》第六十四条规定：未取得建设工程规划许可证或者未按照建设工程规划许可证的规定进行建设的，由县级以上地方人民政府城乡规划主管部门责令停止建设；尚可采取改正措施消除对规划实施的影响的，限期改正，处建设工程造价百分之五以上百分之十以下的罚款；无法采取改正措施消除影响的，限期拆除，不能拆除的，没收实物或者违法收入，可以并处建设工程造价百分之十以下的罚款。

经核查，中介机构认为，连云港天常未取得建设工程规划许可证前提下建造了上述建筑物及配套设施，违反了《中华人民共和国城乡规划法》相关规定。上述违法行为已由政府主管部门知晓并掌握，但经确认，连云港天常上述未取得房产权证具有历史原因，相关政府主管部门未对连云港天常按相关规定予以行政处罚。此外，经连云港天常所在地人民政府部门确认，连云港天常上述行为不属于重大违法行为，亦不会被限期要求拆除。

针对房产瑕疵可能对公司造成的影响，连云港天常制定了如下应急处理方案：若相关主管部门要求连云港天常限期拆除建筑物，公司将分批次、分车间进行搬迁。公司设备易搬迁、安装方便，且周围可供租赁的房产资源较多，整体搬迁至多不会超过30日，不会对公司持续生产经营造成重大影响。

2015年5月，发行人实际控制人陈美城出具《承诺函》，承诺：连云港天常若因未能取得房屋产权相关事项导致房产被强制拆除、限期拆除或导致连云港天常受到行政主管部门处罚等致使连云港天常遭受损失的，本人全额承担上述补偿、赔偿及罚款。

综上，中介机构认为：连云港天常上述“未批先建”行为违反了《中华人民共和国城乡规划法》相关规定，但连云港天常报告期内不存在因重大违法违规被予以行政处罚的情形；连云港天常已充分预估现有房产瑕疵可能对公司造成的负面影响，并已制定了切实可行的应急处理方案，未取得房屋产权证书不会对公司的持续生产经营构成重大影响，亦不会对本次发行构成实质障碍。

专家点评

发行人资产中如房屋建筑物不能取得房产证，需要证明该资产是否属于发行人核心资产，对发行人持续经营是否产生较大风险，风险量化一般包括：拆除、搬迁费用、新增租赁费用、潜在行政处罚风险。同时，发行人实际控制人作出承诺，就该风险导致的相关损失以及公司因此受到的有权部门的罚款，均由其予以全额承担，以最大程度减小上述临时建筑物拆除对公司生产经营的影响。对可能潜在的行政处罚风险，应取得有权部门不予行政处罚的说明或证明。

【案例5】对租赁房产的全面核查——盛弘股份（股票代码：300693）

A股上市情况：2017年7月12日召开的中国证券监督管理委员会创业板发行审核委员会2017年第57次发审委会议审核：深圳市盛弘电气股份有限公司（首发）

获通过。

案例解读

据招股说明书披露，发行人无自有房产，租赁三处房产用于办公、生产及员工住宿，其中租赁深圳市百旺鑫投资有限公司的两处房产均未取得房产证，共计13774平方米，租赁合同均于2016年12月19日到期。请发行人说明房产出租方深圳市百旺鑫投资有限公司的有关情况，与发行人是否存在关联关系；两处房产未取得房产证，说明租赁合同合法性、租赁价格公允性，与租赁周边产权完整厂房之间价格是否存在差异；租赁合同将于2016年年底到期，说明发行人是否有相关应对措施，对发行人生产经营的影响。请中介机构核查并发表意见。

一、出租方深圳市百旺鑫投资有限公司的有关情况，与发行人是否存在关联关系

1. 核查方式与过程

（1）登陆国家企业信用信息公示系统查询深圳市百旺鑫投资有限公司（以下简称“百旺鑫公司”）公司的股东、董事、监事、高级管理人员信息。

（2）实地走访百旺鑫公司并访谈其总经理。

（3）查阅百旺鑫公司出具与发行人不存在关联关系的声明函。

2. 核查情况及核查结论

经核查，百旺鑫的基本情况如表5–9所示。

表5–9 百旺鑫基本情况

公司名称	深圳市百旺鑫投资有限公司
成立时间	2006年7月17日
注册资本	人民币800万元
企业类型	有限责任公司
注册地址	深圳市南山区松白路百旺信高科技工业园八区32栋首层101号
经营范围	投资兴办实业（具体项目另行申报）；国内商业、物资供销业（不含专营、专控、专卖商品），在合法取得土地使用权范围内从事房地产开发经营、自有物业租赁（不含限制项目）；物业管理（凭资质证书经营）。
股东情况	张凤军、张东恒、张凤强、张远光、张爱斌、张明秀、张思芬、张玉堂、张瑞清、张伟源、叶小琼、张爱娣、张凤琴、张宇航、张卫新、张意娣、张桂华、张雪军、张国平、张国文、张伟军、张学文、张建威、赵幸云、张石金、张国英、张子威、张玉荣、赵春娇、张玉明、张宇轩、邓玉连、何华娇、张水荣
董事、监事、高级管理人员	张玉荣（董事长兼总经理）、张远光（董事）、张子威（董事）、张伟军（董事）、张国文（董事）、张凤军（监事）、张宇航（监事）、张仕斌（监事）

经百旺鑫公司总经理介绍，百旺鑫公司为白芒村村民集体根据深圳市南山区人民政府南府常纪重〔2004〕18号文及其他相关文件的指引规划出资设立的企业，并参与投资建设了百旺信工业园。

截至目前，百旺鑫公司已出具了与盛弘电气及其股东、董事、监事及管理人员不存在关联关系的声明函。

综上所述，中介机构认为，百旺鑫公司与盛弘电气之间不存在关联关系。

二、关于租赁合同的合法性

1. 核查方式与过程

（1）查阅公司与深圳市百旺鑫投资有限公司（以下简称“百旺鑫公司”）签署的《租赁合同》。

（2）登陆并核查深圳市规划和国土资源委员会（市海洋局）网站（http://www.szpl.gov.cn/szupb/fdtz/ls/2005112906094.shtml）公示的法定图则；深圳市南山区人民政府网站（http://www.sz.gov.cn/nsq/qt/sjbg/200905/t20090507_1089722.htm）公示的《百旺信工业园开发运营情况绩效审计结果公告》。

（3）百旺鑫公司提供的深圳市南山区人民政府南府常纪重（2004）18号《常务会议重大问题会议纪要》、深圳市百旺信投资有限责任公司（以下简称“百旺信公司”）提供的南山区人民政府南府常纪重（2005）10号《常务会议重大问题会议纪要》、深圳市南山区发展计划局出具的深南计投（2005）27号《关于下达百旺信工业园A区厂房等项目固定资产投资前期工作计划的通知》、深圳市科技工贸和信息化委员会出具的深科工贸信规划字（2009）5号《关于公布第二批深圳特色工业园名单的通知》、深圳市南山区建设局出具的《关于南山区百旺信高科技工业园命名的复函》、深环批（2003）10513号《深圳市环境保护局建设项目环境影响审查批复》。

（4）查阅深圳市南山区西丽街道出具的关于百旺鑫公司提交的深圳市农村城市化历史遗留违法建筑普查申报表的收件回执、深圳市南山区西丽街道阳光社区工作站及西丽街道规划土地监察队共同出具的《历史遗留违法建筑普查证明》、深圳市南山区查处违法建筑和处理农村城市化历史遗留问题领导小组办公室出具的《农村城市化历史遗留违法建筑普查证明》。

（5）经深圳市南山区建设工程质量监督检验站确认的《关于百旺信工业园A区二区厂房C区28#32#宿舍竣工验收说明》、深圳市公安局消防局出具的深公消验（2007）BB0398号《建筑工程消防验收意见书》。

（6）与百旺鑫公司的总经理进行访谈并取得百旺鑫公司出具的声明函、登陆国家企业信用系统网站查询百旺鑫公司的工商登记信息。

2. 核查情况

(1)租赁房产的详情。

截至目前，公司向百旺鑫公司租赁房产的具体情况如表5-10所示。

表5-10 盛弘电气向百旺鑫公司租赁房产情况

序号	位置	出租方名称	用途	面积(平方米)	租赁截止日期	租赁价格/月
1	深圳市南山区松白路百旺信高科技工业园二区第6栋	深圳市百旺鑫投资有限公司	厂房及办公	10351	2021.12.31	37元/平方米
2	深圳市南山区松白路百旺信高科技工业园二区第5栋第1~2层	深圳市百旺鑫投资有限公司	厂房及办公	4164	2021.12.31	37元/平方米
3	深圳市南山区松白路百旺信高科技工业园32栋第五、第六、第七层	深圳市百旺鑫投资有限公司	宿舍	3546	2021.12.31	35元/平方米
4	深圳市南山区松白路百旺信高科技工业园28栋第1~2层	深圳市百旺鑫投资有限公司	宿舍	2364.67	2021.12.31	35元/平方米

根据深圳市南山区西丽街道办事处阳光社区工作站出具的《房屋产权证明》及《证明》等材料，百旺鑫公司已向深圳市南山区西丽街道办递交了农村城市化历史遗留违法建筑普查申报材料，深圳市南山区查处违法建筑和处理农村城市化历史遗留问题领导小组办公室及西丽街道规划土地监察队对前述申报事实进行了确认，前述租赁房产属于《深圳市人民代表大会常务委员会关于农村城市化历史遗留违法建筑的处理决定》(2009年5月27日实施，以下简称为《处理决定》)规定的历史遗留违法建筑，实际归属于百旺鑫公司，并已由百旺鑫公司按照《处理决定》规定进行了申报。

根据《处理决定》第十一条，“经普查记录的违法建筑，尚未按照本决定和相关规定处理前，可以允许有条件临时使用。违法建筑建设当事人或者管理人需要临时使用的，应当向有关部门申请工程质量和消防安全检验；经工程质量和消防安全检验合格并符合地质安全条件的，可以按规定办理临时从事生产经营活动和房屋租赁的相关手续”。

根据深圳市南山区建设工程质量监督站确认的《关于百旺信工业园A区二区厂房C区28#32#宿舍竣工验收说明》，前述租赁房产已于2007年9月10日通过了深圳市南山区建设工程质量监督站的竣工验收。

2007 年 10 月 10 日，深圳市公安局消防局向百旺鑫公司出具了深公消验（2007）BB0398 号《建筑工程消防验收意见书》，经消防验收，认定百旺信工业园二期 5 — 8 号厂房工程满足防火设计，在消防安全方面具备使用条件。基于上述，中介机构认为，前述租赁房产符合《处理决定》第十一条规定的临时从事生产经营活动和房屋租赁的条件。

（2）租赁房产及所在工业园区已经取得的行政审批。

经中介机构登陆深圳市规划和国土资源委员会（市海洋局）网站查询租赁房产所在地块的法定图则，租赁房产所在片区的土地性质为一类工业用地和单身宿舍用地，租赁房产的用途符合其所在地块的法定图则。

根据深圳市南山区人民政府印发的南府常纪重〔2004〕18 号、（2005）10 号《南山区人民政府常务会议重大问题会议纪要》，租赁房产所在的百旺信工业园是经深圳市南山区人民政府同意统一规划、集中开发的工业园区，同意百旺信工业园开发建设。

2005 年 10 月 25 日，深圳市南山区发展计划局（现已更名为“深圳市南山区发展和改革局”）以深南计投（2005）27 号文批准了百旺信工业园区厂房的投资计划，并抄报或报送了深圳市发展和改革局、深圳市规划局、深圳市国土房产局、深圳市南山区建设局。

根据深圳市南山区人民政府网站公示的《百旺信工业园开发运营情况绩效审计结果公告》，百旺信工业园已取得了深圳市国土资源局批复的项目详细蓝图，通过了深圳市环境保护局的环境影响评估，具备了取得用地红线的基本条件，取得了深圳市规划局关于“对于符合规划的项目，在办理用地手续、按程序处罚、完善消防、建设工程等验收手续后，可以按现状确认”的政策性承诺。

深圳市科技工贸和信息化委员会以深科工贸信规划字〔2009〕5 号文认定百旺信工业园为深圳特色工业园区之一。深圳市南山区建设局 2008 年 2 月 26 日复函百旺工业区管理办公室，原则同意该园区命名，以便办理工商注册等下步工作，并要求待百旺信工业园整体建设完毕后将其命名报市相关部门审批。

经中介机构实地查看，走访了百旺信工业园、百旺鑫公司，并访谈了百旺信工业园物业中心主任、百旺鑫公司总经理，前述租赁房产位于百旺信工业园区范围内，因该园区占用了白芒村集体土地，南山区人民政府同意在统一规划的前提下，在工业园区内划出三万平方米土地返还白芒村用于发展集体经济。白芒村村民组织成立了百旺鑫公司，由百旺鑫公司根据园区管委会的统一要求出资建设了工业区部分厂房及宿舍，并对外出租。经百旺鑫公司确认，自公司承租前述房产以来，相关租赁合同得到了双方的有效执行，双方就租赁合同的履行不存在任何争议、纠纷或潜在纠纷。

深圳市南山区城中村（旧村）改造办公室已于2016年1月15日出具证明，深圳市南山区松白路百旺信高科技工业园二区第6栋目前暂未纳入深圳市城市更新单元计划。深圳市南山区城市更新局已于2016年12月2日出具证明，深圳市南山区松白路百旺信高科技工业园二区第5栋厂房1、2层暂未纳入深圳市城市更新单元计划，深圳市百旺鑫投资有限公司承诺五年内不会对其所属的以上物业申报城市更新单元计划。

（3）公司实际控制人出具的相关承诺。

公司实际控制人方兴、肖学礼、盛剑明已承诺：如因盛弘电气租赁的上述房屋出现房屋权属纠纷、拆迁事宜或其他原因导致盛弘电气在租赁合同有效期内无法继续使用该等租赁物业而需要变更办公及生产场所或遭受生产经营停滞等损失，并且出租方不给予足额赔偿、补偿的，则由方兴、肖学礼、盛剑明以连带责任的方式向盛弘电气承担全部补偿责任，保证发行人不因上述事项遭受经济损失。方兴、肖学礼、盛剑明三人之间按照该承诺出具之日各自持有发行人股份的比例承担相应的补偿金额。

3. 核查结论

基于前述核查，中介机构认为，前述租赁房产属于《深圳市人民代表大会常务委员会关于农村城市化历史遗留违法建筑的处理决定》规定的历史遗留违法建筑，包括租赁房产在内的百旺信工业园区是经深圳市南山区人民政府同意统一规划并主导投资建设的工业园区，其建设等情况已报送了所在地建设和规则主管部门，并取得了深圳市规划局的相关政策性承诺。

根据《处理决定》第五条，“经普查记录的违法建筑，市政府应当区别其违法程度，根据本决定以及土地利用总体规划、城市规划和土地利用计划的要求，分别采用确认产权、依法拆除或者没收、临时使用等方式，分期分批处理”。

《处理决定》第十一条规定，“经普查记录的违法建筑，尚未按照本决定和相关规定处理前，可以允许有条件临时使用。违法建筑建设当事人或者管理人需要临时使用的，应当向有关部门申请工程质量和消防安全检验；经工程质量和消防安全检验合格并符合地质安全条件的，可以按规定办理临时从事生产经营活动和房屋租赁的相关手续”。目前，房产所有人百旺鑫公司已经按照前述《处理决定》的规定向深圳市南山区西丽街道办事处进行了确权申报，租赁房产符合《处理决定》规定的临时使用的条件。因此，发行人承租上述房产的过程合法合规。

三、关于租赁价格的公允性

1. 核查方式与过程

（1）查阅公司与百旺鑫公司签署的租赁合同。

（2）登录深圳市房屋租赁行业协会网站查询《深圳市南山区 2016 年度房屋租赁指导租金表》。

2. 核查情况及核查结论

经核查，公司向百旺鑫租赁的厂房的价格为 37 元 / 平方米，租期最后两年（2020 年 1 月 1 日—2021 年 12 月 31 日）为 40.7 元 / 平方米；向百旺鑫租赁的宿舍的价格为 35 元 / 平方米，租期最后两年（2020 年 1 月 1 日至 2021 年 12 月 31 日）为 38.5 元 / 平方米。根据深圳市房屋租赁行业协会网站公布的《深圳市南山区 2016 年度房屋租赁指导租金表》，公司所在的南山区白芒关外阳光社区的厂房租金指导价格为 35 元 / 平方米（1 楼）、25 元 / 平方米（2 楼以上），住宅租金指导价格为 35 元 / 平方米。

基于上述核查，中介机构认为，公司向百旺鑫公司租赁的厂房和宿舍的租赁价格公允。

四、关于租赁期限

经核查，公司已与百旺鑫公司续签租赁合同，目前有效的租赁合同的到期时间为 2021 年 12 月 31 日。

专家点评

房产租赁需要核查以下内容：

一、租赁行为是否具备商业合理性，为生产经营所必须，是否影响发行人资产独立性。

二、租赁的房产是否取得产权证书，公司租赁的房产如未能取得产权证书，在如实披露的情形下需要说明该事项对公司经营的影响，如对公司的持续盈利能力不产生重大影响则对上市无负面影响。

三、租赁行为是否为关联交易，定价是否公允。

【案例 6】核查土地、房产权属取得方式、程序等是否合法合规——民德电子（股票代码：300656）

A 股上市情况：

2017 年 4 月 11 日召开的中国证券监督管理委员会创业板发行审核委员会 2017 年第 30 次发审委会议审核：深圳市民德电子科技股份有限公司（首发）获通过。

案例解读

监管部门要求中介机构就发行人及其子公司土地使用权、房产的取得方式、取得程序、用途是否符合有关法律、法规及规范性文件的规定进行核查并发表意见。

经中介机构核查，并经发行人书面确认，发行人独立拥有一宗房产，房地产权利证书编号为深房地字第4000626787号，房地产名称为科技园工业厂房25栋1段5层，建筑面积1570.7m^2，竣工日期为1992年7月1日，用途为厂房。

发行人原系向关联方华翔科技采取租赁方式使用上述房产，考虑到公司长期发展需要，以及规范公司资产的完整性和独立性，2012年12月，经公司与华翔科技协商一致后购买其拥有的位于科技园工业厂房25栋1段5层的房产。2012年12月11日，公司与华翔科技签署《深圳市二手房买卖合同》，约定华翔科技将坐落于深圳市南山区深南路科技园科技园工业厂房25栋第5层1段5层的房地产转让给发行人。协议签署后，发行人根据协议支付相应款项给深圳市华翔科技有限公司，并办理房产产权变更登记。登记完成后，发行人合法取得上述房产的产权。

根据《房地产登记证》等权属证明，上述房产的用途为厂房，该等房产目前主要用于发行人的技术研发、办公等生产经营活动，符合有关法律、法规及规范性文件的要求。

综上所述，中介机构认为，发行人取得上述房屋所有权的程序合法、合规、真实、有效，符合我国有关土地、房产管理等法律、法规及规范性文件的要求。

专家点评

根据物权法的规定，不动产物权的设立、变更、转让和消灭，经依法登记，发生效力；未经登记，不发生效力，但法律另有规定的除外。因此房产证书是证明房产权属的依据，公司拥有的房产已办理有关产权证书，对公司的持续经营无不利影响。

第二节 土地问题

一、发行人的产权证书应齐全

《首次公开发行股票并上市管理办法》第10条规定的发行条件中，有一项是："发行人的注册资本已足额缴纳，发起人或股东用作出资的资产的财产权转移手续已办理完毕，发行人的主要资产不存在重大权属纠纷。"第25条规定："发行人不得有下列情形：……最近36个月内违反土地法律、行政法规，受到行政处罚，且情节严重……”。

根据中国证监会2006年修订的《公开发行证券的公司信息披露内容与格式准则第9号——首次公开发行股票并上市申请文件》，发行人向中国证监会报送的申请文件中“9–1 产权和特许经营权证书”下9–1–1要求发行人提供土地使用权、房屋所有权等产权证书清单，并需列明证书所有者或使用者名称、证书号码、权利期限、取得方式、是否及存在何种他项权利等内容，并由发行人律师对全部产权证书的真实性、合法性和有效性出具鉴证意见。

根据以往项目情况，中国证监会对发行申请文件进行审核时，不排除对招股书中披露的物业权证不完善的情况提出进一步的询问或要求。

因此，发行人的自有物业，产权证书应齐全。

二、土地使用权的取得方式

公司可以通过以下方式取得其生产经营所需要的土地使用权：

（1）以出让或转让方式取得土地使用权。即采用出让方式从国家土地管理部门取得土地使用权，也可通过转让方式从其他土地使用权人手中取得土地使用权。

其中，以转让方式取得土地使用权的，应注意以下问题：

①土地使用权的转让只能是对原土地使用权剩余期限的转让。

②土地使用权人必须在对土地进行一定开发之后才可以转让其权利。

③土地使用权转让时，其地上建筑物、附着物应随同转让。

④改变土地用途的转让，必须取得土地管理部门的同意并按新的土地使用方式缴纳（或补交）土地使用权出让金。

⑤土地使用权转让应办理过户登记手续。

（2）折价入股。包括公司的发起人将自己通过出让或转让方式取得的土地使用权折价入股和国家直接将一定年限的土地使用权折价入股。

以土地使用权折股出资时，要遵守以下法律、法规要求：

①以出让方式取得的土地使用权出资的，出资者应当具有土地证、土地使用权出让合同或转让合同，且上述土地使用权上不存在限制折价入股的担保物权。

②以划拨方式取得的土地使用权出资的，出资者应当向市、县人民政府土地管理部门申请办理土地使用权出让手续后方能作为出资；城市规划区内的集体所有的土地应当先依法征为国有土地后方能作为出资；农村和城市郊区的集体所有的土地（除法律规定属于国家所有的以外）应当经县级人民政府登记注册，核发证书，确认

所有权后方能作为出资。

（3）以租赁方式取得土地，公司以租赁方式取得土地使用权的常见形式包括：向股东租赁和向土地管理部门租赁。以租赁方式取得土地使用权时，要注意以下方面：

①遵守国有土地租赁相关规定和程序。根据《规范国有土地租赁若干意见（国土资发（1999）222号）》，承租人通过向国家租赁土地取得土地使用权，在按规定支付土地租金并完成开发建设后，经土地行政主管部门同意或根据租赁合同约定，可将承租土地使用权转租、转让或抵押。承租土地使用权转租、转让或抵押，必须依法登记。

②划拨方式取得的土地应当办理出让手续后方可租赁。以行政划拨方式取得的土地原则上是不能出租的。因此，出资者应当以出让方式取得土地使用权，然后再出租给公司。

③公司取得生产经营所必需的土地时，应当签订长期土地租赁合同。合同条款包括：土地的租用年限、租金及到期后对土地的处置计划。

三、使用集体土地应注意的问题

《中华人民共和国土地管理法》规定，任何单位和个人进行建设，需要使用土地的，必须依法申请使用国有土地；但是，兴办乡镇企业和村民建设住宅经依法批准使用本集体经济组织农民集体所有的土地的，或者乡（镇）村公共设施和公益事业建设经依法批准使用农民集体所有的土地的除外。依法申请使用的国有土地包括：国家所有的土地和国家征用的原属于农民集体所有的土地。

使用集体土地应当注意：

（1）企业改制前使用的是集体所有的土地，改制后如需继续使用，应当先通过征用程序将集体土地转变为国有土地，然后再办理有偿使用手续。

（2）公司的经营范围如果包括种植业、林业、畜牧业、渔业等农业生产，确实需要使用集体土地的，可以同农村集体经济组织签署承包经营合同，以承包的方式使用集体土地。

四、根据具体情况灵活选择土地使用权的处置方案

我国土地属于国家或集体所有，集团公司改组时，可根据股本、盈利能力、净

资产等情况确定土地使用权的处置方案：

一是集团公司出让取得土地后将评估后的土地折合为股份进入股份公司，该股份由集团公司持有，界定为国有法人股（或集团再转让给股份公司也可以）。

二是由国家将土地作价入股，界定为国家股，委托给集团公司持有。

三是股份公司直接以出让方式取得土地使用权，在此情形下，土地不折合为股份，而是在股份公司成立之后由股份公司出让取得土地使用权，但股份公司缴纳出让费通常不能享受出让金优惠政策。

四是租赁方式，由上市公司租赁使用有关土地，即可以向土地管理局直接租赁，也可在集团公司办理出让手续后，向集团公司租赁使用（即通称的“先出让后出租”方式）。

五是授权经营方式，由土地管理部门授权集团公司经营土地，集团公司不必交出让费，即可采取转让、出租、作价出资等方式处置土地。

六是集团公司办理出让手续后再转让给股份公司（缺点是产生了关联交易，对股份公司不利）。

由于土地资产不直接产生效益，采取上述第一二种方式即折价入股方式会增加股份公司的股本总额，从而减少股份公司每股的盈利。采取第三种方式即出让方式则需由股份公司支付巨额出让金。采取向土地部门直接租赁使用方式（第四种方式）则风险较大，因为其租金是不断上调的，而向集团公司租赁，租金是一次性确定的，不随土地升值而调整。因此，向集团公司租赁使用方式为通常采用的模式。第五种方式从理论上讲是最有利的方式，但困难也最大。第六种方式，根据国土资源部近期的不成文规定，企业改制时坚持“房屋所有权与土地使用权不可分离”的原则，应选择房地整体出租或整体出让、入股等方式处置土地资产，原则上不再适用“先出让后出租”的方式。但在实际操作中，仍有不少公司采用“先出让后出租”方式。

鉴于此，集团公司改制时，应视股份公司使用土地的具体情况灵活选择上述任一方式或结合采取上述土地资产处置方式。

第六章　对赌

根据《首次公开发行股票并在创业板上市管理办法》第13条：发行人的股权清晰，控股股东和受控股股东、实际控制人支配的股东所持发行人的股份不存在重大权属纠纷。鉴于对赌条款对上市公司股权以及持续盈利的稳定性产生负面影响，证监会对对赌条款的态度是持否定态度。

对赌协议产生的时间在于上市审核之前，对于投资方而言，投资一个拟上市企业，基于信息不对等以及对企业未来盈利能力的不确定性的原因，如果没有对赌、回购等条款，对于自身权益无法保障；对于融资方来说，在现金流缺乏的时候，只要代价足够高，钱到位快，对赌协议条款的约束并不重要。投资方及融资方对对赌协议理解的不一致，是产生纠纷的主要原因。

对赌产生的最主要原因是投资方和融资方的信息不对等以及对企业未来盈利能力的不确定性，融资方经营企业，对企业的实际情况最为了解，而投资方只能通过外部中介机构进行尽职调查来对企业进行相对浅显的了解。投资方为了保证自己的利益，往往要求在投资协议中加入对赌条款。

这些条款是对于未来不确定的情况进行一种约定。如果约定的条件出现，投资方可以行使一种权利；如果约定的条件不出现，融资方则行使一种权利。所以，对赌条款约定的实际上就是期权的一种形式。对赌条款如果不符合《公司法》的规定，可能影响股权的稳定性，在上市前应当消除。

从目前监管部门的审核理念中可以看到，虽然我们理解投资方对于自己权益保护而采取的措施，但是毕竟拟上市公司要成为公众公司，其本身的股权和经营是不能存在重大不确定因素的，对赌就可能会造成这种不确定的情况出现，甚至有一些条款本身就违背了法律法规和规范性文件的规定，最终导致企业上市不成功。所以监管部门要求企业在上市前清理对赌及对对赌的核查就是非常必要的。

第一节　对赌的核查

【案例1】对对赌的全面核查——盛弘股份（股票代码：300693）

A股上市情况：2017年7月12日召开的中国证券监督管理委员会创业板发行审核委员会2017年第57次发审委会议审核：深圳市盛弘电气股份有限公司（首发）获通过。

案例解读

据申报材料显示，发行人及其实际控制人与部分股东曾签订对赌协议。请发行人补充说明：（1）对赌协议的具体内容、约定；对赌协议签订及履行的程序，关于上市进程、业绩等对赌历年的实现情况，未实现时的解决措施、结果，对发行人的影响，是否损害发行人其他股东等相关方的利益，是否存在纠纷或潜在纠纷。（2）对赌协议是否清理完毕，是否仍存在其他对赌协议等特殊安排，是否仍存在纠纷或潜在纠纷。请中介机构对上述事项进行核查并发表意见，说明核查过程。

一、核查方式与程序

（1）查阅公司历次增资、股权转让涉及的增资协议、投资协议、股权转让协议及上述协议的补充协议。

（2）查阅公司历次增资、股权转让涉及的股东（大）会、董事会文件。

（3）查阅公司相关的对赌条款执行涉及的价款支付凭证。

（4）取得公司股东晶隆投资、曹敏出具的关于对赌协议执行情况的确认及声明文件。

（5）取得公司全体股东就不存在对赌协议等特殊安排，亦不存在纠纷或潜在纠纷出具的确认文件。

二、核查情况

1. 对赌协议的具体内容、约定

（1）与曹敏、晶隆投资签署的对赌协议。2011年2月25日，晶隆投资、曹敏与盛弘有限及全体股东方兴、雷海军、敬立成、汪卫强、盛剑明、宗郁林、文启贵、魏晓亮、冼成瑜、创赛一号签署。

《关于深圳市盛弘电气有限公司之增资协议》，约定晶隆投资、曹敏合计向公司投资1,000万元，增资后共计持有公司5%的股权。

同日，上述各方签署《关于深圳市盛弘电气有限公司增资协议之补充协议》，明确本次增资以公司的整体估值2亿元作为定价依据，并约定了下述与公司业绩及上市进程相关的对赌和股份回购条款，详见表6–1。

表6–1 对赌和股份回购条款的具体内容

项目	具体内容
业绩承诺及补偿方式	2.1 公司及创始股东（指方兴、雷海军、敬立成、汪卫强、盛剑明、宗郁林、文启贵、魏晓亮、冼成瑜、创赛一号）的保证作为投资者（指晶隆投资和曹敏）同意作出增资的条件之一，公司及创始股东对公司2011年净利润作出如下保证：若公司2011年净利润低于人民币两千万元（¥20,000,000），则创始股东将以向投资人以零价格或象征性价格（例如人民币一元）转出股份的方式对投资人进行股份补偿。作为补偿的股份额应按下列公司计算：补偿股份额在届时公司总股本中所占比例＝人民币1000万/［公司2011年净利润 ×10］–5%，但补偿股份最高不超过5%。投资者将按各自所持有的盛弘的股权比例对应分配所获得的补偿股份。在公司具备上市条件的情况下，公司及创始股东保证最迟于2014年12月31日前向中国证券监督管理委员会或投资者认可的其他境外资本市场提交公开上市申请申报材料。
	2.2 投资者的保证作为公司及创始股东接受增资的条件之一，投资者作出如下保证：若公司2011年净利润高于人民币两千万元（¥20,000,000），则投资者将对创始股东进行现金奖励，奖励金将于审计报告出具后的10天内以现金支付。奖励金额应按下列公式计算：奖励金额＝［公司2011年净利润 ×10］×5%–1000万元。奖励应在创始股东之间按照其在增资前公司中的出资比例分配。
退出安排	3.1 投资者要求赎回的权利如果发生下列情形之一，并且该情形是由公司或其子公司行为产生的，投资者有权，但无义务，要求公司赎回或者要求创始股东购买投资者持有的所有或者部分（由投资者自主决定）的公司股份：a）公司或其任何子公司主观故意对任何第三方的任何重大违约责任，并由此导致公司失去在2014年12月31日前公开发行股票和上市的主体资格；b）符合公开发行上市的条件但在2014年12月31日前故意不提交上市申请；c）根本性违反增资协议中的有关实质性义务，导致投资者不能实现合同目的；d）根本性违反增资协议中的陈述和保证条款，导致投资者不能实现合同目的。
退出安排	3.2 赎回价格如果投资者行使其在上述第3.1条项下的权利，要求公司赎回或者要求创始股东购买投资者持有的公司股份，则适用的赎回价格或购买价格应当为投资者取得该等股份支付的价格（就本次增资而言，投资者支付的价格以人民币壹仟万元取得百分之五的股份）的150%。
其他安排	如果公司或创始股东与任何其他投资者进行任何形式的融资、增资或其他影响公司股权结构的安排或协议，若该等安排或协议具有股份对赌条款，则除非投资者书面同意参与股份对赌，投资者将不受股份对赌条款约束，不得因股份对赌而稀释投资者在公司中的持股比例，且投资者的权利应优先于至少应当相当于所有其他股东（包括该等安排或协议中涉及的新的投资者）的权利。投资者在本款项下的权利应在符合要求的上市实现时终止。

（2）与苏州伯乐、惠州伯乐、上海鼎晨签署的对赌协议。2013年1月31日，投资方苏州伯乐、惠州伯乐、上海鼎晨与盛弘有限及方兴等全体股东签署《深圳市盛弘电气有限公司增资协议》，约定惠州伯乐以177.7760万元认购公司新增注册资本30.2484万元，苏州伯乐以88.8880万元认购公司新增注册资本15.1242万元，上海鼎晨以92.9600万元认购公司新增注册资本15.8170万元。

2013年10月9日，公司及公司实际控制人方兴、肖学礼、盛剑明与投资方苏州伯乐、惠州伯乐、上海鼎晨签署《深圳市盛弘电气有限公司增资协议之补充协议》，约定了下述与公司业绩或上市进程相关的股份回购条款，详见表6–2。

表6–2 股份回购条款的具体内容

项目	具体内容
业绩承诺及补偿方式	2.1 甲方（指公司实际控制人方兴、盛剑明、肖学礼）、丙方（指盛弘电气）双方承诺保证2012年度及2013年度丙方实现净利润合计不少于人民币3600万元。上述净利润以具有证券从业资格会计师事务所审计确认的归属于丙方的税后净利润（扣除非经常性损益，增值税软件产品退税收入为经营性收入）为计算依据，经各方确认后确定。如本次增资后丙方进一步增资，则本条所对应的2012年及2013年丙方的净利润目标将应相应提高，具体提高额度由本协议各方合理商定。
	2.2 若丙方经审计的净利润未达到第2.1条规定的业绩承诺目标，乙方（指投资人苏州伯乐、惠州伯乐、上海鼎晨）有权要求甲方回购乙方所持有丙方的全部股权，退还全部投资款及代付款（809.1540万元）并按照10%的利率支付利息，方兴、盛剑明与肖学礼承担连带责任。
股份回购	各方同意，若丙方因各种原因在2016年12月31日未能实现上市，由甲方收购乙方所持有丙方的全部股权，退还全部投资款并按照年10%的利率支付利息
退出安排	本次交易完成后，丙方现有股东欲出让股权给第三方时，乙方有权（但在任何情况下，无义务）以欲出售股权的现有股东与该第三方达成的同等价格和条件，按乙方与丙方现有股东在公司的股权比例，共同向该第三方转让股权。甲方负有对乙方行使此项权利给予必要配合的义务

（3）与肖舟、尹明姝签署的对赌协议。2014年12月4日，盛弘有限原股东创赛一号与尹明姝签署《股权转让合同》，将其持有的盛弘有限1.8146%的股权以402.8412万元的价格转让给尹明姝。

2015年9月14日，投资方肖舟与公司及方兴等全体股东签署增资协议，约定肖舟以3,289.4688万元认购公司658.1199万元新增注册资本，持有公司9. 6183%的股权。

2015年9月14日，公司及公司的实际控制人方兴、肖学礼、盛剑明与肖舟、尹明姝签署《合作协议》，约定了下述与公司上市进程相关的股份回购条款，详见表6–3。

表6–3 股份回购条款的具体内容

项目	具体内容
股份回购	2.1 自乙方（指投资人肖舟、尹明姝）第二次增资取得公司股权之日（即该股权登记至乙方名下之日）起36个月内，公司未能取得中国证监会的关于首次公开发行股票并上市的核准文件，且公司未能取得中国中小企业股份转让系统有限责任公司核准公司股票在该系统挂牌并公开转让的批文，乙方有权要求甲方（指公司的实际控制人方兴、盛剑明、肖学礼）回购其持有的公司全部或部分股权（“回购股权”），股权转让价格按照下述价格孰高者计算： （1）乙方发出“股权收购通知书”之日公司的账面净资产值； （2）乙方获得回购股权的成本以及按照年息10%计算的补偿款（起息日为乙方支付股权转让之日），不足一年按日（甲乙双方确认，一年为365天）计算。 如乙方持有丙方股权期间，丙方向乙方分配利润的，则股权回购价款中应扣除丙方向乙方分配的税前利润。自丙方分配利润之日起，回购价款的计息基数为乙方的成本价减去上述税前利润。

续表

项目	具体内容
反稀释条款	3.1　丙方（指盛弘电气）上市前，在甲方向其他投资者转让公司股权或公司向其他投资者额外发行股份（或增加注册资本，以下统一表述为额外发行股份）时，公司及甲方应保证股权转让价款的条件、及额外发行股份的价格和条件（统称“其他投资者认购价格”）不比乙方获得其届时持有的所有权/股份的价格（根据乙方每次认购的价格按照加权平均的方法获得）（简称“乙方认购价格”）和条件更为优惠，否则，甲方及公司应采取措施补偿乙方并确保乙方认购价格不高于其他投资者认购价格。乙方届时将就要求甲方、公司给予何种补偿措施书面通知甲方及公司，甲方及公司应根据乙方的书面通知采取相应的补偿措施。
其他安排	5.1　共同出售权 （1）丙方上市前，如果转让方（仅指甲方作为转让方的情况）预向受让方转让公司股权，在乙方发出共同出售通知的情况下，乙方有权（以下简称“共同出售权”）要求受让方以与转让方相同的价格和其他条款和条件向乙方购买一定数量的公司的股权及该数量的最高值为下列两项的乘积：（x）转让方拟直接或间接转让的公司股权的数量，（y）一个分数，其分子为乙方届时持有的公司股权的数量，其分母为前述分子和转让方届时直接或间接持有的公司股权数量之和。 （2）如乙方行使共同出售权，转让方应采取包括相应缩减转让方出售股权数量等方式确保出售权实现。 （3）未经履行乙方享有的优先购买权及共同出售权程序，转让方不得转让其持有的公司股权。
	5.2　跟随出售权 （1）自本协议签署之日起至丙方上市前，如果公司或甲方获得一个真实收购要约，且在完成该收购后甲方直接或间接持有的公司股权合计低于公司所有权股权的百分之五十（50%）（以下简称“收购要约”），则作为公司完成该真实收购交易的条件，乙方将有权利要求公司及甲方、而公司及甲方将有义务促使要约收购人以相同的价格和条件收购乙方持有的所有公司股权、债权和其他权益（以下简称“跟随出售权”）。 （2）公司或甲方应在收购要约之日起三（3）个工作日内，以书面形式通知乙方该收购要约的全部内容。 （3）乙方在收到收购要约的全部内容后十（10）个工作日内以书面形式回复公司及甲方，表明其： ①放弃行使跟随出售权；或者 ②行使跟随出售权（此时该书面回复通知称“跟随出售通知”）：乙方有权要求公司及甲方，而公司及甲方将有义务促使要约收购人以相同的价格和条件收购该投资机构持有的所有公司权益。乙方应在跟随出售通知中注明其选择行使跟随出售权所涉及的公司股权、债权及其他权益的数量。
其他安排	（4）若乙方已恰当地行使跟随出售权而要约收购人拒绝向乙方购买相关股权，则甲方及其他公司股东不得向要约收购人出售其直接或间接持有的公司的任何股权，该真实收购交易不得进行。如果甲方或其他公司股东违反本第5.2条的规定出售公司的任何股权，则乙方有权以相同的价格和其他条款和条件将其根据跟随出售权本应出售给要约收购人的股权、债券或其他权益强制出售给甲方或其他违反第5.2条的公司股东，甲方或其他违反本第5.2条的公司股东应当向乙方购买其根据本协议第5.2条强制出售给甲方或其他违反5.2条的公司股东的公司股权、债权和其他权益。

2. 对赌协议签署履行的法律程序

（1）经核查，公司及公司创始股东与晶隆投资、曹敏签署的对赌协议经盛弘有限当时的全体股东一致同意，且投资方晶隆投资已确认其签署对赌协议时履行了相关的内部决策程序，中介机构认为，上述对赌协议系各方真实意思表示，合法有效。

（2）经核查，公司及公司实际控制人与苏州伯乐、惠州伯乐、上海鼎晨、肖舟、尹明妹签署的对赌协议约定，对投资者承担业绩补偿义务及股份回购义务的主体为公司的实际控制人，且投资方苏州伯乐、惠州伯乐、上海鼎晨已确认其签署对赌协议时履行了相关的内部决策程序，中介机构认为，该等条款对公司实际控制人及投资方具有法律约束力。

3. 关于上市进程、业绩等对赌历年的实现情况

（1）关于上市进程约定的实现情况。

表6-4　关于上市进程约定的实现情况

股东名称	上市进程约定	实施情况	实现与否
晶隆投资、曹敏	《增资协议之补充协议》约定，公司符合公开发行上市的条件但在2014年12月31日前故意不提交上市申请，投资者有权，但无义务，要求公司赎回或者要求创始股东购买投资者持有的所有或者部分（由投资者自主决定）的公司股份	发行人于2016年3月18日向证监会递交了发行上市申报材料，目前仍在审核过程中	未实现，已于2015年12月终止对赌协议
惠州伯乐、上海鼎晨、苏州伯乐	《增资协议之补充协议》约定，若公司因各种原因在2016年12月31日未能实现上市，由方兴、盛剑明、肖学礼收购投资方所持有公司的全部股权，退还全部投资款并按照年10%的利率支付利息	发行人于2016年3月18日向证监会递交了发行上市申报材料，目前仍在审核过程中	2015年12月终止对赌协议，未触发
肖舟、尹明妹	《合作协议》约定，自肖舟、尹明妹第二次增资取得公司股权之日（即该股权登记至肖舟、尹明妹名下之日）起36个月内，公司未能取得中国证监会的关于首次公开发行股票并上市的核准文件，且公司未能取得中国中小企业股份转让系统有限责任公司核准公司股票在该系统挂牌并公开转让的批文，肖舟、尹明妹有权要求方兴、肖学礼、盛剑明回购其持有的公司全部或部分股权	发行人于2016年3月18日向证监会递交了发行上市申报材料，目前仍在审核过程中	2015年12月终止对赌协议，未触发

（2）关于业绩对赌事项的实现情况。

表6-5 业绩对赌事项的实现情况

股东名称	业绩对赌约定	实施情况	实现与否
晶隆投资、曹敏	《增资协议之补充协议》约定，若公司2011年净利润低于人民币两千万元（¥20,000,000），则创始股东将以向投资人以零价格或象征性价格（例如人民币一元）转出股份的方式对投资人进行股份补偿。	公司2011年的净利润为1,183.09万元	未实现
惠州伯乐、上海鼎晨、苏州伯乐	《增资协议之补充协议》约定，方兴、肖学礼、盛剑明承诺保证2012年度及2013年度公司实现的扣除非经常性损益后的净利润合计不少于人民币3,600万元。若公司经审计的净利润未达到上述业绩承诺目标，苏州伯乐、惠州伯乐、上海鼎晨有权要求方兴、盛剑明、肖学礼回购其所持有公司的全部股权，退还全部投资款及代付款并按照10%的利率支付利息，方兴、盛剑明与肖学礼承担连带责任。	公司2012年、2013年经审计的扣除非经常性损益后的净利润为1,162.04万元、2,099.18万元	未实现

（3）对赌事项未实现时的解决措施、结果，对发行人的影响，是否损害发行人其他股东等相关方的利益，是否存在纠纷或潜在纠纷。

①与晶隆投资、曹敏签署的对赌协议的执行。经核查，对赌协议中关于公司上市进程、业绩的对赌事项的约定均未实现。

2013年10月，苏州伯乐、惠州伯乐、上海鼎晨三家投资机构对盛弘有限进行增资时，前述三家投资机构代盛弘有限原股东向晶隆投资和曹敏支付了因触发对赌条款而应支付的现金补偿价款共计449.53万元。盛弘有限原股东以此为对价，调低了公司的整体估值使前述三家投资机构以较低的价格获得公司的股权。2013年10月，盛弘有限召开股东会，全体股东一致同意以上述方式支付晶隆投资和曹敏的对赌补偿价款。

经中介机构查阅晶隆投资、曹敏出具的确认书及相关价款支付凭证，截至本补充法律意见书出具之日，盛弘有限及其创始股东、曹敏、晶隆投资因上述对赌协议而产生的权利义务已全部履行完毕，相关款项已结清，且各方之间不存在任何争议或纠纷。

中介机构认为，上述对赌协议执行的过程中，虽然原股东在投资方对公司进行增资时调低了公司的整体估值，但该次增资的价格仍然高于公司的注册资本及净资产，且本次增资经盛弘有限全体股东一致同意，投资方苏州伯乐、惠州伯乐、上海鼎晨已足额缴纳相关的增资款项，盛弘有限依法履行了相关的工商变更登记程序，本次增资合法、有效，未损害盛弘有限的利益；本次增资及上述对赌协议的执行方式已经公司当时的全体股东一致同意和确认。因此，上述对赌协议的执行不存在损害其他股东利益的情形。

②与苏州伯乐、惠州伯乐、上海鼎晨签署的对赌协议的执行。经公司实际控制人方兴、肖学礼、盛剑明及投资方苏州伯乐、惠州伯乐、上海鼎晨确认，对赌协议中关于2012年度和2013年度公司净利润的业绩对赌未实现，但惠州伯乐、上海鼎晨、苏州伯乐未要求方兴、盛剑明、肖学礼对其持有的公司股权进行回购，且各方已于2015年12月终止了上述对赌协议；由于在各方约定的公司上市期限（2016年12月31日）届满前各方终止了对赌协议，因此未触发关于上市进程的股份回购条款。

③与肖舟、尹明姝签署的对赌协议的执行。各方已于约定的公司上市期限届满前终止对赌协议，未触发各方签署的对赌协议中关于上市进程的条款，无需执行对赌协议。

四、对赌协议是否清理完毕，是否仍存在其他对赌协议等特殊安排，是否仍存在纠纷或潜在纠纷

2015年12月23日，晶隆投资、曹敏与公司及方兴、敬立成、汪卫强、盛剑明、宗郁林、文启贵、魏晓亮、冼成瑜签署《关于深圳市盛弘电气有限公司之增资协议之补充协议（二）》，各方达成一致意见：1. 自本补充协议签署之日起，终止《增资协议》《增资协议之补充协议》；2.《增资协议》及《增资协议之补充协议》终止后，其项下尚未履行的条款不再继续履行，其项下已经实际履行的行为仍然有效，无须恢复原状；3. 各方一致确认，各方之间不存在任何因《增资协议》《增资协议之补充协议》的签署、履行及解除而产生的争议、分歧、债务或赔偿事项等。

2015年12月23日，惠州伯乐、上海鼎晨、苏州伯乐与公司及方兴、肖学礼、敬立成、汪卫强、盛剑明、宗郁林、文启贵、魏晓亮、冼成瑜、曹敏、史建军、晶隆投资签署《深圳市盛弘电气股份有限公司之增资协议之补充协议（二）》，各方达成一致意见：1. 自本补充协议签署之日起，终止《增资协议》项下第五条、第八条、第九条及《增资协议之补充协议》项下的全部条款；2.《增资协议》项下第五条、第八条、第九条及《增资协议之补充协议》终止后，其项下尚未履行的条款不再继续履行，其项下已经实际履行完毕的行为仍然有效，无需恢复原状；3. 各方一致确认，各方之间不存在任何因《增资协议》《增资协议之补充协议》的签署、履行及解除而

产生的争议、分歧、债务或赔偿事项等。

2015 年 12 月 23 日，肖舟、尹明姝与公司及公司的实际控制人方兴、肖学礼、盛剑明签署《合作协议之补充协议》，各方达成一致意见：1. 自本补充协议签署之日起，终止《合作协议》；2.《合作协议》终止后，其项下尚未履行的条款不再继续履行，其项下已经实际履行的行为仍然有效，无需恢复原状；3. 各方一致确认，各方之间不存在任何因《合作协议》的签署、履行及解除而产生的争议、分歧、债务或赔偿事项等。

经公司全体股东确认，截至本补充法律意见书出具之日，公司股东之间及公司与股东之间不存在对赌协议等特殊安排，亦不存在纠纷或潜在纠纷。

三、核查结论

（1）发行人及原股东、实际控制人与投资方签署的对赌协议已执行及清理完毕，且不存在损害发行人及其他股东等相关方利益的情形，各方就对赌协议的签署和执行以及终止和解除事宜不存在纠纷或潜在纠纷。

（2）经公司全体股东确认，公司股东之间及公司与股东之间不存在对赌协议等特殊安排，发行人与股东及各股东之间亦不存在纠纷或潜在纠纷。

专家点评

2012 年最高院终审的海富投资诉甘肃世恒案成为资本市场的一个标杆，这个案件的尘埃落定让对赌条款的效力有了确定答案：对赌的主体是投资人和公司，将被认定为无效，因为此种安排损害了公司债权人利益。实践中，投资人与公司的控股股东、实际控制人的对赌条款只要符合《合同法》的要件，即认为是合法有效的。

即便是合法有效的对赌协议，在上市审核理念中，对赌条款上市前也必须解除，理由是：股权稳定的不确定及持续经营的负面影响。

【案例 2】对赌协议终止的真实性的核查——民德电子（股票代码：300656）

A 股上市情况：2017 年 4 月 11 日召开的中国证券监督管理委员会创业板发行审核委员会 2017 年第 30 次发审委会议审核：深圳市民德电子科技股份有限公司（首发）获通过。

案例解读

请中介机构律师核查：对赌协议终止的真实性。

经中介机构核查发行人发起人许香灿、易仰卿、许文焕、黄效东、黄强、罗源熊、邹山峰、蓝敏智、白楠、倪赞春、李拓与福建新大陆电脑股份有限公司于2017年3月16日签署的《深圳市民德电子科技股份有限公司增资协议之补充协议》、福建新大陆电脑股份有限公司于2017年3月17日披露的《第六届董事会第二十七次会议决议公告》（公告编号为2017—008）等书面文件，许香灿、易仰卿、许文焕、黄效东、黄强、罗源熊、邹山峰、蓝敏智、白楠、倪赞春、李拓与福建新大陆电脑股份有限公司于2015年6月24日签订的《深圳市民德电子科技股份有限公司增资协议》中关于业绩承诺与补偿等与对赌相关的全部条款自2017年3月16日起终止，同时根据发行人全体股东出具的书面声明，发行人目前不存在任何对赌协议及特殊安排，不存在其他应披露而未披露的协议、合同、承诺、备忘录、安排等对股权稳定性有重大影响或其他含有对赌性质的法律文件。

综上所述，中介机构认为，《深圳市民德电子科技股份有限公司增资协议》中，关于业绩承诺与补偿等与对赌相关的全部条款由协议相关方以签订补充协议的方式终止，新大陆履行了相应的内部决策程序，对赌条款的终止是真实、合法、有效的。

专家点评 >>>

在投资人与融资人签署终止对赌协议后，鉴于对赌条款约定的事项在发行人向中国证监会递交首次公开发行股票并上市的申请前已终止，发行人未因此额外承担义务，未因此损害其他股东利益，因此，不存在可能影响公司股权清晰的风险。

【案例3】对对赌协议解除的核查——富满电子（股票代码：300671）

A股上市情况：2017年5月10日召开中国证券监督管理委员会创业板发行审核委员会2017年第40次发审委会议审核：深圳市富满电子集团股份有限公司（首发）获通过。

案例解读 >>>

请说明发行人与PE股东签署的对赌协议及协议的解除情况。

一、发行人与PE股东签署的对赌协议的内容

（1）2012年4月28日，博汇源、鼎鸿信添利与富满电子有限及其实际控制人刘景裕签署了《关于〈深圳市富满电子有限公司增资协议〉之补充协议》（以下简称"《补充协议》"），其主要条款的内容如表6-6所示。

表6-6 博汇源、鼎鸿信添利与富满电子有限及实际控制人签署《补充协议》主要条款内容

序号	主要条款名称	条款主要内容
1	业绩承诺	3.1 富满电子有限与刘景裕承诺：富满电子有限2012年净利润不小于2,000万元，2013年净利润不小于4,000万元，2014年净利润不小于6,000万元。公司净利润是指经具有证券期货从业资格的会计师事务所审计后的实际净利润。
2	增资价格调整	3.3 刘景裕承诺，本次增资后再引进任何投资者入股富满电子有限，相应的入股价格不低于博汇源与鼎鸿信添利入股富满电子有限的价格，否则博汇源与鼎鸿信添利的股权比例按照新的投资价格重新计算。
3	股权回购	当出现以下情况时，博汇源与鼎鸿信添利有权要求富满电子有限或刘景裕回购其所持有的全部股权： 如最终未能取得核准，博汇源与鼎鸿信添利可要求富满电子有限或刘景裕回购其持有的公司股份； 2016年12月31日前的任何时间，富满电子有限或刘景裕明示放弃公司上市安排或工作； 富满电子有限或刘景裕实质性违反本协议及附件的相关条款。 本协议项下的股份回购价格确定： 4.2.1 自博汇源与鼎鸿信添利实际到款日2012年4月27日期至富满电子有限和刘景裕实际支付回购价款之日起按年利率2%计算利息及投资本金。 本协议项下的股份回购均以现金形式进行，全部股份回购款应在博汇源、鼎鸿信添利发出书面回购要求之日起6个月内全额支付。 如果富满电子有限对博汇源、鼎鸿信添利的股份回购行为受到法律的限制，刘景裕应作为收购方，以其从富满电子取得的分红或其他合法渠道筹措的资金无条件收购博汇源、鼎鸿信添利持有的股份。
4	股权转让	当出现下列任何重大事项时，博汇源、鼎鸿信添利有权转让其所持有的全部或者部分公司股份，刘景裕具有按本协议第4.2条规定的股份回购价格受让该等股份的义务；但是如果任何第三方提出的购买该等股份的条件优于股份回购价格，则博汇源、鼎鸿信添利有权决定将该等股份转让给第三方，同等条件下，刘景裕享有优先购买权。 刘景裕和富满电子有限出现重大诚信问题严重损害富满电子有限利益，包括但不限于富满电子有限出现博汇源、鼎鸿信添利不知情的大额账外现金销售收入等情形。 富满电子有限的有效资产（包括土地、房产或设备等）因行使抵押权被拍卖等原因导致所有权不再由富满电子有限持有或者存在此种潜在风险，并且在合理时间内（不超过三个月）未能采取有效措施解决由此给富满电子有限造成重大影响。 刘景裕所持有的富满电子有限之股份因行使质押权等原因，所有权发生实质性转移或者存在此种潜在风险。
4	股权转让	其他根据一般常识性的、合理的以及理性的判断，因博汇源、鼎鸿信添利受到不平等、不公正的对待等原因，继续持有富满电子有限股份将给博汇源、鼎鸿信添利造成重大损失或无法实现投资预期的情况。 刘景裕在此保证：如果博汇源、鼎鸿信添利根据本协议第4.1条要求富满电子有限或刘景裕回购其持有的富满电子有限全部或者部分股份，或者根据本协议第4.5条要求转让其所持有的富满电子有限全部或者部分股份，刘景裕应促使富满电子有限的董事会、股东会同意该股份的回购或转让，在相应的董事会和股东会上投票同意，并签署一切必须签署的法律文件。

中介机构经核查确认,《补充协议》中的对赌条款或类似安排未实际履行。

(2)2012 年 8 月 13 日,诚信创投与富满电子有限及其实际控制人刘景裕签署了《关于〈深圳市富满电子有限公司增资协议〉之补充协议》(以下简称“《补充协议》”),其主要条款的内容如表 6-7 所示。

表6-7 《补充协议》的主要条款内容

序号	主要条款名称	主要内容
1	业绩承诺与业绩补偿	3.1 富满电子有限和刘景裕共同承诺,富满电子有限应实现以下经营目标: (1)富满电子有限 2012 年度净利润不低于 2,000 万元,以 2012 年度实际净利润为基数,富满电子有限 2013 年和 2014 年两个会计年度每年实现净利润较上一年度增长 40% 以上;2015 年度实现净利润较 2014 年度净利润增长 20% 以上,即按照当年度的承诺净利润,诚信创投投资富满电子有限 2012—2015 年度的预测当年市盈率分别为 15 倍、10.71 倍、7.65 倍、6.38 倍。若富满电子有限未完成前述承诺净利润及增长率,则诚信创投有权要求刘景裕在下一年度的 6 月 30 日前给予诚信创投现金补偿,计算公式如下:补偿金额 = 诚信创投投资额 − 预测当年市盈率 × 实际完成净利润 ×10% 其中,诚信创投投资额应扣除以前年度已经累计支付的现金补偿款后的剩余投资额,10% 为诚信创投持有富满电子有限股权的比例。 (2)若富满电子有限 2012—2014 年度净利润总额不低于 8,720 万元且富满电子有限 2014 年度向中国证监会申报了上市材料或者富满电子有限 2012—2015 年度净利润总额不低于 12,640 万元,则诚信创投在 2016 年 6 月 30 日之前退还已经收到的补偿金额。 (3)以上业绩承诺条款,在富满电子有限向中国证监会申报上市材料后终止执行,但不溯及以前年度的效力。 (4)富满电子有限净利润是指经具有证券期货从业资格的会计师事务所审计后的扣除非经常性损益后的净利润。
2	增资价格调整	3.3 刘景裕承诺,本次增资后再引进任何投资者入股富满电子有限,应征得诚信创投的同意。相应的入股价格不得低于诚信创投入股富满电子有限的价格,否则诚信创投的股权比例按照新的投资价格重新计算。 3.4 本次增资完成后至富满电子有限上市前,除非征得诚信创投的同意,富满电子有限控股股东及其实际控制人不得以任何方式将其直接或者间接持有的富满电子有限股权转让或者转移给第三方。 本次增资完成后至富满电子有限上市前,除非征得诚信创投的同意,富满电子有限控股股东及其实际控制人不得在用于富满电子有限业务之外将其所持有的富满电子有限股权设定质押、担保及其他第三方权利或者财产负担。 任何违反前述约定的处置股权的行为均属自始无效。对于该等处置,富满电子有限不予办理审批及工商变更登记或备案手续。

续表

序号	主要条款名称	主要内容
3	股权回购	当出现以下情况时，诚信创投有权要求富满电子有限或刘景裕回购诚信创投所持有的全部富满电子有限股份： 不论任何主观或客观原因，富满电子有限不能在 2016 年 12 月 31 日前实现首次公开发行股票并上市，该等原因包括但不限于公司经营业绩方面不具备上市条件，或由于公司历史沿革方面的不规范未能实现上市目标，或由于参与公司经营的富满电子有限控股股东或实际控制人存在重大过错、经营失误等原因造成公司无法上市等； 如于 2016 年 12 月 31 日时，富满电子有限公开发行股票申报材料业经中国证券监督管理委员会受理但尚未作出是否予以核准的决定的，应待公开发行股票申请结果确定后再决定是否需要履行股份回购条款。如最终未能取得核准的，则诚信创投可要求富满电子有限或刘景裕回购其持有的全部富满电子有限股份； 在 2016 年 12 月 31 日之前的任何时间，富满电子有限控股股东或实际控制人或富满电子有限明示放弃本协议项下的富满电子有限上市安排或工作； 公司控股股东或实际控制人或公司实质性违反本协议、《主协议》及附件的相关条款。 本协议项下的股份回购价格确定如下： 诚信创投投资金额（按实际占用诚信创投投资额计算）×（1+8%× 增资完成日到回购日天数或现金补偿日天数 /365）– 回购日前诚信创投已分得的现金红利及实际收到的现金补偿款。 本协议项下的股份回购均应以现金形式进行，全部股份回购款应在诚信创投发出书面回购要求之日起 6 个月内全额支付给诚信创投。 如果富满电子有限对诚信创投的股份回购行为受到法律的限制，富满电子有限控股股东或实际控制人应作为收购方，应以其从富满电子有限取得的分红或从其他合法渠道筹措的资金无条件收购诚信创投持有的公司股份。
4	股权转让	当出现下列任何重大事项时，诚信创投有权转让其所有持有的全部或者部分富满电子有限股份，公司控股股东及实际控制人具有按本协议第 4.2 条规定的股份回购价格受让该等股份的义务；但是如果任何第三方提出的购买该等股份的条件优于股份回购价格，则诚信创投有权决定将该等股份转让给第三方，同等条件下，富满电子有限控股股东享有优先购买权。 刘景裕和富满电子有限出现重大诚信问题严重损害公司利益，包括但不限于公司出现诚信创投不知情的账外现金销售收入等情形； 富满电子有限的有效资产（包括土地、房产或设备等）因行使抵押权被拍卖等原因导致所有权不再由公司持有或者存在此种潜在风险，并且在合理时间内（不超过三个月）未能采取有效措施解决由此给公司造成重大影响； 刘景裕所持有的公司之股份因行使质押权等原因，所有权发生实质性转移或者存在此种潜在风险； 其他根据一般常识性的、合理的以及理性的判断，因诚信创投受到不平等、不公正的对待等原因，继续持有公司股份将给诚信创投造成重大损失或无法实现投资预期的情况。 刘景裕在此保证：如果诚信创投根据本协议第 4.1 条要求富满电子有限或刘景裕回购其持有的公司全部或者部分股份，或者根据本协议第 4.5 条要求转让其所持有的公司全部或者部分股份，刘景裕应促使公司的董事会、股东会同意该股份的回购或转让，在相应的董事会和股东会上投票同意，并签署一切必需签署的法律文件。

中介机构经核查确认，《补充协议》中的对赌条款或类似安排未实际履行。

二、对赌协议的解除情况

2015年11月26日，诚信创投与发行人以及刘景裕签订了《关于〈深圳市富满电子有限公司增资协议〉之补充协议（二）》（以下简称“《补充协议（二）》”）。

2015年11月27日，博汇源、鼎鸿信添利与发行人以及刘景裕签订了《关于〈深圳市富满电子有限公司增资协议〉之补充协议（二）》（以下简称“《补充协议（二）》”），主要内容如下：

（1）《补充协议》于《补充协议（二）》签订生效之日起解除；

（2）《补充协议（二）》生效后，各方依该协议约定处理《补充协议》相关事项，《补充协议》项下各方的权利义务归于消灭，各方承诺不再依据《补充协议》向他方主张《补充协议》项下的任何权利义务；

（3）各方同意，《补充协议》的解除系各方协商一致的结果，是各方的真实意思表示。各方均无需就《补充协议》解除事宜向他方承担任何违约或赔偿责任。

三、PE股东的书面声明

根据博汇源、鼎鸿信添利以及诚信创投出具的书面声明，博汇源、鼎鸿信添利以及诚信创投持有的发行人股份权属清晰，不存在代持、委托持股或其他类似安排的情形，所持有发行人股份未设定质押、未被采取查封、冻结等强制性措施，不存在权属纠纷或潜在争议，博汇源、鼎鸿信添利以及诚信创投基于所持股份行使股东权利亦未受到任何限制。

综上所述，中介机构认为，发行人与博汇源、鼎鸿信添利以及诚信创投之间的相关对赌协议已经彻底解除，相关解除协议的签署体现了各方的真实意思表示，内容合法、有效。博汇源、鼎鸿信添利以及诚信创投所持的发行人股份权属清晰，不存在权属纠纷或潜在争议。

专家点评

中国证监会对于对赌条款是否已经解除或终止、是否已经完全披露等已经是特别关注，由于融资方入股拟上市公司时承担巨大的风险，导致了部分发行人存在虚假解除对赌条款的情况。这种情况一旦被发现，上市将功亏一篑，即使上市成功当事人也可能构成欺诈发行股票罪。

第二节 基本概念

一、关于对赌协议

对赌协议（Valuation Adjustment Mechanism，VAM）直译为“估值调整机制”，指收购方（包括投资方）与出让方（包括融资方）在达成并购（或者融资）协议时，对于未来不确定的情况进行一种约定。如果约定条件出现投资方可以行使一种对自身有利的权利，反之则融资方或管理层就可以行使另一种对自身有利的权利。对赌协议本质上是期权的一种形式。

根据对赌协议约定的具体调整内容，可分为以下七种类型：

股权调整型：该类协议主要约定，当企业未能实现对赌目标时，老股东将以无偿或者象征性的低廉价格调整一部分股权给新股东。

货币补偿型：该类协议主要约定，当企业未能实现对赌目标时，老股东将向新股东给予一定数量的货币补偿，但不再调整双方之间的股权比例。

股权稀释型：该类协议主要约定，当企业未能实现对赌目标时，老股东将同意新股东以低廉价格再向企业增资一部分股权。

控股转移型：该类协议主要约定，当企业未能实现对赌目标时，老股东将同意新股东以低廉价格增资或者以低廉价格受让老股东的股权，以使新股东获得其对企业的控股权。

股权回购型：该类协议主要约定，当企业未能实现对赌目标时（特别是未能实现上市目标时），老股东将以新股东投资款加固定回报的价格回购新股东的股份，以使新股东推出投资。

股权激励型：该类协议主要约定，当企业未能实现对赌目标时，老股东将以无偿或者象征性的低廉价格转让一部分股权给企业管理层，以实现企业对管理层的股权激励。

股权优先型：该类协议主要约定，当企业未能实现对赌目标时，新股东将获得股息分配优先权、剩余财产分配优先权、超比例表决权等。

虽然新股东在投资企业时可能同时采用上述几类对赌协议中的几种，但是从本质上分析，上述对赌协议可以划分为两大类：一类是企业股权变动型，另一类是新老股东之间权利义务变动型。

清理的方式一般为：①签订补充协议，废止之前投资合同中的对赌条款；②发行人、投资方均承诺对赌已清理干净，不存在任何形式的对赌，并出具证明；③核查机构和保荐人出具意见。

二、如何解除对赌条款

1. 上市之前必须有解除措施

在对赌条款与投资人签署终止协议。

2. IPO 前终止对赌条款

正常来说，相关投资人与发行人或发行人的股东签署终止对赌条款的协议，让这个问题成为历史问题，信息披露并补充相关的承诺声明即可。这种方法最常见，且最干脆利落，推荐使用。

3. 不是终止，而是“中止”对赌条款

在投资人比较强势的情况下，对于完全终止对赌条款他们往往是拒绝的，于是乎最近有一些案例是约定了“中止”条款，即申报了材料，这个条款暂时不再产生效力，要是以后上市失败了，则相关对赌条款继续生效。这种做法比较灵活，本律师认为这基本是监管部门的底线了。

4. 约定了终止，但是又加了自动恢复条款

在上市材料申报之前，投资人与发行人或发行人的股东签署补充协议，约定投资人所享有的回购权、反稀释等特别权利将在发行人递交首次公开发行申请文件时终止，但是在发行人首次公开发行申请被撤回、失效、否决、中止以及终止时自动恢复。这种做法就非常值得商榷，是否可行，是否在法律上行得通？尚需要多一些的案例来支撑。

三、根据目前的反馈意见，证监会对“对赌协议”的审核特点

首先，关注发行人及相关股东之间是否曾存在对赌协议。

其次，对于存在 PE 股东的拟 IPO 公司，必问及对赌协议事宜。

然后，如果曾经有对赌协议，要求披露其签订时间、权利义务条款、违约责任等具体情况，并核查其是否合法有效、是否存在纠纷或潜在纠纷、是否均已清理完成、是否对发行人的股权结构产生不利影响、发行人目前的股权结构是否稳定。

最后，如对赌协议已经解除，还关注相关对赌协议的解除是否真实。

四、涉及到主要规则

1.《首次公开发行股票并上市管理办法》

发行人最近3年内主营业务和董事、高级管理人员没有发生重大变化，实际控制人没有发生变更。

发行人的股权清晰，控股股东和受控股股东、实际控制人支配的股东持有的发行人股份不存在重大权属纠纷。

2.《首次公开发行股票并在创业板上市管理办法》

发行人最近两年内主营业务和董事、高级管理人员均没有发生重大变化，实际控制人没有发生变更。

发行人的股权清晰，控股股东和受控股股东、实际控制人支配的股东所持发行人的股份不存在重大权属纠纷。

第七章　合法合规性的问题

合法合规性，是指拟上市企业在规范过程中，要按照法律、法规和规范性文件规定合法合规的经营。如果存在重大违法违规行为，则不符合企业上市的要求了。

合法合规经营，是指公司及其控股股东、实际控制人、董事、监事、高级管理人员须依法开展经营活动，经营行为合法、合规，不存在重大违法违规行为。

第一，公司的重大违法违规行为是指公司最近36月内因违犯国家法律、行政法规、规章的行为，受到刑事处罚或适用重大违法违规情形的行政处罚。

（1）行政处罚是指经济管理部门对涉及公司经营活动的违法违规行为给予的行政处罚。

（2）重大违法违规情形是指，凡被行政处罚的实施机关给予没收违法所得、没收非法财物以上行政处罚的行为，属于重大违法违规情形，但处罚机关依法认定不属于的除外；被行政处罚的实施机关给予罚款的行为，除主办券商和律师能依法合理说明或处罚机关认定该行为不属于重大违法违规行为外，都视为重大违法违规情形。

（3）公司最近36个月内不存在涉嫌犯罪被司法机关立案侦查，尚未有明确结论意见的情形。

第二，控股股东、实际控制人合法合规，最近36个月内不存在涉及以下情形的重大违法违规行为：

（1）控股股东、实际控制人受刑事处罚。

（2）受到与公司规范经营相关的行政处罚，且情节严重；情节严重的界定参照前述规定。

（3）涉嫌犯罪被司法机关立案侦查，尚未有明确结论意见。

第三，现任董事、监事和高级管理人员应具备和遵守《公司法》规定的任职资格和义务，不应存在最近36个月内受到中国证监会行政处罚或者被采取证券市场禁入措施的情形。

第一节 案例分析

【案例1】未按照规定期限申报办理税务登记——富满电子（股票代码：300671）

A股上市情况：2017年5月10日召开的中国证券监督管理委员会创业板发行审核委员会2017年第40次发审委会议审核：深圳市富满电子集团股份有限公司（首发）获通过。

案例解读

公司的招股说明书披露：2015年10月27日，长沙县国家税务局作出长县国税简罚〔2015〕104号《税务行政处罚决定书（简易）》，因湖南分公司未按照规定期限申报办理税务登记，违反《中华人民共和国税收征收管理法》第六十条第一款第（一）项，被处以800.00元罚款。请中介机构对上述情形的合法合规性发表核查意见。

一、湖南分公司税务行政处罚情况

2015年10月27日，长沙县国家税务局作出长县国税简罚〔2015〕104号《税务行政处罚决定书（简易）》，因湖南分公司未按照规定期限申报办理税务登记，违反《中华人民共和国税收征收管理法》第六十条第一款第（一）项，被处以800.00元罚款。

根据发行人提供的书面说明、税务行政处罚文件、税收完税证明等文件并经中介机构核查，湖南分公司已按照税务部门的要求缴纳了罚款。

二、税务主管部门出具的证明文件及合法合规情况

根据长沙县国家税务局于2016年2月29日出具的《证明》，湖南分公司自2015年3月9日成立至2015年12月31日止，办理税务登记证之后遵守各项法律法规，暂未发现违法违规现象。

根据长沙县国家税务局于2017年4月21日就上述行政处罚出具的《证明》，湖南分公司上述受到行政处罚所涉及的事项情节轻微，且该分公司已按照税务部门的要求缴纳了罚款，该事项不属于重大违法行为。除此之外，湖南分公司不存在其他因违反税收法律法规而受到该局处罚的情形。

三、核查意见

经中介机构核查，湖南分公司因未按照规定期限申报办理税务登记受到800.00

元罚款，鉴于湖南分公司已及时缴纳了罚款且长沙县税务局出具了证明文件，湖南分公司上述受到行政处罚的事项不属于重大违法行为，中介机构认为，湖南分公司受税务主管部门行政处罚的事项不属于重大违法行为，不会对发行人本次发行并上市造成实质性法律障碍。

专家点评

发行人在申报期间受到的行政处罚是否属于重大违法违规行为，一是看作出行政处罚机关的认定；二是违法违规的具体情况，就本案例而言，罚款数额很小，违法违规行为属于偶发性，情节显著轻微，因此，该行为不属于重大违法违规情形，对发行人发行并上市不造成实质性法律障碍。

【案例 2】被吊销营业执照的情况——中孚信息（股票代码：300659）

A 股上市情况：2017 年 4 月 18 日召开的中国证券监督管理委员会创业板发行审核委员会 2017 年第 32 次发审委会议审核：中孚信息股份有限公司（首发）获通过。

案例解读

监管部门要求发行人说明济南中孚实业有限公司、济南芙苓科技有限公司的历史经营情况及未按规定年检被吊销营业执照的原因，魏东晓是否对此负有个人责任，报告期是否存在替发行人分摊成本、费用的情形。请中介机构对此进行核查，并就上述公司是否存在违法违规经营情况，是否存在相关法律责任进行核查并发表明确意见。

一、济南中孚实业有限公司、济南芙苓科技有限公司的历史经营情况及被吊销营业执照原因

1. 中孚实业

济南中孚实业有限公司成立于 1997 年 12 月，注册资本和实收资本为 50 万元。中孚实业的经营范围为：批发、零售：普通机械产品、农林牧渔机械及配件，仪器仪表，五金，交电；建筑材料，钢材，木材，针织纺品，日用百货，计算机及配套产品，电子产品开发生产销售。

中孚实业成立之初主要从事阀门、泵、法兰盘、标准件、管件等机械配件的销售，后期在原有业务基础上增加硬盘还原卡的研发、生产与销售等业务。中孚实业成立以来无核心业务且经营规模较小，2008 年，其股东决议注销中孚实业。

中孚实业注销前两年的经营业绩如表 7–1 所示。

表7-1　中孚实业注销前两年经营业绩

项目	2007 年 /2007-12-31	2006 年 /2006-12-31
总资产（万元）	15.22	14.07
净资产（万元）	0.86	0.61
营业收入（万元）	1.10	8.66
净利润（万元）	0.35	-0.01

中孚实业于2008年开始办理注销公司，并于2008年10月完成国税注销登记，2008年11月完成地税注销登记。但由于办理人员工作失误，在税务注销办理完成后未及时办理工商注销，导致中孚实业于2008年12月因未按规定年检被吊销营业执照。2013年10月22日，中孚实业完成工商注销登记。

2. 芙苓科技

济南芙苓科技有限公司成立于2004年5月20日，注册资本和实收资本为50万元。芙苓科技经营范围为：电子产品、计算机软硬件及相关产品的开发、生产、销售；网络综合布线及技术咨询服务。（未取得专项许可的项目除外）芙苓科技成立以来未开展经营。2006年12月因未按规定年检被吊销营业执照。2013年12月31日，芙苓科技完成工商注销登记。

二、被吊销营业执照的原因及魏东晓是否负有个人责任

根据《公司法》（2005年修订）第一百四十七条的规定，有下列情形之一的，不得担任公司的董事、监事、经理：……（四）担任因违法被吊销营业执照的公司、企业的法定代表人，并负有个人责任的，自该公司、企业被吊销营业执照之日起未逾三年……。公司违反前款规定选举、委派董事、监事或者聘任经理的，该选举、委派或者聘任无效。

根据《国家工商行政管理总局关于企业法定代表人是否负有个人责任问题的答复》（工商企字〔2002〕第123号）的规定，企业逾期不接受年度检验，被工商行政管理机关依法吊销营业执照，该企业的法定代表人作为代表企业行使职权的负责人，未履行法定的职责，应负有个人责任，但年检期间法定代表人无法正常履行职权的除外。

综上，中孚实业及芙苓科技因两年未年检而被吊销营业执照，魏东晓作为两公司的法定代表人，负有个人责任。根据《公司法》，其自2006年12月31日—2011年12月15日期间不得担任公司的董事、监事、经理。而魏东晓在此期间一直担任发行人的董事长、总经理，不符合《公司法》的规定。但魏东晓的任职限制自2011年12月15日已消除，其目前担任发行人董事长、总经理不存在法律障碍，合法、有效。

三、报告期是否存在分摊成本、费用情形

芙苓科技成立以来未开展经营，于2006年12月被吊销营业执照，中孚实业于2008年起停止经营，并于2008年11月完成税务注销，2008年12月被吊销营业执照。经核查芙苓科技和中孚实业的账户资料，报告期内，芙苓科技和中孚实业不存在经营活动，且银行账户在报告期初均已注销，芙苓科技和中孚实业报告期不存在替发行人分摊成本、费用的情形。

四、中孚实业和芙苓科技是否存在违法违规经营情况，是否存在相关法律责任

中介机构核查了中孚实业和茯苓科技的工商资料、清算报告、注销证明、账户资料等文件，并对发行人实际控制人魏东晓进行了访谈确认。经核查，中介机构认为，中孚实业和芙苓科技除因未按规定年检被吊销营业执照的情况外，不存在违法违规经营情况。魏东晓作为中孚实业和芙苓科技的法定代表人，对于中孚实业和芙苓科技被吊销营业执照，应负有个人责任。但截至报告期初，中孚实业和芙苓科技被吊销营业执照时间已满三年。且中孚实业和芙苓科技都已经办理了注销手续，因此，中孚实业和芙苓科技被吊销营业执照的情形，不影响发行人实际控制人魏东晓作为中孚信息董事、高级管理人员合法合规性。中孚实业和芙苓科技不存在为发行人分摊成本、费用的情形。

专家点评

本案例应关注：一是发行人（子公司）及董监高重大违法违规的时间节点问题，即发行人（子公司）及其控股股东、实际控制人最近三年内不存在重大违法行为，发行人的董事、监事和高级管理人员现时具备法律、行政法规和规章规定的资格。在此期间之外的违法违规行为对发行人上市不产生法律障碍；二是历史沿革中存在的违法行为对报告期的业绩及以后的持续盈利能力是否产生负面影响。

【案例3】未代扣代缴个人所得税——中孚信息（股票代码：300659）

A股上市情况：2017年4月18日召开的中国证券监督管理委员会创业板发行审核委员会2017年第32次发审委会议审核：中孚信息股份有限公司（首发）获通过。

案例解读

根据申报材料所述，因公司财务人员疏忽，2012年礼品支出2.76万元和2013年礼品支出2.58万元未代扣代缴个人所得税，导致2012年度个人所得税少缴5,519.40元、2013年度个人所得税少缴5,162元。2014年7月，济南市地方税务局稽查局向公司下发了《税务处理决定书》和《税务行政处罚决定书》，公司按要求补扣

补缴了上述个人所得税，并缴纳了5,340.70元罚款。中介机构认为，公司因工作人员疏忽，未扣缴部分礼品支出个人所得税的行为，不属于重大违法违规行为，不构成发行人本次发行上市的障碍。监管部门请中介机构说明得出上述结论的依据。

因公司财务人员疏忽，2012年礼品支出2.76万元和2013年礼品支出2.58万元未代扣代缴个人所得税，导致2012年度个人所得税少缴5,519.40元、2013年度个人所得税少缴5,162元。2014年7月，济南市地方税务局稽查局向公司下发了《税务处理决定书》和《税务行政处罚决定书》，公司按要求补扣补缴了上述个人所得税，并缴纳了5,340.70元罚款。

根据《中华人民共和国税收征收管理法》第六十九条的规定，扣缴义务人应扣未扣、应收而不收税款的，由税务机关向纳税人追缴税款，对扣缴义务人处应扣未扣、应收未收税款百分之五十以上三倍以下的罚款。因此，本次处罚为根据法律规定下限进行处罚。

济南市地税局高新技术产业开发区分局出具了证明，认为“中孚信息以上违法行为情节较轻，涉及金额较小，且公司已经将税款及罚金全部缴纳入库，以上违法行为不构成重大违法违规”。

中介机构认为，发行人本次因工作人员疏忽，未扣缴部分礼品支出个人所得税的行为，涉及金额较小，情节较轻。主管部门处罚为按照法律法规下限处罚，且公司已按照主管部门要求及时进行了整改。因此，该事项不构成重大违法行为。

专家点评

公司违法行为受到处罚时候，如适用的法律中有条款明确划分情节轻微、情节严重等时，律师就可根据处罚决定书阐明的违法性质、处罚种类及程度发表是否存在重大违法违规的明确意见。就本案例而言，本次处罚为根据法律规定下限进行处罚且行政处罚机关出具不构成重大违法违规的证明，故本事项不构成重大违法行为。

【案例4】消防违规被行政处罚的——智动力（股票代码：300686）

A股上市情况：2017年6月1日召开的中国证券监督管理委员会创业板发行审核委员会2017年第46次发审委会议审核：深圳市智动力精密技术股份有限公司（首发）获通过。

案例解读

2014年4月发行人因部分建筑物未进行消防设计备案、竣工消防备案、消防设施器材等不符合标准，以及占用、堵塞、封闭疏散通道、安全出口的行为，被深圳市公安局坪山分局消防监管大队罚款8万元；2014年6月，发行人因未及时消除火灾隐患的行为，罚款1万元。2014年7月深圳市公安局坪山分局消防监管大队出具相应确认文件。监管部门要求发行人补充说明深圳市公安局坪山分局消防监管大队确认发行人上述行为不属于重大违法违规行为是否拥有相应权限。请中介机构补充核查并发表意见。

2014年4月8日，深圳市公安局坪山分局消防监督管理大队向发行人出具了《行政处罚决定书》（深公坪［消］行罚决字〔2014〕0017号、深公坪［消］行罚决字〔2014〕0018号），对发行人部分建筑物未进行消防设计备案的行为处5,000元罚款，未进行竣工消防备案的行为处5,000元罚款，消防设施、器材、消防安全标志配置、设置不符合标准的行为处5万罚款，占用、堵塞、封闭疏散通道、安全出口的行为处2万元罚款，合并处以8万元罚款的处罚；并对上述未进行消防设计备案和竣工消防备案的建筑物处以责令停止使用的处罚。

2014年6月27日，深圳市公安局坪山分局消防监督管理大队向发行人再次出具《责令限期改正通知书》（深公坪消限字〔2014〕第5001号），指出发行人未按照深公坪消限字〔2014〕第0023号《责令限期改正通知书》的要求在规定期限内整改完毕，责令发行人于2014年12月28日前改正。同日，深圳市公安局坪山分局消防监督管理大队向发行人出具了《行政处罚决定书》（深公坪［消］行罚决字〔2014〕0037号），对发行人未及时消除火灾隐患的行为处以1万元罚款。

根据深圳市公安局坪山分局消防监督管理大队2014年5月13日向发行人出具的《建设工程消防设计备案受理凭证》，发行人已于2014年5月13日在网上备案受理系统进行了厂房的消防设计备案，备案编号为440000WSJ140010591；根据深圳市公安局坪山分局消防监督管理大队2014年5月23日向发行人出具的《建设工程竣工验收消防备案受理凭证》，发行人厂房的室内装修工程已于2014年5月23日竣工验收，并在网上备案受理系统进行了工程竣工验收消防备案，备案编号为440000WYS140011653。

2014年7月9日，深圳市公安局坪山分局消防监督管理大队出具了《证明》，因发行人消防设施未保持完好有效（属一般性的消防安全隐患），该大队于2014年4月8日对发行人存在的消防隐患下发了《责令限期改正通知书》及《行政处罚决定书》，要求发行人在规定时限内落实整改。经复查核实，发行人已按要求在规定时限内对存在的消防隐患进行了整改，整改期间未造成严重危害后果。

根据深圳市公安局坪山分局消防监管大队出具的上述行政处罚通知书，深圳市公安局坪山分局消防监管大队对发行人作出的消防相关的处罚系依据《中华人民共和国消防法》作出。

《中华人民共和国消防法》第七十条规定："除本法另有规定的情形外，本法规定的行政处罚，由公安机关消防机构决定。"根据上述规定，深圳市公安局坪山分局消防监管大队为有行政处罚权的行政机关，有权对发行人违反消防法的有关行为是否构成重大违法违规行为作出确认，并据此对发行人的相关行为予以行政处罚。

因此，中介机构认为，深圳市公安局坪山分局消防监管大队有权确认发行人上述行为不属于重大违法违规行为。

专家点评

根据《中华人民共和国行政处罚法》第十五条："行政处罚由具有行政处罚权的行政机关在法定职权范围内实施。"故具有行政处罚权的行政机关有权对作出的行政处罚是否属于重大违法违规行为发表意见。

【案例 5】关于招投标合法合规的核查——永福股份（股票代码：300712）

A 股上市情况：2017 年 6 月 28 日召开的中国证券监督管理委员会创业板发行审核委员会 2017 年第 52 次发审委会议审核：福建永福电力设计股份有限公司（首发）获通过。

案例解读

报告期内，发行人 70% 业务来自招投标，其余业务来自客户直接委托。请发行人补充披露报告期内，30% 左右业务未通过公开招投标程序的原因，是否符合相关法律法规的规定，是否合法有效，是否存在潜在纠纷，发行人是否存在商业贿赂行为，是否存在不正当竞争行为的情形，是否存在合同被撤销的风险，报告期内是否存在合同撤销的情形以及撤销原因。

一、发行人报告期内 30% 左右业务未通过公开招投标程序的原因，是否符合相关法律法规的规定，是否合法有效，是否存在潜在纠纷

1. 对发行人报告期内未通过公开招投标程序获取项目的核查

根据发行人说明并经核查发行人项目合同、获取项目的招投标文件，发行人获取项目的方式包括招投标以及直接委托两种方式。2013—2016 年，发行人业务承接以招投标方式为主。报告期内，发行人及其子公司承接项目合同总额共计 190,974.22 万元，其中招投标方式获取项目金额为 153,707.23 万元，占合同总额的 80.49%；电力工程勘察设计业务承接项目合同总额共计 112,295.28 万元，其中

招投标方式获取项目金额为103,439.25万元，占电力工程勘察设计业务合同总额的92.11%；EPC工程总承包业务承接项目合同总额共计78,678.93万元，其中招投标方式获取项目金额共计50,267.98万元，占EPC工程总承包业务合同总额的63.89%。报告期内，发行人EPC工程总承包业务以招投标方式获取的合同金额占比较低，主要原因为发行人与菲律宾签署了金额较大的境外项目合同，该类项目不属于《招标投标法》规定的应当招标项目，发行人通过直接委托方式取得该项目。

表7-2　2013—2016年度发行人承接项目合同情况

2013—2016年度，发行人项目获取情况如下（单位：个；万元）：项目		2013年度			2014年度		
勘察设计及咨询	招投标	个数	金额	占比	个数	金额	占比
		251	25,049.24	91.79%	214	25,497.56	92.76%
	直接委托	个数	金额	占比	个数	金额	占比
		82	2,239.59	8.21%	108	1,991.22	7.24%
	合计	个数	金额	占比	个数	金额	占比
		333	27,288.83	100.00%	322	27,488.78	100.00%
EPC工程总承包	招投标	个数	金额	占比	个数	金额	占比
		0	0	0.00%	8	7,272.98	55.77%
	直接委托	个数	金额	占比	个数	金额	占比
		6	11,530.09	100.00%	3	5,768.17	44.23%
	合计	个数	金额	占比	个数	金额	占比
		6	11,530.09	100.00%	11	13,041.15	100.00%
合计	招投标	个数	金额	占比	个数	金额	占比
		251	25,049.24	64.53%	222	32,771	80.86%
	直接委托	个数	金额	占比	个数	金额	占比
		88	13,769.68	35.47%	111	7,759	19.14%
	合计	个数	金额	占比	个数	金额	占比
		339	38,818.92	100.00%	333	40,529.93	100.00%
项目		2015年度			2016年度		
勘察设计及咨询	招投标	个数	金额	占比	个数	金额	占比
		221	26,021.54	91.26%	206	26,870.91	92.65%
	直接委托	个数	金额	占比	个数	金额	占比
		120	2,493.31	8.74%	103	2,131.91	7.35%
	合计	个数	金额	占比	个数	金额	占比
		341	28,514.85	100.00%	309	29,002.82	100.00%

续表

项目		2015 年度			2016 年度		
EPC 工程总承包	招投标	个数	金额	占比	个数	金额	占比
		4	13,875.00	100.00%	6	29,120.00	72.38%
	直接委托	个数	金额	占比	个数	金额	占比
		0	0	0.00%	4	11,112.70	27.62%
	合计	个数	金额	占比	个数	金额	占比
		4	13,875.00	100.00%	10	40,232.70	100.00%
合计	招投标	个数	金额	占比	个数	金额	占比
		225	39,896.54	94.12%	212	55,990.91	80.87%
	直接委托	个数	金额	占比	个数	金额	占比
		120	2,493.31	5.88%	107	13,244.60	19.13%
	合计	个数	金额	占比	个数	金额	占比
		345	42,389.85	100.00%	319	69,235.52	100.00%
项目		2013—2016 年度合计			—		
勘察设计及咨询	招投标	个数	金额	占比			
		892	103,439.25	92.11%			
	直接委托	个数	金额	占比			
		413	8,856.03	7.89%			
	合计	个数	金额	占比			
		1,305	112,295.28	100.00%			
EPC 工程总承包	招投标	个数	金额	占比			
		18	50,267.98	63.89%			
	直接委托	个数	金额	占比			
		13	28,410.95	36.11%			
	合计	个数	金额	占比			
		31	78,678.93	100.00%			
合计	招投标	个数	金额	占比			
		910	153,707.23	80.49%			
	直接委托	个数	金额	占比			
		426	37,266.98	19.51%			
	合计	个数	金额	占比			
		1,336	190,974.22	100.00%			

2013—2016 年度，发行人签署的单笔 100 万元以上项目合同金额共计 166012.27 万元，占报告期内发行人签署全部合同额的 86.93%，具体如表 7–3 所示。

表7–3　2013—2016年度发行人签署的单笔100万元以上项目合同情况

项目		2013 年度	2014 年度	2015 年度	2016 年度	合计
电力工程勘察设计合同	100 万元以上合同额（万元）	21,568.35	21,852.82	22,641.06	21,641.35	87,703.58
	合同额（万元）	27,288.83	27,488.78	28,514.85	29,002.83	112,295.29
	占比	79.04%	79.50%	79.40%	74.62%	78.10%
EPC 工程总承包	100 万元以上合同额（万元）	11,530.09	12,873.60	13,745.00	40,160.00	78,308.69
	合同额（万元）	11,530.09	13,041.15	13,875.00	40,232.70	78,678.94
	占比	100.00%	98.72%	99.06%	99.82%	99.53%
合计	100 万元以上合同额（万元）	33,098.44	34,726.42	36,386.06	61,801.35	166,012.27
	合同额（万元）	38,818.92	40,529.93	42,389.85	69,235.53	190,974.23
	占比	85.26%	85.68%	85.84%	89.26%	86.93%

2013—2016 年度，发行人未通过招投标方式获取的单笔 100 万元以上合同共计 30,521.70 万元，占报告期内未通过招投标方式获取合同总额的 81.90%，具体合同如表 7–4 所示。

表7–4　2013—2016年度发行人未通过招投标方式获取单笔100万元以上合同情况

年度	序号	项目名称	合同金额（万元）	项目类别
2013	1	油田电网稳定性分析项目	132.00	规划咨询
	2	技术服务合同	700.00	勘察设计
	3	220kV 输变电工程	150.00	勘察设计
	4	110kV 变电站工程设计、采购、施工总承包项目	4,000.00	总承包
	5	110kV 变电站工程总承包项目	1,978.09	总承包
	6	110kVI、II 回线路工程	2,230.00	总承包
	7	110kV 线路工程总承包项目	1,015.00	总承包
	8	110kV 升压站工程总承包项目	998.00	总承包
	9	空分装置高压变电所电气专业工作和电气外线电气专业工作设计、采购和施工总承包项目	1,309.00	总承包

续表

年度	序号	项目名称	合同金额（万元）	项目类别
2014	10	铁路牵引变电所外部电源供电方案设计	161.00	规划咨询
	11	220kV 变电站 35kV 出线站等 4 项工程	102.88	勘察设计
	12	10kV 保安线路工程	170.00	总承包
	13	8.5MW 并网光伏电站工程	5,526.53	总承包
	14	110kV 输变电工程	138.77	勘察设计
2015	15	220kV 变电站等 10 项工程	188.96	勘察设计
	16	燃气电厂工程	540.00	勘察设计
2016	17	电厂工程施工图、竣工图阶段水工部分设计项目	141.47	勘察设计
	18	20.69MW 并网光伏电站工程	11,040	总承包
		合计	30,521.70	—

发行人未通过招投标方式取得上述项目的情况如下：

（1）无需招投标方式取得的项目情况。①第 1、13、18 项均为境外项目，不适用《招标投标法》的相关规定，无需进行招投标。②第 3、5、7、12 项，根据《招标投标法》第三条规定："在中华人民共和国境内进行下列工程建设项目包括项目的勘察、设计、施工、监理以及与工程建设有关的重要设备、材料等的采购，必须进行招标：（一）大型基础设施、公用事业等关系社会公共利益、公众安全的项目；（二）全部或者部分使用国有资金投资或者国家融资的项目；（三）使用国际组织或者外国政府贷款、援助资金的项目"，根据相关客户提供的资料并经核查，该等项目客户均为民营企业，该等项目系由客户自筹资金投资建设供电线路，属于自建自用性质，建设目的是为了满足客户自身日常生产需求，不涉及社会公共利益和公众安全，不属于《招标投标法》第三条规定的必须进行招标的项目，无需进行招投标。其中，第 7 项、第 12 项已完工，但尚有部分款项未收回，业主方均为福建鑫海冶金有限公司，合同金额共计 1,185 万元。由于业主方福建鑫海冶金有限公司经营不善，尚有 668.55 万元工程款项未支付。发行人已对福建鑫海冶金有限公司提起诉讼，并就该等未收回款项全额计提减值准备，该项纠纷不会对发行人经营造成重大不利影响。

除此之外，上述无须通过招投标方式获取的合同不存在纠纷或潜在纠纷。无须通过招投标方式获取的合同总额共计 20,011.62 万元。

（2）需要招投标而未经招投标方式取得的项目情况。除上述无须通过招投标方

式获取的合同外，其余依照《招标投标法》等法律法规的规定应当招投标而未经过招投标程序签署的合同共计10,510.08万元。截至本补充法律意见书出具日，该等合同履行情况如下：①第4、6、8、9、11、15项涉及项目已完工，业主方已向发行人支付全部款项（合同金额共计8,828.84万元），该等合同履行过程中不存在纠纷或潜在纠纷。②第10项已完工（合同金额共计161万元）。根据发行人说明，由于该项目客户尚未收到其上游客户对该项目的结算款项，故该项目客户暂未与发行人进行结算，未收回款项金额为161万元。该等款项未收回并非由于发行人获取项目时未履行招投标程序所致。③第2、14、16、17项合同均正常履行（合同金额共计1,520.24万元），具体如表7-5所示。

表7-5　第2、14、16、17项合同履行情况

项目名称	合同金额（万元）	已收款金额（万元）	未收款金额（万元）
技术服务合同	700	490.33	209.67
110kV输变电工程	138.77	0	138.77
燃气电厂工程	540	54	486
电厂工程施工图、竣工图阶段水工部分设计项目	141.47	100	41.47
合计	1,520.24	644.33	875.91

上述合同均正常履行，不存在纠纷或潜在纠纷。

2. 对发行人报告期内通过直接委托方式获取项目的法律分析

针对发行人报告期内通过直接委托获取项目是否合法有效，是否存在潜在纠纷，中介机构获取了报告期内单笔金额在100万元以上的项目合同，走访了境外及境内客户，取得了部分客户出具的关于项目合作方式的《说明》，通过函证方式对报告期内前二十大客户的合同履行情况进行核查，并获取了发行人实际控制人出具的承诺函，此外，中介机构走访了福州市闽侯县人民法院及福州仲裁委员会，并检索了全国建筑市场监管公共服务平台、福建省住房和城乡建设厅、福州市城乡建设委员会、信用中国、中国裁判文书网、百度等网站。

经核查，上述项目中，第13项、第18项境外项目不适用《招标投标法》的相关规定，该等项目相关合同合法有效，不存在潜在纠纷。此外，第1项、第3项、第5项、第7项、第12项根据《招标投标法》可以不进行招投标，该等项目相关合同合法有效。其中，发行人与福建鑫海冶金有限公司合作的两个项目（第7项、第12项）已完成，发行人尚有668.55万元工程款未收回。根据发行人提供的资料并经

中介机构检索长乐市人民法院、长乐市人民政府网站，福建鑫海冶金有限公司由于经营管理不善进入破产重整程序，长乐市人民法院于2017年2月受理了该破产重整案件。发行人已于2017年3月7日起诉至长乐市人民法院要求福建鑫海冶金有限公司支付拖欠工程款并被受理，截至本补充法律意见书出具日，该案尚未开庭审理。中介机构认为，发行人与福建鑫海冶金有限公司的该两个项目虽由于对方破产重整尚有部分款项未收回，但该等纠纷并非由于项目获取时未履行招投标程序而引起，且发行人已就该等款项全额计提减值准备，不会对发行人生产经营构成重大不利影响。

除前述项目外，发行人存在依照《招标投标法》等法律法规的规定应当招投标而未经过招投标程序取得项目的情形，相应合同存在被认定无效的风险。但鉴于：

① 上述应当招投标而未经过招投标的项目中，累计合同金额共计8,828.84万元的项目已完工，且款项已全部收回；第10项（合同金额161万元）已完工，但合同款项暂未收回；累计合同额1,520.24万元的合同正在履行，其中已收款金额644.33万元，未收款金额875.91万元。就前述未履行完毕的合同，根据《最高人民法院关于审理建设工程施工合同纠纷案件适用法律问题的解释》第二条规定“建设工程施工合同无效，但建设工程经竣工验收合格，承包人请求参照合同约定支付工程价款的，应予支持”，若其相应的工程项目已通过竣工验收，则发行人根据合同约定要求对方支付合同款项的，可在司法实践中得到支持。因此，即使该等合同被认定为无效，发行人仍可根据项目进度追索相应款项，不会对发行人的生产经营造成重大不利影响。

②各具体项目在发起过程中，发行人无法决定客户是否履行招标程序以及如何履行招标程序，上述正在履行的未经招标的合同相对方未履行招标程序并非发行人原因导致。根据发行人提供的资料，为保证公司经营合规，发行人已建立《合同管理规定》《项目承接、投标工作管理办法》等与销售相关的制度并积极落实，加强相关内部控制管理，对于客户以招标方式确定合作方的项目，发行人均按照招投标相关法规规定的程序进行投标。

③中介机构经检索全国建筑市场监管公共服务平台、福建省住房和城乡建设厅、福州市城乡建设委员会、信用中国、百度等网站，发行人报告期内不存在项目违规记录，未因此受到过相关主管部门的行政处罚。

④发行人实际控制人林一文、季征南、干劲军、宋发兴、钱有武、卓秀者、陈强、卢庆议出具承诺函，承诺如下：“就公司目前正在履行的合同，如因交易对方未依照《招标投标法》等法律法规的规定履行招投标程序而导致合同无效，进而导

致公司被任何相关方以任何方式提出有关合法权利要求，或公司受到相关行政处罚等，本人将全额承担由此给公司造成的任何损失或相关费用且自愿放弃向公司追偿的权利”。

综上，中介机构认为，报告期内，发行人依照《招标投标法》等法律法规的规定应当招投标而未经过招投标程序取得项目的情形对发行人本次发行上市不构成实质性障碍。

二、发行人是否存在商业贿赂行为，是否存在不正当竞争行为的情形

根据《反不正当竞争法》《国家工商行政管理局关于禁止商业贿赂行为的暂行规定》的相关规定，商业贿赂是不正当竞争行为的一种，是指经营者为销售或者购买商品而采用财物或者其他手段贿赂对方单位或者个人的行为。经营者不得采用商业贿赂手段销售或者购买商品。商业贿赂行为由县级以上工商行政管理机关监督检查。《国家工商行政管理局关于禁止商业贿赂行为的暂行规定》第九条规定：“经营者违反本规定以行贿手段销售或者购买商品的，由工商行政管理机关依照《反不正当竞争法》第二十二条的规定，根据情节处以一万元以上二十万元以下的罚款，有违法所得的，应当予以没收；构成犯罪的，移交司法机关依法追究刑事责任。有关单位或者个人购买或者销售商品时收受贿赂的，由工商行政管理机关按照前款的规定处罚；构成犯罪的，移交司法机关依法追究刑事责任。”针对发行人是否存在商业贿赂等不正当竞争行为，中介机构进行了如下核查：

（1）发行人内部控制。发行人按照《会计法》《企业会计准则》等会计规范方面的规定制定了一系列的财务内控制度，包括但不限于《财务管理制度》《财务稽核管理制度》《财务预算管理制度》《成本费用管理制度》《出国（出境）差旅费管理办法》《会计核算制度》《资金管理制度》，通过严格执行前述财务内控制度，有效地规范了发行人及其子公司的财务行为，并从销售、收款、现金、备用金、费用报销等诸方面采取了有效措施防范商业贿赂行为的出现。发行人制定了《收入合同管理制度》，通过合同评审等方式加强项目管理，并制定了《客户关系管理办法》，通过客户满意度调查、投诉管理等多种渠道规范客户关系的管理和维护。

（2）客户内部的供应商选择制度。发行人客户以国网、大型发电集团等国有企业以及大型民营企业为主，该等客户自身对供应商的选择有严格的内部控制制度及审批流程，对于部分直接委托项目也需通过综合考察供应商业务资质、专业人员、技术设备、业绩及口碑、双方合作历史等因素进行选择。中介机构取得了福建鑫海冶金有限公司等客户出具的《说明》，根据该等《说明》，该等客户与发行人合作的相关项目已经按照客户内部的业务规程履行了比价程序，交易价格公允，不存在利

益输送情形，也不存在商业贿赂等不正当竞争行为。

（3）有权机关出具的证明。根据《国家工商行政管理局关于禁止商业贿赂行为的暂行规定》的相关规定，商业贿赂行为由工商行政管理机关监督检查。中介机构取得了发行人及其子公司所属工商局出具的《证明》，发行人及其子公司报告期内没有因违反工商行政管理或市场监督管理法律法规而受到处罚的记录。

根据福建省闽侯县人民检察院出具的《行贿犯罪档案查询结果告知函》，发行人报告期内不存在行贿犯罪记录。

（4）发行人报告期内不存在缴纳罚款、罚金的情形。根据大华会计师出具的“大华审字〔2016〕002037号”“大华审字〔2016〕007347号”“大华审字〔2017〕001959号”《审计报告》，发行人在报告期内不存在因商业贿赂行为受到工商行政管理机关行政处罚、法院判决而缴纳罚款、罚金的情形。

（5）其他佐证材料。中介机构检索了发行人及其子公司所属工商局网站、百度、中国裁判文书网、信用中国等网站，并走访了福州市闽侯县人民法院、福州仲裁委员会，发行人及其子公司报告期内不存在商业贿赂方面的处罚记录或新闻报道，也不存在商业贿赂等不正当竞争行为相关的诉讼、仲裁情形。

综上所述，中介机构认为，发行人报告期内不存在商业贿赂等不正当竞争行为的情形。

三、是否存在合同被撤销的风险，报告期内是否存在合同撤销的情形以及撤销原因

根据《合同法》规定，合同出现以下几种情形之一时，当事人可撤销合同：

（一）限制民事行为能力人订立的合同，相对人可以催告法定代理人在一个月内予以追认。合同被追认之前，善意相对人有撤销的权利。撤销应当以通知的方式作出。

（二）行为人没有代理权、超越代理权或者代理权终止后以被代理人名义订立的合同，相对人可以催告被代理人在一个月内予以追认。合同被追认之前，善意相对人有撤销的权利。撤销应当以通知的方式作出。

（三）因重大误解订立的合同，一方当事人有权请求人民法院或者仲裁机构变更或者撤销。

（四）在订立合同时显失公平的，一方当事人有权请求人民法院或者仲裁机构变更或者撤销。

（五）一方以欺诈、胁迫的手段或者乘人之危，使对方在违背真实意思的情况下订立的合同，受损害方有权请求人民法院或者仲裁机构变更或者撤销。

中介机构查阅了发行人通过直接委托方式取得项目的相关合同，走访并函证了

菲律宾客户 Valenzuela Solar Energy Inc.、Ecopark Energy of Valenzuela Corp 及境内客户，此外，中介机构走访了福州市闽侯县人民法院及福州仲裁委员会，检索了百度、中国裁判文书网、信用中国等网站，经核查，中介机构认为，发行人以直接委托方式取得的合同不存在《合同法》规定的合同可撤销的五种情形，不存在被撤销的风险。

专家点评

本案例中证监会担忧的是发行人的经营模式是否涉嫌违法违规，即使并未收到任何处罚，也需要中介结构发表合法合规的明确意见，因为该经营模式会影响公司的持续经营。

【案例 6】大额的所得税滞纳金是否属于重大违法行为——英可瑞（股票代码：300713）

A 股上市情况：2017 年 6 月 14 日召开的中国证券监督管理委员会创业板发行审核委员会 2017 年第 48 次发审委会议审核：深圳市英可瑞科技股份有限公司（首发）获通过。

案例解读

发行人于 2014 年支付 40.24 万元所得税滞纳金。请发行人：补充披露上述滞纳金的发生原因，是否构成重大违法行为及本次发行的法律障碍；补充披露报告期内发行人及其子公司受到的行政处罚，是否构成重大违法行为及本次发行的法律障碍。请中介机构核查上述问题并发表意见。

一、补充披露上述滞纳金的发生原因，是否构成重大违法行为及本次发行的法律障碍

就该问题，中介机构向发行人及其财务总监进行了询问，并查阅了上述滞纳金相关文件及缴付凭证，了解滞纳金和罚款产生的背景和发行人实际缴纳情况。根据发行人的说明及发行人的财务总监陈述，上述滞纳金发生具体原因为：

2014 年 2 月，发行人接到深圳市南山区税务主管部门的税务专管员通知，对发行人以下纳税事项提出征管意见：

（1）认为发行人 2010 年、2011 年、2012 年中软件产品增值税退税，返还的税款应专项用于企业的研究开发软件产品和扩大再生产。发行人没有严格按上述规定归集应用，上述增值税退税收入不属于不征税收入。要求发行人补缴所得税款及

滞纳金；（2）应相应调增当年的“纳税调整后所得”；（3）应补缴相应所得税及滞纳金。

上述40.24万元人民币所得税滞纳金的具体情况如表7-6所示。

表7-6　2010—2012年发行人补缴所得税及滞金情况

年份	软件退税金额（人民币万元）	应交企业所得税金额（人民币万元）	滞纳金（人民币万元）
2010	223.21	33.48	16.91
2011	249.46	37.42	12.03
2012	543.70	81.56	11.30
合计	1,016.37	152.46	40.24

经中介机构核查，发行人及时全额补缴了2010—2012年企业所得税款及其产生的40.24万元人民币滞纳金，且主管税务机关已出具《证明》文件，证明发行人近三年不存在违法违规行为。因此，中介机构认为，发行人上述滞纳金的补缴不构成重大违法违规行为，也不构成本次发行的法律障碍。

二、补充披露报告期内发行人及其子公司受到的行政处罚，是否构成重大违法行为及本次发行的法律障碍

报告期内发行人因丢失发票、未及时缴纳税款与缴纳税款时错误选择所属期间等行为而于2014年、2015年、2016年分别被处以人民币1,200元、人民币307.18元、人民币2,550元罚款的行政处罚，具体情况见《律师工作报告》正文部分之“十六、发行人的税务（三）发行人依法纳税情况”与《补充法律意见书（一）》正文部分之“十五、发行人的税务”。经中介机构核查，除该等行政处罚以外，报告期内发行人及其子公司未受到其他任何行政处罚。

对于上述行政处罚，发行人并不存在主观上的故意，系发行人的工作人员工作疏忽所致，发行人已缴纳前述罚款，且处罚数额小；未来发行人将加强财务人员对发票、纳税申报的管理。

根据发行人及其子公司取得的各政府主管部门出具的报告期内无重大违法违规证明，发行人及其子公司不存在重大违法违规行为。经中介机构核查并认为，发行人所受到的以上行政处罚行为不构成重大违法行为，也不构成本次发行的法律障碍。

专家点评

《中华人民共和国税收征收管理法》涉及的由税务机关实施的行政处罚包括以下

几种：罚款；没收违法所得，停止出口退税以及吊销税务行政许可证。但加收滞纳金，不属于行政处罚，而是执行罚，是纳税人迟延履行纳税义务的损害赔偿，是对纳税人占用国家税款的一种补偿，具有惩罚性和提醒促使义务完成的作用。

【案例7】对环保、安全生产方面的合法合规核查——英科医疗（股票代码：300677）

A股上市情况：2017年5月17日召开的中国证券监督管理委员会创业板发行审核委员会2017年第43次发审委会议审核：山东英科医疗用品股份有限公司（首发）获通过。

案例解读

报告期发行人存在环保问题、安全生产等方面的罚款。请发行人说明报告期受到各项罚款的原因、相关事项是否构成重大违法违规行为、相关主管部门是否出具专项认定意见，发行人是否已整改完毕。请中介机构对此进行核查并发表明确意见。

就此问题，中介机构履行了包括但不限于下述核查程序：

（1）查验了有关主管部门出具的《行政处罚决定书》。

（2）查验了发行人的罚款缴款凭证。

（3）审查了有关主管出具的专项认定意见。

（4）对相关负责人进行了访谈。

（5）对现场进行了实地勘察。

中介机构经核查后确认：

第一，2013年3月，淄博英科因不正常使用大气污染设施，导致锅炉烟筒冒黑烟，而被淄博市环境保护局临淄分局处以罚款2万元的行政处罚。

2016年3月22日，淄博市环境保护局临淄分局出具专项认定意见，确认“英科医疗锅炉冒黑烟的情形不构成重大违法行为”。

中介机构经审查淄博市环境保护局临淄分局出具的证明并实地勘察后确认，淄博英科已淘汰原有多管除尘器并新装除尘效率较高的布袋除尘器及在线监测装置，使用低硫优质燃煤，实现超低尘排放，已根据要求整改完毕。

鉴于上述情形影响程度较小，淄博英科已积极整改，且主管环境保护部门已出具确认意见，中介机构据此认为，上述行政处罚不构成重大行政处罚，上述锅炉冒黑烟的情形不构成重大违法违规行为。

第二，2014年4月，江苏英科因申报出口8票老人助行器时申报税则号列有误，导致多退税款8,759.85元，被中华人民共和国镇江海关处以罚款3000元的行政处罚。江苏英科已组织相关工作人员学习最新公告的税则号列分类规则，已整改完毕。

虽然相关主管部门未出具专项认定意见，但根据发行人的说明及中介机构核查，发行人上述申报税则号列不实的情形主要系因相关工作人员未及时关注最新公告的税则号列分类规则、继续沿用原先适用的税则号列所致，不存在主观故意，情节轻微，不属于《中华人民共和国海关行政处罚实施条例》第五十条规定的应由海关案件审理委员会集体讨论决定的情节复杂或者重大违法行为的情形。中介机构据此认为，上述行政处罚不构成重大行政处罚，江苏英科上述税则号列申报不实的情形不属于重大违法违规行为。

三、2014年5月，山东英科因发生一起一般火灾事故，被青州市安全生产监督管理局处以停产停业整顿、罚款10万元的行政处罚。

中介机构经对相关车间主任进行访谈并实地勘察后确认，山东英科已更换被毁损设备、材料，排查了有关安全隐患，并制定了《安全检查管理制度》《安全隐患管理制度》《重特大安全隐患排查管理制度》《消防安全管理制度》《防火、防爆安全管理制度》等制度，已整改完毕。

2016年4月14日，青州市安全生产监督管理局出具专项认定意见，确认“此事故不构成重大生产安全事故”。

鉴于上述事故影响未造成人员伤亡、造成的经济损失较小，且主管安全生产监督管理部门已出具确认意见，根据《生产安全事故报告和调查处理条例》的有关规定，本所律师认为，上述行政处罚不构成重大行政处罚，上述事故不构成重大违法违规行为。

四、2014年12月，英科心电图因医疗器械注册证到期后仍继续生产并销售心电电极产品，被上海市食品药品监督管理局奉贤分局处以没收违法所得2,800元，罚款8万元的行政处罚。

英科心电图已重新取得心电电极产品相应医疗器械注册证，已整改完毕。

2015年7月21日，上海市奉贤区市场监督管理局出具证明，确认“上述情形不属于重大违法行为”。

鉴于上述销售数额较小，英科心电图已及时取得换发的医疗器械注册证，且主管部门已出具确认意见，中介机构据此认为，上述行政处罚不构成重大行政处罚，上述医疗器械注册证过期后继续生产销售的情形不构成重大违法违规行为。

综上所述，中介机构认为，发行人报告期内所受行政处罚均不属于重大行政处

罚，发行人报告期内不存在重大违法违规行为。

专家点评

环保和安监问题是IPO过程审核重点，如在报告期内收到行政处罚，证监会往往关注以下问题：收到行政处罚的原因；是否构成重大违法违规；是否已建立全面有效的内控制度，此类问题以后能否避免发生。采取的措施有以下内容：积极完善相关内控制度；沟通原处罚行政单位取得不属于重大违法违规的证明文件；中介机构可比照行政处罚的具体法律、法规及规范性文件，论证该行政处罚按照法律、法规及规范性文件不属于重大违法违规情形。

【案例8】对公司新三板挂牌期间事项的合法合规性审查——佩蒂股份（股票代码：300673）

A股上市情况：2017年5月10日召开的中国证券监督管理委员会创业板发行审核委员会2017年第40次发审委会议审核：佩蒂动物营养科技股份有限公司（首发）获通过。

案例解读

发行人是新三板挂牌企业，但申请文件中未披露相关情况。请发行人：补充披露在新三板的挂牌时间及履行的程序，挂牌后在运营、股份转让、信息披露等方面的合法合规性，是否存在违法违规情形，是否存在影响本次发行上市的实质性障碍；请中介机构核查并发表意见。

一、在新三板的挂牌时间及履行的程序

发行人于2014年12月6日召开的第一届董事会第二次会议审议通过了《关于申请公司股票在全国中小企业股份转让系统挂牌并公开转让的议案》《关于申请公司股票在全国中小企业股份转让系统采取协议转让方式的议案》，上述议案经公司2014年第二次临时股东大会决议审议通过。

2015年4月3日，发行人收到全国中小企业股份转让系统《关于同意佩蒂动物营养科技股份有限公司股票在全国中小企业股份转让系统挂牌的函》，并于2015年4月23日起在全国中小企业股份转让系统挂牌，代码为832362。

二、挂牌后在运营方面的合法合规性

1. 制度建立情况

发行人挂牌后根据《公司法》以及新三板的有关规定建立了符合挂牌企业要求

的治理制度。在决定申请首次公开发行股票并在创业板上市后，发行人根据中国证监会和深交所的相关规定，对相关制度进行了修订和完善，目前已经建立了较为完善的治理制度。

2014 年 11 月 25 日，发行人全体发起人依法召开公司创立大会。依据《公司法》的相关规定，创立大会审议并通过了《公司章程》《股东大会议事规则》《董事会议事规则》《监事会议事规则》。

2014 年 12 月 6 日发行人第一届董事会第二次会议以及 2014 年 12 月 23 日召开的 2014 年第二次临时股东大会审议并通过了《董事会秘书工作细则》《总经理工作细则》《对外担保决策管理制度》《关联交易公允决策制度》《对外投资管理制度》《信息披露管理制度》等制度。

根据发行人申请首次公开发行股票并在创业板上市对于公司治理的相关要求，公司第一届董事会第十一次会议以及 2016 年第一次临时股东大会审议并通过了修订的《公司章程》《股东大会议事规则》《董事会议事规则》《监事会议事规则》《内部审计制度》《投资者关系管理制度》《对外担保管理制度》《关联交易决策制度》《对外投资管理制度》《防范控股股东及关联方资金占用制度》，以及通过了《独立董事工作制度》《董事会审计委员会工作细则》《董事会战略委员会工作细则》《董事会提名委员会工作细则》《董事会薪酬和考核委员会工作细则》《董事、监事、高级管理人员所持公司股份及其变动管理办法》《控股子公司管理制度》《募集资金管理制度》等制度。

通过对上述制度的制定和不断完善，发行人逐步健全了符合上市要求的、能够保证中小股东充分行使权利的公司治理结构。

2. 挂牌后股东大会、董事会、监事会的规范运作情况

（1）股东大会的建立健全及运行情况。发行人在《公司章程》中明确规定了股东的权利和义务、股东大会的权力和决策程序，并制定了《股东大会议事规则》，对股东大会的职权、召开方式、表决方式等作出了明确规定。股东大会分为年度股东大会和临时股东大会。年度股东大会每年召开一次，应当于上一会计年度结束后的 6 个月内举行。《股东大会议事规则》分别从股东大会的类型及召集、提案和召开程序、表决程序、决议的形成和执行等方面详细规定了股东行使权力的方式以及股东大会作为公司最高权力机构的基本职能。

发行人挂牌以来，共召开 12 次股东大会，历次股东大会的召集、召开程序、出席会议人员的资格、表决方式、表决程序、决议内容及签署均符合《公司法》《公司章程》和《股东大会议事规则》等相关规定，发行人股东大会对董事会的历次授权和重大决策行为合法、合规、真实、有效。

（2）董事会的建立健全及运行情况。2014年11月25日，发行人创立大会审议通过了《董事会议事规则》，其对董事会的职权、召开方式、表决方式等作出了明确规定。2016年3月8日，发行人第一届董事会第十二次会议审议通过了《关于选举公司第一届董事会专门委员会委员的议案》，董事会下设战略委员会、提名委员会、薪酬与考核委员会、审计委员会4个专门委员会。

发行人董事会由7人组成，其中独立董事3人，设董事长1人，董事由股东大会选举或更换，任期三年，任期届满可连选连任。董事长由董事会选举产生。董事会对股东大会负责，每年至少召开两次会议。

发行人挂牌以来，共召开了18次董事会，全体董事均出席了会议，董事会秘书、监事列席了会议，董事会会议均由董事长主持。发行人历次董事会的召集、召开程序、出席会议人员的资格、表决方式、表决程序、决议内容及签署均符合相关规定。历次董事会对高管人事任免、基本制度的制定、关联交易、财务预算与决算、首次公开发行股票并在创业板上市和募集资金运用等事项进行审议并作出有效决议。历次董事会按照《公司章程》《董事会议事规则》及相关规定，规范运作，不存在董事会、管理层等违反《公司法》及其他相关规定行使职权的情形。

（3）监事会的建立健全及运行情况。2014年11月25日，发行人创立大会审议通过了《监事会议事规则》，对监事会的职权、召开方式、表决方式等作出了明确规定。监事会会议分为定期会议和临时会议，定期会议每6个月至少召开一次。

发行人监事会由3人组成，设监事会主席1人，包括2名由股东大会选举产生的股东监事和1名由发行人职工代表大会选举产生的职工监事。监事由股东大会选举或更换，任期三年，任期届满可连选连任。监事会主席由监事会选举产生。

发行人挂牌以来，共召开了8次监事会，发行人监事出席了会议，监事会会议均由监事会主席主持。

历次监事会会议的召集、召开程序、出席会议人员的资格、表决方式、表决程序、决议内容及签署均符合相关规定，决议内容及决议的签署合法、合规、真实、有效。历次监事会对监事会主席的选举、财务决算、公司利润分配等事项进行审议并作出有效决议，对公司财务工作、董事及高级管理人员的工作、重大生产经营等重大事宜实施了有效监督。历次监事会按照《公司法》《公司章程》《监事会议事规则》等相关规定，规范运作，不存在监事会、管理层等违反《公司法》及其他相关规定行使职权的情形。

3. 挂牌后运营的合法合规性

发行人根据中国证监会、全国股转系统公司对于挂牌公司监管的相关要求，规范公司运作，重要事项符合相关监管机构的监管要求，并及时进行了披露和公告。发行人在挂牌期间公司治理制度健全，规范运作，未受到中国证监会、全国股转系统公司的处罚或谴责。

工商行政管理、产品质量方面，2016年3月上海禾仕嘉因价格违法行为而受到市场监管行政处罚。2017年3月3日，中国（上海）自由贸易试验区市场监督管理局出具证明，确认上海禾仕嘉2016年3月因价格违法行为而受到行政处罚，该违法行为不构成重大违法违规。除上述处罚外，发行人及其子公司未受到其他相关主管部门的处罚，温州市市场监督管理局、平阳县市场监督管理局、平阳县质量技术监督局、泰州市高港区市场监督局等政府主管部门均出具了证明，确认发行人各主体未受到其行政处罚。

税务方面，发行人及其子公司按时足额缴纳各项税款，不存在违反有关税务方面法律法规的行为。平阳县地方税务局水头税务分局、平阳县国家税务局水头税务分局、泰州市国家税务局第二税务分局、泰州市地方税务局第三税务分局、上海市浦东新区国家税务局、上海市浦东新区地方税务局等政府主管部门均出具了证明，确认发行人各主体未受到其行政处罚。

土地方面，发行人及其子公司不存在违反有关土地管理方面的法律法规的行为。平阳县国土资源局、泰州市国土资源局第五国土资源中心所等政府主管部门均出具了证明，确认发行人各主体未受到其行政处罚。

环境保护方面，发行人及其子公司严格执行环境保护相关的法律、法规。平阳县环境保护局，泰州市高港区环境保护局等主管部门均出具了证明，确认发行人各主体未受到其行政处罚。

海关和出入境检验检疫方面，发行人及其子公司严格遵守海关监管和出入境检验检疫的法律、法规。温州海关、上海海关、泰州海关、温州出入境检验检疫局鳌江办、泰州出入境检验检疫局等主管机关均出具了证明，确认发行人各主体未受到其行政处罚。

三、挂牌后股份转让方面的合法合规性

发行人挂牌后一直采取协议转让方式，至本补充法律意见书出具之日，发行人股东未进行股份转让交易。

四、挂牌后信息披露方面的合法合规性

发行人于2015年4月23日在新三板挂牌，至本补充法律意见书出具之日的信息披露情况如表7–7所示。

表7-7 发行人信息披露情况

时间	公告编号	公告内容
2015.04.13	—	全国股份转让系统公司同意挂牌的函
2015.04.13	—	主办券商推荐报告
2015.04.13	—	公司章程
2015.04.13	—	法律意见书
2015.04.13	—	补充法律意见书
2015.04.13	—	财务报表及审计报告
2015.04.13	—	公开转让说明书
2015.04.22	—	关于公司股票挂牌公开转让的提示性公告
2015.04.29	2015-001	2014 年年度报告
2015.04.29	2015-002	2014 年年度报告摘要
2015.04.29	2015-003	第一届董事会第五次会议决议公告
2015.04.29	2015-004	第一届监事会第二次会议决议公告
2015.04.29	2015-005	2014 年年度股东大会的通知公告
2015.05.20	2015-006	2014 年年度股东大会决议公告
2015.05.20	2015-007	2014 年年度股东会法律意见书
2015.07.01	2015-008	股票发行方案
2015.07.01	2015-009	第一届董事会第六次会议决议公告
2015.07.01	2015-010	2015 年第三次临时股东大会通知公告
2015.07.20	2015-011	2015 年第三次临时股东大会决议公告
2015.08.19	2015-012	第一届董事会第七次会议决议公告
2015.08.19	2015-013	2015 年半年度报告
2015.08.19	2015-014	第一届监事会第三次会议决议公告
2015.10.08	2015-015	第一届董事会第八次会议决议公告
2015.10.08	2015-016	关于注销分公司的公告
2015.10.08	2015-017	对外投资公告
2015.11.09	2015-018	2015 年半年度利润分配方案公告
2015.11.09	2015-019	第一届董事会第九次会议决议公告
2015.11.09	2015-020	2015 年第四次临时股东大会通知公告
2015.11.13	2015-021	第一届董事会第十次会议决议公告
2015.11.13	2015-022	2015 年第二次股票发行方案
2015.11.13	2015-023	2015 年第五次临时股东大会通知公告

续表

时间	公告编号	公告内容
2015.11.24	2015–024	2015 年第四次临时股东大会决议公告
2015.11.25	2015–025	2015 年半年度权益分派实施公告
2015.11.30	2015–026	2015 年第五次临时股东大会决议公告
2015.11.30	2015–027	终止 2015 年第一次股票发行的公告
2015.11.30	2015–028	2015 年第二次股票发行认购公告
2015.12.04	2015–029	关于公司接受首次公开发行股票并上市辅导的提示性公告
2016.01.05	2016–001	关于股票发行新增股份在全国中小企业股份系统挂牌并公开转让的公告
2016.01.05	2016–002	股票发行情况报告书
2016.01.05	2016–003	股票发行法律意见书
2016.01.05	2016–004	主办券商关于股票发行合法合规性意见
2016.01.28	2016–005	关于完成工商变更登记的公告
2016.02.05	2016–006	董事变动公告（辞职情况）
2016.02.05	2016–007	第一届董事会第十一次会议决议公告
2016.02.05	2016–008	对外投资的公告
2016.02.05	2016–009	收购资产的公告
2016.02.05	2016–010	2016 年第一次临时股东大会通知公告
2016.02.17	2016–011	股票解除限售公告
2016.02.23	2016–012	2016 年第一次临时股东大会决议公告
2016.02.23	2016–013	董事、监事及高级管理人员变动公告（任免情况）
2016.03.10	2016–014	第一届董事会第十二次会议决议公告
2016.03.14	2016–015	第一届董事会第十三次会议决议公告
2016.03.14	2016–016	2016 年第二次临时股东大会通知公告
2016.03.29	2016–017	关于 2015 年年报延期披露的提示性公告
2016.03.30	2016–018	2016 年第二次临时股东大会决议公告
2016.03.30	2016–019	第一届董事会第十四次会议决议公告（已取消）
2016.03.30	2016–020	2016 年第三次临时股东大会通知公告
2016.04.15	2016–021	第一届董事会第十四次会议决议更正公告
2016.04.15	2016–022	第一届董事会第十四次会议决议公告（更正后）
2016.04.15	2016–023	2016 年第三次临时股东大会决议公告
2016.04.18	2016–024	第一届董事会第十五次会议决议公告

续表

时间	公告编号	公告内容
2016.04.18	2016–025	第一届监事会第五次会议决议公告
2016.04.18	2016–026	2015 年年度报告（已取消）
2016.04.18	2016–027	2015 年年度报告摘要
2016.04.18	2016–028	非经营性资金占用及其他关联资金往来情况的专项说明
2016.04.18	2016–029	关于 2015 年度利润分配预案的公告
2016.04.18	2016–030	关于预计公司 2016 年度日常性关联交易的公告
2016.04.18	2016–031	2015 年年度股东大会通知公告
2016.04.18	2016–032	独立董事关于会计差错的意见
2016.04.18	2016–033	关于前期会计差错的更正公告
2016.04.18	2016–034	独立董事关于 2015 年度利润分配预案的意见
2016.05.12	2016–035	2014 年年度报告（更正公告）
2016.05.12	2016–036	2014 年年度报告（更正后）
2016.05.12	2016–037	2014 年年度报告摘要（更正公告）
2016.05.12	2016–038	2014 年年度报告摘要（更正后）
2016.05.11	2016–039	2015 年度报告（更正公告）（已取消）
2016.05.11	2016–040	2015 年度报告（更正后）
2016.05.11	2016–041	2015 年年度股东大会之法律意见书
2016.05.11	2016–042	2015 年年度股东大会决议公告
2016.05.11	2016–043	关于通过浙江证监局首次公开发行股票并上市辅导验收的提示性公告
2016.05.12	2016–044	2015 年年度报告（更正公告）（更正后）
2016.05.12	2016–045	2015 年年度报告（更正公告）（更正公告）
2016.05.13	2016–046	2015 年年度权益分派实施公告
2016.05.16	2016–047	关于在全国中小企业股份转让系统暂停转让的公告
2016.08.15	2016–048	第一届董事会第十六次会议决议公告
2016.08.15	2016–049	承诺管理制度
2016.08.15	2016–050	利润分配管理制度
2016.08.15	2016–051	2016 年第四次临时股东大会通知公告
2016.08.15	2016–052	投资者关系管理制度
2016.08.15	2016–053	股东大会议事规则
2016.08.15	2016–054	董事会议事规则

续表

时间	公告编号	公告内容
2016.08.15	2016–055	监事会议事规则
2016.08.15	2016–056	对外担保管理制度
2016.08.15	2016–057	关联交易管理制度
2016.08.15	2016–058	对外投资管理制度
2016.08.31	2016–059	2016 年第四次临时股东大会决议公告
2016.08.31	2016–060	第一届董事会第十七次会议决议公告
2016.08.31	2016–061	第一届监事会第六次会议决议公告
2016.08.31	2016–062	2016 年半年度报告
2016.08.31	2016–063	募集资金存放与实际使用情况的专项报告
2016.08.31	2016–064	2016 年第五次临时股东大会通知公告
2016.08.31	2016–065	募集资金管理制度
2016.09.19	2016–066	2016 年第五次临时股东大会决议公告
2016.11.03	2016–067	第一届董事会第十九次会议决议公告
2016.11.03	2016–068	对外投资公告
2016.11.03	2016–069	2016 年第六次临时股东大会通知公告
2016.11.18	2016–070	2016 年第六次临时股东大会决议公告
2017.02.13	2017–001	第一届董事会第二十次会议决议公告
2017.02.13	2017–002	2017 年第一次临时股东大会通知公告
2017.03.01	2017–003	2017 年第一次临时股东大会决议公告
2017.03.20	2017–004	第一届董事会第二十二次会议决议公告
2017.03.20	2017–005	第一届监事会第九次会议决议公告
2017.03.20	2017–006	2016 年年度报告
2017.03.20	2017–007	2016 年年度报告摘要
2017.03.20	2017–008	募集资金存放与实际使用情况的专项报告
2017.03.20	2017–009	关于 2016 年年度利润分配预案的公告
2017.03.20	2017–010	关于预计公司 2017 年年度日常性关联交易的公告
2017.03.20	2017–011	独立董事关于 2016 年年度利润分配预案的独立意见
2017.03.20	2017–012	2016 年年度股东大会通知公告
2017.03.20	—	安信证券股份有限公司关于佩蒂动物营养科技股份有限公司募集资金使用情况的专项核查报告

根据中介机构核查，上海禾仕嘉因价格违法行为被处以5,000元罚款，相关主管部门已证明上述行为不属于重大违法违规行为。综上所述，中介机构认为，除上海禾仕嘉因价格违法行为被处以5,000元罚款外，发行人在新三板挂牌后在运营、股份转让、信息披露等方面合法、合规，不存在违法违规情形，不存在本次发行上市的实质性障碍。

专家点评

根据数据显示新三板转板企业过会2015年、2016年的数量分别为3家、2家。而2017年共有40家转板企业上会，28家顺利过会。截至2018年6月30日，共有24家新三板企业转板上会。其中13家新三板企业首发过会。被否原因包括：持续盈利能力、信息披露、关联交易问题、毛利率异常和合规性问题，因此，新三板转板企业过会核查中信息披露和合规性问题是被否的主要原因。

【案例9】房产瑕疵是否构成重大违法违规行为——佩蒂股份（股票代码：300673）

A股上市情况：2017年5月10日召开的中国证券监督管理委员会创业板发行审核委员会2017年第40次发审委会议审核：佩蒂动物营养科技股份有限公司（首发）获通过。

案例解读

发行人租赁房产12处。其中，佩蒂股份、温州贝家承租的位于南雁镇镇中路的房产，出租方平阳县南雁镇东门村村民委员会未取得相关房产的房产证，且无法在当地办理房屋租赁备案登记，上海宠锐、上海宠域、上海宠赢租赁上述房屋部分未支付租金。请发行人补充披露上述房产的面积和发行人对上述房产的使用情况，对发行人收入、利润的贡献，上述租赁事项是否构成发行人的重大违法违规行为；量化分析并补充披露相关房产如涉及搬迁对发行人经营稳定性和收入利润的影响。请中介机构核查并发表意见。

（1）发行人租赁房产12处。其中，佩蒂股份、温州贝家承租的位于南雁镇镇中路的房产，出租方平阳县南雁镇东门村村民委员会未取得相关房产的房产证，且无法在当地办理房屋租赁备案登记，上海宠锐、上海宠域、上海宠赢租赁上述房屋部分未支付租金。请发行人补充披露上述房产的面积和发行人对上述房产的使用情况

发行人租赁房产面积和使用情况如表7-8所示。

表7-8 发行人租赁房产面积和使用情况

序号	承租方	租赁地址	租赁面积（m^2）	具体用途	使用情况
1	佩蒂股份	平阳县南雁镇镇中路	5755	仓库、生产	正在使用
2	温州贝家	平阳县南雁镇镇中路	180	办公	正在使用
3	上海禾仕嘉	上海市浦东新区张杨路 560 号 1501 室	314.48	办公	正在使用
4	越南好嚼	越南西宁省展鹏县安靖乡铃中三出口加工区四号路 A 栋厂房	9554	生产	正在使用
5	越南好嚼	越南西宁省展鹏县安靖乡铃中三出口加工区四号路 B1 栋厂房	8328	生产、办公	正在使用
6	越南好嚼	越南西宁省展鹏县安靖乡铃中三出口加	11337.30	生产	正在使用
7	上海宠锐	浦东新区川沙路 1098 号 8 幢	—	登记注册所用	未实际使用
8	上海宠域	浦东新区川沙路 1098 号 8 幢	—	登记注册所用	未实际使用
9	上海宠赢	浦东新区川沙路 1098 号 8 幢	—	登记注册所用	未实际使用
10	上海智宠	上海市浦东新区张杨路 560 号 1501-B 室	30	办公	正在使用
11	上海智宠	南京市六合区葛塘街道葛关路 815 号	10	办公	使用主体上海智宠南京分公司已注销，租赁协议已终止
12	上海智宠	南京市秦淮区龙蟠南路 23、25 号	182	销售门店	
13	江苏康贝	上海市闵行区银都路 1078 号 5 库 B	650	仓库	正在使用

（2）对发行人收入、利润的贡献。租赁房产对发行人收入、利润的贡献情况如表 7-9 所示。

表7-9 2014—2016年租赁房产对发行人收入、利润贡献情况

承租主体	租赁地址	财务指标	2016 年度		2015 年度		2014 年度	
			金额（万元）	占合并报表数比例	金额（万元）	占合并报表数比例	金额（万元）	占合并报表数比例
温州贝家	平阳县南雁镇镇中路	营业收入	—	—	—	—	—	—
		毛利	—	—	—	—	—	—

续表

承租主体	租赁地址	财务指标	2016 年度		2015 年度		2014 年度	
			金额（万元）	占合并报表数比例	金额（万元）	占合并报表数比例	金额（万元）	占合并报表数比例
上海禾什嘉	上海市浦东新区张杨路 560 号 1501 室	营业收入	2,403.04	4.36%	3,883.26	7.81%	2,610.87	6.57%
		毛利	675.39	4.15%	664.01	4.88%	622.43	6.53%
越南好嚼	1. 越南西宁省展鹏县安靖乡铃中三出口加工区四号路 A 栋厂房 2. 越南西宁省展鹏县安靖乡铃中三出口加工区四号路 B1 栋厂房 3. 越南西宁省展鹏县安靖乡铃中出口加工区 30 号、31 号	营业收入	12,556.97	22.81%	6,815.78	13.70%	1,038.44	2.61%
		毛利	3,261.73	20.07%	1,405.94	10.33%	72.60	0.76%
上海宠锐	浦东新区川沙路 1098 号 8 幢	营业收入	—	—	—	—	—	—
		毛利	—	—	—	—	—	—
上海宠域	浦东新区川沙路 1098 号 8 幢	营业收入	—	—	—	-	-	-
		毛利	—	—	—	-	-	-
上海宠赢	浦东新区川沙路 1098 号 8 幢	营业收入	—	—	—	-	-	-
		毛利	—	—	-	-	-	-
上海智宠	上海市浦东新区张杨路 560 号 1501-B 室 南京市六合区葛塘街道葛关路 815 号 南京市秦淮区龙蟠南路 23、25 号	营业收入	22.89	0.04	—	—	—	—
		毛利	17.13	0.11	—	—	-	—

注：1. 因租赁房产无法直接产生经营收入及利润，故通过测算租赁主体报告期内营业收入和毛利作为收入、利润贡献的指标。

2. 发行人租赁位于平阳县南雁镇镇中路的房产主要用于储存部分干皮，部分场地用于畜皮咬胶生产中的打皮卷、结骨制作工序，待打皮卷、结骨制作工序完成后，将半成品运至公司本部组织进一步的生产。该处房产主要系原材料仓库及畜皮咬胶生产的部分工序，无法独立产生收入，亦未独立核算，因此，未将其列入上述统计表格。

3. 江苏康贝租赁位于上海市闵行区银都路 1078 号 5 库 B 的房产，系江苏康贝产成品出口前的仓储所用，无法独立产生收入，亦未独立核算，因此，未将其列入上述统计表格。

4. 上海宠锐、上海宠域、上海宠赢、上海智宠成立于 2015 年，于 2016 年纳入合并报表范围，因此未予列示 2014 年度和 2015 年度相关财务数据。

三、上述租赁事项是否构成发行人的重大违法违规行为

1. 佩蒂股份、温州贝家承租的位于南雁镇镇中路的房产问题

根据平阳县南雁镇东门村民委员会出具的《有关厂房租赁合同相关事项的说明》，佩蒂股份、温州贝家承租的位于南雁镇镇中路的两处房产系平阳县南雁镇东门村民委员会所有，该房产系于集体建设用地上建造，不构成占用农用地情形，未违法违规，不存在侵犯东门村村民权益的情形。

根据平阳县南雁镇人民政府出具的证明，确认佩蒂股份、温州贝家承租的位于南雁镇镇中路的两处房产系平阳县南雁镇东门村民委员会所有，该房产系于集体建设用地上建造，不构成占用农用地情形，未违法违规，不存在侵犯东门村村民权益的情形，也不存在因上述租赁事项产生纠纷。

2017年2月，平阳县住房和城乡规划建设局出具证明，确认自2013年1月1日起至今，发行人、温州贝家没有因违反房屋管理法律法规而受到行政处罚的情形，针对发行人、温州贝家租赁位于平阳县南雁镇振中路两处厂房未办理租赁备案事项，平阳县住房和城乡规划建设局不作违法违规行为处罚。

《城市房地产管理法》并没有明确规定房产租赁合同必须经登记备案方可生效，房产租赁的登记备案仅是政府对房产的一种管理行为。中介机构经核查后认为，发行人、温州贝家承租位于南雁镇镇中路的房产未办理房屋租赁备案登记手续，不构成重大违法违规行为。

2. 上海宠锐、上海宠域、上海宠赢租赁房屋未支付租金问题

根据《上海市企业住所登记管理办法》(沪府办发(2015)15号)规定，区(县)人民政府或者其授权单位可以指定一处或多处非居住用房为集中登记地，供本区(县)内从事不扰民、不影响周边环境和公共安全经营项目的企业登记住所。《浦东新区关于贯彻〈上海市企业住所登记管理办法〉的实施意见》规定，在浦东新区范围内从事不扰民、不影响周边环境和公共安全经营活动的企业，可以在镇政府、开发区管委会指定的场所内进行集中登记，房屋所有权人无需再行分割房屋室号，申请人可统一使用该集中登记地进行登记。

上海宠锐、上海宠域、上海宠赢分别与上海浦东新区曹路投资管理有限公司签署《集中登记地租赁协议》，约定为促进地方政府经济发展，扶持引进企业注册落户，上海浦东新区曹路投资管理有限公司免费向上海宠锐、上海宠域、上海宠赢提供集中登记地注册地址。

上海市浦东新区市场监督管理局于2017年2月10日出具证明，确认上海宠锐、上海宠赢、上海宠域自成立之日至2016年12月31日，没有发现因违反工商行政管

理法律法规的违法行为而受到工商机关行政处罚的记录。

中介机构经核查后认为，上海宠锐、上海宠域和上海宠赢经与出租方协商一致，免费租赁集中登记地，签订的租赁协议合法、有效，且符合上海当地的政策。

综上所述，根据发行人的确认、当地相关政府部门出具的证明文件和中介机构核查，中介机构认为，发行人房产租赁事项不构成发行人的重大违法违规行为。

四、量化分析并补充披露相关房产如涉及搬迁对发行人经营稳定性和收入利润的影响

1. 租赁房产较为稳定，短期内搬迁生产经营场所的风险较小

报告期内，发行人与出租方保持良好的租赁关系，不存在因租赁事宜发生诉讼、仲裁或其他纠纷的情形，且发行人短期内没有搬迁计划，短期内搬迁生产经营场所的风险较小。

2. 相关房产如涉及搬迁对发行人经营稳定性和收入利润的影响

上海宠锐、上海宠域、上海宠赢因所租赁房产主要系办理工商注册所用，未实际使用，因此，不涉及搬迁费等支出，对其经营稳定性亦没有影响。

江苏康贝、上海智宠和上海禾仕嘉所租赁的位于上海的房产主要系仓储、办公场所，面积相对较小，且所在区域相似房产供应较为充足，搬迁过程相对简便、快捷，对其经营稳定性影响较小，所产生的搬迁费对公司收入、利润基本没有影响。

温州贝家租赁的位于平阳县南雁镇镇中路的房产系办公场所，面积合计为180平方米，面积相对较小，所在区域办公所用房产供应较为充足，搬迁过程相对简便、快捷，对其经营稳定性影响较小，所产生的搬迁费对公司收入、利润基本没有影响。

越南好嚼厂房截止期限分别为2019年7月20日、2019年8月31日、2021年10月6日，租赁期相对较长。报告期内，越南好嚼与出租方一直保持良好的租赁关系，不存在因租赁事宜发生诉讼、仲裁或其他纠纷的情形，发行人短期内没有搬迁计划，未来如果搬迁，据测算搬迁费约为260万元，包括生产设备、办公设备等搬运费用及新租赁厂房的装修费用，搬迁费占发行人2016年度营业收入和净利润的比重分别为0.47%和3.23%。越南好嚼租赁厂房所在区域为中越合资建设的工业园区，相似房产供应较为充足，如未能续租或不再租赁该等房产，可以在较短时间内就近完成搬迁。越南好嚼可利用节假日或周末实施搬迁，并在搬迁之前根据订单和生产计划提前组织生产以储备足够存货，对其生产经营稳定性不构成重大影响。

发行人租赁的位于平阳县南雁镇镇中路的厂房租赁截止期限为2018年12月31日，报告期内，佩蒂股份与出租方一直保持良好的租赁关系，不存在因租赁事宜发生诉讼、仲裁或其他纠纷的情形，发行人短期内没有搬迁计划。发行人拟使用本次

发行上市募集资金，于租赁厂房所在地附近新建生产基地，预计将于2017年年底建成并投入使用，未来如果搬迁，可在较短时间内就近搬迁至新建生产基地，预计搬迁费约为10万元，包括生产设备、办公设备等搬运费用，搬迁费占发行人2016年度营业收入和净利润的比重分别为0.02%和0.12%。发行人可利用节假日或周末实施搬迁，并在搬迁之前根据订单和生产计划提前组织生产以储备足够存货，对其生产经营稳定性不构成重大影响。

根据平阳县南雁镇东门村民委员会出具的《有关厂房租赁合同相关事项的说明》，确认发行人和温州贝家租赁的位于平阳县南雁镇镇中路的两处房产属于平阳县南雁镇东门村民委员会所有；发行人、温州贝家租赁期内暂时没有对上述房产进行拆迁的计划，也没有在租赁期内解除租赁合同的计划；未来若要拆迁或因特殊原因解除租赁合同的，将至少提前半年通知发行人、温州贝家，以便其及时安排替代厂房，保障其生产经营正常运营。

2017年2月7日，平阳县南雁镇人民政府出具证明，确认发行人和温州贝家租赁的位于平阳县南雁镇镇中路的两处房产属于平阳县南雁镇东门村民委员会所有；发行人、温州贝家租赁期内暂时没有对上述房产进行拆迁的计划，未来若要拆迁，将至少提前半年通知发行人、温州贝家，以便其及时安排替代厂房，保障其生产经营正常运营。

2017年2月27日，平阳县住房和城乡规划建设局出具证明，确认自2013年1月1日至今，发行人和温州贝家没有因违反房屋管理法律法规而受到行政处罚的情形，针对发行人和温州贝家租赁位于平阳县南雁镇镇中路两处厂房未办理租赁备案事项，平阳县住房和城乡规划建设局不作违法违规行为处罚；2018年12月31日前，平阳县住房和城乡规划建设局就发行人、温州贝家租赁的上述房产没有进行拆迁的计划；未来若要拆迁，将至少提前半年通知发行人、温州贝家，以便其及时安排替代厂房，保障其生产经营正常运营。

发行人实际控制人陈振标和郑香兰出具《关于租赁房产事项的承诺函》，承诺若因第三人主张权利或政府机关行使职权而致使上述房屋租赁关系无效或出现任何纠纷，导致公司及控股子公司需要搬迁并遭受经济损失、被有权政府部门处罚、被其他第三方追索的，公司实际控制人将承担赔偿责任，对公司及控股子公司所遭受的一切经济损失予以足额补偿。

中介机构核查后认为，相关房产如涉及搬迁对发行人经营稳定性和收入利润的影响较小。

综上所述，中介机构认为，发行人和温州贝家承租位于南雁镇镇中路的房产不构成重大违法违规行为；上海宠锐、上海宠域、上海宠赢租赁房屋未支付租金不构成重大违法违规行为；报告期内，发行人与出租方保持良好的租赁关系，不存在因租赁事宜发生诉讼、仲裁或其他纠纷的情形，且发行人短期内没有搬迁计划，短期内搬迁生产经营场所的风险较小，未来若搬迁，搬迁费用对发行人收入利润影响较小，对发行人经营稳定性不构成重大影响。

专家点评

发行人租赁未取得相关房产的房产证、且无法在当地办理房屋租赁备案登记并不构成发行人的重大违法违规行为；应考虑的是对发行人经营稳定性和收入利润的影响，如影响较小则对发行不构成实质性障碍。

【案例10】报告期内处罚较多的情况——华大基因（股票代码：300676）

A股上市情况：2017年5月24日召开的中国证券监督管理委员会创业板发行审核委员会2017年第45次发审委会议审核：深圳华大基因股份有限公司（首发）获通过。

案例解读

报告期内发行人受到的行政处罚较多，请说明原因、内控机制是否完善、相关处罚是否属于重大违法违规行为、是否取得有权部门确认。请中介机构核查并发表明确意见。

中介机构核查了发行人的处罚通知书、罚款缴纳凭证，与发行人的财务及受罚主体的相关人员进行访谈，同时核查了部分相关主管部门开具的无违规证明以及发行人的各内部控制制度文件。经核查，对题述问题答复如下：

1. 报告期内发行人存在的行政处罚情况及产生原因

报告期内，发行人及其子公司共存在18笔行政处罚，具体如表7-10所示。

表7-10　发行人及其子公司18笔行政处罚情况

序号	处罚对象	处罚决定内容	处罚日期	整改情况
1	云南医学	未按照规定期限办理申报变更登记，依据《中华人民共和国税收征收管理法》第六十条第一款第一项，罚款200元	2016.01.26	已足额缴纳
2	北京吉比爱	未按规定期限向税务机关报送有限资料（股权变更税务备案超限），依据《中华人民共和国税收征收管理法》第六十二条，罚款800元	2015.06.24	已足额缴纳

续表

序号	处罚对象	处罚决定内容	处罚日期	整改情况
3	潍坊基因科技	延期申报扣款、税务部门罚没收入 200 元	2014.04.01	已足额缴纳
4	济宁医学	未按照规定期限申报印花税，罚款 150 元	2015.06.18	已足额缴纳
5	深圳生物科技	未按规定向主管税务机关规定期限向主管税务机关办理城市维护建设税的纳税申报手续，根据《中华人民共和国税收征收管理法》第六十二条规定，处以罚款 35 元	2015.04.15	已足额缴纳
6	深圳生物工程	未按规定向主管税务机关规定期限向主管税务机关办理城市维护建设税的纳税申报手续，根据《中华人民共和国税收征收管理法》第六十二条规定，罚款 20 元	2015.03.11	已足额缴纳
7	北京六合深圳分公司	逾期 3 天申报增值税，根据《中华人民共和国税收征收管理法》第六十二条规定，罚款 50 元	2016.05.19	已足额缴纳
8	深圳生物科技	未按照主管税务机关规定的申报期限办理纳税申报手续，根据《中华人民共和国税收征收管理法》第六十二条规定，罚款 20 元	2016.03.02	已足额缴纳
9	深圳生物科技	未按照主管税务机关规定的申报期限办理纳税申报手续，根据《中华人民共和国税收征收管理法》第六十二条规定，罚款 50 元	2016.07	已足额缴纳
10	华大基因	未按照主管税务机关规定的申报期限办理纳税申报手续，根据《中华人民共和国税收征收管理法》第六十二条规定，罚款 50 元	2016.07	已足额缴纳罚款
11	华大科技	因丢失已开具发票，依据《中华人民共和国发票管理办法》第三十六条，罚款 100 元	2016.04.29	已足额缴纳罚款
12	华大科技	因丢失已开具发票，依据《中华人民共和国发票管理办法》第三十六条，罚款 50 元	2016.06.29	已足额缴纳罚款
13	北京吉比爱	因丢失已开具发票，依据《中华人民共和国发票管理办法》第三十六条，罚款 400 元	2016.06.06	已足额缴纳罚款
14	广州医检	因丢失已开具发票，依据《中华人民共和国发票管理办法》第三十六条，罚款 100 元	2016.05.05	已足额缴纳罚款
15	华大科技	因丢失已开具发票，依据《中华人民共和国发票管理办法》第三十六条，罚款 50 元	2016.06.21	已足额缴纳罚款
16	北京吉比爱	因丢失已开具发票，依据《中华人民共和国发票管理办法》第三十六条，罚款 100 元	2016.07.13	已足额缴纳罚款

续表

序号	处罚对象	处罚决定内容	处罚日期	整改情况
17	北京吉比爱	因统计报表应付职工薪酬统计差异，处罚款 4,000 元	2016.11.09	已足额缴纳罚款
18	武汉医检	医检所未对医疗机构产生的污水进行严格消毒排入污水处理系统，违反了《医疗废物管理条例》第二十条的规定，依据《医疗废物管理条例》第四十七条第一款第五项的规定，给予警告并罚款 5,000 元	2014.05.29	已足额缴纳罚款，且已整改完毕

上述处罚中：（1）第 1 项属于未按照规定期限办理税务登记证载明事项的变更登记；（2）第 2~10 项属于未按照主管税务机关规定的申报期限及时办理纳税申报手续；（3）第 11~16 项属于丢失已开具发票，发生原因主要是发行人依法向客户开具发票后，发票在快递过程中或被客户接收后丢失，客户要求发行人重新开具；（4）第 17 项属于因申报人员的疏忽，在应付职工薪酬统计方面造成统计差异；（5）第 18 项属于未对污水进行严格消毒而排入污水处理系统。

二、关于该等处罚是否构成重大违法违规、有权部门的确认意见

上述处罚处罚金额较低，不属于相关法律法规规定的情节较为严重的违法违规情形，不构成重大违法违规情形，且受罚主体已在规定期限内缴纳罚款及完成整改。

关于上述处罚中的第 1、4、7、11、12、15 项，主管税务机关出具了相关受处罚主体在期间内不存在重大违法违规情况的证明；关于上述处罚中的第 18 项，主管部门已出具证明，证明受处罚主体武汉医检“已按要求整改，未发现该机构有其他违反国家有关法律、法规和规范性文件的行为，无投诉记录”。

三、关于发行人内部控制制度的有效性

报告期内，发行人根据公司自身的经营特点，建立了一套较为合理、健全的内部控制制度。内部控制主要通过六项控制程序来实施控制管理，即：交易授权控制、职责分工控制、凭证与记录控制、资产接触与记录使用控制、独立稽查控制和电子信息系统控制。同时，发行人通过对销售、项目、采购、存货、成本、研发、人力资源、固定资产、资金、财务报告及税务等环节实施重点管理，制定了相应的规章制度，强化相应环节的管理控制。

对于发行人的内部控制制度，发行人管理层对其合理性、有效性进行了合理的评估，并认为：按照财政部于 2008 年颁发的《企业内部控制基本规范》（财会〔2008〕7 号）的要求，截至 2016 年 12 月 31 日，发行人已结合自身的经营特点，在所有重大方面建立了一套较为合理、健全的内部控制制度，并得以良好地贯彻执行。

发行人内部控制制度设计合理、执行有效，实现了内部控制的目标。

安永华明会计师事务所在对发行人的内部控制制度审核后，出具《深圳华大基因股份有限公司内部控制审核报告》(安永华明（2017）专字第61098952_H01号），认为："于2016年12月31日华大基因在本内部控制评估报告中所述与财务报表相关的内部控制在所有重大方面有效地保持了按照《企业内部控制基本规范》(财会〔2008〕7号）建立的与财务报表相关的内部控制。"

综上，中介机构认为，发行人子公司数量较多，目前共有42家全资、控股子公司，发行人已通过各种内部控制措施持续确保运营的规范性和有效性；报告期内存在的行政处罚金额不大，不存在严重情节或社会危害性，不构成相关法律法规规定的情节严重的违法违规情形，且发行人已就上述处罚取得部分主管部门关于期间内不存在重大违法违规的证明；上述处罚不存在发行人及其工作人员故意违反相关监管法律法规或规定的情形，部分系因快递运输及客户等外部不可控因素而引发；该等行为未构成严重违法违规情形，发行人事后已及时纠正并足额缴纳罚款，该等处罚对发行人内部控制制度的有效性不会造成实质不良影响，亦不构成本次发行上市的实质障碍。

专家点评

不同机关对公司报告期内的不同违法行为进行多次处罚，只要不属于重大违法违规情形，不属于公司内部控制缺陷，对上市不构成实质性障碍。

【案例11】对公司是否存在商业贿赂的核查——海特生物（股票代码：300683）

A股上市情况：2017年6月1日召开的中国证券监督管理委员会创业板发行审核委员会2017年第46次发审委会议审核：武汉海特生物制药股份有限公司（首发）获通过。

案例解读

发行人报告期2014—2016年末，其他应付款（市场开发与学术推广费）余额为11,525.46万元，12,132.51万元、14,939.53万元。报告期内，发行人销售费用中的"市场开发与学术推广费"具体明细如表7-11所示。

表7-11 “市场开发与学术推广费”具体明细 单位：万元

项目	2016 年		2015 年		2014 年	
	金额	比例	金额	比例	金额	比例
销售会议费	21,490.64	44.99%	18,415.77	44.35%	16,212.38	47.62%
会场、服务费	19,606.98	41.05%	12,254.30	29.51%	10,973.68	32.23%
车辆使用及差旅	6,202.25	12.98%	10,586.33	25.50%	6,605.62	19.40%
其他	469.01	0.98%	267.06	0.64%	251.60	0.74%
合计	47,768.89	100.00%	41,523.45	100.00%	34,043.29	100.00%

请中介机构：对发行人是否通过市场开发与学术推广费变相支付佣金费用发表明确的核查意见。

报告期内，发行人严格遵守《中华人民共和国反不正当竞争法》等法律、法规、规范性文件关于禁止商业贿赂的规定，不存在商业贿赂或其他违反《反不正当竞争法》等有关法律法规的情形，没有受到相关行政处罚。

发行人非常重视商业贿赂风险，为规避商业贿赂或其他违反《反不正当竞争法》等有关法律法规的情形，采取了以下措施：

（1）公司不定期对下属销售人员进行医药企业伦理方面的培训，确保其理解并严格执行相关的伦理准则。

（2）通过对销售费用进行预算管理，并审查销售费用的支出情况，从内部控制制度上预防商业贿赂的发生。

（3）公司与合作推广商签订的《金路捷推广协议》约定：合作推广商保证推广工作必须合法合规，包括但不限于不能进行任何形式的商业贿赂。如因此出现任何法律责任，由合作推广商自行承担。

发行人与合作推广商开展的市场开发与学术推广活动，合作推广商先行垫付费用。学术推广活动结束后，根据活动发生的费用，合作推广商取得开具发行人抬头的、合规的发票后交予发行人报销，专业化的法人合作推广商以法人的名义开具推广销售服务费发票予给予发行人。对于合作推广商提供的发票，发行人在取得发票后审核活动资料（如活动立项、预算、报销单、费用发票、活动总结、活动现场记录资料（会议记录、照片、邀请函等）等）、发票的真实性、合规性，审核无误后确认为发行人费用。对于专业化的法人合作推广商，发行人根据推广协议约定、推广数量完成情况确认销售服务费。因此发行人不存在通过市场开发与学术推广费变相支付佣金费用。对于实现的推广任务，发行人给予合作推广商业绩报酬，发行人给予个人合作推广商的业绩报酬支付比例及金额为 1 元 / 支。

中介机构认为，发行人报告期内市场开发与学术推广费中不存在商业贿赂或其他违反《反不正当竞争法》等有关法律法规的行为，没有受到相关行政处罚。发行人不存在通过市场开发与学术推广费变相支付佣金费用的情形。

【核查情况】

（1）访谈了发行人实际控制人、董监高、销售主管人员，查阅了武汉经济技术开发区工商行政管理局出具的证明文件；实地走访了武汉经济技术开发区人民检察院，取得了《检察机关行贿犯罪档案查询结果告知函》；查询了中国裁判文书网。

（2）访谈重要合作推广商，查阅《金路捷推广协议》，核查推广活动是否按照《市场推广活动业务流程管理规范》严格实施，了解是否存在通过市场开发与学术推广费变相支付佣金费用的情形。

（3）实地走访部分发票开具方，了解相关活动的举办情况，检查是否存在支付市场开发与学术推广费未取得发票的情形、是否存在通过销售费用向关联方利益输送的情况、是否通过市场开发与学术推广费变相支付佣金费用的情形。

专家点评

商业贿赂涉及营业模式的合规性，证监会对此审核非常严格，重点发生领域为：药品批发、工程建设、出版发行、货运代理等行业。一般情形下，存在商业贿赂的，基本就过不了会。

第二节 基础知识

一、关于对重大违法、违规行为的认识

重大违法违规行为主要指企业从事了违反法律、法规和规范性文件规定的企业不允许从事的行为，对这些行为需要进行判断，有时是以企业是否受到了行政处罚来进行判断的，但也不尽然。是否“重大”先由中介机构进行判断，最终需要监管机构表示意见。

原则上，凡被给予罚款以上行政处罚的行为均属于重大违法行为，除非作出处罚的行政机关能够认定该行为不属于重大违法行为，且能依法给出合理说明。

并非所有行政机关给出的行政处罚均属于“重大违法违规”。通常是指财政、税务、审计、海关、工商等部门实施的，涉及公司经营活动的行政处罚决定。其他行政机关给予的处罚，若被罚行为明显有违诚信，且对公司有重大影响的，则也属于“重大违法违规”。

违法违规行为的结束时点，通常为违法行为发生之日，而不是行政处罚决定作出之日。若违法行为呈现持续状态，则从行为终了之日起计算。

企业对行政处罚决定不服而申请行政复议或提起行政诉讼的，在有关决定作出之前，依然推定构成重大违法违规。

二、小结和提示

在实际操作过程中，涉及到企业在报告期最近三年内存在违法违规问题，具体包括非法内部集资、财务资料存在虚假记载、设立时虚假出资或对实物资产没有进行评估、环保受到处罚，伪造或篡改纳税报表等情况。

例如在报告期内企业向内部职工进行有偿集资，违反了《国务院关于清理有偿集资活动坚决制止乱集资问题的通知》（国发〔1993〕62号）以及《中国人民银行关于取缔非法金融机构和非法金融业务活动中有关问题的通知》（银发〔1999〕41号）的有关规定。

某企业由于流动资金缺乏，向企业所在地乡镇村民和企业的职工进行集资，总的集资款数额已达到4000万元，使用了统一的借款凭证，固定的利息，随存随取。这种行为的各种特性都符合“非法吸收公众存款”构成要件。

按照国务院247号令的规定，“非法吸收公众存款”，是指未经中国人民银行批准，向社会不特定对象吸收资金，出具凭证，承诺在一定期限内还本付息的活动，就是一般情况下的“非法集资”行为。正常情况下，企业为发展向其他主体借贷是可以的，但是在操作过程中把握不仔细就容易出问题，最近几年，国内出了多起集资引起的群体事件，尤其江浙和珠江三角洲等经济发展比较好的地区，相关主管部门对这个问题都比较敏感，2007年就有企业是因为集资问题没有过会，这样的问题企业必须重视。

在这里要进行提示：

民营企业在进行内部集资过程中，需十分注意把握合法与非法的界限。

第一，集资对象。必须严格控制在本企业的内部职工范围内，不要扩大到职工的亲朋好友或其他关系人。

第二，集资的用途。应用于本企业发展生产和扩大经营活动，不要用于诸如向其他企业或个人转贷等。

第三，集资利率。应约定在一个合理的范围之内。根据最高人民法院的司法解释，对民间借贷的利率超过银行贷款利率四倍的不予保护，当然，这是民事法律规范。但如果民营企业内部集资的利率过高，不仅会增大企业的还贷风险，而且一旦把握不当，就有可能导致社会公众资金的进入，演变为吸收社会公众存款。

第四，还款期限。明确还款期限，不要设置存取自由的条款，以避免将借款混同于存款。

企业拟上市，尽量在股改过程中将集资问题解决完毕。即使是如此，企业该行为是否可能受到有关管理部门的追究和处罚等都存在疑问。

有的企业在申报材料中有虚假的记载，在审核过程中被监管机构发现，对企业的申报非常不利。

企业在报告期内存在因税务问题、环保问题、建筑施工问题、资质问题等被处罚的情况，说明企业的内控制度存在瑕疵。例如某企业环保不符合要求且受到行政处罚，在报告期内，该企业排放污水中的pH值、化学需氧量、氨氮出现超标，受到××××市环保局三次行政处罚某企业生产的产品实行许可证制度，在报告期内该企业的产量和品种都超出了主管部门的限额和范围，存在较大的风险。

某企业在过去几年中数次发生环保事故，造成环境污染，其中有两次受到相关部门的处罚。某公司在报告期内存在税收违法被处罚的情况。

上述各种情况都属于重大的违法、违规行为。

第八章　董监高问题

建立完善的公司法人治理结构，股东大会、董事会、监事会三会和管理层规范运作，是《公司法》对公司法人治理的基本要求，也是资本市场对公众公司的基本要求。拟上市的企业，必须重视“三会一层”的建设和运行，其中最关键的还是董监高人员的任职问题。董监高人员合法合规的任职是完善公司法人治理结构和规避风险的核心。

目前监管机构对此类问题重点关注：

第一，诚信问题。董事、高管的诚信问题已成为证监会审核过程中重点关注的事项。很多发行申请人的董事、高管之前在其他上市公司任过职，保荐代表人在尽职调查过程中必须关注其在上市公司任职期间是否受到过证监会、交易所的行政处罚或者谴责。

第二，关于竞业禁止的要求，要求对董事、高管作充分披露；原则上要求不能存在竞业禁止。

第三，对董事、高管忠实、勤勉义务的关注：主要从改制、出资、历史沿革、架构（子公司及兄弟公司之间）、资金往来、关联交易的披露与回避等方面进行判断。如公司历史沿革是否存在损害公司利益的情形；公司架构中是否存在自然人持股；改制过程中的资金来源等。

第四，对于董事、高管曾在上市公司任职的，要对原上市公司是否存在退市、违规等进行尽职调查。

第五，看是否做到股东义务与高管义务的分开，两边都要遵守，证监会将查询诚信档案，保荐机构尽职调查时要查询其他部门档案。

第六，关于董事、高管的重大变化。董事、高管的重大变化属于发行条件之一，目的在于给市场一个具有连续性、可比性的历史业绩。重大变化没有量化的指标。一个核心人员的变动也有可能导致重大变化；如果是公司出于优化治理角度导致的高管变化，监管机构是认可的；董事、高管的重大变化需个案分析，主要考虑的因素有：变动的原因、变动人员的岗位和作用、变动人员与控股股东、实际控制人的关系，任职的前后延续性；可以把董事、高管合在一起分析；要考虑变动对公司生产经营的影响；监管机构会关注董事、高管变化的具体原因，如是否为公司正常换届、是否因为公司内部矛盾等；只要核心人员没有发生变化，逐步增加董事、高管没有太大问题；如果是 1 人公司：一般不会因为人数增加而否定；只要核心人员没有发生变动，为完善公司治理而增加高管、董事（相关人员原来和公司经营密切相关，如内部升迁或控股股东处转来）人事原则上不会导致重大变化。

第七，任职资格及公司治理。董事、监事及高管人员的任职资格要关注，有无受到证券市场处罚或谴责，在其他上市公司有无任职；家族企业要关注，不能都是家族成员，监事要独立，如果是亲属关系有可能影响履职；不能和发行人办企业，亲戚也不可。（核查可以通过董监高的个人确认、向公司进行了解、查询监管部门的公开信息）；合理的公司治理结构：家族企业的董事、高管不能主要由家族成员担任，监事不能由家族成员担任。

第一节　案例分析

【案例 1】对公司董监高是否发生重大变化和任职的核查——中孚信息（股票代码：300659）

A 股上市情况：2017 年 4 月 18 日召开的中国证券监督管理委员会创业板发行审核委员会 2017 年第 32 次发审委会议审核：中孚信息股份有限公司（首发）获通过。

案例解读

监管部门要求发行人以招股说明书签署日为基础补充披露最近两年内其董事、监事、高级管理人员的变化情况及原因；根据招股说明书披露，发行人董事、中孚普益执行事务合伙人陈志江毕业后至今在山东黄河勘测设计研究院工作。

请发行人说明山东黄河勘测设计研究院是否为国有事业单位，其是否知晓并同意陈志江在发行人处任职，与陈志江的前述职务之间是否存在冲突，其在发行人处任职是否符合相关规定。请中介机构就发行人最近两年内董事、高级管理人员是否发生重大变化进行核查并发表明确意见。

一、关于陈志江在山东黄河勘测设计研究院的任职问题

经核查国家企业信用信息公示系统，山东黄河勘测设计研究院（以下简称“勘

测院”）为全民所有制企业，成立于1998年4月1日，现持有山东省工商局核发的注册号为370000018004872的《营业执照》，法定代表人谢军，住所为济南市历下区东关大街111号，注册资本688万元人民币，经营范围为：资质证书范围内的测绘业务（有效期限以许可证为准）；许可范围内的工程设计、勘察及工程总承包、工程咨询业务；装饰装修；建筑材料的销售；资格证书范围内的工程咨询业务。（依法须经批准的项目，经相关部门批准后方可开展经营活动）

根据勘测院官网介绍，其前身是山东黄河河务测量队，负责承担山东黄河的测绘任务。1980年3月3日，根据工作需要经水利部黄河水利委员会批准，成立了山东黄河河务局规划设计室（正处级单位）。1987年3月，规划设计室更名为山东黄河设计院。1992年5月，更名为山东黄河勘测设计研究院。

根据国务院国资委《关于规范国有企业职工持股、投资的意见》（国资发改革〔2008〕139号）文，国有企业职工不得直接或间接持有本企业所出资各级子企业、参股企业及本集团公司所出资其他企业股权。严格限制职工投资关联关系企业；禁止职工投资为本企业提供燃料、原材料、辅料、设备及配件和提供设计、施工、维修、产品销售、中介服务或与本企业有其他业务关联的企业；禁止职工投资与本企业经营同类业务的企业。国有企业中层以上管理人员，不得在职工或其他非国有投资者投资的非国有企业兼职；已经兼职的，自本意见印发后6个月内辞去所兼任职务。

根据勘测院出具的说明，陈志江在勘测院没有行政职务，为一般员工，勘测院知悉陈志江的对外投资与任职情况。中孚信息、中孚普益及其关联方与勘测院之间不存在关联关系，亦未发生过业务往来，故勘测院认为，“陈志江对外投资及兼职与其在本院的任职并不冲突，不违反国资委《关于规范国有企业职工持股、投资的意见》等法律、法规、规范性文件及本院的规章制度”。

中介机构认为，陈志江在发行人处的任职符合相关法律、法规及规范性文件的规定，与其在勘测院的任职不存在冲突。

二、发行人董事、高级管理人员近两年未发生重大变化

根据中介机构核查，近两年，发行人董事、高级管理人员发生过如下变更：

（1）2014年3月10日，发行人召开2014年第二次临时股东大会，增选申险峰、付林、王志勇为第三届董事会独立董事。

（2）2014年5月21日，因独立董事申险峰辞去股份公司独立董事职务，发行人召开2014年第四次临时股东大会，补选王连海为公司第三届董事会独立董事。

（3）2016年1月，发行人董事、副总经理张欣因个人原因，辞去董事及副总经理职务。2016年1月25日，发行人召开第三届董事会第十七次会议，同意公司副总

经理张欣辞任董事、副总经理职务；同意补选张太祥作为公司董事。2016 年 2 月 15 日，发行人召开 2015 年年度股东大会，选举张太祥为第三届董事会董事。

除此之外，股份公司董事、监事及高级管理人员未发生其他变动。

根据发行人提供的材料及中介机构的核查，近两年发行人的董事、高级管理人员未发生重大变化。

专家点评

首先，基于国有企业职工身份的特殊性，国有企业职工不得直接或间接持有本企业所出资各级子企业、参股企业及本集团公司所出资其他企业股权，除银行职工外，国有企业职工可以投资兴办企业。国有企业中层以上管理人员，不得兼职，一般人员可以兼职。

其次，在报告期内，因规范治理需要新增的独立董事不作为重大变化指标。

【案例 2】高管在外兼职是否存在利益冲突——智动力（股票代码：300686）

A 股上市情况：2017 年 6 月 1 日召开的中国证券监督管理委员会创业板发行审核委员会 2017 年第 46 次发审委会议审核：深圳市智动力精密技术股份有限公司（首发）获通过。

案例解读

监管部门要求发行人补充说明其高级管理人员方吉鑫担任伟禄集团独立非执行董事的原因、合理性，该兼职行为是否与其担任发行人高管存在利益冲突或影响其在发行人的履职；补充说明方吉鑫所任职的伟禄集团、其亲属任职的茂硕电源和英威腾、其亲属持股的新为电子商务的基本情况，实际从事的主要业务及其与发行人主要业务的关系，报告期内与发行人在采购、销售、资产、资金、人员、技术等方面的往来情况，与发行人是否拥有共同客户或供应商的情况，是否为发行人承担成本费用、输送利益或其他利益安排；补充说明新为电子商务的经营运作情况以及日常经营运作的负责人员，方吉鑫是否实际控制该企业并实际负责该企业的日常管理，如是，补充说明该行为是否与其担任发行人高管存在的利益冲突或影响其在发行人的履职。请中介机构补充核查并发表意见。

1. 伟禄集团控股有限公司（以下简称“伟禄集团”）

经核查，伟禄集团是香港联交所上市公司，代码为 01196.HK，股本为 115，419.14 万股，注册地址为香港中环康乐广场 1 号怡和大厦 24 楼 2403—2410 室，主要从事商业印刷、制造及销售签条、标签、恤衫衬底板纸及胶带、销售及分销汽车零件、电子商务等业务，与发行人产品在技术、生产工艺等方面存在较大差异。

方吉鑫在担任发行人副总经理、董事会秘书前，曾在律师事务所、证券公司从事法律工作，曾服务过多家上市公司及拟上市公司，其良好的法律风险防控能力为伟禄集团所认可，经伟禄集团股东大会审议通过，选举其为独立非执行董事。

根据伟禄集团向方吉鑫发放的聘书以及香港联交所《上市规则》的有关规定，独立非执行董事是指不在公司担任除董事外的其他职务，并与公司及公司主要股东不存在可能妨碍其进行独立客观判断的关系的董事，其主要职责是根据外部经验发表客观和独立的意见，协助董事会高效领导公司，确保管理团队的持续高效运营及对公司的忠诚；参与股东大会，董事会及其他委员会会议。

综上，中介机构认为，方吉鑫担任伟禄集团独立非执行董事的兼职行为并不影响其在发行人处的任职，也不存在利益冲突，合理。

经发行人及伟禄集团书面确认，报告期内，伟禄集团与发行人在采购、销售、资产、资金、人员、技术等方面均不存在往来情况，与发行人不拥有共同客户或供应商的情况，不存在为发行人承担成本费用、输送利益或其他利益安排。

2. 茂硕电源科技股份有限公司（以下简称“茂硕电源”）

经核查，发行人副总经理、董事会秘书方吉鑫之弟担任茂硕电源董事、副总经理、董事会秘书。茂硕电源于2006年3月27日设立并于2012年3月在深圳证券交易所上市，股票代码为002660，主要从事开关电源的研发、生产及销售，主要产品为SPS开关电源和LED驱动电源，应用于消费电子产品和LED产品，与发行人产品在技术、生产工艺等方面不同。

经发行人及茂硕电源书面确认，2012年1月1日—2015年6月30日期间，茂硕电源与发行人在采购、销售、资产、资金、人员、技术等方面均不存在往来情况，与发行人不存在共同的供应商，除向惠州比亚迪电子有限公司和深圳市比亚迪供应链管理有限公司销售开关电源产品等共370万元外，与发行人也不存在共同的客户，茂硕电源对惠州比亚迪电子有限公司和深圳市比亚迪供应链管理有限公司的销售价格公允，并不存在为发行人承担成本费用、输送利益或其他利益安排。

3. 深圳市英威腾电气股份有限公司（以下简称“英威腾”）

经核查，发行人副总经理、董事会秘书方吉鑫配偶担任英威腾副总经理、董事会秘书。英威腾于2002年4月15日设立并于2010年1月在深圳市证券交易所上市，股票代码为002334。英威腾专注于电气传动、工业控制领域，是集低压、中压和高压变频器研发、制造、销售，主要产品为变频器、伺服驱动器等，主要应用于起重机械、煤炭、塑胶、机床、电力、冶金等行业，与发行人产品在技术、生产工艺等方面不同。

经发行人及英威腾书面确认，报告期内，英威腾与发行人在采购、销售、资产、资金、人员、技术等方面均不存在往来情况，与发行人不拥有共同客户或供应商的情况，不存在为发行人承担成本费用、输送利益或其他利益安排。与发行人之间不存在业务往来等情形。

4. 深圳市新为电子商务有限公司（以下简称“新为电子”）

经核查，新为电子成立于2013年8月30日，注册资本为100万元，经营范围为“经营电子商务；计算机软、硬件的研发与销售，电脑、数码及周边配件产品的销售及其他国内贸易（不含专营、专控、专卖商品）；经营进出口业务”，方吉鑫岳母为新为电子控股股东。截至目前，该公司未实际开展业务，方吉鑫未控制该企业，也未实际负责该企业的日常管理。

经由新为电子确认，报告期内，新为电子与发行人在采购、销售、资产、资金、人员、技术等方面均不存在往来情况，与发行人不存在共同客户或供应商的情况，不存在为发行人承担成本费用、输送利益或其他利益安排。

专家点评

董监高对公司应该有忠实、勤勉义务，恪守竞业禁止的要求。董监高忠实义务是把公司利益放在首位，在自身利益与公司利益发生矛盾时，以公司的利益为考量出发点；勤勉义务处理公司业务应该尽心、尽职。上市公司高管不得担任其他企业除董事、监事以外的其他职务。竞业禁止要求是董监高不得自营或与他人合作经营与其所任职的公司同类的业务。

【案例3】核查公司董监高人员是否发生重大变化——盛弘股份（股票代码：300693）

A股上市情况：2017年7月12日召开的中国证券监督管理委员会创业板发行审核委员会2017年第57次发审委会议审核：深圳市盛弘电气股份有限公司（首发）获通过。

案例解读

监管部门要求发行人说明申报前两年及申报后董事、高级管理人员是否发生重大变化。请中介机构核查并发表意见。

1. 核查方式与过程

（1）查阅公司2014年1月至今董事、总经理变更的工商登记备案文件。

（2）查阅公司2014年1月至今选举董事的股东（大）会会议文件。

（3）查阅公司2014年1月至今聘任总经理、副总经理、财务总监、董事会秘书等高级管理人员的董事会会议文件及上述人员与公司签署的劳动合同。

2. 核查情况

（1）发行人申报前两年至今的董事变化情况如下：

发行人于2016年3月18日向中国证监会递交了本次发行上市的申请文件（以下简称“申报上市”），并于2016年3月21日取得了中国证监会出具的受理函。

发行人申报前两年即2014年1月—2015年6月盛弘有限召开改制为股份公司的创立大会前，盛弘有限的董事会成员为方兴、汪卫强、雷海军、盛剑明、曹敏、敬立成、史建军，其中方兴担任董事长。

2015年6月29日，公司创立大会选举方兴、肖学礼、盛剑明、曹敏、张健、刘建新、姜省路为公司董事，组成股份公司第一届董事会，其中张健、刘建新、姜省路为独立董事。同日，公司第一届董事会第一次会议选举方兴为董事长。

2015年11月9日，曹敏因个人原因辞去董事职务，公司2015年第四次临时股东大会选举杨柳担任董事，任期与第一届董事会任期相同。

2015年12月18日，刘建新因个人原因辞去独立董事职务，公司2015年第五次临时股东大会选举陈喜年担任独立董事。

（2）发行人申报前两年的高级管理人员的变化情况如下：

2014年1月—2015年6月，盛弘有限的高级管理人员为：总经理方兴，副总经理肖学礼、盛剑明、史建军和财务总监杨柳。

2015年6月29日，公司第一届董事会第一次会议聘任方兴为总经理；肖学礼、盛剑明、史建军为副总经理；杨柳为财务总监兼董事会秘书。

2016年3月30日，公司第一届董事会第九次会议聘任舒斯雄担任公司副总经理。

3. 核查结论

（1）公司申报上市前两年，高级管理人员未发生变动；公司申报上市后至今，除增聘舒斯雄担任公司副总经理外，其他高级管理人员未发生变化。

（2）公司目前的7名董事会成员中，方兴、肖学礼、盛剑明为公司的实际控制人，公司申报上市前两年及申报上市后至今，上述三人及董事杨柳均担任公司高级管理人员职务；其余3名董事陈喜年、姜省路、张健为发行人股东大会根据上市公司规范运作的要求选举的独立董事。

（3）盛弘有限原董事、副总经理史建军自股份公司设立至今担任公司的副总经理；除此之外，股份公司设立后离任的原董事汪卫强、雷海军、曹敏、敬立成均未在公司担任除董事以外的其他职务，未实际参与公司的日常经营管理。

基于上述核查，中介机构认为，发行人申报上市前两年及申报上市后至今，董事和高级管理人员未发生重大变化。

专家点评

董事和高级管理人员发生重大变化是关注点在于对生产经营是否产生负面影响，超过人员总数的三分之一即认为是发生重大变化，董事长、总经理、财务总监变化也认为是重大变化。但公司上市审核被否不会把本条单独作为被否的理由，一般是几个否决理由，把这个拿过来作为其中一项。

【案例4】独立董事的任职资格审查——雷迪克（股票代码：300652）

A股上市情况：272017年4月5日召开的中国证券监督管理委员会创业板发行审核委员会2017年第次发审委会议审核：杭州雷迪克节能科技股份有限公司（首发）获通过。

案例解读

招股说明书披露，发行人独立董事马钧2004年3月至今任同济大学汽车学院副院长；独立董事佟成生2012年1月至今担任上海国家会计学院教研部阿米巴研究中心主任。请发行人说明上述二位董事的任职是否符合中共中央组织部《关于进一步规范党政领导干部在企业兼职（任职）问题的意见》等相关规定。

根据中共中央组织部《关于进一步规范党政领导干部在企业兼职（任职）问题的意见》“现职和不担任现职但未办理退（离）休手续的党政领导干部不得在企业兼职（任职）”。

根据教育部《中共教育部党组关于进一步加强直属高校党员领导干部兼职管理的通知》《教育部办公厅关于开展党政领导干部在企业兼职情况专项检查的通知》“直属高校处级（中层）党员领导干部原则上不得在经济实体和社会团体等单位中兼职，确因工作需要兼职的，须经学校党委审批”。

经核查，发行人独立董事马钧曾任同济大学汽车学院副院长，其为德国国籍人士，根据同济大学汽车学院的证明其目前为汽车学院副教授，已不担任任何领导职务，因此，中介机构认为其担任发行人独立董事未违反中共中央组织部《关于进一步规范党政领导干部在企业兼职（任职）问题的意见》及教育部《中共教育部党组关于进一步加强直属高校党员领导干部兼职管理的通知》《教育部办公厅关于开展党政领导干部在企业兼职情况专项检查的通知》等的规定，具备担任发行人独立董事的资格。

经核查，发行人独立董事佟成生担任上海国家会计学院阿米巴研究中心主任，上海国家会计学院阿米巴研究中心为校内研究机构，除佟成生外亦聘请国际学者为研究中心的联合主任，研究中心主任不属于党政领导干部和直属高校处级（中层）党员领导干部，因此中介机构认为佟成生担任发行人独立董事未违反中共中央组织部《关于进一步规范党政领导干部在企业兼职（任职）问题的意见》，教育部《中共教育部党组关于进一步加强直属高校党员领导干部兼职管理的通知》《教育部办公厅关于开展党政领导干部在企业兼职情况专项检查的通知》等的规定，具备担任发行人独立董事的资格。

综上，中介机构认为，发行人独立董事马钧、佟成生的任职符合中共中央组织部《关于进一步规范党政领导干部在企业兼职（任职）问题的意见》等相关规定。

专家点评

独立董事是指不在上市公司担任除董事外的其他职务，并与其所受聘的上市公司及其主要股东不存在可能妨碍其进行独立客观判断关系的董事。上市公司设立独董制度主要是为了保护没有发言权的中小股东权益，防止法人股、国有股一股独大。而上市公司聘请独立董事是利用其社会影响、社会关系等无形资源为公司创造利益、增加上市公司的市值，与《公司法》所要求的行使独立董事监督权、保护中小股东利益等职责存在背离。

2013 年 10 月中组部曾下发《关于进一步规范党政领导干部在企业兼职（任职）问题的意见》，对党政领导干部在企业中的任职资格、报酬等方面都作出严格的限制和规定，随即上市公司有党政背景的领导干部独董纷纷离职，高校教师之后密集涌入了上市公司董事会。外冷峻的监管"脸色"，以及两个活生生的前车之鉴，令不少"学而优则商"的独董暗自惊心。2015 年 11 月初，教育部下发了《教育部办公厅关于开展党政领导干部在企业兼职情况专项检查的通知》（下称"《通知》"），要求各高校遵照执行中组部文件要求，在此背景下大量高校独董也提出辞呈。

【案例 5】高校老师担任独立董事的审查——国科微（股票代码：300672）

A 股上市情况： 2017 年 5 月 10 日召开的中国证券监督管理委员会创业板发行

审核委员会2017年第39次发审委会议审核：湖南国科微电子股份有限公司（首发）获通过。

案例解读

独立董事饶育蕾、金湘亮、刘爱明目前均在高校任职。请发行人补充说明饶育蕾、金湘亮、刘爱明任独立董事是否符合《关于进一步规范党政领导干部在企业兼职（任职）问题的意见》以及教育部的相关规定。请中介机构核查并发表明确意见。

中介机构检索了高校任职人员担任独立董事的相关规定，查阅了发行人三位独立董事饶育蕾、金湘亮、刘爱明的简历并对其进行了访谈，查询了三位独立董事任职的高校的官方网站。

一、高校任职人员担任独立董事的相关规定

根据《公司法》《创业板首发办法》《关于在上市公司建立独立董事制度的指导意见》以及中组部《关于进一步规范党政领导干部在企业兼职（任职）问题的意见》等相关规定，现职和不担任现职但未办理退（离）休手续的党政领导干部不得在企业兼职（任职）；对辞去公职或者退（离）休的党政领导干部到企业兼职（任职）必须从严掌握、从严把关，确因工作需要到企业兼职（任职）的，应当按照干部管理权限严格审批。

根据中央纪委、教育部、监察部《关于加强高等学校反腐倡廉建设的意见》、中共教育部党组《关于进一步加强直属高校党员领导干部兼职管理的通知》、《直属高校党员领导干部廉洁自律"十不准"》的规定：

学校党政领导班子成员应集中精力做好本职工作，除因工作需要、经批准在学校设立的高校资产管理公司兼职外，一律不得在校内外其他经济实体中兼职；

教育部直属高校校级党员领导干部原则上不得在经济实体中兼职，确因工作需要在本校设立的资产管理公司兼职的，须经学校党委（常委）会研究决定，并按干部管理权限报教育部审批和驻教育部纪检组监察局备案；

教育部直属高校处级（中层）党员领导干部原则上不得在经济实体和社会团体等单位中兼职，确因工作需要兼职的，须经学校党委审批。

二、发行人独立董事任职资格

1. 饶育蕾的独立董事任职资格

饶育蕾女士，中国国籍，无境外永久居留权，1964年出生，博士学历。现为中南大学教授、博士生导师，中南大学金融创新研究中心主任，蓝思科技股份有限公司、湖南黄金股份有限公司及发行人独立董事。

经核查，饶育蕾系中国农工民主党人士，中南大学金融创新研究中心系中南大学内设的学术研究机构，主要从事学术研究工作，不属于党政管理部门。中介机构通过中南大学官方网站（www.csu.edu.cn/xxgk/xxld.htm）查询了中南大学领导职位设置，并访谈了饶育蕾，饶育蕾不属于学校领导干部，亦不属于处级（中层）党员领导干部，因此不属于《关于进一步规范党政领导干部在企业兼职（任职）问题的意见》以及教育部相关规定所限制的到企业兼职（任职）的人员之列，饶育蕾的任职符合相关规范性文件的规定。

2. 金湘亮的独立董事任职资格

金湘亮先生，中国国籍，无境外永久居留权，1974年出生，博士学历。现任湘潭大学教授，湘潭大学微光电与系统集成湖南工程实验室主任，湖南省集成电路产业联盟副理事长及发行人独立董事。

经核查，湘潭大学微光电与系统集成湖南工程实验室主要承担科研工作，不属于学校党政管理部门。中介机构通过湘潭大学官方网站（www.xtu.edu.cn/xxgk/xrld）查询了湘潭大学领导职位设置，并访谈了金湘亮，金湘亮不属于学校领导干部，亦不属于处级（中层）党员领导干部，因此不属于《关于进一步规范党政领导干部在企业兼职（任职）问题的意见》以及教育部相关规定所限制的到企业兼职（任职）的人员之列，金湘亮的任职符合相关规范性文件的规定。

3. 刘爱明的独立董事任职资格

刘爱明先生，中国国籍，无境外永久居留权，1971年出生，博士学历，注册会计师。现任中南大学商学院副教授及发行人独立董事。

独立董事刘爱明现任中南大学商学院副教授，从事教学和科研工作。中介机构通过中南大学官方网站（www.csu.edu.cn/xxgk/xxld.htm）查询了中南大学领导职位设置，并访谈了刘爱明，刘爱明不属于学校领导干部，亦不属于处级（中层）党员领导干部，因此不属于《关于进一步规范党政领导干部在企业兼职（任职）问题的意见》以及教育部相关规定所限制的到企业兼职（任职）的人员之列，刘爱明的任职符合相关规范性文件的规定。

据此，中介机构认为，饶育蕾、金湘亮、刘爱明任发行人独立董事符合《关于进一步规范党政领导干部在企业兼职（任职）问题的意见》以及教育部的相关规定。

专家点评

高校的领导没有独董任职资格，但一般人员并不受限制。

1993年，我国出现了首个设立独立董事制度的公司。青岛啤酒在香港上市，按照香港证券交易所的规定，在董事会中设立了两名独立董事。1997年12月，证监会发布《上市公司章程指引》，出现了第一个独立董事制度的规定，属于非强制性规定。2001年8月，证监会正式发布了《关于在上市公司建立独立董事制度的指导意见》，是对所有境内上市公司的要求，是证监会为通过建立独立董事制度来规范公司治理所采取的最全面措施。2006年起实施的新《公司法》第123条规定，上市公司董事会需要设立独立董事一职，具体办法由国务院规定。这标志着独立董事制度在法律上正式确立了自身的地位。

从实践中看，不少上市公司独立董事却常常沦为"花瓶"，独立性不强、专业能力不高、专业能力不到位，独立董事"懂事不独立"，成为笑谈。

第二节　基本概念

一、法律规定

《公司法》第二百一十七条规定：

（一）高级管理人员，是指公司的经理、副经理、财务负责人，上市公司董事会秘书和公司章程规定的其他人员。

有下列情形之一的，不得担任公司的董事、监事、高级管理人员：

（1）无民事行为能力或者限制民事行为能力；

（2）因贪污、贿赂、侵占财产、挪用财产或者破坏社会主义市场经济秩序，被判处刑罚，执行期满未逾五年，或者因犯罪被剥夺政治权利，执行期满未逾五年；

（3）担任破产清算的公司、企业的董事或者厂长、经理，对该公司、企业的破产负有个人责任的，自该公司、企业破产清算完结之日起未逾三年；

（4）担任因违法被吊销营业执照、责令关闭的公司、企业的法定代表人，并负有个人责任的，自该公司、企业被吊销营业执照之日起未逾三年；

（5）个人所负数额较大的债务到期未清偿。

公司违反前款规定选举、委派董事、监事或者聘任高级管理人员的，该选举、委派或者聘任无效。

董事、监事、高级管理人员在任职期间出现上述所列情形的，公司应当解除其职务。

《公司法》第一百零八条　股份有限公司设董事会，其成员为五人至十九人。

董事会成员中可以有公司职工代表。董事会中的职工代表由公司职工通过职工代表大会、职工大会或者其他形式民主选举产生。

《公司法》第一百一十七条　股份有限公司设监事会，其成员不得少于三人。

监事会应当包括股东代表和适当比例的公司职工代表，其中职工代表的比例不得低于三分之一，具体比例由公司章程规定。监事会中的职工代表由公司职工通过职工代表大会、职工大会或者其他形式民主选举产生。

董事、高级管理人员不得兼任监事。

《公司法》第二百一十六条的规定，高级管理人员包括公司的经理、副经理、财务负责人，上市公司董事会秘书和公司章程规定的其他人员。

二、其他做参考的文件要求

《首次公开发行股票并上市管理办法》第十六条的规定，发行人需要保持人员独立。发行人的总经理、副总经理、财务负责人和董事会秘书等高级管理人员不得在控股股东、实际控制人及其控制的其他企业中担任除董事、监事以外的其他职务，不得在控股股东、实际控制人及其控制的其他企业领薪；发行人的财务人员不得在控股股东、实际控制人及其控制的其他企业中兼职。

《首次公开发行股票并上市管理办法》第二十三条的规定，公司的董事、监事和高级管理人员除符合法律、行政法规和规章规定的任职资格外，还不得有下列情形：（一）被中国证监会采取证券市场禁入措施尚在禁入期的；（二）最近36个月内受到中国证监会行政处罚，或者最近12个月内受到证券交易所公开谴责；（三）因涉嫌犯罪被司法机关立案侦查或者涉嫌违法违规被中国证监会立案调查，尚未有明确结论意见。

《深圳证券交易所中小企业板上市公司规范运作指引》3.2.3条规定，董事、监事和高级管理人员候选人存在下列情形之一的，不得被提名担任上市公司董事、监事和高级管理人员：（一）《公司法》第一百四十七条规定的情形之一；（二）被中国证监会采取证券市场禁入措施，期限尚未届满；（三）被证券交易所公开认定不适合担任上市公司董事、监事和高级管理人员；（四）最近三年内受到证券交易所公开谴责；（五）因涉嫌犯罪被司法机关立案侦查或者涉嫌违法违规被中国证监会立案调查，尚未有明确结论意见。

《上市公司章程指引》第九十六条的相关规定，董事可以由经理或者其他高级管理人员兼任，但兼任经理或者其他高级管理人员职务的董事以及由职工代表担任的董事，总计不得超过公司董事总数的 1/2。

《上市公司章程指引》第 143 条规定，监事会应当包括股东代表和适当比例的公司职工代表，其中职工代表的比例不低于 1/3。监事会中的职工代表由公司职工通过职工代表大会、职工大会或者其他形式民主选举产生。

《深圳证券交易所创业板上市公司规范运作指引》3.1.4 规定，最近两年内曾担任过公司董事或者高级管理人员的监事人数不得超过公司监事总数的二分之一。公司董事、高级管理人员在任期间及其配偶和直系亲属不得担任公司监事。

根据《证券市场禁入规定》第五条，违反法律、行政法规或者中国证监会有关规定，情节严重的，可以对有关责任人员采取 3 至 5 年的证券市场禁入措施；行为恶劣、严重扰乱证券市场秩序、严重损害投资者利益或者在重大违法活动中起主要作用等情节较为严重的，可以对有关责任人员采取 5~10 年的证券市场禁入措施；有下列情形之一的，可以对有关责任人员采取终身的证券市场禁入措施：

（1）严重违反法律、行政法规或者中国证监会有关规定，构成犯罪的；

（2）违反法律、行政法规或者中国证监会有关规定，行为特别恶劣，严重扰乱证券市场秩序并造成严重社会影响，或者致使投资者利益遭受特别严重损害的；

（3）组织、策划、领导或者实施重大违反法律、行政法规或者中国证监会有关规定的活动的；

（4）其他违反法律、行政法规或者中国证监会有关规定，情节特别严重的。

2006 年 6 月 29 日通过的《刑法》修正案（六）第五条规定，将刑法第 161 条修改为："依法负有信息披露义务的公司、企业向股东和社会公众提供虚假的或者隐瞒重要事实的财务会计报告，或者对依法应当披露的其他重要信息不按照规定披露，严重损害股东或者其他人利益，或者有其他严重情节的，对其直接负责的主管人员和其他直接责任人员，处三年以下有期徒刑或者拘役，并处或者单处二万元以上二十万元以下罚金。"

第九条规定，在刑法第 169 条后增加一条，作为第 169 条之一："上市公司的董事、监事、高级管理人员违背对公司的忠实义务，利用职务便利，操纵上市公司从事下列行为之一，致使上市公司利益遭受重大损失的，处三年以下有期徒刑或者拘役，并处或者单处罚金；致使上市公司利益遭受特别重大损失的，处三年以上七年以下有期徒刑，并处罚金：

（1）无偿向其他单位或者个人提供资金、商品、服务或者其他资产的；

（2）以明显不公平的条件，提供或者接受资金、商品、服务或者其他资产的；

（3）向明显不具有清偿能力的单位或者个人提供资金、商品、服务或者其他资

产的；

（4）为明显不具有清偿能力的单位或者个人提供担保，或者无正当理由为其他单位或者个人提供担保的；

（5）无正当理由放弃债权、承担债务的；

（6）采用其他方式损害上市公司利益的。

上市公司的控股股东或者实际控制人，指使上市公司董事、监事、高级管理人员实施前款行为的，依照前款的规定处罚。犯前款罪的上市公司的控股股东或者实际控制人是单位的，对单位判处罚金，并对其直接负责的主管人员和其他直接责任人员，依照第一款的规定处罚。”

三、董事、监事、高级管理人员的兼职问题

董事、监事、高级管理人员的兼职问题主要是指这些人员兼职的许可与限制的情况。

企业的总经理、副总经理、财务负责人和董事会秘书等高级管理人员不得在企业的控股股东、实际控制人及其控制的其他企业中担任除董事、监事以外的其他职务，不得在控股股东、实际控制人及其控制的其他企业领薪；发行人的财务人员不得在控股股东、实际控制人及其控制的其他企业中兼职。

企业的董事长与股东单位的董事长可以为同一人。

企业的董事长与总经理可以是同一人。

上市后企业的总经理及其他高管人员在控股股东担任一个部门副职是可以的。

高管在控股方担任党的职务问题。高管在控股方不得担任除董事以外的其他职务，可以担任党的职务，但不能影响企业的独立性。

董事、高级管理人员不得兼任监事。

董事、监事、高级管理人员的兼职问题还涉及到企业的独立性，例如企业的董事、监事、高级管理人员到股东单位领薪的情况，企业在改制过程要注意解决此类问题可能带来的麻烦。

四、关于董事会秘书的任职

《公司法》规定：

第一百二十四条 上市公司设董事会秘书，负责公司股东大会和董事会会议的筹备、文件保管以及公司股东资料的管理，办理信息披露事务等事宜。

企业在上市过程中，一般会按照上市公司的制度对企业进行规范，其中，设立

董事会秘书是其中一项任务。

董事会秘书由董事长提名，经董事会聘任或解聘。公司董事或者其他高级管理人员可以兼任公司董事会秘书。

董事会秘书对公司和董事会负责，履行如下职责：

（1）负责公司和相关当事人与交易所及其他证券监管机构之间的及时沟通和联络，保证交易所可以随时与其取得工作联系；

（2）负责处理公司信息披露事务，督促公司制定并执行信息披露管理制度和重大信息的内部报告制度，促使公司和相关当事人依法履行信息披露义务，并按规定向交易所办理定期报告和临时报告的披露工作；

（3）协调公司与投资者关系，接待投资者来访，回答投资者咨询，向投资者提供公司披露的资料；

（4）按照法定程序筹备董事会会议和股东大会，准备和提交拟审议的董事会和股东大会的文件；

（5）参加董事会会议，制作会议记录并签字；

（6）负责与公司信息披露有关的保密工作，制定保密措施，促使公司董事会全体成员及相关知情人在有关信息正式披露前保守秘密，并在内幕信息泄露时，及时采取补救措施并向交易所报告；

（7）负责保管公司股东名册、董事名册、控股股东及董事、监事、高级管理人员持有公司股票的资料，以及董事会、股东大会的会议文件和会议记录等；

（8）协助董事、监事和高级管理人员了解信息披露相关法律、行政法规、部门规章、本规则、交易所其他规定和公司章程，以及上市协议对其设定的责任；

（9）促使董事会依法行使职权；在董事会拟作出的决议违反法律、行政法规、部门规章、本规则、交易所其他规定和公司章程时，应当提醒与会董事，并提请列席会议的监事就此发表意见；如果董事会坚持作出上述决议，董事会秘书应将有关监事和其个人的意见记载于会议记录上，并立即向交易所报告；

（10）《公司法》和交易所要求履行的其他职责

在实践操作中，企业的财务负责人兼任董事会秘书的情况比较普遍，原因是企业的财务总监对企业的了解程度最为深刻，在企业上市过程中，财务总监扮演了一个重要的角色，因此，董事会秘书在企业规范治理的初期，由财务总监来兼任的情况就比较多。但是随着企业的发展，企业法人治理的规范运作，财务总监无法全面地负责董事会秘书的职责，就必须考虑将这个职务真正地分离出来，由专人负责。

第三节 小结和启示

原则来说，公司的董事、总经理在外兼职要严格遵守不得在企业的控股股东、实际控制人及其控制的其他企业中担任除董事、监事以外的其他职务，不得在控股股东、实际控制人及其控制的其他企业领薪的要求，也即使通俗的“高管不能干高管，财务不能干财务”要求，但是在非控股股东、实际控制人及其控制的其他企业中任职，只要不影响到公司的正常管理运营，一般是可以接受的。

同时，企业必须合法合规经营，是指公司及其控股股东、实际控制人、董事、监事、高级管理人员须依法开展经营活动，经营行为合法、合规，不存在重大违法违规行为。因此，董监高还应当在中国人民银行征信系统中信用记录良好，不存在失信行为。公司最近 36 个月内不存在涉嫌犯罪被司法机关立案侦查，尚未有明确结论意见的情形。控股股东、实际控制人合法合规，最近 36 个月内不存在涉及以下情形的重大违法违规行为：

（1）控股股东、实际控制人受刑事处罚。

（2）受到与公司规范经营相关的行政处罚，且情节严重；情节严重的界定参照前述规定。

（3）涉嫌犯罪被司法机关立案侦查，尚未有明确结论意见。

现任董事、监事和高级管理人员应具备和遵守《公司法》规定的任职资格和义务，不应存在最近 36 个月内受到中国证监会行政处罚或者被采取证券市场禁入措施的情形。

实际控制人、董事、监事、高管人员是否设立过其他公司或者在其他公司担任该公司法定代表人而该公司可能因为未年检被吊销营业执照的情形。（董监高被列入黑名单而不能在拟上市企业担任董监高及法定代表人）如有，应在上市前予以规范。

第九章　实际控制人问题

俗话说，“因人而成事”，企业的掌门人是谁很重要，在很多情况下，企业的控股股东和实际控制人就是一个企业的灵魂。在资本市场的实务中，一般均将实际控制人做最基本的理解，即谁能实际控制公司，谁就是实际控制人。实际控制人可能通过股权关系对公司实施控制，也可能通过投资关系、协议或者其他安排对公司实施控制。

这点和我国《公司法》中的规定有所差异，在我国《公司法》中强调实际控制人不是公司的股东，但实务中这一点已经被淡化，即控股股东是自然人的情况下，除非该控股股东与其他人存在特别的协议，一般控股股东同时就是实际控制人。当然也不能就此认为这个和《公司法》的规定存在矛盾或者错误之处。法律永远是滞后于社会的发展的，企业、资本市场也不例外。

第一节　案例分析

【案例1】实际控制人不在公司担任职务的情况——华森制药（股票代码：002907）

A股上市情况：2017年9月5日召开的中国证券监督管理委员会主板发行审核委员会2017年第136次发审委会议审核：重庆华森制药股份有限公司（首发）获通过。

案例解读

招股书披露，发行人实际控制人为游谊竹，但不在发行人担任职务。公司董事长游洪涛和高管王瑛分别是游谊竹弟弟和弟媳，且共持有发行人32.75的股份。请中介机构说明仅将游谊竹认定为实际控制人的原因及合理性。请中介机构发表核查意见。

经核查，报告期内，成都地建持有发行人的股份比例一直在50%以上，系发行人的控股股东，成都地建是游谊竹先生间接持股控制的企业。发行人董事长游洪涛和高管王瑛分别是游谊竹弟弟和弟媳，截至本补充法律意见书（五）出具之日，二人共持有发行人32.75%的股份。根据报告期内上述持股情况及对发行人的实际控制情况，以及游谊竹、游洪涛、王瑛及成都地建签署的《一致行动协议》，游谊竹、游洪涛、王瑛为发行人的共同实际控制人。

一、报告期期初共同实际控制人与发行人的股权控制关系

报告期期初，发行人共同实际控制人游谊竹、游洪涛、王瑛与发行人的股权控制关系如图9-1所示。

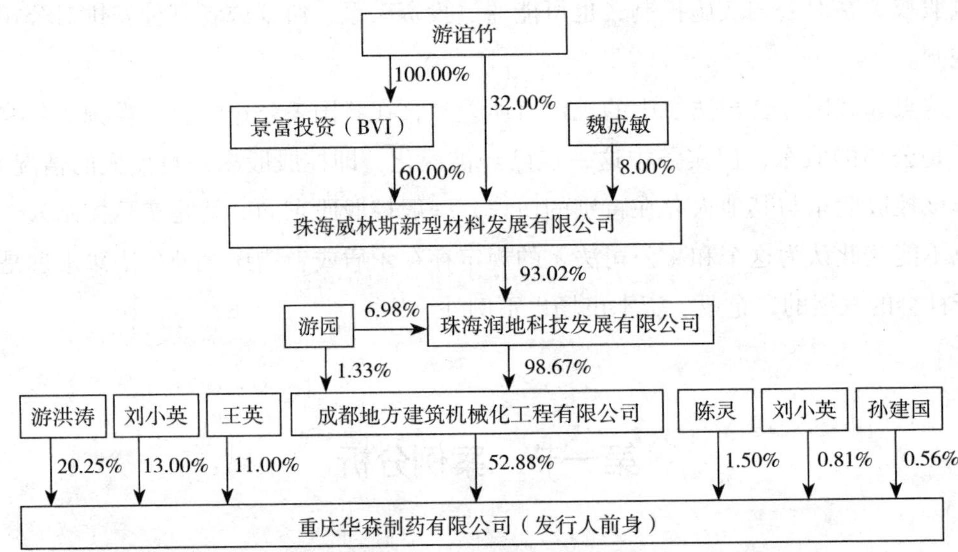

图9-1　报告期期初发行人共同实际控制人游谊竹、游洪涛、王瑛与发行人的股权控制关系

二、报告期内的股权控制关系

2014年6月10日，股东孙建国、陈海红分别与成都地建签署《重庆华森制药有限公司股权转让协议》，约定孙建国将其持有华森有限的0.56%股权转让给成都地建；陈海红将其持有华森有限的0.81%股权转让给成都地建。本次股权转让完成后，成都地建持有华森有限54.25%的股权。

2014年11月3日，游洪涛与陈灵签署《重庆华森制药有限公司股权转让协议》，约定陈灵将其持有的华森有限1.5%的股权（对应出资额为120万）以人民币720万元的价格转让给游洪涛。本次股权转让完成后，游洪涛持有华森有限21.75%的股权。

2015 年 4 月 25 日，成都地建分别与张书华、王忠友及王保柱签署《重庆华森制药有限公司股权转让协议》，约定成都地建将华森有限 0.8% 股权转让给张书华，将华森有限 0.6% 股权转让给王忠友，将华森有限 0.6% 股权转让给王保柱。转让完成后，成都地建持有华森有限 52.25% 的股权。报告期内，王瑛一直持有华森有限 11% 的股权。

综上，报告期内，成都地建作为发行人控股股东没有发生变化，成都地建、游洪涛、王瑛的持股情况没有发生重大变更，共同实际控制人与发行人的控制关系未发生变化。

三、截至目前的股权控制关系

截至目前，共同实际控制人游谊竹、游洪涛、王瑛与发行人的股权控制关系如图 9–2 所示。

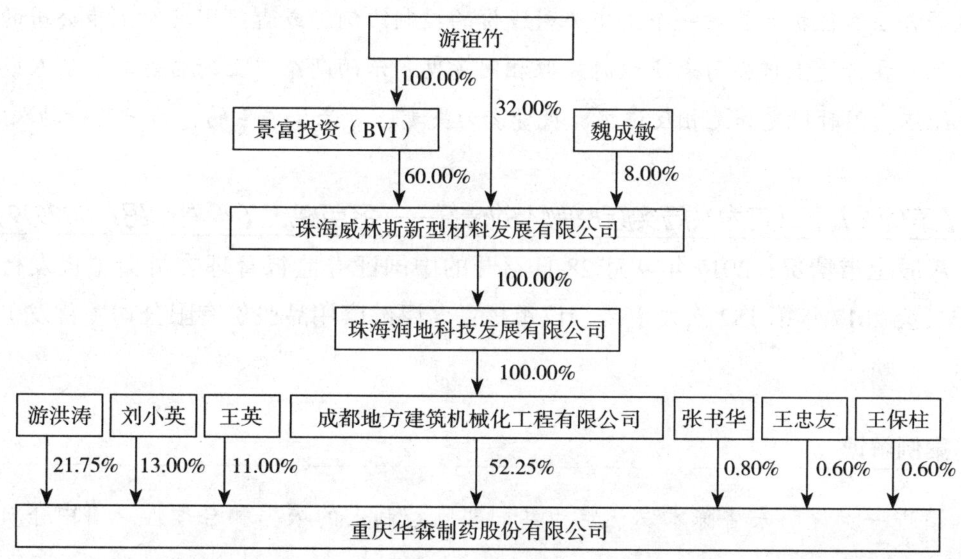

图 9–2　共同实际控制人游谊竹、游洪涛、王瑛与发行人股权控制关系

游谊竹、游洪涛、王瑛、成都地建于 2017 年 8 月 24 日签署《一致行动协议》，该协议约定：作为公司的直接 / 间接股东，游谊竹、游洪涛、王瑛、成都地建在以往年度中虽然在公司重大决策事项上不存在保持一致行动安排的协议，独立判断、决策及行使股东、董事表决权，但在公司重大决策事项上形成的表决或投票均是一致的，不存在不同意见，实际结果保持和体现了一致行动；该协议是以书面的形式将各方的一致行动关系进行确认；游谊竹、游洪涛、王瑛、成都地建作出如下承诺：在公司股东大会进行决策时，各方应按照一致的意见进行投票，各方需就相关内容进行协商并就表决事项达成一致意见，若各方意见不能达成一致时，游洪涛、王瑛应以游谊竹或成都地建意见为准。

根据上述，中介机构认为，报告期内，发行人的控股股东一直为成都地建，共同实际控制人一直为游谊竹、游洪涛、王瑛，未发生变更。

专家点评

一般认为：实际控制人就是实际控制公司的人或机构，在控股股东是自然人时控股股东同时就是实际控制人。实际控制人认定应追到自然人、国资委或集体产权主管部门。认定实际控制人以股权关系而论，持股50%以上或实际支配挂牌公司股份表决权超过30%，也可以协议安排对公司实施控制，如几个小股东签署《一致行动协议书》，听从其中一个小股东的，通过集合投票将股份数累计，实现对公司的控制。根据证监会《上市公司收购管理办法》规定，一致行动人是指通过协议、合作、关联方关系等合法途径扩大其对一个上市公司股份的控制比例，或者巩固其对上市公司的控制地位，在行使上市公司表决权时采取相同意思表示的两个以上的自然人、法人或者其他组织。同时规定如无相反证据，投资者为夫妻、近亲属关系的，为一致行动人。

【案例2】不认定为共同实际控制人的情况——名臣健康（股票代码：002919）

A股上市情况：2017年9月28日召开的中国证券监督管理委员会主板发行审核委员会2017年第152次发审委会议审核：名臣健康用品股份有限公司（首发）获通过。

案例解读

请进一步说明未将陈木发认定为共同实际控制人的依据和合理性。请中介机构发表核查意见。

一、陈木发不具备共同控制发行人的条件

经中介机构核查发行人自有限公司设立以来的工商登记资料、陈木发自入职发行人以来签订的《劳动合同》及社保、公积金缴纳记录、发行人历次股东会/股东大会及董事会会议文件、董事、监事及高级管理人员提名或任命文件，与陈勤发及陈木发及其户籍主管部门工作人员访谈，陈木发与发行人实际控制人陈勤发为兄弟关系，自1994年12月公司设立至2001年5月，陈木发持有公司29.41%股权，2001年5月—2014年12月陈木发未持有发行人股权。

2012年8月，陈木发入职发行人任采购部经理。2014年12月，陈木发自陈勤发受让10%股权。2015年4月，陈木发任发行人董事并于2015年12月因个人原因辞任董事。2015 年 12 月，因锦煌投资增资，陈木发持股比例变更为 9.40%。截至本补充法律意见书出具之日，陈木发持有发行人 9.40% 股权，未担任除采购部经理之外的其他职务。

根据《〈首次公开发行股票并上市管理办法〉第十二条“实际控制人没有发生变更”的理解和适用——证券期货法律适用意见第 1 号》第二条规定：“……认定公司控制权的归属，既需要审查相应的股权投资关系，也需要根据个案的实际情况，综合对发行人股东大会、董事会决议的实质影响、对董事和高级管理人员的提名及任免所起的作用等因素进行分析判断。”参照《深圳证券交易所股票上市规则（2014 年修订）》第 18.1 条规定“控制：指有权决定一个企业的财务和经营政策，并能据以从该企业的经营活动中获取利益。有下列情形之一的，为拥有上市公司控制权：1. 为上市公司持股 50% 以上的控股股东；2. 可以实际支配上市公司股份表决权超过 30%；3. 通过实际支配上市公司股份表决权能够决定公司董事会半数以上成员选任；4. 依其可实际支配的上市公司股份表决权足以对公司股东大会的决议产生重大影响；5. 中国证监会或者中介机构认定的其他情形。”据此，中介机构认为，陈木发对发行人持股比例、实际支配股份表决权比例、对发行人股东大会决议及董事会决议的实质影响、对发行人董事及高级管理人员的提名及任免等均不能达到控制发行人。具体情况如下：

1. 陈木发持股比例未达到相对控股，且陈勤发自有持股比例已经可对公司实施有效控制，不需要通过合并计算陈木发的持股比例以控制发行人

如前所述，陈木发于 1994 年 12 月公司设立时持有公司 29.41% 股权，2001 年 5 月转让其持有的全部 29.41% 公司股权；2014 年 12 月自实际控制人陈勤发受让公司 10% 股权，截至本补充法律意见书出具之日，陈木发持有公司 9.40% 股权。因此，陈木发对发行人的持股比例从未达到相对控股。

经中介机构核查发行人的工商登记资料、公司章程及股东大会会议文件，自名臣有限成立以来，陈勤发直接持有发行人的股份比例从未低于总股本的 65.79%，实际支配公司股份表决权比例最高，始终处于控股地位，不存在控制权变更的不确定性，发行人历次股权变更对其实际控制地位不产生重大影响，因此不存在合并计算陈木发持股比例以巩固其对发行人控制权的必要性。

2. 陈木发未能对发行人股东大会或董事会决议及董事、高级管理人员的提名及任免造成重大影响

经中介机构与陈勤发、陈木发访谈，陈木发与陈勤发各自在股东大会上依照自身意愿独立行使表决权，在表决前不存在互相委托投票的情形。陈木发亲自出席股东大会并自行表决，未将其作为公司股东享有的股东大会出席权、提案权、提名权、

临时股东大会召集权、表决权委托给陈勤发行使。根据陈勤发、陈木发的确认及中介机构对发行人公司章程的核查，陈勤发与陈木发未通过公司章程、协议或其他安排确定共同控制发行人，双方亦不存在如下约定：1. 陈勤发向股东大会提出提案前与陈木发协商一致；2. 股东大会表决时采取相同意思表决；3. 内部如未协商一致则按照陈勤发的意见进行表决。

就通过行使股东权利对公司重大决策等的影响，根据陈木发持股发行人股份期间发行人适用的公司章程，该等章程未赋予陈木发与其持股比例不一致的投票及表决权利，因此，陈木发所持公司股权不足以对公司股东会或股东大会施加重大影响，对董事的提名及任免亦不能施加重大影响。

就通过行使董事权利对公司决策等的影响，陈木发于 2015 年 4 月至 12 月期间担任公司董事，根据发行人当时有效的公司章程规定，发行人董事会由 5 名董事组成，以不低于 3 名董事出席为有效会议且不低于 3 名董事通过为有效表决人数。经核查相关董事会会议文件，陈木发任职董事期间，发行人董事会共召开 3 次会议，全体董事均出席并表决，即使陈勤发与陈木发合并计算，亦不能构成董事会会议的最低组成人数或决议通过之有效表决人数，陈木发不足以对董事会或高级管理人员的提名及任免施加重大影响。

3. 陈木发未能对公司运营管理施加重大影响

经核查发行人股东会及股东大会会议文件、执行董事决定或董事会会议文件、董事会各专门委员会会议文件、相关财务报销凭证、日常经营管理记录、人事任免资料、陈勤发出具的确认以及中介机构对发行人相关工作人员的访谈，自发行人设立至今，陈勤发一直担任发行人法定代表人、执行董事或董事长及总经理，始终负责公司战略规划、生产及营销方案的制定实施、关键人员提名、新产品的研发等工作，并基于事项的重要程度召集、出席总经理办公会议、董事会及其所任职的董事会专门委员会、股东会或股东大会并参与表决。上述事项均由陈勤发自行做出，陈木发也未通过其与陈勤发的兄弟关系对公司决策等施加影响。

就公司运营层面，经中介机构核查股权转让合同、发起人协议、章程及修正案并与陈木发访谈，上述文件均未赋予陈木发控制发行人财务和经营政策的权利。陈木发现任发行人采购部经理，不属于公司高级管理人员，对公司的经营管理事项无法施加重大影响。

4. 发行人公司治理结构健全，运行良好，陈木发与陈勤发作为公司股东发行人未对发行人规范运作造成不利影响

发行人已制定实施股东大会、董事会及监事会议事规则、《独立董事工作制度》

《关联交易决策制度》《对外担保决策管理制度》《对外投资管理办法》、董事会专门委员会及董事会秘书等制度，公司治理结构健全，陈勤发及陈木发持有发行人股份并在发行人处任职不会影响发行人规范运作。

综上，中介机构认为，陈木发在主观意愿及客观要件上均不具备与陈勤发共同控制发行人的条件。

二、陈木发作为实际控制人关联方已作出股份锁定承诺，不存在为规避实际控制人股份锁定义务而不被认定为发行人控制人的情形

为本次发行上市，陈木发已作出如下承诺："……自发行人首次公开发行的股票在证券交易所上市之日起 36 个月内，本人不转让或者委托他人管理在发行人首次公开发行股票前本人直接或间接持有的发行人股份，也不由发行人回购该等股份。……"股份锁定承诺体现陈木发作为实际控制人关联方对公司发展的信心，并非为稳定公司控制权采取的措施。因此，陈木发不存在为规避履行实际控制人股份锁定义务而避免被认定为与陈勤发共同控制发行人的情形。

综上所述，中介机构认为，发行人实际控制人陈勤发与股东陈木发虽为兄弟关系，但鉴于陈木发持有发行人股份比例不足以控股发行人、且陈木发除曾担任发行人董事外未担任发行人高级管理人员，陈木发不能对发行人股东大会、董事会施加重大影响，不能影响发行人董事或高级管理人员的提名及任免；同时，陈勤发自公司设立至今持股比例未低于 65.79%，不需与陈木发合并计算持股比例以稳定对发行人的控制权。陈木发持股发行人后自行行使股东权利，未通过公司章程、协议或其他安排等确定与陈勤发共同控制发行人；发行人公司治理结构健全，运行良好，陈勤发与陈木发持股发行人不会对发行人的规范运作造成不利影响。因此，中介机构人认为，未将陈木发认定为共同实际控制人具有充分依据及合理性。

专家点评

《〈首次公开发行股票并上市管理办法〉第十二条"实际控制人没有发生变更"的理解和适用——证券期货法律适用意见第 1 号》（证监法律字〔2007〕15 号）出台后，实际控制人的认定有了权威的标准。公司控制权的归属，既需要审查相应的股权投资关系，也需要根据个案的实际情况，综合对发行人股东大会、董事会决议的实质影响、对董事和高级管理人员的提名及任免所起的作用等因素进行分析判断。一般认为在没有协议控制的情况下，股权投资关系的证明力最大，在股权分散的公司中，股权比例超过 25% 且任董事长的自然人被认为是实际控制人的能被监管层所认可。就本案例而言，陈勤发与陈木发虽然是兄弟关系，但是陈木发在公司中不担

任董监高职务，与陈勤发无实际控制的意思表示，因此陈木发未被认定为共同实际控制人具有充分依据及合理性。

【案例3】国有独资公司作为实际控制人的情况——深南电路（股票代码：002916）

A股上市情况：2017年10月24日召开的中国证券监督管理委员会第十七届发行审核委员会2017年第10次发审委会议审核：深南电路股份有限公司（首发）获通过。

案例解读

招股说明书披露，公司实际控制人为中航工业，中航工业系由国务院国资委作为出资人的国有独资公司。请发行人补充披露中航工业、中航国际依法及依授权行使的投资管理职能，并结合人事任免、公司决议形成机制等说明认定公司实际控制人为中航工业的原因。请中介机构核查公司实际控制人认定是否合法合规并发表明确意见。

1. 中航工业、中航国际依法及依授权行使投资管理职能的补充核查

1996年11月5日，国务院向中国航空工业总公司（即“中航工业”前身）出具了《国务院关于中国航空工业总公司进行国家控股公司试点方案的批复》（国函〔1996〕96号），同意中国航空工业总公司（以下简称航空总公司）进行国家控股公司试点的方案。国务院确定航空总公司作为国家授权投资的机构，对其现有直属企业、控股企业、参股企业（以下简称有关企业）依照《中华人民共和国公司法》行使出资人的权利，对航空总公司以及有关企业的国有资产依法进行经营、管理和监督，并相应承担保值增值等责任。在国家宏观调控和监督管理下，航空总公司依法自主进行各项经营活动。

中航国际作为中航工业的控股子公司，根据《公司法》及《公司章程》的规定，对其下属企业行使出资人的权利。

中介机构认为，中航工业作为国家授权投资的机构，依授权对其现有直属企业、控股企业、参股企业行使出资人的权利，对有关企业的国有资产依法进行经营、管理和监督；中航国际依《公司法》等法律法规对其投资的企业行使出资人的权利。

2. 根据人事任免、公司决议形成机制等认定公司实际控制人为中航工业的补充核查

（1）人事任免。根据《中国航空工业集团公司所属单位领导班子和领导人员管

理工作规定》（航空党组〔2016〕38号）第四条第一款“集团公司直接管理直属单位领导班子和领导人员…”；第二款“集团公司授权直属单位管理成员单位领导班子，成员单位领导人员任免后须报集团公司备案。其中，上市公司董事长、总经理任免前须按党管干部原则征得集团公司党组同意。”；以及《中国航空技术国际控股有限公司投资企业领导班子和领导人员管理工作规定》（国际分党组〔2016〕28号）第4条“中航国际分党组负责投资企业领导班子建设和领导人员管理工作”等规定，发行人领导班子的建设与管理需由中航国际党组负责，而中航国际董事长、总经理任免前须按党管干部原则征得中航工业党组同意。

根据上述规定，中航工业对于深南电路的主要领导的人事任免具有实质性影响。

（2）公司决议形成机制。深南电路自成立以来的历次股权重大变动事项获得中航工业批准或进行备案的情况如下：

1997年7月18日，中国航空工业总公司作出《关于同意将深圳深南电路公司转为深圳中航实业股份有限公司全资公司的批复》（航空资〔1997〕707号），同意深圳中航实业股份有限公司收购南方动力持有的深南公司40%的股权。

2009年5月20日，中航工业向中航国际出具《关于深圳市深南电路有限公司资产评估立项的批复》，同意中航国际《关于深圳市深南电路有限公司资产评估立项的请示》。

2009年5月22日，中联资产评估有限公司出具了《深南电路有限公司增资扩股项目资产评估报告书》（中联评〔2009〕第200号）。

2009年11月9日，中航工业对上述评估报告进行备案，并取得了《国有资产评估项目备案表》。

2009年11月13日，中航工业出具了《关于深南电路有限公司增资的函》，就“深南电路拟增资增加股东，增资后中航国际深圳对深南电路的出资比例由5%变更为4.65%，深圳中航集团股份有限公司对深南电路的出资比例由95%变更为88.35%”事项无异议。

根据上述事实，在发行人在对重大事项作出决议之前须经中航工业的批准。综上，中介机构认为，中航工业作为国家授权投资的机构，依法对发行人行使国有资产监督管理机构的职能，对发行人的重要人事任命、重大事项决议的形成机制等均有直接影响，认定公司实际控制人为中航工业符合相关法律法规的规定。

专家点评

实际控制人一般追溯至自然人、国资部门或集体企业主管部门，就上述案例而言，国资部门授权国有企业享有出资人的权利并承担义务，因此，国有企业也可以成为公司的实际控制人。

【案例4】一致行动人为实际控制人的情况——意华股份（股票代码：002897）

A股上市情况：2017年7月28日召开的中国证券监督管理委员会主板发行审核委员会2017年第116次发审委会议审核：温州意华接插件股份有限公司（首发）获通过。

案例解读

请发行人结合四名实际控制人陈献孟、方建斌、蒋友安、方建文在发行人中的管理职责，所持有控股股东的股权比例、职责及相关亲属所持的股权情况，意华集团历史上的董事会及股东会召开及相关决议情况以及所签《一致行动协议》的具体内容等，进一步说明发行人认定上述四名自然人为公司实际控制人的依据，在重大决策时实际控制人之间是否出现过不同意见，以及未来如出现不同意见时的决策机制和补救措施，一致行动协议到期后拟采取的决策机制。请中介机构对上述问题发表核查意见，并在招股说明书中做补充披露。

一、请发行人结合四名实际控制人陈献孟、方建斌、蒋友安、方建文在发行人中的管理职责，所持有控股股东的股权比例、职责及相关亲属所持的股权情况，意华集团历史上的董事会及股东会召开及相关决议情况以及所签《一致行动协议》的具体内容等，进一步说明发行人认定上述四名自然人为公司实际控制人的依据

1. 实际控制人在发行人中的管理职责

（1）董事长陈献孟：主持、提议和协调召开董事会、股东大会；组织讨论和共同决定公司的发展规划、经营方针和投资方案；负责发行人的融资工作。

（2）副董事长方建文：讨论和共同决定公司的发展规划、经营方针和投资方案；负责发行人对外事务和政府部门的沟通协调工作。

（3）董事兼总经理蒋友安：讨论和共同决定公司的发展规划、经营方针和投资方案；负责温州意华、苏州意华、东莞正德、东莞意兆的生产经营管理。

（4）董事方建斌：讨论和共同决定公司的发展规划、经营方针和投资方案；负责东莞泰康的经营管理。发行人的治理结构健全、运行良好，认定陈献孟、方建斌、蒋友安、方建文四人共同控制不影响发行人的规范运作。

2. 实际控制人所持有控股股东的股权比例、职责及相关亲属所持的股权情况

（1）实际控制人所持控股股东的股权比例，详见表9-1。

表9-1 实际控制人所持控股股东股权比例

序号	股东姓名	出资额（元）	出资比例
1	陈献孟	14,618,075.00	15.9621%
2	方建斌	14,583,291.00	15.9241%
3	蒋友安	13,693,042.00	14.9520%
4	方建文	12,399,016.00	13.5390%
合计		55,293,424	60.3772%

（2）实际控制人在控股股东的职责。意华集团董事会由六名董事组成，四个实际控制人在意华集团均担任董事，其中方建文担任董事长，蒋友安担任副董事长，四人职责均为提议和协调召开董事会，组织讨论和决定意华集团的发展规划、经营方针和重大决策。

（3）实际控制人相关亲属在控股股东的持股情况，详见表 9-2。

表9-2 实际控制人相关亲属在控股股东的持股情况

序号	实际控制人	近亲属姓名	亲属关系	出资比例（%）	各自加上近亲属合计持股比例
1	陈献孟	陈孟杰	陈献孟弟弟	1.9249	29.1833%
2		陈琼娜	陈献孟女儿	0.6012	
3		郑巨秀	陈献孟配偶的弟弟	10.6951	
4	方建文、方建斌兄弟	方建文	方建斌哥哥	13.5390	36.3518%
5		方建斌	方建文弟弟	15.9241	
6		方丽君	方建文和方建斌姐姐	0.7700	
7		蔡胜才	方建文配偶的弟弟	5.4045	
8		陈琦	方建斌配偶的弟弟	0.7142	
9	蒋友安	—	—	—	14.9520%
合计		—	—	—	80.4871%

截至本补充法律意见书出具之日，陈献孟、方建斌、蒋友安、方建文分别持有意华集团 15.9621%、15.9241%、14.9520%、13.5390% 的股权，四人合计持有 60.3772% 的股权。实际控制人及其近亲属合计持有意华集团 80.4871% 的股权。

3. 经查询意华集团自签署《一致行动协议》以来的历次董事会和股东会文件，包括历次股权转让、增资、名称变更、经营范围变更、董事、监事及高级管理人员

的提名及任免等重大事项，陈献孟、方建斌、蒋友安、方建文在意华集团历次的董事会和股东会上的表决一致，没有出现过不同意见

4. 共同实际控制人所签《一致行动协议》的具体内容

2010 年 7 月 10 日，陈献孟、方建斌、蒋友安、方建文四人共同签署了《一致行动协议》，协议约定：

"一、本协议四方采取一致行动的事项范围包括但不限于：

1. 本协议四方共同向乐清意华或者通过乐清意华向温州意华股东会 / 股东大会提出同一提案，并在所有提案表决中采取一致意见；

2. 本协议四方共同向乐清意华或者通过乐清意华向温州意华股东会 / 股东大会提出同一公司董事、监事候选人人选，并在所有候选人投票选举中采取一致意见；

3. 本协议四方中在两公司的董事向乐清意华或者温州意华董事会提出同一提案，并在所有提案表决中采取一致意见；

4. 本协议四方中在两公司的董事向乐清意华或者温州意华董事会提出同一董事长、副董事长、总经理候选人，并在所有候选人投票选举中采取一致意见；

5. 本协议四方在参与两公司的其他经营、决策活动中以及履行股东权利和义务等方面，意思表示保持一致。

二、本协议在甲、乙、丙、丁四方签署后生效。

三、本协议有效期至温州意华公开发行股票并上市后三十六个月届满之日。"

注：协议中的乐清意华是指乐清市意华连接器有限公司，意华集团前身；温州意华是指温州意华通讯接插件有限公司，发行人前身。

综上所述，陈献孟、方建斌、蒋友安、方建文分别持有意华集团 15.9621%、15.9241%、14.9520%、13.5390% 的股权，四人合计持有意华集团 60.3772% 的股权，共同控制意华集团。四人在发行人和控股股东处共同担任董事，均组织讨论和决定意华集团的发展规划、经营方针和重大决策。

中介机构认为，（1）陈献孟、方建斌、蒋友安、方建文都直接持有公司股份和间接支配公司股份的表决权。陈献孟、方建斌、蒋友安、方建文四人一直为发行人及其前身意华有限的核心管理成员。自 2010 年 7 月以来，陈献孟、方建斌、蒋友安、方建文四人合计持有控股股东意华集团超过 50% 的股权，意华集团持有发行人超过 51% 的股份，且均通过采取一致行动，控制和支配意华有限股东会或发行人股东大会，并支配和影响董事会的决策，对董事和高级管理人员的提名及任免具有决定性影响；（2）发行人公司治理结构健全、运行良好，股东陈献孟、方建斌、蒋友安、方建文共同拥有发行人控制权的情况不影响发行人的规范运作；（3）股东陈献孟、方建斌、蒋

友安、方建文已签署相关协议，明确各方对发行人共同控制的安排，该情况在最近三年内且在本次发行及上市后的可预期期限内是稳定的、有效存在的，共同拥有公司控制权的多人没有出现重大变更；（4）股东陈献孟、方建斌、蒋友安、方建文采取股份锁定措施，有利于发行人控制权稳定；（5）发行人不存在最近三年内持有、实际支配发行人股份表决权比例最高的人发生变化的情形。

因此，将陈献孟、方建斌、蒋友安、方建文四人认定为发行人的实际控制人符合企业实际情况及《〈首次公开发行发票并上市管理办法〉第十二条“实际控制人没有发生变化”的理解和适用——证券期货法律适用意见第 1 号》等相关法律法规的要求。

二、在重大决策时在实际控制人之间是否出现过不同意见，以及未来如出现不同意见时的决策机制和补救措施，公司一致行动协议到期后拟采取的决策机制

（1）根据实际控制人出具的确认函并核查发行人的董事会、股东（大）会文件，发行人实际控制人在重大决策时未出现过不同意见。

（2）根据实际控制人签订的《一致行动协议》和《一致行动协议之补充协议》，实际控制人各方同意在意华集团、意华股份的股东（大）会、董事会的会议提案及表决、公司高管提名及投票选举以及在意华集团、意华股份的其他有关经营决策中意思表示一致，达成一致行动意见。如对有关经营决策持不同意见时，四名实际控制人应当按照少数服从多数原则形成统一意见并一致行使表决权；如就该等拟表决议案意见各不相同，无法按照少数服从多数原则形成统一意见，则实际控制人各方应以单一自然人大股东陈献孟的意见为准在董事会和股东大会上行使表决权。各方将对公司股东大会、董事会决议承担相应责任，不得采取任何方式、以任何理由对上述表决结果提出异议。

《一致行动协议之补充协议》约定：任何一方如违背《一致行动协议》和《一致行动协议之补充协议》约定，则承担如下违约责任：一方违反本协议约定，或者承诺与保证不实，应当向守约方支付违约金。违约金总额按违约方届时直接加间接所持发行人股份的 20% 计算，发行人每股股份的价格在上市前按照最近一期经审计每股净资产值计算，在上市后按照违约当日前 20 个交易日的平均股票收盘价计算，守约方按届时直接加间接持有发行人股份的比例分配违约金；即使违约方按上述约定向守约方支付了违约金，守约方仍有权要求违约方继续履行本协议。

（3）控股股东意华集团将逐步强化其董事会的权利和作用，更加完善控股股东在发行人决策机制和公司治理中的作用。在《一致行动协议》和《一致行动协议之补充协议》到期后，控股股东董事会将根据强化后的决策机制和权利履行公司治

理中发行人控股股东的相关责任，在涉及到发行人股东大会需要控股股东表决以及其他作为控股股东行为的事项，均由意华集团董事会先行讨论给予明确意见后再执行。

此外，发行人已经制定并通过了上市后生效的章程及包括但不限于《关联交易管理制度》《对外担保管理制度》《对外投资管理制度》等的各项决策制度，为公司上市后进一步规范治理和运行提供了制度保障。

综上所述，中介机构认为，将陈献孟、方建斌、蒋友安、方建文四人认定为发行人的实际控制人符合发行人的实际情况，也符合相关法律法规的规定。发行人实际控制人在重大决策时未出现过不同意见，未来如出现不同意见亦有明确的决策机制。且控股股东意华集团将逐步强化其董事会的权利和作用，更加完善控股股东在发行人决策机制和公司治理中的作用，以在一致行动协议到期后保障公司的规范运作和稳健经营。

专家点评

一致行动人作为实际控制人往往存在于股权结构分散的公司，一致行动人共同控制的协议安排应该权利义务清楚明白、合法有效，一致行动的存在不影响公司治理结构的健全和运行，有利于公司结构权的稳定。

【案例 5】实际控制人近亲属多人持有股份，认定实际控制人的情况——宇环数控（股票代码：002903）

A 股上市情况：2017 年 8 月 22 日召开的中国证券监督管理委员会主板发行审核委员会 2017 年第 127 次发审委会议审核：宇环数控机床股份有限公司（首发）获通过。

案例解读

招股书披露，发行人实际控制人为许世雄，同时许世雄近亲属多人持有发行人股份。请中介机构说明仅将许世雄认定为实际控制人的原因及合理性。

【核查手段】

1. 中介机构查阅了如下资料：

（1）发行人股东许世雄、许燕鸣、许亮、许梦林填写的调查表。

（2）发行人报告期内历次董事会、股东大会相关决议文件。

（3）许世雄、许亮、许燕鸣签署的《一致行动人协议》。

2. 中介机构访谈了发行人股东许世雄、许燕鸣、许亮。

【回复意见】

发行人实际控制人为许世雄、许燕鸣、许亮。许世雄直接持有发行人 51.00% 的股份，许燕鸣直接持有发行人 9.92% 的股份，许亮直接持有发行人 6.50% 的股份，许燕鸣系许世雄之妹，许亮系许世雄之子，许世雄、许燕鸣、许亮三人合计持有发行人 67.42% 的股份。许世雄一直担任发行人董事长；许燕鸣于 2012 年 10 月开始担任发行人副总经理，于 2016 年 4 月开始担任发行人总经理；许亮于 2012 年 10 月开始担任发行人副总经理、董事会秘书。许世雄、许亮、许燕鸣三人在公司股东大会、董事会表决及对董事、高级管理人员的提名、任命等决策中，处于主导地位，对公司具有实际控制力。

（1）首次申报时仅将许世雄认定为实际控制人的理由。发行人于 2016 年 6 月首次申报时提交的首次公开发行股票申请文件中将许世雄认定为公司实际控制人，将许燕鸣、许亮认定为许世雄的一致行动人，主要系基于以下事实：

① 由于许世雄直接持有发行人 51.00% 的股份，为发行人第一大股东。发行人成立至今，许世雄所持发行人股份占发行人股本总额的比例一直不低于 51%，其持有的股份足以对股东大会的表决结果产生重要影响；且自发行人成立至今，许世雄一直为发行人的法定代表人、董事长，对发行人董事、高级管理人员的提名和任免，发挥着重要决定作用。许世雄对发行人的日常生产经营活动、重大投资、重大资产处置、人事任免及其薪酬、企业发展方向等具有决定性的影响力。因此，报告期内许世雄对发行人经营活动和公司重大决策拥有控制力和支配力。

② 许燕鸣、许亮持有发行人股份比例较少，且根据许燕鸣、许亮与许世雄签署的《一致行动协议》，约定许世雄、许燕鸣、许亮在公司股东大会、董事会作出决议的事项时均应采取一致行动，一致行动人如出现意见不一致时，以一致行动人中所持股份最多的股东意见为准，即意见不一致时，应以许世雄的意见为准。因此，根据《一致行动人协议》，在对股东大会和董事会的表决结果以及董事会和高级管理人员的提名和任免时，许燕鸣、许亮将与许世雄保持一致意见，故虽然许燕鸣担任发行人总经理、许亮担任发行人副总经理、董事会秘书，但不存在许燕鸣和许亮实际控制公司人事任免和决策的公司治理结构的情形。因此，中介机构未在《律师工作报告》和《法律意见书》中将许燕鸣、许亮认定为实际控制人。

③ 报告期内，许梦林未在发行人任职，未参与公司经营决策，且持股比例较低，不存在实际控制支配公司的行为，故未将许梦林认定为公司实际控制人。

（2）本次将许燕鸣、许亮补充认定为实际控制人的说明。从未来企业的发展以及增强对实际控制人信息披露义务的角度考虑，发行人将许燕鸣、许亮补充认定为实际控制人，并根据相关法律法规及证监会相关文件的规定，由许燕鸣、许亮按实际控制人的要求作出了股份锁定、信息披露等方面的承诺。

将许燕鸣、许亮补充认定为实际控制人的理由如下：

① 从股权投资关系来看，报告期内，许世雄、许燕鸣、许亮三人合计持有发行人 67.42% 的股份，已在持股比例上绝对控制了公司股东会决策，控制权稳定。

② 从对股东大会和董事会的表决权来看，该三人在报告期内历次股东大会和董事会上表决结果均一致，实际支配的股份表决权足以对公司股东大会的决议产生重大影响；且许世雄担任发行人董事长，许燕鸣担任发行人总经理，许亮担任发行人副总经理、董事会秘书，三人对董事会的表决结果也产生了重要影响。

③ 从公司日常经营决策来看，许燕鸣担任发行人总经理，许亮担任发行人副总经理、董事会秘书，二人对公司的经营方针、决策和经营管理层的提名和任免，发挥着重要作用。

将许燕鸣、许亮补充认定为共同控制人不会引起报告期内发行人实际控制人的变更。许燕鸣、许亮已根据相关法律法规及证监会相关文件的规定，按实际控制人的要求作出了股份锁定、信息披露等方面的承诺。

（3）未将许梦林认定为实际控制人的原因。许梦林系许世雄之弟，直接持有发行人 3.50% 的股份。由于许梦林持有发行人的股份较少且一直未担任发行人的董事、监事和高级管理人员，不参与发行人的经营管理，对发行人经营决策和经营管理无法施加重大影响，不存在实际控制支配发行人的行为。因此，中介机构未将许梦林认定为实际控制人。截至本补充法律意见书出具日，许梦林已出具承诺：“自公司首次公开发行的股票上市之日起 36 个月内，不转让或委托他人管理本人直接或者间接持有的公司公开发行股票前已发行的股份，也不由公司回购该部分股份”。

在股权结构上，许世雄、许燕鸣、许亮三人合计持有公司 67.42% 的股份，已掌握了发行人的绝对控股权，不认定许梦林为公司实际控制人不影响发行人控制权的稳定性。

中介机构认为，为从严把握，将许燕鸣、许亮补充认定为共同控制人能有效保证发行人控制权的稳定，将许燕鸣、许亮补充认定为共同控制人不会引起报告期内发行人实际控制人的变更。

专家点评

签署《一致行动人协议》一般存在以下内容：一是大家行动一致，认定为多人共同控制；二是全体人员委托一个股东来行使投票权，这样受托方虽然持股比例低，但也可以是公司实际控制人。如果签署《一致行动人协议》的股东具有亲属关系，除非有相反证明，一般可以认定为共同控制人。

第二节 基本概念

一、控股股东

根据《公司法》的规定：控股股东，是指其出资额占有限责任公司资本总额百分之五十以上或者其持有的股份占股份有限公司股本总额百分之五十以上的股东；出资额或者持有股份的比例虽然不足百分之五十，但依其出资额或者持有的股份所享有的表决权已足以对股东会、股东大会的决议产生重大影响的股东。

在这里有一种新情况，如果在股东之间签署了或者存在表决权代理、表决权信托等类似安排，足以使股东所拥有的表决权比例结构与股东持股结构不一致，且能够对股东会产生重大影响的，在实际上已经成为控制公司的股东，但严格依据《公司法》规定，此种股东不能被界定为控股股东，对于这类股东，是否需要界定为控股股东值得探讨。

二、实际控制人

根据《公司法》的规定：实际控制人，是指虽不是公司的股东，但通过投资关系、协议或者其他安排，能够实际支配公司行为的人。

关于对实际控制人的理解，也可以参考《上市公司收购管理办法》第八十四条对上市公司实际控制人的规定：

有下列情形之一的，为拥有上市公司控制权：

（一）投资者为上市公司持股 50% 以上的控股股东；

（二）投资者可以实际支配上市公司股份表决权超过 30%；

（三）投资者通过实际支配上市公司股份表决权能够决定公司董事会半数以上成员选任；

（四）投资者依其可实际支配的上市公司股份表决权足以对公司股东大会的决议产生重大影响；

（五）中国证监会认定的其他情形。

对实际控制人概念的理解，在实际操作过程中，其范围要大于《公司法》所述的内容，更靠近《上市公司收购管理办法》规定的内容；简而言之，实际控制人就是实际控制公司的自然人，法人或其他组织。

三、对实际控制人认定的理解

中国证监会《〈首次公开发行股票并上市管理办法〉第十二条“实际控制人没有发生变更”的理解和适用——证券期货法律适用意见第 1 号》（证监法律字〔2007〕15 号）出台后，实际控制人认定的标准得到了统一和规范，该规定没有列举什么样情形下是实际控制人，需要根据规定的认定原则进行认定。

认定实际控制人非常必要，对企业的实际控制人的认定不准确，会对企业的 IPO 申报造成不好的影响。例如某企业原由一对夫妇合计持有 55% 以上的股权，作为该企业的实际控制人，之后该企业引进了战略投资者，该夫妇所持的股权比例下降到 50%，随后这对夫妇中的一方去世，去世一方的股权由其配偶与未成年子女继承，该企业遂认定由于该夫妇在世的一方实际上行使了其全家的股权，其为企业的实际控制人。但上述认定不符合《证券期货法律适用意见第 1 号——关于“实际控制人没有发生变更”的理解和适用》的规定。

企业的实际控制人对企业的控制需要在两个方面上认识，即股权层面的控制和实质上对决策权的控制。借鉴国际会计准则和中国新会计准则可以对实际控制有一个很明确的定义：实际控制对公司执行等方面一系列重要的影响力，影响公司的资金的流动以及战略发展方向。在国家税务总局颁布的《特别纳税调整实施办法（试行）》中，认为控制指“在股份、资金、经营、购销等方面构成实质控制”。

《公司法》第 217 条规定了虽不是公司股东，但通过投资关系、协议或者其他安排能够实际支配公司行为的人这一类型实际控制人，这个定义揭示了实际控制人的一个重点，即实际控制人的行为能够实际支配与决定公司行为。

在股权层面上对企业的控制可以通过股东所持有的股份比例来判断，这个比较直观，但是是否对决策产生最终的影响，则需在多方面进行考虑。根据前述对实际控制人概念的理解，企业上市过程中对企业实际控制人的认定，要以《公司法》的规定为基础，借鉴财务方面的定义做扩大解释。

例如，企业的控股股东为某大型的国有企业，该国有企业是直属国务院国资委的，如果认定这个企业的实际控制人为国务院国资委，并不违反《公司法》的规定，但在实际意义不起任何作用，因此，认定该企业的实际控制人为实质上控制企业的控股股东——某大型的国有企业，更加符合实际情况。

一种情况是，企业的股权非常的分散，大股东所持有的股权比例也达不到控股的地步，某些企业的股东在创业之初约定了基本平均的股权比例，在企业发展到一定程度后，这种状况一时无法得到改变。在这种情况下，认定企业的实际控制人就存在困难。

有的企业最近三年持有表决权最多的股东发生变化，但企业以股东间存在代持股协议为由而主张不构成实际控制人变化的，考虑到企业可以倒签有关文件，目前监管机构一律不予支持该主张。存在代持关系的，但不影响企业符合上市的基本条件的，监管机构要求中介机构对此问题出具明确的核查意见。对于存在表决权代理或者转让协议、一致行动协议等问题的解决比照上述处理方式解决。

笔者认为，存在这种情况的企业可以考虑：一是如果企业经营管理的非常优秀，管理层长期稳定的，并且通过了某种安排或者协议约定了保证管理层稳定的条款，按照企业股权分散且确实无控股股东存在的事实，认定企业的股东为共同控制人比较合适；二是不认定实际控制人，的确是存在没有实际控制人情况的企业，当然这个问题还需要监管机构对此问题的确认。

在实践中，了解一个企业的控股股东可以通过各种途径很容易的知道，但是这个企业的实际控制人在某些情况下则很难辨别。实际控制人可以是控股股东，也可以是控股股东的股东，甚至是除此之外的其他自然人、法人或其他组织。不了解一个企业的实际控制人是谁，尤其是拟上市的企业，就难以辨别由实际控制人操纵的关联交易，也无法对其关联交易是否公允及是否会对公司和其他股东利益造成影响作出正确的判断，从而可能使投资人蒙受不必要的损失。

四、法律对控股股东和实际控制人的要求

《公司法》《证券法》对拟上市企业的控股股东、实际控制人义务和责任的规定主要表现在以下几个方面：

（1）对公司、其他股东及公司债权人负有诚信义务。诚信义务源于英美法系国家对公司董事义务的要求，近年被延伸至股东对公司、其他股东及公司债权人的义务，并衍生出“刺穿公司面纱”和股东的派生诉讼制度，作为股东违背其诚信义务对债权人和其他股东应承担的责任或法律后果。《公司法》首次引入这些概念，在第20条第1款对包括控股股东在内的股东应负的诚信义务作了总括性规定。根据该规定，公司股东尤其是控股股东的诚信义务主要体现在三个方面：一是对公司的诚信义务，即应当遵守法律、行政法规和公司章程，依法行使股东权利，不得滥用股东

权利损害公司的利益；二是对其他股东的诚信义务，即不得利用其控制地位，滥用股东权利损害其他股东的利益；三是对于公司债权人的诚信义务，即应当依法行使股东权利，不得滥用公司法人独立地位和股东有限责任损害公司债权人的利益。

（2）违背诚信义务应当依法承担责任。《公司法》第20条第2款规定："公司股东滥用股东权利给公司或者其他股东造成损失的，应当依法承担赔偿责任"。这一规定为股东的直接诉讼和派生诉讼提供了基本的法律依据，健全了中小股东的保护机制。

《公司法》第20条第3款规定："公司股东滥用公司法人独立地位和股东有限责任，逃避债务，严重损害公司债权人利益的，应当对公司债务承担连带责任。"该规定包含了公司法人人格否认制度的基本内容，是我国公司法领域的重大制度性突破。所谓"否定公司法人人格"，又称为"刺穿公司面纱"，这一制度自美国法院首倡，已为德、英、法、日等国仿效，逐渐成为两大法系共同认可的一项法律原则。其基本法理是：当公司的法人人格被不正当使用时，公司的独立法人地位掩盖了掩藏在公司背后的不当行为人的非法行为，若继续拘泥于公司的独立人格和股东的有限责任原则，实有悖于有限责任制度的真正目的；因此，在公司的独立法人人格和股东的有限责任被滥用，公司债权人利益受到侵害的特定情形下，将无视公司独立的法人地位，否认股东的有限责任原则，令不当行为人（主要包括公司的股东尤其是具有控制力的股东）对公司的债权人直接承担责任。例如，当公司存在财产、业务、组织管理不独立，"两块牌子、一套人马"；公司股东严重侵占公司资产，使公司失去基本的偿债能力；公司的资本严重不足等现象时，都有可能被认为公司与公司股东的法律人格已混同，公司的独立人格实际上已经不存在，依美国法院的形象比喻，公司这时已经表现为其主要股东的"化身"或者"傀儡""伪装""工具"，公司独立人格的这层面纱就应当被揭开，让公司主要股东对公司的债务承担责任。公司法人人格否认制度旨在防止公司独立法人人格和股东有限责任被滥用，以维护公司法人制度和股东有限责任的本质，保护公司债权人利益，保证市场竞争的公正、有序。但应当指出的是，无论是中小股东的派生诉讼制度还是"刺穿公司面纱"制度，其行使更多地依赖司法等配套制度的支持。

（3）禁止利用关联关系损害公司利益。通过非公允的关联交易进行利益输送、损害公司利益，是控股股东、实际控制人滥用控制地位的突出表现之一。《公司法》规定了对关联交易行为的规范，为控股股东或实际控制人通过关联交易从上市公司输出利益设置了必要的制度屏障。根据《公司法》第21条的规定，公司的控股股东、实际控制人不得利用其关联关系损害公司利益，由此给公司造成损失的，应当承担赔偿责任。《公司法》第122条还规定："上市公司在一年内购买、出售重大资产超过公司资产总额百分之三十的，应当由股东大会作出决议，并经出席会议的股东所持表决权的三分之二以上通过。"关联股东或者受有关联的实际控制人支配的股东，应当回避表决。对董事会决议事项所涉及的企业有关联的董事也应当回避表决。

（4）禁止违规担保。上市公司违规担保现象，一直是我国证券市场难以根治的顽疾，严重损害了上市公司和中小股东的利益。为遏制这一现象，防止股东及关联人损害公司和其他股东的合法权益，《公司法》明确要求，公司为股东或者实际控制人提供担保，必须经股东会或者股东大会决议批准，被担保股东或者受被担保的实际控制人支配的股东，应当回避表决。该项表决由出席会议的其他股东所持表决权的过半数通过。另外，为加强对上市公司担保行为的规制，根据《公司法》规定，上市公司在一年内提供担保的金额超过公司资产总额百分之三十的，应当由股东大会作出决议，并经出席会议的股东所持表决权的三分之二以上通过。

（5）依法履行信息披露义务为防止实际控制人通过"影子股东"或者关联股东对发行人或者上市公司实施实际控制，规避法律责任和义务，《证券法》对控股股东和实际控制人在各个阶段的信息披露义务，以及违反该义务所应承担的法律责任都作了明确规定。首先，《证券法》对发行人或上市公司的控股股东、实际控制人的信息披露义务进行了总括性的要求，即发行人或上市公司的控股股东、实际控制人负有诚信义务，应当确保其提供的文件真实、准确、完整，不得有虚假记载、误导性陈述或者重大遗漏；若其未按照规定披露信息，所披露的信息有虚假记载、误导性陈述或者重大遗漏，或者指使信息披露义务人从事虚假披露的，应当依法承担法律责任；若其对发行人、上市公司的虚假信息披露有过错，致使投资者在证券交易中遭受损失的，应当与发行人、上市公司承担连带赔偿责任。其次，《公司法》对控股股东、实际控制人在证券发行、上市阶段以及此后的持续信息披露阶段都有明确的信息披露要求，规定在招股说明书、上市公告、定期报告、临时报告中，都应当如实披露发行人或上市公司的控股股东和实际控制人。

（6）禁止利用上市公司收购损害被收购公司及其股东的合法权益。为防止收购人通过一致行动人分散持股等方式规避要约收购义务，逃避收购监管，《证券法》从两个方面加强了对收购人的控股股东、实际控制人的规制力度：一是扩大了收购监管的范围，与《公司法》关于"实际控制人"的概念相呼应，并引入"一致行动"的概念，将"通过协议或者其他安排与他人共同持有"的股份也纳入监管范畴。二是加强了相应的法律责任，明确规定收购人或其控股股东利用上市公司收购，损害被收购公司及其股东的合法权益的，监管部门对其责令改正，给予警告；情节严重的，处以罚款。给被收购公司及其股东造成损失的，收购人及其控股股东应当依法承担赔偿责任，并对直接责任人员给予警告，处以罚款。

五、实际控制人诚信问题的把握和处理

一般可以从以下几个方面考察控股股东和实际控制人的诚信：

（1）考虑公司的历史沿革，看实际控制人或大股东在对企业的投资方面是否有出资不到位的情况，或者是不是有虚假投资，如果有的话，就认为在诚信上是存在缺陷的。

（2）关注有没有存在侵犯其控股的公司其他股东利益的行为。

（3）考虑是否存在资金占用问题，还有违规担保等。

对于以上行为，有以下处理方式：

（1）出现了违法行为，需要纠正。最近三年一期或者两年一期，最少是一期不存在损害发行人利益的行为，才能认为是已经纠正了。如果已经纠正了，应该是可以符合上市条件。

（2）认定是否存在损害其他社会公众利益的重大违法行为，主要需判断违法行为所涉及的利益。

第十章 国有股问题

拟上市企业的股东中存在国有性质的股东，或者企业本身就是国有企业、事业单位改制而来，那么需要关注的知识点就非常多了。国有企业改制是一项政策性很强的工作，涉及出资人、债权人、企业和职工等多方面的利益，需要规范地进行，否则，不仅带来不稳定的因素，而且会给拟上市企业带来实质性的障碍。

在目前中国新的经济环境和新的发展背景下，中国的国有企业也面临着深化改革的问题，随着《关于深化国有企业改革的指导意见》《关于国有企业发展混合所有制经济的意见》《关于鼓励和规范国有企业投资项目引入非国有资本的指导意见》《企业国有资产交易监督管理办法》陆续出台，纯国有的和混合所有制的企业会大量地出现在拟上市企业的队伍中。

第一节 案例分析

【案例1】股权转让国资备案程序的核查——盘龙药业（股票代码：002864）

A股上市情况：2017年9月26日召开的中国证券监督管理委员会主板发行审核委员会2017年第151次发审委会议审核：陕西盘龙药业集团股份有限公司（首发）获通过。

案例解读

2014年陕西银矿将其持有的盘龙植物药业49%股权转让给发行人。请发行人结合相关法律法规条文，明确说明上述转让是否需要履行省国资委备案程序。请中介机构对上述情况进行核查，并发表明确意见。

就上述问题，中介机构通过以下方式进行了核查：

（1）核查了盘龙植物药业的公司登记档案；

（2）查询国有资产管理相关的法律法规；

（3）核查了本次转让相关的评估报告、国有资产评估项目备案表及审计报告；

（4）核查了西部产权交易所出具的产权交易凭证；

（5）核查了盘龙药业支付股权转让价款的银行流水凭证；

（6）经办律师和保荐机构就本次转让的相关事项与盘龙药业的经办人员进行了访谈；

（7）经办律师和保荐机构走访了陕西有色金属控股集团有限责任公司，了解国有资产转让的相关程序；

（8）取得了陕西省人民政府国有资产监督管理委员会出具的就本次转让事宜的确认文件。

一、本次转让履行的审批程序

本次转让当时有效之《陕西省国资委监管企业重大事项管理暂行办法》第四条规定，“省国资委对以下事项实行核准制：（一）监管企业及其重要子企业的合并、分立、改制、上市，增减资本，以及解散、破产等事项。其中监管企业的合并、分立、改制、解散、破产等事项，应当由省国资委报请省人民政府批准。重要子企业名单由省国资委另行确定。（二）监管企业设立公司。（三）监管企业发行债券、大额捐赠、分配利润等事项。（四）监管企业及其重要子企业1000万元（含1000万元）以上的非主业投资，包括固定资产投资、产权收购和长期股权投资。（五）监管企业及其重要子企业国有产权转让。其中监管企业国有产权转让或通过改制、增资扩股等方式致使国家不再具有控股地位的，应当由省国资委报请省人民政府批准。（六）监管企业及其所属企业国有产权协议转让。（七）省人民政府批准事项涉及的资产评估项目。（八）根据国家和本省有关规定，需要省国资委核准的其他事项。”

《陕西省人民政府国有资产监督管理委员会所出资企业国有产权变动管理暂行办法》第十八条规定，“重要子企业是指监管企业所属全资和控股，且占有国有资产在5,000万元以上的企业；重大产权变动事项是指企业整体改制、分立、合并、解散的事项，以及增资扩股、股权回购、产权转让涉及放弃国有控股权的产权变动事项。”

陕西银矿持有盘龙植物药业49%股权，实际出资245万元，未控股盘龙植物药业，且盘龙植物药业属于国资委下第三级次的企业，占有国有资产也未达到5,000万元的重要子企业标准，另外盘龙植物药业所经营的中药饮片生产、销售业务与陕西银矿主营的银矿采选、矿产品加工销售业务相差较大，因此，盘龙植物药业不作为国资委监管企业所属重要子企业，其股权转让无需省国资委审批，由陕西银矿的监管企业出具审批意见即可。

陕西银矿的监管企业为陕西有色金属控股集团有限责任公司，其为陕西省人民政府全资控股的国有独资企业。陕西有色金属控股集团有限责任公司具备对陕西银矿持有的盘龙植物药业股权及债权的转让进行审批的权限。2013 年 7 月 31 日，陕西有色金属控股集团有限责任公司出具了《关于转让陕西商洛盘龙植物药业有限公司股权和债权的批复》（陕色集团发〔2013〕139 号），同意陕西银矿转让其持有的盘龙植物药业全部股权，陕西银矿在盘龙植物药业的全部债权应与股权同时转让。

中介机构认为，本次转让已履行了必要的审批程序。

二、本次转让履行的备案程序

《陕西省国资委监管企业重大事项管理暂行办法》第五条规定，“省国资委对以下事项实行备案制：（一）监管企业年度投资计划。（二）监管企业及其重要子企业 1 亿元（含 1 亿元）以上的主业投资，包括固定资产投资、产权收购、长期股权投资和设立基金。（三）监管企业之间 1 亿元（含 1 亿元）以上的担保事项。监管企业及其所属企业相互提供担保的，由监管企业决定。监管企业不得向无产权关系的企业提供担保。（四）省国资委核准（备案）事项涉及的资产评估项目。（五）根据国家和本省有关规定，需要省国资委备案的其他事项。”

本次股权转让未达到上述规定的情形，因此陕西银矿将其持有的盘龙植物药业 49% 股权转让给盘龙药业无需向陕西省国资委备案。

经走访陕西有色金属控股集团有限责任公司了解到，陕西有色金属控股集团有限责任公司根据相关规定无需将本次股权转让向陕西省国资委进行专项备案。

陕西省人民政府国有资产监督管理委员会收悉陕西有色金属控股集团有限责任公司提交的《关于确认陕西银矿转让陕西商洛盘龙植物药业有限公司股权和债权有关情况申请确认的函》，并于 2017 年 8 月 22 日出具《关于确认陕西银矿转让陕西商洛盘龙植物药业有限公司股权和债权有关情况的函》（陕国资产权函〔2017〕77 号），确认：“按照《企业国有产权转让管理暂行办法》（国务院国资委财政部令第 3 号）及我省有关规定，你公司有权对陕西银矿转让陕西商洛植物药业有限公司 49% 股权及债权事项进行审批，并对评估结果和国有产权变动登记事项进行备案，该事项交易过程合法合规，现予以确认。该宗股权转让不需报省国资委审批或备案。”

综上所述，中介机构认为，陕西银矿将其持有的盘龙植物药业 49% 股权转让给盘龙药业，无需履行陕西省国有资产监督管理委员会备案程序，交易过程合法合规。

请发行人补充说明自公司设立至 2012 年之前的历次增资均系平价增资的公允性及合理性，是否会造成国有资产流失。请保荐机构、发行人律师对上述情况进行核查，并发表明确意见。

就上述问题，中介机构通过以下方式进行了核查：

（1）核查了盘龙药业2012年之前历次增资前的资产负债表、历次增资的股东会决议，并要求盘龙药业就历次增资出具了说明。

（2）经办律师和保荐机构对柞水县国有资产管理局当时的负责人（同时也是代表参加股东会的受托人）进行了访谈并要求其出具了说明和承诺。

（3）取得柞水县财政局就该事项出具的说明。

（4）取得柞水县人民政府和商洛市人民政府就该事项出具的确认文件。

（5）取得陕西省人民政府对该事项进行确认的函。

经中介机构核查，盘龙药业自设立至2012年之前历次增资情况及增资前的净资产情况如表10-1所示。

表10-1 盘龙药业自设立至2012年之前历次增资情况及增资前净资产情况

2012年之前历次增资情况	增资前的净资产
2001年12月召开股东会，增资374万元，实收资本由126万元增加至500万元，其中国有股增资20万元	2001年11月30日的净资产为1,302，250.29元，每元注册资本1.03元
2003年6月召开股东会，增资1,700万元，注册资本由500万元增加至2,200万元	2003年3月31日的净资产为5,201,450.82元，每元注册资本1.04元
2009年4月召开股东会，增资3,000万元，注册资本由2,200万元增加至5200万元	2009年3月31日的净资产为23,380,403.57元，每元注册资本1.06元

关于上述增资的公允性及合理性，理由如下：（1）因在上述增资时，各股东无溢价增资的概念，且对平价增资均无异议；（2）虽然上述增资价格并未按照增资前的净资产确定，但当时的公司净资产与注册资本非常相近，且为当时股东对公司整体经营状况和经营风险综合考虑后的决定，是当时各股东对公司价值的合理判断；（3）当时的股东同时考虑到公司发展的现实资金需求，2009年4月增资时还考虑到谢晓林对公司持续投入并未收取资金使用费用的情况。因此，盘龙药业的上述增资具备公允性及合理性。

关于是否会造成国有资产流失问题，首先，在2001年增资时柞水县国有资产管理局首次入股，且入股价格不高于净资产，因此，该次增资不涉及国有资产流失问题。其次，在上述2003年6月和2009年4月增资时均保护了柞水县国有资产管理局的同比例增资的权利，且该局同意上述增资方案和增资价格。上述增资也取得了柞水县人民政府、商洛市人民政府的确认文件，均确认"上述增资未侵犯国有股东的合法权益，未造成国有资产流失。"再次，在2012年柞水县国有资产管理局退出时，国有股评估价值为 65 万元，最终交易价格为 80 万元，高于评估价值及入股价格。因此，上述历次增资不会造成国有资产流失。

陕西省人民政府出具编号为“陕政函〔2017〕181 号”《关于确认陕西盘龙药业集团股份有限公司历史沿革有关事项合规性的函》，确认：“陕西盘龙药业集团股份有限公司前身陕西盘龙制药有限公司和陕西盘龙制药集团有限公司 2003 年和 2009 年两次增资均征求了柞水县财政局（国有资产管理局）意见。柞水县财政局（国有资产管理局）均同意增资方案且放弃增资，属于国有股东的真实意见表示。增资价格公允，未造成国有资产流失。其中，2009 年陕西盘龙制药集团有限公司增资时，以谢晓林个人累计投入 2,400 万元作为公司资本公积转增实收资本未侵害国有股东权益。”

综上，中介机构认为，盘龙药业自设立至 2012 年之前的历次增资均系平价增资具备公允性及合理性，未造成国有资产流失。

专家点评

涉及国有产权流转的方式主要有三种：挂牌竞价交易、协议转让和无偿划转，前两种属于有偿转让，后一种属于无偿转让。无偿划转一般是在国有独资企业之间进行，协议转让限定为省级以上国资部门监管且股权转让后仍为国有控股，范围较小。如转让导致国有控股发生转移的，由同级国资部门负责上述工作并报本级人民政府批准。挂牌竞价交易需履行评估核准或备案程序，以评估价格作为产权转让的依据，交易价格不得低于评估价格的 90%。交易履行主要是支付对价，原则上一次付清，分期支付的首期不低于 30% 并于合同生效日 5 日内支付，其余款项在提供担保并支付利息的情况下付款期限不得超过一年。

非上市公司国有股东股权比例变动的情形主要是增资扩股，包括吸收新股东入股。若国有控股、参股的公司制企业、中外合资（合作）企业增资扩股时，国有股东非同比例增资（放弃或增加持股比例），或引进新股东影响原国有股东持股比例的，需对企业的整体资产进行评估（特殊情形参见可以不进行评估说明）。同时，如原股东或吸收的新股东用非货币资产增资或出资的，对其追加投资或出资的资产也应进行评估。对于企业原股东同比例增资扩股，无需进行企业整体资产评估，只需对其股东增资新投入的非货币资产进行评估。

【案例 2】企业历史沿革中涉及国资产权变动的核查——盘龙药业（股票代码：002864）

A 股上市情况：2017 年 9 月 26 日召开的中国证券监督管理委员会主板发行审核

委员会2017年第151次发审委会议审核：陕西盘龙药业集团股份有限公司（首发）获通过。

案例解读

西安制药厂柞水分厂成立于1985年，为全民所有制企业。1998年，发行人与西安制药厂柞水分厂破产清算组签订了《资产买断合同》，收购了西安制药厂柞水分厂资产，其中约定无形资产所有权为县政府所有，按20万元计价，以国有股的形式投入盘龙制药参与企业分配。2012年，柞水县国有资产管理局将其持有的发行人股权全部转让。柞水县国有资产管理局持有发行人股权期间，发行人进行了两次增资。（1）请发行人结合当时有效的法律法规，补充说明发行人收购西安制药厂柞水分厂资产是否经过了有权部门的确认，相关主体是否具有足够权限。（2）请发行人补充披露上述无形资产的作价依据及其公允性，是否会造成国有资产流失。（3）请发行人结合历次增资时公司的净资产情况，补充披露自公司设立至2012年之前的历次增资均系平价增资的公允性及合理性，是否会造成国有资产流失。（4）请结合相关国有资产管理法规，补充说明上述两次增资时，相关国有主体未进行同比例增资是否符合法定程序，是否取得国有资产管理部门的审批或备案；柞水县人民政府是否具有足够权限，对上述未同比例增资事项进行确认。（5）请中介机构对上述事项进行核查，并发表明确意见。

一、请发行人结合当时有效的法律法规，补充说明发行人收购西安制药厂柞水分厂资产是否经过了有权部门的确认，相关主体是否具有足够权限

经中介机构核查，盘龙药业收购西安制药厂柞水分厂固定资产和流动资产的部分，属于破产财产。根据当时有效的《中华人民共和国企业破产法（试行）》（一九八六年十二月二日第六届全国人民代表大会常务委员会第十八次会议通过，自全民所有制工业企业法实施满三个月之日起试行）第三十七条规定，“清算组提出破产财产分配方案，经债权人会议讨论通过，报请人民法院裁定后执行。”第三十八条规定，“破产财产分配完毕，由清算组提请人民法院终结破产程序。”因此，盘龙药业收购西安制药厂柞水分厂固定资产和流动资产事项已经债权人会议讨论通过，并报请柞水县人民法院裁定，已经有权部门的批准，合法有效。

经中介机构核查，盘龙药业收购西安制药厂柞水分厂无形资产的部分，无形资产被确认为柞水县人民政府所有。1998年7月9日，柞水县企业改制领导小组召开会议，并作出《关于西安制药厂柞水分厂破产有关问题的会议纪要》，会议决定，“无形资产所有权归县政府所有，按20万元计价，由国有资产管理局代表政府与盘

龙有限公司签订合同，向盘龙有限公司入股”。后该资产转让由清算组与盘龙药业签订的《资产买断合同》一并确认，且该合同经柞水县人民法院裁定确认。并于2002年由柞水县国有资产管理局委派代表入股盘龙药业。

2016年9月22日，柞水县人民政府出具《柞水县人民政府关于陕西盘龙药业集团股份有限公司前身陕西盘龙制药有限公司租赁西安制药厂柞水分厂并收购其破产财产及国有参股陕西盘龙制药有限公司事项的确认函》(柞政函〔2016〕84号)；2017年5月10日，柞水县人民政府出具《柞水县人民政府关于陕西盘龙药业集团股份有限公司前身陕西盘龙制药有限公司租赁西安制药厂柞水分厂并收购其破产财产及国有参股陕西盘龙制药有限公司事项的确认函》(柞政函〔2017〕51号)对盘龙药业上述收购西安制药厂柞水分厂资产的事项进行了确认。

同时，《国有资产评估管理办法》(1991年11月16日发布实施)第三条规定，“国有资产占有单位(以下简称占有单位)有下列情形之一的，应当进行资产评估:(一)资产拍卖、转让；……”第十八条规定，“……委托单位收到资产评估机构的资产评估结果报告书后，应当报其主管部门审查；主管部门审查同意后，报同级国有资产管理行政主管部门确认资产评估结果。”根据《最高人民法院副院长李国光在全国法院审理企业破产案件工作座谈会上的讲话》(1998年4月1日)内容，“按照有关规定，国有工业企业特别是试点城市的国有工业企业破产财产在处置前，应由破产清算组委托国务院国有资产管理行政主管部门认证的资产评估机构进行评估，并由国有资产管理行政主管部门确认评估结果。”因此，国有企业破产财产和非破产财产转让的定价应由所属的国有资产管理行政主管部门进行确认。

《国务院关于加强国有资产管理工作的通知》(国发〔1990〕38号)规定，“二、……用国有资产参股经营、合资经营，以及进行企业兼并、向非全民所有制法人或自然人出售境内外国有资产等活动，必须报同级或上级国有资产管理机构批准，……。七、按照统一领导、分级管理的原则，逐步建立和健全国有资产管理机构。国务院确定，由财政部和国家国有资产管理局行使国有资产所有者的管理职能，国家国有资产管理局专职进行相应工作，并由财政部归口管理。各地可结合实际情况，由必要的机构把这项工作管起来。单独设置机构的，要按规定程序报批。……”

《陕西省人民政府关于加强国有资产管理工作的通知》(1990年11月15日)规定，“七、按照统一领导，分级管理的原则，逐步建立健全各级国有资产管理机构。国有资产管理是一项任务繁重、探索性很强的工作。为了适应工作需要，各级政府要按照统一领导、分级管理的原则，逐步建立或指定必要的机构，把国有资产管理工作管起来。需要单独设置的要按规定程序报批。各级国有资产专营或兼管机构，由同级财政部门归口管理。……”

同时参照《企业国有资产产权登记管理办法》（中华人民共和国国务院令第192号，1996年1月25日）第二条之规定，“本办法所称企业国有资产产权登记（以下简称产权登记），是指国有资产管理部门代表政府对占有国有资产的各类企业的资产、负债、所有者权益等产权状况进行登记，依法确认产权归属关系的行为。”第五条之规定，“县级以上各级人民政府国有资产管理部门，按照产权归属关系办理产权登记。”以及《企业国有资产产权登记管理办法实施细则》（国资产发〔1996〕31号）第六条之规定“产权登记按照统一政策、分级管理的原则由县级以上政府国有资产管理部门按产权归属关系组织实施。”

根据上述当时有效的法律法规之规定，国有资产按照统一领导、分级管理的原则，由各级人民政府分级管理，并单独设立国有资产管理部门代表政府承担具体管理职责。同时，西安制药厂柞水分厂为柞水县县属国有企业。因此，中介机构认为，柞水县人民政府有权对盘龙制药收购西安制药厂柞水分厂资产行为进行确认。

此外，根据现行有效的《企业国有资产监督管理暂行条例》（2011年修订）第十二条之规定，“……上级政府国有资产监督管理机构依法对下级政府的国有资产监督管理工作进行指导和监督。”商洛市人民政府于2016年10月11日出具《商洛市人民政府关于对陕西盘龙药业集团股份有限公司前身陕西盘龙制药有限公司收购西安制药厂柞水分厂破产财产及国有参股陕西盘龙制药有限公司等事项的确认函》（商政函〔2016〕96号），对上述事项又进行了确认。

二、请发行人补充披露上述无形资产的作价依据及其公允性，是否会造成国有资产流失

就上述问题，中介机构核查了柞水县企业改制领导小组作出的《关于西安制药厂柞水分厂破产有关问题的会议纪要》、柞水县人民政府出具的《柞水县人民政府关于陕西盘龙药业集团股份有限公司前身陕西盘龙制药有限公司租赁西安制药厂柞水分厂并收购其破产财产及国有参股陕西盘龙制药有限公司事项的确认函》（柞政函〔2017〕51号）、银信资产评估有限公司出具的《关于陕西盘龙药业集团股份有限公司前身陕西盘龙制药集团有限公司收购西安制药厂柞水分厂资产涉及评估事宜的说明》。

根据当时柞水县企业改制领导小组作出的《关于西安制药厂柞水分厂破产有关问题的会议纪要》，无形资产作价20万元为柞水县企业改制领导小组酌情决定。

2017年5月10日，柞水县人民政府出具《柞水县人民政府关于陕西盘龙药业集团股份有限公司前身陕西盘龙制药有限公司租赁西安制药厂柞水分厂并收购其破产财产及国有参股陕西盘龙制药有限公司事项的确认函》（柞政函〔2017〕51号），其中确

认“关于无形资产的定价，根据《资产评估操作规范意见（试行）》（国资办发〔1996〕23号）之规定，存在现行市价法、收益现值法和重置成本法等评估方法，但因盘龙七片等无形资产为老中医向政府献方，且西安制药厂柞水分厂破产时连续亏损，应收账款很多不实，无形资产评估存在较大困难，且存在评估价格过低的可能性，因此经柞水县企业改制领导小组研究酌定为20万元，该结果已经报柞水县人民政府确认。”

因此，上述无形资产的作价依据为在评估存在困难的情况下柞水县企业改制领导小组酌定为20万元。

就上述无形资产评估问题，2017年7月17日，银信资产评估有限公司出具《关于陕西盘龙药业集团股份有限公司前身陕西盘龙制药集团有限公司收购西安制药厂柞水分厂资产涉及评估事宜的说明》，说明“根据当时有效的《资产评估操作规范意见（试行）》（国资办发〔1996〕23号）之规定，对无形资产的评估的确存在现行市价法、收益现值法和重置成本法等评估方法，对于《资产买断合同》提出的无形资产的范围，其中的产品标准和生产销售审批手续及有关证照属于行政许可范畴，实际上是无法评估的，只有商标、商誉、配方（及其生产技术）可以进行评估。但当时该企业已经因连年亏损资不抵债而破产，而且应收账款不实意味着销售收入不实，根据《资产评估操作规范意见（试行）》之规定，‘采用收益现值法时，要注意分析超额获利能力和预期收益，注意收益额的计算口径与被评无形资产相对应，不要将其他资产带来的收益误算到无形资产的收益中；要充分考虑法律法规、宏观经济环境、技术进步、行业发展变化、企业经营管理、产品更新和替代等因素对无形资产收益期、收益额和折现率的影响。’且该厂当时的配方均为独家品种，且未进行过交易，无法按照现行市价法进行评估。该厂主要药品品种为盘龙七片，为当地老中医献方，也无法按照重置成本法进行评估。因此，本公司认为，相关无形资产按照当时规定的各种方法均不具备评估条件，无法进行评估。”

2012年4月，柞水县国有资产管理局持有的国有股通过西部产权交易所挂牌交易，最终交易价格为80万元。

因此，中介机构认为，在该无形资产评估存在客观困难的情况下，柞水县企业改制领导小组酌定价格不会造成国有资产流失，最终国有股退出时交易价格大幅高于原出资价格，实现了国有资产保值增值。

三、请发行人结合历次增资时公司的净资产情况，补充披露自公司设立至2012年之前的历次增资均系平价增资的公允性及合理性，是否会造成国有资产流失

就上述问题，中介机构核查了盘龙药业2012年之前历次增资前的资产负债表、历次增资的股东会决议，并要求盘龙药业就历次增资出具了说明。

经中介机构核查，盘龙药业自设立至2012年之前历次增资情况及增资前的净资产情况如表10-2所示。

表10-2 盘龙药业自设立至2012年之前历次增资情况及增资前净资产情况

2012年之前历次增资情况	增资前的净资产
2001年12月召开股东会，增资374万元，实收资本由126万元增加至500万元，其中国有股增资20万元	2001年11月30日的净资产为1,302,250.29元，每元注册资本1.03元
2003年6月召开股东会，增资1,700万元，注册资本由500万元增加至2,200万元	2003年3月31日的净资产为5,201,450.82元，每元注册资本1.04元
2009年4月召开股东会，增资3,000万元，注册资本由2，200万元增加至5200万元	2009年3月31日的净资产为23,380,403.57元，每元注册资本1.06元

根据盘龙药业出具的说明并经中介机构核查，盘龙药业在自公司设立至2012年之前的历次增资中，各股东均认为应进行平价增资，无任何溢价增资的概念，在增资时各股东均有权同比例进行增资。前述情况也得到了各股东的认可，未增资股东无任何异议，增资股东会决议均由各股东一致通过，包括作为股东的柞水县国有资产管理局。

同时，在2001年12月增资时，国有股也未按照净资产价格进行增资。

《柞水县人民政府关于陕西盘龙药业集团股份有限公司前身陕西盘龙制药有限公司租赁西安制药厂柞水分厂并收购其破产财产及国有参股陕西盘龙制药有限公司事项的确认函》（柞政函〔2017〕51号）确认，“盘龙制药在上述两次增资时均就是否同比例增资征求了柞水县国有资产管理局意见，该局当时均决定同意增资方案且不进行同比例增资。上述增资未侵犯国有股东的合法权益，未造成国有资产流失。”

因此，中介机构认为，盘龙药业在自公司设立至2012年之前的历次增资中均进行平价增资具有合理性，但未按照净资产价格进行增资，公允性上存在瑕疵。但上述增资未侵犯国有股东的合法权益，未造成国有资产流失。

四、请结合相关国有资产管理法规，补充说明上述两次增资时，相关国有主体未进行同比例增资是否符合法定程序，是否取得国有资产管理部门的审批或备案；柞水县人民政府是否具有足够权限，对上述未同比例增资事项进行确认

就上述问题，中介机构通过以下方式进行了核查：

（1）核查了上述两次增资时的公司登记档案。

（2）经办律师和保荐机构对柞水县国有资产管理局当时的负责人（同时也是代表参加股东会的受托人）进行了访谈并要求其出具了说明和承诺。

（3）要求柞水县国有资产管理局出具了说明。

（4）要求柞水县人民政府对该事项进行了确认。

经中介机构核查，盘龙制药为西安制药厂柞水分厂改制时由于历史原因由柞水县国有资产管理局参股的企业，该局从未计划对盘龙制药进行追加投资，且参股形式的股权投资并非柞水县国有资产管理局的相关职责。盘龙制药在上述两次增资时均就是否同比例增资征求了柞水县国有资产管理局意见，该局当时均决定同意增资方案且不进行同比例增资。上述两次增资已由柞水县人民政府出具《关于陕西盘龙药业集团股份有限公司前身陕西盘龙制药有限公司国有参股有关事项的确认函》（柞政函〔2017〕51 号），认定“上述增资未侵犯国有股东的合法权益，未造成国有资产流失”。

《企业国有资产监督管理暂行条例》（中华人民共和国国务院令第 378 号，2003 年 5 月 13 日公布施行）第二十一条规定，“国有资产监督管理机构依照法定程序决定其所出资企业中的国有独资企业、国有独资公司的分立、合并、破产、解散、增减资本、发行公司债券等重大事项。其中，重要的国有独资企业、国有独资公司分立、合并、破产、解散的，应当由国有资产监督管理机构审核后，报本级人民政府批准。……”第二十二条规定，“国有资产监督管理机构依照公司法的规定，派出股东代表、董事，参加国有控股的公司、国有参股的公司的股东会、董事会。国有控股的公司、国有参股的公司的股东会、董事会决定公司的分立、合并、破产、解散、增减资本、发行公司债券、任免企业负责人等重大事项时，国有资产监督管理机构派出的股东代表、董事，应当按照国有资产监督管理机构的指示发表意见、行使表决权。”因此，国有参股公司股东会有权根据《公司法》之规定就增资事项作出决议，同时国有资产监督管理机构派出的股东代表按照国有资产监督管理机构的指示发表意见、行使表决权，不需要取得国有资产管理部门的审批。

同时，《国有资产评估管理若干问题的规定》（中华人民共和国财政部令第 14 号，2002 年 1 月 1 日起实施）第三条规定，“占有单位有下列行为之一的，应当对相关国有资产进行评估：……（四）除上市公司以外的原股东股权比例变动；……”《国有资产评估项目备案管理办法》（财企〔2001〕802 号）第三条规定，“本办法所称国有资产评估项目备案，是指国有资产占有单位（以下简称占有单位）按有关规定进行资产评估后，在相应经济行为发生前将评估项目的有关情况专题向财政部门（或国有资产管理部门，下同）、集团公司、有关部门报告并由后者受理的行为。”

《企业国有资产评估管理暂行办法》（国务院国有资产监督管理委员会令第 12 号，2005 年 9 月 1 日起实施）第六条规定，“企业有下列行为之一的，应当对相关资产进行评估：……（四）非上市公司国有股东股权比例变动；……”第十七条规定，“资产评估项目的备案按照下列程序进行：（一）企业收到资产评估机构出具的评估报告后，将备案材料逐级报送给国有资产监督管理机构或其所出资企业，自评估基准日起9个月内提出备案申请；（二）国有资产监督管理机构或者所出资企业收到备案材料后，对材料齐全的，在20个工作日内办理备案手续，必要时可组织有关专家参与备案评审。”

关于柞水县人民政府的确认权限问题，《中华人民共和国企业国有资产法》（2009年5月1日起实施）第四条规定，“国务院和地方人民政府依照法律、行政法规的规定，分别代表国家对国家出资企业履行出资人职责，享有出资人权益。……其他的国家出资企业，由地方人民政府代表国家履行出资人职责。”第十一条规定，“国务院国有资产监督管理机构和地方人民政府按照国务院的规定设立的国有资产监督管理机构，根据本级人民政府的授权，代表本级人民政府对国家出资企业履行出资人职责。”因此，柞水县人民政府有权对柞水县国有资产管理局未同比例增资的行为进行确认。

中介机构认为，上述两次增资时，柞水县国有资产管理局未进行同比例增资不违反法律法规之规定，盘龙制药作为国有参股公司，该增资行为依法无需经过国有资产管理部门的审批，但未履行资产评估和备案程序。柞水县人民政府有权对柞水县国有资产管理局未同比例增资的行为进行确认。

专家点评

国有企业以非货币资产对外投资需要履行评估备案程序，主要包括：企业以实物、知识产权、土地使用权等非货币资产对外投资组建有限责任公司、股份有限公司或中外合资（合作）企业等。

【案例3】对是否存在国有资产流失的核查——深南电路（股票代码：002916）

A股上市情况：2017年10月24日召开的中国证券监督管理委员会第十七届发行审核委员会2017年第10次发审委会议审核：深南电路股份有限公司（首发）获通过。

案例解读

一、监管部门关注到，对1997年中国南方航空动力机械公司（以下简称“南方动力”）溢价转让所持有的深南公司40%的股权给深圳中航实业股份有限公司，是

否履行国资审批程序，是否存在国有资产流失的补充核查

（一）1997 年南方动力转让所持有的深南公司 40% 的股权转让给中航国际控股是否履行国资审批程序的补充核查

1997 年 4 月 10 日，中华财务会计咨询公司出具了《对中国航空技术进出口深圳公司发行 H 种上市股票项目资产评估报告的审核验证意见》及《深圳中航实业股份有限公司（筹）资产评估工作报告书》，以 1996 年 12 月 31 日为评估基准日，深南公司 100% 股权的评估价值为 5,816.31 万元。评估有效期于 1996 年 12 月 31 日至 1997 年 12 月 31 日。

1997 年 5 月 16 日，国家国有资产管理局向中航工业总公司出具了《对中国航空技术进出口深圳公司组建股份有限公司并发行 H 种上市股票项目资产评估结果的确认批复》（国资评〔1997〕417 号）对上述评估报告确认。

根据 1996 年 11 月 5 日国务院出具的《国务院关于中国航空工业总公司进行国家控股公司试点方案的批复》（国函〔1996〕96 号），确定中国航空工业总公司作为国家授权投资的机构，对航空总公司以及其现有直属企业、控股企业、参股企业的国有资产依法进行经营、管理和监督。中国航空工业总公司作为国家授权投资的机构于 1997 年 7 月 18 日作出《关于同意将深圳深南电路公司转为深圳中航实业股份有限公司全资公司的批复》（航空资〔1997〕707 号），同意深圳中航实业股份有限公司收购南方动力持有的深南公司 40% 的股权。

综上所述，中介机构认为，本次股权转让由具有相关资质的评估机构进行资产评估，资产评估结果报国家国有资产管理局确认，并已获得国家授权投资机构的批准，已履行了必要的国资审批程序。

（二）股权溢价转让是否存在国有资产流失的补充核查

1998 年 1 月 23 日，深圳中航实业有限公司与南方动力签订股权转让协议，转让价格以深南公司 1996 年 12 月 31 日经上述国资评〔1997〕417 号文件确认的净资产评估值为基础，并考虑未来盈利因素适当溢价，深南公南 40% 股权的转让价格确定为 3,650 万元。

根据航空航天工业部航改〔1992〕1022 号文件，本次股权转让的出让方即溢价转让的受益主体南方动力为航天航空工业部南方动力机械公司更名而来，当时为全民所有制企业。

中介机构认为，本次股权转让溢价的受益主体为国有企业，因此溢价转让不会导致国有资产流失。

二、对深南公司成立时的企业性质，2000 年深南公司按照《公司法》进行规范

登记所履行的法律程序，是否构成国有企业改制，中国航空技术进出口总公司是否适格审批主体等事项的补充核查

1. 深南公司成立时的企业性质

根据深圳市人民政府于 1984 年 5 月 14 日出具的《关于联合经营“深南电路公司”协议书的批复》（深府复〔1984〕227 号），深南电路前身深南公司系由中航技公司深圳工贸中心、南方动力机械公司和长江科学仪器厂共同出资设立、联合经营的企业，总出资为 694 万元人民币，中航技深圳工贸中心出资占 40%，南方动力机械公司出资占 30%，长江科学仪器厂出资占 30%。

根据深圳市工商局于 1984 年 7 月 2 日核发的《营业执照》（深字 2286 号）记载，公司名称为深南电路公司，地址为深南中路福田路口，经济性质为全民（内联）企业，核算形式为独立核算，资金总额为 694 万元，生产经营方式为加工制造、技术服务、零售批发，生产经营范围主营为各类印刷电路板，兼营光机电精密仪器设备、照相、制版、技术咨询。

经核查，深南公司成立时获得了深圳市人民政府审核批准，经工商行政管理部门核准登记后取得了营业执照，设立程序合法有效。

综上，中介机构认为，深南公司依法成立，成立时的企业性质为全民（内联）企业。

2. 2000 年深南公司按照《公司法》进行规范登记所履行的法律程序，是否构成国有企业改制

经核查，深南公司作为香港上市公司深圳中航实业股份有限公司（0161.HK）的全资子公司，根据 1995 年 7 月 3 日施行的《国务院关于原有有限责任公司和股份有限公司依照〈中华人民共和国公司法〉进行规范的通知》（国发〔1995〕17 号）以及 1996 年 12 月深圳市公司规范与改革小组办公室发布的《关于原有公司重新登记的通知》（深规字〔1996〕1 号）的要求，应当按照《公司法》进行规范并向公司登记机关申请重新登记，因其股东人数不符合《公司法》规定（根据当时《公司法》规定，有限责任公司的股东不应少于 2 名），需要进行规范以达到要求。

深圳中航实业股份有限公司于 2000 年 7 月 2 日召开股东会，决议认可由资产评估机构（深圳市鹏信房地产（资产）评估有限公司）出具的资产评估报告（鹏信房估字〔2000〕第 23 号）（评估基准日 2000 年 5 月 31 日）确认深南公司的净资产评估值为 11,010.98 元，同意深圳中航实业有限公司将持有的深南公司的 5% 股权转让给中航技深圳，同时将公司名称规范为深圳市深南电路有限公司。转让完成后深南公司股东人数为 2 名，符合《公司法》规定。

2000 年 8 月 11 日，中国航空技术进出口总公司向中航国际深圳下发了《关于深圳公司受让深南电路公司股权的批复》（中航技综字〔2000〕226 号），同意将中航国际控股之全资子公司——深南公司按照《公司法》规范为有限责任公司；同意中航国际控股作为第一股东持有深南公司 95% 的股权，中航国际深圳作为第二股东以 550.55 万元人民币的价格受让其余 5% 的股权。

2000 年 9 月 12 日，深南公司在深圳市工商行政管理局办理完成本次变更登记手续，核发了营业执照，企业名称变更为"深圳市深南电路有限公司"。

综上，中介机构认为，深南公司 2000 年按照《公司法》进行规范登记系按照《国务院关于有限责任公司和股份有限公司依照〈公司法〉进行规范的通知》以及深圳市公司规范与改革小组办公室《关于原有公司重新登记的通知》要求，对其股东人数和名称进行规范并履行向公司登记机关申请重新登记的程序，不构成国有企业的改制。

3. 中国航空技术进出口总公司是否适格审批主体

经核查，2000 年 8 月 11 日，中国航空技术进出口总公司向中航国际深圳下发了《关于深圳公司受让深南电路公司股权的批复》（中航技综字〔2000〕226 号），同意将深圳中航实业股份有限公司投资的全资子公司——深南公司按照《公司法》规范为有限责任公司；同意深圳中航实业股份有限公司作为第一股东持有深南公司 95% 的股权，中航国际深圳作为第二股东以 550.55 万元人民币的价格受让其余 5% 的股权。

根据深圳中航实业股份有限公司于 2000 年在香港联合交易所的公开信息资料，中航国际深圳持有其 62.31% 股份，是其控股股东，间接控制深南公司 100% 权益。同时，中航国际深圳为中国航空技术进出口总公司的全资子公司。

经核查，中航国际深圳通过本次股权转让将其间接控制 100% 权益的深南公司 5% 股权转为直接持有，并未影响其实际控制深南公司的权益，不涉及国有资产的对外转让。

综上，中介机构认为，中国航空技术进出口总公司作为中航国际深圳的国有出资人，对中航国际深圳调整其合并报表范围内子公司之间股权的行为进行批复，是适格的审批主体。

专家点评

本案例关注两点：（1）涉及国有产权的股权转让，转让双方如同时为非同一实际控制人的国有独资企业，不存在国有资产流失问题；（2）企业国有产权在所出资企业内部无偿划转的，由出资企业批准并抄报同级国资监管机构。

【案例4】对国有股的认定——中新赛克（股票代码:002912）

A股上市情况：2017年9月22日召开的中国证券监督管理委员会主板发行审核委员会2017年第149次发审委会议审核：深圳市中新赛克科技股份有限公司（首发）获通过。

案例解读

深圳市国资委直接和间接控制深创投51.6644%的股权，为发行人的实际控制人。深创投出具了《关于中新赛克股份性质为非国有股的说明》，经深创投与深圳市国资委的沟通，深创投所持包括中新赛克在内的下属企业股权从未被认定为国有股权。请中介机构补充说明国务院国资委对相关上市公司国有股权问题的批复以及深创投提供的说明是否可以作为深创投持有本公司的股权不是国有股的依据；请中介机构核查深创投和深圳市国资委的沟通是否有正式的文件为依据；请中介机构结合《境内证券市转持部分国有股充实全国社保基金实施办法》《关于豁免固有创业投资机构和国有创业投资引导基金国有股转持义务有关问题的通知》等相关规定，进一步核查并说明认定深创投持有的公司股权非为国有股且不需要转持社保基金是否合法合规，发表核查意见。

【答复】

中介机构查阅了深圳国资委复函、国务院国资委历史上出具的相关批复等资料，就本问题回复如下：

一、国务院国资委对相关上市公司国有股权问题的批复以及深创投提供的说明是否可以作为深创投持有本公司的股权不是国有股的依据

根据《境内证券市场转持部分国有股充实全国社会保障基金实施办法》（财企[2009]94号，以下简称“《转持办法》”），国有股东持有的股份有限公司股份首次公开发行股票并上市时，按实际发行股份数量的10%，将上市公司部分国有股转由全国社会保障基金理事会持有，《转持办法》第二条、第四条、第九条、第十二条规定，“本办法所称国有股东是指经国有资产监督管理机构确认的国有股东”，“国有股是指国有股东持有的上市公司股份”“本办法颁布后首次公开发行股票并上市的股份有限公司，由经国有资产监督管理机构确认的国有股东承担转持义务”“首次公开发行股票并上市的股份有限公司的第一大国有股东向国有资产监督管理机构申请确认国有股东身份和转持股份数量”。

根据国务院国有资产监督管理委员会（以下简称“国务院国资委”）于2003年6月30日下发的《关于杭州新中大软件股份有限公司国有股权性质变更有关问题的批复》（国资产权函〔2003〕58号文）、于2004年11月8日下发的国资产权〔2004〕1023号《关于西安解放集团股份有限公司国家股转让有关问题的批复》、于2005年2月7日发出的国资产权〔2005〕162号文《关于潍柴动力股份有限公司部分国有股股权性质变更有关问题的批复》以及于2009年2月23日发出的国资产权〔2009〕110号《关于北京当升材料科技股份有限公司（筹）国有股权管理有关问题的批复》，均确认深创投所持上述企业股份的股权性质为非国有股。

根据深创投集团出具的《关于中新赛克股份性质为非国有股的说明》，经深创投集团与深圳市国资委的沟通，深创投集团所持包括发行人在内的下属企业股权从未被认定为国有股权。

中介机构认为，虽然上述国务院国资委对相关上市公司国有股权问题的批复系针对具体上市公司的确认文件，而非针对深创投集团所持发行人股份是否为国有股进行确认，但根据《转持办法》，国有股是指国有股东持有的上市公司股份，而国有股东是指经国有资产监督管理机构确认的国有股东，国务院国资委作为国有资产监督管理机构，在针对其他上市公司的批复文件中确认深创投集团所持股份不属于国有股，该等批复文件可作为认定深创投集团是否为《转持办法》所界定的“国有股东”、深创投集团所持发行人股份是否为国有股的参考依据。深圳市国资委为地方国有资产监督管理机构，深创投集团作为发行人第一大股东，根据其与深圳市国资委的沟通出具的说明对深创投集团所持发行人股份是否为国有股亦具有一定的参考性。

另外，根据深圳国资委复函，“目前你公司的股东中全资国有股东持股比例合计不足50%，根据《上市公司国有股东标识管理暂行规定》（国资发产权〔2007〕108号）、《关于施行〈上市公司国有股东标识管理暂行规定〉有关问题的函》（国资厅产权〔2008〕80号）和《境内证券市场转持部分国有股充实全国社会保障基金实施办法》（财企〔2009〕94号）等相关规定，你公司现不属上市公司国有股东，你公司证券账户无需标注“SS”标识，无须履行国有股转持义务”。

二、深创投和深圳市国资委的沟通是否有正式的文件为依据

根据深创投集团出具的说明，深创投集团于出具《关于中新赛克股份性质为非国有股的说明》前与深圳市国资委进行了口头沟通，但当时并未取得正式文件，目前，深创投集团已取得深圳市国资委于2017年5月4日正式下发的复函。

三、认定深创投持有的公司股权非为国有股且不需要转持社保基金是否合法合规

根据深创投集团出具的说明并查阅工商登记资料，深创投的股权结构如表10-3所示。

表10-3 深创投股权结构

序号	股东姓名	出资金额（万元）	持股比例
1	深圳市人民政府国有资产监督管理委员会	118,483.26	28.1952%
2	深圳市星河房地产开发有限公司	73,081.41	17.3910%
3	上海大众公用事业（集团）股份有限公司	58,543.80	13.9315%
4	深圳市远致投资有限公司	53,760.00	12.7931%
5	深圳能源集团股份有限公司	21,139.09	5.0304%
6	深圳市立业集团有限公司	19,459.78	4.6308%
7	福建七匹狼集团有限公司	19,459.78	4.6308%
8	广东电力发展股份有限公司	15,435.00	3.6730%
9	深圳市亿鑫投资有限公司	13,917.12	3.3118%
10	深圳市福田投资发展公司	10,273.82	2.4448%
11	深圳市盐田港集团有限公司	9,807.00	2.3338%
12	广深铁路股份有限公司	5,884.20	1.4003%
13	中兴通讯股份有限公司	980.70	0.2334%
/	合计	420,224.95	100.0000%

根据《关于施行〈上市公司国有股东标识管理暂行规定〉有关问题的函》（国资厅产权〔2008〕80号，以下简称“80号文”）的规定，持有上市公司股份的下列企业或单位应按照《上市公司国有股东标识管理暂行规定》（国资发产权〔2007〕108号）标注国有股东标识：（1）政府机构、部门、事业单位、国有独资企业或出资人全部为国有独资企业的有限责任公司或股份有限公司；（2）上述单位或企业独家持股比例达到或超过50%的公司制企业；上述单位或企业合计持股比例达到或超过50%，且其中之一为第一大股东的公司制企业；（3）前述（2）所述企业连续保持绝对控股关系的各级子企业；（4）以上所有单位或企业的所属单位或全资子企业。

根据深圳国资委复函及深创投集团请示，深创投集团的股东中，深圳国资委直接持有深创投集团的28.1952%股权，同时通过其直接或间接100%控股的深圳市远致投资有限公司、深圳市亿鑫投资有限公司、深圳市盐田港集团有限公司间接合计持有深创投集团18.4387%的股权，深圳市福田区国有资产监督管理委员会通过其直接持有100%股权的深圳市福田投资发展公司间接持有深创投集团的2.4448%股权，前述五家国有持股单位合计持有深创投集团 49.0787% 的股权，全资国有股东持股比例合计不足 50%，根据《上市公司国有股东标识管理暂行规定》、80 号文及《转持办法》等相关规定，不属于上市公司国有股东，不需要履行国有股转持义务。

综上，中介机构认为，深创投集团不属于上市公司国有股东，不需要履行国有股转持义务。

专家点评

根据《境内证券市场转持部分国有股充实全国社会保障基金实施办法》（财企〔2009〕94 号），拟上市企业如有经国有资产监督管理机构确认的国有股东，需取得国资部门出具的国有股转持批复，该批复作为拟上市公司申请首发上市的必备文件。根据《企业国有资产交易监督管理办法》，国有股东是指：（一）政府部门、机构、事业单位出资设立的国有独资企业（公司），以及上述单位、企业直接或间接合计持股为 100% 的国有全资企业；（二）本条第（一）款所列单位、企业单独或共同出资，合计拥有产（股）权比例超过 50%，且其中之一为最大股东的企业；（三）本条第（一）、（二）款所列企业对外出资，拥有股权比例超过 50% 的各级子企业；（四）政府部门、机构、事业单位、单一国有及国有控股企业直接或间接持股比例未超过 50%，但为第一大股东，并且通过股东协议、公司章程、董事会决议或者其他协议安排能够对其实际支配的企业。

第二节 重点关注

国有企业需提供相应的国有资产监督管理机构或国务院、地方政府授权的其他部门、机构关于国有股权设置的批复文件。

实践中，拟挂牌转让企业历史沿革中曾有国有企业或者国有创投公司投资退出的情形，需要特别关注其投资、退出时是否履行了国有股权投资、退出的法律程序。

（一）投资时，是否经有权部门履行了决策程序，是否对拟投资的公司进行过评估、备案，是否需要国有资产监督管理部门批准。

（二）增资扩股时，是否同比例增资，如未同比例增资，是否履行评估、备案手续。

（三）国有股退出时是否履行了评估、备案，是否在产权交易所进行了交易，是

否需要国有资产监督管理部门批准。

有关国有资产管理的法律、法规、规范性文件时间跨度长、品类多，因此处理涉及国资问题的思路是：程序主义至上，找到当时适用的法条阐述问题的正当性，如果存在瑕疵，则根据“谁出资，谁负责”的原则，找到有权的国资部门，甚至当地政府来出具确认无国有资产流失的确认函。

第十一章　知识产权问题

知识产权是监管部门关注的重点之一，拟上市企业要有自主的知识产权，作为高科技企业需要拥有独立的知识产权体系，而不受其他因素的干扰，是保持企业独立生产经营的基本。目前，实务的要求是股份公司的知识产权等方面能够保持独立且最近一期末无形资产（扣除土地使用权、水面养殖权和采矿权等后）占净资产的比例不高于20%。发行人的资产完整包括对其商标、专利、非专利技术的所有权或者使用权。中国证监会将关注公司现有商标、专利、专有技术等知识产权的取得或使用情况以及对股份公司核心竞争力的影响。公司还应如实披露公司自主研发的主要技术成果；公司与关联方有偿使用该无形资产的协议情况等；如存在无形资产交易，该无形资产的摊销年限及对拟上市公司未来经营产生的影响（用前三年与未来三年对比的方式，披露该项交易对经营财务指标的影响）。

第一节　案例分析

【案例1】关于共有专利的核查——中孚信息（股票代码：300659）

A股上市情况：2017年4月18日召开的中国证券监督管理委员会创业板发行审核委员会2017年第32次发审委会议审核：中孚信息股份有限公司（首发）获通过。

案例解读

根据律师工作报告，发行人的发明专利“计算机通过声卡获取或控制电话线工作状态的装置和方法”是从自然人衣杰伟处受让取得，2013年12月25日，国家知识产权局核发《手续合格通知书》；发行人合法拥有或共有中华人民共和国国家知识产权局授予的专利权25项，但招股说明书并未披露共有专利情况。

请发行人说明上述发明专利的取得过程及其合法合规性，国家知识产权局核发

《手续合格通知书》的主要内容，发行人是否已取得相关专利权属证书及是否存在纠纷或潜在纠纷；共有专利权的具体信息及相关共有权利人、共有权利内容，共有权利人是否与发行人存在关联关系，共有专利是否应用于发行人核心产品或主要收入来源；上述情况对发行人生产经营的影响。请中介机构对此进行核查并发表明确意见，并请发行人提供国家知识产权局核发的《手续合格通知书》及共有专利的权属证书。

一、发行人拥有的专利情况

发行人现拥有中华人民共和国国家知识产权局授予的专利权 28 项，专利权具体情况如表 11-1 所示。

表11-1　发行人现拥有中华人民共和国国家知识产权局授予的28项专利权

序号	专利权人	专利名称	专利号	专利类别	权利期限
1	中孚信息	向 USB 接口的打印机单向传输数据的方法	ZL201010529587.7	发明	2010.11.03—2030.11.02
2	中孚信息	计算机通过声卡获取或控制电话线工作状态的装置和方法	ZL200710016459.0	发明	2007.08.09—2027.08.08
3	中孚信息	一种通过 SATA 接口实现数据传输加密的装置及方法	ZL201210413797.9	发明	2012.10.26—2032.10.25
4	中孚信息	向 USB 接口的打印机单向传输数据的装置	ZL201020588855.8	实用新型	2010.11.03—2020.11.02
5	中孚信息	一种带触摸屏的安全移动硬盘	ZL201020631430.0	实用新型	2010.11.30—2020.11.29
6	中孚信息	一种带按键的安全 U 盘	ZL201020631421.1	实用新型	2010.11.30—2020.11.29
7	中孚信息	一种带可复核功能的读卡装置	ZL201020639437.7	实用新型	2010.12.02—2020.12.01
8	中孚信息	加密存储芯片	ZL201020639452.1	实用新型	2010.12.02—2020.12.01
9	中孚信息	一种 USB 打印机单向传输装置	ZL201220457268.4	实用新型	2012.09.10—2022.09.09
10	中孚信息	一种利用 SD 卡接口加密的装置	ZL201220565145.2	实用新型	2012.10.31—2022.10.30
11	中孚信息	一种网络安全隔离卡及实现方法	ZL201210476293.1	发明	2012.11.22—2032.11.21
12	中孚信息	一种智能 IC 卡读卡器	ZL201420554732.0	实用新型	2014.09.25—2024.09.24

续表

序号	专利权人	专利名称	专利号	专利类别	权利期限
13	中孚信息	一种双界面智能 IC 卡读卡器	ZL201420554786.7	实用新型	2014.09.25—2024.09.24
14	中孚信息	一种金融 IC 卡互联网终端	ZL201420555910.1	实用新型	2014.09.25—2024.09.24
15	中孚信息、南方汉邦	一种视频监控的数据存储和网络传输的系统	ZL201320338121.8	实用新型	2013.06.13—2023.06.12
16	中孚信息	带液晶和按键的智能密码钥匙	ZL201030248307.6	外观设计	2010.07.26—2020.07.25
17	中孚信息	安全 U 盘	ZL201030639236.2	外观设计	2010.11.29—2020.11.28
18	中孚信息	触摸屏的安全移动硬盘	ZL201030639237.7	外观设计	2010.11.29—2020.11.28
19	中孚信息	按键式安全 U 盘	ZL201030639180.0	外观设计	2010.11.29—2020.11.28
20	中孚信息	按键 U 盘	ZL201230241663.4	外观设计	2012.06.12—2022.06.11
21	中孚信息	带液晶和按键的智能密码钥匙	ZL201230263408.X	外观设计	2012.06.20—2022.06.19
22	中孚信息	移动报税终端	ZL201230408728.X	外观设计	2012.08.28—2022.08.27
23	中孚信息	加密移动硬盘	ZL201230421445.9	外观设计	2012.09.04—2022.09.03
24	中孚信息	智能 IC 卡读卡器	ZL201430358591.0	外观设计	2014.09.25—2024.09.24
25	中孚信息	双界面智能 IC 卡读卡器	ZL201430358592.5	外观设计	2014.09.25—2024.09.24
26	中孚信息	IC 卡互联网交易终端	ZL201430358975.2	外观设计	2014.09.25—2024.09.24
27	中孚信息	一种网络安全隔离与信息单向导入装置	ZL201520608128.6	实用新型	2015.08.13—2025.08.12
28	中孚信息	一种可靠移动存储介质	ZL201520486743.4	实用新型	2015.07.08—2025.07.07

二、继受取得的专利权问题

表 11–1 中的第 2 项“计算机通过声卡获取或控制电话线工作状态的装置和方

法”系发行人从自然人衣杰伟处继受取得。根据对衣杰伟的访谈和其就职公司山东大舜天成置业有限公司出具的说明，该专利由衣杰伟于2007年8月提出专利申请，2012年8月取得专利权。因其担任山东大舜天成置业有限公司的销售内勤，主要负责销售管理方面工作，故该专利与其工作没有任何关系，该专利为非职务作品。但因其与中孚信息股东、硬件研发中心总监朱启超为夫妻关系，为支持中孚信息发展，将该专利无偿转让给中孚信息。

根据《中华人民共和国专利法》第十条规定，转让专利申请权或者专利权的，当事人应当订立书面合同，并向国务院专利行政部门登记，由国务院专利行政部门予以公告。专利申请权或者专利权的转让自登记之日起生效。

2013年12月25日，中华人民共和国国家知识产权局下发文号为2013122000621270的《手续合格通知书》，具体内容如下：2013年12月5日，专利权人衣杰伟就“计算机通过声卡获取或控制电话线工作状态的装置和方法”（专利号：ZL200710016459.0）提出著录项目变更请求，经审查，符合专利法及其实施细则的相关规定，准予变更，变更后的专利权人为“山东中孚信息产业股份有限公司”，该变更申请在30卷03号专利公报上予以公告。

2014年3月13日，中华人民共和国国家知识产权局出具《专利登记簿副本》（证书号1023967），发明名称：计算机通过声卡获取或控制电话线工作状态的装置和方法；专利号：ZL200710016459.0；专利权人：山东中孚信息产业股份有限公司；原专利权人名称衣杰伟，现专利权人名称：山东中孚信息产业股份有限公司，著录项目变更生效日期2013年12月25日。

2014年8月20日，衣杰伟及其丈夫朱启超均出具确认声明，确认发行人继受取得的上述发明专利（发明名称：计算机通过声卡获取或控制电话线工作状态的装置和方法；专利号：ZL200710016459.0）已同中孚信息完成转让，不存在任何纠纷或潜在纠纷。

中介机构认为，发行人继受取得衣杰伟的“计算机通过声卡获取或控制电话线工作状态的装置和方法”（专利号：ZL200710016459.0）程序合法合规，发行人已取得专利权属证书，并且不存在纠纷及潜在纠纷。

三、共有专利的问题

表11-1中的第15项“一种视频监控的数据存储和网络传输的系统”，系发行人和南方汉邦共有专利。

根据南方汉邦与中孚信息于2013年5月签订的《专利合作协议书》约定，“一种视频监控的数据存储和网络传输的系统”的专利申请权、转让权等一切权利归双方共有。双方对第三方（双方的控股子公司除外）任何一种形式的许可（包括专利的普通实施许可、独家许可、独占许可、分许可等）和专利申请权或专利权的转让，要经过双方一致同意，方为有效。原则上许可实施该专利或转让该专利申请权、专利权的收益由甲、乙双方各分享50%。甲乙独立使用该专利研发、生产或销售产品过程中不需要征得对方同意，亦无须向对方支付任何相关费用。如任何一方有意单独转让其所拥有的技术份额时，另一方拥有优先购买权。该专利的后续改进双方均有权进行，获得的知识产权等成果由改进方拥有。如改进由双方共同完成，则知识产权等成果由双方共享，具体比例由双方另行协商。

根据查询国家企业信用信息公示系统，南方汉邦为北京汉邦高科数字技术股份有限公司（汉邦高科，股票代码为300449）全资子公司。南方汉邦成立于2007年1月8日，公司类型为有限责任公司（法人独资）；注册资本为500万元人民币；法定代表人为王立群；经营范围为计算机及外围设备、软件、电子元器件、电讯器材、机电设备的技术开发与购销；本公司开发软件的销售（以上不含专营、专控、专卖商品及限制项目）；经济信息咨询（不含法律、行政法规、国务院决定禁止及规定需审批的项目）；从事货物、技术进出口业务（不含分销、国家专营专控商品）；股东为北京汉邦高科数字技术股份有限公司；王立群为执行董事、刘毅为监事、朱宏展为总经理。南方汉邦及其母公司汉邦高科与中孚信息不存在关联关系。

汉邦高科主要从事安防行业数字视频监控产品和系统的研发、生产和销售，是我国安防行业中数字视频监控产品和系统主要供应商之一。2013年，中孚信息与其全资子公司南方汉邦达成合作意向，共同研究基于目前的视频安防系统的安全漏洞，进行安全加固的解决方案，共同申报了“一种视频监控的数据存储和网络传输的系统”的实用新型专利。该系统可以利用技术手段解决视频信息在存储、传输、权限控制等方面的安全控制问题，有效地保障了视频信息在存储、传输、权限控制方面的安全风险。

报告期内，公司主要产品中均未应用该共有专利。2015年11月，中孚信息开发的应用该专利的视频加密盒已经获得国家密码管理局颁发的以下商用密码产品型号证书，名称为SATA接口的视频加密模块，产品型号为：SJM1509SATA接口视频数据加密模块。截至本补充法律意见书出具日，该产品尚未对外销售。

发行人与南方汉邦共同研发的“一种视频监控的数据存储和网络传输的系统”，是发行人在信息安全领域的技术优势以及南方汉邦在视频监控领域的技术优势的结合，有利于发行人技术储备以及新产品的研发，对于发行人的经营不存在不利影响。

中介机构核查了发行人专利证书、《转让合同》《专利合作协议书》《手续合格通知书》等文件，并查询了国家企业信用信息公示系统，认为发行人所有的专利权属不存在纠纷或潜在纠纷，发行人共有专利的共有权利人南方汉邦与发行人不存在关联关系，共有专利未应用于发行人核心产品或发行人主要收入来源，对于发行人的经营不存在不利影响。

专家点评

专利权共有是指一项获得专利权的发明创造由两个以上的单位、个人或者单位与个人共同所有。此类共有可以是共同共有，也可以是按份共有。鉴于作为专利权的共有人，任何一方均有实施专利权的权利，及专利技术的许可实施的权利，故发行人与第三方共有专利时，应注重考查发行人资产独立性是否完整及该共有对发行人生产经营、业绩的风险。

【案例 2】公司创始股东的无形资产出资的合法合规性——正海生物（股票代码：300653）

A 股上市情况：2017 年 4 月 11 日召开的中国证券监督管理委员会创业板发行审核委员会 2017 年第 30 次发审委会议审核：烟台正海生物科技股份有限公司（首发）获通过。

案例解读

Longwood 为发行人创始股东。其股东 Qun Dong 担任发行人董事、副董事长，同时担任 Laboratory Allianceof Central New York 助理医学顾问，St Joseph's Hospital 病理医学部病理医师。

2015 年 5 月，Longwood 以 6,300 万元价格转让 30 万美元出资。请发行人：补充披露 Longwood 无形资产出资的具体内容，资产来源和形成过程，是否涉及职务成果，对发行人生产经营、技术研发等方面的作用，上述无形资产出资比例是否符合当时有效的法律法规规定，是否存在出资不实的情形。

一、Longwood 无形资产出资的具体内容，资产来源和形成过程，是否涉及职务成果

（一）Longwood 无形资产出资的具体内容

根据 longwood 出具的说明、正海集团与 Longwood 签署的《专有技术投资协议》、烟台永大会计师事务所有限公司出具的烟永会评报字〔2003〕36 号《评估报告书》，正海有限设立时 Longwood 用于出资的无形资产——非专利技术为“制造胶原蛋白原

材料、皮肤修复膜、脑膜修复膜、疝气修复膜、以胶原蛋白为基础的保健美容口服产品、止血海绵、研究生产其他生物工程产品的非专利技术”，即通过组织脱细胞制备胶原蛋白生物材料的相关技术。

（二）Longwood 无形资产的来源及形成过程

根据 Longwood 和 Qun Dong 夫妇出具的说明与承诺，Longwood 无形资产系 Qun Dong 夫妇通过国内外长期的学习研究而掌握的通过组织脱细胞制备胶原蛋白生物材料的相关技术。

Qun Dong 夫妇一直从事细胞生物学、分子生物物理学、病理学等方面的学习与研究。Qun Dong 女士的学历背景详见本补充法律意见“一、（一）Qun Dong 的学历背景和执业经历以及任职年限”。

根据 Jianwu Dai 提供的学位证书、出具的说明与承诺以及相关离职文件、劳动合同等资料，Longwood 以无形资产出资成立正海有限前，Jianwu Dai 的主要学习、工作经历如下：

1984 年 9 月—1988 年 7 月于武汉大学修习细胞生物学，获学士学位；1988 年 9 月—1991 年 7 月于北京医科大学修习分子生物物理学，获硕士学位；1991 年 8 月—1993 年 8 月于北京医科大学任教；1993 年 9 月—1996 年 8 月于美国杜克大学医学中心任访问学者；1996 年 9 月—1998 年 10 月于美国杜克大学修习细胞生物学，获博士学位；1998 年 11 月—2000 年 5 月于美国哈佛大学医学院完成博士后训练，从事动物基因修饰及干细胞培养研究；2000 年 5 月—2003 年 6 月于美国组织工程生物科学公司任信号传导部门科学家，从事诱导组织细胞成纤维细胞转分化为心肌细胞、神经细胞的活性信号分子研究；2003 年 8 月至今于中国科学院任研究员，从事干细胞、神经发育及再生的机理及转化研究。

Qun Dong 夫妇在长期的学习与研究过程中，对胶原蛋白生物材料的成分构成、作用机理、应用领域等有了较深入的理解，结合当时国外较为广泛应用的动物组织脱细胞获得胶原蛋白技术及其应用，逐步学习和掌握了通过组织脱细胞制备胶原蛋白生物材料的相关技术，并希望实现产业转化。2002 年 10 月，Qun Dong 夫妇成立 Longwood，以从事相关生物技术的咨询及成果转化，并于 2003 年 10 月以现金及相关技术出资与正海集团共同设立正海有限。

（三）Longwood 用于出资的非专利技术是否涉及职务成果

1. Longwood 出资前，Qun Dong 夫妇的任职单位

Longwood 以非专利技术向正海有限出资前，Qun Dong 主要是在哈佛大学医学院麻省总医院进修学习，担任住院医师、住院总医师及专业训练医师；Jianwu Dai 则

主要在美国哈佛大学医学院完成博士后训练，从事动物基因修饰及干细胞培养研究，之后在美国组织工程生物科学公司任信号传导部门科学家，从事诱导组织细胞成纤维细胞转分化为心肌细胞、神经细胞的活性信号分子研究。

2. Longwood 用于出资的非专利技术是否涉及职务成果

Longwood 用于出资的非专利技术系 Qun Dong 夫妇在长期的学习及研究过程中，结合国外比较成熟的通过动物组织脱细胞获得胶原蛋白技术及其应用而掌握的通过组织脱细胞制备胶原蛋白生物材料的相关技术，Longwood 以该技术向正海有限出资并由正海有限在中国境内使用，不涉及侵犯原任职单位知识产权的情形。

（1）Longwood 用于出资的非专利技术系 Qun Dong 夫妇通过长期的学习研究所掌握的技术。Qun Dong 夫妇一直从事细胞生物学、分子生物物理学、病理学等方面的学习与研究，并先后在武汉大学、北京医科大学、美国杜克大学、美国哈佛大学等国内外高校就读，取得了生物医药领域的学士、硕士、博士学位。在长期的学习与研究过程中，Qun Dong 夫妇对胶原蛋白生物材料的成分构成、作用机理、应用领域等有了较深入的研究。结合当时国外广泛应用的通过脱细胞技术获得胶原蛋白技术及其应用，Qun Dong 夫妇逐步掌握了通过脱细胞技术制造胶原蛋白原材料、用胶原蛋白支架材料生产皮肤修复膜等产品的相关技术，并于 2002 年 10 月成立 Longwood 以从事相关生物技术的咨询及成果转化。

（2）Longwood 以相关技术向正海有限出资不存在侵犯 Qun Dong 夫妇任职单位或其他任何人技术秘密的情形。根据 Qun Dong 和 Jianwu Dai 的说明，并经中介机构在美国专利商标局、欧洲专利局等专利数据库及中国国家知识产权局（以下简称“国家知识产权局”）非专利数据库检索，Longwood 用于出资的通过组织脱细胞制备胶原蛋白生物材料的相关技术在美国是一种较为成熟的、广泛应用的技术，在 Longwood 向正海有限出资前，美国已有大量与该技术相关的专利及公开的学术论文，即该技术在美国是一种公开技术，不属于任何单位的技术秘密，Longwood 以该技术向发行人出资不涉及侵犯 Qun Dong 夫妇任职单位或其他任何人技术秘密的情形。

（3）Longwood 以相关技术向正海有限出资并由正海有限在中国境内使用不存在侵犯 Qun Dong 夫妇任职单位或其他任何人专利权的情形。经中介机构在中国国家知识产权局专利数据库的检索，在正海有限使用 Longwood 出资技术期间，即从 Longwood 向正海有限出资到正海有限经过研发改进于 2005 年 11 月向中国国家知识产权局申请“一种脱细胞真皮基质”技术的发明专利前，Longwood 出资的“通过组织脱细胞制备胶原蛋白生物材料的相关技术”在中国未受到专利保护。因此，Longwood 以该技术向正海有限出资并由正海有限在中国境内使用，不涉及侵犯

Qun Dong 夫妇任职单位或其他任何人专利权的情形。

（4）截至目前，没有任何单位或个人对正海有限在 Longwood 出资技术基础上进行技术改进后取得的“一种脱细胞真皮基质”专利提出过任何异议。正海有限成立后，以 Longwood 出资的技术为基础，经过持续的研发投入及技术改进，于 2005 年 11 月向中国国家知识产权局申请“一种脱细胞真皮基质”的发明专利，并于 2008 年 3 月 5 日取得专利授权。

根据《中华人民共和国专利法》的相关规定，专利自国务院专利行政部门公告授予专利权之日起，任何单位或者个人认为该专利权的授予不符合专利法有关规定的，可以请求专利复审委员会宣告该专利权无效。

经中介机构在国家知识产权局网站进行检索，截至本补充法律意见出具之日，没有任何单位或个人对发行人的“一种脱细胞真皮基质”专利提出过任何异议。

（5）截至目前，Longwood 用于出资的非专利技术未产生任何权属纠纷。根据 Longwood 及 Qun Dong 夫妇出具的说明与承诺，Longwood 用于向正海生物出资的非专利技术系 Qun Dong 夫妇通过长期学习研究所掌握的通过组织脱细胞制备胶原蛋白生物材料的技术，不涉及所在单位的职务成果，不存在任何权属纠纷。

根据 Mclaughlin&Stern，LLP 于 2015 年 11 月 18 日出具的法律意见书，截至 2015 年 9 月 29 日，没有针对 Longwood、Qun Dong、Jianwu Dai 的诉讼。

根据发行人的说明、烟台经济技术开发区人民法院、烟台仲裁委员会出具的证明，并经中介机构查询中国裁判文书网、全国法院被执行人信息网及通过百度等搜索引擎进行检索，截至本补充法律意见出具之日，没有第三方在中国境内就 Longwood 用于出资的专有技术向 Longwood、Qun Dong、Jianwu Dai 或发行人提起过任何诉讼、仲裁或其他权利主张。

（6）Longwood、Qun Dong 夫妇已分别出具承诺，如 Longwood 用于出资的非专利技术存在权属瑕疵或其他纠纷对发行人造成损失，将赔偿由此给发行人造成的相关损失。2017 年 2 月 25 日，Longwood、Qun Dong 夫妇分别出具说明与承诺：承诺 Longwood 用于出资的非专利技术系 Qun Dong 夫妇通过长期学习与研究所掌握的相关技术，不涉及在所在单位的职务成果，不存在任何权属纠纷；如因 Longwood 用于出资的非专利技术存在权属瑕疵或其他纠纷对发行人造成损失，Longwood 将负责解决并赔偿由此给发行人造成的相关损失。

综上，中介机构认为，Longwood 用于出资的非专利技术系 Qun Dong 夫妇通过长期学习研究所掌握的技术，Longwood 以该技术向正海有限出资并由正海有限在中国境内使用，不存在侵犯 Qun Dong 夫妇任职单位或其他任何人专利权或技术秘密的情

形，截至目前也未发生任何诉讼、仲裁纠纷；Longwood、Qun Dong 夫妇已分别出具承诺，如 Longwood 用于出资的非专利技术存在权属瑕疵或其他纠纷对发行人造成损失，Longwood 将赔偿由此给发行人造成的相关损失。因此，Longwood 以非专利技术出资的情形不会对本次发行上市构成实质性法律障碍。

二、Longwood 无形资产出资对发行人生产经营、技术研发等方面的作用

根据发行人出具的说明以及中介机构对发行人技术负责人的访谈，正海有限设立时，出资方之一正海集团没有生物医药领域的技术经验及人才储备，Longwood 用于出资的非专利技术对公司生产经营及技术研发等发挥了重要的作用。具体表现在以下方面：

非专利技术为正海有限提供了技术研发基础及理论支撑。在此基础上，正海有限通过自主配备研发人员并持续增加研发投入，对该技术不断发展和改良并逐步进行了专利保护，使正海有限掌握了国内生物再生材料相关领域的先进技术。

以 Longwood 投入的非专利技术为依托，正海有限在自身研发形成的组织脱细胞专利技术基础上，逐步研发出口腔修复膜、生物膜等产品，并实现了良好的经济效益。通过长期的研发投入及技术创新，自 2007 年起，正海有限逐步获得口腔修复膜、皮肤修复膜、生物膜等产品的注册证书并实现销售，逐步产生了良好的经济效益。

三、上述无形资产出资比例是否符合当时有效的法律法规规定，是否存在出资不实的情形

1. 无形资产出资比例是否符合当时有效的法律法规规定

正海有限成立时，当时有效的《公司法》（1999 年修正）第二十四条规定：“股东可以用货币出资，也可以用实物、工业产权、非专利技术、土地使用权作价出资。对作为出资的实物、工业产权、非专利技术或者土地使用权，必须进行评估作价，核实财产，不得高估或者低估作价。土地使用权的评估作价，依照法律、行政法规的规定办理。

以工业产权、非专利技术作价出资的金额不得超过有限责任公司注册资本的百分之二十，国家对采用高新技术成果有特别规定的除外。”

根据正海有限设立时的公司章程及烟台永大会计师事务所有限公司于 2003 年 12 月 6 日出具的烟永会验字〔2003〕41 号《验资报告》，正海有限设立时的注册资本为 241 万美元，其中，Longwood 以现汇出资 48 万美元、以专有技术出资 48 万美元。专有技术出资占正海有限注册资本的 19.92%，符合当时有效的《公司法》关于“以工业产权、非专利技术作价出资的金额不得超过有限责任公司注册资本的百分之

二十”的规定。

2. 是否存在出资不实的情形

（1）无形资产出资作价合理。根据烟台永大会计师事务所有限公司于2003年12月2日出具的烟永会评报字〔2003〕36号《评估报告书》，以2003年11月26日为基准日，对Longwood拟对外投资的无形资产——非专利技术进行评估，评估方法为收益现值法，评估价值为3,987,600元（根据当时美元对人民币汇率8.2722，折合USD 480,669.8美元）。

为确认Longwood无形资产出资的充实性、原资产评估报告的谨慎性、合理性，发行人聘请具备证券业务资格的资产评估机构中京民信（北京）资产评估有限公司对烟永会评报字〔2003〕36号《评估报告书》进行评估复核，并于2015年11月10日出具京信评核字（2015）第006号《〈关于长木生物技术有限公司无形资产——非专利技术资产评估报告书〉（烟永会评报字〔2003〕36号）复核报告》，认为烟永会评报字〔2003〕36号《评估报告书》关于无形资产的评估结果是基本合理的。

（2）无形资产已经移交发行人并用于发行人的生产经营。根据烟台永大会计师事务所有限公司于2003年12月6日出具的烟永会验字〔2003〕41号《验资报告》，截至2003年11月26日，正海有限收到其股东投入的注册资本241万美元，其中，Longwood以无形资产专有技术出资48万美元，其无形资产经烟台永大会计师事务所烟永会评报字〔2003〕36号评估报告确认价值为3,987,600元人民币（折合USD 480,669.80美元：汇率为8.2772）。

根据发行人的说明，正海有限设立时，投资方之一正海集团没有生物医药领域的技术及人才储备，Longwood用于出资的非专利技术是正海有限发展的技术基础。正海有限设立后，Longwood将与出资相关的非专利技术资料全部移交给正海有限。在该等非专利技术的基础上，经过不断的发展与改良，正海有限逐步掌握了生物再生材料制备相关的核心技术，并取得了“一种脱细胞真皮基质”等发明专利，研发出口腔修复膜、生物膜等产品，并产生了良好的经济效益。

综上，Longwood用于出资的非专利技术履行了资产评估相关手续，Longwood已将非专利技术相关资料移交给正海有限并在正海有限的生产经营中发挥了实际作用，并产生了良好的经济效益，不存在出资不实的情形。

专家点评

用于出资的专利及非专利技术需为出资人合法拥有，该技术为发行人生产经营所需要，出资价格还应具备公允性。

【案例3】核心技术的合法合规审查——英可瑞（股票代码：300713）

A股上市情况：2017年6月14日召开的中国证券监督管理委员会创业板发行审核委员会2017年第48次发审委会议审核：深圳市英可瑞科技股份有限公司（首发）获通过。

案例解读

发行人与西安通达存在合作研发，未披露具体情况。发行人董事吕有根曾任职于艾默生。请发行人补充披露：（1）发行人核心技术的形成、发展过程，发行人现有各项专利权、软件著作权等核心技术的发明人或主要研发人员，是否涉及公司董事、监事、高级管理人员或其他核心人员在艾默生等曾任职单位的职务成果，是否存在权属纠纷或潜在纠纷风险，上述人员是否违反与曾任职单位之间的竞业禁止协议或保密协议。（2）发行人与西安通达存在合作研发的具体情况，说明合作协议的主要内容、研究成果的分配方案及采取的保密措施。请中介机构核查上述问题并发表意见。

中介机构就“发行人核心技术的形成、发展过程，发行人现有各项专利权、软件著作权等核心技术的发明人或主要研发人员，是否涉及公司董事、监事、高级管理人员或其他核心人员在艾默生等曾任职单位的职务成果，是否存在权属纠纷或潜在纠纷风险，上述人员是否违反与曾任职单位之间的竞业禁止协议或保密协议”问题，查验了专利或核心技术相关证书、发行人提供的相关核心技术人员的简历、发行人的说明、相关核心技术人员的说明与承诺等文件，对发行人核心技术人员吕有根、刘文锋、何勇志、张军的询证确认函及访谈，以及在国家知识产权局网站http://www.sipo.gov.cn及向中国版权保护中心申请查册。

1. 发行人核心技术的形成、发展过程

发行人在招股说明书“第六节 业务和技术”之“六、发行人技术水平及研发情况”之“(一）公司的核心技术情况”中披露的核心技术如表11-2所示。

表11-2 “（一）公司的核心技术情况”中披露的核心技术

序号	技术或工艺名称	技术或工艺内容
1	电力电子设备电磁兼容技术	公司经过多年的电源产品开发经验积累，产品的电磁兼容技术高性价比设计方案，在器件选型、控制算法、无损吸收、结构设计等方面进行综合设计，保证产品符合相关国内外电磁兼容性的标准和要求

续表

序号	技术或工艺名称	技术或工艺内容
2	三相有源 PFC 技术	基于高速 DSP 的三相三电平有源 PFC 技术，输入电流对输入电压的无差跟踪，实现电源模块的功率因数高达 0.99，THD<5%，减小电网的噪声
3	全桥谐振 LLC 软开关技术	LLC 谐振软开关技术可以实现开关电源的零开关损耗，提高电源模块的效率
4	单周控制 PFC 技术	单周控制技术具有调制和控制的双重性，能在一个周期内自动消除稳态和瞬态误差，采用单周控制的 PFC 技术功率因数高、响应速度快、电网适应性强
5	高效电力电源模块	电力电源采用高效技术方案，效率高达 94%。适应电力标准的要求，输入采用无源 PFC 技术，实现 0.93 的功率因数，减小电网的噪声；后级采用全桥 LLC 谐振软开关技术，效率高；采用模块化并联设计技术，实现电力系统的 N+1 冗余配置
6	高功率密度充电桩模块	充电桩模块采用高效技术方案，效率高达 96%。充电桩模块采用三相三电平有源 PFC 技术，实现 0.99 的高功率因数，THD<5%，减小电网的噪声。后级采用全桥 LLC 谐振软开关技术，效率高；输出电压范围从 200~750VDC 连续可调，满足汽车充电的要求；采用软件均流技术，可多达 60 台模块并联，应用可拓展性强
7	户外充电一体充电桩	户外一体充电桩采用先进的工艺设计，造型新颖、美观大方。该一体充电桩充分发挥柜体的空间，结合散热、功能、部件尺寸等需求，满足户外 IP54 要求。该一体充电桩符合国网标准要求，功能齐全，安全可靠，可维护性强
8	迷你型壁挂一体充电桩	迷你型壁挂一体充电桩采用高功率密度的 3.5kW 充电桩模块并联，可实现 31.5kW 内的小型传导式充电需求。该壁挂一体充电桩采用独创的工艺和结构设计，提供人机操作界面及直流充电接口，并具备相应测控保护功能的专用装置，满足电动汽车充电需求
9	嵌入式开发调试技术	基于 Internet 互联网通信技术，把设备的运行和调试信息送到远端客户端或服务器，实现充电桩的远程操作与控制，提高调试和维护效率
10	逆变器多机并联技术	逆变器采用模块化设计理念，设计出标准的模块化额定容量产品，通过多机并联控制技术，达到构成不同容量系统的需求，提高供电系统的可靠性和冗余性。并联技术采用自主模式，任意模块出现问题均不影响其他模块运行，可靠性高
11	回馈式节能有源逆变器	采用高速的 DSP 数字控制器，高精度的 16 位 AD 采样，利用放电功能的拓扑结构，实现回馈电网式有源逆变器，高效节能
12	电力设备远程监控系统	采用高速嵌入式处理器，对电力系统的监测数据进行采集和处理，并采用无线网络发送技术，实现实时远程监控制电力设备运行状态，降低电力设备运行监控成本

第 1 项核心技术——电力电子设备电磁兼容技术，是一种行业较为成熟的基础性电磁兼容技术，发行人在该技术基础上进行综合设计，保证产品符合相关国内外

电磁兼容性的标准和要求。

第2项核心技术——三相有源PFC技术。

①立项目的：采用三相有源PFC技术，实现三相输入（无N线）开关电源模块的高功率因数（0.99），以向客户提供满足通信行业标准要求的电源产品。

②项目负责人：何勇志

③项目研发起止时间：2009年9月—2010年12月

④开发进度与完成期限：

2009年9月—2009年12月，完成6kW高压直流电源的技术方案确定，完成三相有源PFC技术原理设计和关键器件选型；

2010年1月—2010年12月，完成6kW高压直流电源的样机研发。

⑤成果应用及取得效益：

完成6oW高压直流电源样机研发，并提交客户进行样机测试。获得一项实用新型专利“具有暗拉手的电源模块”，获得一项软件著作权“英可瑞高压通讯整流模块软件V1.0压”。

第3项和第5项核心技术——全桥谐振LLC软开关技术、高效电力电源模块。

①立项目的：通过对LLC串联谐振软开关技术的研究，将LLC串联谐振软开关技术引入到大功率高效电力电源模块中，有效提高开关电源的效率，增加开关电源模块的功率密度。

②项目负责人：何勇志

③项目研发起止时间：2008年5月—2010年12月

④开发进度与完成期限：

2008年5月—2009年5月，完成LLC串联谐振软开关的技术预研，初步完成谐振参数设计、磁性元件设计、控制电路设计等关键技术点，并通过实验验证技术设计的正确性，验证LLC串联谐振对产品效率的提升程度（与全桥移项软开关技术比较）；

2009年6月—2010年12月，完成一款3kW的高效电力电源模块产品，要求效率达到94%以上。

⑤成果应用及取得效益：

将LLC谐振软开关技术应用到大功率高效电力电源模块中，（与全桥移项软开关技术比较）效率可以提升2%，并且减少了输出滤波电感器，降低了产品成本，研制的GF22010-9电力用3kW开关电源效率高达94%，提升了公司产品的竞争力。该技术逐步推广应用到公司电力电源及其他电源产品中，有效提升了公司的产品技术平台。获得一项实用新型专利“提升了串联谐振电路”，获得一项软件著作权“英可瑞高频整流模块软件 V1.0 整”。

第 4 项核心技术——单周控制 PFC 技术。

①立项目的：提高开关电源的功率因数，减小谐波。

②项目负责人：何勇志

③项目研发起止时间：2012 年 5 月—2013 年 2 月

④开发进度与完成期限：

2012 年 5 月—2012 年 8 月，完成单周控制 PFC 技术的设计与验证评估，完成产品的技术设计；

2012 年 9 月—2013 年 2 月，完成 GZ22003 样机制作与测试。

⑤成果应用及取得效益：

利用单周控制 PFC+LLC 谐振软开关技术开发了一款 900W 电力操作用壁挂电源模块 GZ22003，功率因数 0.99，效率 92%，该产品已广泛应用到电力行业中。搭建了新的技术平台，并逐步推广运用到公司电力电源及其他电源产品中。获得一项实用新型专利“一种 PFC 控制电路”。

第 6 项核心技术——高功率密度充电桩模块。

①立项目的：为适应新能源汽车发展需求，研发出高效率、高功率因数、高功率密度的新能源汽车非车载充电电源模块。

②项目负责人：吕有根

③项目研发起止时间：2011 年 1 月—2014 年 6 月

④开发进度与完成期限：

2011 年 1 月—2011 年 12 月，完成 7.5kW 高效新能源汽车非车载充电电源模块的研发；

2012 年 1 月—2012 年 10 月，完成 15kW 高效新能源汽车非车载充电电源模块的研发；

2012 年 11 月—2014 年 6 月，完成新能源汽车非车载充电电源模块系列号研发。

⑤成果应用及取得效益：

完成了 3.5kW、7.5kW、15kW 系列新能源汽车非车载充电电源模块的研发并投入生产，产品效率高达 96%，功率因数高达 0.99，满足国家相关标准要求，实现了 LLC 谐振软开关技术的数字化控制。获得一项发明专利“一种交错互补 PWM 驱动波形生成方法以及电路”，获得一项实用新型专利“一种半导体开关的过流保护电路”，获得一项软件著作权“英可瑞非车载汽车充电模块软件

V1.0 车”。

第 7、8、9 项核心技术——户外充电一体充电桩、迷你型壁挂一体充电桩和嵌入式开发调试技术。

①立项目的：以较为成熟的嵌入式开发调试技术为基础，研发新能源汽车非车载充电桩系统（包括户外充电一体充电桩和迷你型壁挂一体充电桩）。

②项目负责人：刘文锋

③项目研发起止时间：2014 年 1 月—2015 年 12 月

④开发进度与完成期限：

2014 年 1 月—2014 年 12 月，利用 7.5kW 和 15kW 系列新能源汽车非车载充电电源模块，完成 60kW、75kW、120kW 等户外充电一体充电桩系统的研发；

2015 年 1 月—2015 年 6 月，利用 3.5kW 系列新能源汽车非车载充电电源模块，完成壁挂式非车载充电桩系统的研发；

2015 年 6 月—2015 年 12 月，完成非车载充电桩系统的系列化研发。

⑤成果应用及取得效益：

研发了新能源汽车非车载充电桩系统的监控系统及监控单元，完成了 24.5kW~500kW 等系列新能源汽车非车载充电桩系统的研发并投入生产。获得 1 项发明专利“电动汽车充电系统及其充电方法”，获得 2 项实用新型专利“电路模块铰接固定装置”“电动汽车充电系统”，获得 2 项外观专利“充电桩（电动汽车壁挂式）”“户外充电桩（系列外观）”。

第 10、11 项——逆变器多机并联技术、回馈式节能有源逆变器。

①立项目的：研究开发逆变器并联技术，并将该技术运用到回馈式节能有源逆变器中，利用放电功能的拓扑结构，实现回馈电网式有源逆变器，高效节能。

②项目负责人：何勇志

③项目研发起止时间：2011 年 6 月—2013 年 10 月

④开发进度与完成期限：

2011 年 6 月—2011 年 12 月，项目预研阶段，完成电力工程用逆变器/UPS 的拓扑选择与数学建模、输出滤波器参数和控制参数的设计，逆变控制算法的研究，验证参数设计的合理性；

2012 年 1 月—2012 年 12 月，根据阶段 1 的成果研制逆变器实验样机，验证参数设计是否合理，算法是否满足要求，完成产品样机的研发，实现多天逆变器的并联功能和回馈并网功能；

2013 年 1 月—2013 年 10 月，依据逆变器成果，增加前级交流功能，研制电力工程用可并联 UPS。

⑤成果应用及取得效益：

完成 3~5kVA 可并联逆变器的研发和产业化，完成 3~5oVA 可并联电力用 UPS 的研发和产业化，实现了逆变器的并联工作，实现了交流电源回馈电网的功能。获得三项实用新型专利“一种工频输出的滤波电路”“一种电流采样电路”“一种用于逆变器中直流 BUS 电压控制的电路”，获得一项软件著作权“英可瑞 IV5000 电力逆变器 DSP 软件 V1.0 器”。该项目获得深圳市科创委的技术创新项目资助。

第 12 项核心技术——电力设备远程监控系统

①立项目的：通过无线网络技术，实现电力直流操作电源系统的远程监测与控制，实现电力直流操作电源系统的远程智能管理。

②项目负责人：刘文锋

③项目研发起止时间：2007 年 5 月—2008 年 12 月

④开发进度与完成期限：

2007 年 5 月—2007 年 12 月，完成电力远程监控设备的技术规格、方案设计和器件选型；

2008 年 1 月—2008 年 12 月，完成电力远程监控系统的研发。

⑤成果应用及取得效益：

完成电力远程监控各只单元及系统的研发，并运用到电力系统建设中。获得一项实用新型专利“电力设备远程监控系统”，获得四项软件著作权“英可瑞 IEC61850 协议转换器软件 V1.0 器”“英可瑞电力监控管理软件 V1.0 力”“英可瑞 PMU-S20 一体化监控软件 V1.0 软”“英可瑞 PMU-S2T 电力电源监控软件 V1.0 控”。

2. 发行人专利、软件著作权等核心技术的形成过程及发明人或主要研发人员情况如表 11-3、表 11-4 所示。

（1）专利技术

表11-3　发行人专利的形成过程及发明人或主要研发人员情况

序号	专利号	专利名称	形成过程	发明人或主要研发人员
1	ZL201210021471.1	一种交错互补 PWM 驱动波形生成方法以及电路	自主研发	吕有根、张文勇
2	ZL200820235786.5	电力设备远程监控系统	自主研发	钟欲飞、刘文锋、尹伟、邓琥、张泱渊
3	ZL201020677204.6	具有暗拉手的电源模块	自主研发	邓琥

续表

序号	专利号	专利名称	形成过程	发明人或主要研发人员
4	ZL201120559933.6	LLC 串联谐振电路	自主研发	何勇志、刘文锋
6	ZL201420282889.2	一种电流采样电路	自主研发	魏德国、罗瑞杰、何勇志
7	ZL201420307881.7	一种 PFC 控制电路	自主研发	王灿、何勇志
8	ZL201420301577.1	一种用于逆变器中直流 BUS 电压控制的电路	自主研发	罗瑞杰、何勇志
9	ZL201420375404.4	电动汽车充电系统	自主研发	吕有根
10	ZL201520548859.6	一种半导体开关的过流保护电路	自主研发	戴畅
11	ZL201520616386.9	电路模块铰接固定装置	自主研发	吴绪华、吕有根
12	ZL201030680320.9	电源模块（TGF240/20）	自主研发	邓琥
13	ZL201530293627.6	户外充电桩	自主研发	吴绪华、吕有根
14	ZL201530244315.6	充电桩（电动汽车壁挂式）	自主研发	吴绪华、吕有根
15	ZL201410323966.9	电动汽车充电系统及其充电方法	自主研发	吕有根
16	ZL201620619696.0	直流电源	自主研发	何勇志、陈清平、周群、陶延亭

根据相关专利权登记证书，上述专利权证载专利权人为发行人，均为发行人自主研发申请和原始取得，不存在其他继受或转让所得专利的情形；其中，第 1—15 项权利范围均为全部权利，第 16 项发行人为第一专利权人；西安通达铁路器材有限公司为第二专利权人。

（2）软件著作权

表11-4　发行人软件著作权形成过程及开发设计员情况

序号	证书号	名称	形成过程	开发 / 设计人员
1	软著登字第 130072 号变更为：软著变补字第 201611022 号	英可瑞电池巡检单元软件［简称：电池巡检单元软件］V1.0	自主开发	刘文锋
2	软著登字第 130073 号变更为：软著变补字第 201611027 号	英可瑞绝缘监测单元软件［简称：绝缘监测单元软件］V1.0	自主开发	刘文锋
3	软著登字第 130069 号变更为：软著变补字第 201611031 号	英可瑞 PMU-S20 一体化监控软件 V1.0［简称：PMU-S20 一体化监控软件］	自主开发	刘文锋、钟欲飞
4	软著登字第 130074 号变更为：软著变补字第 201611032 号	英可瑞高频整流模块软件［简称：高频整流模块软件］V1.0	自主开发	刘文锋
5	软著登字第 0297930 号变更为：软著变补字第 201611029 号	英可瑞电力监控管理软件 V1.0	自主开发	刘文锋

续表

序号	证书号	名称	形成过程	开发 / 设计人员
6	软著登字第 0298491 号变更为：软著变补字第 201611030 号	英可瑞整流控制管理软件 V1.0	自主开发	刘文锋、钟欲飞
7	软著登字第 0366336 号变更为：软著变补字第 201611025 号	英可瑞电池巡检单元软件 V2.0	自主开发	刘文锋、钟欲飞
8	软著登字第 0365484 号变更为：软著变补字第 201611023 号	英可瑞高压通讯整流模块软件 V1.0	自主开发	吕有根
9	软著登字第 0365394 号变更为：软著变补字第 201611026 号	英可瑞非车载汽车充电模块软件 V1.0	自主开发	吕有根
10	软著登字第 0365481 号变更为：软著变补字第 201611028 号	英可瑞 IEC61850 协议转换器软件 V1.0	自主开发	刘文锋、钟欲飞
11	软著登记第 0849147 号变更为：软著变补字第 201611024 号	英可瑞 IV5000 电力逆变器 DSP 软件 V1.0	自主开发	张军
12	软著登字第 130070 号变更为：软著变补字第 201614889 号	英可瑞 PMU–S3L 电力电源监控软件 V1.0［简称 :PMU–S3L 电力电源监控软件］	自主开发	刘文锋
13	软著登字第 130068 号变更为：软著变补字第 201614888 号	英可瑞 PMU–S2T 电力电源监控软件 V1.0［简称 :PMU–S2T 电力电源监控软件］	自主开发	刘文锋
14	软著登字第 130071 号变更为：软著变补字第 201614890 号	英可瑞 PMU–LS 小系统监控软件 V1.0［简称 :PMU–LS 小系统监控软件］	自主开发	刘文锋、余光耀
15	软著登字第 1387505 号	英可瑞直流充电模块 DSP 软件 VI.0	自主开发	吕有根
16	软著登记第 1064549 号	深圳英源非车载电动汽车直流充电桩软件［简称：直流充电桩软件］V1.0	自主开发	刘文锋、邹伟明郭数理
17	软著登记第 1064571 号	英源 GF22010–10 电力高频开关整流模块软件［简称：GF22010–10 整流模块软件］V1.0	自主开发	张军、肖江
18	软著登记第 1065323 号	深圳市英源非车载电动汽车直流充电机控制软件［简称：电动汽车直流充电机控制软件］V1.0	自主开发	刘文锋、肖江、郭数理
19	软著登记第 1065467 号	深圳英源电力操作电源监控软件［电力操作电源监控软件］V1.0	自主开发	刘文锋、钟欲飞、万新、肖江

续表

序号	证书号	名称	形成过程	开发 / 设计人员
20	软著登记第 1065496 号	英源 IV10000 电力逆变器 DSP 软件［简称：IV10000 逆变器软件］V1.0	自主开发	张军
21	软著登记第 1065831 号	深圳市英源电池检测控制软件［简称：电池检测控制软件］V1.0	自主开发	刘文锋、钟欲飞
22	软著登字第 1339428 号	英源非车载电动汽车直流充电桩控制软件［简称：充电桩控制软件］V1.0	自主开发	刘文锋、郭数理、邹伟明

根据相关计算机软件著作权登记证书，上述软件著作权第 1~15 项的证载著作权人为发行人，第 16~22 项证载著作权人为发行人子公司英源公司，均为原始取得，权利范围均为全部权利。

公司所拥有的专利、软件著作权全部系公司自主创新研发或开发成果，核心技术均在公司主营业务产品中得到广泛应用。

另外，针对“发行人现有各项专利权、软件著作权等核心技术的发明人或主要研发人员，是否涉及公司董事、监事、高级管理人员或其他核心人员在艾默生等曾任职单位的职务成果，是否存在权属纠纷或潜在纠纷风险，上述人员是否违反与曾任职单位之间的竞业禁止协议或保密协议”的问题。

根据发行人的说明，发行人的核心技术系根据发行人产品方向以项目团队形式进行开发。目前，发行人拥有 3 个技术团队，团队负责人分别为吕有根、何勇志、刘文锋，除此之外，还有 1 名核心技术人员张军。发行人的研发基础在于拥有一支技术过硬、敢于创新的研发团队及较为先进的研发体制，发行人的核心技术均来源于研发团队的整体努力。发行人建立了完善的新开品开发从立项、人员配置、人员职能分配及进程控制等产品开发程序，开发过程中形成了技术档案严格管理和开发管理控制制度。

通过对发行人核心技术人员吕有根、刘文锋、张军的发放询证函及访谈，并经中介机构于国家知识产权局网站 http://www.sipo.gov.cn 的核查。

发行人核心技术人员吕有根在接受中介机构访谈时声明并确认，自 2004 年 7 月—2010 年 4 月之前任职于艾默生网络能源有限公司期间，作为发明人的专利具体情况如表 11–5 所示。

表11-5 艾默生网络能源有限公司专利情况

序号	专利号	专利名称	专利类型	申请日期	授权日期	申请（专利权）人	发明人
1	ZL201010142734.5	一种电源系统	发明	2010.03.22	2014.10.01	艾默生网络能源系统北美公司	吕有根
2	ZL200910007903.1	一种功率因数校正电路的控制装置及控制方法	发明	2009.02.25	2013.08.21	艾默生网络能源系统北美公司	顾军、李剑、吕有根
3	ZL200910003513.7	开关电源中间母线电压的调节方法及装置	发明	2009.01.07	2013.01.30	艾默生网络能源系统北美公司	黎平、李剑、吕有根
4	ZL200810188674.3	一种数控电源过压保护电路	发明	2008.12.19	2012.10.10	艾默生网络能源系统北美公司	朱建华、吕有根

吕有根在接受中介机构访谈时说明，其在曾任职单位艾默生网络能源系统北美公司作为发明人的相关专利，与自2010年4月起在发行人任职和工作时，作为发明人的相关专利，在产品运用上完全不同，相关专利之间不存在任何技术运用、开发的联系或延续，因此，不会存在涉及曾任职单位的职务成果，也不存在与曾任职单位的任何权利上的冲突或纠纷的情形；不存在违反与曾任职单位艾默生网络能源系统北美公司之间所签订的竞业禁止协议或保密协议内容的情形。

（1）发行人核心技术人员张军在接受中介机构访谈时声明并确认，其自2006年7月—2012年3月之前任职于山特电子（深圳）有限公司，2012年3月起至今在发行人处任职和工作。曾任职单位山特电子（深圳）有限公司与发行人并非严格意义上的同行，曾任职单位专业从事通用UPS研发；发行人业务主要包括高频整流模块、通讯电源、汽车充电模块；发行人产品与其原有单位在市场和客户群上没有交集；不存在涉及曾任职单位的职务成果，也不会产生权属纠纷或潜在的纠纷风险。其从曾任职单位离职后，并未从曾任职单位获得任何竞业限制补偿金，亦不存在违反与曾任职单位山特电子（深圳）有限公司之间所签订竞业限制协议或保密协议内容的情形。

（2）发行人核心技术人员刘文锋在接受中介机构访谈时声明并确认，其自1999年毕业后进入深圳市汇业达通讯技术有限公司工作，主要从事客户技术支持，现场服务及研发工作。自2002年4月参与投资设立英可瑞有限，至今一直在发行人处任职和从事研发工作，作为发明人的相关专利，不存在涉及曾任职单位的职务成果，也不会产生权属纠纷或潜在的纠纷风险；与曾任职单位深圳市汇业达通讯技术有限公司未签订过竞业禁止或保密协议，与曾任职单位所签署的劳动合同中也未约定有相关内容。在发行人处从事工作，不存在违反相关竞业禁止协议或保密协议约定的情形。

（3）发行人核心技术人员何勇志自2003年毕业至今，一直在发行人处任职和工作，未发现其在除发行人之外的单位任职或兼职的情形。

综上所述，经中介机构核查，发行人现有各项专利权、软件著作权等核心技术的发明人或主要研发人员，不存在涉及公司董事、监事、高级管理人员或其他核心人员在艾默生等曾任职单位的职务成果，存在权属纠纷或潜在纠纷风险及上述人员违反与曾任职单位之间的竞业禁止协议或保密协议的情况或情形。

中介机构就"发行人与西安通达存在合作研发的具体情况，说明合作协议的主要内容、研究成果的分配方案及采取的保密措施"问题，核查了发行人提供的《合作协议》，向西安通达函证了《合作协议》的主要条款，并查询国家知识产权局网站http://www.sipo.gov.cn。根据发行人与西安通达铁路器材有限公司（以下简称"西安通达"）于2015年1月19日签署的《合作协议》，双方合作研发具体情况如表11-6所示。

表11-6　发行人与西安通达合作研发情况

主要内容	研发成果的分配方案	采取的保密措施
1. 西安通达提供产品所需要的技术参数和规格要求，发行人按照要求研发HXD3机车充电机110V充电模块及其监控器，并将生产样机交由西安通达进行运用实验 2. 西安通达负责整柜的系统集成，以及产品的车载运行协商工作、产品鉴定和车载试运行，发行人予以配合完成。测试通过后，发行人将所有的开发成果交付予西安通达	发行人研发成果归发行人、西安通达共同所有。在产品具备销售条件后，西安通达委托发行人进行批量生产，具体双方另行协议约定	西安通达的销售计划、价格政策、市场策略和发行人提供的有关产品、技术的文件均为有价值的商业秘密，双方保证不泄露对方的商业秘密，也不得为本协议规定以外的目的而使用这些秘密

经中介机构核查，发行人与西安通达的《合作协议》合法、有效；《合作协议》中约定的合作内容、研发成果分配方案和保密措施清晰明了，切实可行。

专家点评

一、发行人原始取得的各项专利权及核心非专利技术是发行人在进行新产品（项目）自行研发所得，不存在其他单位职务发明，也不应存在侵犯他人专利权及涉及专利权纠纷的诉讼或仲裁的情形。

二、与他人技术合作开发的合同，应约定研究专利成果的归属、技术成果产生的收益，专利成果的归属一般都约定为发行人，以避免因资产不完整对上市产生负面影响。

【案例4】发行人无偿使用大股东的商标——万马科技（股票代码：300698）

A股上市情况：2017年7月12日召开的中国证券监督管理委员会创业板发行审核委员会2017年第57次发审委会议审核：万马科技股份有限公司（首发）获通过。

案例解读

发行人通过无偿许可使用方式，使用万马集团3项商标。请发行人补充披露上述许可交易的原因和背景，无偿许可的考虑，是否为独家排他性许可，报告期内发行人主要产品销售是否使用上述许可商标，若是，请披露销售金额及占比，上述商标使用范围，是否存在关联方企业与发行人使用相同或类似商标的情形，发行人是否对控股股东、实际控制人及其控制的其他企业的资产、技术、设备等方面存在重大依赖，上述情形是否符合发行监管对独立性的要求，发行人相关整改措施。请中介机构发表核查意见，说明发行人相关整改措施是否合理。

1. 背景情况

经发行人说明并经中介机构核查，发行人自该等万马集团商标注册后即进行使用，主要系基于万马集团统一的集团形象管理要求。万马集团对集团内所属公司均系无偿许可以便于使用，该等安排不存在损害发行人及其股东（尤其是中小股东）利益的情形。万马集团对发行人许可使用的商标均非独家排他性许可，均为普通许可。

2. 发行人具体使用情况

发行人主营业务为通信与信息化设备的研发、生产、系统集成与销售，报告期内发行人主要产品包括通信网络配线及信息化机柜产品和医疗信息化产品两大类。发行人在上述两类产品（自产产品）上均有使用万马集团许可使用的商标，报告期内发行人使用上述许可商标所涉及的主要产品的销售金额及占比情况如表11-7所示。

表11-7　2013—2016年发行人使用许可商标涉及主要产品销售金额及占比情况　单位：万元

产品类别	2016年度	2016年1—6月	2015年度	2014年度	2013年度
ODN产品	22,328.06	14,051.09	24,270.82	11,974.87	11,467.36
光器件产品	4,356.06	2,420.62	4,670.17	4,638.32	4,615.61
无线接入产品	2,442.79	1,693.87	2,503.41	2,127.81	833.59
信息化机柜产品	2,754.82	1,373.99	3,186.97	3,157.93	3,136.84

续表

产品类别	2016 年度	2016 年 1—6 月	2015 年度	2014 年度	2013 年度
医疗信息化产品	2,626.40	1,127.71	1,369.49	1,138.33	184.97
其他	1,386.97	708.60	1,368.62	1,685.32	2,160.00
合计	35,895.10	21,375.88	37,369.48	24,722.58	22,398.37
总收入	37,055.14	21,998.10	37,976.93	24,795.73	22,453.51
占比	96.87%	97.16%	98.40%	99.70%	99.75%

3. 关联方使用情况

根据万马集团出具的说明，并经中介机构核查，发行人关联方大多使用万马集团上述 3 项商标。

4. 独立性

经发行人说明并经中介机构核查，发行人的业务独立于控股股东、实际控制人及其控制的其他企业，发行人拥有经营所需的独立、完整的产、供、销系统，独立开展业务，发行人具备与生产经营有关的生产系统、辅助生产系统和配套设施，合法拥有与生产经营有关的土地、厂房、设备以及注册商标、专利、软件著作权等知识产权。发行人具有独立的原料采购和产品销售系统。

经发行人确认，并经中介机构查验，发行人控股股东、实际控制人不存在通过下列方式影响发行人资产完整性及独立性的情形：（1）与发行人共用主要机器设备、厂房、专利、非专利技术等；（2）与发行人共用原材料采购和产品销售系统。

对于发行人使用万马集团许可的商标事宜，鉴于发行人主要产品均属于工业品而非消费品，设备销售的首要条件是通过下游客户的资质认证，下游客户重点审核发行人的产品质量、供货能力、产品价格、历史业绩等。一般来说，产品商标不在下游客户审核的范围之内，发行人与客户之间签署的相关协议亦不存在关于产品商标的约定，发行人使用何种商标并不影响发行人的资质认证和产品销售，其业务也不会对商标产生依赖。

综上所述，中介机构认为，发行人的资产完整及独立，发行人不存在对控股股东、实际控制人及其控制的其他企业在资产、技术、设备等方面的重大依赖；发行人使用万马集团许可的商标，不会对发行人的销售及业务构成实质影响，不会对发行人独立性以及本次发行及上市构成实质障碍。

5. 改进措施

发行人曾出具承诺：自 2016 年 6 月 1 日起 12 个月内，公司将逐步在自产产品上使用自有商标，12 个月后，公司将不再在自产产品上使用万马集团许可使用的商标。

经发行人说明并经中介机构在发行人现场核查发行人主要产品的外观、包装、说明材料等，截至本补充法律意见书出具之日，发行人已不再在自产产品上使用万马集团许可使用的商标。中介机构认为，发行人该等措施合理，能够有效避免发行人与控股股东、实际控制人及其控制的其他企业在知识产权等方面可能存在的关联并减少关联交易。

专家点评

发行人作为被许可方使用第三方商标的，重点关注发行人资产的独立性是否完整，对第三方的商标是否构成依赖。如果构成依赖，则发行人的持续经营能力就产生负面影响，因为不能保证第三方的东西会让发行人永远使用。同时还应关注许可使用第三方商标产生的成本、对主营业务的贡献等，以判断此种情形对发行人现在及未来业绩的影响。就本案例而言，鉴于发行人使用该等商标主要系基于控股股东为维护集团统一形象需要，且发行人主要产品均属于工业品而非消费品，发行人使用何种商标并不影响发行人的资质认证和产品销售，因此发行人的业务不会对此商标产生依赖性。

【案例 5】对专利的全面核查——天常股份（股票代码：300728）

A 股上市情况：2017 年 4 月 25 日召开的中国证券监督管理委员会创业板发行审核委员会 2017 年第 35 次发审委会议审核：江苏天常复合材料股份有限公司（首发）获通过。

案例解读

招股说明书披露：发行人目前拥有 20 项实用新型专利，2 项外观设计专利，1 项发明专利。截至 2015 年 12 月 31 日，公司共有专业从事研究开发与实验人员 40 人，占员工总数的 7.98%，其中核心技术人员共有 4 人，分别为陈美城、郭品一、娄文举和廖家辉。请发行人：（1）说明上述专利的形成过程，专利权归属是否存在纠纷或潜在纠纷；说明上述专利中是否存在受让取得，如果有，请说明转让方基本情况；说明是否存在对核心技术人员的依赖；说明专利是否涉及研发人员在原单位的职务成果，研发人员是否违反竞业禁止的有关规定，是否存在违反保密协议的情形，是否可能导致发行人的技术存在纠纷及潜在纠纷。（2）说明发行人核心技术的竞争优势及其先进性，说明发行人正在研发项目的先进性、市场规模、竞争对手是否已具有相关技术或产品；说明发行人认定技术研发人员的标准依据及合理性。请中介机构对上述事项进行核查，说明核查过程并发表意见。

首先，针对“说明上述专利的形成过程，专利权归属是否存在纠纷或潜在纠纷；说明上述专利中是否存在受让取得，如果有，请说明转让方基本情况；说明是否存在对核心技术人员的依赖；说明专利是否涉及研发人员在原单位的职务成果，研发人员是否违反竞业禁止的有关规定，是否存在违反保密协议的情形，是否可能导致发行人的技术存在纠纷及潜在纠纷”。

核查过程：中介机构核查了发行人持有的专利证书、国家知识产权局出具的《证明》、专利研发人员简历，以及查询国家知识产权局专利检索咨询中心（中国专利信息网：http://www.patent.com.cn/）、访谈专利研发人员。核查结论如下：

（1）发行人专利的形成过程，专利权归属是否存在纠纷或潜在纠纷的说明发行人拥有的专利情况如表11–8所示。

表11–8　发行人拥有的专利情况

序号	专利名称	专利类型	申请日	专利号	法律状态
1	经编机纱架	发明	2013.12.06	201310659305.9	专利权维持
2	双盘头经编机	发明	2013.12.06	201310655659.6	专利权维持
3	多轴向经编织物	实用新型	2013.12.06	201320799126.0	专利权维持
4	双盘头玻璃纤维布	实用新型	2013.12.06	201320799888.0	专利权维持
5	经编机收卷机构	实用新型	2013.12.06	201320802232.X	专利权维持
6	缝编机送经装置	实用新型	2013.12.06	201320802842.X	专利权维持
7	经编机气动开幅装置	实用新型	2013.12.06	201320803956.6	专利权维持
8	一种三维增强经编织物	实用新型	2012.12.18	201220699288.2	专利权维持
9	一种经编织物	实用新型	2012.12.18	201220699289.7	专利权维持
10	风力发电机叶片用双轴向增强织物	实用新型	2012.12.18	201220699819.8	专利权维持
11	一种经编机开幅装置	实用新型	2011.04.27	201120128277.4	专利权维持
12	经编织物（闭口线圈）	外观设计	2011.04.27	201130093758.1	专利权维持
13	单轴向经编织物	实用新型	2010.08.16	201020292304.7	专利权维持
14	双轴向经编织物	实用新型	2010.08.16	201020292337.1	专利权维持

续表

序号	专利名称	专利类型	申请日	专利号	法律状态
15	一种三轴向经编织物	实用新型	2009.06.25	200920042712.4	专利权维持
16	一种经编织物	实用新型	2009.06.25	200920042713.9	专利权维持
17	一种经编三轴向织物	实用新型	2009.06.25	200920042714.3	专利权维持
18	三轴向经编织物	实用新型	2009.06.25	200920042715.8	专利权维持
19	经编机编织机构	实用新型	2009.06.25	200920042717.7	专利权维持
20	具有三轴向的经编织物	实用新型	2010.12.23	201020675740.2	等年费滞纳金
21	一种具有三轴向的经编织物	实用新型	2010.12.23	201020675747.4	等年费滞纳金
22	四轴向经编织物	实用新型	2009.12.24	200920282866.0	等年费滞纳金
23	经编织物（闭口线圈 2）	外观设计	2009.12.24	200930330756.2	等年费滞纳金
24	套裁布经编机收卷装置	实用新型	2016.08.02	201620827491.1	专利权维持
25	缝编机的落布平台	实用新型	2016.08.02	201620829848.X	专利权维持
26	玻纤复合材料缝编送经装置	实用新型	2016.08.02	201620833098.3	专利权维持
27	缝编机的落布工作台	实用新型	2016.08.02	201620833813.3	专利权维持
28	双轴向经编织物纱架	实用新型	2016.08.02	201620837271.7	专利权维持
29	单轴向经编织物纱架	实用新型	2016.07.29	201620824634.3	专利权维持

注：1. 发行人生产经营已不再需要使用第 20~23 号四项专利，自 2017 年起不再缴纳年费并欲放弃上述四项专利权；

2. 第 24~29 号六项专利为发行人 2017 年 1 月新获授权专利。

发行人拥有的上述 25 项有效专利主要基于以下两方面原因自主研发形成：①应客户对产品（风能叶片）的要求研发产品，包括玻纤布的强度、纱线原材料及其工艺性能的要求等，公司自主研发的产品性能满足客户的质量指标后申请专利；②根据市场上产品发展的趋势，发行人主动研发新的叶片产品，如质量更轻、叶片面积更大的产品，向客户推广，引导客户使用发行人的产品。

发行人拥有专业研发团队，发行人在研发团队中挑选部分人员成立研发项目组，对拟研发产品进行立项、初步设计、初始实验、工艺改造、测试、调整等程序，最后经内部检测、外部检测全部通过后投入生产。上述产品研发完成后，项目组主要研发人员为发明人，发行人作为专利权人申请专利。

经核查，中介机构认为，上述 25 项有效专利的发明人均为公司内部员工，均系在公司任职期间依托公司技术平台研发而成，不属于原任职单位的职务成果，亦不存在侵犯第三方知识产权的情形，发行人的专利权归属不存在纠纷或潜在纠纷。

（2）发行人专利中不存在受让取得的说明。经核查，发行人拥有的上述专利均为原始取得，不存在受让取得的情况。

（3）发行人不存在对核心技术人员的依赖的说明。发行人拥有的上述专利在研发过程中，研发项目组总负责人和分管负责人负责研发统筹工作，其他研发技术人员分别负责细分技术点的攻关。因此，公司专利技术的形成主要依托公司整体技术研发平台，系研发项目组整体努力及智慧的结晶。

经核查公司核心技术人员简历及劳动合同，公司四名核心技术人员已在公司任职多年，但该等人员在核心技术研发过程中承担的更多的是统筹管理工作，即使发生个别核心技术人员离职情形，其他技术骨干亦可较迅速接替其现有研发工作，发行人技术研发工作不会因此受影响。因此，中介机构认为，发行人不存在对核心技术人员的依赖。

（4）专利不涉及研发人员在原单位的职务成果，不违反竞业禁止、保密协议及技术不存在纠纷及潜在纠纷的说明。根据研发人员填写的调查表及访谈确认，发行人拥有的专利不涉及主要研发人员在原单位的职务成果，主要研发人员亦未与原单位签署竞业禁止协议或保密协议，因此，主要研发人员不存在违反竞业禁止的有关规定，也不存在违反保密协议的情形。

综上所述，中介机构认为，发行人拥有的专利均为原始取得，专利权归属不存在纠纷或潜在纠纷；发行人不存在对核心技术人员的依赖，发行人拥有的专利不涉及主要研发人员在原单位的职务成果，亦不存在因主要研发人员违反竞业禁止和保密协议的有关规定导致发行人的技术存在纠纷及潜在纠纷的情况。

其次，针对“说明发行人核心技术的竞争优势及其先进性，说明发行人正在研发项目的先进性、市场规模、竞争对手是否已具有相关技术或产品；说明发行人认定技术研发人员的标准依据及合理性”。

核查过程：中介机构核查了发行人提供的核心技术资料、核心技术涉及的研发项目资料、高新技术产品证书、专利证书、高新技术企业认定申请材料等；核查了发行人正在研发项目的项目开发设计书、通过公开资料搜集竞争对手的类似技术的掌握情况；核查了发行人技术研发人员的花名册、专业背景、工作岗位、主要职责等资料。核查结论如下：

（1）发行人核心技术的竞争优势及其先进性。发行人经过多年的研发，已经掌握风电叶片用玻纤经编织物、玻璃钢管道的核心技术，并顺应风机叶片大型化的趋势，成功研发了3MW风机叶片用多轴向经编复合材料及套裁布的生产技术。

发行人核心技术的竞争优势及其先进性如表11-9所示。

表11-9 发行人核心技术竞争优势及其先进性

序号	技术名称	竞争优势	先进性
1	单轴向玻璃纤维经编织物生产技术	确保织物单位面积克重的精确性，减少纬纱弯曲和改善了布面的直线度，提高生产效率	国内领先
2	双轴向玻璃纤维经编织物生产技术	克重轻，降低了织物变形，提高了产品抗变形能力	国内领先
3	多轴向玻璃纤维经编织物生产技术	提高了复合材料力学性能，改善了抗疲劳性能，延长了使用寿命，提高了制品使用可靠性，发挥了玻纤的增强作用	国内领先
4	风电机组叶片套布自动裁剪技术	自动化裁剪，分层包装，成套配送，按顺序铺设；提高了生产效率；按照铺层顺序摆放套布，大大减少了员工辅助作业时间；没有多余的物料（包括边角料），便于现场管理；降低库存；质量稳定；全自动裁切，尺寸准确一致，变形少	国内领先
5	多轴向织物新编织工艺	使最后的织物不变形和裁剪后不易脱散，叶片制造过程中很好地解决了铺层的覆膜性、树脂的浸透性和玻纤布的可操作性	国内领先
6	高压高耐火导电环氧玻璃钢管道管件生产技术	更新了复合材料管中树脂和固化剂的类型选择及其配比；增加了特殊导电材料的选取和添加工艺；优化了缠绕过程中固化工艺的实现方式及其内加热阶梯式固化工艺	国内领先
7	1.5MW 风电机组叶片套布	自动裁切系统对玻纤织物进行裁切；提高了裁切精度；开发一种新的编织机构，更好地配套裁切系统使用	国内领先
8	新型 EBX800 双轴经编布的研发	降低了织物的变形	国内领先
9	新型 EBX1200 双轴经编布的研发	降低了织物的变形	国内领先
10	大型风机叶片用多轴向经编复合材料	实现了多轴向经编织物克重的控制；实现了多轴向经编织物的稳定制造	国内领先
11	42.2 米风机叶片用套裁布	提高了裁切效率；节省了玻纤套布；开发新的经编织物	国内领先
12	ETLX600 三轴向经编织物	避免了张力过紧造成的纱线混乱的情况；更好地实现织物力学性能	国内领先
13	ETTX1250 三轴向经编 织物	对工艺参数进行控制，保证织物的质量；发挥了织物轻质、耐腐蚀和高拉伸弹性模量的特点	国内领先
14	3MW 风电机组叶片（47 米）套裁布	自动裁切；自动放卷和收卷，避免人为接触玻纤对其性能的损坏；优化裁切工艺，实现曲线、弧线裁切	国内领先
15	3MW 风机叶片用多轴向经编复合材料	制造符合 3MW 风机叶片所需的多轴向经编复合材料；提高多轴向经编织物的抗冲击破坏性能	国内领先

发行人自主研发形成上述核心技术，并先后有8款产品被认定为高新技术产品，同时发行人的研发中心被江苏省科技厅认定为“江苏省高强度纤维复合材料工程技术研究中心”，这表明发行人的核心技术具有较好的先进性，且发行人的持续研发能力较强。

发行人高新技术产品如表11-10所示。

表11-10　发行人高新技术产品

序号	高新技术产品	认定机构	认定时间
1	新型ETLX1215三轴经编织物	江苏省科学技术厅	2011.10
2	新型EBX800双轴经编织物		2011.10
3	ETTX三轴向经编复合材料		2011.12
4	EBX1200玻纤复合材料		2012.5
5	EL1200玻纤复合材料		2012.8
6	3MW风电叶片用三轴向1250经编复合材料		2014.12
7	玻纤复合材料	常州市科学技术局	2014.6
8	套裁布		2014.6

（2）说明发行人正在研发项目的先进性、市场规模、竞争对手是否已具有相关技术或产品，详见表11-11。

表11-11　发行人正在研发项目的先进性、市场规模、竞争对手情况

序号	项目名称	先进性	竞争对手是否有相关技术或产品	对应的拟申请的专利
1	6MW风电叶片用高性能五轴向经编复合材料研发	国内领先	无	多轴向经编织物
2	49米以上风力发电叶片用多轴向经编复合材料的研发	国内领先	有（萨泰克斯、宏发新材等）	双盘头经编机

（1）6MW风电叶片用高性能五轴向经编复合材料研发。①项目简介。目前，商业化风力发电所用的电机容量一般为1.5~2.0MW，与之配套的复合材料叶片长度为32~40米，重约6~8吨。

风机叶片正朝着大型化、轻量化、高性能、低成本方向发展，世界上发达国家制造的叶片长度已有80多米，大功率加长型的风力发电叶片需要高强度、高模量、轻质型的材料。随着风电机组从3~5MW，甚至7MW的迅猛发展，玻纤增强复合材料作为风机叶片生产的主要原材料，其性能也需要得到更高程度的提升。

目前，用于6MW以上风电机组叶片制造的玻纤增强复合材料有德国萨泰克斯等

公司生产，但用于6MW风电叶片的五轴向经编复合材料生产技术尚未有同行业企业掌握。

本项目的研究主要针对海上风电叶片作业要求，满足6MW风力发电叶片强度要求高、质量轻等性能指标，同时保证叶片比模量高、运行平稳的技术要求，生产设计的五轴向经编增强材料用于6MW甚至更高MW级的叶片制造。

本项目将通过改善铺层角度、各方向克重比例以及原料纱线的性能使得玻纤增强复合材料的强度、模量及剪切强度均有较大幅度提升，从而达到满足6MW超长风电叶片用玻纤布使用要求。

②项目的先进性。本项目在铺层角度、铺层密度等工艺方面进行创新设计，研发的铺层有五个方向，分别为0度、正负45度和正负90度，0度铺层承受轴向荷载，正负45度铺层承受剪切荷载，90度铺层承受横向载荷和控制泊松比，同时90度的纱线为高强高模纱线，形成的五轴向经编织物，具有良好的铺设性、预成型性和渗透性。五轴向结构扩大了涂层和纤网的内聚能力，捆绑纱线的应用有效地提高了层间结合能力，降低了使用化学黏结剂的用量，更符合环保要求。

纤维平行伸直排列，能充分发挥纤维的增强作用，明显提高复合材料力学性能，拉伸和压缩强度、模量可提升5%；改善复合材料制品的抗疲劳性能，延长材料的使用寿命；显著提高材料损伤容限，从而提高制品使用的可靠性；材料的浸润性好，纤维的定向性好，铺覆性能好，能提高施工效率；生产出的五轴向织物，剪切强度提升8%；采用五轴向经编，简化风电叶片用复合材料布的生产工艺，使其生产效率提升近10%。

（2）49米以上风力发电叶片用多轴向经编复合材料的研发。本项目是顺应风机叶片大型化、轻量化、高性能、低成本的发展趋势，研发用于生产2.5MW及3MW以上风机叶片的玻纤增强复合材料。

本项目的技术先进性体现在以下五个方面。

提高力学性能：拉伸强度≥900MPa，弹性模量≥42GPa，较现有性能拉伸强度≥750MPa，弹性模量≥39GPa有大幅提高。

降低复合材料重量：拟采用0°±45°和90°±60°结构，其中0°/90°方向单位克重640g/m2；±45°/±60°方向单位克重300g/m²；之前叶型采用0°±45°和90°±45°结构，0°/90°方向单位克重709g/m²；±45°方向单位克重250g/m²。

双轴向织物应用采用EBX1200和EBX800两种规格组合模式，较之前单独应用EBX800规格性能上有大幅提高。

套裁布尺寸完全依据叶片厂模具展开图进行设计，模具上所需要的曲线、弧线均可裁剪，叶片厂使用套布铺层后无须再修剪。

采用美国进口全自动电脑控制裁剪机进行裁剪，一次裁剪四层，裁剪叶片套布尺寸精确到1mm。

（3）说明发行人认定技术研发人员的标准依据及合理性。

发行人的研发机构为总经理领导下的技术研究开发中心。该技术研究开发中心系在公司原有技术部的基础上，对核心研发团队进行优化之后组建。研究开发中心严格按照质量管理体系的要求进行管理和运作，建立健全了研发制度，规范了研发管理工作，制定了研发核算办法，集约了研发资源，降低了研发成本，并发布了研发人员的激励办法，提高了产品研发效率。

在技术研发人员的认定方面，发行人主要依据员工担任的职务和承担的职责来进行认定。在职务方面，主要有研发总监、研发副主任、测试工程师、工艺（助理）工程师、试制工程师、研发技术员、工艺技术员等，并根据各自职务的不同分别承担不同的职责，包括研发战略制定、技术攻关、产品性能测试、工艺设计与改善、研发数据分析、技术参数分析、组织小批量试制，等等。发行人认定技术研发人员的标准依据具有合理性。

综上所述，中介机构认为，发行人自主研发形成的核心技术具有较强的竞争优势和先进性；发行人正在研发的项目顺应了风机叶片大型化、轻量化、高性能、低成本的发展趋势，在国外竞争对手已有相关技术的情况下，正在研发的项目能够弥补国内技术的不足，具有较强的先进性；发行人认定技术研发人员的标准依据合理。

专家点评

竞业禁止是指用人单位对员工采取的，以保护其商业秘密为目的的一种法律措施，是根据法律规定或双方约定，在劳动关系存续期间或劳动关系结束后的一定时期内，限制并禁止员工在本单位任职期间同时兼职于业务竞争单位，限制并禁止员工在离职后从事与本单位竞争的业务，包括不得在生产同类产品或经营同类业务且有竞争关系或其他利害关系的其他业务单位任职，不得到生产同类产品或经营同类业务且具有竞争关系的其他用人单位兼职或任职，也不得自己生产与原单位有竞争关系的同类产品或经营同类业务。发行人雇佣核心研发人员应避免出现竞业禁止情形，以避免与其他单位产生潜在专利、非专利技术纠纷。

专利权不仅要关注目前取得的状况，更要关注历史及未来的研发，关注与发行人主营业务、主要产品匹配度及对发行人的主营业务的影响，专利权不应视为获取高科技企业证书或上市的砝码，而是企业持续发展的源泉和动力。

【案例 6】发行人海外销售的产品是否存在侵犯境外知识产权——佩蒂股份（股票代码：300673）

A 股上市情况：2017 年 5 月 10 日召开的中国证券监督管理委员会创业板发行审核委员会 2017 年第 40 次发审委会议审核：佩蒂动物营养科技股份有限公司（首发）获通过。

案例解读

说明发行人在海外销售的产品是否存在侵犯境外知识产权的情形，是否存在纠纷或潜在纠纷。

第一，发行人取得的境外专利情况详见其他相关文件内容。

第二，发行人取得的境外商标情况如表 11–12 所示。

表11–12 发行人取得境外商标情况

序号	商标	注册人	类别	注册号	认证国家	使用范围	注册日期
1	CPeT	佩蒂股份	31	932399	WIPO	Petfood；Ediblechewsforanimals；Animalfoodstuffs；Fishmealforanimalconsumption；Beveragesforpets；Dogbiscuits；Sandedpaperforpets（Litter）；Aromatic Sandforpets（Litter）	2007.6.25
2	MeatyWay	佩蒂股份	31	UK00003020099	英国	Petfood；Beveragesforpets；Animalfoodstuffs；Edibl Echewsforanimals；Stall Foodforanimals；Ediblepet Treats	2013.11.29
3	MeatyWay	佩蒂股份	31	4646286	美国	Animalfeed；Animalfoodstuffs；Ediblechewsforanimals；Petbeverages；Pet Food；Pettreats	2014.11.25
4	MeatyWay	佩蒂股份	31	TMA908785	加拿大	Petfood；Beveragesforpets；Animalfoodstuffs，Namelycannedpetfood，Driedpetfood，Pellets，Crumbles，Powder，Blocks，Liquidandgranulateformsoffeedandfeedforgamebirdsandaquaculture；Ediblechewsfordogs；Stallfoodforanimals；Pettreats，NamelyedibledogTreatsandediblecattreats	2015.7.17

第三，发行人为防止境外知识产权纠纷所采取的措施。发行人未来将继续致力于成为国内领先的综合性宠物产业集团，面向全球市场，领导国内市场，参与国际竞争，成为创新型、国际化、世界级综合宠物产品供应公司。在发行人外销开始初

具规模之际，发行人就非常重视如何采取有效措施以避免境外产品销售的知识产权纠纷。为确保不出现侵犯境外知识产权情形，发行人主动进行境外专利、商标等知识产权申报注册工作。

第四，发行人在海外销售的产品是否侵犯境外知识产权的情形。公司国外市场销售主要采用ODM模式。公司客户大部分为国际知名宠物产品品牌商，如SpectrumBrands、Petmatrix等，生产的产品直接销售给这些品牌商，再由品牌商通过零售超市、宠物产品专卖店等渠道出售给最终消费者。除品牌商外，公司与沃尔玛等大型零售超市亦建立了良好的合作关系，通过沃尔玛的供应商体系审核，直接对美国沃尔玛和加拿大沃尔玛供货；与宠物产品专卖店PetSmart建立了良好的合作关系。在努力扩大ODM产品市场占有率的同时，公司非常重视自主品牌的开拓，目前公司的自主品牌产品已在加拿大沃尔玛销售。

1. 海关合法合规证明

根据《中华人民共和国知识产权海关保护条例》的规定，进口货物的收货人或者其代理人、出口货物的发货人或者其代理人应当按照国家规定，向海关如实申报与进出口货物有关的知识产权状况，并提交有关证明文件；知识产权权利人发现侵权嫌疑货物即将进出口的，可以向货物进出境地海关提出扣留侵权嫌疑货物的申请；被扣留的侵权嫌疑货物，经海关调查后认定侵犯知识产权的，由海关予以没收。

（1）2016年3月22日，中华人民共和国泰州海关出具编号为泰关2016年7号《证明》，确认江苏康贝自2014年11月1日—2016年3月7日未发现因违反法律法规受到海关行政处罚的情况。

（2）2017年2月15日，中华人民共和国泰州海关出具编号为泰关2017年5号《证明》，确认江苏康贝自2016年3月7日—2017年2月10日未发现因违反法律法规受到海关行政处罚的情况。

（3）2017年2月21日，中华人民共和国温州海关出具编号为〔2017〕09号《企业资信证明》，确认发行人2013年1月1日—2016年12月31日在温州海关未有过因违反相关法律、法规而受到海关处罚的情况。

（4）2017年3月7日，上海海关出具编号为沪关企证字2017-83的《企业信用状况证明》，确认上海禾仕嘉于2013年1月1日—2016年12月31日期间在上海关区无违反海关法律、行政法规的违法行为记录。

2. 诉讼核查

中介机构核查了中国裁判文书网（http://wenshu.court.gov.cn/）和全国法院被执行人信息查询（http://zhixing.court.gov.cn/search/），未发现发行人、江苏康贝和上海禾仕嘉有相关的诉讼。2017 年 3 月 20 日，温州市中级人民法院出具证明，确认经查询其审判管理系统，未发现发行人在温州市中级人民法院有涉诉信息。

根据《关于我国法院和外国法院通过外交途径相互委托送达法律文书若干问题的通知》(外发〔1986〕47 号)规定，凡已同我国建交国家的法院，通过外交途径委托我国法院向我国公民或法人以及在华的第三国或无国籍当事人送达法律文书，由该国驻华使馆将法律文书交外交部领事司转递给有关高级人民法院，再由该高级人民法院指定有关中级人民法院送达给当事人。根据发行人、江苏康贝和上海禾仕嘉的确认，报告期内，发行人、江苏康贝和上海禾仕嘉均未收到相关中级人民法院转交的任何境外有权部门作出的有关侵犯境外知识产权诉讼事项的司法文书。

3. 境外法律意见书

发行人、江苏康贝、上海禾仕嘉和越南好嚼主要出口国家英国、美国和加拿大的律师以及越南律师分别就发行人及其子公司是否侵犯境外知识产权事宜出具法律意见书。

根据英国 Withers LLP 律师事务所出具的法律意见书，没有因发行人、江苏康贝、上海禾仕嘉和越南好嚼侵犯商标或第三方知识产权而对其发起的诉讼。

根据美国 Withers Bergman LLP 律师事务所出具的法律意见书，根据在美国法院案卷检索系统查询，发行人、江苏康贝、上海禾仕嘉和越南好嚼没有作为诉讼当事人。

根据加拿大 Patterson Adams LLP 出具的法律意见书，没有因发行人、江苏康贝、上海禾仕嘉和越南好嚼侵犯商标或第三方知识产权而对其发起的诉讼。

根据越南恒生法律有限责任公司出具的法律意见书，越南好嚼生产销售的产品没有侵犯越南和境外知识产权的情形。

4. 审计报告

根据中审亚太于 2017 年 3 月 19 日出具的中审亚太审字〔2017〕020201 号《审计报告》和中介机构核查，报告期内发行人没有因知识产权纠纷而产生的诉讼费用。

综上所述，中介机构核查后认为，发行人在海外销售的产品不存在侵犯境外知识产权的情形，不存在纠纷或潜在纠纷。

专家点评

随着经济全球化和科学技术的迅猛发展，知识产权的商业重要性及其对全球经济的作用日益彰显，知识产权的保护标准也不断提升，与贸易相关的有知识产权协定（TRIPS）、《保护工业产权巴黎公约》《保护文学和艺术作品伯尔尼公约》等重要的国际知识产权公约。境内上市发行人在境外是否存在侵犯境外知识产权的核查，除海关证明、常规诉讼核查外，境外法律意见书是最重要的证明材料。

【案例 7】知识产权纠纷及核心技术人员的离职——民德电子（股票代码：300656）

A 股上市情况：2017 年 4 月 11 日召开的中国证券监督管理委员会创业板发行审核委员会 2017 年第 30 次发审委会议审核：深圳市民德电子科技股份有限公司（首发）获通过。

案例解读

根据保荐工作报告，公司股东许文焕、黄强为部分专利的发明人，其中部分专利系其二人任职于深圳大学期间取得。招股说明书将“知识产权纠纷”作为行业发展的不利因素进行披露。2016 年 8 月，公司核心技术人员蓝敏智离职。2016 年 3 月，发行人股东、研发工程师李拓离职。

请发行人补充披露：

（1）发行人核心技术的形成、发展过程，发行人现有各项专利权、软件著作权、集成电路布图设计等核心技术的发明人或主要研发人员，是否涉及公司董事、监事、高级管理人员或其他核心人员在深圳大学等曾任职单位的职务成果，是否存在权属纠纷或潜在纠纷风险，上述人员是否违反与曾任职单位之间的竞业禁止协议或保密协议。

（2）黄强作为发行人股东，并未在发行人处任职，其作为发明人的专利权由发行人享有的原因及合理性，发行人是否存在无偿使用或受让股东拥有的专利权等知识产权的情形。

（3）报告期内发行人与国内外主要竞争对手或其他主体之间是否存在知识产权纠纷，是否存在相关诉讼或仲裁事项。

（4）蓝敏智、李拓等核心技术人员或研发人员离职对发行人生产经营的影响。

请中介机构核查上述问题并发表意见。

一、发行人核心技术的形成、发展过程，发行人现有各项专利权、软件著作权、集成电路布图设计等核心技术的发明人或主要研发人员，是否涉及公司董事、监事、高级管理人员或其他核心人员在深圳大学等曾任职单位的职务成果，是否存在权属纠纷或潜在纠纷风险，上述人员是否违反与曾任职单位之间的竞业禁止协议或保密协议

1. 发行人核心技术的形成、发展过程

根据中介机构对发行人实际控制人、核心技术人员的访谈及发行人现有各项专利权、软件著作权、集成电路布图设计等核心技术的发明人或主要研发人员出具的书面说明并经中介机构核查发行人现有的专利权、软件著作权、集成电路布图设计等权利证书，发行人主要核心技术包括基于一维数字信号处理的一维码识读算法、光自动感应技术、微型激光扫描光学系统结构、微弱电信号高倍率放大模拟电路芯片布图技术、影像式自动感应技术、智能成像控制算法技术、基于图像信号处理的一维/二维码识读算法技术、绿色LED瞄准光标光学系统设计、新码种（矩阵二维码）的编码规则设计和轻量级嵌入式操作系统的设计。相关技术的形成及发展过程如下：

（1）基于一维数字信号处理的一维码识读算法。公司设立之初的主要业务为承接低成本和低功耗的ARMMCU项目定制开发。后经客户反馈及公司管理层、技术部门研究讨论，认为在公司开发的所有项目中，基于一维数字信号处理的一维码识读算法技术具有广泛的市场前景，最适合进行商业化运作，因此，公司决定将该技术作为发展核心进行开发。公司于2005年开始研发，研发周期约12个月，主要由许文焕、罗源熊主持研发。与市场同类型技术相比，公司的识读算法适应广泛、运算效率高，具备国内领先的技术水平，目前仍在进行深度维护和技术升级。

（2）光自动感应技术。传统的条码扫描器只能用机械开关操作，每次扫描均需要按下机械开关触发扫描，给操作带来不便。为突破传统条码扫描器的局限性，形成技术优势，公司于2007年自主研发了一种新的基于反射式光检测技术的自动感应技术，研发周期约3个月，形成的知识产权为光感应条码阅读器（实用新型，专利号为ZL200720196500.2），主要由李拓主持研发。该技术克服了机械开关式条码扫描器使用不便的缺点，能自动检测条码信息；采用信号调制和解调技术，通过对发射光信号进行调制、对接收的反射光进行解调以有效地消除环境杂光的干扰，提高了识读效率、稳定性、准确性。

（3）微型激光扫描光学系统结构。随着技术的发展和客户要求的不断提高，激光扫描器的发展呈现小型化的趋势，因此也需要安装在数据采集器上的条码识读模组尺寸小型化、微型化。激光条码识读模组的光学系统工作原理是激光发射器发射激光到条码，反射回来的光信号被镜片收集后在光电转换芯片上转换成电信号，然后进行放大、解码。通常情况下镜片的尺寸决定了收集到的光信号强弱，较大的镜片可以收到较强的光信号，但也会导致条码识读模组的尺寸较大。为解决该矛盾，公司自2008年起开始研发新的条码识读模组，研发周期约24个月，对应的知识产权为一种微型激光扫描装置及其便携式终端（发明专利，专利号为ZL200910190187.5），主要由许文焕、易仰卿主持研发。该技术能在条码识读模组的镜片面积较传统设计缩小30%~40%的情况下，通过对光发射和光反射机构的改进使反射回来的光能量汇聚点尽量与光接收面吻合，使经光电转换后的电信号仍具有较高的信噪比。

（4）微弱电信号高倍率放大模拟电路芯片布图技术。激光扫描器进行条码识读时，发出的激光反射回镜片后，经光电转换得到的是纳安（nA）级的微弱电信号，需要进行千倍以上的多级放大才能进行采样和解码识读。该过程对于芯片的技术要求非常严格，放大过程中的任何微小误差都可能造成识读结果的错误。公司从2010年开始研发模拟电路芯片布图技术，研发周期约30个月，对应的知识产权为BCSAC（集成电路布图设计登记号：BS12500781.7），主要由许文焕、蓝敏智主持研发。公司设计完成的集成电路芯片具备微型化的光学系统和模拟信号多级放大电路芯片，因此电子线路板的面积很小，仅为原模拟电路的几十分之一，芯片的信噪比技术参数符合设计要求，条码识读景深可达70厘米，具备国际先进水平。

（5）影像式自动感应技术。影像式自动感应技术是一种主要应用于影像式条码扫描器的感应技术，作用是当有可供识读的条码、影像进入扫描器的取景范围时，能自动检测并激活扫描器开始识读。与光自动感应技术相比，影像式自动感应技术没有通过调节发光电子元器件的电气参数调整感应的角度和距离的过程，因此触发感应的角度和距离一致性更好，产品的工业设计外观更简洁。公司于2015年开始研发此项技术，研发周期约6个月，主要由许文焕、谭睿主持研发。该技术的特点是能根据所成图像相邻帧的统计特性，设计算法来判断是否有物体移入扫描识读的取景范围内。与市场同类型技术相比，公司研发的影像式自动感应技术在辨别干扰物、适应不同光线强度、响应速度等方面均有所创新。

（6）智能成像控制算法技术。影像式条码扫描系统的主要组成包括成像子系统和译码器子系统。扫描器工作时，先由成像子系统将条码拍摄成照片，储存在识读设备的处理器中，然后由译码器子系统对照片进行解码，读取数据。因此，成像的算法技术非常重要，成像子系统的性能决定了影像的质量，会直接关系到解码的速度和识读成功率。为提升成像质量，公司从2009年开始研发智能成像控制算法技术，研发周期约12个月，主要由许文焕、谭睿主持研发。该技术可以分析相邻帧图片的统计特性，根据不同的载体、材质自动调整镜头设置，对辅助照明光源、感光元件的参数进行智能调节，优化拍摄效果。

（7）基于图像信号处理的一维/二维码识读算法技术。影像式条码扫描系统的主要组成包括成像子系统和译码器子系统。译码器子系统的作用是成像子系统形成的图像传输到译码器子系统后，对图像进行预处理、定位、提取、校正、二值化、译码等。公司从 2008 年开始对基于图像信号处理的一维 / 二维码识读算法技术进行研发，研发周期约 24 个月，主要由许文焕、谭睿主持研发。该技术要求对一维码码制和二维码码制能进行准确、快速的分析识读。公司自主研发的识读算法技术在系统稳定性、运算效率等方面均优于目前市场上的常规算法。公司未来将在模糊、模块不均、畸变、高版本高密度、缺损等类型的条码识读方面继续进行研发投入，增强识读算法的技术储备。

（8）绿色 LED 瞄准光标光学系统设计。影像式条码识读设备的必备配置之一为瞄准提示光标，瞄准提示光标的工作原理是光源发出的光信号通过透镜后形成提示光标显示在条码上，条码识读设备的使用者根据提示光标调整设备的位置，使条码易于识读。为提升客户体验，使瞄准提示光标系统更好地与公司设备适配，公司于 2014 年开始研发一种创新性的瞄准光标设计，研发周期约 12 个月，对应的知识产权为条形码识读设备（发明专利，专利号为 ZL201520260420.3，实质审查中），主要由许文焕、易仰卿、宋红军、李瑞兵主持研发。该技术以 LED 灯加光学镜头组的组合方式，将一个绿色 LED 光源和一个透镜组单元组合成一个光提示组件，绿色光源发出的光信号通过透镜组单元后形成方形的提示光标，用户根据提示光标能快速调整条码与设备的相对位置，使条码能清晰、迅速地被识别。

（9）新码种（矩阵二维码）的编码规则设计。市场上的通用二维码编码规则是公开、免费的，所有条码识读设备厂商均可以在设备中内嵌解码规则，而部分客户基于对条码信息的隐私保护，需要一套独特的、安全性高的编码规则。公司根据客户需求，于 2015 年开始研发一种新的矩阵式二维码的编码方法和译码方法，研发周期约 3 个月，对应的知识产权为矩阵式二维码及其编码方法和译码方法（发明专利：2015100507006，实质审查中），主要由许文焕、谭睿、陈李健主持研发。该技术由公司独立研发，享有完整的知识产权，无法被市场上的识读软件识读，属于定制项目，仅面向有特殊需求的客户。

（10）轻量级嵌入式操作系统的设计。目前，市场上的数据采集器通常采用 Android、WinCE 等操作系统平台，该等操作系统功能齐全，但比较复杂。在应用需求单一的场合，如检票、仓库盘点、资产管理等，客户往往需要的是一款硬件配置、操作系统、编程和功能剪裁都比较简单，同时价格也比较便宜的数据采集器。基于客户的需求，公司于 2011 年开始研发轻量级嵌入式操作系统，研发周期约 12 个月，对应的知识产权为一种嵌入式数据库的检索及存储方法（发明专利，专利号为

ZL201210061827.4）、二次开发嵌入式应用程序的加密和认证保护的方法及系统（发明专利，专利号为ZL201210304130.5），主要由林嘉顺、黄强、倪赞春主持研发。该操作系统操作简单、价格便宜、安全性高、易于移植、可扩展性强，搭载的功能模块均提供了二次开发接口和基于PC机的二次开发平台，能进行各种定制化的二次开发，降低了客户的采购成本，缩短了应用开发时间。

2. 发行人现有各项专利权、软件著作权、集成电路布图设计等核心技术的发明人或主要研发人员

（1）根据中介机构对发行人核心技术人员或主要研发人员的访谈、发行人书面说明，并经中介机构通过国家知识产权局网站（http://www.sipo.gov.cn/）查询并核查发行人所拥有的专利权证书等，发行人现有专利权的发明人主要情况如表11-13所示。

表11-13　发行人现有专利权主要情况

序号	专利名称	专利号	发明人	申请日期
1	二次开发嵌入式应用程序的加密和认证保护的方法及系统	ZL201210304130.5	黄强、林嘉顺、倪赞春	2012.08.24
2	一种条码识别装置	ZL201210278779.4	许文焕、易仰卿	2012.08.07
3	一种嵌入式数据库的检索及存储方法	ZL201210061827.4	林嘉顺、黄强	2012.03.09
4	一种条码识读设备	ZL201110228373.0	许文焕、易仰卿	2011.08.10
5	面向嵌入式实时操作系统的功耗控制方法及系统	ZL201110066474.2	黄强、冯然	2011.03.18
6	一种微型激光扫描装置及其便携式终端	ZL200910190187.5	许文焕、易仰卿	2009.09.11
7	一种无线个人局域网及其实现方法	ZL200910107574.8	李拓、蓝敏智、黄强	2009.06.05
8	一种嵌入式实时操作系统的混合调度方法	ZL200810241349.9	黄强	2008.12.19
9	一种条形码识读设备及其发光部件的驱动装置	ZL201010611236.0	许文焕、易仰卿	2010.12.29
10	条形码识读设备	ZL201520260420.3	许文焕、易仰卿、宋红军、李瑞兵	2015.04.27
11	一种图像识别设备	ZL201320839260.9	易仰卿、许文焕	2013.12.18
12	一种图像识读设备	ZL201320839292.9	易仰卿、许文焕	2013.12.18
13	一种图像识别设备	ZL201320838455.1	易仰卿、许文焕	2013.12.18
14	一种图像识别设备	ZL201320592438.4	易仰卿、许文焕	2013.09.24
15	一种条码识别装置	ZL201220387148.1	易仰卿、许文焕	2012.08.07
16	一种移动条码阅读器	ZL201220345148.5	张紫锋、黄强、林嘉顺	2012.70.17

续表

序号	专利名称	专利号	发明人	申请日期
17	一种二维条码阅读系统	ZL201220229106.5	黄强、许文焕、白楠	2012.05.21
18	一种被识读条码的位置提示装置及条码识读设备	ZL201120015343.7	易仰卿、许文焕	2011.01.18
19	一维条码阅读器	ZL201020692105.5	蓝敏智	2010.12.30
20	一种条形码识读设备及其发光部件的驱动装置	ZL201020686662.6	易仰卿、许文焕	2010.12.29
21	一种微型激光扫描装置及其便携式终端	ZL200920204628.8	易仰卿、许文焕	2009.09.11
22	一种电子电话本	ZL200920129710.9	黄强	2009.01.21
23	无线条码阅读系统	ZL200820092533.7	黄强、蓝敏智、李拓	2008.03.10
24	光感应条码阅读器	ZL200720196500.2	李拓	2007.12.27.
25	成像系统与补光系统光轴呈夹角设置的图像识读设备	ZL201520550995.9	许文焕、易仰卿、宋红军、李瑞兵	2015.07.27
26	使用平面光源照明的条形码识读设备	ZL201520551410.5	许文焕、易仰卿、谭睿、宋红军、李瑞兵	2015.07.27
27	用两组光标定位待识读条形码的条形码识读设备	ZL201520743391.6	白楠、许文焕、易仰卿、李瑞兵	2015.09.23
28	固定式条码识别设备（FS380）	ZL201430283484.6	许文焕、易仰卿	2014.08.12
29	固定式条码识别设备（FS580）	ZL201430283601.9	许文焕、易仰卿	2014.08.12
30	便携式手持条码识别设备（MS3590）	ZL201430283485.0	许文焕、易仰卿	2014.08.12
31	条形码识别设备	ZL201330587410.7	易仰卿	2013.11.29
32	条码识读设备	ZL201330449089.6	许文焕、易仰卿	2013.09.18
33	移动数据采集器	ZL201030671371.5	易仰卿	2010.12.10
34	无线条形码阅读器	ZL201030671373.4	易仰卿	2010.12.10
35	无线条码阅读器	ZL200930166605.8	易仰卿	2009.06.15
36	条码阅读器	ZL200930165736.4	易仰卿	2009.05.20
37	条码识别设备（MP720）	ZL201530571570.1	许文焕、易仰卿	2015.12.31
38	条码识别设备（CS2190）	ZL201530571574.X	许文焕、易仰卿	2015.12.31

（2）根据中介机构对发行人所拥有的软件著作权证书、集成电路布图设计登记证书等权属证书并经发行人书面说明，发行人所拥有的软件著作权、集成电路布图设计登记证书的主要参与人或负责人主要情况如表 11–14、表 11–15 所示。

表11–14　发行人软件著作权主要情况

序号	软件名称	登记号	证书号	首次发表日期	取得方式	主要人员
1	民德影像式条码识读软件 V1.0	2014SR174312	软著登字第 0843547 号	2014.08.21	原始取得	许文焕、白楠
2	民德影像式移动扫描器软件 V1.0	2014SR169627	软著登字第 0838863 号	2014.08.15	原始取得	许文焕、张紫锋
3	民德感知器项目开发管理系统软件 V1.0	2014SR174193	软著登字第 0843428 号	2014.06.18	原始取得	许文焕、张紫锋
4	民德感知器客户管理系统软件 V1.0	2014SR174196	软著登字第 0843431 号	2014.03.12	原始取得	许文焕、张紫锋
5	民德移动扫描器二次开发软件（简称：MS3SDK）V1.0	2012SR059788	软著登字第 0427824 号	2012.02.25	原始取得	许文焕、白楠
6	民德二维条码扫描器软件 V1.0	2012SR038237	软著登字第 0406273 号	2011.11.16	原始取得	许文焕、白楠
7	民德物联光电感知器软件（简称：uE989）V1.0	2012SR012758	软著登字第 0380794 号	2011.05.15	原始取得	许文焕、白楠
8	民德移动扫描器软件 V1.0	2012SR012333	软著登字第 0380369 号	2011.03.16	原始取得	许文焕、张紫锋
9	民德无线条码扫描器模块控制软件 V1.0	2011SR002667	软著登字第 0266341 号	2009.12.16	原始取得	许文焕、白楠
10	民德条码扫描模组解码软件 V1.0	2011SR002669	软著登字第 0266343 号	2009.10.16	原始取得	许文焕、白楠
11	无线一维激光条码阅读器软件 V1.0	2008SR02504	软著登字第 089683 号	2007.09.01	原始取得	罗源熊、许文焕
12	民德无线条码扫描器解码软件 V1.0	2013SR131498	软著登字第 0637260 号	2007.09.01	原始取得	许文焕、罗源熊
13	民德条形码识别管理软件 V2.0	2011SR032599	软著登字第 0296273 号	2007.08.05	原始取得	许文焕、罗源熊
14	一维激光条码阅读器软件 V1.0	2008SR02505	软著登字第 089684 号	2006.09.01	原始取得	许文焕、罗源熊
15	民德条码扫描器解码软件 V1.0	2013SR131493	软著登字第 0637255 号	2006.9.1	原始取得	许文焕、罗源熊

③集成电路布图设计

表11-15

序号	名称	登记证书号	登记号	申请日期	首次投入商业利用日期	取得方式	主要人员
1	BCSAC	第6373号	BS.12500781.7	2012.06.12	2012.04.20	原始取得	许文焕、蓝敏智

3. 是否涉及公司董事、监事、高级管理人员或其他核心人员在深圳大学等曾任职单位的职务成果，是否存在权属纠纷或潜在纠纷风险，上述人员是否违反与曾任职单位之间的竞业禁止协议或保密协议

发行人现有各项专利权、软件著作权、集成电路布图设计等核心技术的发明人或主要研发人员中，许文焕于2005年4月—2012年3月期间在深圳大学任职，2012年至今在公司工作；黄强于2004年4月—2012年期间在深圳大学任职。除此之外，公司核心技术形成、发展过程中，相关核心技术的发明人或主要研发人员均专职在公司工作。

经中介机构核查，上述知识产权研发过程中的实验设备、测试设备、原材料、零部件、研发资金均为公司提供，不存在使用第三方物质条件的情形，也不存在完成第三方工作任务的情形。公司完整拥有各项知识产权的所有权，权利状况清晰、明确。就许文焕、黄强作为研发人员获得的知识产权，深圳大学于2014年10月10日出具了《关于许文焕在深圳大学任职期间所获部分专利为非职务发明的确认函》《关于黄强在深圳大学任职期间所获部分专利为非职务发明的确认函》，确认："①许文焕和黄强未有使用深圳大学的物质技术条件（包括但不限于：资金、设备、零部件、原材料或不对外公开的技术资料等）来进行并完成该等发明创造；②许文焕和黄强未有利用深圳大学或者国家拨付的科研项目资金为该等专利的形成进行研究活动；③该等专利不属于许文焕和黄强在深圳大学就职期间及离职1年内（许文焕：2005年4月—2013年3月；黄强：2004—2013年）的职务发明；④深圳大学对该等专利不享有专利申请权及专利权，以后亦不会主张相应权利。"公司核心技术形成过程中相关发明人或主要研发人员不存在使用第三方物质条件的情形，也不存在完成第三方工作任务的情形，公司完整拥有各项知识产权的所有权，权利状况清晰、明确，不存在权属纠纷或潜在纠纷风险。

公司核心技术形成过程中相关发明人或主要研发人员中许文焕、易仰卿、罗源熊、倪赞春、黄强、宋红军、林嘉顺未与曾任职单位签署竞业禁止协议或保密协议，白楠、李拓、谭睿、冯然、李瑞兵、张紫锋自高校毕业后即加入公司工作。

此外，根据中介机构对发行人现有各项专利权、软件著作权、集成电路布图设计等核心技术的发明人或主要研发人员的访谈及上述人员出具的书面说明，其在发行人处参与研发的技术等“全部技术成果的权益均属于民德电子所有，本人与民德电子及其子公司之间不存在任何有关前述技术成果的权属争议或潜在纠纷；本人不存在违反原工作单位、现任职单位的竞业限制、保密义务的情形；本人与民德电子或其他单位、个人之间不存在任何的技术纠纷或相关潜在纠纷。本人在民德电子所参与研发的专利/软件著作权/软件产品/核心技术等研发成果与任何第三方不存在权属争议或潜在纠纷”。

综上，中介机构认为，发行人现有各项专利权、软件著作权、集成电路布图设计等核心技术的发明人或主要研发人员，均不涉及公司董事、监事、高级管理人员或其他核心人员在深圳大学等曾任职单位的职务成果，不存在权属纠纷或潜在纠纷风险，上述人员不存在违反与曾任职单位之间的竞业禁止协议或保密协议等情形。

二、黄强作为发行人股东，并未在发行人处任职，其作为发明人的专利权由发行人享有的原因及合理性，发行人是否存在无偿使用或受让股东拥有的专利权等知识产权的情形

根据发行人出具的书面说明并经中介机构对黄强的访谈及其出具的书面说明，中介机构核查了发行人专利权证书并通过网上检索的方式对相关专利的法律状态进行核对，发行人拥有的专利权中发明人为黄强的专利情况如表11-16所示。

表11-16　发行人拥有专利权中发明人为黄强的专利情况

序号	专利名称	申请日	专利证号	专利类别	取得方式	发明人
1	二次开发嵌入式应用程序的加密和认证保护的方法及系统	2012.08.24	ZL201210304130.5	发明专利	原始取得	黄强、林嘉顺、倪赞春
2	一种嵌入式数据库的检索及存储方法	2012.03.9	ZL201210061827.4	发明专利	原始取得	林嘉顺、黄强
3	面向嵌入式实时操作系统的功耗控制方法及系统	2011.03.18	ZL201110066474.2	发明专利	原始取得	黄强、冯然
4	一种无线个人局域网及其实现方法	2009.06.05	ZL200910107574.8	发明专利	原始取得	李拓、蓝敏智、黄强
5	一种嵌入式实时操作系统的混合调度方法	2008.12.19	ZL200810241349.9	发明专利	原始取得	黄强
6	一种移动条码阅读器	2012.07.17	ZL201220345148.5	实用新型	原始取得	张紫锋、黄强、林嘉顺

续表

序号	专利名称	申请日	专利证号	专利类别	取得方式	发明人
7	一种二维条码阅读系统	2012.05.21	ZL201220229106.5	实用新型	原始取得	黄强、许文焕、白楠
8	一种电子电话本	2009.01.21	ZL200920129710.9	实用新型	原始取得	黄强
9	无线条码阅读系统	2008.03.10	ZL200820092533.7	实用新型	原始取得	黄强、蓝敏智、李拓

根据中介机构对黄强的访谈确认及其出具的书面说明，公司设立初期，研发实力和技术积累都比较薄弱。黄强于2003年毕业于英国利物浦大学并获电子工程博士学位，在高可靠性嵌入式系统领域具有较强的研究实力。作为公司股东，为提升公司技术实力，黄强利用工作之余的时间参与其创立公司的部分产品及相关技术的开发工作，为公司的相关产品开发提供技术指导及理论支持。

在上述专利研发期间，黄强担任深圳大学教师，主要精力专注于教学及科研工作；其作为发明人，主要利用业余时间和公司提供的相应物质条件，协助公司在职研发人员参与公司相关产品和技术的研发工作，主要技术成果系研发人员合力完成的成果；此外，黄强虽未在公司任职，也未因参与研发领取报酬，但作为公司主要股东之一，黄强切实分享了公司因技术突破、专利积累、产品创新带来的价值提升。因此，其作为发明人的专利权由发行人享有是合理的。

黄强出具的书面说明“在民德电子参与研发的全部技术成果的权益均属于民德电子所有，本人与民德电子及其子公司之间不存在任何有关前述技术成果的权属争议或潜在纠纷；本人不存在违反原工作单位、现任职单位的竞业限制、保密义务的情形；本人与民德电子、现任职单位或其他单位、个人之间不存在任何的技术纠纷或相关潜在纠纷。本人在民德电子所参与研发的专利/软件著作权/软件产品/核心技术等研发成果与本人曾任职单位、现任职单位或其他任何第三方不存在权属争议或潜在纠纷”。

综上所述，中介机构认为，黄强作为发明人的专利权利用了民德电子提供的实验设备、测试设备、办公室等相关设施或材料以及人员，该等专利由发行人享有不存在权属争议或纠纷，发行人不存在无偿使用或受让股东拥有的专利权等知识产权的情形。

三、报告期内发行人与国内外主要竞争对手或其他主体之间是否存在知识产权纠纷，是否存在相关诉讼或仲裁事项根据发行人的书面说明及中介机构对发行人核心技术人员的访谈、登陆国家知识产权局网站（网址：http://cpquery.sipo.gov.cn/）、中国商标网（网址：http://sbj.saic.gov.cn/）查询公司拥有的专利、商标。公司长期以来坚持自主研发的发展战略，拥有完整的条码识读设备知识产权，该等知识产权均系公司的研发团队利用公司资源自主研发形成，不存在侵犯第三方知识产权的情形。

根据中介机构对中国裁判文书网（网址：http://www.court.gov.cn/zgcpwsw/）、全国法院被执行人信息查询系统（网址：http://zhixing.court.gov.cn/search/）等公开网站所载信息的检索及发行人的确认，截至本补充法律意见书出具日，发行人与国内外主要竞争对手或其他主体之间不存在知识产权纠纷，不存在相关诉讼或仲裁事项。

根据发行人出具的《确认函》，确认其不存在知识产权方面的纠纷，不存在知识产权相关的诉讼或仲裁事项。

综上所述，中介机构认为，发行人与国内外主要竞争对手或其他主体之间不存在知识产权纠纷，不存在相关诉讼或仲裁事项。

四、蓝敏智、李拓等核心技术人员或研发人员离职对发行人生产经营的影响

根据发行人提供的员工花名册、公司组织架构图、公司与核心技术人员、研发人员签订的劳动合同、保密协议等书面文件及发行人书面说明，公司在技术研究或产品开发过程中，采取“产品项目组＋模块”的矩阵式组织管理架构，一方面有利于对具体研发项目加强管理，另一方面，模块化的开发模式将对不同产品、系统之间共用的零部件、软件模块、硬件模块、技术或其他相关的设计成果建立共用模块，有利于核心技术的积累和沉淀。“产品项目组＋模块”的矩阵式组织管理架构实现了对核心技术的积累和整体研发人员技术素质的提升，同时减弱了产品开发过程中各开发层次之间的依赖关系，消除了因单一研发人员离职对公司持续技术研发及生产经营带来重大不利影响。

蓝敏智、李拓在公司任职期间，公司已分别与其签署劳动合同，并在劳动合同中就竞业禁止条款和保密条款作出了约定，蓝敏智、李拓离职后均严格遵守协议约定，未在与公司构成竞争业务的相关公司任职，不存在泄露公司秘密的情形。

经中介机构核查发行人与上述核心技术人员签署的劳动合同、保密协议，并经发行人上述核心技术人员的书面确认，该等人员的劳动关系真实有效，保密及竞业限制协议合法合规。中介机构认为，截至本补充法律意见书出具日，发行人的现有核心技术人员稳定，尚不存在离职或提出离职的情形，亦未涉及违反保密义务、职务发明和竞业限制的情形，蓝敏智、李拓等核心技术人员或研发人员离职对发行人生产经营不构成重大影响。

综上所述，中介机构认为，发行人现有各项专利权、软件著作权、集成电路布图设计等核心技术的发明人或主要研发人员，均不涉及公司董事、监事、高级管理人员或其他核心人员在深圳大学等曾任职单位的职务成果，不存在权属纠纷或潜在纠纷风险，上述人员不存在违反与曾任职单位之间的竞业禁止协议或保密协议等情形；黄强作为发明人的专利权利用了民德电子提供的实验设备、测试设备、办公室等相关设施或材料以及人员，该等专利由发行人享有不存在权属争议或纠纷，发行人不存在无偿使用或受让股东拥有的专利权等知识产权的情形；发行人与国内外主要竞争对手或其他主体之间不存在知识产权纠纷，不存在相关诉讼或仲裁事项；截至本补充法律意见书出具之日，发行人的研发人员稳定，蓝敏智、李拓等核心技术人员或研发人员离职对发行人生产经营不构成重大影响。

专家点评

为保证发行人核心专利技术，发行人应与核心研发人员在劳动合同中就竞业禁止条款和保密条款作出约定，核心员工离职后均严格遵守协议约定，不能在与公司构成竞争业务的相关公司任职及泄露公司秘密。

发行人还从内控角度出发，建立健全人事、研发等制度，配备合理梯次团队，防止研发过程对某个特定人员产生依赖，以保持研发力量的持续稳定。

【案例 8】对于职务发明的核查——联合光电（股票代码：300691）

A 股上市情况：2017 年 5 月 5 日召开的中国证券监督管理委员会创业板发行审核委员会 2017 年第 37 次发审委会议审核：中山联合光电科技股份有限公司（首发）获通过。

案例解读

监管部门要求说明中山市“精密光学成像系统”创新科研团队的性质，是否属于公司内部团队，研究成果是否归属于公司，与研究成员之间是否具有其他协议或安排。

中介机构查阅了中山市委、市政府发布的《关于进一步加快培养引进紧缺适用人才的意见》（中委〔2010〕7 号）、《中山市引进创新科研团队评审和资助暂行办法》（中委组通〔2011〕3 号）、《〈中山市引进创新科研团队评审和资助暂行办法〉的补充通知》（中委组通〔2012〕116 号）和中山市人才工作领导小组办公室出具的批复意见《关于引进中山市 2012 年度创新科研团队的通知》，发行人与中山市科学技术局、中共中山火炬高技术产业开发区工作委员会以及“精密光学成像系统”科研创新团队成员共同签订的《中山市引进创新科研团队合同书》，发行人提供的创新科研团队说明以及发行人与团队成员签订的《技术专家聘用协议书》。

经核查，为提高联合光电的研发能力，提高产品性能，2011 年，联合光电组建了“精密光学成像系统”创新科研团队，该团队申请并入选了“2012 年中山市引进创新科研团队”。该团队 5 名成员为公司外聘的技术专家团队，不属于公司的内部团队。

根据发行人与中山市科学技术局、中共中山火炬高技术产业开发区工作委员会以及“精密光学成像系统”科研创新团队成员共同签订的《中山市引进创新科研团队合同书》，为进一步加快培养引进紧缺适用人才，中山市科学技术局根据中山市委、市政府确定的中山市科研创新团队资助计划向“精密光学成像系统”创新科研团队提供专项工作经费，该项资助费用主要用于团队成员的工薪报酬及其研发的开支。

同时，发行人与五位成员均签订了《技术专家聘用协议书》，约定团队成员为发行人提供技术指导以及技术管理服务，发行人向团队成员支付报酬。《技术专家聘用协议书》同时对保密、合同解除、变更、保障条件等事项进行了约定。在合同履行中，发行人为该团队提供科研项目和科研经费，该团队利用发行人的基础设施及物质条件开展技术服务，其研究成果的知识产权归发行人所有。

综上所述，中介机构认为，“精密光学成像系统”创新科研团队为公司外部团队，研究成果属于发行人所有，除上述情况以外，发行人与研究成员之间不存在其他协议或安排。

专家点评

如果是执行本单位的任务或者主要是利用本单位的物质条件所完成的发明创造，属于职务发明，申请专利的权利属于该单位；如果不是执行本单位的任务或者不是利用本单位的物质条件所完成的发明创造，属于非职务发明创造，申请专利的权利属于发明人或者设计人。需要说明的是，职务发明还包括退休原单位或劳动人事关系终止后 1 年内作出的与原单位承担的本职工作、原单位分配的任务有关的发明创造。

第二节　知识产权

关于知识产权，我们需要掌握我国知识产权基本法律体系和拟上市企业需要关注的问题。

一、中国知识产权法律体系

我国现行知识产权保护立法包括国内立法和国际条约两部分。

知识产权国内立法主要由法律、行政法规、地方法规、部门规章以及最高人民法院颁布的司法解释组成。其中，法律和行政法规是知识产权法律框架的主体，主要包括：

专利法部分：《中华人民共和国专利法》《中华人民共和国专利法实施细则》《专利代理条例》《国防专利条例》《集成电路布图设计保护条例》《中华人民共和国植物新品种保护条例》《药品行政保护条例》《农业化学物质产品行政保护条例》等。

商标法部分：《中华人民共和国商标法》《中华人民共和国商标法实施条例》《中华人民共和国出口货物原产地规则》《特殊标志管理条例》《奥林匹克标志保护条例》《世界博览会标志保护条例》等。

著作权法部分：《中华人民共和国著作权法》《中华人民共和国著作权法实施条例》《著作权集体管理条例》《计算机保护条例》《信息网络传播权条例》《实施国际著作权条约的规定》《音像制品管理条例》《电影管理条例》《出版管理条例》《广播电视管理条例》《电子出版物管理条例》《传统工艺美术管理条例》《中华人民共和国地图编制出版管理条例》《印刷业管理条例》等。

其他法律和行政法规：《中华人民共和国反不正当竞争法》《中华人民共和国科学技术进步法》《中华人民共和国农业技术推广法》《中华人民共和国促进科技成果转化法》《中华人民共和国对外贸易法》《中华人民共和国知识产权海关保护条例》《中华人民共和国技术进出口管理条例》等。

我国以国家或中央政府的名义加入或缔结的知识产权方面的国际条约主要包括《建立世界知识产权组织公约》《保护工业产权巴黎公约》《商标国际注册马德里协定》《保护文学和艺术作品伯尔尼公约》《世界版权公约》和《与贸易有关的知识产权协议》等多个国际公约、条约、协定或议定书，以及一系列与美国、俄罗斯、法国、意大利、挪威、保加利亚、泰国、蒙古国、秘鲁、欧盟等签订的知识产权领域的双边、多边协议、备忘录等。

二、拟上市企业需要关注的问题

企业设立时的商标权应当如何处理？商标权作为能为企业带来超额利润的一种无形资产，对企业经营业绩具有重大影响。公司的商标一般遵循以下处理原则：

（1）企业改制设立其主要产品或经营业务进入股份公司时，其主要产品或经营业务所使用的商标权必须随同进入股份公司。

（2）拟上市企业应当在获准发行前将商标处置相关的手续办理完毕，并在招股说明书中充分披露商标权的处置情况。

企业的专利权及非专利技术如何处理？企业在改制过程中应当将涉及企业主营业务的专利技术及非专利技术、技术秘密等转移到股份公司名下，如果这些技术掌握在个别核心技术人员名下的，需要企业与之签订转让协议，过户到股份公司名下。有些企业在股份公司设立之时未能完成权利的过户手续，则必须在申报之前办理完毕，如存在特殊情况的，则要中介机构在各自的法律文件中予以说明，企业需要制定解决此问题的时间表。

企业的著作权同上所述。

第十二章　独立性问题

企业的独立性是企业股票公开发行的最基本条件，是影响企业持续盈利能力的最核心因素，如果企业在独立性上存在瑕疵，就会很难通过发行审核（企业发展不能受制于人）。

企业的独立性也是企业发行上市时中国证监会审核重点关注的问题，企业独立性审核的要点是——独立性无重大缺陷。其主要的要求是：

（1）由于目前企业上市的财务指标相对放宽，企业的独立性已成为发审委最关注的要素。

（2）业务架构的调整和合理安排是保证独立性的关键因素。

（3）完整的产、供、销体系是企业保持独立的根本。

（4）企业生产运营的资产权属关系清晰。

（5）企业不得有利益冲突的任职。

从目前审核的情况看，由于企业的独立性差而被发审委否决的企业占到被否企业的近三成，因此，企业在发行上市过程中要注意该方面问题对企业造成的不利影响。

企业的独立性分为两类：一是对内独立性不够，这是由于改制不彻底造成的，表现为对主要股东的依赖，可以通过资产重组解决；二是对外独立性不够，这是由于公司的业务决定的，表现为在技术或业务上对其他公司的依赖，这方面比较难解决，只能通过增强公司的实力，减少公司对单一客户或供应商的依赖，同时加强公司的信息披露。

第一节　案例分析

【案例1】独立性的全面核查——名臣健康（股票代码：002919）

A股上市情况：2017年9月28日召开的中国证券监督管理委员会主板发行审

核委员会2017年第152次发审委会议审核：名臣健康用品股份有限公司（首发）获通过。

案例解读

请发行人进一步说明并补充披露以下事项：（1）发行人陈勤发之兄弟控制拥有化妆品公司，从事化妆品生产销售业务，与发行人经营同类业务情况，结合各自产品、市场、经营模式等，说明广东发氏化妆品有限公司和汕头市凯倩日化有限公司是否与发行人经营业务构成同业竞争，发行人的独立性是否存在缺陷。（2）发氏化妆品、科莱威化妆品等是否存在人员、技术、资产、客户和销售渠道来源于发行人的情形；发氏化妆品、科莱威化妆品等与发行人在技术上是否相互独立，是否存在共用采购及销售渠道，是否存在资产、人员、技术共用、产供销环节分不开的情形。（3）报告期内发行人与发氏化妆品等存在共同供应商，发行人与发氏化妆品等是否存在通过共同供应商输送利益的情形；报告期内两公司是否存在为发行人承担费用成本情形，或以其他方式向发行人输送利益情况。（4）两公司自2016年1、2月以来均未开展经营活动的主要原因，至今未注销企业的原因，未来的处置或经营计划；未将发氏化妆品、科莱威化妆品等并入发行人主体的原因，在市场、客户、供应商上是否存在其他协议安排。（5）发行人是否符合《首次公开发行股票并上市管理办法》第四十二条、《公开发行证券的公司信息披露内容与格式准则第1号——招股说明书（2015年修订）》第五十一条第（五）项以及《上市公司治理准则》的相关规定。请中介机构针对上述事项发表核查意见，并详细说明核查的过程、方法、结论和依据。

一、广东发氏化妆品有限公司和汕头市科莱威化妆品科技有限公司（曾用名为汕头市凯倩日化有限公司）与发行人经营业务是否构成同业竞争，发行人的独立性是否存在缺陷

中介机构就上述问题的核查过程、方法及依据如下：

（1）查阅发行人及发氏化妆品、科莱威化妆品的工商登记资料，与发行人、发氏化妆品及科莱威化妆品等各主体控股股东分别进行访谈，查阅发行人的股东大会、董事会及监事会会议资料、发氏化妆品及科莱威化妆品分别出具的说明，以核实发行人及发氏化妆品、科莱威化妆品的实际控制人。

（2）核查发行人的营业执照、《审计报告》及主要业务合同，核查发氏化妆品、科莱威化妆品的营业执照、工商登记资料、化妆品生产许可证，查阅发氏化妆品、科莱威化妆品的商标注册情况及业务说明，走访发行人、发氏化妆品及科莱威经营场所并与发氏化妆品实际控制人陈镇发及科莱威化妆品实际控制人陈龙发访谈，以核实发行

人、发氏化妆品及科莱威的主营业务。

（3）核查发行人的主要业务合同、《审计报告》资产清单、商标、专利权属证明文件、著作权登记证书及域名证明文件，核查发氏化妆品、科莱威化妆品提供的商标清单及持有知识产权的证明，登录国家企业信用信息公示系统网站、商标局网站、广东食药监局网站及通过其他途径检索公开信息，走访发氏化妆品、科莱威化妆品的经营场所，与发行人实际控制人陈勤发、发氏化妆品实际控制人陈镇发及科莱威化妆品实际控制人陈龙发分别进行访谈，获取其提供的报告期内相关会计账簿、相关纳税申报表、财务报表以核实发行人及发氏化妆品、科莱威化妆品的产品品牌及市场规模情况。

（4）查阅正中珠江于2017年8月10日出具的《名臣健康用品股份有限公司截至2017年6月30日前三年一期审计报告》（广会审字〔2017〕G14011650375号，以下简称《审计报告》）、发氏化妆品及科莱威化妆品报告期内的财务报表及纳税申报表等，与发行人实际控制人陈勤发及财务总监、发氏化妆品实际控制人陈镇发及科莱威化妆品实际控制人陈龙发分别进行访谈，审阅发氏化妆品及其实际控制人出具的说明等，查阅发氏化妆品、科莱威化妆品提供的报告期内员工名单及社保缴纳凭证、水费、电费等能源费用支付凭证，查阅发氏化妆品提供的银行流水并与科莱威化妆品基本存款账户开户银行的客户经理进行访谈，以核实发行人及发氏化妆品、科莱威化妆品的经营情况。

（5）审阅发行人、发氏化妆品及科莱威化妆品的工商登记资料，审阅发行人的股东大会、董事会、监事会会议资料，审阅发行人实际控制人、发氏化妆品实际控制人及科莱威化妆品实际控制人出具的确认函并与其分别进行访谈，以核实发行人与发氏化妆品及科莱威化妆品相互之间是否通过任何安排直接或间接控制对方或影响对方的情形。

中介机构已将上述核查工作中取得的相关资料作为底稿并留存。基于上述核查工作，中介机构发表意见如下：

（一）发氏化妆品与发行人不构成同业竞争，发行人的独立性不存在缺陷

1. 发行人与发氏化妆品非由同一实际控制人控制，彼此之间不能相互控制或施加重大影响，不构成同业竞争

尽管发行人与发氏化妆品存在经营相同或相似业务的情形，但发行人与发氏化妆品控制主体不同，不构成同业竞争。具体分析如下：

经中介机构核查发行人及发氏化妆品的工商登记资料、发行人的股东大会、董事会及监事会会议资料等，发行人的控股股东及实际控制人为陈勤发，发氏化妆品

的控股股东及实际控制人为陈镇发。因此，发行人与发氏化妆品并非由同一实际控制人控制。发行人及发氏化妆品自设立以来亦未发生存在共同股东的情形。根据发行人实际控制人和发氏化妆品实际控制人出具的确认函，其相互之间不存在通过章程、协议（股权、资金、业务、技术和市场分割等）或其他安排直接或间接控制对方的情形，亦不存在利用家族关系或其他控制关系直接或间接控制或影响对方正常经营活动的情形。因此，发行人控股股东及实际控制人不控制发氏化妆品，发氏化妆品控股股东及实际控制人亦不控制发行人，双方不构成同业竞争。

2. 发行人与发氏化妆品在产品品牌、市场规模、经营模式等方面存在差异

如前所述，发行人与发氏化妆品不构成同业竞争。此外，在发氏化妆品经营日化业务期间，发行人与发氏化妆品在产品品牌、市场规模、经营模式等方面存在差异，发氏化妆品自 2016 年 2 月至本补充法律意见书出具之日已未经营日化业务，且发氏化妆品及其实际控制人陈镇发已承诺未来不经营该等业务。具体分析如下：

（1）产品品牌存在差异。经中介机构核查发行人提供的商标、专利权属证明文件及著作权登记证书，发氏化妆品提供的商标清单及持有知识产权的证明，发氏化妆品出具的说明，发氏化妆品主要产品为洗发水、沐浴露、发蜡等日化产品，并以自行拥有的“发氏”“金萱”等注册商标开展生产经营。发行人主要产品为洗发水、沐浴露等日化产品，并以自行拥有的“蒂花之秀”“美王”等注册商标开展生产经营。双方虽生产销售同一类日化产品，但双方各自以其持有的商标、专利、技术生产销售各自品牌的日化产品，双方的商标、专利及技术不存在混同或互相许可使用的情形，双方的产品品牌存在差异。

（2）市场规模存在差异。经中介机构查阅《审计报告》、发氏化妆品报告期内的相关财务报表、纳税申报表及发氏化妆品及其实际控制人出具的说明函等，发氏化妆品在经营日化业务期间，因经营不善等原因，业务逐年萎缩，缺乏稳定的销售渠道，品牌知名度不高，报告期内市场规模较小且呈逐年下降趋势，而发行人业务规模及收入逐年上升，销售渠道稳定，品牌知名度及市场占有率较高，报告期各期发氏化妆品营业收入占发行人的营业收入比例分别为 0.73%、0.65%、0.09% 和 0，双方的市场规模差距较大，且自 2016 年 2 月至本补充法律意见书出具之日，发氏化妆品已未经营日化业务。根据发氏化妆品及其实际控制人出具的说明函，未来发氏化妆品也无计划经营日化业务，双方的市场规模存在差异。

（3）经营模式存在差异。经中介机构核查发行人的主要业务合同及与发行人的总经理访谈，发行人采用经销渠道为主的销售模式进行经营，报告期内核心经销商总体保持稳定，且主要为合作三年以上的经销商。经中介机构审阅发氏化妆品报告

期内的会计账簿及与发氏化妆品总经理访谈，发氏化妆品采用经销渠道的销售模式进行经营，但因其业务规模较小，业务人员较少，其对经销商的开拓具有随机性和不稳定性等特点，难以与经销商建立和维护稳定持续的经销关系，与发行人稳定的经销渠道存在差异。

中介机构认为，在发氏化妆品经营日化业务期间，发氏化妆品从事的业务虽与发行人相同或相似，但两者并非由同一实际控制人控制，彼此之间不能相互控制或施加重大影响，且在产品品牌、市场规模、经营模式等方面与发行人存在明显差异，不存在影响发行人独立性或者构成利益冲突的情形，且发氏化妆品自 2016 年 2 月至本补充法律意见书出具之日已未经营日化业务，发氏化妆品及其实际控制人陈镇发已承诺未来不从事该等业务，发行人与发氏化妆品不构成同业竞争的情况，发行人的独立性不存在缺陷。

（二）科莱威化妆品与发行人不构成同业竞争，发行人的独立性不存在缺陷

1. 发行人与科莱威化妆品非由同一实际控制人控制，彼此之间不能相互控制或施加重大影响，不构成同业竞争

尽管发行人与科莱威化妆品存在经营相同或相似业务的情形，但发行人及科莱威化妆品控制主体不同，不构成同业竞争。具体分析如下：

经中介机构核查发行人及科莱威化妆品的工商登记资料、发行人的股东大会、董事会及监事会会议资料等，发行人的控股股东及实际控制人为陈勤发，科莱威化妆品的控股股东及实际控制人为陈龙发。因此，发行人与科莱威化妆品并非由同一实际控制人控制。发行人及科莱威化妆品自设立以来亦未发生存在共同股东的情形。根据发行人实际控制人和科莱威化妆品实际控制人出具的确认函，其相互之间不存在通过章程、协议（股权、资金、业务、技术和市场分割等）或其他安排直接或间接控制对方的情形，亦不存在利用家族关系或其他控制关系直接或间接控制或影响对方正常经营活动的情形。因此，发行人控股股东及实际控制人不控制科莱威化妆品，科莱威化妆品控股股东及实际控制人亦不控制发行人，双方不构成同业竞争。

2. 发行人与科莱威化妆品在产品品牌、市场规模、经营模式等方面存在差异

如前所述，发行人与科莱威化妆品不构成同业竞争。此外，在科莱威化妆品经营日化业务期间，发行人与科莱威化妆品在产品品牌、市场规模、经营模式等方面存在差异，科莱威化妆品自 2016 年 1 月至本补充法律意见书出具之日已未经营日化业务，且科莱威化妆品及其实际控制人陈龙发已承诺未来不从事该等业务。具体分析如下：

（1）产品品牌存在差异。经中介机构核查发行人提供的商标、专利权属证明文件及著作权登记证书，科莱威化妆品提供的商标清单及持有知识产权的证明等，科

莱威化妆品主要产品为洗护发、护肤等日化产品，报告期内从事接受其他非关联第三方日化产品生产商的委托进行日化产品的代加工或贴牌生产等业务，未使用其自行注册的商标开展生产经营。发行人主要产品为洗发水、沐浴露等日化产品，并以自行拥有的“蒂花之秀”“美王”等注册商标开展生产经营。双方虽生产销售同一类日化产品，但发行人主要以自己持有的商标、专利、技术生产、销售自有品牌的日化产品，科莱威化妆品为其他非关联第三方日化产品生产商进行日化产品的代加工或贴牌生产，双方的商标、专利及技术不存在混同或互相许可使用的情形，双方的产品品牌存在差异。

（2）市场规模存在差异。经中介机构查阅发行人的《审计报告》、科莱威化妆品报告期内的有关财务报表、纳税申报表、科莱威化妆品及其实际控制人出具的说明函等，科莱威化妆品在经营日化业务期间，因主要受第三方委托代加工或贴牌生产，并无经销网络或销售渠道，科莱威化妆品报告期内业务规模较小且呈逐年下降趋势，而发行人业务规模及收入逐年上升，销售渠道稳定，品牌知名度及市场占有率较高，报告期各期科莱威化妆品营业收入占发行人的营业收入比例分别为0.05%、0.02%、0和0，双方的市场规模差距较大，且自2016年1月至本补充法律意见书出具之日，科莱威化妆品已未经营日化业务。根据科莱威化妆品及其实际控制人出具的说明函，未来科莱威化妆品也无计划经营日化业务，双方的市场规模存在差异。

（3）经营模式存在差异。经中介机构走访科莱威化妆品实际经营场所，与科莱威化妆品实际控制人陈龙发访谈，报告期内科莱威化妆品主要从事接受其他非关联第三方日化产品生产商的委托进行洗护发、护肤类产品等的代加工或贴牌生产等业务，与发行人以经销商为主的经营模式存在较大差异。中介机构认为，在科莱威化妆品经营日化业务期间，科莱威化妆品虽然从事的业务与发行人相同或相似，但两者并非由同一实际控制人控制，且在产品品牌、市场规模、经营模式等方面与发行人存在差异，不存在影响发行人独立性或者构成利益冲突的情形，科莱威化妆品自2016年1月至本补充法律意见书出具之日已未经营日化业务，且科莱威化妆品及其实际控制人陈龙发已承诺未来不从事该等业务，发行人与科莱威化妆品不构成同业竞争，发行人的独立性不存在缺陷。

综上所述，中介机构认为，发氏化妆品及科莱威化妆品在经营日化业务期间，虽然从事的业务与发行人的业务相同或相似，但发行人与发氏化妆品、科莱威化妆品并非由同一实际控制人控制，彼此之间不能相互控制或施加重大影响，且在产品品牌、市场规模、经营模式等方面与发行人存在差异，不存在影响发行人独立性或者构成利益冲突的情形。发氏化妆品及科莱威化妆品分别自2016年2月及2016年1

月起至今不再从事日化产品相关的经营业务，且发氏化妆品、科莱威化妆品及其实际控制人已分别承诺未来不从事该等业务。发行人与发氏化妆品及科莱威化妆品不构成同业竞争，发行人的独立性不存在缺陷。

二、发氏化妆品、科莱威化妆品等是否存在人员、技术、资产、客户和销售渠道来源于发行人的情形；发氏化妆品、科莱威化妆品与发行人在技术上是否相互独立，是否存在共用采购及销售渠道，是否存在资产、人员、技术共用、产供销环节分不开的情形

中介机构就上述问题的核查过程、方法及依据如下：

（1）核查发行人、发氏化妆品及科莱威化妆品分别提供的员工花名册，比对是否存在人员重叠的情形，核查发行人董事、监事及高级管理人员的简历、聘用合同、对外投资及任职信息，抽查发行人员工的劳动合同及社保缴费凭证，与发行人实际控制人、财务总监、人力资源部门负责人访谈；与发氏化妆品及科莱威化妆品实际控制人分别访谈，登陆国家企业信用信息公示系统网站检索发行人、发氏化妆品及科莱威化妆品的董事、监事及高级管理人员信息并通过互联网检索其他相关公开信息，以核查是否存在发氏化妆品或科莱威化妆品人员来源于发行人或人员共用情形。

（2）审阅发行人提供的专利权属证明文件及发氏化妆品、科莱威化妆品分别出具的持有知识产权的证明，通过互联网检索发行人及发氏化妆品、科莱威化妆品的专利注册及技术许可信息，与发行人总经理、技术部门负责人、专利负责人访谈，与发氏化妆品及科莱威化妆品主要经营管理人员分别访谈，以核查发氏化妆品及科莱威化妆品技术是否来源于发行人、技术是否互相独立、是否存在技术共用等情形。

（3）核查发行人提供的厂房权属证明文件、生产经营设备清单、商标、专利权属证明文件及著作权登记证书等，核查发氏化妆品及科莱威化妆品分别提供的厂房权属证明文件、生产经营设备清单、商标清单及持有知识产权的证明，查阅发行人的《审计报告》、财务管理制度及独立董事关于发行人报告期内关联交易的确认文件，查阅发氏化妆品及科莱威化妆品分别提供的报告期内相关纳税申报表、财务报表，实地核查发行人、发氏化妆品及科莱威的生产经营场所、原料、设备及产品，与发行人总经理、财务负责人及正中珠江项目现场工作人员等访谈，与发氏化妆品及科莱威化妆品主要经营管理人员分别访谈，登陆国家企业信用信息公示系统网站、商标局网站、广东食药监局网站及通过其他途径检索公开信息，以核查发氏化妆品及科莱威化妆品的资产是否来源于发行人或存在资产共用等情形。

（4）实地核查发行人主要经销商及供应商的生产经营场所，核查经销商及供应商的工商登记信息及公司章程等，并与经销商及供应商主要管理人员访谈并形成访

谈纪要，查阅发行人的《审计报告》、财务管理制度及独立董事关于发行人报告期内关联交易的确认文件，查阅发氏化妆品、科莱威化妆品分别提供的并经当地税务机关确认的纳税申报表及出具的业务说明，取得发氏化妆品及科莱威化妆品相关采购、销售明细表及供应商、客户清单并与发行人采购和销售明细表及供应商和客户清单进行比对，与发行人总经理、财务负责人及会计师等访谈，分别与发氏化妆品及科莱威化妆品主要经营管理人员访谈，核查发行人、发氏化妆品及科莱威化妆品及其各自实际控制人分别出具的确认函，通过互联网检索公开信息，以核查发氏化妆品及科莱威化妆品是否存在客户及销售渠道来源于发行人、是否共用采购及销售渠道、是否存在产供销环节分不开等情形。

中介机构已将上述核查工作中取得的相关资料作为底稿并留存。基于上述核查工作，中介机构发表意见如下：

（一）发氏化妆品不存在人员、技术、资产、客户和销售渠道来源于发行人的情形、与发行人在技术上相互独立，不存在共用采购及销售渠道的情形，不存在资产、人员、技术共用、产供销环节分不开的情形

1. 发氏化妆品不存在人员来源于发行人及与发行人共用人员的情形

发氏化妆品及发行人自行委任或聘用其各方董事、监事、高级管理人员、财务人员、采购人员、销售人员等，该等人员不存在相互兼职或在对方处领薪等情形。因此，报告期内发氏化妆品不存在人员来源于发行人及与发行人共用人员的情形。

2. 发氏化妆品与发行人技术相互独立，不存在技术来源于发行人及与发行人共用技术的情形

根据中介机构检索发行人及发氏化妆品的专利注册及技术许可信息、与发氏化妆品及发行人各自主要经营管理人员访谈，发氏化妆品未持有专利，与发行人均依托其自有技术独立开展经营及组织生产，不存在发行人许可发氏化妆品使用其专利、技术情形，亦不存在发氏化妆品许可发行人使用其技术情形。发氏化妆品与发行人技术相互独立，不存在技术来源于发行人及与发行人共用技术的情形。

3. 发氏化妆品不存在资产来源于发行人及与发行人共用资产的情形

发氏化妆品住所及实际生产经营场所均为广东省汕头市澄海区莲下镇上村工业区，发氏化妆品位于该地址的土地使用权及房产为发氏化妆品自行持有，与发行人住所及实际生产经营场所“汕头市澄海区莲南工业区”相互独立，且发氏化妆品用以经营日化业务的生产设备等资产系发氏化妆品自有资产，发氏化妆品不存在资产来源于发行人的情形及与发行人共用资产的情形。

4. 发氏化妆品不存在客户和销售渠道来源于发行人及与发行人共用采购及销售

渠道的情形，不存在在产供销环节与发行人分不开情形

发氏化妆品主要业务为以自有的注册商标“金萱”“发氏”等生产、销售洗护产品。报告期内，发氏化妆品与发行人无共同客户，且双方均使用自有资产独立开展生产业务，但双方报告期内存在个别供应商重叠的情形，具体如表 12–1 所示。

表12–1 供应商重叠情况

年度	重叠供应商名称	发行人采购内容	发行人采购金额（万元）	占发行人采购总金额比例	发氏化妆品采购内容	发氏化妆品采购金额（万元）	占发氏化妆品采购总金额比例
2015	铭康香精	香精	1,516.23	4.11%	香精	31.45	12.39%
	恒丰化工	AMC–76 等	237.68	0.64%	AES、甘油等	19.98	7.87%
	万顺日化	甘油、十六 / 十八醇等	1,570.42	4.26%	脂肪醇、两性表面活性剂 ML–CN 等	37.00	14.57%
	英联包装	易拉盖	30.04	0.08%	易拉盖	18.02	7.10%
2014	铭康香精	香精	1,336.05	3.76%	香精	8.55	3.89%

发氏化妆品与发行人的共同供应商为广东万顺日化有限公司（以下简称“万顺日化”）、广东铭康香精香料有限公司（以下简称“铭康香精”）、汕头市恒丰化工有限公司（以下简称“恒丰化工”）及广东英联包装股份有限公司（以下简称“英联包装”）。报告期内，发行人及发氏化妆品分别与上述供应商发生交易的具体情况如表 12–2 所示。

表12–2 发行人及发民氏化妆品与供应商发生交易情况

重叠供应商名称	发行人采购内容	发行人采购金额（万元）	占发行人采购总金额比例	发氏化妆品采购内容	发氏化妆品采购金额（万元）	占发氏化妆品采购总金额比例
恒丰化工	AES、XY–200100 等	188.91	0.53%	AES、柠檬酸等	44.02	20.02%
万顺日化	甘油十六 / 十八醇等	1,032.59	2.90%	甘油、乳化蜡等	26.73	12.15%
英联包装	易拉盖	28.97	0.08%	易拉盖	38.50	17.51%

经中介机构登陆国家企业信用信息公示系统进行信息检索、核查上述供应商公司章程及章程修正案等并与其主要管理人员访谈，截至本补充法律意见书出具之日，上述供应商的基本情况如表 12–3 所示。

表12-3　供应商基本情况

企业名称	成立时间	注册资本（万元）	股权比例	经营范围
万顺日化	1997.03.27	1,008.00	许福林（90.00%）许福亮（10.00%）	销售：日用化工原料和日用化工产品（不含危险化学品）、日用百货、塑料制品、五金、工艺品（象牙和犀角及其制品除外）、塑料原料、玩具、金属制品（钢铁、钢材除外）、金属矿（煤炭除外）；货物进出口，技术进出口
铭康香精	1995.08.21	1,630.44	吴焕清（79.73%）；姜卫东（2.50%）；郑如琴（12.27%）；深圳市亚元投资有限公司（2.50%）；深圳市泽森润华投资合伙企业（有限合伙）（3.00%）	
恒丰化工	2009.12.02	50.00	吴金宏（80.00%）；李云（20.00%）	销售：化工原料（危险化学品除外）、塑料原料、建筑材料、金属材料、五金交电、电子计算机配件、日用杂品、纺织品、工艺美术品、塑料制品；货运经营
英联包装（002846）	2006.01.11	12,000.00	翁伟武、翁伟炜等	制造、加工：五金制品；销售：金属材料，塑料原料；货物进出口、技术进出口

上述供应商均多年从事日化行业原料供应，业务实力较强、知名度较高且在广东省内市场份额较大，该等供应商同时与当地多家日化企业建立合作关系，发行人与发氏化妆品供应商部分重合具有合理原因。

根据发氏化妆品提供的并经当地税务机关确认的纳税申报表及发氏化妆品出具的业务说明，自2016年2月起，发氏化妆品已未经营日化业务。

经中介机构与发氏化妆品实际控制人陈镇发及发行人实际控制人陈勤发访谈，发行人及发氏化妆品均独立开发供应商、开拓客户，发行人、发氏化妆品均独立组织生产并独立签订采购和销售合同，其业务往来均独立开展且符合市场惯例，发行人与发氏化妆品的供应商重合系供应商市场份额较大所致且由于发氏化妆品自2016年2月起未再经营日化业务，该等供应商重合情形已经不存在。除上述共同供应商外，发氏化妆品不存在客户和销售渠道来源于发行人的情形，也不存在与发行人共用采购及销售渠道的情形，不存在在产供销环节与发行人分不开的情形。

综上，中介机构认为，发氏化妆品不存在人员、技术、资产、客户和销售渠道来源于发行人的情形、与发行人在技术上相互独立，不存在共用采购及销售渠道的情形，也不存在资产、人员、技术共用、产供销环节分不开的情形，不存在影响发行人独立性或者构成利益冲突的关联情形。

（二）科莱威化妆品（曾用名凯倩日化）不存在人员、技术、资产、客户和销售渠道来源于发行人的情形、与发行人在技术上相互独立，不存在共用采购及销售渠道的情形，不存在资产、人员、技术共用、产供销环节分不开的情形

1. 科莱威化妆品不存在人员来源于发行人及与发行人共用人员的情形

科莱威化妆品及发行人自行委任或聘用其各方董事、监事、高级管理人员、财务人员、采购人员、销售人员等，该等人员不存在相互兼职或在对方处领薪等情形。因此，报告期内科莱威化妆品不存在人员来源于发行人及与发行人共用人员的情形。

2. 科莱威化妆品与发行人技术相互独立，不存在技术来源于发行人及与发行人共用技术的情形

根据中介机构检索发行人及科莱威化妆品的专利注册及技术许可信息、与科莱威化妆品及发行人各自主要经营管理人员访谈，科莱威化妆品未持有专利，与发行人均依托其自有技术独立开展经营及组织生产，不存在发行人许可科莱威化妆品使用其专利、技术情形，亦不存在科莱威化妆品许可发行人使用其技术情形。科莱威化妆品与发行人技术相互独立，不存在技术来源于发行人及与发行人共用技术的情形。

3. 科莱威化妆品不存在资产来源于发行人及与发行人的共用资产的情形

科莱威化妆品的住所及实际经营场所均为汕头市澄海区莲下镇上村工业区兴业中路，科莱威化妆品位于该地址的土地使用权及房产为科莱威化妆品实际控制人陈龙发持有，与发行人注册及实际经营场所“汕头市澄海区莲南工业区”相互独立。科莱威化妆品用以经营日化业务的生产设备等系科莱威自有，科莱威化妆品不存在资产来源于发行人及与发行人共用资产的情形。

4. 科莱威化妆品不存在客户和销售渠道来源于发行人及与发行人共用采购及销售渠道的情形、不存在在产供销环节与发行人分不开的情形

科莱威化妆品主要从事其他第三方非关联日化产品生产商的委托加工或贴牌生产等业务，业务经营所需原材料、包装辅材等均由委托方提供。委托加工模式下，科莱威化妆品无从事销售、市场推广的员工或销售渠道，报告期内与发行人的供应商、客户不存在重合，且双方均使用自有资产独立开展生产经营。经中介机构与科莱威化妆品实际控制人陈龙发及发行人实际控制人陈勤发访谈，发行人独立组织生产并独立开发供应商、开拓客户，科莱威化妆品独立组织生产并独立开拓 OEM 客

户，发行人、科莱威化妆品均以各自名义独立签订相关业务合同，其业务往来均独立开展且符合市场惯例。同时，根据科莱威化妆品提供的并经当地税务机关确认的纳税申报表及科莱威化妆品出具的业务说明，自2016年1月起，科莱威化妆品已未经营日化业务。因此，科莱威化妆品不存在客户和销售渠道来源于发行人的情形，也不存在与发行人共用采购及销售渠道的情形，不存在在产供销环节与发行人分不开的情形。

综上所述，中介机构认为，科莱威化妆品不存在人员、技术、资产、客户和销售渠道来源于发行人的情形、与发行人在技术上相互独立，不存在共用采购及销售渠道的情形，也不存在资产、人员、技术共用、产供销环节分不开的情形，不存在影响发行人独立性或者构成利益冲突的关联情形。

综上所述，中介机构认为，报告期内，发行人与发氏化妆品及科莱威化妆品各自独立运作，发氏化妆品及科莱威化妆品的人员、技术、资产、客户和销售渠道等均与发行人相互独立且未来源于发行人，发氏化妆品及科莱威化妆品与发行人技术相互独立，不存在共用采购及销售渠道的情形，也不存在资产、人员、技术共用、产供销环节分不开的情形，不存在影响发行人独立性或者构成利益冲突的关联情形。

三、报告期内发行人与发氏化妆品等存在共同供应商，发行人与发氏化妆品等是否存在通过共同供应商输送利益的情形；报告期内两公司是否存在为发行人承担费用成本情形，或以其他方式向发行人输送利益情况

中介机构就上述问题进行核查的方法、过程的具体情况如下：

（1）通过国家企业信用信息公示系统等互联网及其他媒体检索发行人、发氏化妆品及共同供应商的公开信息，与发行人、发氏化妆品、科莱威化妆品、发行人与发氏化妆品共同供应商等各自主要经营管理人员进行访谈，向其了解是否存在相互承担成本、费用及其他利益输送的情况，查阅共同供应商的营业执照、公司章程，以核查共同供应商与发行人的实际控制人、发氏化妆品或科莱威化妆品是否存在关联关系。

（2）查阅发氏化妆品及发行人的采购明细并与共同供应商主要管理人员进行访谈，以核查共同供应商对发行人及发氏化妆品供应货物是否合理公允，是否通过共同供应商输送利益。

（3）查阅《审计报告》、发氏化妆品及科莱威化妆品提供的报告期内相关财务报表、抽查发行人及其子公司的银行日记账、现金日记账、销售明细表、采购明细表，应收账款、应付账款、其他应收款、其他应付款等明细账，抽查发行人的报告期内银行流水，与发行人财务负责人、正中珠江项目现场工作人员、发氏化妆品及科莱

威化妆品的主要管理人员进行访谈，查阅发氏化妆品提供的银行流水及发行人、发氏化妆品及科莱威化妆品分别出具的确认函并与科莱威化妆品基本存款账户开户银行的客户经理访谈，以核查发行人报告期内是否存在未披露的关联交易，报告期内发氏化妆品及科莱威化妆品是否为发行人承担费用成本或以其他方式向发行人输送利益。

中介机构已将上述核查工作中取得的相关资料作为底稿并留存。基于上述核查工作，中介机构发表意见如下：

因共同供应商均为在广东省内有较大市场份额的日化行业原料供应商，发行人与发氏化妆品存在共同供应商系独立市场行为并具有商业合理性。共同供应商与发行人、发行人的实际控制人、发氏化妆品或科莱威化妆品均不存在关联关系，如前所述，报告期内发行人及发氏化妆品与共同供应商发生交易的具体情况参见本问题二之第（一）项下“4. 发氏化妆品不存在客户和销售渠道来源于发行人及与发行人共用采购及销售渠道的情形，不存在在产供销环节与发行人分不开情形”。

发行人与发氏化妆品向共同供应商采购的货物均为日化产品生产所需通用原料及包装材料等，且共同供应商均在日化行业原料及包装材料供应市场具有较大份额，其对下游客户的供货价格相对公开稳定。发行人已建立实施有效的内部控制制度以规范公司采购及关联交易，发氏化妆品向共同供应商采购金额较小，难以通过共同供应商进行利益输送。

根据中介机构对共同供应商的访谈，共同供应商对发行人及发氏化妆品均基于市场行情供应货物，销售价格及定价公允，不存在通过共同供应商输送利益的情形；同时，根据中介机构与发氏化妆品及科莱威化妆品实际控制人分别进行的访谈，查阅其财务报表、纳税申报表，查阅发氏化妆品提供的银行流水，与科莱威化妆品基本存款账户开户银行的客户经理访谈，报告期内发氏化妆品、科莱威化妆品没有持续稳定的业务运营，其收入及现金流金额较低，不存在为发行人承担费用成本或以其他方式向发行人输送利益的情形。

综上所述，中介机构认为，发行人与发氏化妆品不存在通过共同供应商输送利益的情形；报告期内发氏化妆品及科莱威化妆品均不存在为发行人承担费用成本情形，亦不存在以其他方式向发行人输送利益情况。

四、两公司自 2016 年 1、2 月以来均未开展经营活动的主要原因，至今未注销企业的原因，未来的处置或经营计划；未将发氏化妆品、科莱威化妆品等并入发行人主体的原因，在市场、客户、供应商上是否存在其他协议安排

中介机构就上述问题进行核查的方法、过程具体情况如下：

（1）与发行人实际控制人陈勤发、发氏化妆品实际控制人陈镇发及科莱威实际控制人陈龙发访谈，查阅陈镇发及陈龙发出具的声明、发氏化妆品及科莱威化妆品出具的承诺，核查发行人、发氏化妆品及科莱威化妆品设立至今的营业执照及工商登记资料，走访发氏化妆品及科莱威化妆品的经营场所，查阅发氏化妆品自有房屋权属证书及与相关承租方签订的租赁合同、发氏化妆品、科莱威化妆品提供的报告期内相关会计账簿、相关纳税申报表、财务报表等，查阅发氏化妆品提供的银行流水，与科莱威化妆品基本存款账户开户银行的客户经理访谈，以核查发氏化妆品及科莱威化妆品自 2016 年 1、2 月以来均未开展经营活动的主要原因，至今未注销企业的原因，未来的处置或经营计划，未将发氏化妆品、科莱威化妆品等并入发行人主体的原因。

（2）核查发行人与前二十大供应商、客户签订的采购及销售合同、发行人签订的广告发布合同及广告代言合同等主要业务合同，查阅发氏化妆品及科莱威化妆品出具的说明，以核查发行人与发氏化妆品、科莱威化妆品在市场、客户、供应商上是否存在其他协议安排。

中介机构已将上述核查工作中取得的相关资料作为底稿并留存。基于上述核查工作，中介机构发表意见如下：

（一）发氏化妆品及科莱威化妆品自 2016 年 1、2 月以来均未开展经营活动的主要原因，至今未注销企业的原因，未来的处置或经营计划

经中介机构查阅发氏化妆品自有房屋权属证书及签订的租赁合同，与发氏化妆品实际控制人陈镇发及科莱威化妆品实际控制人陈龙发访谈，查阅陈镇发及陈龙发出具的说明、发氏化妆品及科莱威化妆品出具的承诺，发氏化妆品及科莱威化妆品均因经营不善、难以盈利的原因分别于 2016 年 2 月及 2016 年 1 月停止经营日化业务，其中发氏化妆品已与相关承租方签订租赁合同，其正在开展自有房屋租赁业务而不予注销，发氏化妆品未来将主要从事自有房屋租赁等业务，发氏化妆品及其实际控制人陈镇发承诺不再经营日化业务；科莱威化妆品计划未来以其自有房屋开展房屋租赁等业务而不予注销，科莱威化妆品及其实际控制人陈龙发已承诺不再经营日化业务。

（二）将发氏化妆品、科莱威化妆品等并入发行人主体不存在合理性及必要性，在市场、客户、供应商上不存在其他协议安排

1. 发行人与发氏化妆品、科莱威化妆品彼此独立，均无合并之意愿

（1）发行人与发氏化妆品、科莱威化妆品发展历程及资产、人员、财务、机构、产供销环节等各方面彼此独立，不存在依存关系

经中介机构核查发氏化妆品、科莱威化妆品的工商登记资料并与发氏化妆品实际控制人陈镇发、科莱威化妆品实际控制人陈龙发、发行人实际控制人陈勤发访谈，发氏化妆品、科莱威化妆品的历史沿革独立于发行人，发氏化妆品及科莱威设立时的出资及后续增资的来源、历次股权演变与发行人及其实际控制人陈勤发不存在任何关系。

如前所述，发行人与发氏化妆品、科莱威化妆品各自独立运作，在资产、人员、财务、机构、产供销环节相互独立。依据发行人、发氏化妆品及科莱威化妆品出具的说明，发行人的实际控制人陈勤发虽与发氏化妆品的实际控制人陈镇发、科莱威化妆品的实际控制人陈龙发为兄弟关系，但不存在利用家族关系或其他控制关系控制其他方正常商贸活动或对其他方施加重大影响的情形，发行人与发氏化妆品及科莱威化妆品彼此独立，不存在任何依存关系。

（2）发氏化妆品及科莱威化妆品已不再开展日化经营，其实际控制人无意与发行人合并

发氏化妆品及科莱威化妆品的股东为发行人实际控制人陈勤发之兄弟及其各自配偶，发氏化妆品及科莱威化妆品的法定代表人、执行董事、经理及监事亦由其股东本人分别担任，是否与发行人合并取决于发氏化妆品及科莱威化妆品各自股东的意思表示，经中介机构与发氏化妆品及科莱威化妆品实际控制人分别访谈，其均表示发氏化妆品及科莱威化妆品因规模较小、盈利情况不理想而无意经营日化业务，没有与发行人合并的意愿。

（3）发行人运营规范，无意愿合并发氏化妆品及科莱威化妆品

发行人已经建立包括股东大会、董事会、监事会等公司治理结构且规范运行，经中介机构核查发行人的董事会、监事会、股东大会决议文件及独立董事出具的意见并与发行人实际控制人访谈，发行人实际控制人亦无意愿合并其兄弟实际控制的发氏化妆品或科莱威化妆品，发行人董事会、监事会或股东大会亦从未将发行人合并发氏化妆品或科莱威化妆品作为提案或议案事项予以审议。

2. 发行人合并发氏化妆品及科莱威化妆品不具有商业合理性

如前所述，发行人已具备研发、采购、生产、市场推广及销售等独立的经营能力及完整的经营渠道，已建立公司治理结构并规范运行。与发行人相比，发氏化妆品、科莱威化妆品产品品牌、市场规模、经营模式均存在明显差异，且发氏化妆品、科莱威均已停止经营日化业务并承诺未来不从事该等业务，发行人合并发氏化妆品及科莱威化妆品无法达到扩大发行人的经营规模之目的。同时，发氏化妆品及科莱威化妆品的经营场所与发行人的经营场所距离较远，且发氏化妆品及科莱威化妆品

持有的设备、技术、人员配置、知识产权等均落后于发行人，发行人的品牌知名度、技术水平、业务规模均明显高于发氏化妆品和科莱威，因此，发氏化妆品及科莱威的品牌、技术、经营规模、人员、资产、业务、财务及机构等与发行人无法达成任何协同效应，不能提高发行人的经济效益。因此，发行人合并发氏化妆品或科莱威不具备商业合理性。

综上所述，发行人与发氏化妆品、科莱威化妆品虽然从事相同或相似行业，但发氏化妆品、科莱威化妆品与发行人不存在互相控制或施加重大影响之关系，并非发行人实际控制人控制的企业，与发行人不构成同业竞争。发氏化妆品及科莱威化妆品与发行人彼此独立存续且不构成利益冲突，除报告期内发行人与发氏化妆品曾存在个别供应商重合之外，业务、资产、人员及产供销渠道均不存在依存、共用或互补关系，不存在与发行人合并的合理性及必要性。

经中介机构核查发行人与前二十大供应商、客户签订的采购及销售合同、发行人签订的广告发布合同及广告代言合同等主要业务合同，查阅发氏化妆品及科莱威化妆品出具的说明，前述合同均不存在发氏化妆品及科莱威化妆品作为一方合同主体或承继发行人合同权利义务的情形，发行人与发氏化妆品、科莱威化妆品不存在在市场、客户、供应商上的其他协议安排。

五、发行人是否符合《首次公开发行股票并上市管理办法》第四十二条、《公开发行证券的公司信息披露内容与格式准则第 1 号——招股说明书（2015 年修订）》第五十一条第（五）项以及《上市公司治理准则》的相关规定

（一）发行人具备与生产经营有关的主要生产系统、辅助生产系统和配套设施，合法拥有与生产经营有关的主要土地、厂房、机器设备以及商标、专利、非专利技术的所有权或者使用权，具有独立的原料采购和产品销售系统。发行人资产独立完整、权属清晰，发行人对该等资产独立登记、建账、核算、管理，控股股东未占用支配该资产或以控股股东身份干预发行人对该资产的经营管理，符合《公开发行证券的公司信息披露内容与格式准则第 1 号——招股说明书（2015 年修订）》（以下简称“《信息披露内容与格式准则第 1 号》”）第五十一条第（一）项所列基本要求及《上市公司治理准则》第二十四条规定

（二）发行人的总经理、副总经理、财务负责人、营销负责人和董事会秘书等人员不在控股股东、实际控制人及其控制的其他企业中担任除董事、监事以外的其他职务，不在控股股东、实际控制人及其控制的其他企业领薪。发行人的财务人员不在控股股东、实际控制人及其控制的其他企业中兼职。发行人人员独立，符合《信息披露内容与格式准则第 1 号》第五十一条第（二）项所列基本要求及《上市公司

治理准则》第二十三条规定

（三）发行人已建立独立健全的财务核算体系、能够独立作出财务决策、具有规范的财务会计制度和对分公司、子公司的财务管理制度。发行人未与控股股东、实际控制人及其控制的其他企业共用银行账户，发行人财务独立，控股股东未干预公司的财务会计活动，符合《信息披露内容与格式准则第 1 号》第五十一条第（三）项所列基本要求及《上市公司治理准则》第二十五条规定

（四）发行人已建立健全董事会、监事会及其他内部经营管理机构、独立行使经营管理职权，与控股股东和实际控制人及其控制的其他企业间不存在机构混同的情形。控股股东未以控股股东身份影响发行人经营管理的独立性，发行人机构独立，符合《信息披露内容与格式准则第 1 号》第五十一条第（四）项所列基本要求及《上市公司治理准则》第二十六条规定

（五）发行人的业务完全独立于控股股东、实际控制人及其控制的其他企业，与控股股东、实际控制人及其控制的其他企业间不存在同业竞争或者显失公平的关联交易，控股股东已经采取有效措施避免同业竞争。发行人业务独立，符合《信息披露内容与格式准则第 1 号》第五十一条第（五）项所列基本要求及《上市公司治理准则》第二十七条规定

（六）发氏化妆品、科莱威化妆品虽然从事的业务与发行人相同或相似，但非由同一实际控制人控制，彼此之间不能相互控制或施加重大影响，且在产品品牌、市场规模、经营模式等方面与发行人存在明显差异，不存在影响发行人独立性或者构成利益冲突的情形，发行人与发氏化妆品、科莱威化妆品不存在同业竞争，发行人的独立性不存在缺陷。发氏化妆品、科莱威化妆品不存在影响发行人独立性或者构成利益冲突的关联情形，也不存在在市场、客户、供应商上的其他协议安排。

（七）虽然发行人与发氏化妆品存在共同供应商，但共同供应商与发行人、发行人的实际控制人、发氏化妆品或科莱威化妆品均不存在关联关系，不存在通过共同供应商输送利益的情形。报告期内发氏化妆品、科莱威化妆品均不存在为发行人承担费用成本或以其他方式向发行人输送利益的情形。

综上所述，发行人控股股东与发行人已经实行人员、资产、财务分开，机构、技术、业务独立，各自独立核算、独立承担责任及风险，符合《信息披露内容与格式准则第 1 号》第五十一条第（一）至（五）项所列基本要求及《上市公司治理准则》第二十二条至第二十七条规定。

同时，经中介机构审阅发行人就本次发行上市出具的《招股说明书》及依据中介机构出具的历次法律意见书，发行人已按照《公司法》和《公司章程》的有关规

定规范运作，建立健全了法人治理结构，发行人拥有独立完整的采购体系、生产体系、销售体系和研发设计体系，具有直接面向市场独立经营的能力，不存在其他需要依赖股东及其他关联方进行生产经营活动的情况，发行人上述内容真实、准确、完整，发行人已达到发行监管对公司独立性的基本要求。发行人与发氏化妆品、科莱威化妆品在资产、财务、人员、机构、业务等方面互相独立，不构成同业竞争，不存在影响发行人独立性或者构成利益冲突的情形，中介机构认为：

发行人的独立性已经达到发行监管对公司独立性的基本要求且已经在招股说明书披露，符合《首次公开发行股票并上市管理办法》第四十二条及《信息披露内容与格式准则第1号》第五十一条规定。

综上所述，中介机构认为，发行人符合《首次公开发行股票并上市管理办法》第四十二条、《信息披露内容与格式准则第 1 号》第五十一条以及《上市公司治理准则》的相关规定。

专家点评

独立性不强是IPO被否的主因之一。独立性是指发行人应当具有完整的业务体系和直接面向市场独立经营的能力，包括资产、人员、财务、机构、业务五个独立。

独立性可以分为对内独立性和对外独立性，对内独立性不够表现在对控股股东的依赖性，双方存在大量关联交易，对外独立性不够表现在对技术、资质、单一客户的依赖性。

【案例 2】与主营业务有关的商标转让出去是否影响公司的独立性——名臣健康（股票代码：002919）

A 股上市情况：2017 年 9 月 28 日召开的中国证券监督管理委员会主板发行审核委员会 2017 年第 152 次发审委会议审核：名臣健康用品股份有限公司（首发）获通过。

案例解读

发行人转让 3 项与主营业务相关的商标予发行人的实际控制人陈勤发控制的企业广东裕康投资有限公司的合理性，是否对发行人的独立性产生影响。

发行人向广东裕康投资有限公司（以下简称“裕康投资”）转让的商标中有 3 项核定使用类型与发行人主营业务相关，具体情况如表 12-4 所示。

表12-4　发行人向裕康投资转让的32项商标具体情况

核定使用类型（注）	商品	商标号	商标
第3类	洗衣用漂白剂及其他物料；清洁、擦亮、去渍及研磨用制剂；肥皂；香料、香精油、化妆品、洗发水；牙膏	1692399	名帝 MINGDI
		3570946	名帝 MINGDI
		7232507	欢仔

注：信息来源于商标局中国商标网发布的《类似商品和服务区分表》（基于尼斯分类第十版）（2016年文本）。

一、发行人向裕康投资转让3项与主营业务相关的商标之合理性

经中介机构核查《招股说明书》对发行人常用商标的披露内容，发行人实施的《名臣健康用品股份有限公司商标管理制度》(以下简称“《商标管理制度》”)，发行人与裕康投资签订的《注册商标转让合同》及转让商标清单，发行人的相关会议文件、独立董事出具的意见、发行人出具的说明等资料，现场查看发行人产品生产情况及与负责商标的工作人员访谈，并登陆商标局中国商标网进行检索，发行人将3项与主营业务相关的商标无偿转予裕康投资具有合理性，原因如下：

根据发行人说明，中介机构核查发行人的《商标管理制度》及与发行人负责商标的工作人员访谈，发行人注册持有的商标分为实际使用商标及防御性商标进行管理，其中防御性商标为发行人为保护公司业务、产品及服务所实际使用的商标或相似商标不被第三方使用而进行扩大化注册的商标，发行人从未自行或许可第三方使用防御性商标。防御性商标与发行人业务经营活动相关性较低。发行人转让给裕康投资的注册商标均系发行人的防御性商标。

同时，现行有效的《商标法》及《商标法实施条例》对商标权益保护进一步加强，发行人转让防御性商标后仍可以通过《商标法》《反不正当竞争法》《商标法实施条例》等法律法规的规定对其实际使用商标予以有效保护，发行人向裕康投资转让防御性商标不会对发行人的生产经营造成不利影响。

经发行人说明，虽然发行人向裕康投资转让的防御性商标中有3项商标的核定使用类型与发行人主营业务相关，但发行人从未因持有上述商标产生任何收入，且依据发行人未来业务的发展规划，发行人未来也不会使用上述商标。因此，发行人

从集中管理与主营业务有关商标的角度考虑，决定将上述防御性商标转让给裕康投资，该举措有利于发行人集中专业化管理与主营业务相关的商标，系合理商业决策。

中介机构认为，发行人基于集中专业化管理与主营业务有关商标之目的，将部分防御性商标转让予发行人实际控制人陈勤发控制的裕康投资，该转让行为具备合理性。

二、发行人转让上述商标行为不会对发行人的独立性产生影响

发行人转让上述商标的行为已经发行人第一届董事会第五次会议、第一届监事会第三次会议、2016 年第一次临时股东大会予以追认，且由独立董事发表意见，确认发行人将部分商标无偿转让给实际控制人陈勤发控制的裕康投资合理合法，真实有效，不存在损害发行人和非关联股东利益的情形，不会对发行人的独立性产生影响。

三、裕康投资已向商标局申请注销上述 3 项商标

经中介机构与发行人及裕康投资实际控制人陈勤发访谈，裕康投资受让上述商标后并无使用该等商标或许可第三方使用该等商标的意图。经中介机构核查，裕康投资已向商标局申请注销上述 3 项商标并于 2017 年 8 月 18 日获得商标局的受理。截至本补充法律意见书出具之日，发行人尚未收到注销商标申请的核准。

综上所述，中介机构认为，发行人转让给裕康投资的商标并非发行人业务及产品、服务等实际使用的商标，与发行人业务相关性较低。发行人转让该等商标予裕康投资具备合理性，且转让行为已经发行人董事会、监事会、股东大会追认及由独立董事发表意见。截至本补充法律意见书出具之日，裕康投资已申请注销自发行人受让的与发行人主营业务相关的 3 项商标并于 2017 年 8 月 18 日获得商标局的受理。因此，发行人向裕康投资转让上述商标不存在损害发行人及其股东合法权益的情形，亦不会对发行人的独立性产生影响，该等关联交易对发行人本次发行上市不构成实质性障碍。

专家点评

生产型企业应当合法拥有与生产经营有关的知识产权，如商标权和专利权。发行人在报告期内存在商标权转让的，应关注该商标转让对发行人主营业务的影响。鉴于本案例发行人涉及的转让商标，发行人没有使用，因此该等商标的转让对发行人业绩及独立性不会产生负面影响。

【案例3】关于发行人的业务模式及相关独立性问题——赛隆药业（股票代码：002898）

A股上市情况：2017年7月25日召开的中国证券监督管理委员会主板发行审核委员会2017年第113次发审委会议审核：珠海赛隆药业股份有限公司（首发）获通过。

案例解读

发行人的两大主导产品单唾液酸四已糖神经节苷脂钠原料药（岳阳赛隆生产）及注射液（西南药业生产）、注射用脑蛋白水解物（山西普德生产）。发行人在与山西普德、西南药业合作中主要负责药品的研发及销售环节，生产环节由合作方主要完成，相关合作资源、权利与双方的分工相匹配。

发行人主要产品GM1注射用和注射用脑蛋白水解物均采用第三方合作生产的模式，两种产品由合作方获取生产批文，由合作方利用生产设备生产，发行人负责药品的全国总经销。

发行人以经销模式为主，发行人产品基本都是采取经销模式，只有个别医院采用直销，经销收入占比在99%以上。经销商总体变动情况：报告期经销商家数及销售额增减变动较大。2014年、2015年、2016年各年末经销商数量分别为711家、713家、665家。2015年、2016年新增经销商家数分别为294家、267家，新增经销商收入分别为6,792.57万元，4,572.90万元，占各年销售收入比例分别为28.85%、18.12%，新增经销商平均收入分别为23.10万元、17.13万元；2015年、2016年退出经销商家数分别为292家、315家，退出经销商前一年度销售收入分别为1,943.24万元、5,002.38万元，占前一年收入比例分别为10.87%、21.15%，退出经销商前一年平均销售收入分别为6.65万元、15.88万元。

发行人披露，公司注重研发和销售，公司实际销售费用较低，销售费用率低于同行业；2014—2016年，技术研发费分别为193.75万元、496.48万元、446.34万元，研发费用分别为813.14万元、1,346.96万元、2,880.54万元，占营业收入的比例分别为4.57%、5.67%和11.26%。技术研发费主要是支付给外部研究机构的研究费用等。

两票制对公司合作产品的流通链条、公司利润实现形式以及经销商的角色、提供服务的形式如表12-5所示。

表12-5　两票制对公司合作产品的流通链条利润实现形式以及经销商角色，提供服务的形式

项目	两票制地区（湖南、福建、安徽）	两票制但将总经销视为生产企业的地区（重庆）	非两票制地区
药品流通链条	合作方→发行人指定的配送企业→医院	合作方→发行人→配送企业→医院	合作方→发行人→经销商→医院
GM1 注射液产品上的发行人利润实现形式	通过向合作方销售 GM1 原料药的方式获取合作产品收益	发行人通过销售 GM1 注射液直接获得产品收益	发行人通过销售 GM1 注射液直接获得产品收益
注射用脑蛋白水解物产品上的发行人利润实现形式	通过向合作方收取技术服务费、销售推广费的方式获取合作产品收益，公司再向医药推广服务商付费	发行人通过销售注射用脑蛋白水解物直接获得产品收益，公司再向医药推广服务商付费	发行人通过销售注射用脑蛋白水解物直接获得产品收益
经销商提供服务的形式	提供专业化医药推广服务，收取推广服务费	提供专业化医药推广服务，收取推广服务费	通过经销产品获得药品销售收益

两票制之后，配送商和下游专业销售服务推广商共同承担了原经销商的工作责任，也获取了原属于经销商的收益，发行人及西南药业的收益情况未发生变化，但取得收入的模式及相应成本费用结构发生变化。经过将已经实施两票制度模式地区产品销售按照原有模式进行模拟测算对损益的影响，两票制对发行人的经营没有重大不利影响。

问题：请发行人补充说明并披露：公司注重研发和销售生产模式的实际开展情况，自主研发情况，对经销商和终端医院的掌控情况，相关生产模式的信息披露是否真实、准确和完整；发行人两种主要产品均由合作方获取生产批文，由合作方利用生产设备生产，合作方之一处于被收购过程中，是否表明发行人最近一个会计年度的营业收入或净利润对存在重大不确定性的客户存在重大依赖；两票制之后，发行人将转为合作方提供市场推广服务及技术服务，是否表明发行人的经营模式、产品的服务已经或者将发生重大变化，并对发行人的持续盈利能力构成重大不利影响。

请中介机构对发行人是否满足《首次公开发行股票并上市管理办法》第三十条的规定并发表核查意见。

根据《首次公开发行股票并上市管理办法》第三十条相关条款，中介机构对发行人进行了逐项审查，具体如下：

1.《首次公开发行股票并上市管理办法》第三十条第（一）项：发行人的经营模式、产品或服务的品种结构已经或者将发生重大变化，并对发行人的持续盈利能力构成重大不利影响

发行人自设立以来，坚持以研发为驱动的经营模式，公司通过具有较高技术含量的原料药和制剂研发，牢牢把握住药品的研发和销售环节，同时自主完成技术含量较高的 GM1 原料药生产环节，部分制剂标准化生产环节利用行业内过剩的 GMP 产能完成。

对于 GM1 注射液，发行人完成产品研发后，建立了独立的 GM1 原料药产能，由发行人子公司岳阳赛隆生产 GM1 原料药后，交付西南药业加工成 GM1 制剂，再交由发行人对外销售。对于注射用脑蛋白水解物，发行人完成研发阶段，由合作方进行生产，发行人对生产环节的工艺改进持续跟进，产品完工后交由发行人对外销售。

两票制实施后，在重庆这样的将总经销商视同为生产企业的地区，发行人负责产品销售的业务模式没有发生变化；在安徽、福建等未将生产企业视同为总经销商的两票制地区，发行人的收入和利润的实现形式由产品销售转变为提供销售推广服务和技术服务，这一转变仅为形式上的转变。

从发行人与合作方的合作实质上，两票制前后发行人均负责研发和技术支持，由指定原辅包材料供应商（其中，GM1 原料药生产由发行人独立完成），通过与销售伙伴（经销商或配送商、下游专业销售推广服务商）合作实现产品最终销售；合作方仅负责完成制剂加工生产环节。两票制前，发行人负责产品的对外销售并向合作方支付加工费，由于两票制后药品流通环节不再经过发行人，药品由合作方直接对发行人指定的配送商销售，形式上变更为发行人向合作方提供技术服务和销售推广服务，并收取相应费用。两票制前后，发行人与合作方之间的分工和各自获得的收益均未发生变更，只是药品流通路径的变更导致收入和利润的实现形式发生了变化。

在两票制推行区域，合作生产的业务实质、各方分工及其获取的相应收益均未发生变化，发行人目前所采取的两票制实行后的上述模式系基于合作各方所拥有的资源和合作环节分工，符合医药领域法律法规的要求。发行人的经营模式、产品或服务结构未发生重大变化，也不会因两票制的推广而发生重大变化，两票制的推行对发行人的持续经营能力无重大不利影响。

综上所述，中介机构认为，发行人符合《首次公开发行股票并上市管理办法》第三十条第（一）项的相关规定。

2.《首次公开发行股票并上市管理办法》第三十条第（二）项：发行人的行业地位或发行人所处行业的经营环境已经或者将发生重大变化，并对发行人的持续盈利能力构成重大不利影响

发行人的主要产品市场占有份额较高，根据广州标点的数据，公司与西南药业合作生产的单唾液酸四己糖神经节苷脂钠注射液——赛捷康市场份额较为稳定。

2014—2016年，赛捷康在GM1制剂市场的份额分别为4.57%、8.14%和9.64%，在脑保护剂化学药中的市场份额分别为0.88%、1.59%和1.75%。发行人与山西普德合作生产的注射用脑蛋白水解物“亿真慷”2014—2016年的市场份额分别为30.19%、27.12%和24.58%，在我国脑蛋白水解物制剂市场中排名第一，处于领先地位。2014—2016年，“亿真慷”销售额在脑保护剂化学药终端市场的份额分别为1.74%、1.51%和1.31%。2016年，公司注射用克林霉素磷酸酯和注射用泮托拉唑钠在终端市场的份额占比分别为2.80%和0.79%。发行人的行业地位未发生重大变化。

发行人所处行业为医药行业，目前正在推行的两票制是该行业的主要政策变化，两票制主要约束的是药品流通环节，两票制实施后，发行人获取收入和利润的形式发生了变更。

对于GM1注射液，两票制执行之前，发行人实际支付给西南药业的是固定的加工费及辅料、包材成本，发行人实际收益包括GM1原料药生产和GM1制剂对外销售两个环节对应的收益，其中GM1原料药环节的毛利较高，是发行人主要的利润来源；两票制执行之后，发行人子公司岳阳赛隆向西南药业销售原料药，并从西南药业收取相应款项，获取原料药生产销售对应的利润，原料药利润仍然是发行人的主要利润来源，西南药业向发行人支付销售推广费，发行人再向具有GSP资质的下游专业销售推广服务商支付销售推广费，该部分费用审批、支付以及对推广工作的审核均由发行人进行，与西南药业无关。如前所述，发行人拥有的资源未发生变更，发行人及合作方在产品生产过程中各自承担的分工和对应的收益未发生变更，发行人利润水平与两票制实施之前相比无重大变化。两票制对发行人持续盈利能力没有重大不利影响。

对于注射用脑蛋白水解物，两票制之前，发行人支付给山西普德的成本为固定的加工费和原辅包材料成本之和，通过采购脑蛋白制剂的形式体现，发行人在技术支持和销售环节用对应的收益均通过购销实现。执行两票制后，山西普德在产品销售取得收入后，留存部分仍为其原固定加工费及生产原辅包材料成本之和，其余部分全部以技术服务费和销售推广费的形式支付给发行人。同时，发行人统一向下游具有GSP资质的专业销售服务推广商支付销售推广费，该部分费用审批、支付以及对推广工作的审核均由发行人进行，与山西普德无关。扣除支付给下游专业销售服务推广商的销售推广费后，发行人获取的收益与两票制实施之前基本相当，两票制对发行人持续盈利能力没有重大不利影响。

综上所述，中介机构认为，发行人的行业地位未发生重大变更，发行人所处行业政策变化未导致行业经营环境的重大变化，不会对发行人的持续盈利能力构成重大不利影响。发行人符合《首次公开发行股票并上市管理办法》第三十条第（二）项的相关规定。

3.《首次公开发行股票并上市管理办法》第三十条第（三）项：发行人最近1个会计年度的营业收入或净利润对关联方或者存在重大不确定性的客户存在重大依赖

2014 年度、2015 年度和 2016 年度，发行人对前十大经销商的销售金额合计占发行人销售收入的比重分别为 36.79%、32.64% 和 30.06%，发行人销售较为分散，不存在对单一客户的重大依赖。中介机构查询了发行人前十大经销商的工商信息，并对其进行了走访，认为前十大经销商不存在重大不确定性。

发行人主要合作方山西普德正处于被收购过程中，发行人与山西普德的协议约定合作关系不因双方人事变动或双方隶属关系性质变动（包括企业兼并、分立、所有制性质变更、企业名称变更等）而失效；发行人与山西普德之间的合作早就于报告期外就已经开始并已持续多年，2015 年山西普德被誉衡药业收购未对双方之间的合作关系造成影响；仟源医药收购山西普德的计划披露至今已超过 1 年，发行人与山西普德之间的合作关系稳定；合作生产是山西普德的重要业务模式，山西普德与多家企业用此模式合作；与发行人合作生产的收入是山西普德未来不可或缺的收入利润来源；在仟源医药披露的相关文件中，对合作生产模式予以认可；山西普德现任总经理隆万程及仟源医药董事长、实际控制人之一的赵群均书面确认仟源医药收购山西普德事项不影响发行人与山西普德之间的合作关系；发行人与山西普德之间的合作关系是互利互惠的，双方基于各自的优势承担相应的分工获取相应的收益，属于常见合作模式。中介机构认为，发行人对合作方不存在重大依赖，山西普德的隶属关系和被收购事项不会对双方之间的合作关系构成重大不确定性。

综上所述，中介机构认为发行人符合《首次公开发行股票并上市管理办法》第三十条第（三）项的相关规定。

4.《首次公开发行股票并上市管理办法》第三十条第（四）项：发行人最近 1 个会计年度的净利润主要来自合并财务报表范围以外的投资收益

根据致同会计师事务所（特殊普通合伙）出具的《审计报告》（致同审字〔2017〕第 110ZA2846 号），发行人 2016 年度归属于母公司所有的净利润（按扣除非经常性损益后的净利润与扣除前的净利润孰低的方式计算）为 5,786.20 万元，主营业务收入为 25,236.78 万元，其他业务收入为 346.90 万元。发行人最近 1 个会计年度的净利润主要来自发行人主营业务收益，发行人不存在最近 1 个会计年度的净利润主要来自合并财务报表范围以外的投资收益的情形。

综上所述，中介机构认为发行人符合《首次公开发行股票并上市管理办法》第三十条第（四）项的相关规定。

5.《首次公开发行股票并上市管理办法》第三十条第（五）项：发行人在用的商标、专利、专有技术以及特许经营权等重要资产或技术的取得或者使用存在重大不利变化的风险

中介机构查验了发行人提供的商标注册证书、专利证书、药品生产许可证、GMP 证书、药品经营许可证、GSP 证书及药品注册批件，分别登陆了中国商标网（网址：http://sbj.saic.gov.cn）、中华人民共和国国家知识产权局官网（网址：http://www.sipo.gov.cn）、国家食品药品监督管理总局官网（网址：http://www.sda.gov.cn）查询了上述资产及技术的权属状态。经核查，截至本补充法律意见书回复出具日，发行人在用的重要商标、专利、专有技术以及特许经营权等重要资产或技术均为发行人自主研发或通过合法途径受让取得，相关生产或经营许可证书获得了有权机关的登记、备案。

中介机构登录了中国裁判文书网（网址：http://wenshu.court.gov.cn/）并进行了检索，发行人及其子公司资产及技术不存在被第三方提起诉讼的情形。

综上所述，中介机构认为，发行人及其子公司商标、专利、药品生产、经营相关许可证书等重要资产、技术真实、合法、有效，不存在权利受到限制的情形。发行人在用的商标、专利、专有技术以及特许经营权等重要资产或技术的取得或者使用存在重大不利变化的风险，符合《首次公开发行股票并上市管理办法》第三十条第（五）项的规定。

6.《首次公开发行股票并上市管理办法》第三十条第（六）项：其他可能对发行人持续盈利能力构成重大不利影响的情形

根据公司承诺并经中介机构核查，截至本补充法律意见书出具日，发行人不存在其他可能对发行人持续盈利能力构成重大不利影响的情形。

专家点评

发行人在医药行业以药品的研发和销售环节为主要经营模式，掌握较高技术含量的原料药和制剂研发，自主完成技术含量较高的 GM1 原料药生产环节，部分制剂标准化生产环节利用行业内过剩的 GMP 产能完成。发行人选择的 GMP 产能具备可替代性，产品均由发行人对外销售。

2017 年年初，国家发布了《关于进一步改革完善药品生产流通使用政策的若干意见》，该《意见》明确提出，到 2018 年争取在全国推行“两票制”。两票制是指医药、医疗器械厂家到中间商开一次发票，中间商到医院等医疗机构再开一次发票。

国家希望通过政策导向来减少中间环节，控制药品和医疗器械的虚高价格，从而降低医保总体费用。

两票制实施后发行人与合作方的合作实质，从实施前发行人负责产品的对外销售并向合作方支付加工费，形式上变更为发行人向合作方提供技术服务和销售推广服务，并收取相应费用。两票制前后，发行人与合作方之间的分工和各自获得的收益均未发生变更，只是药品流通路径的变更导致收入和利润的实现形式发生了变化。因此，两票制的推行对发行人的独立性和持续经营能力无重大不利影响。

【案例 4】公司是分拆上市的，其独立性受到关注——深南电路（股票代码：002916）

A 股上市情况：2017 年 10 月 24 日召开的中国证券监督管理委员会第十七届发行审核委员会 2017 年第 10 次发审委会议审核：深南电路股份有限公司（首发）获通过。

案例解读

请发行人在说明关联交易是否公允的基础上，从分拆后的独立运营能力、关联交易的后续安排角度补充披露相关内容，明确投资者预期。请中介机构核查发行人是否达到发行监管对公司独立性的基本要求，公司是否具备直接面向市场独立经营的能力，并发表明确意见。

一、发行人具有独立运营能力，分拆不会对发行人独立性构成不利影响

经核查，发行人控股股东中航国际控股成立于 1997 年，系由中航国际深圳将包括深天马（000050.SZ）、飞亚达（000026.SZ）、发行人在内的 7 家公司股权作为出资设立的一家控股型公司，其本身并不直接从事具体业务经营，亦未集中管理旗下子公司的生产经营。而发行人成立于 1984 年，自成立起一直直接、独立地面向市场经营，具有独立完整的产供销及研发体系，资产、业务、人员、财务及机构完全独立，不存在对控股股东、实际控制人的经营依赖。本次分拆上市不改变中航国际控股对发行人的控制地位，只是其持股比例被一定程度的稀释，不会对发行人的日常经营活动和独立性带来影响。

二、发行人关联交易规模较小，对日常经营亦不构成重大影响

1. 经常性关联交易对发行人生产经营的影响

中航国际控股旗下企业业务类型较多，仅有发行人 1 家子公司从事 PCB 及上下游相关业务。发行人经常性关联交易整体规模较小，其中金额较大的为向飞亚达科技采购少量原材料（铜金属基），最近四年一期交易金额分别为 2,444.70 万元、1,

166.74 万元、479.14 万元和 102.67 万元，分别占当期采购总额的 1.14%、0.68%、0.18% 和 0.07%，数额及占比均较小，且整体呈下降趋势，对发行人日常生产经营不构成重大影响。

2. 偶发性关联交易对发行人生产经营的影响

在报告期内的偶发性关联交易中，涉及金额较大的是向关联方拆借资金，主要系中航国际、中航国际深圳、中航国际控股从银行取得的统借统还借款或企业债券募集资金，拆借资金余额占公司同期融资总额的比例分别为 34.21%、25.54%、15.56% 和 4.42%，占比逐年下降。公司取得前述借款的利率与统借方从金融机构取得借款或发行债券的利率相同，故不存在利益输送的情形。

公司向关联方拆借资金的主要原因系借款利率低于银行同期借款基准利率，及获取资金的程序较为便捷。经测算，上述利率差异对公司经营业绩的影响如表 12-6 所示。

表12-6 利率差异对公司经营业绩的影响

单位：万元

项目	2017 年 1—6 月	2016 年度	2015 年度	2014 年度
实际支付关联方利息①	226.83	1,442.76	2,344.58	1,776.85
参考银行同期借款利率测算利息②	280.54	1,953.37	2,895.86	1,933.74
差异③ = ② - ①	53.71	510.61	551.28	156.89
利润总额④	28,491.29	30,465.60	17,290.79	20,693.51
占当期利润总额的比例⑤ = ③ / ④	0.19%	1.68%	3.19%	0.76%

据此，公司向关联方借款利息与按照市场同期基准利率测算的利息差异不大，占公司利润总额比例较低，未对公司经营业绩产生重大影响。

截至 2017 年 6 月末，公司尚未偿付的关联拆借资金仅有自中航国际深圳取得的一笔借款，余额为 7,500 万元，该笔借款将于 2019 年 10 月到期。

发行人可以根据自身资金需求的急迫性、资金成本等各方面，自主选择是否向其控股公司申请取得上述关联方资金拆借；发行人经营稳定、偿债能力强、信用良好，已与多家银行建立了良好合作关系，截至 2017 年 6 月末尚未使用的银行借款授信额度为人民币 33.98 亿元，远超同期关联借款余额（仅 7,500 万元）。因此，发行人尚未使用的银行授信额度充足，具备独立融资能力，在融资方面不会依赖关联方拆借资金。

经核查，发行人在报告期内发生的关联交易金额及占比均较低，不会对发行人生产经营产生重大影响。

3. 分拆上市对发行人关联交易后续安排的影响

经核查，发行人本次分拆上市后，与中航国际控股之间的控股关系未发生变化，在法人治理结构方面将会更加合理完善。发行人不会因本次分拆上市产生新增关联交易，与各关联方之间的关联交易仍将按照以往的惯例，按照公允的市场价格和条件实施。同时，发行人通过完善关联交易决策制度、引入非关联供应商等措施将进一步规范和减少关联交易。

综上所述，中介机构认为，发行人在分拆后仍具备独立运营能力，与各关联方之间的关联交易不会因分拆发生重大变化，本次分拆上市不会对发行人独立运营能力及关联交易后续安排产生不利影响。

三、对发行人独立性及具备直接面向市场独立经营能力的补充核查

经核查，发行人在以下方面具备独立性：

1. 发行人资产独立、完整

（1）发行人设立时各发起人以其拥有的深南电路有限经审计的净资产出资均已足额缴纳，并经瑞华会计师出具瑞华验字〔2014〕01210009 号《验资报告》验证；原深南电路有限名下的土地、房产、商标、专利均已由发行人实际占有和使用并已办理相应名称变更手续；上述资产产权清晰，发行人对上述资产拥有合法的所有权或使用权。

（2）发行人具备与生产经营有关的生产系统、辅助生产系统和配套设施，合法拥有其生产经营必需的土地、房屋、生产设备、商标、专利、非专利技术的所有权或者使用权，其经营不依赖于控股股东、实际控制人和其他关联方，亦不存在资产、资金被股东占用而损害公司利益的情况。

2. 发行人业务独立

发行人具有完整的业务体系，发行人的业务皆为自主实施并独立于控股股东、实际控制人及其控制的其他企业；发行人与控股股东、实际控制人及其控制的其他企业间不存在同业竞争，不存在影响发行人独立性或者显失公平的关联交易；发行人不存在需要依靠与股东或其他关联方的关联交易才能经营获利的情况。

3. 发行人的人员独立

（1）发行人拥有独立的经营管理人员和研发、生产、销售员工，发行人的人事及工资管理与股东完全分离。发行人及其控股子公司已建立劳动、人事与工资管理制度，与员工签订了劳动合同。根据发行人及其分公司、子公司所在地有权机关出具的证明、境外律师出具的法律意见书，发行人及其分公司、子公司在报告期内不存在因劳动用工方面违法违规行为受到行政处罚的情形。

（2）发行人的高级管理人员（总经理、副总经理、总会计师、总工程师和董事会秘书）未在控股股东、实际控制人及其控制的其他企业中担任除董事、监事以外的其他职务，未在控股股东、实际控制人及其控制的其他企业领薪；发行人的财务人员未在控股股东、实际控制人及其控制的其他企业中兼职。

（3）发行人的董事、监事及高级管理人员均按照《公司法》《公司章程》等规定的程序选举、更换、聘任或解聘，不存在控股股东及主要股东超越董事会和股东大会干预发行人人事任免决定的情况。

（4）报告期内发行人及其子公司办理了社保登记，按规定为员工缴纳了社会保险及住房公积金，根据深南电路及其子公司所在地区社会保障和住房公积金主管部门出具的证明，深南电路及其子公司不存在因违反社会保险法规和住房公积金制度受到行政处罚等情形。

4. 发行人的机构独立

（1）发行人设置了股东大会、董事会、监事会和经理层等组织管理机构。董事会下设董事会秘书、战略委员会、薪酬与考核委员会、提名委员会、审计委员会，并聘请了总经理、副总经理、董事会秘书、总会计师、总工程师等高级管理人员；发行人的《公司章程》对股东大会、董事会、监事会、总经理等各自的权利、义务作了明确的规定。

（2）发行人的上述机构按照《公司章程》和内部规章制度的规定，独立决策和运作，发行人独立行使经营管理职权，与控股股东、实际控制人及其控制的其他企业之间不存在机构混同、合署办公的情形。

5. 发行人的财务独立

（1）发行人设有独立的财务会计部门，建立了独立的财务核算体系，能够独立作出财务决策，具有规范的财务会计制度和对分公司、子公司的财务管理制度，发行人在中国银行深圳分行开立了独立的银行账户，不存在与控股股东、实际控制人及其控制的其他企业或其他股东共用银行账户的情形。

（2）发行人依法独立纳税，并办理了税务登记。

（3）发行人财务人员全部为专职，未在股东或其控制的其他企业中担任职务。

（4）报告期内不存在控股股东、实际控制人干预发行人资金使用之情形。

6. 发行人具有独立完整的供应、生产、销售系统和研发体系

（1）发行人拥有独立完整的供应系统，其原料采购完全由发行人内部采购部门完成。

（2）发行人拥有生产经营所需的生产设备、独立的技术，其产品生产由发行人

生产部门完成。

（3）发行人拥有独立完整的产品销售系统，产品销售由发行人自有的销售部门负责。

（4）发行人拥有独立完整的研发体系，技术研发均由发行人自主完成。

7. 发行人具有面向市场自主经营的能力

（1）发行人拥有自主经营所需的独立完整的经营资产，取得了相关经营许可，并建立了自主经营所必需的管理机构和经营体系，具有面向市场自主经营的能力。

（2）发行人 2014 年度、2015 年度、2016 年度及 2017 年 1—6 月归属于母公司所有者的净利润分别为 19,072.49 万元、16,169.29 万元、27,416.42 万元、25,186.71 万元，经营状况良好。

综上所述，中介机构认为，发行人资产独立完整，业务、人员、财务及机构独立，具有完整的业务体系，已达到发行监管对公司独立性的基本要求，并具备直接面向市场独立经营的能力。

专家点评

本案例的关注要点在于发行人拆分后对控股股东的依赖性有无得到消除，从形式上发行人与控股股东及其控制的企业存在少量关联交易，但关联交易数额和比例较低，发行人盈利的核心要素没有通过此类关联交易完成，该等交易按照市场规则判断交易价格、交易条件公允，可以断定此类关联交易并不影响发行人在资产、人员、财务、机构、业务上的独立性。

第二节　基本概念

企业具有独立的经营能力和独立的盈利能力是其成为上市公司的基本要求。企业的独立经营能力可以反映在如下几个方面：

一是企业采购、生产、销售、知识产权使用、营业许可等生产经营环节是否存在对控股股东、实际控制人或者其关联企业的重大依赖。

二是企业的生产经营环节是否存在对他人（诸如主要供应商、主要客户、核心技术提供者等）的重大依赖或者受他人的重大影响。

三是企业的控股股东、实际控制人或者关联企业与拟上市公司之间是否存在未消除的重大同业竞争。

企业的独立盈利能力也体现在如下几个方面：

一是企业与关联方的关联交易量是否控制在其同类业务的适度比例，如关联方采购金额占主营业务成本的比例、主要原材料关联方采购量占主要原材料采购总量的比例等。

二是关联交易量及金额在报告期内是否逐年减少以及未来的发展趋势。

三是关联交易定价是否公允，如关联交易定价是否按照市场可比较的第三方价格、没有可比第三方价格时的定价机制等。

四是企业是否具有面向市场的独立定价权和议价能力，如中间产品的定价多大程度上受制于上游原材料价格的波动或者下游终端产品价格的波动。

独立性问题不是一个简单的指标判断，而是综合行业特点、行业周期、同类企业比较、企业历史状况和发展趋势以及财务数据分析等因素所作的实质判断。

企业应当具有完整的业务体系和直接面向市场独立经营的能力，独立性方面不存在严重缺陷。企业需要具备与生产经营相关的生产系统、辅助生产系统和配套设施，并拥有生产经营相关资产的所有权或使用权，具有独立的原料采购和产品销售系统。如企业在生产、采购、销售的任一环节，对控股股东或其他第三方存在重大依赖（如主要原材料或大部分商品由第三方代为采购销售等），则属于不具备独立经营的能力，不符合首发条件。

企业的人员、财务、机构、业务均应具备独立性。企业的高管人员不得在控制股东、实际控制人或其控制的其他企业担任除董事、监事以外的职务，不在控制股东、实际控制人或其控制的其他企业领薪；企业的财务人员不得在控制股东、实际控制人或其控制的其他企业兼职；企业独立进行财务核算，并有独立的银行账户；企业与控股股东、实际控制人或其控制的其他企业不存在同业竞争或显示公允的关联交易。如企业未能满足上述独立性要求，需在改制上市过程中进行规范整改。

一、企业的资产独立

企业的资产完整。生产型企业应当具备与生产经营有关的生产系统、辅助生产系统和配套设施，合法拥有与生产经营有关的土地、厂房、机器设备以及商标、专利、非专利技术的所有权或者使用权，具有独立的原料采购和产品销售系统；非生产型企业应当具备与经营有关的业务体系及相关资产。

企业应当保持自身资产的独立性，不受外界因素的干涉和干扰，资产的权属合法且清晰、明确。企业需要将自身的资产与大股东保持距离。例如，某企业在技术上对其他公司有严重的依赖，该企业的主导产品是基于国外公司系统所开发的软件产品，企业的主营业务依赖于和国外公司签订的技术许可合同。上市公司应与控股股东保持在业务（产、供、销）、资产、人员、机构、财务等方面上的独立，所以公司的资产不可以被大股东或实际控制人无偿使用。

《刑法修正案（六）》规定大股东或实际控制人无偿占用上市公司的资产需承担刑事责任。

有些企业存在自身所用厂房、设备与股东共同使用的情况，这样的情形不符合企业资产独立性的要求，必须予以规范。

二、企业的人员独立

企业的总经理、副总经理、财务负责人和董事会秘书等高级管理人员不得在控股股东、实际控制人及其控制的其他企业中担任除董事、监事以外的其他职务，不得在控股股东、实际控制人及其控制的其他企业领薪；企业的财务人员不得在控股股东、实际控制人及其控制的其他企业中兼职。

三、企业的财务独立

发行人应当建立独立的财务核算体系，能够独立作出财务决策，具有规范的财务会计制度和对分公司、子公司的财务管理制度；发行人不得与控股股东、实际控制人及其控制的其他企业共用银行账户。

四、企业的机构独立

发行人应当建立健全内部经营管理机构，独立行使经营管理职权，与控股股东、实际控制人及其控制的其他企业间不得有机构混同的情形。有的企业大股东与企业是在一起办公的，企业的管理机构、财务、市场营销等机构都是在一起运行，所谓的“两块牌子，一套人马”的情况，也是不可以的。

五、企业的业务独立

发行人的业务应当独立于控股股东、实际控制人及其控制的其他企业，与控股股东、实际控制人及其控制的其他企业间不得有同业竞争或者显失公平的关联交易。例如，某企业是通过其集团实行的主辅分离改制设立的，其主要业务是为集团提供配套的技术服务，为集团提供的服务收入占该企业收入的60%左右，已经属于业务的严重依赖，业务的独立性差。还有企业是由于主要的原材料依赖于单一的供应商，如某企业从事化工产品的生产和销售，其重要的原材料严重依赖一位供应商，占比达 70% 以上，且该原材料的价格变动幅度过大。

六、企业在独立性方面不得有其他严重缺陷

该点是兜底性质的规定，任何涉及企业独立性的问题都要解决，并不仅仅以上述五点为标准。

第三节　重点、难点提示

根据中国证监会对相关企业反馈的问题，关于企业独立性，需要注意如下几点：

一是企业要关注自身是否在技术、业务、市场、生产经营、核心零部件供应等方面与控股股东存在依赖关系。

例如，有的企业在市场开拓上需要大股东的帮助，由大股东帮其疏通相关渠道；有的企业需要借助大股东的某种资质才能获得相关的业务，类似这样的依赖情况，企业必须解决，企业要成为一个独立生产经营的市场主体，需要摆脱这种依赖性。

2009 年有一家企业申报创业板，在企业前身设立时，控股股东未将全部与企业业务相关的资产及负债投入，导致企业在报告期前两年，因资产、技术、资质不完整而无法独立面向市场开拓业务，重要合同的签订和履行以及运营资质认证在较长时间内均依赖于控股股东。发审委认为该企业独立性欠缺，不符合《首次公开发行股票并在创业板上市管理办法》第十八条的规定。

涉及技术层面的问题，企业拥有的知识产权、专利技术是否受大股东或者其他方面的限制，如企业某专利技术的实施受其他专利的限制（专利的上下游为其他方控制。）

某企业的核心技术研发过程需要利用控股股东的上级单位的试验设备和资源。该单位是目前唯一能够提供上述设备和资源的单位，企业的研发过程对控股股东的上级单位存在明显依赖；同时企业某项技术科研成果的研究也需以另一单位的具有唯一性的科研成果为前提。因此，发审委认为该企业不符合独立性的要求。

还有个实际的例子：某企业在报告期内与控股股东及其他关联方在销售货物、采购原材料、租赁房屋、提供劳务、支付代理费和代缴社保统筹费等多个方面存在关联交易，且金额较大，企业的独立性存在缺陷。例如，最近三年该企业向关联方的销售金额占当年销售总额的比例分别为40%、35%、38%；企业没有任何土地和房屋产权，所需厂房全部从控股股东租赁取得，企业的进出口业务全部需要委托控股股东下属的子公司进行。这样的企业的独立性必须予以解决。

二是企业要关注企业资产的独立性是否会受到大股东的影响。例如，企业向大股东借款，大股东通过银行以委托贷款的形式向企业借款。如果大股东就这个借款不要求企业提供担保、抵押的，则可以理解为大股东支援企业的发展，为企业的发展做贡献。如果需要企业为此向大股东提供担保，则必须考虑因此带来的企业资产受限的后果。

三是企业的治理存在缺陷，在日常运作过程中，企业并没有被作为一个独立的法人看待，某些大股东存在对企业资金占用的情况，这样资金占用的额度、时间都必须考虑，是否构成重大的违法行为，会不会对企业的发行上市构成实质性的障碍，需要企业在申报之前予以明确并解决，同时需要中介机构出具意见。如果存在非常明显的企业的实际控制人可以随意调配企业的资源，频繁占用企业的资金，且数额巨大，则不符合企业发行上市的基本条件。

例如，某公司控股股东 ××× 控制公司75%以上的股份，除企业以外，还控有几家子公司。×××× 年至 ×××× 年期间，控股股东未签订相关资金借款或还款协议，通过资金直接拨款形式，发生了对企业及控股子公司较为频繁的资金占用。企业在增资过程中，控股股东还存在虚假出资的情形，实际增资资金系通过第三方占用企业的资金。此种情况属于企业独立性差的实际例子。

四是企业在报告期内存在同一控制人下的业务、资产重组的情况，需要对报告期内企业资产的完整性、业务和人员的独立性保持关注。

五是某些企业由于改制不彻底，使企业的独立性很差，如企业在改制中未将关系企业独立生产的资产整合进来。例如，某白酒厂进行整体改制，未将所有相关的白酒资产都整合到企业名下，在改制之后的几年内才陆续与控股股东签订协议就相关资产转移到企业名下。该企业还有一件事，导致对其独立性差的评价大大增加，该企业在涉及商标及同业竞争的问题上，企业的控股股东提出该商标一直为控股股东所有，控股股东为企业上市而将商标转让到企业名下，控股股东的权益受到损害，同时，控股股东因为承诺不与企业进行同业竞争，亦认为受到损害，要求企业给控股股东用现金补偿。

第十三章　重大资产重组

第一节　改制重组的基本情况及案例分析

在企业改制中经常会出现资产重组的情况，拟上市企业为了优化资产结构、理顺业务关系、减少关联交易或避免与股东之间的同业竞争等情况，会通过合并、分立、收购、出售、债务重组等形式进行以资产为纽带的企业组织的优化和再造。当前，企业在改制进行资产整合过程中存在的主要问题：一是资产整合不彻底，没有达到减少关联交易、避免同业竞争、增强公司独立性的目的；二是资产整合比例过大，影响业绩连续计算，增加了企业上市的时间成本。

首先，资产重组要以增强独立性，实现企业上市为目标。企业通过资产重组应达到拥有独立完整的生产工艺流程及相关配套设施，将产供销纳入统一体系，与主营业务没有关系的业务资产应予剥离，但是企业经营所必需的后勤保障等部门不宜剥离。

其次，资产重组比例不要影响经营业绩的连续计算。企业上市要保证不能出现影响经营业绩的情况，企业资产重组要考虑到这一因素，尽量避免发生这样的情况，否则将付出高昂的时间成本。一般而言，要考虑“同一控制人之下的资产重组”和“非同一控制之下的资产重组”两个不同情况下的法规要求。

【案例1】收购实际控制人控制的公司的股权是否构成重大资产重组——中环环保（股票代码：300692）

A股上市情况：2017年7月5日召开的中国证券监督管理委员会创业板发行审核委员会2017年第54次发审委会议审核：安徽中环环保科技股份有限公司（首发）获通过。

案例解读

发行人从实际控制人处收购安庆清源、桐城清源、泰安清源、舒城清源、全椒清源、寿县清源、望江清源、宁阳清源及宜源环保9家公司股权的过程、履行程序、定价依据、收购价格及公允性、被收购时的经营业绩情况、对报告期发行人主要财务指标或业绩的影响、是否构成重大资产重组，上述公司的主要运营项目及业务建立时间、特许经营权时间等信息，上述相关股权收购是否须履行国资审批程序。

一、从实际控制人处收购安庆清源等9家公司股权的过程、履行程序、定价依据、收购价格及其公允性

根据安庆清源、桐城清源、泰安清源、舒城清源、全椒清源、寿县清源、望江清源、宁阳清源及宜源环保的工商登记资料、相关股权收购涉及的审计报告、资产评估报告、有关股权转让协议、中环有限、中辰投资、泰安清源的股东会决议等资料，并经中介机构核查，发行人收购安庆清源等9家公司股权的具体情况如下：

1. 2012年8月，收购安庆清源100%股权

（1）收购过程。2012年8月29日，中辰投资与中环有限签订《股权转让协议书》，约定中辰投资将持有的安庆清源1,000万元（占安庆清源注册资本的100%）股权转让给中环有限，股权转让价格为1,070万元。

2012年8月31日，安庆清源就上述股权转让事宜在安庆市工商行政管理局办理了变更登记手续。本次股权收购完成后，安庆清源成为中环有限的全资子公司。

（2）履行程序。2012年8月29日，中辰投资召开股东会，决定将持有的安庆清源1,000万元股权转让给中环有限。

2012年8月29日，中环有限召开股东会，决定受让中辰投资持有的安庆清源1,000万元股权。

（3）定价依据、收购价格及其公允性。根据中水致远2012年7月23日出具的《资产评估报告》（评报字〔2012〕第2092号），安庆清源截至评估基准日2012年5月31日的股东全部权益价值为1,066.20万元，中环有限本次收购安庆清源100%股权系以前述评估价值为依据确定为1,070万元，定价公允。

2. 2012年9月，收购桐城清源100%股权

（1）收购过程。2012年9月12日，中环有限与中辰投资签订《股权转让协议书》，约定中辰投资将持有的桐城清源1,000万元（占桐城清源注册资本的100%）股权转让给中环有限，股权转让价格为1,240万元。

2012年9月13日，桐城清源就上述股权转让事宜在桐城市工商行政管理局办理了变更登记手续。本次股权收购完成后，桐城清源成为中环有限的全资子公司。

（2）履行程序。2012 年 9 月 12 日，中辰投资召开股东会，决定将持有的桐城清源 1,000 万元股权转让给中环有限。

2012 年 9 月 12 日，中环有限召开股东会，决定受让中辰投资持有的桐城清源 1,000 万元股权。

（3）定价依据、收购价格及其公允性。根据中水致远 2012 年 7 月 23 日出具的《资产评估报告》（中水致远评报字〔2012〕第 2091 号），桐城清源截至评估基准日 2012 年 5 月 31 日的股东全部权益价值为 1,241.57 万元，中环有限本次收购桐城清源 100% 股权系以前述评估价值为依据确定为 1,240 万元，定价公允。

3. 2012 年 11 月，收购泰安清源 85% 股权

（1）收购过程。2012 年 11 月 6 日，中环有限与中辰投资签订《股权转让协议书》，约定中辰投资将持有的泰安清源 3,060 万元（占泰安清源注册资本的 85%）股权转让给中环有限，股权转让价格为 3,900 万元。

2012 年 11 月 29 日，泰安清源就上述股权转让事宜在泰安市工商行政管理局办理了变更登记手续。本次股权收购完成后，中环有限持有泰安清源 85% 股权。

（2）履行程序。2012 年 11 月 1 日，中辰投资召开股东会，决定将持有的泰安清源 3,060 万元股权转让给中环有限。

2012 年 11 月 6 日，中环有限召开股东会，决定受让中辰投资持有的泰安清源 3,060 万元股权。

2012 年 11 月 6 日，泰安清源召开股东会，同意中辰投资将持有的泰安清源 3,060 万元股权转让给中环有限，其他股东放弃对该股权的优先购买权。

（3）定价依据、收购价格及其公允性。根据中水致远 2012 年 7 月 23 日出具的《资产评估报告》（中水致远评报字〔2012〕第 2087 号），泰安清源截至评估基准日 2012 年 2 月 29 日的股东全部权益价值为 4,588.37 万元，中环有限本次收购泰安清源 85% 股权系以前述评估价值为依据确定为 3,900 万元，定价公允。

4. 2013 年 1 月，收购舒城清源 100% 股权

（1）收购过程。2012 年 12 月 20 日，中环有限与中辰投资签订《股权转让协议书》，约定中辰投资将持有的舒城清源 1,000 万元（占舒城清源注册资本的 100%）股权转让给中环有限，股权转让价格为 1,417 万元。

2013 年 1 月 15 日，舒城清源就上述股权转让事宜在舒城县工商行政管理局办理了变更登记手续。本次股权收购完成后，舒城清源成为中环有限的全资子公司。

（2）履行程序。2012 年 12 月 20 日，中辰投资召开股东会，决定将持有的舒城清源 1,000 万元股权转让给中环有限。

2012年12月20日，中环有限召开股东会，决定受让中辰投资持有的舒城清源1,000万元股权。

（3）定价依据、收购价格及其公允性。根据中水致远2012年7月23日出具的《资产评估报告》（中水致远评报字〔2012〕第2088号），舒城清源截至评估基准日2012年2月29日的股东全部权益价值为1,416.60万元，中环有限本次收购舒城清源100%股权系以前述评估价值为依据确定为1,417万元，定价公允。

5. 2013年2月，收购全椒清源100%股权

（1）收购过程。2013年2月8日，中环有限与中辰投资签订《股权转让协议》，约定中辰投资将持有的全椒清源1,000万元（占全椒清源注册资本的100%）股权转让给中环有限，股权转让价格为1,363万元。

2013年2月28日，全椒清源就上述股权转让事宜在全椒县工商行政管理局办理了变更登记手续。本次股权收购完成后，全椒清源成为中环有限的全资子公司。

（2）履行程序。2013年2月6日，中辰投资召开股东会，决定将持有的全椒清源1,000万元股权转让给中环有限。

2013年2月6日，中环有限召开股东会，决定受让中辰投资持有的全椒清源1,000万元股权。

（3）定价依据、收购价格及其公允性。根据中水致远2012年7月23日出具的《资产评估报告》（中水致远评报字〔2012〕第2090号），全椒清源截至评估基准日2012年2月29日的股东全部权益价值为1,363.04万元，中环有限本次收购全椒清源100%股权系以前述评估价值为依据确定为1,363万元，定价公允。

6. 2013年2月，收购寿县清源100%股权

（1）收购过程。2013年2月18日，中环有限与中辰投资签订《股权转让协议书》，约定中辰投资将持有的寿县清源2,000万元（占寿县清源注册资本的100%）股权转让给中环有限，股权转让价格为2,423万元。

2013年2月28日，寿县清源就上述股权转让事宜在寿县工商行政管理局办理了变更登记手续。本次股权收购完成后，寿县清源成为中环有限的全资子公司。

（2）履行程序。2013年2月18日，中辰投资召开股东会，决定将持有的寿县清源2,000万元股权转让给中环有限。

2013年2月18日，中环有限召开股东会，决定受让中辰投资持有的寿县清源2,000万元股权。

（3）定价依据、收购价格及其公允性。根据中水致远2012年7月23日出具的《资产评估报告》（中水致远评报字〔2012〕第2089号），舒城清源截至评估基准日

2012 年 2 月 29 日的股东全部权益价值为 2,423.02 万元，中环有限本次收购寿县清源 100% 股权系以前述评估价值为依据确定为 2,423 万元，定价公允。

7. 2014 年 11 月，收购望江清源 100% 股权

（1）收购过程。2014 年 11 月 3 日，中环有限与中辰投资签订《股权转让协议》，约定中辰投资将持有的望江清源 50 万元（占望江清源注册资本的 100%）股权转让给中环有限，股权转让价格为 50 万元。

2014 年 11 月 24 日，望江清源就上述股权转让事宜在望江县市场监督管理局办理了变更登记手续。本次股权收购完成后，望江清源成为中环有限的全资子公司。

（2）履行程序。2014 年 11 月 3 日，中辰投资召开股东会，决定将持有的望江清源 50 万元股权转让给中环有限。

2014 年 11 月 3 日，中环有限召开股东会，决定受让中辰投资持有的望江清源 50 万元股权。

（3）定价依据、收购价格及其公允性。根据中水致远 2014 年 8 月 26 日出具的《资产评估报告》（中水致远评报字〔2014〕第 2121 号），望江清源截至评估基准日 2014 年 6 月 30 日的全部股东权益价值为 49.03 万元，中环有限本次收购望江清源 100% 股权系以前述评估价值为依据确定为 50 万元，定价公允。

8. 2015 年 1 月，收购宁阳清源 5% 股权

（1）收购过程。2014 年 11 月 3 日，中环有限与中辰投资签订《股权转让协议》，约定中辰投资将持有的宁阳清源 100 万元（占宁阳清源注册资本的 5%）股权转让给中环有限，股权转让价格为 118 万元。

2015 年 1 月 6 日，宁阳清源就上述股权转让事宜在宁阳县市场监督管理局办理了变更登记手续。因中环有限原持有宁阳清源 95% 股权，本次股权收购完成后，宁阳清源成为中环有限的全资子公司。

（2）履行程序。2014 年 11 月 3 日，中辰投资召开股东会，决定将持有的宁阳清源 100 万元股权转让给中环有限。

2014 年 11 月 3 日，中环有限召开股东会，决定受让中环有限持有的宁阳清源 100 万元股权。

（3）定价依据、收购价格及其公允性。根据中水致远 2014 年 8 月 26 日出具的《资产评估报告》（中水致远评报字〔2014〕第 2120 号），宁阳清源截至评估基准日 2014 年 6 月 30 日的全部股东权益价值为 2,400.61 万元，中环有限本次收购宁阳清源 5% 股权系以前述评估价值的 5% 为依据确定为 118 万元，定价公允。

9. 2015 年 2 月，收购宜源环保 60% 股份

（1）收购过程。2015 年 1 月 25 日，中环有限与中辰投资签订《股权转让协议》，约定中辰投资将持有的宜源环保 3,300 万股（占宜源环保总股本的 60%）股份转让给中环有限，股权转让价格为 3,300 万元。

2015 年 2 月 9 日，宜源环保就上述股份转让事宜在安庆市工商行政管理局办理了变更登记手续。本次股份转让完成后，中环有限持有宜源环保 60% 股份。

（2）履行程序。2015 年 1 月 25 日，中辰投资召开股东会，决定将持有的宜源环保 3,300 万股股份转让给中环有限。

2015 年 1 月 25 日，中环有限召开股东会，决定受让中辰投资持有的宜源环保 3,300 万股股份。

（3）定价依据、收购价格及其公允性。根据中水致远 2014 年 8 月 26 日出具的《资产评估报告》（中水致远评报字〔2014〕第 2119 号），宜源环保截至评估基准日 2014 年 6 月 30 日的全部股东权益价值为 5,169.31 万元（评估方法为基础资产法）。中环有限与中辰投资根据宜源环保的资产评估价值，并考虑宜源环保于 2013 年收到的可为宜源环保带来 500 万元收入的“纺织印染节水示范项目”500 万元政府补助在评估基准日尚计在“其他非流动负债”科目中等因素，协商确定收购价格为 3,300 万元。因此，本次收购价格定价公允。

综上所述，中介机构认为，上述股权收购行为符合当时法律、法规和规范性文件的规定，并已履行必要的法律程序，收购价格公允，相关股权收购行为真实、合法、有效。

二、安庆清源等 9 家公司被收购时的经营业绩情况、对报告期发行人主要财务指标或业绩的影响、是否构成重大资产重组

根据安庆清源等 9 家公司被收购前一年的财务报表、华普会计所出具的《审计报告》等资料，并经中介机构核查，发行人在 2012—2015 年期间陆续收购的安庆清源等 9 家公司业务构成了发行人全部污水处理业务，安庆清源等 9 家公司被收购时的经营业绩及对报告期发行人主要财务指标或业绩的影响如表 13-1 所示。

表13-1 安庆清源等9家公司被收购时经营业绩

单位：万元

序号	被收购公司名称	收购时间	收购前一年		
			资产总额	营业收入	利润总额
1	安庆清源	2012.08	2,698.90	0.00	30.48
2	桐城清源	2012.09	3,033.56	385.93	155.45
3	泰安清源	2012.11	13,954.52	3,217.70	913.21
4	舒城清源	2013.01	3,388.10	639.53	224.87

续表

5	全椒清源	2013.02	2,833.61	540.82	64.40
6	寿县清源	2013.02	5,733.75	587.68	294.02
7	望江清源	2014.11	—	—	—
8	宁阳清源	2015.01	6,089.13	1,077.53	468.71
9	宜源环保	2015.02	10,043.35	703.12	–78.04

注：1. 安庆清源被收购前一年尚未正式运营，无营业收入，利润总额系冲回减值损失产生。

2. 望江清源于 2014 年 3 月成立，成立当年即被发行人收购，因此被收购前一年三项财务指标为 0。

上述 9 家公司中，有 3 家系发行人在 2014—2016 年期间收购，该 3 家公司前一年度资产总额、营业收入、利润总额占发行人资产总额、营业收入、利润总额比例情况如表 13–2：

表13–2　3家公司前一年度资产总额、营业收入、利润总额占发行人资产总额、利润总额比例 情况

单位：万元

收购年度	公司名称	工商变更登记时间	交易对价情况	收购前一年资产总额	资产总额占比	收购前一年营业收入	营业收入占比	收购前一年利润总额	利润总额占比
2014	望江清源	2014.11	50	注 1	—	—	—	—	—
	合计	—	50	—	—	—	—	—	—
	发行人	—	—	51,297.38	—	8,882.85	—	3,715.25	
2015	宁阳清源	2015.01	118	304.46	0.49%	53.88	0.38%	23.44	0.58%
	宜源环保	2015.02	3,300	10,043.35	16.16%	703.12	5.00%	–78.04	注 2
	合计	—	3,418	10,347.81	16.65%	757.00	5.38%	—	0.58%
	发行人	—	—	62,136.67	—	14,060.70	—	4,066.06	—

注：1. 望江清源成立于 2014 年 3 月，成立当年即被发行人收购，因此被收购前一个会计年度三项指标为零。

2. 宜源环保被收购前一个会计年度末的利润总额为负。

依据以上事实以及《证券期货法律适用意见第 3 号》规定，中介机构认为，发行人报告期内收购公司不构成重大资产重组。

三、安庆清源等 9 家公司主要运营项目及业务建立时间、特许经营权时间

根据安庆清源、桐城清源、泰安清源、舒城清源、全椒清源、寿县清源、望江清源、宁阳清源及宜源环保所运营项目的特许经营协议、委托运营协议、污水处理协议等资料，并经中介机构核查，安庆清源等上述 9 家公司主要运营项目及业务建立时间、特许经营权时间如表 13–3 所示。

表13-3 安庆清源等9家公司主要运营项目及业务建立时间、特许经营权时间

序号	公司名称	主要运营项目	业务建立时间	特许经营权时间
1	安庆清源	安庆市马窝污水处理厂	2010年1月	自2012年6月起30年
2	桐城清源	桐城市城南污水处理厂	2008年12月	自2010年6月起30年
3	泰安清源	泰安市第二污水处理厂	2004年10月	自2006年6月起25年
		泰安市第一污水处理厂	2007年1月	自2007年7月起25年
4	舒城清源	舒城县污水处理厂	2008年11月	自2009年8月起30年
5	全椒清源	全椒县污水处理厂	2009年4月	自2010年9月起30年
6	寿县清源	寿县污水处理厂	2008年11月	自2009年10月起30年
7	望江清源	望江县污水处理厂	2014年3月	非特许经营项目
8	宁阳清源	宁阳县污水处理厂	2013年5月	自2013年6月起30年
9	宜源环保	安徽华茂国际纺织工业城污水处理厂	2012年5月	非特许经营项目

四、相关股权收购是否须履行国资审批程序

根据安庆清源、桐城清源、泰安清源、舒城清源、全椒清源、寿县清源、望江清源、宁阳清源、宜源环保、中辰投资的工商登记资料、有关特许经营协议、相关政府部门的确认文件等资料，并经中介机构核查，中环有限收购安庆清源等9家子公司股权时，相关股权转让方和受让方最终出资人均为自然人，相关股权转让无须按照国有股权转让有关规定履行审批程序。但根据相关特许经营协议约定，安庆清源、桐城清源、泰安清源、舒城清源、全椒清源、寿县清源6家公司股权转让应经特许经营权授权方批准。

就收购安庆清源等6家子公司股权事宜，中环环保分别报请了原安庆市住房和城乡建设委员会等特许经营权授权方批准，相关特许经营权授权方分别同意相应公司股权变动事宜，并确认上述股权变动不影响安庆清源等公司在特许经营期限内享有有关项目的特许经营权。

综上所述，中介机构认为，发行人收购安庆清源等9家公司股权已履行相应审批程序，相关股权收购合法、有效。

专家点评

《首次公开发行股票并上市管理办法（2018修正）》及《首次公开发行股票并在创业板上市管理办法（2018修正）》，均要求主营业务在报告期内不得有变化。中国证监会在《证券期货法律适用意见第3号》中明确了主营业务没有发生重大变化的适

用意见：发行人报告期内存在对同一公司控制权人下相同、类似或相关业务进行重组的，应关注重组对发行人资产总额、营业收入或利润总额的影响情况。发行人应根据影响情况按照以下要求执行：

（一）被重组方重组前一个会计年度末的资产总额或前一个会计年度的营业收入或利润总额达到或超过重组前发行人相应项目100%的，为便于投资者了解重组后的整体运营情况，发行人重组后运行一个会计年度后方可申请发行。

（二）被重组方重组前一个会计年度末的资产总额或前一个会计年度的营业收入或利润总额达到或超过重组前发行人相应项目50%，但不超过100%的，保荐机构和发行人律师应按照相关法律法规对首次公开发行主体的要求，将被重组方纳入尽职调查范围并发表相关意见。发行申请文件还应按照《公开发行证券的公司信息披露内容与格式准则第9号——首次公开发行股票并上市申请文件》（证监发行字〔2006〕6号）附录第四章和第八章的要求，提交会计师关于被重组方的有关文件以及与财务会计资料相关的其他文件。

（三）被重组方重组前一个会计年度末的资产总额或前一个会计年度的营业收入或利润总额达到或超过重组前发行人相应项目20%的，申报财务报表至少须包含重组完成后的最近一期资产负债表。

【案例2】涉及境外的并购——杰恩设计（股票代码：300668）

A股上市情况：2017年5月5日召开的中国证券监督管理委员会创业板发行审核委员会2017年第37次发审委会议审核：深圳市杰恩创意设计股份有限公司（首发）获通过。

案例解读

发行人于2015年先后收购实际控制人姜峰控制的杰拓设计和姜峰香港。请发行人补充披露：（1）杰拓设计和姜峰香港所从事的主要业务及演变情况，与发行人的业务关系，被收购前的经营情况及主要财务数据，最近三年是否存在违法违规行为，报告期内与发行人之间的交易情况及资金往来情况。（2）发行人收购上述公司的定价依据及公允性；上述企业设立、收购所履行的程序、资金来源是否符合境外投资、外汇管理等有关法律、法规及规范性文件的规定；上述收购完成工商变更登记（或香港公司注册备案）的具体时间。请中介机构核查上述问题并发表明确意见。

本所律所就上述相关问题进行了补充核查，并逐一发表补充意见如下：

一、杰拓设计和姜峰香港所从事的主要业务及演变情况，与发行人的业务关系，

被收购前的经营情况及主要财务数据，最近三年是否存在违法违规行为，报告期内与发行人之间的交易情况及资金往来情况

1. 杰拓设计和姜峰香港所从事的主要业务及演变情况，与发行人的业务关系

（1）杰拓设计从事的主要业务及演变情况，与发行人的业务关系。经核查，杰拓设计主要从事概念设计、方案设计业务。报告期内上述主要业务未发生变更。

杰拓设计作为发行人的境外经营平台，其组建的境外设计师团队为发行人提供更具国际化视野与风格的设计概念与方案，有助于提升发行人整体设计水平，更好满足业主的设计需求。

（2）姜峰香港从事的主要业务及演变情况，与发行人的业务关系。经核查，姜峰香港起初由姜峰于2010年5月出资设立，作为其境外投资平台。报告期内，除持有姜峰（深圳）100%的股权外，基本未开展实质性业务。

2. 被收购前的经营情况及主要财务数据

（1）2015年2月11日，发行人与姜峰、袁晓云、冉晓凤签订《股权转让协议》收购杰拓设计100%的股权。经核查，被收购前杰拓设计整体经营情况良好，盈利情况较好。截至2014年12月31日/2014年度，杰拓设计的主要财务数据如表13–4所示。

表13-4 杰拓设计2014年度主要财务数据

单位：万元

项目	2014年12月31日	项目	2014年度
资产总额	520.97	营业收入	2,413.81
负债总额	484.17	利润总额	971.22
股东权益	36.80	净利润	712.75

（2）2015年3月26日，杰拓设计与姜峰、袁晓云、冉晓凤签订《股权转让协议》收购姜峰香港100%的股权。经核查，姜峰香港成立至今，除持有姜峰（深圳）100%的股权外，基本不开展任何业务，利润主要来源于姜峰（深圳）的分红。截至2014年12月31日/2014年度，姜峰香港的主要财务数据如表13–5所示。

表13-5 姜峰香港2014年度主要财务数据

单位：万元

项目	2014年12月31日	项目	2014年度
资产总额	776.52	营业收入	0.00
负债总额	726.43	利润总额	635.28
股东权益	50.09	净利润	623.35

3. 杰拓设计、姜峰香港最近三年是否存在违法违规行为

根据具有国际公证人（Notary Public）及中国委托公证人（China-Appointed Attesting Officer）资格的叶谢邓律师行针对杰拓设计、姜峰香港出具的《关于杰拓设计（国际）有限公司法律意见书》（档案编号：PL/U004195/16、PL/U005277/17）、《关于姜峰室内设计（香港）有限公司法律意见书》（档案编号：PL/U004196/16、PL/U005278/17），报告期内，杰拓设计、姜峰香港不存在违法违规行为。

4. 报告期内与发行人之间的交易情况及资金往来情况

经核查，报告期内，姜峰香港与发行人之间不存在交易情况；杰拓设计与发行人之间的交易主要系发行人母公司将部分设计项目的概念设计、方案设计等环节委托杰拓设计完成，具体金额如表13-6所示。

表13-6　杰拓设计与发行人交易情况

单位：万元

年度	委托方	承接方	交易金额
2016	发行人母公司	杰拓设计	1,407.51
2015			1,477.30
2014			1,827.51

经核查，报告期各期，仅2014年年末，发行人对杰拓设计存在应付账款余额2.80万元，除此之外，不存在其他资金往来余额。

综上所述，中介机构认为，杰拓设计、姜峰香港的设立及业务演变具有合理背景及目的，报告期内经营正常，不存在重大违法违规行为。报告期内，姜峰香港与发行人不存在交易，杰拓设计与发行人之间的交易符合发行人实际经营情况，资金往来余额真实、准确，不存在重大异常。

二、发行人收购上述公司的定价依据及公允性；上述企业设立、收购所履行的程序、资金来源是否符合境外投资、外汇管理等有关法律、法规及规范性文件的规定；上述收购完成工商变更登记（或香港公司注册备案）的具体时间。请中介机构核查上述问题并发表明确意见

（一）发行人收购上述公司的定价依据及公允性

经核查，发行人收购杰拓设计，杰拓设计收购姜峰香港均以原始出资额为定价依据，该定价依据公允、合理。具体分析如下：

一方面，收购杰拓设计、姜峰香港前后姜峰有限、杰拓设计及姜峰香港均受同一实际控制人姜峰先生的最终控制，且该控制并非暂时性的，属于同一利益主体。另一方面，截至2014年12月31日，杰拓设计经审计后的账面净资产为50.88万港

元、每股净资产为5.09港元/股，姜峰香港经审计后的账面净资产为45.43万港元、每股净资产为0.91港元/股；净资产、每股净资产规模相对较小。综上所述，为消除同业竞争，实现业务资源的整合，释放协同效应，各股东经过友好协商后确定以原始出资额为定价依据进行收购。

（二）上述企业设立、收购所履行的程序、资金来源是否符合境外投资、外汇管理等有关法律、法规及规范性文件的规定

1. 关于境外公司的设立、收购程序涉及的法律法规

《个人外汇管理办法》及《个人外汇管理办法实施细则》规定：境内个人对外直接投资应按国家有关规定办理。所需外汇经所在地外汇局核准后可以购汇或以自有外汇汇出，并办理相应的境外投资外汇登记手续。

《国家外汇管理局关于境内居民通过境外特殊目的公司融资及返程投资外汇管理有关问题的通知》(汇发〔2005〕75号，以下简称“75号文”)规定：“特殊目的公司”是指境内居民法人或境内居民自然人以其持有的境内企业资产或权益在境外进行股权融资（包括可转换债融资）为目的而直接设立或间接控制的境外企业。境内居民设立或控制境外特殊目的公司之前，应向所在地外汇分局、外汇管理部申请办理境外投资外汇登记手续。

《中华人民共和国外汇管理条例》规定：境内机构、境内个人向境外直接投资或者从事境外有价证券、衍生产品发行、交易，应当按照国务院外汇管理部门的规定办理登记。

《境外投资管理办法》规定：商务部和省级商务主管部门按照企业境外投资的不同情形，分别实行备案和核准管理。企业境外投资涉及敏感国家和地区、敏感行业的，实行核准管理。企业其他情形的境外投资，实行备案管理。商务部和省级商务主管部门通过“境外投资管理系统”对企业境外投资进行管理，并向获得备案或核准的企业颁发《企业境外投资证书》。

2. 杰拓设计设立、收购所履行的程序、资金来源合规性分析

（1）杰拓设计设立所履行的程序及其合规性。经核查，2013年2月7日，杰拓设计在香港注册成立，香港公司注册处颁发了编号为1861923的《公司注册证书》。根据杰拓设计的《组织章程大纲》和《组织章程细则》，杰拓设计注册资本为10万港元，每股面值1港元，共10万股；其中，姜峰持有6.80万股、袁晓云持有1.60万股、冉晓凤持有1.60万股。

根据具有国际公证人（Notary Public）及中国委托公证人（China-Appointed Attesting Officer）资格的叶谢邓律师行出具的《关于杰拓设计（国际）有限公司法律

意见书》（档案编号：PL/U004195/16、PL/U005277/17），杰拓设计的成立符合香港公司条例规定，合法有效；杰拓设计遵守香港法律及法规或公司章程大纲及章程细则，存续合法。

（2）发行人收购杰拓设计所履行的程序及其合规性。2015 年 2 月 11 日，杰拓设计通过董事会决议，同意姜峰、袁晓云、冉晓凤分别将各自持有的杰拓设计 68.00%、16.00%、16.00% 的股权以 6.80 万港元、1.60 万港元、1.60 万港元的价格转让给姜峰有限。同日，姜峰、袁晓云、冉晓凤分别与姜峰有限签署了《股权转让协议》。2015 年 2 月 11 日，双方签署的股份转让书已完成所有法定程序包括但不限于缴付厘印费及加盖印花，杰拓设计已按规定将发行人记入备存之成员登记册内，并就上述情况向香港公司注册处进行了周年申报。

根据具有国际公证人（Notary Public）及中国委托公证人（China-Appointed Attesting Officer）资格的叶谢邓律师行出具的《关于杰拓设计（国际）有限公司法律意见书》（档案编号：PL/U004195/16、PL/U005277/17），上述股权变更已履行了必要的法律程序，是合法、有效的。

发行人就上述收购行为已经取得深圳市经济贸易和信息化委员会核发的《企业境外投资批准证书》批准，就用汇情况填报了《境外汇款申请书》，并在国家外汇管理局深圳分局办理了外汇登记手续，符合《境外投资管理办法》《外汇管理条例》等相关法律法规的要求。

（3）上述设立、收购的资金来源及其合规性分析。经核查，姜峰、冉晓凤、袁晓云等自然人设立杰拓设计时，涉及外汇金额较小（共计 10 万港元），其外汇资金来源于境外获得的港币资金，该等出资系以外汇资金在境外直接投入，不属于《个人外汇管理办法》及《个人外汇管理办法实施细则》规定的“以购汇或以自有外汇汇出”的情形；与此同时，当时有效的 75 号文所规定的“特殊目的公司”是指境内居民法人或境内居民自然人以其持有的境内企业资产或权益在境外进行股权融资为目的而直接设立或间接控制的境外企业，姜峰、袁晓云、冉晓凤等自然人股东设立杰拓设计并非以其持有的境内企业资产或权益在境外进行股权融资为目的，并不适用当时有效的 75 号文的规定；因此，姜峰、袁晓云、冉晓凤等自然人股东设立杰拓设计未违反当时有关个人外汇管理的相关法律法规。

发行人于 2015 年 2 月收购了杰拓设计，上述外汇来源以自有资金兑换，从境内直接汇出。发行人该等收购行为已经取得原深圳市经济贸易和信息化委员会（现深圳市工业和信息化局）核发的《企业境外投资批准证书》批准，并就用汇情况填报了《境外汇款申请书》，并在国家外汇管理局深圳分局办理了外汇登记手续，符合

《境外投资管理办法》《外汇管理条例》等相关法律法规的要求。

3. 姜峰香港设立、收购所履行的程序、资金来源合规性分析

（1）姜峰香港设立所履行的程序及其合规性。经核查，2010 年 5 月 26 日，姜峰香港在香港注册成立，香港公司注册处颁发了编号为 1460621 的《公司注册证书》。根据姜峰香港的《组织章程大纲》和《组织章程细则》，公司注册资本为 1 万港元，每股面值 1 港元，共 1 万股，全部由姜峰持有。

根据具有国际公证人（Notary Public）及中国委托公证人（China-Appointed Attesting Officer）资格的叶谢邓律师行出具的《关于姜峰室内设计（香港）有限公司法律意见书》（档案编号：PL/U004196/16、PL/U005278/17），姜峰香港的成立符合香港公司条例规定，合法有效；姜峰香港遵守香港法律及法规或公司章程大纲及章程细则，存续合法。

（2）姜峰香港收购所履行的程序及其合规性。2015 年 3 月 26 日，姜峰香港通过董事会决议，同意姜峰、袁晓云、冉晓凤分别将各自持有的姜峰香港 68.00%、19.00%、13.00% 的股权以 34.00 万港元、9.50 万港元、6.50 万港元的价格转让给杰拓设计。同日，姜峰、袁晓云、冉晓凤分别与杰拓设计签订《股权转让协议》。2015 年 3 月 30 日，双方签署的股份转让书已完成所有法定程序包括但不限于缴付厘印费及加盖印花，姜峰香港已按规定将杰拓设计记入备存之成员登记册内，并就上述情况向香港公司注册处进行了周年申报。

根据具有国际公证人（Notary Public）及中国委托公证人（China-Appointed Attesting Officer）资格的叶谢邓律师行出具的《关于姜峰室内设计（香港）有限公司法律意见书》（档案编号：PL/U004196/16、PL/U005278/17），上述股权变更已履行了必要的法律程序，是合法、有效的。

（3）上述设立、收购的资金来源及其合规性分析。姜峰设立姜峰香港时，涉及外汇金额较小（共计 1 万港元），其外汇资金来源于境外获得的港币资金，该等出资系以外汇资金在境外直接投入，不属于《个人外汇管理办法》及《个人外汇管理办法实施细则》规定的“以购汇或以自有外汇汇出”的情形；与此同时，当时有效的 75 号文所规定的“特殊目的公司”是指境内居民法人或境内居民自然人以其持有的境内企业资产或权益在境外进行股权融资为目的而直接设立或间接控制的境外企业，姜峰设立姜峰香港并非以其持有的境内企业资产或权益在境外进行股权融资为目的，并不适用当时有效的 75 号文的规定；根据《境内居民通过境外特殊目的公司融资及返程投资外汇管理操作规程》的规定，境外企业视为非特殊目的公司处理，境内居民个人无须为该境外企业办理特殊目的公司登记。因此，姜峰设立姜峰香港未违反

当时境内个人境外直接投资外汇管理及投资审批的禁止性或强制性法律规定，目前也无须补办境外投资外汇登记。因而，姜峰设立姜峰香港，无须办理相应的外汇登记，并未违背上述法律法规。

杰拓设计收购姜峰香港系境外公司对境外公司的直接收购，因而不涉及境内企业境外投资及再投资的备案程序。

（三）上述收购完成工商变更登记（或香港公司注册备案）的具体时间

2015年2月11日，发行人收购杰拓设计在香港公司注册处完成备案；2015年3月30日，杰拓设计收购姜峰香港在香港公司注册处完成备案。

经核查，中介机构认为，发行人收购杰拓设计、姜峰香港的定价公允、合理；杰拓设计、姜峰香港的设立、收购履行了必要的程序，资金来源均为自有资金，符合当时有效的境外投资、外汇管理等有关法律法规及规范性文件的规定。

专家点评

发行人根据《中华人民共和国外汇管理条例》规定，以自有资金兑换收购资金的外汇，从境内直接汇出，发行人收购行为也取得有权机关核发的《企业境外投资批准证书》批准，并就用汇情况填报了《境外汇款申请书》，在国家外汇管理部门办理了外汇登记手续，符合《境外投资管理办法》。

需要说明的是，《关于外国投资者并购境内企业的规定》（10号文）、《国家外汇管理局关于境内居民通过境外特殊目的公司融资及返程投资外汇管理有关问题的通知》（75号文），适用于境内权益在境外上市的情形，而本案例并无此内容，因此不适用10号文、75号文的规定。

【案例3】构成重大资产重组的情况——华大基因（股票代码：300676）

A股上市情况：2017年5月24日召开的中国证券监督管理委员会创业板发行审核委员会2017年第45次发审委会议审核：深圳华大基因股份有限公司（首发）获通过。

案例解读

根据申请材料，发行人历史上重组较多，主要通过收购股权和资产的方式将华大控股下属的与临床应用服务业务、科学研究服务业务、临床应用服务等相关的资产、股权纳入发行人体系。（1）请发行人结合相关资产的收购价格，目前在发行人业务体系中发挥的作用，报告期内产生的收入、利润和占比；（2）请发行人说明其控股股东、实际控制人及其直接、间接投资的其他企业的主营业务、主要产品，与发行人是否从事相同或相似业务，是否存在上下游关系，是否存在交易、资金往来，是否存在共用资产、分担成本等利益输送情形，发行人在资产、人员、机构、财务、业务等方面是否均独立于上述主体；（3）请发行人结合其历史上的重组情况，说明在本次申报时点是否符合《证券期货法律适用意见第3号》的相关规定、是否对本次发行上市构成障碍。请中介机构核查并发表明确意见。

【答复】

一、请发行人结合相关资产的收购价格，目前在发行人业务体系中发挥的作用、报告期内产生的收入、利润和占比

根据发行人的说明并经中介机构核查，为增强公司独立性、避免与关联方产生同业竞争，降低关联交易比例，发行人历史上对控股股东相关资产和业务进行重组整合，主要将华大控股下属的临床应用服务业务、科学研究服务业务、临床应用服务所需测序仪及配套试剂生产业务其他等相关的资产、股权纳入公司体系内，具体情况如下：

（一）临床应用服务

1. 收购标的

自2012年起，发行人直接、间接收购了华大控股下属6家开展临床应用服务业务的公司，分别为上海基因科技、上海医检、深圳临检、天津华大、南京基因科技、南京医检。其中上海医检为上海基因科技全资子公司，南京医检为南京基因科技全资子公司。

2. 收购价格

根据发行人的说明及其所提供的各被并购公司《评估报告》，发行人收购上海基因科技、天津华大、南京基因科技3家公司的定价均系参照股权转让前被收购方经评估的净资产值确定，评估方法均为资产基础法。上海医检与其母公司上海基因科技一并转让，南京医检与其母公司南京基因科技一并转让；公司收购深圳临检的价格参照转让前深圳临检的实际出资额确定，主要情况如表13-7所示，具体情况可参见本补充法律意见书对反馈意见问题6之回复内容：

表13-7 发行人收购情况

时间	持有人	标的	作价
2012.10	华大控股	上海基因科技97.37%	1,090万元
2013.08	华大三生园	上海基因科技2.63%	52,436.94元

续表

时间	持有人	标的	作价
2013.07	北京基因研究	深圳临检 95%	950 万元
2013.11	华大控股	天津华大 96.875%	1,064,656.25 元
	华大三生园	天津华大 3.125% 的股权	34,343.75 元
2013.12	华大控股	南京基因科技 35% 的股权	603.3750 万元

3. 收入和利润占比

根据发行人提供的财务数据，上述被收购标的于 2013—2016 年的收入、利润及占比数据如表 13-8 所示。

表13-8　被收购标的公司2013-2016年收入、利润及占比情况　　单位：万元

标的公司		2013 年	2014 年	2015 年	2016 年
上海基因科技	收入	4,313.74	1,510.34	2,673.38	45.63
	净利润	−225.07	−815.44	1,333.42	−330.19
上海医检	收入	0	1,554.94	7,340.74	11,573.13
	净利润	−38.91	105.97	110.73	−73.97
深圳临检	收入	18,610.76	20,184.15	29,404.74	54,936.70
	净利润	5,510.93	2,893.13	6,347.09	13,320.03
天津华大	收入	4,548.44	5,579.22	1,342.44	586.40
	净利润	635.19	370.06	−246.57	69.10
南京基因科技	收入	3,372.61	786.27	1,933.22	1,629.90
	净利润	298.25	−414.86	132.87	−303.32
南京医检	收入	0	1,689.08	3,869.12	5,882.21
	净利润	−4.24	28.00	−156.18	338.64
收入合计占比		29.45%	27.65%	35.31%	43.62%
净利润合计占比		35.77%	37.02%	27.65%	37.20%

4. 目前在发行人业务体系中发挥的作用

根据发行人的说明，上述 6 家公司中，深圳临检主要为医疗机构及科研机构提供第三方基因检测业务，系公司华南区域从事基因检测业务的主要开展主体和收入来源；南京医检和上海医检为公司华东区域从事基因检测业务的主要开展主体和收入来源；上海基因科技、天津华大和南京基因科技的主要作用分别是作为上海医检、天津医检和南京医检的设置主体。

（二）科学研究服务

1. 收购标的

根据发行人的说明、结合中介机构的核查，历史上发行人向华大控股收购了开展科学研究服务业务的公司华大科技及其下属子公司。

2. 收购价格

根据发行人的说明及其所提供的华大科技《评估报告》，公司收购华大科技的价格参照转让前华大科技经评估的净资产值确定，评估方法为资产基础法。

表13-9 发行人收购华大科技情况

时间	持有人	标的	作价
2014.12	华大控股	华大科技 53.5316% 的股权	41,943.8128 万元
	华大三生园	华大科技 4.0909%	8,585.8836 万元

3. 收入和利润占比

根据发行人提供的财务数据，华大科技于 2013—2016 年的收入、利润及占比数据如表 13-10 所示。

表13-10 华大科技2013-2016年收入、利润及占比情况

单位：万元

标的公司		2013 年	2014 年	2015 年	2016 年
华大科技（合并）	收入	58,772.06	64,228.27	63,276.66	56,537.68
	净利润	7,720.82	6,485.25	1,713.70	301.46
收入合计占比		56.11%	56.74%	47.98%	33.03%
净利润合计占比		44.71%	110.80%	6.30%	0.86%

4. 目前在发行人业务体系中发挥的作用

根据发行人的说明，华大科技系发行人科学研究服务业务板块的主要开展主体和收入来源，主要通过与科研机构、高校等组织或机构客户合作，为其提供相应的生命科学研究服务。

（三）临床应用服务所需测序仪及配套试剂

1. 收购标的

根据发行人的说明、结合中介机构的核查，报告期内发行人直接、间接收购了华大控股下属 4 家开展临床应用服务所需测序仪及配套试剂业务的公司，分别为武汉生物科技、深圳生物工程、深圳生物科技和武汉生物工程，其中武汉生物工程为深圳生物工程全资子公司。

2. 收购价格

根据发行人的说明及其所提供的各被并购公司《评估报告》，公司收购武汉生物科技、深圳生物工程和深圳生物科技3家公司的价格，均参照股权转让前被收购方经评估的净资产值确定，评估方法均为资产基础法，其中武汉生物工程与其母公司深圳生物工程一并转让。

表13-11　发行人收购武汉生物科技等3家公司的情况

时间	持有人	标的	作价
2014年12月	华大控股	武汉生物科技100%的股权	1,924.27万元
2015年1月	华大控股	深圳生物工程100%的股权	1,452.59万元
2015年1月	华大控股	深圳生物科技100%的股权	1,463.03万元

3. 收入和利润占比

根据发行人提供的财务数据，上述被收购标的于2013—2016年的收入、利润及占比数据如表13-12所示。

表13-12　武汉生物等被收购公司2013—2016年收入、利润及占比情况　单位：万元

标的公司		2013年	2014年	2015年	2016年
武汉生物科技	收入	0	1,037.33	1,836.29	1,946.49
	净利润	-0.71	-15.69	-170.95	-487.44
深圳生物工程	收入	0	0	0	611.49
	净利润	1.49	137.39	-43.55	28.48
深圳生物科技	收入	—	1,785.20	3,049.95	3,761.98
	净利润	—	-3,097.50	322.45	891.00
武汉生物工程	收入	0	0	1,041.73	21.27
	净利润	-13.69	-221.22	193.39	-72.77
收入合计占比		0	2.49%	4.50%	3.60%
净利润合计占比		-0.075%	-54.62%	0.86%	1.03%

4. 目前在发行人业务体系中发挥的作用

武汉生物科技、深圳生物工程、深圳生物科技和武汉生物工程4家公司主要负责为发行人临床应用服务所需的基因测序仪器及配套试剂提供生产业务。由于该类医疗仪器需要通过CFDA相关认证方可开展临床应用业务，因此上述公司为发行人开展基因检测、分析、解读服务提供内部配套器材支撑，保障发行人开展业务的合法合规，同时降低公司对第三方或关联方的依赖。

（四）其他业务

1. 收购标的

根据发行人的说明、结合中介机构的核查，报告期内发行人收购了华大控股下属 3 家公司，分别是美洲科技、日本科技、欧洲医学。

2. 收购价格

根据发行人的说明及其所提供的各被并购公司《评估报告》，公司收购美洲科技、日本科技、欧洲医学共 3 家公司的价格，均参照股权转让前被收购方经评估的净资产值确定，美洲科技、日本科技和欧洲医学 3 家公司的评估方法均为资产基础法。

表13-13 香港华大收购美洲科技、日本科技、欧洲医学的价格

时间	持有人	标的	作价
2013.6	香港华大	美洲科技 100% 的股权	1,229.74 万元
2013.6	香港华大	日本科技 100% 股权	95.82 万元
2015.4	香港华大	欧洲医学 100% 股权	2,700 万丹麦克朗

3. 收入和利润占比

根据发行人提供的财务数据，上述被收购标的于 2013—2016 年的收入、利润及占比数据如表 13-14 所示。

表13-14 美洲科技等被收购公司2013—2016年收入、利润及占比情况 单位：万元

标的公司		2013 年	2014 年	2015 年	2016 年
美洲科技	收入	8,800.90	14,780.74	13,329.09	16,408.44
	净利润	−60.34	1,171.89	−249.76	−609.98
日本科技	收入	846.95	877.55	1,220.45	974.90
	净利润	−58.07	−257.11	−60.10	−275.22
欧洲医学	收入	2,229.04	7,962.81	8,376.04	8,366.23
	净利润	−643.01	−846.61	568.00	2,257.74
收入合计占比		11%	21%	17%	15%
净利润合计占比		−4%	1%	1%	4%

4. 目前在发行人业务体系中发挥的作用

上述 3 家公司中，美洲科技为发行人美洲区域海外业务的主要开展主体和收入来源；日本科技主要代理公司在日本地区的业务；欧洲医学为欧洲区域海外业务的主要开展主体和收入来源。

二、请发行人说明其控股股东、实际控制人及其直接、间接投资的其他企业的主营业务、主要产品，与发行人是否从事相同或相似业务，是否存在上下游关系，是否存在交易、资金往来，是否存在共用资产、分担成本等利益输送情形，发行人在资产、人员、机构、财务、业务等方面是否均独立于上述主体

（一）控股股东、实际控制人及其投资的其他主体的主营业务、主要产品及是否与发行人存在同业竞争、上下游关系

1. 控股股东的主营业务

华大控股直接持有发行人41.33%的股份，并通过华大三生园间接持有发行人1.09%的股份，直接和间接合计持有公司42.42%的股份，为公司控股股东。

根据华大控股的说明，华大控股的主营业务以股权管理、对外投资为主。华大控股主要作为产业型控股平台，对旗下各板块进行股权管理，结合整体战略目标进行资产管理、投资等工作，本身并不直接从事生产经营。因此，华大控股与公司不从事相同或相似业务，不存在同业竞争或上下游关系。

2. 控股股东所投资的控股子公司的主营业务

（1）区域公司。根据华大控股及发行人的说明，在华大控股对内部业务进行重组前，华大控股下属各区域公司主要负责所在区域的基因测序及相关业务的开展工作。随着资产重组后基因测序及相关业务被纳入发行人体系内，华大控股下属区域公司已不再从事和基因测序相关的业务。截至2016年12月31日，华大控股下属区域公司的基本情况如表13-15所示。

表13-15　华大控股下属区域公司基本情况

序号	主体	华大控股直接或间接控制比例	主营业务	与发行人是否从事相同或相似业务
1	武汉华大	100%	目前无实际经营性业务	否
2	云南华大	90%	目前无实际经营性业务	否
3	北京基因研究	63%	目前无实际经营性业务	否
4	上海生物工程	100%	目前无实际经营性业务	否
5	青岛华大	100%	目前无实际经营性业务	否
6	香港华大	100%	目前无实际经营性业务	否
7	丹麦华大	100%	目前无实际经营性业务	否
8	BGIGroupsUSAInc.	100%	目前无实际经营性业务	否

续表

序号	主体	华大控股直接或间接控制比例	主营业务	与发行人是否从事相同或相似业务
9	杭州华大	100%	目前无实际经营性业务	否
10	广州华大	100%	目前无实际经营性业务	否
11	澳洲华大	100%	目前无实际经营性业务	否
12	新疆华大	100%	目前无实际经营性业务	否

综上所述，华大控股下属各区域公司目前无实际经营性业务，目前仅作为华大控股在各区域的联络中心，并协助华大研究院在国内外各区域拓展、开发基础性科研项目。由于发行人的主营业务为通过基因检测等手段，为医疗机构、科研机构、企事业单位等提供基因组学类的诊断和研究服务，不涉及基础性科研项目相关的业务，与华大控股下属各区域公司的主营业务明显区分。同时，华大控股下属各区域公司并不直接或间接持有发行人股权或参与公司的经营，其与发行人在各自企业的所有权和经营管理上相互独立、互不干涉。因此，华大控股下属各区域公司不从事与公司相同或相似的业务，其业务与公司之间不存在同业竞争或上下游关系。

（2）农业板块。根据华大控股的说明，华大控股的农业板块定位于依靠国际先进的基因组学技术，开展农作物、水产动植物的育种、种植养殖业务。截至 2016 年 12 月 31 日，华大控股下属农业板块各公司基本情况如表 13-16 所示。

表13-16 华大控股下属农业板块各公司基本情况

序号	主体	华大控股直接或间接控制比例	主营业务	与发行人是否从事相同或相似业务
1	华大三生园	95%	农业投资、农产品生产、销售、育种	否
2	华大方舟	100%	动物育种	否
3	华大水产	70%	水生动物育种、水产品销售	否
4	老挝华大	100%	水稻，轻木等育种、种植	否
5	华大小米	80%	小米育种、种植	否
6	杨凌研究院	100%	无实际业务	否
7	农业控股	100%	股权管理	否
8	农业基金	100%	农业领域投资	否
9	镇江水产	85%	水生动物育种、水产品养殖、销售	否

续表

序号	主体	华大控股直接或间接控制比例	主营业务	与发行人是否从事相同或相似业务
10	镇江渔业	100%	水产品养殖、销售	否
11	海南水产	65%	水产品养殖、销售	否
12	广州锐护	51%	水产品零售	否
13	华大水产（香港）有限公司	100%	水产品养殖、销售	否
14	长垣小米	100%	小米育种、种植	否
15	东营小米	55%	小米育种、种植，水产、家禽养殖	否
16	安阳种业	52%	小米育种	否
17	华大营养	85%	益生菌产品研发及销售	否
18	老挝水产	100%	优质水产品的选育、养殖和销售	否
19	艾格基金	51%	农业领域投资	否
20	河南华锐渔	51%	水产品养殖、销售	否
21	新疆农业	60%	尚未实际开展业务	否
22	广东优康	100%	尚未实际开展业务	否
23	广州华锐渔	43%	水产品养殖、加工、销售	否
24	大连中茂贸易	85%	鲟鱼罐头、鲟鱼休闲食品、进口海鲜等的贸易	否

综上所述，华大控股以华大三生园作为农业方面的投资平台，通过新设或收购的

方式，构建了涉及农作物育种、养殖、销售，水产品育种、养殖、销售以及农业产业投资的农业板块体系。农业板块各公司的主营业务和销售收入来源主要为相关农产品和水产品的育种、种植、养殖或销售。发行人主营业务为基因检测、分析、解读的服务，与农业板块各公司的育种、养殖和销售业务明显区分。因此，华大控股下属农业板块各公司不从事与公司相同或相似的业务，与公司不存在同业竞争。

上述农业板块在开展业务的过程中会涉及对样品（种子、细胞等）进行基因测序，当自身测序能力不足或不经济时，会考虑将此环节外包给发行人，因此，上述农业板块与发行人在该部分业务存在上下游关系，但不存在互相依赖的情形。

（3）测序设备板块。根据华大控股的说明，华大控股的测序设备板块公司主要

从事测序仪及配套设备的研发、生产和销售业务。截至 2016 年 12 月 31 日，华大控股下属测序设备板块各公司基本情况如表 13–17 所示。

表13–17　华大控股下属测序设备板块各公司基本情况

序号	主体	华大控股持股情况	主营业务	与发行人是否从事相同或相似业务
1	华大设备	100%	测序仪研发、生产、销售，尚未对外开展业务	否
2	CG 公司	100%	测序仪及配套设备研发	否
3	香港设备	100%	测序设备及物料进出口贸易	否
4	华大智造	100%	测序仪及配套试剂的研发、生产和销售	否
5	武汉智造	100%	测序仪及配套试剂的研发、生产和销售	否

综上所述，华大控股的测序设备板块各公司的主营业务是测序仪及配套试剂的研发、生产和销售。发行人的主营业务系为客户提供基因组学类的诊断和研究服务，其承担测序仪生产制造功能的子公司主要系为满足自身开展医学检验业务的合法性而设立，为公司开展业务的辅助支撑部门。因此，发行人与华大控股下属测序设备板块各公司从事的业务不存在同业竞争情形。

根据发行人的说明，发行人已经具备生产临床服务所需测序仪和试剂的生产资质与能力，但测序设备作为公司开展业务的主要生产工具，需要根据市场变化进行适当的更新换代，若华大控股的上述测序仪板块各公司研发、生产出更具有商业竞争力的测序设备时，发行人存在购买的可能性。同时，发行人在测序耗材短期产能短缺或出于便利性和经济性考虑的情况下，发行人测序仪某些易损配件还需要向关联方购买。因此，上述测序设备板块与发行人在该部分业务存在上下游关系，但不存在互相依赖的情形。

（4）教育板块。根据华大控股的说明，华大控股的教育板块公司主要从事教育或培训、交流业务。截至 2016 年 12 月 31 日，华大控股下属教育板块各公司基本情况如表 13–18 所示。

表13–18　华大控股下属教育板块各公司基本情况

序号	主体	华大控股持股情况	主营业务	与发行人是否从事相同或相似业务
1	华大学院	100%	生命科学方向的人才培训、教育、联合培养	否
2	产学研资联盟	100%	会员交流、培训	否
3	华大幼儿园	95%	适龄幼儿学前教育	否

综上所述，华大控股的教育板块公司中，华大学院主要通过开展产业类高管人才培训活动，从而为当地生物产业发展提供人才和智力支撑；产学研资联盟旨在通过建立基因产业相关资源的共享机制、推动产业政策、行业标准、服务体系的出台，进而促进基因产业的科技进步和产业化；华大幼儿园系为公司职工子女提供学前教育的民办教育机构。因此，华大控股下属教育板块各公司不从事与公司相同或相似的业务，与公司不存在同业竞争，不存在上下游关系。

（5）基础研究板块。根据华大控股的说明，华大控股的基础研究板块公司主要从事基因组学、农业或司法鉴定技术方面的基础性科学研究业务。截至 2016 年 12 月 31 日，华大控股下属基础研究板块各公司基本情况如表 13–19 所示。

表13–19 华大控股下属基础研究板块各公司基本情况

序号	主体	华大控股持股情况	主营业务	与发行人是否从事相同业务
1	云南研究院	100%	生物基因组学、跨组学研究	否
2	洛阳农创	66.67%	农业科学基础研究	否
3	司法研究院	100%	司法鉴定技术研究	否
4	华大研究院	100%	国际前沿基因组科学基础研究与技术开发	否
5	深圳华大研究中心	100%	基因组科学研究	否
6	湖北研究院	100%	基因组科学研究	否
7	农科院研究院	50%	农业科学基础研究	否
8	青岛研究院	100%	尚未实际开展业务	否
9	海洋研究院	100%	尚未实际开展业务	否

综上所述，华大研究院、云南研究院、深圳华大研究中心主营业务是从事国际前沿的基因组学的基础性科学研究，且不从事营利活动。其中，华大研究院在 2011 年获得国家发改委批复，同意依托华大研究院组建深圳国家基因库，主要任务为研究制定标准，建立生物信息数据处理系统，建立国家基因库等，为中国生命科学研究和生物产业发展提供基础性和支撑性服务平台，储存和管理本国特有的遗传资源、生物信息和基因数据；洛阳农创、农科院研究院主营业务是从事国际前沿的农业方面的基因组学基础性科学研究；湖北研究院主营业务系基因组科学研究；司法研究院主营业务系司法鉴定技术研究；青岛研究院、海洋研究院尚未实际开展业务。华大控股下属基础研究板块各公司不从事与公司主营业务实质相同或相似的业务，与公司不存在同业竞争。

以华大研究院为主的基础研究板块的主营业务是基础科学研究，作为科研机构在进行科学研究的过程中，会存在部分测序及解读服务委托发行人开展；同时发行人为保持技术领先性，在自身积极开展研发工作的基础上，也会适量借助华大研究院的基础研究方面的实力，委托其进行前沿研发工作。因此，上述基础研究板块与发行人在该部分业务存在上下游关系，但不存在互相依赖的情形。

（6）其他业务板块。根据华大控股的说明，截至 2016 年 12 月 31 日，华大控股下属其他业务板块各公司基本情况如表 13–20 所示。

表13–20 华大控股下属其他业务板块各公司基本情况

序号	主体	华大控股持股情况	主营业务	与发行人是否从事相同或相似业务
1	华大互联网	100%	电子商务，网站运营	否
2	华大物流	100%	冷链运输	否
3	华大优选	100%	农产品、食品、化妆品等销售	否
4	蓝色彩虹	60%	产业投资	否
5	华大法医	100%	法医病理鉴定、法医临床鉴定、法医物证鉴定	否
6	绿倍投资	80%	产业投资	否
7	华大研究发展	100%	产业投资	否
8	华大运动	100%	尚未实际开展业务	否
9	华大方瑞	100%	法医病理鉴定、法医临床鉴定、法医物证鉴定	否
10	司法鉴定所	100%	物证、毒物司法鉴定	否
11	西安司法	100%	无实际业务	否
12	天津司法	100%	司法鉴定技术研发、咨询	否
13	香港实验室	100%	尚未实际开展业务	否
14	武汉药业	100%	无实际业务	否
15	香港研究院	开办人	无实际业务	否
16	深圳奇迹之光	99%	尚未实际开展业务	否
17	西藏奇迹之光	100%	尚未实际开展业务	否
18	华大药业投资	100%	尚未实际开展业务	否
19	北京方瑞生物	100%	亲子鉴定技术咨询	否
20	武汉司法	100%	尚未实际开展业务	否
21	深圳共赢创投	50%	尚未实际开展业务	否
22	北京蓝色彩虹	100%	尚未实际开展业务	否

根据华大控股的说明，华大控股其他业务板块中的各公司从事的业务主要包括农产品销售、电子商务、冷链运输、产业投资和司法鉴定等。上述业务与发行人的主营业务类型均明显区分，不存在交叉或重合的情况。因此，华大控股下属其他板块各公司不从事与公司相同或相似的业务，与公司不存在同业竞争。

华大控股其他业务板块中的上述公司在业务开展过程中会存在部分测序及解读服务委托发行人开展的可能性，因此，上述其他业务板块与发行人在该部分业务存在上下游关系，但不存在互相依赖的情形。

3. 控股股东投资的一级参股子公司的主营业务

根据华大控股的说明，截至2016年12月31日，华大控股下属的一级参股子公司基本情况如表13-21所示。

表13-21　华大控股下属一级参股子公司基本情况

序号	主体	华大控股持股情况	主营业务	与发行人是否从事相同或相似业务
1	浙江禾连网络科技有限公司	12.4727%	互联网免费WiFi、风险投资	否
2	深圳绿倍生态科技有限公司	28%	无经营性业务	否
3	深圳市圣朴骏辉健康管理有限公司	10%	无经营性业务	否
4	华星环球（深圳）农业有限公司	9%	立体农业、植物工厂的建设、产品销售、研发	否
5	深圳同创伟业资产管理股份有限公司	0.4286%	私募股权投资	否

深圳绿倍生态科技有限公司和深圳市圣朴骏辉健康管理有限公司目前尚未实际开展业务，浙江禾连网络科技有限公司的主营业务为互联网免费WiFi、风险投资，华星环球（深圳）农业有限公司的主营业务为立体农业、植物工厂的建设、产品销售、研发，深圳同创伟业资产管理股份有限公司的主营业务为私募股权投资，该等公司的业务与发行人的主营业务存在显著区别，不存在同业竞争。

4. 实际控制人投资的其他主体的主营业务

发行人实际控制人汪建持有华大控股85.30%的股权，华大控股直接和间接合计控制发行人42.42%的股份，因此汪建系发行人的实际控制人。

截至2016年12月31日，除华大控股及其下属公司外，实际控制人汪建投资的其他企业的基本情况如表13-22所示。

表13-22　实际控制人汪建投资的其他企业基本情况

序号	主体	持股情况	主营业务	与发行人是否从事相同或相似业务
1	华大智造（BVI）	100%	持股平台，无实际业务	否
2	华大智造（Cayman）	100%	持股平台，无实际业务	否
3	华大智造（香港）	100%	持股平台，无实际业务	否
4	辉源生物科技（上海）有限公司	11.88%	药物、生物技术的研究、开发	否

根据发行人提供的《股权转让协议》，包括汪建在内的辉源生物科技（上海）有限公司股东拟将其合计所持有的该公司100%股权转让给上海药明康德新药开发有限公司。目前该股权转让相关的工商变更尚在办理中。

根据实际控制人汪建的说明，发行人实际控制人汪建控制或投资的其他企业中，华大智造（BVI）、华大智造（Cayman）和华大智造（香港）均为无实际业务的持股平台，辉源生物科技（上海）有限公司的主营业务为药物、生物技术的研究和开发。上述业务类型均与发行人的主营业务明显区分，不存在交叉或重合的情形。因此，实际控制人汪建投资的企业不从事与公司相同或相似的业务，与公司不存在同业竞争。

辉源生物科技（上海）有限公司主营业务系药物、生物技术的研究、开发，日常经营存在委托外部主体进行基因测序的情况，与发行人存在业务上的上下游关系，除此之外，汪建所投资的除华大控股及其下属公司外的其他企业与发行人不存在业务上的上下游关系。

（二）控股股东、实际控制人及其投资的其他主体与公司的交易情况、资金往来等情况

1. 相关交易情况

根据华大控股、汪建及发行人的说明，结合中介机构的核查，报告期内公司与控股股东、实际控制人及其投资的部分主体之间存在交易情况，主要分为如下三大类型，具体内容可参见本补充法律意见书中对反馈意见问题4的回复内容：

（1）经常性关联交易。截至2016年12月31日，公司与控股股东、实际控制人及其投资的其他主体之间的经常性关联交易，主要发生在基因测序服务的采购、提供、技术开发和物料的采购类别，少量发生在物业和设备的租赁与出租类别。公司与控股股东、实际控制人及其投资的其他主体之间上述交易定价以市场价格和成本（成本加成）为主，定价公允，且符合独立交易原则，不存在控股股东、实际控制人利用关联交易侵占公司利益的情形。

（2）偶发性关联交易。截至2016年12月31日，公司与控股股东、实际控制人及其投资的其他主体之间的偶发性关联交易，主要发生在公司为重组或自身业务开展需要向关联方购买股权、资产领域。随着公司资产重组的完成，相关关联交易已基本不再存在。公司与控股股东、实际控制人及其投资的其他主体之间上述交易定价以相关资产的评估值或账面净值为主，定价公允，且符合独立交易原则，不存在控股股东、实际控制人利用关联交易侵占公司利益的情形。

（3）其他关联交易。截至2016年12月31日，公司与控股股东、实际控制人及其投资的其他主体之间的其他关联交易，主要是发生在内部重组时部分业务合同无法转包的情况下，或者发生在公司为华大控股下属区域公司提供营销协助的情况下。公司与控股股东、实际控制人及其投资的其他主体之间上述交易定价分为平价转让和成本加成法，定价公允，且符合独立交易原则，不存在控股股东、实际控制人利用关联交易侵占公司利益的情形。

2. 资金往来情况

报告期内，公司与控股股东、实际控制人及其投资的其他主体之间，在应收账款、其他应收款、应付账款、其他应付款、预收账款、其他流动资产领域内发生资金往来，不存在控股股东、实际控制人利用关联交易侵占公司利益的情形。

3. 不存在共用资产、分担成本等利益输送情形

发行人具备规范的固定资产、存货登记流程，账实相符，与关联方资产有明显区分；发行人拥有核心无形资产的所有权或使用权，权属清晰，不存在纠纷；发行人开展生产经营过程中，具备规范的生产流程，具备完整的生产记录，公司收入、成本核算清晰；发行人制定并执行严格的人力资源管理制度，采购、生产、销售、管理、财务等人员与关联方人员严格区分，不存在合署办公、人员混用的情况。

综上，发行人与关联方不存在共用资产、分担成本等利益输送情形。

（三）公司的独立性

1. 资产完整

根据发行人的说明及中介机构的核查，发行人具备与经营有关的业务体系及主要相关资产，包括机器设备、运输设备、办公设备等；发行人合法拥有与生产经营有关的主要土地、厂房、机器设备以及商标、专利、非专利技术的所有权或者使用权，具有独立的原料采购和服务提供系统。

2. 人员独立

根据发行人的说明及中介机构对发行人股东大会、董事会等会议文件的核查，发行人建立健全了法人治理结构，其董事、监事及高级管理人员均严格按照《公司法》

《公司章程》的相关规定产生，不存在控股股东指派或干预高级管理人员任免的情形；发行人制定了严格的人力资源管理制度，建立了有效激励与竞争机制的薪酬福利体系，与公司员工签订了相关《劳动合同》，公司劳动、人事与工资管理独立完整。

3. 财务独立

根据发行人的说明及中介机构的核查，发行人设立了独立的财务部门，配备了专职财务人员，建立了独立的会计核算体系，制定了内部财务管理制度等内控制度；发行人独立进行财务决策，具有规范的财务会计制度和对子公司的财务管理制度、拥有独立的银行账户，独立对外签订合同。

4. 机构独立

根据发行人的说明及中介机构的核查，发行人已设立了股东大会、董事会、监事会以及管理部门等机构，并根据生产经营的需要，设置了相应的办公机构和生产经营机构，建立了较为完善的组织机构，拥有完整的采购、生产、销售系统及配套部门。发行人已建立健全内部经营管理机构、独立行使经营管理职权。

5. 业务独立

根据发行人的说明及中介机构的核查，发行人具有独立完整的研发、生产能力，以及采购、销售渠道，独立从事采购、研发、生产与销售；发行人的业务独立于控股股东、实际控制人及其控制的其他企业，与控股股东、实际控制人及其控制的其他企业间不存在同业竞争或者显失公平的关联交易。

综上，发行人在资产、人员、财务、机构、业务方面均独立于其控股股东、实际控制人及其直接、间接投资的其他企业。

三、请发行人结合其历史上的重组情况，说明在本次申报时点是否符合《证券期货法律适用意见第 3 号》的相关规定、是否对本次发行上市构成障碍

（一）报告期内发行人相关重组情况

经中介机构核查，发行人的业务起源于非营利性的科学研究，在发行人的创业团队将科学研究成果向产业的转化过程中，按照《证券法》《公司法》《管理办法》《上市规则》等系列规范文件的要求，通过新设公司、资产收购、公司收购等方式，将与主营业务基因组学类的诊断和研究服务相关的全部资产、业务、人员纳入发行人，因此报告期内发生了多次资产收购行为。

报告期内，发行人先后将华大控股下属的与临床应用服务业务、科学研究服务业务、临床应用服务所需测序仪及配套试剂生产业务等相关的资产、股权纳入公司体系内，发行人控股收购事项的整体情况如表 13–23 所示。

表13-23　发行人控股收购事项整体情况

发行人收购时间	收购子公司名称	资产类型
2013.08.05	广州华大	临床应用服务
2013.07.31	深圳临检	临床应用服务
2013.11.13	天津华大	临床应用服务
2014.12.29	武汉生物科技	临床应用服务所需测序仪及配套试剂生产
2014.12.24	华大科技	科学研究服务
2015.01.16	深圳生物工程	临床应用服务所需测序仪及配套试剂生产
2015.01.27	深圳生物科技	临床应用服务所需测序仪及配套试剂生产
2015.04.30	欧洲医学	主营业务相关
2015.06.30	北京吉比爱	主营业务相关

经中介机构核查，2014年收购的华大科技及其下属公司的主要业务是为科研机构、高校等组织或机构客户提供全方位的生命科学研究服务。发行人通过收购华大科技，将双方的专业技术人才、强大的研发能力、行政资源等进行整合，从而节省发行人的研发成本投入，并增强协同效应。2014年12月24日，华大科技就股权转让事项在深圳市市场监督管理局办理了工商登记变更手续，华大科技成为发行人的控股子公司，持有华大科技57.6225%的股权。在发行人收购华大科技及其下属公司时，华大科技业务模式成熟，行业地位稳定，覆盖了世界范围内的大量客户，因此具有较大的资产和收入规模，根据发行人提供的财务数据并经中介机构核查相关股权转让协议等交易文件，按照《证券期货法律适用意见第3号》第三条相关精神及第四条和第五条规定的计算口径，此次收购构成重大资产重组。

经中介机构核查，发行人2014年和2015年初收购拥有医疗器械注册证书及产品生产能力的武汉生物科技、深圳生物科技、深圳生物工程及其子公司武汉生物工程的股权，具备了生产应用于临床应用服务的测序仪和配套试剂的能力，从而降低了公司对第三方或关联方的依赖，大幅提高了华大医学的市场竞争力。发行人在收购上述临床应用服务所需测序仪及配套试剂生产公司时，这四家公司（含子公司）资产规模较小，尚未形成大量收入，基本处于开业亏损期间，根据发行人提供的财务数据并经中介机构核查相关股权转让协议等交易文件，按照《证券期货法律适用意见第3号》第三条相关精神及第四条和第五条规定的计算口径，此项收购不构成重大资产重组。

发行人2015年上半年收购的BGIEuropeA/S和北京华大吉比爱生物技术有限公

司分别属于区域公司和试剂生产公司，资产和营收规模较小，根据发行人提供的财务数据并经中介机构核查相关股权转让协议等交易文件，按照《证券期货法律适用意见第 3 号》第三条相关精神及第四条和第五条规定的计算口径，此项收购不构成重大资产重组。

综上所述，发行人的主要重组收购在 2014 年已经完成，发行人已在本次申报文件中完整披露了收购上述资产前相关资产的资产总额、营业收入和利润总额情况。

二、在本次申报时点是否符合《证券期货法律适用意见第 3 号》的相关规定、是否对本次发行上市构成障碍

经中介机构核查，发行人关于本次发行上市的申请于 2015 年 12 月 15 日获得中国证监会受理。经逐条核对证监会公告〔2008〕22 号《〈首次公开发行股票并上市管理办法〉第十二条发行人最近三年内主营业务没有发生重大变化的适用意见——证券期货法律适用意见〔2008〕第 3 号》（以下简称《证券期货法律适用意见第 3 号》）的相关规定，中介机构对题述事项的核查意见如下：

（1）报告期内的上述被重组方广州华大、深圳临检、天津华大、华大科技、欧洲医学、北京吉比爱自报告期期初即与发行人受同一公司实际控制人即汪建所控制，对于报告期内新设的被重组方武汉生物科技、深圳生物工程、深圳生物科技，其自设立之日起即与发行人受同一公司实际控制人即汪建所控制，符合《证券期货法律适用意见第 3 号》第二条第（一）项的规定。

（2）报告期内被重组进入发行人的业务为基因检测临床应用相关业务、医疗器械制造相关业务及基因检测相关科研服务业务，该等业务与发行人重组前的业务具有相关性，属于相同、类似或同一产业链的上下游业务，符合《证券期货法律适用意见第 3 号》第二条第（二）项的规定。

（3）经中介机构核查，发行人本次发行上市申请文件获得受理的时间为 2015 年 12 月 15 日，根据发行人提供的财务数据并经中介机构核查相关股权转让协议等交易文件，按照《证券期货法律适用意见第 3 号》第三条相关精神及第四条和第五条规定的计算口径，2014 年度被重组方 2013 年度合并口径的资产总额等指标金额超过了重组前发行人相应项目的 100%，为便于投资者了解重组后的整体运营情况，根据《证券期货法律适用意见第 3 号》第三条的规定，发行人重组后运行一个会计年度后方可申请发行。

中介机构认为，发行人提交本次发行上市申请文件时距重组完成已近 12 个月，且截至本补充法律意见书出具之日，已在重组完成后运行完成两个完整的会计年度，相关运行情况在《招股说明书》等申报文件中已完整呈现，可以使投资者及时了解

重组后的整体运营情况，符合《证券期货法律适用意见第 3 号》第三条的相关精神。

综上所述，中介机构认为发行人的主营业务是通过基因检测等手段，为医疗机构、科研机构、企事业单位等提供基因组学类的诊断和研究服务，该主营业务在上述重组前后未发生重大变化，发行人在提交本次发行上市申请材料时符合现行《首次公开发行股票并上市管理办法》第十四条规定的发行人最近两年内主营业务没有发生重大变化的发行条件，亦符合《证券期货法律适用意见第 3 号》的相关精神和主要规定，虽然发行人提交本次发行上市申请文件时距重组完成近 12 个月、不满一个完整的会计年度，但截至本补充法律意见书出具之日，已在重组完成后运行完成两个完整的会计年度，可以使相关投资者了解重组后的整体运营情况，有效保护投资者特别是中小投资者的合法权益。因此，中介机构认为发行人提交本次发行上市申请文件的时点对本次发行上市不构成实质性障碍。

专家点评 >>>

根据《证券期货法律适用意见第 3 号》的规定，发行人构成重大资产重组的，需运行一个会计年度后方可申请发行。这里的时点是“申请发行”时，而非“申报文件”时，申报文件时如果构成重大资产重组尚在一年内，但审核发行时会计年度（非自然年度）超过一年的，则不受影响。

第二节　改制重组的重点问题

一、改制重组的意义

通过对企业的改制重组，将有助于企业形成良好的公司治理架构，推动企业形成核心竞争能力，并能顺利上市。其意义主要体现在以下几个方面：

一是公司可以改进公司流程，优化政策，全面提高企业竞争力。

二是设置“三会”（股东会、董事会和监事会）及其他专门委员会，建立科学的议事机制、决策机制与监督机制。

三是落实所有权和经营权的两权分离，使企业成为市场经济的竞争主体，由资本力量推动管理变革。

四是明确企业内部的权、责、利划分，确保对内对外信息渠道的畅通。

五是完善各类管理制度，理顺产权关系。

二、对业绩连续计算的影响

首发企业在报告期内的重大重组行为是否影响业绩连续计算？很多企业出于避税或经营策略的考虑，将相同或类似业务及相关资产分散在不同的企业进行运营，即同一实际控制人同时经营着多个从事相同或类似业务的企业。为确保拟发行主体的独立性及消除同业竞争，该类企业须进行资产与业务重组：即选定一个拟发行主体，由该主体收购相关企业的股权或经营性资产，或用关联企业的股权或资产对拟发行主体进行增资，把相关业务与资产向拟发行主体集中，该重组行为可能导致拟发行主体在报告期内资产、收入、利润规模发生较大变化。

已经有明确的规定（需要增加）。

三、企业上市前的重组

企业上市需要明确一个主体，突出拟上市企业的主营业务，使拟上市企业形成核心竞争力和持续发展的能力，并能使拟上市企业形成清晰的业务发展战略目标；明确拟上市企业主要依据哪项业务能在目前及未来为拟上市企业带来持续增长的利润。

公司在改制过程中涉及的股权、资产及业务重组应当是以拟上市企业为目标。

（一）关于企业上市前的股权重组问题

股权重组是指股份制企业的股东或股东持有的股份变更，包括股权转让和增资扩股两种形式，即存量的结构调整和增量的股权融资。企业可以通过上市前的股权重组优化股权结构、降低资产负债率、满足企业的融资需求，通过引进高端人才，实现高管人员利益与股东利益、企业利益的三位一体。但在实际工作中，不少企业既搞存量股权转让又搞引进战略投资者的增量融资，两方面加起来占总股本的比例很大，引起公司股权较大幅度的变动。有的个别公司则抱着“捞一把”的思想，利用公司上市后股权增值的所谓题材，通过高溢价对外出售股权；个别企业以上市为名，以引进战略投资为幌子，搞非公开发行，触犯法律法规。这些都给公司上市带来负面影响。因此，企业在上市前的股权重组必须坚持三个“一定”原则，即“比例一定要适当、价格一定要合理、程序一定要规范”。

1. 股权重组的比例问题

企业上市前股权重组，不管是股权转让还是股权融资，都要把握“量”的尺度，比例一定要适当，要将股权变动的比例控制在合适的范围内。原则上，我们认为不

宜高于 20%。如果比例过高，造成改制企业股权发生重大变更，可能会对企业上市产生一定影响。当然，目前对企业上市的审核过程中，也出现了重大的股权变更乃至于实际控制人发生变化的情况，根据目前审核的要求，只要对公司的生产经营和未来的发展不造成重大障碍的，并如实进行信息披露，还是可以上市的。

2. 股权重组的价格问题

股权重组时，价格一定要合理，要充分权衡新老股东的利益。既要防止低价转让或出售，侵害出让方利益，又要防止大股东利用实际控制权随意提高转让或出售价格，侵害受让方利益。此外，同一次增资的折股比例应一致，要体现“公平”原则，并且尽量采取现金出资的方式。

3. 股权重组的认购程序问题

（1）入股资格的确定。增资入股时间不同，对股东资格要求不同。绝大部分企业要在改制前进行增资扩股，如果对象不是原有股东，除企业《公司章程》另有约定外，应征得全体股东的同意，方能取得增资入股的资格。《公司法》规定，有限责任公司增资时股东有优先购买权。对于股份有限公司增资，《公司法》中没有明确规定原有股东的优先认股权，但对相关程序有严格要求。我国的产业政策对于一些特定行业投资人有特殊的要求，企业在引进战略投资者时要充分了解和把握。

（2）增资扩股的程序。企业无论在改制前还是在改制后增资扩股，都必须履行法律法规要求的表决程序，有限责任公司须经过股东会表决通过，股份有限公司需通过股东大会决议。

4. 企业在整体变更前引进战略投资者需要注意的问题

企业整体变更为股份有限公司前，由于资本规模或股东人数达不到股份公司的基本条件，或者在上市前急需筹集部分资金以及出于改善公司治理结构的需要等原因，需要引进新的投资者。公司引进新的投资者应注意以下问题：

（1）不影响公司连续计算经营时间（业绩）。如不发生主营业务的重大变化，董事、高级管理人员不发生重大变化，实际控制人不发生变更等。

（2）有利于公司业务的开展和市场拓展，对公司业务和生产经营能产生协同效应。

（3）筹集的资金规模适当。如果新的投资者以资产折股出资，资产规模也应适当。要考虑其出资对公司营业记录可比性的影响。

（4）新股东无论以现金还是实物出资，其折股比例都应一致。

（5）新增股份的认购价或折股价一般是在净资产值的基础上溢价一定比例。

第十四章 信息披露

第一节 信息披露的基本情况

上市公司作为公众公司，需要将公司的信息对外披露，否则社会公众无法获知企业的有效信息而不能作出正确的投资判断。拟上市企业在申报IPO过程中必须按照监管部门的要求，进行强制的信息披露。

目前，我国发行审核制度是核准制，其主要特点如下：

（1）核准制的实质主要在于以强制性信息披露为核心，在明确监管和披露标准、规则的前提下，使市场参与各方“各司其职，各尽其能，各负其责，各担风险”。

（2）在选择和推荐企业方面，由保荐机构培育、选择和推荐企业，增加保荐机构及保荐代表人的责任。

（3）在企业发行股票的规模上，由企业根据自身持续发展及资本运营的需要进行选择。

（4）在发行审核上，遵循强制性信息披露和合规性审核相结合的原则，发挥发行审核委员会的独立审核功能。

保荐机构和保荐代表人在向中国证监会推荐企业发行上市前，要对发行人进行辅导和尽职调查；要保证或有充分理由确信向中国证监会提交的相关文件不存在虚假记载、误导性陈述或重大遗漏；要在推荐文件中对发行人的信息披露质量、发行人的独立性和持续经营能力等作出必要的承诺。保荐机构在持续督导阶段，要对上市公司履行规范运作、信守承诺、信息披露等义务的情况进行持续跟踪，及时揭示风险，督促纠正错误，并给予规范性指导。

而企业需要协助中介机构进行信息披露，完善自身的规范运作水平。企业在公开发行上市后，要遵守的法律、法规和规章也会增加，要遵守国家各项证券类法律法规、中国证监会和证券交易所颁布的规章规则。

在强制信息披露的要求下，公司的透明度提高了，可以保证全体股东及时、全面了解公司的情况。上市公司必须按照《中华人民共和国证券法》、中国证监会颁布的信息披露准则和证券交易所颁布的股票上市规则等法律、法规、规章的规定，及时、充分、公平地披露公司信息，公司及其董事、监事、高级管理人员应当保证信息披露内容的真实、准确、完整，没有虚假记载、误导性陈述或重大遗漏。

第二节 案例分析

【案例1】核查企业新三板披露的文件和IPO申报文件的差异——万马科技（股票代码：300698）

A股上市情况：2017年7月12日召开的中国证券监督管理委员会创业板发行审核委员会2017年第57次发审委会议审核：万马科技股份有限公司（首发）获通过。

案例解读

2015年12月在发行人全国股转系统挂牌。请发行人：

（1）说明本次首发申请文件与在全国股转系统公开披露文件之间是否存在差异，若存在，请说明差异。

（2）说明在全国股转系统的信息披露是否合规合法，挂牌转让期间是否受到相关行政处罚、监管措施等，发行人提交首发文件是否按照要求履行相关程序，是否合法合规，是否存在内幕交易情形，是否存在利益输送情形。

中介机构发表核查意见，并说明核查过程。

一、说明本次首发申请文件与在全国股转系统公开披露文件之间是否存在差异，若存在，请说明差异。

经中介机构核查发行人首发申请文件和在全国中小企业股份转让系统（以下简称股转系统）公开披露文件，两者之间存在如下差异：

2014年合并财务报表现金流量表存在差异，具体情况如表14-1所示。

表14-1 2014年合并财务报表现金流量表存在差异情况

单位：元

项目	申报财务报表（调整后，即首发申请文件披露）	申报财务报表（调整前，即股转系统披露）
二、投资活动产生的现金流量		
投资支付的现金	—	2,250,000.00

续表

项目	申报财务报表（调整后，即首发申请文件披露）	申报财务报表（调整前，即股转系统披露）
投资活动现金流出小计	15,348,147.47	17,598,147.47
投资活动产生的现金流量净额	−15,336,248.26	−17,586,248.26
三、筹资活动产生的现金流量		
吸收投资收到的现金	2,350,000.00	4,600,000.00
筹资活动现金流入小计	267,510,586.56	269,760,586.56
筹资活动产生的现金流量净额	19,529,500.54	21,779,500.54

2014年，合并现金流量表投资活动产生的现金流量中投资支付的现金项目减少225万元；筹资活动产生的现金流量中吸收投资收到的现金项目减少225万元。上述调整原因为：2014年度审计时，在编制合并报表过程中，未将母公司对子公司南北公司投资225万元（投资活动现金流出）与子公司南北公司收到母公司的投资（筹资活动现金流入）225万元作抵消处理。上述调整对2014年度现金及现金等价物净增加额影响为0。

经核查，中介机构认为，本次首发申请文件和在股转系统公开披露文件之间存在的上述差异系会计差错更正，该事项已于2017年3月5日经公司第一届董事会第十二次会议审议通过并在全国股转系统以公告的形式披露。除上述差异外，本次首发申请文件和在股转系统公开披露文件之间不存在差异，上述差异系会计差错更正，是对公司实际经营状况更为准确的反映，不存在损害公司及股东合法利益的情形。

二、说明在全国股转系统的信息披露是否合规合法，挂牌转让期间是否受到相关行政处罚、监管措施等，发行人提交首发文件是否按照要求履行相关程序，是否合法合规，是否存在内幕交易情形，是否存在利益输送情形。

1. 信息披露合法合规性

中介机构核查了发行人在股转系统的公告文件、核查了股转系统“监管公开信息”（包括监管公告及问询函），并向发行人负责信息披露业务的董事会秘书进行了访谈，自发行人在股转系统挂牌之日起至本补充法律意见书出具之日期间，发行人在股转系统的信息披露合法合规，不存在违反相关法律法规及股转系统披露规则的情形，挂牌转让期间亦未受到相关监管机构及股转系统的行政处罚及监管措施。

2. 提交首发文件履行的程序及合法合规性

发行人于2016年4月6日召开第一届董事会第五次会议，审议通过《关于首次公开发行A股股票并在深圳证券交易所创业板上市相关事宜的议案》《关于报请公司股东大会授权公司董事会全权处理公司首次公开发行股票并上市相关事宜的议案》《关于首次公开发行股票募集资金用途及可行性研究报告的议案》《关于首次公开发行股票并上市前滚存利润的议案》《关于审议2013年1月1日至2015年12月31日财务报告的议案》《关于〈万马科技股份有限公司首次公开发行股票并上市后未来三年股东回报规划〉的议案》《关于〈万马科技股份有限公司首次公开发行股票并上市后三年内稳定公司股价预案〉的议案》《关于〈万马科技股份有限公司首次公开发行股票填补被摊薄即期回报的措施及承诺〉的议案》《关于同意公司为本次公开发行股票并上市事项出具相应承诺及制定约束措施的议案》《关于确认公司报告期内关联交易的议案》《关于制定〈万马科技股份有限公司章程（草案）〉的议案》等与发行人首次公开发行股票并上市相关的议案。

发行人于2016年4月6日召开第一届监事会第四次会议，审议通过《关于首次公开发行A股股票并在深圳证券交易所创业板上市相关事宜的议案》《关于首次公开发行股票并上市前滚存利润的议案》《关于〈万马科技股份有限公司首次公开发行股票并上市后未来三年股东回报规划〉的议案》《关于〈万马科技股份有限公司首次公开发行股票并上市后三年内稳定公司股价预案〉的议案》《关于〈万马科技股份有限公司首次公开发行股票填补被摊薄即期回报的措施及承诺〉的议案》《关于同意公司为本次公开发行股票并上市事项出具相应承诺及制定约束措施的议案》《关于确认公司报告期内关联交易的议案》等与发行人首次公开发行股票并上市相关的议案。

发行人于2016年4月28日召开2015年度股东大会，审议通过《关于首次公开发行A股股票并在深圳证券交易所创业板上市相关事宜的议案》《关于报请公司股东大会授权公司董事会全权处理公司首次公开发行股票并上市相关事宜的议案》《关于首次公开发行股票募集资金用途及可行性研究报告的议案》《关于首次公开发行股票并上市前滚存利润的议案》《关于〈万马科技股份有限公司首次公开发行股票并上市后未来三年股东回报规划〉的议案》《关于〈万马科技股份有限公司首次公开发行股票并上市后三年内稳定公司股价预案〉的议案》《关于〈万马科技股份有限公司首次公开发行股票填补被摊薄即期回报的措施及承诺〉的议案》《关于同意公司为本次公开发行股票并上市事项出具相应承诺及制定约束措施的议案》《关于确认公司报告期内关联交易的议案》《关于制定〈万马科技股份有限公司章程（草案）〉的议案》等与发行人首次公开发行股票并上市相关的议案。

中介机构出席了发行人2015年度股东大会，对本次会议出席人员的资格进行了核查，书面审查了发行人在股转系统公告的上述会议的决议公告文件，中介机构认为：

（1）发行人第一届董事会第五次会议、第一届监事会第四次会议及2015年度股东大会的召集及召开程序、会议出席人员及召集人的资格、会议的表决程序均符合《公司法》《公司章程》及股转系统相关监管要求的规定，合法、合规。

（2）发行人董事会、监事会及股东大会已依照法律程序作出批准发行人本次发行上市的决议，该等决议的内容合法有效。

（3）鉴于发行人自在股转系统挂牌转让以来，未发生融资、转让情形，因此不存在内幕交易情形，也不存在利益输送情形。

专家点评

中国证监会要求IPO审核中发行人依法披露的信息，必须真实、准确、完整，不得有虚假记载、误导性陈述或者重大遗漏。新三板做市企业，重大的信息披露差异可能会构成上市审核的实质性障碍，所谓重大是指主观有无恶意，有无涉及管理层的诚信问题，对股价是否产生实质性影响。

【案例2】核查企业新三板披露的文件和IPO申报文件的差异——佩蒂股份（股票代码：300673）

A股上市情况：2017年5月10日召开的中国证券监督管理委员会创业板发行审核委员会2017年第40次发审委会议审核：佩蒂动物营养科技股份有限公司（首发）获通过。

案例解读

佩蒂股份和案例1万马科技是同样问题，目前新三板企业转板的案例较多，大部分涉及之前新三板挂牌时的信息披露与IPO申报时的信息披露的差异问题。

发行人是新三板挂牌企业，但申请文件中未披露相关情况。请发行人：说明在挂牌期间的所有公开披露信息与本次创业板上市申请文件及招股说明书披露内容的差异。

一、挂牌期间信息披露情况

挂牌期间信息披露情况详见相关文件的内容。

二、新三板公开披露信息与本次创业板上市申请文件及招股说明书披露内容的差异

挂牌期间公开披露信息与本次创业板上市申请文件及招股说明书披露内容基本一致，存在少量差异的原因主要为：①新三板披露准则与招股说明书披露准则、创业板上市申请文件格式准则存在一定差异；②新三板与本次创业板上市申请文件的报告期不同，随着发行人业务发展，基本情况有所变化。具体的新三板公开披露信息与本次上市申请文件及招股说明书披露内容的差异及原因如表14-2所示。

表14-2　新三板公开披露信息与本次上市申请文件及招股说明书报露内容差异及原因

内容	新三板公开披露信息	创业板上市申请文件及招股说明书	差异内容及原因
风险因素	1. 对核心客户依赖的风险 2. 原材料价格波动风险 3. 海外投资项目风险 4. 人力资源成本上升带来的风险 5. 业务拓展风险 6. 汇率波动风险 7. 出口退税政策变化导致利润波动的风险 8. 实际控制人控制的风险 9. 核心人员流失风险 10. 管理风险	1. 核心客户收入占比较大的风险 2. 原材料价格波动风险 3. 汇率波动风险 4. 海外经营风险 4. 人力成本上升带来的风险 5. 业务拓展风险 6. 汇率波动风险 7. 出口退税政策变化导致利润波动的风险 8. 实际控制人控制的风险 9. 核心人员流失风险 10. 募投项目新增折旧及摊销对公司经营业绩带来的风险 11. 本次发行摊薄即期回报的风险	1. 招股说明书“新增募投项目新增折旧及摊销对公司经营业绩带来的风险”和“本次发行摊薄即期回报的风险”。上述风险系因公司首发上市将面临新的风险 2. 招股说明书删除管理风险 3. 招股说明书调整原公开转让说明书中关于“对核心客户依赖的风险”标题及表述方式，实质内容未发生变化，均是为了提示“核心客户出现较大经营风险导致核心客户减少向公司采购或公司未来不能持续进入核心客户的供应商体系，将对公司的销售收入产生较大影响”
股东所持股票限售安排	公司全体股东根据《公司法》《全国中小企业股份转让系统业务规则（试行）》及《公司章程》的规定，对所持公司股票作了限售承诺	公司全体股东根据中国证监会及深圳证券交易所相关规定对所持公司股票作了限售承诺	公司申请首次公开发行股票并在创业板上市，相对新三板挂牌，公司股东根据证中国监会及深圳证券交易所相关规定对股份锁定作出了更为严格的承诺
控股股东、实际控制人基本情况	陈振标直接持有公司50.8622%的股份，为公司的控股股东。除此之外，陈振标在平阳荣诚的出资占平阳荣诚总出资额的50%，且平阳荣诚持有公司4.7414%的股份。郑香兰直接持有公司5.1724%的股份。除此之外，郑香兰在平阳荣诚的出资占平阳荣诚总出资额的16.6667%且平阳荣诚持有公司4.7414%的股份。陈振标、郑香兰为夫妻关系，两人合计持有、控制公司半数以上股份，两人为公司共同实际控制人	陈振标直接持有公司49.1667%的股份，系公司控股股东，陈振标之妻郑香兰直接持有公司5.00%的股份，陈振标与郑香兰合计直接持有公司54.1667%的股份；除直接持有公司股份外，陈振标持有公司股东平阳荣诚46.8333%的股权，平阳荣诚持有公司4.5833%的股份，陈振标通过平阳荣诚间接控制公司4.5833%的股份；陈振标与郑香兰直接和间接合计控制公司58.75%的股份，为公司实际控制人	1. 公司实际控制人陈振标、郑香兰直接持有及合计控制公司股份的比例发生变化，主要是由于公司新三板挂牌后引入新增股东北京泓石，导致各股东持股比例发生变化 2. 陈振标、郑香兰持有公司股东平阳荣诚的股权比例发生变化，主要系公司新三板挂牌后平阳荣诚内部股东进行股权转让所致 3. 公司引入新增股东北京泓石已在新三板公开披露，履行了相应信息披露义务
股本的形成及其变化情况	披露公司自成立以来发生四次增资、三次股权转让的基本情况	披露公司自成立以来发生五次增资、三次股权转让的基本情况	招股书披露公司第五次增资，主要是由于公司新三板挂牌后引入新增股东北京泓石

续表

内容	新三板公开披露信息	创业板上市申请文件及招股说明书	差异内容及原因
董事情况	公司董事会由陈振标、陈振录、郑香兰、陈宝琳、张绍旭五名董事组成	公司董事会由陈振标、陈振录、郑香兰、邵明晟、佟爱琴、谢志镭、刘俐君七名董事组成	1. 公司新增佟爱琴、谢志镭、刘俐君三名董事，主要系按照有关法律、法规健全公司治理机制的需要新增三名独立董事 2. 张绍旭因个人原因辞去董事职务，公司新任命邵明晟为公司董事 3. 公司任命新增董事、原董事辞职已在新三板公开披露，履行了相应信息披露义务
公司的主营业务介绍	公司自成立以来主要从事宠物零食的研发、生产和销售业务，主要产品为畜皮咬胶、植物咬胶、营养肉质零食、鸟食及可食用小动物玩具、烘焙饼干等。公司自设立以来主营业务、主要产品未发生重大变化	公司主要从事宠物食品的研发、生产和销售，主要产品为畜皮咬胶、植物咬胶、营养肉质零食、鸟食及可食用小动物玩具、烘焙饼干等系列产品。公司自设立以来主营业务、主要产品未发生重大变化	宠物食品涵盖范围更广，使用宠物食品的表述更能反映公司现有和未来拟拓展的产品和业务类型
主要生产技术情况	1. 畜皮咬胶清洁化生产工艺集成技术 2. 胶原纤维复合制备技术 3. 新型宠物食品液熏技术 4. 动植物蛋白混合制备宠物食品技术 5. 成犬洁牙骨无氨脱灰制备技术	1. 畜皮咬胶清洁化生产工艺集成技术 2. 胶原纤维复合制备技术 3. 新型宠物食品液熏技术 4. 动植物蛋白混合制备宠物食品技术 5. 成犬洁牙骨无氨脱灰制备技术。 6. 植物蛋白复合制备幼犬洁牙片技术 7. 宠物食品压纹制备技术 8. 边角鸡肉交联制备薄片产品技术 9. 豆渣综合利用制备宠物食品技术 10. 幼犬零食的冷冻干燥生产技术	招股说明书根据公司技术研发及生产实际情况，补充植物蛋白复合制备幼犬洁牙片技术等其他五项核心生产技术
主要原材料供应情况	公司主要原材料为生猪皮、生牛皮、鸡肉、淀粉、谷物等，公司与主要供应商均建立了良好的合作关系，供应渠道稳定，数量充足、质量可靠，没有出现因供应不足或质量问题而影响公司生产经营的情形	公司主要原材料为生牛皮、鸡肉、淀粉等，公司与主要供应商均建立了良好的合作关系，供应渠道稳定，数量充足、质量可靠，没有出现因供应不足或质量问题而影响公司生产经营的情形	招股说明书中未将生猪皮列入主要原材料，主要是由于报告期内，生猪皮、谷物已不再是公司生产主要原材料

续表

内容	新三板公开披露信息	创业板上市申请文件及招股说明书	差异内容及原因
行业监管机构	公司所处行业的行业协会为中国饲料工业协会、浙江进出口宠物食品用品行业协会、中国检验检疫协会宠物食品分会	行业自律管理机构主要包括中国礼仪用品工业协会、中国饲料工业协会、中国检验检疫协会宠物食品分会等	1. 浙江进出口宠物食品用品行业协会系地方性行业自律组织，招股说明书主要描述全国性权威监管机构，因此未将其纳入行业自律管理机构 2. 增加中国礼仪用品工业协会作为行业自律管理机构
行业主要法律、法规及政策	1. 《饲料和饲料添加剂管理条例》 2.《饲料工业“十二五”发展规划》 3. 《进出口饲料和饲料添加剂检验检疫监督管理办法》 4. 《关于促进饲料业持续健康发展的若干意见》 5. 《出入境粮食和饲料检验检疫管理办法》 6. 《出口食用动物饲用饲料检验检疫管理办法》	1.《宠物饲料（宠物食品）标签》（征求意见稿） 2.《宠物饲料（宠物食品）卫生标准》（征求意见稿） 3. 《中华人民共和国动物防疫法》 4.《中华人民共和国国家标准：全价宠物食品犬粮（GB/T 31216—2014）》 5. 《中华人民共和国国家标准：全价宠物食品猫粮（GB/T 31217—2014）》 6. 《饲料原料目录》 7. 《进出口饲料和饲料添加剂检验检疫监督管理办法》 8. 《中华人民共和国动物保护法》 9. 《中华人民共和国国家标准：宠物食品狗咬胶（GB/T 23185—2008）》	公司新三板挂牌后，有关法律法规已经废止、修订或新起草，招股说明书相应内容作了更新、补充
影响行业发展的有利因素	1. 国家产业政策支持 2. 市场发展空间巨大	1. 下游市场需求持续增加 2. 国内宠物情感消费特征凸显，居民宠物消费意愿增强 3. 老龄化加速、人口结构调整、生活方式改变促进宠物消费升级 4. “一带一路”建设促进我国宠物产业发展	公司所处行业及社会经济状况处于快速变化、发展中，为体现时效性和针对性，招股说明书对行业影响行业发展有关因素的表述进行相应调整

续表

内容	新三板公开披露信息	创业板上市申请文件及招股说明书	差异内容及原因
影响行业发展的不利因素	目前，行业面临的问题主要体现在国内宠物食品市场尚处于引导期，相关企业规模较小，市场秩序不够规范等方面。外国一些比较成熟的宠物食品公司占据了宠物食品行业的大部分市场，这为中国宠物食品企业带来了巨大的竞争压力。 目前，我国的宠物食品企业大多不具备品牌优势，同时还面临着外国的贸易壁垒和高额关税的巨大压力，使得我国宠物食品在国际上的竞争力较弱	1. 原始创新能力不足 2. 缺乏核心品牌 3. 缺乏行业标准和规范	公司所处行业及社会经济状况处于快速变化、发展中，为体现时效性和针对性，招股说明书对行业影响行业发展有关因素的表述进行相应调整
竞争对手	1. 烟台中宠食品有限公司 2. 温州锦华宠物用品有限公司 3. 温州源飞宠物玩具制品有限公司	1. 锦恒控股集团有限公司 2. 烟台中宠食品股份有限公司 3. 山东路斯宠物食品股份有限公司	随着公司收入规模的不断扩大，为保障竞争对手可比性和可参考性，招股说明书相应调整竞争对手情况
竞争优势	1. 渠道优势 2. 研发技术优势 3. 产品质量优势 4. 管理优势 5. 生产规模及品牌优势	1. 销售渠道优势 2. 海外生产基地与原材料供应优势 3. 技术研发优势 4. 产品质量优势 5. 管理优势	1. 随着越南子公司业务不断开拓，其对公司业绩贡献亦相应增加，因此招股说明书相应增加海外生产基地与原材料供应优势 2. 截至招股说明书签署日，公司自有品牌销售规模相对较小，对公司盈利规模影响亦较小，因此招股说明书未描述生产规模及品牌优势
未来发展目标	未披露	本公司将以本次发行上市为契机，以公司发展战略为导向，通过募集资金投资项目的建设，进一步扩大企业规模，提高自主创新能力，巩固和加强公司在宠物零食方面的优势地位，实现公司持续、快速发展，不断提升公司价值。公司未来将继续致力于成为国内领先的综合性宠物产业集团，面向全球市场，领导国内市场，参与国际竞争,成为创新型、国际化、世界级综合宠物产品供应公司	根据招股说明书格式准则披露要求增加了相应表述

续表

内容	新三板公开披露信息	创业板上市申请文件及招股说明书	差异内容及原因
关联方	1. 陈振标 2. 郑香兰 3. 陈振录 4. 中山联动 5. 陈林艺 6. 江苏康贝 7. 绍兴乐派 8. 上海禾仕嘉 9. 越南好嚼 10. 温州顺通 11. 平阳荣诚 12. 上海佩圣 13. 上海佐睿广告传播有限公司 14. 公司其余董事、监事、高级管理人员	1. 陈振标 2. 郑香兰 3. 陈振录 4. 中山联动 5. 江苏康贝宠物食品有限公司 6. 绍兴乐派宠物用品有限公司 7. 上海禾仕嘉商贸有限公司 8. 越南好嚼有限公司 9. 温州顺通电子加速器有限公司 10. 上海宠锐投资管理有限公司 11. 上海宠域投资管理中心（有限合伙） 12. 上海宠赢投资管理中心（有限合伙） 13. 上海智宠宠物服务有限公司 14. 温州贝家宠物乐园有限公司 15. 泰州乐派宠物营养有限公司 16. 重庆易宠科技有限公司 17. 成都一秋科技有限公司 18. 荣诚投资 19. 上海佩圣庭安投资控股有限公司 20. 泰州悦然纸尚装饰材料有限公司 21. 温州誉盛宠物用品有限公司 22. 平阳县孔迎宠物用品有限公司 23. 温州市波斯丹尼服饰有限公司 24. 公司其余董事、监事、高级管理人员	1. 招股说明书披露新增关联方主要是由于：公司新三板挂牌后，收购上海宠域、上海宠赢、上海智宠；公司副总经理张菁担任重庆易宠董事；按照中国证监会相关规定补充披露泰州悦然、温州誉盛宠物用品有限公司、平阳县孔迎宠物用品有限公司、温州市波斯丹尼服饰有限公司作为关联方 2. 截至招股说明书签署日，陈林艺持有公司股份比例低于5%，根据相关规则，其控制的上海佐睿广告传播有限公司不再作为关联方披露

专家点评

新三板企业转板IPO，信息披露的差异除了要求披露的标准不同之外，更换中介机构也是重要原因，由于专业判断、执业水平和存在差异，从客观实际而言，两者不可能完全没有差异。产生差异的原因如果能被监管层接受，对上市不构成负面影响。

【案例3】信息披露充分完整核查的方式和路径——中环环保（股票代码：300692）

A股上市情况：2017年7月5日召开的中国证券监督管理委员会创业板发行审核委员会2017年第54次发审委会议审核：安徽中环环保科技股份有限公司（首发）获通过。

案例解读

监管部门要求中介机构全面核查发行人及其主要股东、关联方、关联交易，相关信息披露是否充分完整且不存在重大遗漏。

中介机构采取下列方式，对发行人及其主要股东、关联方、关联交易等情况进行了详细核查：

（1）查验发行人持股5%以上自然人股东及董事、监事、高级管理人员情况及该等人员填写的调查表。

（2）查验中辰投资、金通安益、中冠投资、中勤投资、招商致远、海通兴泰的工商登记资料。

（3）查验发行人股东及董事、监事、高级管理人员所控制和投资企业的名录及相关企业登记信息。

（4）查验发行人自然人股东及董事、监事、高级管理人员所兼职企业的名录及相关企业登记信息。

（5）查验报告期已注销或转让的发行人关联企业的工商登记资料、注销资料。

（6）查验发行人主要客户、供应商关于与发行人及其主要股东、董事、监事、高级管理人员及其他关联方之间关联关系及交易情况的确认文件。

（7）查验发行人所收购企业的工商登记资料。

（8）查验报告期关联交易的合同及资产评估报告、询价文件、关联方向第三方销售房产的合同等交易定价依据资料。

（9）查验控股股东、实际控制人就关联交易事项出具的承诺。

（10）查验发行人部分关联企业财务报表、关联企业关于主营业务的确认文件。

（11）查验发行人招股说明书所披露信息。

中国经核查，中介机构认为，发行人主要股东、关联方、关联交易相关信息披露充分完整且不存在重大遗漏。

专家点评

证监会要求发行人申报的发行申请文件不得有虚假记载、误导性陈述或重大遗漏。发行人披露信息是一项法定义务，没有丝毫变更的余地，具体表现在发行人须严格按照法律规定的格式和内容编制招股说明书，发行人无自主发挥权，必须按照法律要求披露全部信息。

【案例4】要求信息披露事项的解决过程和落实情况发表明确意见——永福股份（股票代码：300712）

A股上市情况：2017年6月28日召开的中国证券监督管理委员会创业板发行审核委员会2017年第52次发审委会议审核：福建永福电力设计股份有限公司（首发）获通过。

案例解读

请发行人及相关中介机构对照中国证监会公告〔2012〕14号《关于进一步提高首次公开发行股票公司财务信息披露质量有关问题的意见》、中国证监会公告〔2013〕46号《关于首次公开发行股票并上市公司招股说明书中与盈利能力相关的信息披露指引》的要求，逐项说明有关财务问题及信息披露事项的解决过程和落实情况，发表明确的结论性意见。

根据《关于进一步提高首次公开发行股票公司财务信息披露质量有关问题的意见》规定，"保荐机构、会计师事务所和律师事务所在核查发行人与其客户、供应商之间是否存在关联方关系时，不应仅限于查阅书面资料，应采取实地走访，核对工商、税务、银行等部门提供的资料，甄别客户和供应商的实际控制人及关键经办人员与发行人是否存在关联方关系；发行人应积极配合保荐机构、会计师事务所和律师事务所对关联方关系的核查工作，为其提供便利条件"。

一、核查程序

为落实上述事项，中介机构实施了以下主要程序：

（1）获取发行人股东、董事、监事、高级管理人员、其他核心人员的关联关系调查表以及与发行人实际控制人、控股股东、其他股东、董事、监事、高级管理人员、其他核心技术人员进行访谈并取得其出具的与发行人主要客户、供应商除已披露的关联关系外不存在关联关系的承诺函。

（2）获取关联交易、关联往来明细，取得发行人收入、成本、费用、往来等相关科目明细账，取得关联交易的董事会、股东会决议，合同，原始凭证等。

（3）获取发行人报告期内各年前十名客户和前十名供应商的工商信息，了解该等企业的股东构成、成立时间、经营范围、注册地址、法定代表人/负责人等情况，以判断该等公司是否为发行人的关联方。

（4）实地走访发行人主要供应商和主要客户，获取访谈纪要，了解该等企业的股东、实际控制人的相关信息，甄别该等企业的股东、实际控制人与关键经办人员是否与公司存在关联方关系。

二、核查结果

根据中介机构实施上述主要程序获取的证据，发行人报告期内主要供应商、客户的基本情况见其他相关文件。中介机构经核查后认为：

（1）发行人实际控制人之一、董事季征南担任和盛高科董事职务，永福集团持有该公司15%股权；发行人实际控制人之一、董事季征南担任瑞新热电董事职务，永福集团持有该公司15%股权；发行人实际控制人之一、副总经理陈强担任新能研发董事、常务副总经理职务，发行人持有该公司19%股权；发行人副总经理罗志青姐姐的配偶黄志坚担任中闽连江总经理职务。

除上述关联关系外，发行人2013—2016年度其他主要客户及实际控制人、关键经办人员与发行人及其实际控制人、控股股东、其他股东、董事、监事、高级管理人员和其他核心技术人员不存在关联关系。

（2）发行人实际控制人之一、董事季征南担任和盛高科董事职务，永福集团持有该公司15%股权；发行人副总经理宋发兴曾在永福集团的合营公司福州洛斯达担任高管，该公司已于2013年12月19日注销；永福集团原持有宏闽监理100%股权，已于2014年10月将其所持宏闽监理全部股权转让给汇众投资；汉缆股份为发行人股东，持有发行人3.8835%股份。

除上述关联关系外，发行人2013—2016年度主要供应商及实际控制人、关键经办人员与发行人及其实际控制人、控股股东、其他股东、董事、监事、高级管理人员和其他核心技术人员不存在关联关系。

专家点评

关注发行人财务信息披露的真实性，实际就是关注发行人财务数据的真实性。治理结构混乱的发行人，往往会计核算随意，通过关联企业调节收入、利润，业绩在企业之间倒来倒去，以人为营造上市所需要的财务指标。

第十五章 资金占用

资金占用问题一直以来就受到监管部门的高度重视，作为上市公众公司受《证券法》管理，而《证券法》对于上市公司将款项借贷给控股股东、实际控制人，几乎是零容忍的。三年之内不得发行新股、不得发行新债。大股东占用上市公司资金经常使用的是关联方交易，这也是现今为止注册会计师行业、证监会、广大股民最为头疼的问题。通过交易舞弊，可以隐藏公司下滑的业绩、可以隐藏企业的诟病。但是相比较其他获得资金的方式而言，资金占用毕竟太容易了，所以屡禁不止。很多民营企业的大股东将企业和股东的身份混同，财务上不规范也就非常普遍了。

对于拟上市企业来说，如果在规范的时候不能消除这个问题，则构成上市的实质性障碍。第一，财务不规范是不符合申报要求的；第二，违规的资金占用导致公司的财产边界不清晰，最终影响到业绩连续计算；第三，同时也说明公司的内控不完善。拟上市企业在规范中一定要关注到这些。

第一节 案例分析

【案例1】为股东代付个人所得税款及向股东提供借款情况——中孚信息（股票代码：300659）

A股上市情况：2017年4月18日召开中国证券监督管理委员会创业板发行审核委员会2017年第32次发审委会议审核：中孚信息股份有限公司（首发）获通过。

案例解读

根据招股说明书披露，发行人报告期存在为股东代付个人所得税款及向股东提供借款情况。

请发行人补充披露相关股东姓名及职务，说明公司关于上述事项的决策程序及审议情况，相关股东对公司出资的合法合规性，是否为用公司借款出资，公司向股东提供的借款是否收取利息，如何保护公司利益。请中介机构对上述问题进行核查，并就发行人是否具有完善的公司治理结构发表明确意见。

一、代付个人所得税款及借款具体情况及决策程序

根据公司提供的资料及审计报告，发行人向股东提供代付个人所得税款及向股东提供借款情况如表 15-1 所示。

表15-1 发行人向股东提供代付个人所得税款及向股东提供借款情况

单位：万元

关联方	公司职务	占款性质	年度	期初余额	本期占款	本期还款	期末余额
公司全体股东	—	代付个人所得税	2013	397.58	—	397.58	—
魏东晓	董事长、总经理	借款	2013	410.65	80.00	490.65	—
陈志江	董事	借款	2013		280.80	280.80	
李胜	副董事长	借款	2013		45.00	45.00	—
万海山	研究中心总经理	借款	2013		60.00	60.00	—
任勋益	南京中孚副总经理	借款	2013		80.00	80.00	—
张欣	董事、副总经理	借款	2013		30.00	30.00	—

1. 公司代垫个人所得税

2007—2010 年期间，公司全体股东因改制及未分配利润转增股本产生的应缴个人所得税共计 460.5 万元，由公司代缴。其中 62.92 万元已于 2008 年 10 月由股东交回，其余 397.58 万元已于 2013 年向公司偿还。此后，公司未发生为股东代垫个人所得税情形。

2. 魏东晓个人借款情况

报告期内，公司董事长、总经理魏东晓存在向公司借款情况，截至 2013 年年底，上述借款已全部归还。

3. 部分股东借款出资情况

2013 年 3 月公司增资时，部分参与增资的股东因资金周转问题，向公司借款用以出资，上述借款在 2013 年年底前已全部归还。

经中介机构核查，公司向股东提供上述借款时，未约定利息，亦未履行内部审议等决策程序。

2014 年 4 月 30 日，公司召开 2013 年第三次临时股东大会，通过了《关于对公司近三年（2011—2013 年）关联交易予以确认的议案》，对公司与关联方之间的关

联交易进行了确认。

2016年1月，公司全体股东签署了《对公司代垫个人所得税及向分部股东提供借款的确认》，对公司上述代垫及借款行为予以认可，同意对上述股东借款不收取利息。

二、股东借款出资的合法合规性

《公司法》(2005年修订)规定，股东可以用货币出资，也可以用实物、知识产权、土地使用权等可以用货币估价并可以依法转让的非货币财产作价出资；但是，法律、行政法规规定不得作为出资的财产除外。股东以货币出资的，应当将货币出资足额存入公司在银行开设的账户。

根据《公司章程》的规定，公司或公司的子公司（包括公司的附属企业）不以赠予、垫资、担保、补偿或贷款等形式，对购买或者拟购买公司股份的人提供任何资助。

中介机构认为，发行人部分股东因临时资金困难，以从发行人借出的货币资金，存入公司账户，作为对发行人的增资款，并经验资机构审验，不属于虚假出资或出资不实，符合《公司法》的规定，但违反了《公司章程》的相关规定，应予纠正。相关借款股东已于2013年年底将全部借款予以归还，鉴于用于出资的股东借款时间较短，且借款出资行为并未对公司造成重大不利影响，并经全体股东确认，不构成违法违规，也不会对发行人本次发行构成法律障碍。

三、防范股东占款及保护公司利益的措施

公司向股东提供上述借款时，未约定利息。2014年4月30日，公司召开2013年第三次临时股东大会，通过了《关于对公司近三年（2011—2013年）关联交易予以确认的议案》。2016年1月，公司全体股东签署了《对公司代垫个人所得税及向部分股东提供借款的确认》。经公司全体股东确认，同意对以上股东借款不收取利息。

为保护公司利益，确保不再发生公司股东占款情况，公司采取了以下措施：

（1）2014年3月，公司2014年第二次临时股东大会审议通过了《关于修订〈关联交易管理办法〉的议案》《关于制定〈独立董事工作制度〉的议案》，明确划分了股东大会、董事会对关联交易事项的审批权限，规定了关联交易事项的审议程序和回避表决要求，杜绝再次发生关联方占用公司资金的不规范行为。

（2）公司建立了健全的治理结构和内部审计机构，独立董事对公司的经营管理行为进行监督；审计委员会负责公司的内部审计事务；审计部负责执行公司的内部审计。公司建立了完善的内部控制制度，制定了包括《对外投资管理制度》《内部审计制度》等制度，从各个方面保障了公司、股东及社会公众的利益，防范关联方以各种形式损害公司利益。

（3）控股股东、实际控制人魏东晓承诺：本人及本人控制的企业保证严格遵守财务制度，规范与发行人及其子公司之间的资金往来，保证不以借款、代偿债务、代垫款项或其他方式恶意占用发行人及其子公司的资金及其他任何资产。

（4）公司股东出具了《资金占用的声明与承诺》，具体内容如下：（1）截至本声明与承诺签发之日，本人（本单位）不存在占用中孚信息资金、资产及其他资源未予偿还的情形。（2）本人（本单位）未来不会以任何方式（包括但不限于关联交易、垫付费用、提供担保）直接或间接占用、转移中孚信息资金、资产及其他资源。（3）若因违反本声明与承诺而导致中孚信息造成损失，本人（本单位）愿意承担个别及连带责任。

2014年以来，公司各项制度运作良好，并未发生公司股东占款等损害公司利益的情况。中介机构认为，发行人对于报告期内股东借款已经进行了整改，通过一系列规范措施，发行人现已具备完善的公司治理结构，能够有效地保护公司及中小股东利益。

专家点评

本案例关注两点：一是股东借款是否为红利分配。根据《财政部、国家税务总局关于规范个人投资者个人所得税征收管理的通知》（财税〔2003〕158号）“纳税年度内个人投资者从其投资企业（个人独资企业、合伙企业除外）借款，在该纳税年度终了后既不归还，又未用于企业生产经营的，其未归还的借款可视为企业对个人投资者的红利分配，依照‘利息、股息、红利所得’项目计征个人所得税”及《国家税务总局关于印发〈个人所得税管理办法〉的通知》（国税发〔2005〕120号）“个人投资者从其投资企业借款的管理，对期限超过一年又未用于企业生产经营的借款，严格按照有关规定征税的规定，股东从企业的借款，在该纳税年度终了后既不归还，又未用于企业生产经营的，可视为企业对个人投资者的红利分配，应缴纳个税”。从本案例中可以看到股东从企业的借款时间未超过一年，不作为红利分配对待。二是借款的理由。本案例中股东的借款理由是缴纳个税和增资，是为公司扩大注册资本服务，并非股东个人消费，故股东借款不存在主观恶意。如果股东频繁大量从公司借款，则公司内控制度存在问题，对上市负面影响极大。

【案例2】对关联方资金拆借的审核——永福股份（股票代码:300712）

A股上市情况：2017年6月28日召开的中国证券监督管理委员会创业板发行审核委员会2017年第52次发审委会议审核：福建永福电力设计股份有限公司（首发）获通过。

案例解读

报告期内，发行人存在向关联方拆借资金的情形，2016年3月资金拆借仍在继续。发行人均未支付利息。（1）请发行人说明向关联方拆入资金的原因和用途。（2）请发行人测算并补充披露关联方资金拆借的利息费用以及对发行人主营业务成本的影响，关联方资金往来原因和背景，对发行人独立性的影响，发行人是否对关联方存在资金依赖。（3）请发行人补充披露报告内关联方应收应付款项形成原因和过程。请中介机构发表核查意见。

一、向关联方拆入资金的原因和用途

发行人报告期内向关联方拆入资金情况如表15-2所示。

表15-2 发行人报告期内向关联方拆入资金情况

关联方	交易方向（发行人）	拆入金额（万元）	拆借日期	偿还金额（万元）	偿还日期	借款天数	借款原因用途
永福集团	拆入	30.00	2013.04.12	30.00	2013.04.18	6	流动资金周转
		200.00	2014.06.26	200.00	2014.08.25	60	流动资金周转
		500.00	2014.11.07	500.00	2014.12.01	24	流动资金周转
		300.00	2015.05.07	300.00	2015.12.30	237	流动资金周转
合计		1,030.00	—	1,030.00	—		
博发投资	拆入	500.00	2014.11.07	500.00	2014.12.03	26	流动资金周转
		540.00	2015.06.25	540.00	2015.12.30	188	流动资金周转
		200.00	2015.06.24	200.00	2015.10.16	114	流动资金周转
		260.00	2015.12.14	260.00	2015.12.30	16	流动资金周转
		500.00	2016.03.01	500.00	2016.04.12	42	流动资金周转
		300.00	2016.03.01	300.00	2016.04.14	44	流动资金周转
		200.00	2016.03.01	200.00	2016.04.14	44	流动资金周转
合计		2,500.00	—	2,500.00	—	—	

根据发行人说明，其向关联方拆借资金，主要是基于手续简单的考虑，该等向关联方拆入的资金均用于流动资金周转。

二、测算关联方资金拆借的利息费用以及对发行人主营业务成本的影响，关联方资金往来原因和背景，对发行人独立性的影响，发行人是否对关联方存在资金依赖

1. 根据2013—2016年发行人向金融机构借款情况，测算关联方资金拆借按发行人同期银行贷款利率计算的资金成本情况如表15-3所示。

表15-3 关联方拆借资金成本情况

年度	永福集团				博发投资				利息合计（万元）
	借款金额（万元）	借款天数	银行贷款同期利率	测算利息（万元）	借款金额（万元）	借款天数	银行贷款同期利率	测算利息（万元）	
2013	30.00	6	7.6875%	0.04	—	—	—	—	0.04
小计	—	—	—	0.04	—	—	—	—	0.04
2014	200.00	60	7.8000%	2.60	—	—	—	—	2.60
	500.00	24	7.2000%	2.40	500.00	26	7.2000%	2.60	5.00
小计	—	—	—	5.00	—	—	—	2.60	7.60
2015	300.00	237	6.9550%	13.74	540.00	188	6.1200%	17.26	30.99
	—	—	—	—	200.00	114	6.1200%	3.88	3.88
	—	—	—	—	260.00	16	5.6550%	0.65	0.65
小计	—	—	—	13.74	—	—	—	21.79	35.52
2016	—	—	—	—	500.00	42	5.6550%	3.30	3.30
	—	—	—	—	300.00	44	5.6550%	2.07	2.07
	—	—	—	—	200.00	44	5.6550%	1.38	1.38
小计	—	—	—	—	—	—	—	6.75	6.75
合计				18.77				31.14	49.92

注：上述银行贷款同期利率是指公司向关联方拆借资金同期向银行获取贷款的实际利率。

2. 测算结果对发行人主营业务成本、财务费用、利润总额的影响

表15-4 测算结果对发行人主营业务成本财务费用利润总额的影响

项目	2013年度		2014年度		2015年度		2016年度	
	金额（万元）	拆借利息占比	金额（万元）	拆借利息占比	金额（万元）	拆借利息占比	金额（万元）	拆借利息占比
主营业务成本	15,545.71	0.0002%	18,876.30	0.0403%	21,442.95	0.1656%	26,016.70	0.0260%
财务费用	1,130.41	0.0034%	1,405.45	0.5408%	1,370.70	2.5917%	1,003.96	0.6728%
利润总额	7,870.61	0.0005%	7,666.93	0.0991%	7,001.67	0.5074%	8,596.73	0.0786%

如上表所示，关联方拆借资金经测算的成本对发行人当期的成本费用及利润影响均很小。

3. 关联方资金往来原因和背景，对公司独立性的影响，公司是否对关联方存在资金依赖。2013—2016 年度，发行人银行授信情况如表 15-5 所示。

表15-5 2013—2016年度发行人银行授信情况

年度	项目	兴业银行	招商银行	光大银行	平安银行	海峡银行	民生银行	合计（万元）
2013	流动资金授信额度（万元）	4,000.00	11,000.00	4,800.00	—	—	—	16,800.00
	月平均贷款金额（万元）	3,477.71	8,267.26	679.56	—	—	—	12,424.54
	额度使用率	86.94%	75.16%	14.16%	—	—	—	73.96%
2014	流动资金授信额度（万元）	4,000.00	11,000.00	3,600.00	3,000.00	—	—	17,600.00
	月平均贷款金额（万元）	3,938.69	7,923.71	89.38	1,799.17	—	—	13,750.94
	额度使用率	98.47%	72.03%	2.48%	59.97%	—	—	78.13%
2015	流动资金授信额度（万元）	4,000.00	13,000.00	3,600.00	3,000.00	3,500.00	8,000.00	35,100.00
	月平均贷款金额（万元）	2,397.03	8,572.12	2,453.63	1,200.83	37.48	5.71	14,666.79
	额度使用率	59.93%	65.94%	68.16%	40.03%	1.07%	0.07%	41.79%
2016	流动资金授信额度（万元）	4,000.00	13,000.00	3,600.00	8,000.00	3,500.00	8,000.00	40,100.00
	月平均贷款金额（万元）	1,677.15	5,338.33	1,362.50	—	1,965.93	5,813.29	16,157.20
	额度使用率	41.93%	41.06%	37.85%	0.00%	56.17%	72.67%	40.29%

如上表所示，发行人报告期内在向关联方拆借资金的当月，授信额度尚有一定余额，发行人融资能力较强，且关联方拆借的资金占公司同期的借款比例很低。另根据发行人说明，发行人向关联方拆借资金，主要是基于手续简单的考虑。发行人报告期向关联方拆借资金，不会对发行人独立性产生影响，也不存在对关联方的资金依赖。

发行人管理层已针对关联方资金拆借事项加强管理，自 2016 年 4 月后未再发生关联方资金拆借的情况。并且，发行人已承诺今后将杜绝此类关联方资金拆借事项。

三、报告期内关联方应收应付款项形成原因和过程

1. 2013—2016 年度，发行人与关联方的应收应付款项列示如表 15-6 所示。

表15-6　2013—2016年度发行人与关联方的应收应付款项

关联方	2016.12.31	2015.12.31	2014.12.31	2013.12.31
应收账款（万元）				
瑞新热电	384.78	480.88	—	8.00
和盛高科	—	—	0.85	—
中闽连江	4.29	—	—	—
应付账款（万元）				
和盛高科	27.41	30.05	45.52	19.49
宏闽监理	—	—	—	9.24
永福集团	—	7.24	5.72	—
预收款项（万元）				
瑞新热电	—	—	684.00	—
新能研发	52.36	—	—	—
中闽连江	—	3.00	—	—

上表中各关联方应收应付款的形成原因和过程如下：

（1）瑞新热电。发行人与瑞新热电关联交易形成的原因主要系发行人向其提供了勘察设计服务与工程总承包业务，具体形成过程如下：

2013 年 12 月 31 日应收账款 80,000.00 元系根据锅炉电梯改造项目技术服务合同应收勘察设计服务进度款项，该笔款项于 2014 年 6 月全额收回。

2014 年 12 月 31 日预收账款 6,840,000.00 元系根据 CFB 锅炉烟气脱硫脱硝改造工程总承包合同预收的工程总包项目款项。

2015 年 12 月 31 日应收账款 4,808,844.00 元系分别根据 CFB 锅炉烟气脱硫脱硝改造工程总承包合同应收的工程总包项目结算款项 4,648,844.00 元；根据 CFB 锅炉烟气脱硫脱硝改造工程技术服务项目合同应收的勘察设计服务进度款 160,000.00 元。

2016 年 12 月 31 日应收账款 3,847,844.00 元系分别根据 CFB 锅炉烟气脱硫脱硝改造工程总承包合同应收的工程总包项目结算款项 3,687,844.00 元；CFB 锅炉烟气脱硫脱硝改造工程技术服务项目合同应收勘察设计服务进度款 160,000.00 元，该款项已于 2017 年收回。

（2）和盛高科。发行人与福建和盛高科技产业有限公司关联交易形成的原因主要系发行人向其提供了勘察设计服务，以及向其采购工程总承包业务所需设备材料，具体形成过程如下：

2014 年 12 月 31 日应收账款 8,490.57 元系根据福建省 220~500kV 户外智能变电

站辅助系统配置方案专题研究技术服务合同尚未收回余款，2015 年 1 月已全额收回。

2013 年 12 月 31 日应付账款 194,900.00 元分别系根据福清城头 220kV 变电站经纬间隔扩建工程变电设备在线监测系统采购合同尚未支付工程总承包设备款总额 67,600.00 元；福清城头 220kV 变电站经纬间隔扩建工程电能质量监测系统采购合同尚未支付工程总承包设备款总额 116,000.00 元；福建省东南电化股份有限公司搬迁项目 110kV 输变电工程在线监测系统采购合同尚未支付剩余工程总承包设备设备款 11,300.00 元。

2014 年 12 月 31 日应付账款 455,210.00 元分别系根据福清顺宝（江阴）220kV 变电站天辰耀隆间隔扩建工程电能质量在线监测系统采购合同尚未支付工程总承包设备款 6,760.00 元；福清城头 220kV 变电站经纬间隔扩建工程电能质量监测系统采购合同尚未支付工程总承包设备款总额 116,000.00 元；长乐西皋 220kV 变电站鑫海间隔扩建工程电能质量在线监测装置采购合同未支付工程总承包设备款 103,000.00 元；福清顺宝（江阴）220kV 变电站天辰耀隆间隔扩建工程电能质量在线监测系统采购合同尚未支付工程总承包设备款 4,900.00 元；泉州临港 220kV 变电站福林气体 110kV 间隔扩建工程电能质量在线监测采购合同尚未支付工程总承包设备款 59,400.00 元；福州昆石 220kV 变电站恒申Ⅰ、Ⅱ间隔扩建工程电能质量在线监测装置及在线监测装置采购合同尚未支付工程总承包设备款 153,850.00 元；福建省东南电化股份有限公司搬迁项目 110kV 输变电工程在线监测系统采购合同尚未支付剩余工程总承包设备款 11,300.00 元。

2015 年 12 月 31 日应付账款 300,485.00 元分别系根据福清顺宝（江阴）220kV 变电站天辰耀隆间隔扩建工程电能质量在线监测系统采购合同尚未支付工程总承包设备款 6,760.00 元；福清城头 220kV 变电站经纬间隔扩建工程电能质量监测系统采购合同尚未支付工程总承包设备款总额 116,000.00 元；长乐西皋 220kV 变电站鑫海间隔扩建工程电能质量在线监测装置采购合同未支付工程总承包设备款 103,000.00 元；福清顺宝（江阴）220kV 变电站天辰耀隆间隔扩建工程电能质量在线监测系统采购合同尚未支付工程总承包设备款 4,900.00 元；泉州临港 220kV 变电站福林气体 110kV 间隔扩建工程电能质量在线监测采购合同尚未支付工程总承包设备款 5,940.00 元；福州昆石 220kV 变电站恒申Ⅰ、Ⅱ间隔扩建工程电能质量在线监测装置及在线监测装置采购合同尚未支付工程总承包设备款 15,385.00 元；福建省东南电化股份有限公司搬迁项目 110kV 输变电工程在线监测系统采购合同尚未支付剩余工程总承包设备款 11,300.00 元；华电连江风电场 110kV 升压站电能质量在线监测采购合同尚未支付工程总承包设备款 37,200.00 元。

2016年12月31日应付账款274,130.94元系分别根据福清城头220kV变电站经纬间隔扩建工程电能质量监测系统采购合同尚未支付工程总承包设备款18,560.00元；长乐西皋220kV变电站鑫海间隔扩建工程电能质量在线监测装置采购合同未支付工程总承包设备款103,000.00元；华电连江风电场110kV升压站电能质量在线监测采购合同尚未支付工程总承包设备款12,400.00元；漳州核电厂35kV施工电源工程采购合同尚未支付总承包设备款140,170.94元。

（3）中闽连江。发行人与中闽连江关联交易形成的原因主要系发行人向其提供了勘察设计服务与承接工程总承包业务，具体形成过程如下：

2015年12月31日预收账款30,047.30元，系预收连江黄岐风电场110kV线路对侧GIS间隔工程总包项目款项。

2016年12月31日应收账款42,870.81元，系分别根据连江黄岐风电场110kV线路对侧GIS间隔工程总包项目结算款项41,172.70元；连江北茭风电场建设AVC/AGC系统项目技术服务合同应收勘察设计服务进度款项1,698.11元。

（4）宏闽监理。发行人与宏闽监理关联交易形成的原因主要系发行人向其采购技术服务，具体形成过程如下：

2013年12月31日其他应付款92,358.00元系2011年签订的《长乐金纶110KV输变电工程技术服务合同》技术服务费余款，已丁2014年1月支付完毕。

（5）永福集团。2014年12月31日应付账款57,191.00元系永福食堂材料采购费，已于2015年2月全部支付完毕。

2015年12月31日应付账款72,445.00元系为食堂材料采购费，已于2016年1月全部支付完毕。

（6）新能研发。发行人与新能研发关联交易形成的原因主要系发行人向其提供了勘察设计服务，具体形成过程如下：

2016年12月31日预收账款523,584.91元系根据福清东壁岛海上风电场工程预可技术咨询合同预收款项。

2. 报告期，发行人与关联方的其他应收应付款项列示如表15-7所示。

表15-7　2013—2016年度发行人与关联的其他应收应付款项

关联方	2016.12.31	2015.12.31	2014.12.31	2013.12.31
其他应收款（万元）				
宏闽监理	—	—	0.25	8.93
永福集团	—	—	—	19.16

续表

关联方	2016.12.31	2015.12.31	2014.12.31	2013.12.31
陈强	—	—	7.00	—
王建明	—	—	10.00	—
新能研发	19.01	—	—	—
昌明建材	10.92	—	3.00	3.00
其他应付款（万元）				
博发投资	22.57	—	—	—
永福集团	—	—	0.01	0.01
李庆先	—	—	—	0.54
王劲军	—	—	—	1.19
钱有武	—	—	—	0.38

（1）宏闽监理。2013 年 12 月 31 日、2014 年 12 月 31 日其他应收款余额 89,324.72 元、2,459.32 元均系由发行人垫付的尚未办理完毕离职手续的调动人员薪金款项。

（2）永福集团。2013 年 12 月 31 日其他应收款余额 191,637.00 元系由发行人垫付的尚未办理完毕离职手续的调动人员薪金款项。

2013 年 12 月 31 日、2014 年 12 月 31 日其他应付款 58.00 元系以前年度多扣的员工房租款。

（3）陈强。2014 年 12 月 31 日其他应收账款余额 70,000.00 元系根据公司股东会决议通过将永福有限部分车辆进行转让，转让价格是依据福建省机动车价格评估有限责任公司出具的评估价格。截至 2015 年 6 月已收回车辆转让款项。

（4）王建明。2014 年 12 月 31 日其他应收款余额 100,000.00 元系其原作为总经理工作部的负责人，因工作需要借一定的备用金作为日常应急开支使用，备用金 2015 年度 7 月份已归还完毕。

（5）新能研发。2016 年 12 月 31 日其他应收款余额 190,147.00 元系尚未收回的人员借用收入，该款项已于 2017 年收回。

（6）昌明建材。2013 年 12 月 31 日、2014 年 12 月 31 日、2016 年 12 月 31 日其他应收款余额分别为 30,000.00 元、30,000.00 元、109,200.00 元系各期末尚未收回的房屋租赁收入，该款项已于 2017 年收回。

（7）博发投资。2016 年 12 月 31 日其他应付款余额 225,720.00 元系尚未向其支付北京分公司房屋租赁费。

（8）李庆先。2013 年 12 月 31 日其他应付款余额 5,411.00 元系尚未支付的已报销差旅费。

（9）王劲军。2013 年 12 月 31 日其他应付款余额 11,896.20 元系尚未支付的已报销交通费、车辆费、通信费等。

（10）钱有武。2013 年 12 月 31 日其他应付款余额 3,840.00 元系尚未支付的已报销交通费、通信费。

中介机构认为，发行人报告期内向关联方拆入资金主要基于手续简单的考虑，均用于流动资金周转；经关联方拆借资金的成本对发行人当期成本费用及利润影响很小；关联方资金拆借的金额占发行人同期借款额比例很低，发行人对关联方不存在资金依赖，发行人报告期内向关联方拆入资金，不会对发行人的独立性产生重大不利影响。发行人的关联方应收应付款项期末余额的形成均具有商业实质或合理事由。报告期内，发行人与关联方之间的交易和往来均真实、准确、完整披露。

专家点评

《最高人民法院关于审理民间借贷案件适用法律若干问题的规定》第十一条规定，法人之间、其他组织之间以及它们相互之间为生产、经营需要订立的民间借贷合同，除存在合同法第五十二条、本规定第十四条规定的情形外，当事人主张民间借贷合同有效的，人民法院应予支持。股东或关联方为公司解决资金困难或生产向公司提供借款，法律上并不禁止。

就上市而言需要关注该借款对发行人独立性是否产生影响，如果发行人的现金流需要依赖股东或关联方，则发行人缺乏独立性，上市存在障碍。另外需要考虑借款的利息成本，利息过高或过低均影响发行人的净利润水平，利息公允为第一要务。

【案例 3】向股东借款是否影响到公司的独立性——英可瑞（股票代码：300713）

A 股上市情况：2017 年 6 月 14 日召开的中国证券监督管理委员会创业板发行审核委员会 2017 年第 48 次发审委会议审核：深圳市英可瑞科技股份有限公司（首发）获通过。

案例解读

发行人 2013 年曾向股东借入资金，于 2015 年 5 月偿还。2015 年 5 月，发行人向股东邓琥借出资金 200 万元。请发行人补充披露：向股东出借资金的原因及用途、资金去向，报告期内向股东借入、借出资金是否收付资金占用费，报告期内的上述资金往来对发行人独立性的影响。请中介机构核查上述问题并发表明确意见。

就该问题，中介机构核查了发行人提供的《相关借款事项的说明及确认函》、相关股东（邓琥、刘文锋、尹伟）出具的《承诺函》、发行人相关内部决议、资金往来银行凭证及《审计报告》，对相关股东进行了访谈，确认借款的真实性、是否结清及是否存在纠纷或潜在纠纷。

一、发行人于2013年向股东借入资金的情况

1. 向股东邓琥、刘文锋、尹伟合计借入资金313万元人民币的原因及用途、资金去向

2013年初，发行人前身英可瑞有限就所取得的现作为工业研发场所的“深圳市南山区中山园路1001号国际E城E1栋11层”物业使用权及TCL高科技工业园区的其他会籍权益，需根据相关协议文件约定向物业及会籍权益提供方深圳TCL光电科技有限公司支付17,627,705元人民币。

该等费用的支付占用了英可瑞有限的大量流动资金。因此，为缓解流动资金紧张的局面，英可瑞有限分别于2013年1月22日向股东邓琥借入资金84万元人民币，于2013年1月25日向股东刘文锋借入资金34万元人民币，于2013年1月29日向股东尹伟借入资金195万元人民币。截至2015年5月7日，发行人已经于2014年4月、2015年5月分两次全部偿还了向股东所借入的资金。

2. 发行人向股东借入资金支付任何资金占用费

由于借入资金方均为发行人的股东，因此，发行人并未向邓琥、刘文锋及尹伟支付任何资金占用费。发行人股东邓琥、刘文锋及尹伟出具承诺：就2013年向发行人所借出的该等资金，无条件放弃向发行人主张支付资金占用费的权利，以后亦不会提出类似权利主张或要求。

二、发行人于2015年向股东出借资金的情况

1. 向股东出借资金的原因及用途、资金去向

发行人的股东邓琥系因拟购买房屋临时资金周转需要，向英可瑞有限借入资金200万元人民币。2015年5月8日，英可瑞有限作出关于股东借款的股东会决议，同意向股东邓琥出借200万元人民币，期限2个月，不计利息。截至2015年6月29日，股东邓琥已向发行人全部偿还了该等借款。

2. 发行人向股东借出资金未收取资金占用费

因该等借出资金时间较短，故英可瑞有限的股东会审议决定该笔资金不计利息。为规范公司关联交易及资金使用，2015年12月8日，发行人经创立大会暨第一次股东大会审议通过了《深圳市英可瑞科技股份有限公司关联交易决策制度》。

自发行人设立至本补充法律意见书出具之日，发行人未再向股东等关联方借出大额资金。

三、报告期内的上述资金往来对发行人独立性的影响

报告期内发行人向股东借入、借出资金均未收付资金占用费。其中发行人向股东邓琥出借资金200万元人民币系为偶然性关联交易，且时间较短，履行了内部决策程序，不存在故意损害英可瑞有限利益的情形。为保护发行人合法利益不受损害，在英可瑞有限整体变更为股份有限公司后，发行人制定了严格的关联交易决策制度、规范与关联方资金往来等管理制度，公司在日常的生产经营过程中严格遵守关联交易的相关规定，有效施行各项关联方占用公司资金的具体规范。根据报告期内的审计报告、内部控制鉴证报告，自发行人设立以来发行人不存在关联方资金拆借的情形。发行人及控股股东、实际控制人已就关联交易出具特别承诺，承诺将不以借款、代偿债务、代垫款项或者其他方式占用、使用发行人资金或资产，且将严格遵照中国证监会关于上市公司法人治理的有关规定，避免与发行人发生除正常业务外的一切资金往来。

综上所述，经中介机构核查，报告期内的上述资金往来对发行人独立性不构成任何实质影响。

专家点评

本案例中借入款项和借出款项属于偶然性关联交易，金额低且时间较短，因此对发行人的独立性并未产生实质性影响。

【案例4】关联方资金拆借是否损害到公司利益——万马科技（股票代码：300698）

A股上市情况：2017年7月12日召开的中国证券监督管理委员会创业板发行审核委员会2017年第57次发审委会议审核：万马科技股份有限公司（首发）获通过。

案例解读

报告期内向关联方拆借资金的原因，借款用途，是否用作对南北公司的出资，借款期限，利息确定依据以及利率存在差异的原因，是否公允、合理，是否存在损害发行人利益的情形，发行人还款资金来源是否合法，履行的内部决策程序是否合法有效。

报告期内，发行人不存在向关联方拆入资金的情形，发行人向关联方拆出资金

的情形如下：

2014 年发行人累计向子公司南北公司提供借款 230.00 万元，2015 年发行人累计向南北公司提供借款 470.00 万元。双方签订了利率为按照实际借款期间同期银行贷款基准利率上浮 20% 计算的资金借用合同，南北公司已经于 2015 年 5 月 29 日前偿还借款，并确认了 6.55 万元的利息费用。

2014 年 12 月发行人分别向盛涛、杨建华及任萍提供借款 40.00 万元、185.00 万元和 50.00 万元。双方签订了利率为按照实际借款期间同期银行贷款基准利率上浮 15% 计算的资金借用合同，盛涛、杨建华以及任萍于 2015 年 5 月 29 日偿还借款，并分别确认了 1.16 万元、5.35 万元以及 1.45 万元的利息费用。

发行人向南北公司提供借款的原因及用途主要为：南北公司自设立以来一直处于亏损状态，该等借款主要系用于南北公司日常经营用款。发行人向盛涛、杨建华及任萍提供借款的原因及用途为：盛涛、杨建华及任萍用于向南北公司缴付出资。

发行人与上述资金拆借主体之前并未明确约定借款期限，利息确定依据为参考公司同期自金融机构的贷款利率（同期银行贷款基准利率上浮 10% 左右）并适当上浮。根据发行人的说明，发行人向南北公司及盛涛、杨建华及任萍拆出资金利率存在差异，主要是因为：发行人曾经为万马集团控制的下属公司，万马集团的内部惯例为对自然人借款的利率略优于对法人借款的利率，发行人参考了万马集团的惯例，对拟成为南北公司股东的盛涛、杨建华及任萍给予小幅利率优惠，该等资金拆借利息确定合理，不存在损害发行人利益的情形。根据各借款主体出具的声明，其向发行人还款资金的来源为其生产经营所得、个人及家庭资金积累、借款等，中介机构认为该等还款资金的来源合法。

上述资金拆借行为发生在发行人设立股份有限公司之前，《公司法》等相关法律法规及其适时有效的《公司章程》并未对关联交易决策程序或对外提供借款的决策程序作出明确规定，因此发行人（前身）对于变更设立股份有限公司之前的关联交易并未履行特别决策程序。发行人于 2015 年 8 月 12 日召开 2015 年第一次临时股东大会审议通过了《关于修改公司章程的议案》《股东大会议事规则》《董事会议事规则》《关联交易决策制度》等相关制度。经中介机构核查，发行人已在其《公司章程（草案）》《股东大会议事规则》《董事会议事规则》及《关联交易决策制度》中规定了关联交易的决策程序，对关联交易的公允性提供了决策程序上的保障，体现了保护中小股东利益的原则，发行人的该等制度和规则合法、有效。

发行人已于 2015 年度股东大会审议通过了《关于确认公司报告期内关联交易的议案》，发行人全体股东对报告期内公司与其关联方之间的关联交易作出了一致确认：关联交易的价格具备公允性或具有合理理由，抑或是由公司单纯受益，并不存在损害公司及股东利益（尤其是中小股东利益）的情况。就发行人报告期内关联交易情况，独立董事发表如下意见：关联交易的价格具备公允性或具有合理理由，抑或是由公司单纯受益，并不存在损害公司及股东利益（尤其是中小股东利益）的情况。

根据发行人说明并经中介机构核查，除上述关联方资金拆借外，发行人与关联方之间不存在其他资金拆借行为。

专家点评

鉴于合并报表的事实，发行人向全资子公司进行借款不会对上市产生负面影响。发行人向关联自然人借款，无论价格是否公允均应避免，现实情况是发行人在未决定上市时，会因关联自然人需要向其提供借款，但在决定上市后，在中介机构的辅导下会要求借款人归还借款，发行人还会按照上市要求制定《关联交易决策制度》等内部文件，以杜绝此类问题的发生。

【案例5】临时周转的资金占用——天常股份（股票代码：300728）

A股上市情况：2017年4月25日召开的中国证券监督管理委员会创业板发行审核委员会2017年第35次发审委会议审核：江苏天常复合材料股份有限公司（首发）获通过。

案例解读

2014年9月—2014年10月，两大股东王占洪控制的润源控股向拆借发行人人民币资金1,000.00万元，存在关联方资金占用情形。

核查过程：中介机构查阅了发行人制定的《货币资金管理制度》《费用管理制度》《业务借款管理制度》及《付款管理制度》等内部控制制度；查阅了发行人的银行日记账、银行对账单或网上银行流水。核查结论如下：

一、发行人与润源控股之间的资金往来情况

报告期内，发行人与润源控股之间的资金拆借情况如表15-8所示。

表15-8　发行人与润源控股之间资金拆借情况

交易内容	借入日期	偿还日期	借款金额（元）	用途	是否支付利息
拆出	2014.09.25	2014.10.08	10,000,000.00	拆借	否

上述资金拆借发行人未向润源控股收取相关利息费用，如果按同期银行贷款利率和实际资金占用时间测算，上述资金拆借发行人应向润源控股收取利息19，945.21元。

润源控股向发行人借款系为应对其临时资金周转问题，未发生长时间大金额占用发行人资金的行为，未发生侵占发行人利益或者无偿为发行人提供财务资助的情形。

2015年8月，中国人民银行武进支行出具《证明》，证明发行人自2012年1月以来不存在严重违反人民银行管辖范围内的法律、法规和规范性文件的情况，亦未因违规行为而受到重大行政处罚，不属于违法违规行为。经测算，以上资金占用应付利息金额较小，未对发行人财务状况或生产经营产生重要影响。

二、发行人与润源控股上述资金往来的规范情况

报告期内，发行人与润源控股之间发生的上述资金往来，主要系润源控股由于临时性资金需求而向发行人借款，其关联交易行为对发行人的财务状况和经营成果影响较小。为规范公司治理，发行人已制定并严格执行《关联交易管理制度》以及资金管理使用等相关制度。自2015年起，发行人与润源控股之间已无类似非经营性资金往来行为。发行人已严格按照《企业会计准则》《上市公司信息披露管理办法》和证券交易所颁布的相关业务规则的有关规定进行关联方认定，充分披露关联方关系及其交易。

专家点评

报告期内，发行人与润源控股之间存在金额为1,000.00万元的短期非经营性资金往来，主要为临时资金周转，未发生润源控股长期大额占用发行人资金的行为，未出现润源控股侵占发行人利益的情形，上述资金往来发行人应收润源控股利息金额较小，对发行人财务状况或生产经营影响较小。为上市需要，发行人已制定并严格执行《关联交易管理制度》以及资金管理使用等相关制度，类似情形可以得到有效避免。

【案例6】对是否存在利益输送的全面核查——赛意股份（股票代码：300687）

A股上市情况：2017年6月21日召开的中国证券监督管理委员会创业板发行审核委员会2017年第50次发审委会议审核：广州赛意信息科技股份有限公司（首发）获通过。

案例解读

报告期关联方资金拆借的产生原因、资金来源、用途、去向、合法合规性、相关利息的确定原则、公允性及实际支付情况，与美的集团及其关联方资金拆借金额占发行人对应报告期借款发生额及余额的比例、支付利息或者费用占发行人对应报告期同类费用的比例；是否存在变相使用美的集团资金对发行人进行利益输送的情形。

一、报告期关联方资金拆借的产生原因

报告期内，公司向美的集团及其关联方拆入资金情况如表15-9所示。

表15-9 赛意股份向美的集团及其关联方拆入资金情况

单位：万元

关联交易对手方	交易内容	2016年度	2015年度	2014年度
美的小额贷款股份有限公司	拆入资金	—	1,200.00	1,000.00
佛山市顺德区美的小额贷款股份有限公司	拆入资金	—	200.00	300.00
合计	—	—	1,400.00	1,300.00

从表15-9可以看出，报告期内，发行人的关联方资金拆借均为向美的集团的关联小额贷款公司进行借款，借款主要是为了满足发行人因业务规模快速增长形成的短期经营性资金周转需要。由于发行人所处的软件和信息技术服务业属于轻资产行业，银行授信额度有限且贷款审批程序较长，因此发行人选择对其资信情况更为了解、额度及审批更为灵活的美的集团关联小额贷款公司贷款进行资金周转。

二、资金来源、用途、去向及合法合规性

1. 资金来源

经对美的小额贷款股份有限公司和佛山市顺德区美的小额贷款股份有限公司进行访谈及出具的说明，上述小额贷款公司拆借给发行人的资金来源为其自有资金或银行融入资金。经查阅中国人民银行、中国银监会《关于小额贷款公司试点的指导意见》（银监发〔2008〕23号）和安徽省人民政府办公室《关于开展小额贷款公司试点工作指导意见的通知》（皖政办〔2008〕52号）、广东省人民政府《关于开展小额贷款公司试点工作的实施意见》（粤府〔2009〕5号）的有关规定，小额贷款公司资金来源符合相关法律法规的规定。

2. 用途、去向

经核查发行人与美的小额贷款股份有限公司和佛山市顺德区美的小额贷款股份有限公司签订的借款合同及发行人银行资金流水，小额贷款资金系严格按照借款合同约定补充公司流动性资金，去向主要用于支付员工工资。

经核查，中介机构认为，小额贷款的资金用途符合相关法律法规和借款合同约定，不存在违规使用的情形。

三、相关利息的确定原则、公允性及实际支付情况

根据美的小额贷款股份有限公司和佛山市顺德区美的小额贷款股份有限公司出具的说明，上述资金拆借的利息由美的小额贷款股份有限公司、佛山市顺德区美的小额贷款股份有限公司根据发行人与信用状况、担保情况、借款金额确定利率档次，并在此基础上调整，与其向同等条件的借款企业给予的借款利率基本一致。

通过核查发行人小额贷款合同、银行流水等方式，了解到报告期内，发行人向美的集团及其关联方支付利息如表 15-10 所示。

表15-10　发行人向美的集团及其关联方支付利息情况　　单位：万元

年度	2016 年度	2015 年度	2014 年度
美的小额贷款股份有限公司	—	56.74	9.17
佛山市顺德区美的小额贷款股份有限公司	—	19.75	0.41
合计	—	76.49	9.58

报告期内，发行人向美的小额贷款股份有限公司、佛山市顺德区美的小额贷款股份有限公司贷款利率如表 15-11。

表15-11　发行人2014—2015年度贷款利率情况

<table>
<tr><th>年度</th><th>借款银行</th><th>借款金额（万元）</th><th>借款日期</th><th>还款金额（万元）</th><th>还款日期</th><th>利率</th></tr>
<tr><td rowspan="5">2015年度</td><td rowspan="4">美的小额贷款股份有限公司</td><td>300.00</td><td>2015.07.02</td><td>300.00</td><td>2015.08.27</td><td>10.00%</td></tr>
<tr><td>340.00</td><td>2015.05.26</td><td>340.00</td><td>2015.08.27</td><td>10.00%</td></tr>
<tr><td>260.00</td><td>2015.05.27</td><td>260.00</td><td>2015.08.27</td><td>10.00%</td></tr>
<tr><td>300.00</td><td>2015.05.22</td><td>300.00</td><td>2015.05.27</td><td>15.00%</td></tr>
<tr><td>佛山市顺德区美的小额贷款股份有限公司</td><td>200.00</td><td>2015.02.13</td><td>200.00</td><td>2015.04.10</td><td>10.00%</td></tr>
<tr><td rowspan="4">2014</td><td rowspan="3">美的小额贷款股份有限公司</td><td rowspan="3">1,000.00</td><td rowspan="3">2014.11.28</td><td>400.00</td><td>2015.04.10</td><td rowspan="3">10.00%</td></tr>
<tr><td>340.00</td><td>2015.05.26</td></tr>
<tr><td>260.00</td><td>2015.05.27</td></tr>
<tr><td>佛山市顺德区美的小额贷款股份有限公司</td><td>300.00</td><td>2014.12.26</td><td>300.00</td><td>2015.06.26</td><td>10.00%</td></tr>
</table>

经对美的小额贷款股份有限公司和佛山市顺德区美的小额贷款股份有限公司访谈及核查其出具的说明，借款利率系根据发行人信用状况、担保情况及借款金额确定，与向发行人同等条件的借款企业给予的借款利率基本一致。

四、与美的集团及其关联方资金拆借金额占发行人对应报告期借款发生额及余额的比例、支付利息或者费用占发行人对应报告期同类费用的比例报告期内，与美的集团及其关联方资金拆借金额占发行人对应报告期借款发生额及余额的比例如表 15-12 所示。

表15-12　美的集团及其美联方资金拆借金额占发行人借款发生额及余额比例

项目	2016 年 12 月 31 日 /2016 年度	2015 年 12 月 31 日 /2015 年度	2014 年 12 月 31 日 /2014 年度
向美的集团及其关联方资金拆入发生额（万元）	—	1,400.00	1,300.00
向美的集团及其关联方资金拆入余额（万元）	—	—	1,300.00
当期借款发生额（万元）	3,000.00	5,212.02	2,850.00
借款余额（万元）	3,000.00	1,300.00	2,490.00
占当期借款发生额比例	—	26.86%	45.61%
占当期余额比例	—	—	52.21%

报告期内，向美的集团及其关联方支付利息占发行人对应报告期同类费用的比例如表 15-13 所示。

表15-13　美的集团及其关联方支付利息占发行人同类费用比例

项目	2016 年 12 月 31 日 /2016 年度	2015 年 12 月 31 日 /2015 年度	2014 年 12 月 31 日 /2014 年度
向美的集团及其关联方支付利息（万元）	—	76.48	9.58
利息支出（万元）	26.78	177.46	62.02
占当期利息支出比例	—	43.10%	15.45%

五、是否存在变相使用美的集团资金对发行人进行利益输送的情形

根据美的小额贷款股份有限公司、佛山市顺德区美的小额贷款股份有限公司出具的说明，发行人向美的集团及其关联方拆借资金系发行人根据公司经营情况做出的资金安排，上述小贷公司拆借给发行人的资金来源为小贷公司自有资金或银行融入资金，不存在利用美的集团的资金进行对外拆借的情形，利息收取是由发行人和

美的小额贷款股份有限公司、佛山市顺德区美的小额贷款股份有限公司根据发行人信用状况、担保情况及借款金额等按照贷款程序确定，不存在利益输送的情况。

专家点评

发行人的借款关联方美的小额贷款股份有限公司和佛山市顺德区美的小额贷款股份有限公司系依法经营小额贷款金融机构，具备放贷资格，资金拆借价格公允，与市场上同类型小额贷款利率水平基本一致，故，不存在对发行人进行利益输送的情形。

第二节　基本概念

一、资金占用的概念

资金占用是指大股东、实际控制人或者其关联方占用公司资金的行为。资金占用包括经营性资金占用和非经营性资金占用。经营性资金占用是指控股股东及关联方通过采购、销售等生产经营环节的关联交易产生的资金占用；非经营性资金占用是指为控股股东及关联方垫付工资、福利、保险、广告等费用和其他支出，代控股股东及关联方偿还债务而支付资金，有偿或无偿、直接或间接拆借给控股股东及关联方资金，以及其他在没有商品和劳务提供情况下给控股股东及关联方使用的资金等。

二、相关规则

1.《关于规范上市公司与关联方资金往来及上市公司对外担保若干问题的通知》（证监会、国资委证监发〔2003〕56号）

“上市公司不得以下列方式将资金直接或间接地提供给控股股东及其他关联方使用：

1. 有偿或无偿地拆借公司的资金给控股股东及其他关联方使用；
2. 通过银行或非银行金融机构向关联方提供委托贷款；
3. 委托控股股东及其他关联方进行投资活动；
4. 为控股股东及其他关联方开具没有真实交易背景的商业承兑汇票；

5. 代控股股东及其他关联方偿还债务；

6. 中国证监会认定的其他方式。”

2.《规范运作指引》中小板 3.1.14/ 创业板 3.1.13

“董事、监事和高级管理人员获悉上市公司控股股东、实际控制人及其关联人出现下列情形之一的，应当及时向公司董事会或者监事会报告，并督促公司按照有关规定履行信息披露义务：

（一）占用公司资金，挪用、侵占公司资产的；……”

3.《规范运作指引》中小板 4.2.10/ 创业板 4.2.8

“控股股东、实际控制人应当保证上市公司财务独立，不得通过下列任何方式影响公司财务独立：

（一）与公司共用银行账户；

（二）将公司资金以任何方式存入控股股东、实际控制人及其关联人控制的账户；

（三）占用公司资金；……”

4.《规范运作指引》中小板 4.2.11/ 创业板 4.2.9

“控股股东、实际控制人不得以下列任何方式占用上市公司资金：

（一）要求公司为其垫付、承担工资、福利、保险、广告等费用、成本和其他支出；

（二）要求公司代其偿还债务；

（三）要求公司有偿或者无偿、直接或者间接拆借资金给其使用；

（四）要求公司通过银行或者非银行金融机构向其提供委托贷款；

（五）要求公司委托其进行投资活动；

（六）要求公司为其开具没有真实交易背景的商业承兑汇票；

（七）要求公司在没有商品和劳务对价情况下以其他方式向其提供资金；

（八）不及时偿还公司承担对其的担保责任而形成的债务；

（九）中国证监会及本所认定的其他情形。”

5.《中国证券监督管理委员会、国务院国有资产监督管理委员会关于规范上市公司与关联方资金往来及上市公司对外担保若干问题的通知》（2018 年 1 月 30 日发）

“……

一、进一步规范上市公司与控股股东及其他关联方的资金往来

上市公司与控股股东及其他关联方的资金往来，应当遵守以下规定：

（一）控股股东及其他关联方与上市公司发生的经营性资金往来中，应当严格限

制占用上市公司资金。控股股东及其他关联方不得要求上市公司为其垫支工资、福利、保险、广告等期间费用，也不得互相代为承担成本和其他支出。

（二）上市公司不得以下列方式将资金直接或间接地提供给控股股东及其他关联方使用：

1. 有偿或无偿地拆借公司的资金给控股股东及其他关联方使用；

2. 通过银行或非银行金融机构向关联方提供委托贷款；

3. 委托控股股东及其他关联方进行投资活动；

4. 为控股股东及其他关联方开具没有真实交易背景的商业承兑汇票；

5. 代控股股东及其他关联方偿还债务；

6. 中国证监会认定的其他方式。

（三）注册会计师在为上市公司年度财务会计报告进行审计工作中，应当根据上述规定事项，对上市公司存在控股股东及其他关联方占用资金的情况出具专项说明，公司应当就专项说明作出公告。

……

四、依法追究违规占用资金和对外担保行为的责任

（一）中国证监会与国务院国有资产监督管理委员会（以下简称‘国资委’）等部门加强监管合作，共同建立规范国有控股股东行为的监管协作机制，加大对违规占用资金和对外担保行为的查处力度，依法追究相关当事人的法律责任。

（二）上市公司及其董事、监事、经理等高级管理人员违反本《通知》规定，中国证监会将责令整改，依法予以处罚，并自发现上市公司存在违反本《通知》规定行为起 12 个月内不受理其再融资申请。

（三）上市公司控股股东违反本《通知》规定或不及时清偿违规占用上市公司资金的，中国证监会不受理其公开发行证券的申请或其他审批事项，并将其资信不良记录向国资委、中国银行业监督管理委员会和有关地方政府通报。

国有控股股东违反本《通知》规定的，国有资产监督管理机构对直接负责的主管人员和直接责任人依法给予纪律处分，直至撤销职务；给上市公司或其他股东利益造成损失的，应当承担相应的赔偿责任。非国有控股股东直接负责的主管人员和直接责任人违反本《通知》规定的，给上市公司造成损失或严重损害其他股东利益的，应负赔偿责任，并由相关部门依法处罚。构成犯罪的，依法追究刑事责任。

……”

第十六章　重大诉讼和仲裁

重大诉讼事项是指对发行人的财务状况、经营成果、声誉、业务活动、未来前景等可能产生较大影响的诉讼或者发行人的董事、监事、高级管理人员受到的刑事起诉。根据《上海证券交易所股票上市规则》（2018 年 11 月修订）第 11.1.1 条的规定：上市公司中涉案金额超过 1000 万元，并且占公司最近一期审计净资产绝对值 10% 以上的属于重大诉讼、仲裁事项。

拟上市企业如果在申报过程中存在重大诉讼和仲裁，可能会对公司的持续生产经营造成影响，如果应对措施不到位就会成为企业上市的一个瑕疵和障碍。

【案例 1】重大诉讼对生产经营的影响——华大基因（股票代码：300676）

A 股上市情况：2017 年 5 月 24 日召开的中国证券监督管理委员会创业板发行审核委员会 2017 年第 45 次发审委会议审核：深圳华大基因股份有限公司（首发）获通过。

案例解读

发行人存在重大未决诉讼事项，但未对或有损失计提预计负债。请发行人说明可能存在的败诉风险和对生产经营的影响、预计赔偿的损失金额、本案诉讼律师问询函确认情况、未计提预计负债是否恰当等，请中介机构核查并发表核查意见。

一、关于雅士能、香港中文大学诉香港华大、香港医学专利侵权案

中介机构查阅了香港专利侵权案的诉讼资料，对代理该案的发行人诉讼律师即位于香港的欧阳·郑·何·田律师事务所进行了电话访谈，并取得了该案的诉讼律师于 2016 年 12 月 28 日出具的《关于香港高等法院 2015 年第 3089 号案件诉讼情况的法律意见书》（以下简称“《第 3089 号法律意见书》”），同时对发行人财务部门和业务部分人员进行了访谈，并取得了如若败诉相关赔偿金额的测算数据，对目前未计提预计负债的恰当性征求了申报会计师的意见。现对题述事项回复如下：

1. 关于该案可能存在的败诉风险

根据《第3089号法律意见书》及发行人的说明，该案目前的败诉风险难以准确预测，主要原因如下：

（1）发行人的NIFTY产品由其自主研发并在多国拥有专利权，相较于原告的NIPT专利具有更高的准确性，香港医学、香港华大作为被告已提出抗辩理由，认为其NIFTY产品不侵权。

（2）香港专利诉讼非常注重专家意见，而该案双方专家意见尚未收集完毕，目前无法对案件的败诉风险进行全面分析。

（3）目前该案主诉讼仍在进行，估计至少还需要两年时间终结，即预计最快于2018年底终结；法庭拥有任意裁量权，即便基于同样的证据，不同的案件可能会作出完全不同的判决。

综上，鉴于双方专家意见尚未收集完毕，主诉讼预计至少还需两年时间终结，法庭对案件拥有任意裁量权，目前难以对该案的败诉风险进行准确预测，且香港医学、香港华大作为被告亦已提出抗辩意见，主张其产品不构成侵权，目前较难准确预测该案的最终判决结果。

2. 关于该案对生产经营的影响

根据《第3089号法律意见书》及发行人的说明，由于发行人已于临时禁止令诉讼中胜诉，在该案审结以前发行人在香港开展NIFTY业务并不会受到禁止。

根据发行人所提供的财务统计数据及说明，发行人于2014—2016年三年在香港地区取样、生产的NIFTY业务收入占发行人该三年合计营业收入的比例低于1.4%，净利润占发行人该三年合计净利润的比例低于1.5%，占比相对较低。

根据发行人的说明及《第3089号法律意见书》，尽管该案主诉讼仍在进行、预计审结期限大概在2018年，但由于发行人已于临时禁止令诉讼中胜诉，在该案审结以前发行人在香港开展NIFTY业务并不会受到禁止。尽管目前尚无法判断发行人是否败诉，但为提前防范可能面临的经营风险，发行人已着手研究海外开展NIFTY业务的战略调整事项，拟通过在除香港以外的其他海外区域建立临床医学服务生产中心等方式进一步加强生产经营的稳定性。

根据发行人的说明及数据，2016年1—12月，发行人国内NIFTY业务检测样本量占同期全部NIFTY业务检测量的比例为91%以上，且发行人国内从事NIFTY业务所需的相关专利已由发行人所合法拥有或使用，不存在针对该等专利的纠纷或争议。

综上所述，中介机构认为，该案不会对发行人的生产经营产生重大不利影响。

3. 关于如若败诉的预计赔偿金额

根据《第3089号法律意见书》，如香港法院判决两被告败诉，根据原告所提出的请求及众多案例显示，可能的赔偿金额计算方式为被告销售NIFTY的净利润，假设原告采取和临时禁止令阶段同样的范围主张，则其赔偿金额最可能接近发行人在香港NIFTY样本生产的净利润。

鉴于原告之一即雅士能于2013年12月在香港设立，本案极有可能于2018年年底审理终结，则原告可主张的侵权赔偿期间为2014—2018年共5年。假设原告采取和临时禁止令阶段同样的范围主张，即就发行人在香港本地取样的NFITY样本生产所获收益提出权利主张，则根据发行人提供的发行人报告期内在香港本地取样的NFITY样本生产所对应的收入和净利润情况，假设发行人2017年度和2018年度的收入和净利润规模与2016年度持平，按照《第3089号法律意见书》所述赔偿金额最可能接近发行人在香港NIFTY样本生产的净利润，则预计的赔偿金额为1,936.72万元，占2016年度当期净利润的比例为5.5%；考虑到发行人公司整体的业务收入和净利润持续增长预期较大，若2018年度的当期净利润高于2016年数据，则预计赔偿金额占赔偿发生当年即2018年的比例将低于5.5%。

另外，由于发行人已着手研究海外开展NIFTY业务的战略调整事项，并拟在香港以外的其他海外区域建立临床医学服务生产中心，如这一调整措施实施顺利，则2017年、2018年发行人在香港的NIFTY样本生产量及净利润将会有所降低，从而发行人败诉所须赔偿的金额及其当年净利润占比也会同比例下降。

4．关于本案诉讼律师问询函确认情况

如本反馈回复前述披露情况，根据《第3089号法律意见书》：（1）目前本案较难准确预测判决结果；（2）由于发行人已于临时禁止令诉讼中胜诉，在该案审结以前发行人在香港开展NIFTY业务并不会受到禁止；（3）如香港法院判决两被告败诉，根据原告所提出的请求及众多案例显示，可能的赔偿金额计算方式为被告销售NIFTY的净利润，假设原告采取和临时禁止令阶段同样的范围主张，则其赔偿金额最可能接近发行人在香港NIFTY样本生产的净利润，但本案诉讼律师并未具体测算相关赔偿数据。

5．关于未计提预计负债是否恰当

如本题反馈回复前述披露情况，中介机构通过查阅本案诉讼资料、电话访谈境外诉讼律师、查看其出具的《第3089号法律意见书》和询证回函确认案件目前进展：发行人已于临时禁止令诉讼中胜诉，败诉风险和最终判决结果难以准确预测，即无法合理估计发行人是否需要承担与该诉讼相关的赔偿义务，且无充分适当的证据表

明发行人因本案件很可能导致经济利益流出企业。因此，根据《企业会计准则第13号——或有事项》规定，本案件未计提预计负债恰当。

二、关于Hou Gerad Sophie Lorraine诉深圳临检、香港医学案（以下简称“香港假阴性案”）

中介机构查阅了香港假阴性案的诉讼资料，对代理该案的发行人诉讼律师即位于香港的欧阳·郑·何·田律师事务所进行了电话访谈，并取得了该案的诉讼律师于2016年12月21日出具的《关于香港高等法院2016年第1161号案件诉讼情况的法律意见书》（以下简称“《第1161号法律意见书》”），同时对发行人财务部门和业务部分人员进行了访谈，对目前未计提预计负债的恰当性征求了申报会计师的意见。现对题述事项回复如下：

1. 关于该案可能存在的败诉风险

根据《第1161号法律意见书》及发行人的说明，该案目前的败诉风险难以准确评估，主要原因如下：

（1）该案原告未提交《事实陈述书》来说明起诉的基础，也未列明所遭受的损失以及数额，该案目前尚未开庭审理。

（2）由于该案件的采购服务《订购单》将Lucy Lord医生写为“请求检测的医生”，而原告在该表单上的身份是“患者”，需要原告签署该表格仅系需其作出检测同意，故从表格本身看，是医生而非患者对被告发出检测请求。而且根据发行人提供的发票显示，相关检测费用由原告付给医生，而医生再付给发行人，因此，直接的合同关系很可能发生在医生与发行人之间，发行人与原告并无直接合同关系。

（3）如原告主张损失系因被告没有提供合理的细心和技能，也未用合理及胜任的方式来进行测试，则原告须证明：①“假阴性”结果系被告错误导致，而正常服务提供者不会犯该错误；②因果关系。基于目前的资料，被告未宣传或在合同中提出其检测准确率为100%，而同行业的其他服务提供者也会出现检测结果误差情况。且该案立案已超8个月，原告仍未提交《事实陈述书》，因此有理由认为原告未必能完善诉讼理由和完成举证责任，因此，香港诉讼律师目前对该案的抗辩持审慎乐观的意见。

综上，由于原告未提交《事实陈述书》说明起诉基础、该案尚未开庭审理，而从目前证据看发行人与原告并无直接合同关系，且从该案立案超8个月而原告仍未能提交事实陈述来看，原告未必能完善诉讼理由和完成举证，因此目前该案的最终判决结果较难准确预测。

2. 关于该案对生产经营的影响

根据《第1161号法律意见书》及发行人的说明，由于该案不涉及临时禁止令，因此在诉讼判决颁布之前，在法律上不对发行人的生产经营产生重大影响。故中介机构认为，该案不会对发行人的生产经营产生重大不利影响。

3. 关于如若败诉的预计赔偿金额

根据《第1161号法律意见书》及发行人的说明，由于原告对赔偿金额未提出具体的申索，也未向法庭提交《事实陈述书》，该案的赔偿额没有具体的计算标准。

根据发行人提供的说明及数据，发行人通常为欧洲、其他亚太地区从事NIFTY业务的受检者投保。从报告期内亚太、欧洲地区发生“假阴性”检测结果的赔付情况看，“假阴性”患者的保险赔付限额通常为人民币40万元，发行人通常未在保险赔付额度外向受检者进行其他金额的赔偿。

4. 关于本案诉讼律师问询函确认情况

如本反馈回复前述披露情况，根据《第1161号法律意见书》：（1）目前本案较难准确预测判决结果；（2）该案不涉及临时禁止令，在诉讼判决颁布之前，在法律上不对发行人生产经营产生重大影响；（3）原告对赔偿金额未提出具体申索，也未向法庭提交《事实陈述书》，该案的赔偿额没有具体的计算标准。

5. 关于未计提预计负债是否恰当

如本题反馈回复前述披露情况，中介机构通过查阅本案诉讼资料、查看境外诉讼律师出具的《第1161号法律意见书》和询证回函确认案件目前进展：原告未提交《事实陈述书》来说明起诉的基础，也未列明所遭受的损失以及数额，该案目前尚未开庭审理，从该案立案超8个月而原告仍未能提交《事实陈述书》来看，原告未必能完善诉讼理由和完成举证，因此目前该案的最终判决结果较难准确预测，但诉讼律师目前对该案的抗辩持审慎乐观的意见。因此，目前无法合理估计发行人是否需要承担与该诉讼相关的赔偿义务，且无充分适当的证据表明发行人因本案件很可能导致经济利益流出企业。故根据《企业会计准则第13号——或有事项》规定，本案件未计提预计负债恰当。

专家点评

对于未决诉讼，应从法律和认定事实上对判决结果进行合理预测，预测结果对财务指标或持续经营有负面影响的，应充分计提或有负债、进行重大风险提示。如属于偶发性风险的不影响发行人生产经营的，控股股东、实际控制人可以考虑出具承诺进行兜底，避免上市产生的风险和障碍。

【案例 2】诉讼、仲裁是否构成重大违法违规行为——中孚信息（股票代码：300659）

A 股上市情况：2017 年 4 月 18 日召开的中国证券监督管理委员会创业板发行审核委员会 2017 年第 32 次发审委会议审核：中孚信息股份有限公司（首发）获通过。

案例解读

中介机构的报告表明“发行人不存在其他尚未了结的重大诉讼、仲裁或行政案件，亦不存在可预见的重大诉讼、仲裁案件或被行政处罚的情形”。

请中介机构说明发行人已存在的诉讼、仲裁或行政案件，并就其是否构成重大违法违规行为发表明确意见。

报告期内，发行人存在以下诉讼、仲裁或行政案件：

2013 年 8 月，发行人与网讯信息技术（福建）有限公司（被告）签订《天翼税通 DF1998 项目 USBKEY 合作合同》，约定由发行人向被告提供加密 USBKEY 和 USB 数据连接线，按订单生产发货。

截至 2014 年年底，被告应付发行人货款共计 2,542,200 元。经发行人多次催要，被告于 2015 年 3 月出具还款说明，承诺 2015 年 4 月 30 日前支付 1,000,000 元，2015 年 5 月 31 日前支付剩余货款 1,542,200 元。2015 年 4 月，被告支付货款 1,000,000 元，余款 1,542,200 元至今未付。另外，被告还以试用为名，借发行人财税终端设备共计 503 台未归还。

2015 年 11 月 17 日，发行人向济南市高新区人民法院提起诉讼，要求被告支付货款及相应滞纳金，返还借用的财税智能终端设备 503 台。

2016 年 1 月 19 日，济南市高新区人民法院开庭审理了此案。截至目前，本案尚未判决。

中介机构对发行人进行了核查，并走访了济南高新区人民法院。经核查，除上述诉讼外，发行人不存在其他重大诉讼、仲裁或行政处罚案件。

中介机构认为，上述诉讼系发行人在经营过程中，因对方违约而致，且金额较小，对发行人的生产经营不会产生重大影响，不属于重大违法违规行为。

专家点评

从上市角度出发，发行人做原告是好于做被告的，但应收账款过高，对发行人也不是什么好事，牵涉到坏账计提和利润的实现。如果经常做原告，则应考虑发行人在行业、行业上下游位置处于不利位置，因为应收账款意味着给对方提供了信贷支持，行业老大、行业上下游有利位置的企业不会放款给生意伙伴的。

【案例3】涉及专利诉讼——江苏雷利（股票代码：300660）

A股上市情况：2017年4月18日召开的中国证券监督管理委员会创业板发行审核委员会2017年第31次发审委会议审核：江苏雷利电机股份有限公司（首发）获通过。

案例解读

报告期发行人子公司电机科技向北京市高院上诉北京市第一中级人民法院关于发行人告国家知识产权局专利复审委员会专利无效申请的判决。请发行人说明上述诉讼的进展情况；详细说明报告期内涉诉产品的销售情况，若判决不利发行人其对发行人经营情况的影响，是否存在其他专利方面的诉讼。请中介机构对上述问题进行核查，说明核查过程并发表意见。

核查过程：

就上述问题，中介机构查验了包括但不限于以下的文件：（1）与上述诉讼相关的起诉状、上诉状、审查决定书、判决书等相关文件；（2）广州知识产权法院向发行人送达的《民事起诉状》《应诉通知书》《举证通知书》《传票》等文件；（3）实际控制人苏建国出具的书面承诺；（4）发行人出具的书面说明。中介机构同时登录发行人及其附属公司所在地的人民法院、仲裁机构等网站进行了查询，运用互联网进行了公众信息检索，并对发行人技术中心负责人、专利代理机构相关人员进行了访谈。

核查内容及结果：

（一）请发行人说明上述诉讼的进展情况

2012年8月13日，电机科技向国家知识产权局专利复审委员会提交《专利权无效宣告请求书》，依据《专利权》第45条及《专利权法实施细则》第65条的规定，对“排水泵永磁同步电机”（专利号：200710143209.3号；专利权人：江门市地尔汉宇电器股份有限公司）专利权提出无效宣告请求。针对上述无效宣告请求，国家知识产权局专利复审委员会于2013年3月8日出具《无效宣告请求审查决定书》（第20138号），就争议专利的无效宣告请求作出审查决定：维持200710143209.3号发明专利有效。

电机科技不服国家知识产权局专利复审委员会作出的第20138号无效宣告请求

审查决定，在法定期限内向北京市第一中级人民法院提起行政诉讼。北京市第一中级人民法院于2013年6月17日受理电机科技起诉。经审理，北京市第一中级人民法院于2013年12月20日作出（2013）一中知行初字第1501号《行政判决书》，判决：维持国家知识产权局专利复审委员会作出的第20138号无效宣告请求审查决定。

2014年3月27日，电机科技向北京市高级人民法院提出上诉，请求撤销北京市第一中级人民法院的（2013）一中知行初字第1501号判决并撤销国家知识产权局专利复审委员会的第20138号无效宣告请求审查决定。

2016年10月20日，北京市高级人民法院作出（2015）高行（知）终字第4184号《行政判决书》，判决如下：一、撤销北京市第一中级人民法院作出的（2013）一中知行初字第1501号行政判决；二、撤销国家知识产权局专利复审委员会作出第20138号无效宣告请求审查决定；三、由国家知识产权局专利复审委员会针对电机科技就名称为“排水泵永磁同步电机”的200710143209.3号发明专利提出的无效宣告请求重新作出审查决定。该判决为终审判决。

（二）详细说明报告期内涉诉产品的销售情况，若判决不利发行人其对发行人经营情况的影响

1. 详细说明报告期内涉诉产品的销售情况

本诉讼涉诉专利为“排水泵永磁同步电机”（专利号：200710143209.3号；专利权人：江门市地尔汉宇电器股份有限公司，以下简称“排水泵永磁同步电机”），系发行人子公司电机科技向国家知识产权局专利复审委员会对该专利权提出无效宣告请求，国家知识产权局专利复审委员会审查决定维持上述专利有效后，电机科技不服国家知识产权局专利复审委员会而向人民法院请求撤销上述审查决定。

因此，上述诉讼系发行人子公司对第三方拥有的专利权提出无效宣告请求后引发的诉讼，涉诉专利并非发行人拥有的专利。

2017年1月16日，江门市地尔汉宇电器股份有限公司（以下简称“地尔汉宇”）向广州知识产权法院提起诉讼，主张电机科技生产了侵犯“排水泵永磁同步电机”专利权的排水电机，该诉讼的具体情况详见“（三）是否存在其他专利方面的诉讼”部分。

2. 若判决不利发行人其对发行人经营情况的影响

根据北京市高级人民法院作出的（2015）高行（知）终字第4184号《行政判决书》，北京市高级人民法院已判决撤销国家知识产权局专利复审委员会作出的《无效宣告请求审查决定书》（第20138号）并撤销北京市第一中级人民法院作出的

（2013）一中知行初字第1501号《行政判决书》，并判决由国家知识产权局专利复审委员会针对电机科技就上述发明专利提出的无效宣告请求重新作出审查决定。根据上述《行政判决书》，国家知识产权局专利复审委员会作出的审查决定及北京市第一中级人民法院作出的一审判决已由北京市高级人民法院撤销，该判决结果有利于发行人。

2017年1月16日，地尔汉宇向广州知识产权法院提起诉讼，主张电机科技生产了侵犯“排水泵永磁同步电机”专利权的排水电机，该诉讼对发行人经营情况的影响详见“（三）是否存在其他专利方面的诉讼”部分。

（三）是否存在其他专利方面的诉讼

除上述诉讼案件外，截至本补充法律意见书出具之日，发行人还存在如下与地尔汉宇之间的专利诉讼：

1. 专利诉讼基本情况

2017年1月19日，地尔汉宇以江门市恒发家电广场有限公司（以下简称“江门恒发”）及电机科技未经地尔汉宇授权许可而生产、销售侵犯其“排水泵永磁同步电机”专利权的产品，侵犯其专利权为由，向广州知识产权法院提起诉讼，其诉讼请求如下：（1）请求判令江门恒发立即停止侵权行为，包括立即停止销售被控侵权产品；（2）请求判令电机科技立即停止侵权行为，停止生产、销售被控侵权产品，销毁现存侵权产品、半成品及制造被控侵权产品的专业模具；（3）请求判令电机科技赔偿地尔汉宇各项损失及为制止侵权所支付的合理费用合计8,000万元；（4）诉请保护涉案专利的权利要求1~10项；（5）案件全部诉讼费用由江门恒发和电机科技承担。2017年2月，发行人收到广州知识产权法院送达的《民事起诉状》《应诉通知书》《举证通知书》以及定于2017年3月15日开庭审理的《传票》等文件。

根据发行人出具的书面说明，截至本补充法律意见书出具之日，以上案件尚未开庭审理。

2. 上述专利诉讼涉及的产品及其销售情况

根据地尔汉宇提交的《民事起诉状》，其主张侵犯其专利权的产品，为电机科技生产的应用于LG洗衣机（型号WD-T1450B7SACN）及松下洗衣机（型号XQG80-E8122）的排水电机。根据发行人提供的书面说明及中介机构对发行人技术中心负责人进行的访谈，应用于上述两型号洗衣机的排水电机型号分别为“BPX2-94L”型排水电机及“BPX2-87L”型排水电机。根据发行人提供的书面说明，上述产品在报告期内的销售情况如表16-1所示。

表16-1　2014—2016年度“BPX2-94L”
“BPX2-87L”型排水电机销售情况

单位：元

项目	BPX2-94L			
	销售收入	销售占比	毛利	毛利占比
2016 年度	351.10	0.22%	129.60	0.27%
2015 年度	116.19	0.08%	46.49	0.12%
2014 年度	10.88	0.01%	4.25	0.01%
项目	BPX2-87L			
	销售收入	销售占比	毛利	毛利占比
2016 年度	828.20	0.51%	322.65	0.68%
2015 年度	869.09	0.60%	356.18	0.94%
2014 年度	513.55	0.35%	231.09	0.59%
项目	两款涉诉产品合计			
	销售收入	销售占比	毛利	毛利占比
2016 年度	1,179.30	0.73%	452.25	0.95%
2015 年度	985.28	0.68%	402.67	1.06%
2014 年度	524.43	0.36%	235.34	0.60%

因此，发行人及其子公司生产和销售的涉诉产品在报告期内的销售收入、所产生的毛利均占发行人总销售收入、毛利的比例较低，即便电机科技败诉，也不会对发行人的持续经营造成重大不利影响。

3. 发行人及电机科技不构成侵权

根据发行人提供的书面说明及中介机构对发行人技术中心负责人、发行人专利代理机构及上述专利诉讼的代理律师北京市柳沈律师事务所的访谈，“BPX2-94L”型排水电机及“BPX2-87L”型排水电机并未落入上述地尔汉宇专利的保护范围。该两个型号电机的定子线圈采用半塑封式结构，这与地尔汉宇专利的技术方案不同，两者技术效果也不同，发行人及其子公司生产和销售涉诉产品，未侵犯地尔汉宇的上述专利权。

4. 地尔汉宇的“排水泵永磁同步电机”专利权处于不稳定状态

2012 年 8 月 13 日，发行人的电机科技已对上述“排水泵永磁同步电机”专利权提出无效宣告请求。2013 年 3 月 8 日，国家知识产权局专利复审委员会以《无效宣告请求审查决定书》(第 20138 号)维持上述专利有效。

2016 年 10 月 20 日，北京市高级人民法院作出（2015）高行（知）终字第 4184 号《行政判决书》，作出终审判决，判决撤销国家知识产权局专利复审委员会作出的上述《无效宣告请求审查决定书》(第 20138 号)，并判决由国家知识产权局专利复审委员会针对电机科技就上述发明专利提出的无效宣告请求重新作出审查决定。根据该《行政判决书》，北京市高级人民法院认为“排水泵永磁同步电机”的权利要求中：“权利要求1整体上并未产生突出的实质性特点和显著的进步，本专利权利要求1不符合专利法第二十二条第三款的规定”“本专利权要求2亦不具备创造性，不符合专利法第二十二条第三款的规定”“专利复审委员会应当结合本专利权利要求1和权利要求2不具备创造性的认定结论基础上，重新对本专利权利要求3~10是否具备创造性予以认定”。

因此，地尔汉宇主张发行人侵犯其专利权的“排水泵永磁同步电机”专利权的权利要求1及权利要求2已被北京市高级人民法院认为不具备创造性，并要求国家知识产权局专利复审委员会重新作出审查决定，地尔汉宇的上述专利权处于不稳定状态。

5. 发行人实际控制人苏建国出具的承诺

发行人实际控制人苏建国出具承诺：“如因雷利股份及其子公司生产、销售的产品侵犯地尔汉宇‘排水泵永磁同步电机’专利权，而导致雷利股份及其子公司需要进行赔偿或遭受任何损失的，本人将足额补偿雷利股份及其子公司因此发生的所有支出或所受损失，保证雷利股份不会因此遭受任何损失。”

综上，中介机构认为，鉴于：（1）发行人生产和销售的涉诉产品占发行人销售收入和毛利的比例较小；（2）发行人及其专利代理机构、诉讼代理人北京市柳沈律师事务所均认为发行人生产和销售涉诉产品，未侵犯地尔汉宇的上述专利权；（3）地尔汉宇诉发行人侵权的专利权目前处于不稳定状态；（4）发行人实际控制人苏建国已承诺将足额补偿发行人及其子公司因此发生的所有支出或所受损失，保证发行人不会因此遭受任何损失，因此，上述专利诉讼不会对发行人的持续经营造成重大不利影响、对发行人本次发行上市不构成实质性障碍。

专家点评

诉讼事项应关注案由性质，其中涉及生产关键技术的专利侵权尤其应该关注，因为此类案件涉及发行人持续经营能力的存续。就本案而言，涉及两个诉讼：一是发行人子公司电机科技对第三方地尔汉宇拥有的专利权提出无效宣告请求后引发的诉讼，涉诉专利并非发行人拥有的专利，因此本诉讼对发行人上市不产生负面影响；二是地尔汉宇主张电机科技生产了侵犯“排水泵永磁同步电机”专利权，但鉴于发行人及其子公司生产和销售的涉诉产品在报告期内的销售收入、所产生的毛利均占发行人总销售收入、毛利的比例非常低，因此即便败诉也不会对发行人的持续经营造成重大不利影响。发行人实际控制人就可能产生的不利结果承担责任也是解决此类问题的通行做法。

第十七章　劳动社保问题

按照企业上市的规范要求，企业的劳动、人事、社保等问题会被关注，按照规定，报告期内拟上市企业及其子公司均需为其员工足额缴纳社保费用和住房公积金。

第一节　案例分析

【案例1】关于用工问题的核查——奥士康（股票代码：002913）

A股上市情况：2017年10月17日召开的中国证券监督管理委员会第十七届发行审核委员会2017年第3次发审委会议审核：奥士康科技股份有限公司（首发）获通过。

案例解读

（1）请中介机构补充核查报告期是否存在劳务派遣等用工方式，如存在，请详细披露具体情况，包括但不限于各期人数、岗位，用工是否合法合规，派遣方基本情况及与发行人业务占比情况，是否存在关联关系。（2）请中介机构补充核查并披露发行人报告期是否存在劳务分包情况，如有，请补充披露为发行人提供分包的服务企业的基本情况及其所提供的服务内容、数额，是否具备相关资质及为发行人所提供的服务占其同类收入的比例；分包服务的企业与发行人、发行人的股东及董监高是否存在关联关系；发行人对劳务分包费用是否存在体外支付，劳务分包企业与发行人是否存在法律纠纷。（3）请中介机构分别就董监高、普通员工、劳务派遣员工补充披露发行人与当地人均薪酬水平比较情况。（4）请中介机构结合上述用工方式和薪酬说明发行人是否存在劳务价格波动风险。

（一）关于劳务派遣用工

1. 劳务派遣用工的基本情况

经审阅发行人提供的劳务派遣合同及发行人的确认，并经中介机构核查，发行人及其境内子公司在 2013 年 1 月 1—至 2016 年 10 月 31 日期间未有劳务派遣用工情况，但在 2016 年 11 月—2017 年 1 月惠州奥士康存在使用劳务派遣用工的情形。惠州奥士康使用劳务派遣用工的情况如表 17–1 所示。

表17–1 惠州奥士康使用劳务派遣用工情况

时间	用工总量（人数）	劳务派遣用工数量（人数）	劳务派遣用工所在岗位	劳务派遣用工数量占用工总量的比例
2016.11.30	1174	51	FQC 课、测试中心、外型课锣板、压合课、阻焊课、包装课、电镀课沉铜、内层课、线路课、阻焊课文字、钻孔课等部门中培训期短、操作简单的辅助性基础生产岗位	4.34%
2016.12.31	1104	45	FQC 课、包装课、测试中心、电镀课沉铜、内层课、外型课锣板、线路课、压合课、阻焊课、阻焊课文字、钻孔课等部门中培训期短、操作简单的辅助性基础生产岗位	4.08%
2017.01.31	951	0	—	0%

2. 劳务派遣公司的资质

根据《劳务派遣行政许可实施办法》的规定，经营劳务派遣业务，应当向所在地有许可管辖权的人力资源社会保障行政部门依法申请行政许可，未经许可，任何单位和个人不得经营劳务派遣业务。

根据发行人提供的劳务派遣合同、劳务派遣公司的《劳务派遣经营许可证》等资料，并经中介机构核查，截至 2016 年 12 月 31 日，惠州奥士康使用的被派遣劳动者由惠州市才智通实业发展有限公司、深圳市兴业劳务派遣有限公司惠州分公司进行派遣，惠州奥士康已与上述公司签署劳务派遣合同。其中，前述劳务派遣公司的资质情况如下：

（1）惠州市才智通实业发展有限公司持有惠州市惠城区人力资源和社会保障局 2015 年 8 月核发的《劳务派遣经营许可证》，编号：441302150021，许可经营事项为劳务派遣，有效期限三年。

（2）深圳市兴业劳务派遣有限公司持有深圳市宝安区人力资源和社会保不仅仅局 2016 年 8 月核发的《劳务派遣经营许可证》，编号：440306130002，许可经营事项为劳务派遣，有效期限至 2019 年 8 月 9 日。

根据上述，惠州奥士康使用的被派遣劳动者由惠州市才智通实业发展有限公司、深圳市兴业劳务派遣有限公司惠州分公司的总公司持有合法有效的《劳务派遣经营许可证》，符合《劳务派遣行政许可实施办法》的上述规定。

3. 劳务派遣工作岗位

根据《劳动合同法》和《劳务派遣暂行规定》的规定，用工单位只能在临时性、辅助性或者替代性的工作岗位上使用被派遣劳动者。前款规定的临时性工作岗位是指存续时间不超过6个月的岗位；辅助性工作岗位是指为主营业务岗位提供服务的非主营业务岗位；替代性工作岗位是指用工单位的劳动者因脱产学习、休假等原因无法工作的一定期间内，可以由其他劳动者替代工作的岗位。根据《劳务派遣暂行规定》的规定，用工单位决定使用被派遣劳动者的辅助性岗位，应当经职工代表大会或者全体职工讨论，提出方案和意见，与工会或者职工代表平等协商确定，并在用工单位内公示。

根据惠州奥士康提供的劳务派遣协议及确认，并经中介机构核查，惠州奥士康使用的被派遣劳动者的工作岗位为生产流程中的培训期短、操作简单的辅助性基础生产岗位，该等岗位性质属于生产工艺的非核心环节，专业技术要求低，且该等劳务派遣用工不超过3个月，符合《劳动合同法》《劳务派遣暂行规定》的上述规定。

4. 劳务派遣人数及比例

根据《劳动合同法》《劳务派遣暂行规定》的规定，用工单位应当严格控制劳务派遣用工数量，使用的被派遣劳动者数量不得超过其用工总量的10%。

根据上述惠州奥士康提供的资料及说明，并经中介机构核查，惠州奥士康使用的被派遣劳动者数量不超过其用工总量的10%，符合《劳动合同法》《劳务派遣暂行规定》的上述规定。

5. 劳务派遣工人的劳动报酬

根据《劳动合同法》的规定，被派遣劳动者享有与用工单位的劳动者同工同酬的权利。用工单位无同类岗位劳动者的，参照用工单位所在地相同或者相近岗位劳动者的劳动报酬确定。

经发行人的说明及确认，并经中介机构核查劳务派遣合同、劳务费支付凭证，惠州奥士康向劳务派遣员工支付工资约为17元/小时，并对比惠州奥士康同类岗位正式员工的工资表，同类岗位正式员工工资约为19.48元/小时。惠州奥士康使用的被派遣劳动者的劳动报酬未明显低于惠州奥士康的同类岗位员工的劳动报酬，符合《劳动合同法》的相关规定。

根据惠州市惠阳区人力资源和社会保障局出具的《证明》，惠州奥士康未发生因违反劳动保障及社会保险方面的法律法规而受到行政处罚的情况。

综上所述，中介机构认为，惠州奥士康劳务派遣用工符合《劳动合同法》《劳务派遣暂行规定》的相关规定。

6. 劳务派遣公司基本信息、业务占比以及与发行人的关系

根据发行人提供的劳务派遣公司资料及说明，并经中介机构在国家企业信用信息公示系统（http://www.gsxt.gov.cn/）核查，惠州市才智通实业发展有限公司的基本情况如表 17-2 所示。

表17-2 惠州市才智通实业发展有限公司基本情况

企业名称	惠州市才智通实业发展有限公司
企业类型	有限责任公司（自然人投资或控股）
统一社会信用代码	91441302337892032D
住所	惠州市演达大道 14 号云天华庭 30 层 06 号房（仅限办公）
法定代表人	侯妍君
注册资本	200.000000 万元人民币
成立日期	2015 年 5 月 21 日
经营范围	劳务派遣；人力资源服务；电器生产及销售（另设分支机构经营）；市政工程；装卸搬运服务；园林绿化工程
股权结构	公司股东为雷平安和侯妍君

根据发行人提供的劳务派遣公司资料及说明，并经中介机构在国家企业信用信息公示系统（http://www.gsxt.gov.cn/）核查，深圳市兴业劳务派遣有限公司的基本情况如表 17-3 所示。

表17-3 深圳市兴业劳务派遣有限公司基本情况

企业名称	深圳市兴业劳务派遣有限公司
企业类型	有限责任公司（自然人投资或控股）
统一社会信用代码	91440300778758621
住所	深圳市宝安区松岗街道河滨北路 1 号东楼房一 202（办公场所）
法定代表人	李德新
注册资本	510.000000 万元人民币
成立日期	2005 年 8 月 5 日
经营范围	信息咨询、企业形象策划；劳务外包服务；电子产品、五金产品的技术开发和销售；电子产品、五金产品的生产；劳务派遣（不含人才中介服务）
股权结构	公司股东为包晓燕、周建良及李德新

根据中介机构在国家企业信用信息公示系统（http://www.gsxt.gov.cn/）核查，深圳市兴业劳务派遣有限公司惠州分公司的经营范围为承接总公司的业务。

根据发行人提供的劳务派遣公司资料及说明，并经中介机构核查，惠州奥士康存在使用劳务派遣用工情况期间，均系与惠州市才智通实业发展有限公司、深圳市

兴业劳务派遣有限公司惠州分公司签订劳务派遣协议。前述两家劳务派遣单位的业务占惠州奥士康劳务派遣使用业务总量的比例大致对半。同时，根据发行人提供的资料及确认，并经中介机构核查，惠州市才智通实业发展有限公司、深圳市兴业劳务派遣有限公司及其分公司与发行人不存在任何关联关系。

二、关于劳务分包

根据发行人提供的资料及说明，并经中介机构核查，发行人及其境内子公司报告期内不存在劳务分包情况，也不存在劳务分包费用由体外主体支付以及由于劳务分包产生的法律纠纷。

（三）董监高、普通员工、劳务派遣员工补充披露发行人与当地人均薪酬水平比较

1. 奥士康员工薪酬情况

（1）与当地平均工资对比情况。奥士康所处在地为湖南省益阳市，根据发行人提供的资料和说明，报告期各期，发行人薪酬水平、当地平均工资等情况如表17–4所示。

表17-4　2013-2016年度发行人薪酬水平，当地平均工资情况　　单位：万元、万元/年

项目	2016 年度	2015 年度	2014 年度	2013 年度
员工薪酬总额（1）	11,566.32	9,171.50	7,272.84	4,518.07
员工人数（2）	1,501	1,367	1,247	1,150
员工平均薪酬（1/2）	7.71	6.71	5.83	3.93
平均薪酬增长比例	14.85%	15.04%	48.45%	—
普通员工平均薪酬	7.07	6.17	5.42	3.74
中层员工平均薪酬	19.14	16.44	15.42	8.71
高层员工平均薪酬	59.16	43.66	27.09	12.63
益阳市人均工资	5.59	4.87	4.26	3.78

注：1. 员工薪酬总额为应付职工薪酬本期增加额，员工人数为期初与期末之和的平均值，2013 年员工人数为 2013 年 12 月 31 日的员工人数，平均薪酬 = 员工薪酬总额 / 员工人数，下同；

2. 高层员工为股份公司董事、监事和高级管理人员，中层员工为课长级别以上人员（不包含高层人员），其余为普通员工；

3. 益阳市人均工资为益阳市人力资源和社会保障局（http://rsj.yiyang.gov.cn/rsj/index.htm）和益阳市统计局（http://tjj.yiyang.gov.cn/yytjxxw/index.htm）公布的数据。

由表 17–4 可知，2013 — 2016 年，发行人的员工平均薪酬均大于益阳市人均工资水平，且呈上升趋势。

（2）与当地企业对比情况。截至目前，益阳市共有 4 家上市公司，分别为太阳鸟（300123.SZ）、汉森制药（002412.SZ）、克明面业（002661.SZ）、艾华集团（603989.

SH)，2013—2016年，该等上市公司平均工资水平与奥士康对比如表17-5所示。

表17-5 2013—2016年度4家上市公司平均工资水平与奥士康对比情况

单位：万元/年

公司名称	2016年度	2015年度	2014年度	2013年度
太阳鸟	9.21	7.91	8.06	7.85
汉森制药	6.79	6.63	7.02	5.68
克明面业	6.75	5.72	5.60	5.07
艾华集团	7.35	6.60	5.48	5.80
奥士康	7.71	6.71	5.83	3.93

由表17-5可知，2014—2016年度，奥士康的员工平均薪酬与当地上市公司平均薪酬水平相比处于正常水平。

2. 惠州奥士康员工薪酬情况

（1）与当地平均工资对比情况。惠州奥士康所处在地为广东省惠州市惠阳区，根据发行人提供的资料和说明，报告期各期，惠州奥士康薪酬水平、当地平均工资等情况如表17-6所示。

表17-6 2013—2016年度惠州奥士康薪酬水平，当地平均工资情况

单位：万元、万元/年

项目	2016年度	2015年度	2014年度	2013年度
员工薪酬总额（1）	9,149.27	8,238.09	6,162.74	4,636.49
员工人数（2）	1156	1168	1054	979
员工平均薪酬（1/2）	7.91	7.05	5.85	4.74
平均薪酬增长比例	12.21%	20.63%	23.46%	—
普通员工平均薪酬	7.34	6.58	5.52	4.45
中层员工平均薪酬	18.65	17.06	12.52	10.37
高层员工平均薪酬	126.38	86.14	32.68	15.88
惠州市人均工资	—	5.86	5.36	4.71

注：1. 截至2016年，惠州高层员工为徐文静。

2. 惠州市人均工资为惠州统计信息网（http://www.hzsin.gov.cn/）公布的数据（2016年平均工资尚未公布）。

由表17-6可知，2013—2016年，惠州奥士康员工平均薪酬均大于惠州市人均工资水平，且呈上升趋势。

（2）与当地企业对比情况。截至目前，惠州市惠阳区共有两家上市公司，分别为胜宏科技（300476.SZ）、中潜股份（300526.SZ）。2013—2016年，该等上市公司

平均工资水平与惠州奥士康对比如表 17-7 所示。

表17-7　2013—2016年度胜宏科技、中潜股份平均工资水平与惠州奥士康对比情况

单位：万元/年

公司名称	2016 年度	2015 年度	2014 年度	2013 年度
胜宏科技	8.40	7.95	6.85	5.86
中潜股份	6.12	5.68	5.28	5.19
惠州奥士康	7.91	7.05	5.85	4.74

由表 17-7 可知，2013—2016 年度，惠州奥士康的员工平均薪酬与当地上市公司平均薪酬水平相比处于正常水平。

（3）劳务派遣工资水平

根据发行人提供的董监高、普通员工工资表、劳务派遣协议及劳务派遣支付凭证，惠州奥士康向劳务派遣员工支付的工资约为 17 元 / 小时，惠州奥士康同类岗位正式员工工资约为 19.48 元 / 小时，惠州市 2015 年在岗职工的平均时薪约为 24.81 元 / 小时。

综上，通过查阅发行人及其子公司员工花名册、员工工资表、社保及住房公积金缴纳凭证、当地上市公司年报、当地人力资源与社会保障局网站等相关文件，以及对财务总监进行访谈，中介机构认为，发行人及其子公司员工的平均薪酬均高于当地水平，与当地上市公司平均薪酬水平相比处于正常水平。劳务派遣员工的薪酬水平未明显低于发行人同类岗位正式员工工资水平。

四、劳务价格风险

根据发行人提供的资料和说明，并经中介机构核查，2013—2016 年，发行人及其境内附属公司主要用工方式为与员工签订劳动合同建立劳动合同关系，仅惠州奥士康在 2016 年春节前一段时间使用了劳务派遣工，且劳务派遣工仅作为辅助用工方式使用，劳务派遣员工占比不超过 5%，劳务派遣工几乎与发行人或其境内附属公司普通员工同等薪酬；同时发行人员工工资水平均高于当地平均水平。因此，中介机构认为，发行人劳务价格波动风险较小。

专家点评

拟上市公司存在劳务派遣方式用工制度，应关注以下问题：

一、公司存在的劳务派遣用工制度应符合《劳动法》《劳动合同法》《劳务派遣暂行规定》的内容，不存在民事、行政法律风险。

二、公司存在的劳务派遣用工制度应符合公司生产经营需要，对公司经营业绩、

持续经营能力不存在负面影响。

三、根据《劳动合同法》《劳务派遣暂行规定》的规定，公司只能在临时性、辅助性或者替代性的工作岗位上使用被派遣劳动者；公司应当严格控制劳务派遣用工数量，使用的被派遣劳动者数量不得超过其用工总量的10%。

【案例2】对社保缴纳的综合核查——奥士康（股票代码：002913）

A股上市情况：2017年10月17日召开的中国证券监督管理委员会第十七届发行审核委员会2017年第3次发审委会议审核：奥士康科技股份有限公司（首发）获通过。

案例解读

请中介机构补充核查并披露发行人报告期各期社保缴纳人数和金额、是否符合社保管理规定，存在未足额缴纳的，请提出风险控制措施。

一、发行人社保缴纳情况

1. 社保缴纳人数

根据发行人提供的资料，并经中介机构核查，报告期各期，发行人的社保和住房公积金缴纳人数情况如表17-8所示。

表17-8　2013—2016年度发行人的社保和住房公积金缴纳人数情况

年度	项目	期末在册人数	期末当月已缴人数	期末当月未缴人数	未缴纳原因
2016年	养老保险	2,717	2,605	112	该部分未缴纳人员包括新入职员工、已在其他单位参保的员工、境外子公司的外籍员工等，根据社保和住房公积金缴纳政策，公司暂无须或无法为其缴纳社保和住房公积金
	医疗保险	2,717	2,563	154	
	工伤保险	2,717	2,746	–29	
	失业保险	2,717	2,610	107	
	生育保险	2,717	2,563	154	
	住房公积金	2,717	2,599	118	
2015	养老保险	2,599	2,515	84	
	医疗保险	2,599	2,411	188	
	工伤保险	2,599	2,657	–58	
	失业保险	2,599	2,518	81	
	生育保险	2,599	2,411	188	
	住房公积金	2,599	2,461	138	

续表

年度	项目	期末在册人数	期末当月已缴人数	期末当月未缴人数	未缴纳原因
2014	养老保险	2,471	1,956	515	公司的生产工人大多数为农民工，2013年和2014年期初，员工对政策不理解，不愿意缴纳且部分员工在农村参加了新型农村社会养老保险和新型农村合作医疗
	医疗保险	2,471	1,836	635	
	工伤保险	2,471	2,066	405	
	失业保险	2,471	2,032	439	
	生育保险	2,471	1,836	635	
	住房公积金	2,471	1,663	808	
2013	养老保险	2,129	966	1,163	
	医疗保险	2,129	324	1,805	
	工伤保险	2,129	949	1,180	
	失业保险	2,129	324	1,805	
	生育保险	2,129	324	1,805	
	住房公积金	2,129	0	2,129	

注：1. 奥士康的医疗保险和生育保险为一个季度缴纳一次，其他社会保险为按月缴纳，本月工伤保险为当月月初缴纳，本月养老保险和失业保险为下个月月初缴纳，除工伤保险缴纳的人数是当天全部在职员工外，当月入职和当月离职的员工均不缴纳当月其他社保。

2. 惠州奥士康社会保险为按月缴纳，一般在本月月中缴纳当月的社会保险。

根据发行人提供的资料和说明，鉴于发行人所处行业特点，发行人的生产工人大多数为农民工，2013 年和 2014 年上半年，员工对社会保险和住房公积金政策不理解，不愿意参加社会保险或购买住房公积金，且部分员工在农村参加了新型农村社会养老保险和新型农村合作医疗，尤其是惠州奥士康，其员工大部分来自广东省外的务工人员，将来也不打算定居在惠州市或购买住房，故存在较多应缴而未缴社会保险和住房公积金的情形。但是发行人为未缴纳社保人员额外购买了商业保险，并为员工提供了免费宿舍。自 2014 年 7 月以来，发行人逐步对社保和住房公积金缴纳问题进行规范，为员工详细解读社会保险和住房公积金政策，引导员工正确理解缴纳社会保险和住房公积金的益处，增强其参保或缴纳意愿。除少部分员工因客观原因（入职时间短、在其他单位购买、已达退休年龄）未缴纳或未购买外，2015 年、2016 年发行人已为全部应缴纳或购买社会保险和住房公积金的员工缴纳或购买了社会保险和住房公积金。

1. 社保和住房公积金缴纳金额

根据发行人提供的资料，并经中介机构核查，报告期各期，发行人及惠州奥士康社保和住房公积金缴纳金额情况如表 17–9 所示。

表17-9　2013—2016年度发行人及惠州奥士康社保和住房公积金缴纳情况

单位：万元

项目	2016 年度	2015 年度	2014 年度	2013 年度
社保缴纳金额	2,773.19	2,255.99	989.6	450.79
住房公积金缴纳金额	1,020.54	836.48	267.39	0

2. 社保和住房公积金缴纳合法合规性

根据益阳市资阳区人力资源和社会保障局于 2017 年 2 月 14 日出具的证明，发行人“自 2013 年 1 月 1 日至今，已依据有关法律法规的规定缴纳了相应的社会保险费用，不存在任何拖欠缴纳社会保险金的情形，不存在违反国家及地方社会保险方面的法律法规的情形，亦没有涉及任何社会保险金缴纳纠纷或被政府有关部门处罚或被起诉的情形”。

根据惠州市惠阳区人力资源和社会保障局于 2016 年 4 月 14 日、2016 年 7 月 4 日、2016 年 11 月 15 日和 2017 年 3 月 1 日出具的证明，2013 年 1 月 1 日—2016 年 12 月 31 日期间，奥士康精密电路（惠州）有限公司未因违反国家劳动保障及社会保险方面的法律法规而受到行政处罚。根据惠州市惠阳区地方税务局新圩税务分局于 2016 年 2 月 3 日、2016 年 6 月 22 日、2016 年 10 月 20 日和 2017 年 1 月 19 日出具的证明，2013 年 1 月 1 日—2016 年 12 月 31 日期间，奥士康精密电路（惠州）有限公司不存在因为违反社会保险法律、法规或规章行为被行政处罚（处理）的记录。根据益阳市住房公积金管理中心资阳管理部于 2017 年 2 月 14 日出具的证明，发行人“执行了国家住房公积金相关政策，2013 年 1 月 1 日至今，无行政处罚记录”。

根据惠州市住房公积金管理中心于 2016 年 1 月 13 日、2016 年 6 月 27 日、2016 年 12 月 5 日和 2017 年 1 月 16 日出具的证明，奥士康精密电路（惠州）有限公司在 2014 年 8 月 29 日—2016 年 12 月 31 日期间“有缴存住房公积金，无违法违规处罚的记录”。

二、未足额缴纳社保和住房公积金的风险控制措施

根据《社会保险法》和《住房公积金管理条例》，2013 年和 2014 年，发行人未足额为员工缴纳的社保和住房公积金部分，可能存在被社保和住房公积金主管部门要求补缴的风险。为避免上述风险对公司经营业绩造成不利影响，就上述员工社会保险费及住房公积金缴纳事宜，发行人控股股东北电投资及实际控制人程涌和贺波已出具《承诺函》，承诺如下：（1）如应有权部门要求或决定，奥士康及其下属企业需要为员工补缴社会保险费或奥士康及其下属企业因未为员工缴纳社会保险费而承担任何

罚款或损失，则本企业/本人将无条件全额连带承担奥士康及其下属企业应补缴的社会保险费及因此所产生的所有相关费用；（2）如应有权部门要求或决定，奥士康及其下属企业需要为员工补缴住房公积金或奥士康及其下属企业因未为员工缴纳住房公积金而承担任何罚款或损失，则本企业/本人将无条件全额连带承担奥士康及其下属企业应补缴的住房公积金及因此所产生的所有相关费用。

综上，通过查阅社保和住房公积金缴纳规定、发行人及其子公司 提供的员工花名册、社保和住房公积金缴纳凭证、政府主管部门出具的无违规证明、控股股东和实际控制人出具的承诺等相关文件，中介机构认为，2013 年、2014 年，发行人未实现全员缴纳社会保险和住房公积金，但相关主管部门已出具了无违法违规证明，同时，控股股东、实际控制人已作了兜底承诺；2015 年、2016 年，除少部分员工因客观原因（入职时间短、在其他单位购买、已达退休年龄）未缴纳外，发行人已为全部员工缴纳了社会保险和住房公积金。

专家点评

报告期内拟上市公司及其子公司均需为其员工足额缴纳社保费用和住房公积金，如存在未足额缴纳的情况，应有合理解释和合法理由。地方人力资源和社会保障局在上市前出具合法合规证明：确认公司依法为员工缴纳社保费用和住房公积金，没有因违法而受到行政处罚。对存在瑕疵的，往往由控股股东作出承诺：就此瑕疵给公司带来的法律风险和不利后果由控股股东进行兜底。

【案例3】大比例未能足额缴纳社保事项的情况——盘龙药业（股票代码：002864）

A 股上市情况：2017 年 9 月 26 日召开的中国证券监督管理委员会主板发行审核委员会 2017 年第 151 次发审委会议审核：陕西盘龙药业集团股份有限公司（首发）获通过。

案例解读

招股说明书披露，报告期各期发行人均存在部分员工未缴纳社会保险及住房公积金等“五险一金”情形，且未缴纳比例较大，在 40% 至 50% 之间。

请发行人进一步说明并补充披露：（1）发行人未严格按规定给员工缴纳社会保险和住房公积金等“五险一金”的具体原因，是否损害发行人员工利益，是否符合《社会保险法》《劳动法》《社会保险费征缴暂行条例》《住房公积金管理条例》等

续表

法律法规的规定，是否存在潜在纠纷。（2）未缴纳情况对发行人经营业绩的影响，对本次发行是否构成障碍；发行人及其控股股东、实际控制人是否已经或将要采取纠正措施以及具体的时间安排；上市后拟采取的整改措施、整改目标及具体安排。（3）发行人是否符合《首次公开发行股票并上市管理办法》第十一条的规定。请中介机构发表核查意见。

一、盘龙药业未严格按规定给员工缴纳社会保险和住房公积金等“五险一金”的具体原因，是否损害盘龙药业员工利益，是否符合《社会保险法》《劳动法》《社会保险费征缴暂行条例》《住房公积金管理条例》等法律法规的规定，是否存在潜在纠纷

1. 就上述问题，中介机构通过以下方式进行了核查：

（1）核查了报告期内，盘龙药业社会保险、住房公积金的缴纳凭证。

（2）核查了盘龙药业自行缴纳社会保险员工提供的缴纳凭证或当地社会保险管理部门出具的证明文件。

（3）中介机构对盘龙药业人力资源部负责人进行了访谈。

（4）取得并核查了员工社会保险自愿放弃缴纳承诺书。

（5）查验了柞水县人力资源和社会保障局、西安市灞桥区人力资源和社会保障局以及商洛市住房公积金管理中心柞水管理部出具的证明。

（6）登录中国裁判文书网（http://wenshu.court.gov.cn）核查了盘龙药业是否存在相关纠纷以及查验了柞水县人民法院出具的证明。

2. 盘龙药业未严格按规定给员工缴纳社会保险和住房公积金等“五险一金”的具体原因。

经中介机构核查，盘龙药业未严格按照法律、法规的规定为全部职工缴纳社会保险及住房公积金，原因如下：

（1）报告期内，盘龙药业存在退休返聘员工，公司无须为其缴纳社会保险，截至 2017 年 6 月 30 日，盘龙药业存在退休返聘员工 19 名。

（2）报告期内，盘龙药业存在试用期员工，公司暂未为其缴纳社会保险，待试用期满转正后，为其缴纳社会保险，截至 2017 年 6 月 30 日，盘龙药业存在试用期员工 26 名。

（3）由于盘龙药业的销售人员分散在全国各地，为便于其社会保险缴存和使用，其自愿放弃由公司缴纳社会保险，由个人按规定在当地自行缴纳了城镇职工社会保险。截至 2017 年 6 月 30 日，盘龙药业存在自行缴纳社会保险员工 167 人。

（4）部分员工缴纳了城镇居民社会保险和农村保险，盘龙药业为其报销了费用。

截至 2017 年 6 月 30 日，33 名员工自行缴纳了城镇居民社会保险、2 名员工自行缴纳了新型农村社会养老保险，公司均予以报销了缴纳费用。

3. 是否损害盘龙药业员工利益，是否符合《社会保险法》《劳动法》《社会保险费征缴暂行条例》《住房公积金管理条例》等法律法规的规定，是否存在潜在纠纷。

盘龙药业虽未严格按照相关规定为员工缴纳社会保险和住房公积金，但鉴于：

（1）部分员工自愿放弃缴纳社会保险及住房公积金，并出具承诺："因本人不缴纳城镇职工社会保险给本人和公司造成的全部损失和风险均由本人承担。"此系员工自愿放弃缴纳"五险一金"，为其个人真实意思表示，不会因此与公司发生纠纷。

（2）盘龙药业为员工提供集体宿舍。

（3）盘龙药业为部分自行缴纳员工报销了社会保险费用，公司将报销所有自行缴纳员工的社会保险费用，盘龙药业不存在损害员工利益的情况。

经中介机构核查，报告期内，盘龙药业与员工不存在因社会保险和住房公积金缴纳事项发生纠纷情况。

柞水县人力资源和社会保障局、西安市灞桥区人力资源和社会保障局以及商洛市住房公积金管理中心柞水管理部均出具证明，报告期内，盘龙药业及其子公司不存在重大违反社会保障法律法规的行为，未因违反社会保障法律法规受到重大处罚。

综上，盘龙药业未严格按照相关规定为员工缴纳社会保险和住房公积金，不符合《社会保险法》《劳动法》《社会保险费征缴暂行条例》《住房公积金管理条例》的规定，但鉴于相关员工已出具自愿放弃缴纳承诺书，盘龙药业为员工提供集体宿舍，已为部分员工报销社会保险费用，盘龙药业不存在损害员工利益的情况，不存在潜在纠纷。

二、未缴纳情况对发行人经营业绩的影响，对本次发行是否构成障碍；发行人及其控股股东、实际控制人是否已经或将要采取纠正措施以及具体的时间安排；上市后拟采取的整改措施、整改目标及具体安排

1. 未缴纳情况对盘龙药业经营业绩的影响，对本次发行是否构成障碍。

经测算，2014—2016 年度及 2017 年 1—6 月扣除公司已经缴纳城镇职工社会保险和住房公积金的人员、试用期人员和退休返聘人员后，盘龙药业欠缴的金额以及占当期利润总额的比例情况如表 17-10 所示。

表17-10 2014—2016年度及2017年1—6月盘龙药业
欠缴金额以及占当期利润总额比例情况

项目	2017 年 1-6 月	2016 年度	2015 年度	2014 年度
社会保险未缴纳金额（元）	415,565.96	1,352,230.80	1,632,960.80	1,974,973.15
住房公积金未缴纳金额（元）	200,277.00	166,362.00	171,655.68	147,070.96
合计（元）	615,842.96	1,518,592.80	1,804,616.48	2,122,044.11
当期利润总额（元）	21,025,823.45	46,180,985.58	49,532,568.49	45,506,585.32
未缴纳金额占当期利润总额的比例	2.93%	3.29%	3.64%	4.66%

2014—2016 年及 2017 年 1—6 月，盘龙药业未按规定缴纳的社会保险金以及住房公积金的金额分别为 2,122,044.11 元、1,804,616.48 元、1,518,592.80 元和 615,842.96 元，占各期净利润比例较小，扣除该部分社会保险费用后，盘龙药业 2014 年度、2015 年度、2016 年度以及 2017 年 1—6 月归属于母公司所有者的净利润（以扣除非经常性损益前后较低者为计算依据）分别为 36,158,631.61 元、39,765,699.26 元、36,303,002.26 元和 16,919,885.72 元，符合《证券法》第十三条第一款第（二）项以及《首次公开发行股票并止市管理办法》第二十六条第（一）项之规定，满足上市条件。

盘龙药业实际控制人谢晓林已作出承诺：鉴于盘龙药业报告期内存在因员工自愿或客观原因未足额缴纳社会保险费、住房公积金事宜，作为盘龙药业集团股份有限公司的控股股东及实际控制人，本人承诺如果劳动和社会保障部门及相关政府部门要求盘龙药业补缴社会保险费和 / 或住房公积金，则本人将无条件全额承担在本次发行上市前应补缴的社会保险费 / 住房公积金和 / 或因此所产生的滞纳金、处罚等所有相关费用，保证盘龙药业及其他股东不因此遭受任何经济损失。

中介机构认为，未缴纳情况对盘龙药业经营业绩不会造成重大影响，对本次发行不构成障碍。

2. 盘龙药业及其控股股东、实际控制人是否已经或将要采取纠正措施以及具体的时间安排。

盘龙药业及其控股股东、实际控制人已采取新增缴纳社会保险员工数量以及报销部分自行缴纳人员社会保险费用等措施逐步提高社会保险缴纳比例。

2017 年 8 月，盘龙药业补充为 36 名员工办理社会保险缴纳以及为 30 名员工报销其自行缴纳的社会保险费用。此外，为保障员工利益，盘龙药业持续为员工提供免费宿舍，同时将督促自行缴纳社会保险员工按照承诺缴齐全部险种。

截至 2017 年 8 月 31 日，公司共有员工 566 名，除去 19 名退休返聘员工，公司应缴纳社会保险人数为 547 名，相关缴纳情况具体如表 17-11 所示。

表17-11 盘龙药业社会保险缴纳情况

项目	养老保险	医疗保险	工伤保险	生育保险	失业保险
公司缴纳人数	401	401	401	401	401
公司缴纳比例	73.31%	73.31%	73.31%	73.31%	73.31%
自行缴纳社会保险人数	135	134	130	106	129
总参保率	97.99%	97.81%	97.07%	92.69%	96.89%

截至2017年8月31日，盘龙药业有3名试用期员工，待试用期满转正后由盘龙药业为其缴纳社会保险。

盘龙药业已制定下一阶段社会保险、住房公积金缴纳方案，具体如下：

（1）截至2017年12月31日，公司将报销所有自行缴纳社会保险人员的社会保险缴纳费用，报销后公司缴纳社会保险的比例将提升至90%以上；公司拟为285人缴纳住房公积金，缴纳比例达到50%。

（2）公司上市后，公司将继续为全体员工缴纳城镇职工保险，提供集体宿舍，并逐步提高住房公积金缴纳比例。

三、发行人是否符合《首次公开发行股票并上市管理办法》第十一条的规定

《首次公开发行股票并上市管理办法》第十一条规定："发行人的生产经营符合法律、行政法规和公司章程的规定，符合国家产业政策。"

盘龙药业的主营业务为中成药的研发、生产与销售，形成以盘龙七片为主导产品、以骨科风湿类为主要治疗领域，且涵盖肝胆类、心脑血管类、妇科类、抗肿瘤类多个治疗领域。根据盘龙药业及其子公司所在地的工商、税务、质监、国土、安监、环保等主管部门出具的证明，报告期内，盘龙药业及其子公司不存在重大违法违规情形；根据盘龙药业的说明、《审计报告》并经中介机构核查，报告期内，盘龙药业及其子公司不存在因环境保护、知识产权、产品质量、劳动安全、人身权等原因产生的重大侵权之债。

经中介机构核查，盘龙药业及其子公司虽存在未为全体员工缴纳社会保险和住房公积金的情况，但相关员工已出具自愿放弃缴纳承诺书，盘龙药业为员工提供集体宿舍，不存在损害员工利益的情形；盘龙药业已制定措施逐步提高社会保险、住房公积金缴纳比例。报告期内，盘龙药业不存在因社会保险、住房公积金缴纳事项与员工发生纠纷的情况。柞水县人力资源和社会保障局、西安市灞桥区人力资源和社会保障局以及商洛市住房公积金管理中心柞水管理部均出具证明，报告期内盘龙药业及其子公司不存在重大违反社会保障法律法规的行为，未因违反社会保障法律法规受到重大处罚。

中介机构认为，盘龙药业的生产经营符合法律、行政法规和《公司章程》的规定，符合国家产业政策，符合《首次公开发行股票并上市管理办法》第十一条的规定。

综上，中介机构认为，盘龙药业未严格按照相关规定为员工缴纳社会保险和住房公积金，不符合《社会保险法》《劳动法》《社会保险费征缴暂行条例》《住房公积金管理条例》的规定，但鉴于相关员工已出具自愿放弃缴纳承诺书，盘龙药业为员工提供集体宿舍，已为部分员工并将为所有自行缴纳员工报销自行缴纳的社会保险费用，盘龙药业不存在损害员工利益的情况，不存在潜在纠纷；未缴纳情况对盘龙药业经营业绩不会造成重大影响，对本次发行不构成障碍；盘龙药业的生产经营符合法律、行政法规和《公司章程》的规定，符合国家产业政策，符合《首次公开发行股票并上市管理办法》第十一条的规定。

专家点评

实践当中存在公司员工出具《自愿放弃社保及住房公积金》的承诺，承诺由此造成的一切责任和后果由其本人承担，但由于缴纳社保及住房公积金是公司的法定义务，故该承诺自始就无法律效力。员工仍有权要求公司按照法律规定为其缴纳社保及住房公积金，公司因此可能产生的行政处罚风险仍然存在。

【案例4】通过人事代理缴纳社保的情况——中新赛克（股票代码：002912）

A股上市情况：2017年9月22日召开的中国证券监督管理委员会主板发行审核委员会2017年第149次发审委会议审核：深圳市中新赛克科技股份有限公司（首发）获通过。

案例解读

请中介机构核查发行人通过人事代理（南京易才人力资源有限公司）在销售人员经常居住地缴纳社会保险和住房公积金是否合法合规，发表核查意见；核查并说明发行人是否存在劳务派遣等其他用工形式。

一、请中介机构核查发行人通过人事代理（南京易才人力资源有限公司）在销售人员经常居住地缴纳社会保险和住房公积金是否合法合规，发表核查意见

截至目前，根据发行人的确认，基于目前社会保险和住房公积金在跨省统筹方面的障碍，少数员工希望在户籍所在地或经常居住地缴纳社会保险及住房公积金，发行人根据员工意愿，由发行人子公司赛克科技通过人事代理机构南京易才人力资源有限公司（以下简称“南京易才”）在其户籍所在地或经常居住地缴纳社会保险和

住房公积金，使该等外地员工可实际享受各项社会保险。截至 2016 年 12 月，有 13 名员工为代缴员工；截至 2015 年 12 月，有 7 名员工为代缴员工；截至 2014 年 12 月，有 8 名员工为代缴员工。

根据南京市秦淮区市场监督管理局 2017 年 3 月 21 日下发的南京易才的《营业执照》，南京易才基本情况如表 17-12 所示。

表17-12　南京易才基本情况

住所及主要经营地	南京市秦淮区大光路 188 号 619 室
注册资本	200.00 万元
法定代表人	徐斌
成立日期	2005 年 3 月 30 日
统一社会信用代码	913201047712724343
经营范围	人才供求信息的收集、整理、储存、发布和咨询服务，人才信息网络服务，人才推荐，人才招聘，人才培训，人才测评，法规、规章规定的其他有关业务；劳务派遣；企业管理咨询；会务服 务；提供人才流动法律、政策、信息咨询；健康信息咨询；人力资源外包。（依法须经批准的项目，经相关部门批准后方可开展经营活动）

南京易才作为人事代理专业机构，持有南京市秦淮区人力资源和社会保障局颁发的编号为 32010020009 号的《人力资源服务许可证》。

根据发行人出具的说明，报告期内，赛克科技通过南京易才为下列员工在其经常居住地缴纳社保及公积金，详见表 17-13。

表17-13　赛克科技为员工缴纳社保及公积金情况

序号	姓名	身份证号码	岗位	户籍所在地	经常居住地
1	王瑾	11010819811104****	事业部总经理	北京	北京
2	贺欣	42242919771216****	经理	天津	北京
3	吕小龙	11022319890425****	国内销售	北京	北京
4	王宁	11010519791014****	行业销售总监	北京	北京
5	邵侃	36042819950508****	国内销售	江西九江	北京
6	赵开拓	50023419850216****	区域经理	四川成都	成都
7	蒋伟	51050219811031****	项目经理	四川德阳	成都
8	虞敬璠	61010219870726****	国内销售	陕西西安	陕西西安
9	李远川	50038419890315****	国内销售	重庆	重庆
10	袁冲	50038219860226****	国内销售	重庆	重庆
11	黄培源	50010419901127****	售后技术支持	重庆	重庆

续表

序号	姓名	身份证号码	岗位	户籍所在地	经常居住地
12	段航	50022519920829****	售后技术支持	重庆	重庆
13	薛鹏	41088319880212****	国内销售	河南焦作	河南郑州
14	赵雪松	23080419820902****	国内销售	黑龙江佳木斯	辽宁沈阳
15	官妮	42010219870525****	国内销售	湖北武汉	湖北武汉
16	黄日立	44522119940203****	售后技术支持	广东揭阳	广东广州
17	杨东	52010219880729****	国内销售	贵州凯里	贵州贵阳
18	唐晓峰	31010519720113****	财务总监	浙江杭州	广东深圳

根据《社会保险法》，用人单位应当自用工之日起三十日内为其职工向社会保险经办机构申请办理社会保险登记，未办理社会保险登记的，由社会保险经办机构核定其应当缴纳的社会保险费。根据《住房公积金管理条例》等住房公积金征缴方面的法律法规要求，单位录用职工的，应当自录用之日起三十日内到住房公积金管理中心办理缴存登记，并持住房公积金管理中心的审核文件，到受委托银行办理职工住房公积金账户的设立或者转移手续，单位不为本单位职工办理住房公积金账户设立手续的，由住房公积金管理中心责令限期办理，逾期不办理的，处 1 万元以上 5 万元以下的罚款。

根据深圳市社会保险基金管理局、深圳市住房公积金管理中心、南京住房公积金管理中心、南京雨花台区人力资源和社会保障局出具的《住房公积金缴存证明》及《确认函》，发行人及其子公司未受到过劳动保障行政处罚、无延迟、欠缴社会保险费的情况；没有因违反公积金法律法规而受到行政处罚。

根据人事代理公司南京易才人力资源有限公司出具的《确认函》，该公司未因为发行人有关员工缴纳社保及公积金而受到任何有关部门的行政处罚。

根据该等 17 名员工（除 1 名离职员工外）分别出具的《确认函》，该等员工由于经常居住地不在深圳或南京，基于其自身原因，其希望发行人或赛克科技通过人事代理在其经常居住地为其缴纳社会保险及住房公积金，该等员工就发行人或赛克科技通过人事代理在其经常居住地为其缴纳社会保险及住房公积金与发行人或赛克科技没有任何争议或纠纷，也不会因此追究发行人或赛克科技的任何责任或要求发行人予以补偿、赔偿。

根据公司控股股东深创投承诺："如中新赛克因社保实际缴纳情况而被任何政府主管部门要求补缴社会保险或住房公积金，或被任何政府主管部门处以行政处罚，或被任何政府主管部门、法院或仲裁机构决定、判决或裁定向任何员工或其他方支付补偿或赔偿，本公司将以本公司除直接或间接持有的中新赛克股份以外的其他财产全额承担，并承担与此相关的一切费用。”

综上所述，中介机构认为，发行人通过人事代理机构为员工在其经常居住地缴纳社会保险和住房公积金与《社会保险法》《住房公积金管理条例》的要求并不一致，可能导致发行人被社会保险主管机关、住房公积金管理中心责令限期改正，缴纳滞纳金或罚款。鉴于：（1）该等做法系相关员工根据其实际情况向发行人提出的要求，相关员工人数较少，就赛克科技该等做法，社会保险及住房公积金缴纳情况并无异议或纠纷。（2）发行人及其子公司所在地的社会保险、住房公积金主管部门已就其出具证明，确认其未受到过劳动保障行政处罚，无延迟、欠缴社会保险费的情况；没有因违反公积金法律法规而受到行政处罚。（3）发行人控股股东已承诺就发行人因社保实际缴纳情况而被任何政府主管部门要求补缴社会保险或住房公积金，或被任何政府主管部门处以行政处罚，或被任何政府主管部门、法院或仲裁机构决定、判决或裁定向任何员工或其他方支付补偿或赔偿承担相应责任及费用，中介机构认为，该等情况不会对本次发行上市构成实质性障碍。

二、核查并说明发行人是否存在劳务派遣等其他用工形式

根据中介机构对发行人人力资源部门相关人员的访谈，以及查阅发行人报告期各期末的员工名册，并与社保、公积金缴纳记录进行了比对，并经发行人确认，经核查，中介机构认为，发行人及其子公司不存在劳务派遣等其他用工方式。

专家点评

为员工足额缴纳社保及住房公积金是企业的法定义务，员工通过代理机构或自行在户籍所在地缴纳社保及住房公积金无法定依据，该员工应停止缴纳员工户籍所在地的社保及住房公积金，由员工任职的企业为其缴纳。

【案例5】从核查手段看对劳动社保的核查——宇环数控（股票代码：002903）

A股上市情况：2017年8月22日召开的中国证券监督管理委员会主板发行审核委员会2017年第127次发审委会议审核：宇环数控机床股份有限公司（首发）获通过。

案例解读

请中介机构补充核查并披露：（1）发行人在册员工的变动情况，包括员工人数、结构、职工薪酬的变动，该等变动与发行人业务发展及业绩的变动是否趋势一致；

（2）发行人是否存在劳务派遣情况，是否存在违法违规行为；（3）发行人“五险一金”的缴纳情况、是否足额缴纳、是否符合国家有关规定；（4）请在招股说明书“发行人基本情况”中补充披露发行人及其分公司报告期内未全面按照相关规定缴纳社会保险、住房公积金对经营业绩的影响，补充披露劳务派遣缴纳社会保险、住房公积金的情况。

一、发行人在册员工的变动情况，包括员工人数、结构、职工薪酬的变动，该等变动与发行人业务发展及业绩的变动是否趋势一致

【核查手段】

中介机构进行了如下核查：

1. 查阅了发行人员工名册、工资发放表。

2. 查阅了发行人就其在册员工人数、结构、薪酬的变动情况出具的书面说明。

3. 访谈了发行人的人力资源部负责人。

【回复意见】

经核查发行人员工名册、工资发放表并根据发行人的说明，报告期内：

1. 发行人的在册员工人数、结构变动情况如表 17–14 所示。

表17–14 发行人在册员工人数、结构变动情况

单位：人

期间 / 类别	2014 年度		2015 年度		2016 年度		2017 年 1—6 月	
	人数	比例	人数	比例	人数	比例	人数	比例
管理及行政人员	60	19.61%	51	17.59%	49	17.50%	47	16.15%
技术研发与设计人员	54	17.65%	68	23.45%	66	23.57%	68	23.37%
采购及生产人员	155	50.65%	134	46.21%	131	46.79%	140	48.11%
营销服务人员	37	12.09%	37	12.76%	34	12.14%	36	12.37%
合计	306	100.00%	290	100.00%	280	100.00%	291	100.00%

2. 发行人职工薪酬与业绩变动趋势情况如表 17–15 所示。

表17–15 发行人职工薪酬与业绩变动趋势情况

单位：元、人

项目 / 期间	2014 年度	2015 年度	2016 年度	2017 年 1—6 月
主营业务收入（元）	99,516,999.06	110,303,910.05	259,937,366.06	121,137,639.89
净利润（归属于母公司）（元）	18,040,835.28	22,546,382.60	80,365,757.82	47,311,784.37
员工总人数（人）	306	290	280	291
职工薪酬总额（元）	19,042,232.93	22,220,869.84	28,384,207.91	14,498,592.94

根据发行人的说明，报告期内，发行人业务发展持续向好，经营业绩稳中有升。伴随自动化水平的进一步提高以及受到子公司宇环精工注销、益阳沅江厂区业务全部停止的影响，发行人用工总数自 2015 年起小幅减少但主营业务收入仍能实现增长。

整体而言，发行人的员工人数、结构、职工薪酬变动与发行人业务发展与业绩变动之间存在匹配关系。

据此，中介机构认为，发行人在册员工人数、结构、薪酬的变动情况符合发行人业务发展及业绩变动趋势。

二、发行人是否存在劳务派遣情况，是否存在违法违规行为。

【核查手段】

中介机构进行了如下核查：

1. 查阅了发行人员工名册。

2. 查阅了发行人就其劳动用工情况出具的书面说明。

3. 访谈了发行人的人力资源部负责人。

【回复意见】

根据发行人的说明并经中介机构访谈发行人人力资源部门负责人，发行人报告期内不存在劳务派遣情形。

三、发行人“五险一金”的缴纳情况、是否足额缴纳、是否符合国家有关规定

【核查手段】

中介机构进行了如下核查：

1. 查阅了发行人员工名册。

2. 查阅了发行人报告期内的社保、住房公积金缴费凭证、缴费记录。

3. 查阅了发行人就其社保、住房公积金缴纳情况出具的书面说明。

4. 访谈了发行人的人力资源部负责人。

5. 查阅了发行人社保、住房公积金主管部门出具的无违规证明。

6. 走访了发行人社保、住房公积金主管部门。

【回复意见】

经中介机构查阅发行人报告期内的社保、住房公积金缴费凭证、缴费记录及发行人就其社保、住房公积金缴纳情况出具的书面说明：

1. 报告期内，发行人及其子公司宇环智能“五险一金”的缴纳情况如表 17-16 所示。

表17-16 发行人及其子公司宇环智能“五险一金”缴纳情况 单位：人

项目	2014.12.31	2015.12.31	2016.12.31	2017.06.30
员工在册人数	306	290	280	291
缴纳养老保险人数	284	260	274	272
缴纳失业保险人数	286	263	277	273
缴纳医疗保险人数	288	268	283	278
缴纳生育保险人数	288	268	283	278
缴纳工伤保险人数	304	287	280	280
缴纳住房公积金人数	278	262	271	276

2. 报告期内，发行人及其子公司宇环智能“五险一金”缴纳差异原因。

根据发行人及其子公司的确认并经中介机构核查，发行人及其子公司社会保险和住房公积金缴纳人数的差异原因如下：

（1）未缴纳养老保险的情况说明。

表17-17 未缴纳养老保险情况说明

项目	2014.12.31	2015.12.31	2016.12.31	2017.06.30
未缴纳养老保险人数（人）	28	32	12	26
其中：1. 新入职人员（人）	5	2	1	14
2. 实习生（人）	11	11	—	—
3. 返聘退休人员（人）	8	10	7	6
4. 已在他处缴纳社保，显示未合并账号无法购买（人）	4	7	4	6
5. 次月离职，自愿放弃购买（人）	—	2	—	—
其他差异说明	另为其他6名已离职员工缴纳	另为其他2名已离职员工缴纳	另为其他6名已离职员工缴纳	另为其他7名已离职员工缴纳

（2）未缴纳失业保险的情况说明。

表17-18 未缴纳失业保险情况说明

项目	2014.12.31	2015.12.31	2016.12.31	2017.06.30
未缴纳失业保险人数（人）	26	29	12	27
其中：1. 新入职人员（人）	5	2	1	14

续表

项目	2014.12.31	2015.12.31	2016.12.31	2017.06.30
2. 实习生（人）	11	11	—	—
3. 返聘退休人员（人）	7	9	7	5
4. 已在他处缴纳社保，显示未合并账号无法购买（人）	3	7	3	5
5. 次月离职，自愿放弃购买（人）	—	—	—	—
6. 当月已购买社保系统下月入账（人）	—	—	1	3
其他差异说明	另为其他6名已离职员工缴纳	另为其他2名已离职员工缴纳	另为其他9名已离职员工缴纳	另为其他9名已离职员工缴纳

（3）未缴纳医疗保险的情况说明。

表17-19　未缴纳医疗保险情况说明

项目	2014.12.31	2015.12.31	2016.12.31	2017.06.30
未缴纳医疗保险人数（人）	24	25	8	24
其中：1. 新入职人员（人）	5	2	1	14
2. 实习生（人）	11	11	—	—
3. 返聘退休人员（人）	6	4	3	2
4. 已在他处缴纳社保，显示未合并账号无法购买（人）	2	8	3	5
5. 次月离职，自愿放弃购买（人）	—	—	—	2
6. 当月已购买社保系统下月入账（人）	—	—	1	1
其他差异说明	另为其他6名已离职员工缴纳	另为其他3名已离职员工缴纳	另为其他11名已离职员工缴纳	另为其他11名已离职员工缴纳

（4）未缴纳生育保险的情况说明。

表17-20　未缴纳生育保险情况说明

项目	2014.12.31	2015.12.31	2016.12.31	2017.06.30
未缴纳生育保险人数（人）	24	25	8	24
其中：1. 新入职人员（人）	5	2	1	14
2. 实习生（人）	11	11	—	—
3. 返聘退休人员（人）	6	4	3	2

续表

项目	2014.12.31	2015.12.31	2016.12.31	2017.06.30
4. 已在他处缴纳社保，显示未合并账号无法购买（人）	2	8	3	5
5. 次月离职，自愿放弃购买（人）	—	—	—	2
6. 当月已购买社保系统下月入账（人）	—	—	1	1
其他差异说明	另为其他6名已离职员工缴纳	另为其他3名已离职员工缴纳	另为其他11名已离职员工缴纳	另为其他11名已离职员工缴纳

（5）未缴纳工伤保险的情况说明。

表17-21 未缴纳工伤保险情况说明

项目	2014.12.31	2015.12.31	2016.12.31	2017.06.30
未缴纳工伤保险人数（人）	5	4	2	22
其中：1. 新入职人员（人）	—	—	—	14
2. 实习生（人）	—	—	—	
3. 返聘退休人员（人）	2	3	1	2
4. 已在他处缴纳社保，显示未合并账号无法购买（人）	3	1	—	3
5. 次月离职，自愿放弃购买（人）	—	—	—	—
6. 当月已购买社保系统下月入账（人）	—	—	1	3
其他差异说明	另为3名不在册的实习、离职等人员缴纳	另为其他1名已离职员工缴纳	另为其他2名已离职员工缴纳	另为其他9名已离职员工、2名实习生缴纳

（6）未缴纳住房公积金情况说明

表17-22 未缴纳住房公积金情况说明

项目	2014.12.31	2015.12.31	2016.12.31	2017.06.30
未缴纳住房公积金人数（人）	31	29	12	22
其中：1. 新入职人员（人）	5	2	1	14
2. 实习生（人）	11	11	—	—
3. 返聘退休人员（人）	9	9	7	5

续表

项目	2014.12.31	2015.12.31	2016.12.31	2017.06.30
4. 已在他处缴纳社保，显示未合并账号无法购买（人）	4	6	3	3
5. 次月离职，自愿放弃购买（人）	2	1	1	—
其他差异说明	另为其他3名离职员工缴纳	另为其他1名上月离职员工缴纳	另为其他3名上月离职员工缴纳	另为其他7名已离职员工

注：员工当月或上月离职时，其已不在发行人员工名册，但部分社保关系暂未转移，离职当月或下月由发行人为其缴纳社保。

根据公司的说明，报告期内，发行人部分员工未缴纳社会保险的主要原因是：新入职员工正在办理社保缴纳手续；部分退休返聘人员无须缴纳社保；部分员工已在他处缴纳社保等。

3.“五险一金”的缴费基数情况。

经核查发行人员工名册、工资发放表及发行人社保缴费凭证并根据发行人的说明，发行人员工“五险一金”的缴纳比例系按照长沙市人力资源和社会保障局公布的标准，缴纳基数普通员工系按长沙市上一年度社会平均工资，部分中级管理人员及高级管理人员系按其基本工资标准缴纳。

4. 社保缴纳守法合规情况及相关承诺。

根据浏阳市人力资源和社会保障局和长沙县人力资源和社会保障局分别出具的证明，截至2017年6月30日，发行人及其子公司宇环智能依法为员工办理了养老保险、失业保险、医疗保险、工伤保险、计划生育保险等五个险种，并及时缴纳，未受到人力资源和社会保障局的行政处罚。

根据长沙住房公积金管理中心出具的《住房公积金缴存证明》，发行人及其子公司自在该中心开设住房公积金账户缴存至今，不存在欠缴、漏缴、少缴、停缴或其他违反住房公积金相关法律法规的行为，公司未因住房公积金问题而受到行政处罚。

发行人实际控制人许世雄、许燕鸣、许亮已经出具承诺：如因社会保险管理机构或住房公积金管理机构要求发行人补缴首次公开发行股票并上市之前产生的社会保险或住房公积金费用，或者发行人因社会保险或住房公积金问题承担任何损失或罚款的，其将无条件地足额补偿发行人因此所发生的支出或所受损失，避免给发行人带来任何损失或不利影响。

综上所述，中介机构认为，报告期内，除发行人少量员工因退休返聘无须缴纳，或者新入职、在其他单位缴纳、未转社保关系无法缴纳、因计划次月离职自愿放弃购买等原因未缴纳社会保险和住房公积金外，发行人为其员工依法办理和缴纳了社会保险和住房公积金；基于发行人实际控制人许世雄、许燕鸣、许亮已出具了相关承诺，该等承诺系其自愿作出，合法、有效，且相关社保、公积金主管部门已出具合法证明，发行人少量员工未缴纳社会保险和住房公积金对发行人本次发行上市不构成实质性法律障碍。

四、请在招股说明书“发行人基本情况”中补充披露发行人及其分公司报告期内未全面按照相关规定缴纳社会保险、住房公积金对经营业绩的影响，补充披露劳务派遣缴纳社会保险、住房公积金的情况

经核查，发行人已在招股说明书“第五节 发行人基本情况 （五）发行人执行的社会保障制度”章节中补充披露了劳务派遣、社会保险、住房公积金缴纳的相关情况。

专家点评

公司在报告期内存在未足额缴纳社会保险及住房公积金情形应有合理理由及合法依据，该行为应不构成重大违法行为，对公司的经营业绩不产生较大影响，对公司上市不构成不利影响。

第二节 基本概念

一、关于职工社保和住房公积金缴纳情况

按规范要求，应是报告期内拟上市企业及其子公司均需为其员工足额缴纳社保费用和住房公积金，然而实务中，大部分公司均未按该要求缴纳，那一方面要符合上市要求，另一方面公司基于经营成本或者业绩考虑，不愿补缴或全额补缴所欠费用。

对于社保，起源于对城镇职工权益的保护。实务中比较棘手的是农民工问题。社保“五险”中，中央和国务院多次会议材料中强调的多为工伤保险和医疗保险，提倡逐步扩大农民工的应缴社保范围。对于养老保险和医疗保险，对于流动性较强、不够稳定的农民工，如其同意，可在其原籍所在地自愿参加农村养老保险和农村合作医疗保险等。而对于失业保险，国务院颁布的《失业保险条例》中有明确规定，

农民工必须参保。生育保险未有明确要求。

目前的问题是，对于制造型及其他劳动密集型公司，基本都大量使用农民工，如果公司是在本地起步并发展壮大的农民企业，那有相当数量的农民工还是能够持续工作 1 年以上的相对稳定的员工。对于该部分员工的社保如何缴纳，各地规定存在差异。

对该问题以前的做法是，如果对公司的业绩不形成重大影响，则建议公司全部补缴；否则，则视影响状况，采取公司缴一部分 + 公司控股股东及实际控制人承诺承担未补缴的法律责任相结合的方式，但一般至少会缴纳报告期最后一年及一期的。当然，具体操作中还是存在技术层面的处理技巧，如季节性用工的人数处理，农民工社保缴纳基数的确定等。

二、关于劳务派遣用工

采用劳务派遣方式用工被很多企业用于减轻员工，尤其是农民工的社保缴纳压力，将部分非关键岗位的员工安置在劳务派遣公司，减少在申报主体缴纳社保和公积金的人数，能够在一定程度上掩盖企业的社保缴纳问题。但是自 2014 年 3 月 1 日起施行的《劳务派遣暂行规定》(中华人民共和国人力资源和社会保障部令第 22 号)对企业劳务派遣的用工安排作出了明确的规定，将规范企业的用工行为。

《劳务派遣暂行规定》第三条规定："用工单位只能在临时性、辅助性或者替代性的工作岗位上使用被派遣劳动者。

前款规定的临时性工作岗位是指存续时间不超过 6 个月的岗位；辅助性工作岗位是指为主营业务岗位提供服务的非主营业务岗位；替代性工作岗位是指用工单位的劳动者因脱产学习、休假等原因无法工作的一定期间内，可以由其他劳动者替代工作的岗位。

用工单位决定使用被派遣劳动者的辅助性岗位，应当经职工代表大会或者全体职工讨论，提出方案和意见，与工会或者职工代表平等协商确定，并在用工单位内公示。"

《劳务派遣暂行规定》第四条规定："用工单位应当严格控制劳务派遣用工数量，使用的被派遣劳动者数量不得超过其用工总量的 10%。"

前款所称用工总量是指用工单位订立劳动合同人数与使用的被派遣劳动者人数之和。

计算劳务派遣用工比例的用工单位是指依照劳动合同法和劳动合同法实施条例可以与劳动者订立劳动合同的用人单位。

对于现阶段使用劳务派遣员工较多的企业,《劳务派遣暂行规定》也给予了一定的过渡期，第二十八条规定:“用工单位在本规定施行前使用被派遣劳动者数量超过其用工总量 10% 的，应当制定调整用工方案，于本规定施行之日起 2 年内降至规定比例。但是,《全国人民代表大会常务委员会关于修改〈中华人民共和国劳动合同法〉的决定》公布前已依法订立的劳动合同和劳务派遣协议期限届满日期在本规定施行之日起 2 年后的，可以依法继续履行至期限届满。

用工单位应当将制定的调整用工方案报当地人力资源社会保障行政部门备案。

用工单位未将本规定施行前使用的被派遣劳动者数量降至符合规定比例之前，不得新用被派遣劳动者。

拟上市企业需要具备从事现有业务的合法资质，其从事现有业务必须取得必要的批准和许可方能生产经营。”

第十八章 业务资质

从申报文件和中介机构核查的内容来看，向中国证监会报送的文件中包含企业的各种资格证、资质证或者其他合格证书，也包括许可证、执照或者其他许可证书。任何开展业务需要的资质都需具备，这是企业上市的基本要求。

【案例1】企业经营的相关资质是否齐全——中环环保（股票代码：300692）

A股上市情况： 2017年7月5日召开的中国证券监督管理委员会创业板发行审核委员会2017年第54次发审委会议审核：安徽中环环保科技股份有限公司（首发）获通过。

案例解读

监管部门要求中介机构核查公司承接业务的主要方式、是否存在应履行公开招投标程序而未履行的情形、是否存在超越资质承接业务的情形、包括报告期外承接的业务在报告期内确认收入的项目，发行人经营相关资质是否齐全，发行人承接业务的合法合规性，是否存在通过商业贿赂或者不正当竞争承接业务的情形；说明发行人相关资质能够承接的业务范围或限制。

一、承接业务的主要方式、是否存在应履行公开招标程序而未履行的情形

根据发行人的招投标及中标文件、成交确认书、主要业务合同、发行人收购子公司有关工商登记资料、桐城市人民政府《关于采取单一来源方式确定桐城城南污水处理厂二期及配套管网工程项目承接主体的函》及安庆市财政局批复文件等资料，并经中介机构核查，发行人业务承接方式等情况如下：

1. 污水处理业务

发行人污水处理业务以BOT模式、TOT模式、BOO模式及委托运营模式开展，其中以BOT模式、TOT模式开展的业务均与政府或其授权部门签订特许经营协议，以BOO模式及委托运营模式开展的业务系与政府部门、工业园区内的企业或具有特许经营权的企业签订相关污水处理服务协议和委托运营合同。

（1）以 BOT 模式、TOT 模式开展的业务。发行人现有泰安市第二污水处理厂、泰安市第一污水处理厂、舒城县污水处理厂、寿县污水处理厂、桐城市城南污水处理厂、桐城市城南污水处理厂二期、全椒县污水处理厂、安庆市马窝污水处理厂、宁阳县污水处理厂、宁阳县污水处理厂再生水利用 / 中水回用工程、桐城市南部新区污水处理厂及配套污水管网工程 PPP 项目、夏津县第二污水处理厂及配套管网工程 12 项特许经营权，其中安庆市马窝污水处理厂、桐城市城南污水处理厂、泰安市第二污水处理厂、泰安市第一污水处理厂、舒城县污水处理厂、寿县污水处理厂、全椒县污水处理厂 7 项特许经营权系发行人通过收购拥有该等项目特许经营权的项目公司股权方式取得，相关股权收购无须履行招投标等程序。

其余 5 项特许经营权中，宁阳县污水处理厂、宁阳县污水处理厂再生水利用 / 中水回用工程、桐城市南部新区污水处理厂及配套污水管网工程 PPP 项目、夏津县第二污水处理厂及配套管网工程 4 项特许经营权均系通过竞争性磋商方式取得，桐城市城南污水处理厂二期特许经营权系通过协议谈判方式取得。

根据《基础设施和公用事业特许经营管理办法》第十五条规定，特许经营项目应当通过招标、竞争性磋商等竞争方式选择特许经营者，发行人通过竞争性磋商方式取得宁阳县污水处理厂、宁阳县污水处理厂再生水利用 / 中水回用工程、桐城市南部新区污水处理厂及配套污水管网工程 PPP 项目、夏津县第二污水处理厂及配套管网工程等 4 项特许经营权符合前述规定。

桐城市城南污水处理厂二期项目内容系对桐城清源运营的桐城市城南污水处理厂进行扩建，以使桐城市城南污水处理厂污水处理规模达到 5 万吨 / 日。上述项目的建设、运营涉及桐城市城南污水处理厂原设施改造、扩建，项目部分设施需在污水处理厂一期用地范围内建设，通过招投标或竞争性磋商等方式选择项目经营者将导致项目难以实施。上述情形符合《中华人民共和国招标投标法实施条例》规定的“需要向原中标人采购工程、货物或者服务，否则将影响施工或者功能配套要求”可以不进行招标的情形，亦符合《政府和社会资本合作项目政府采购管理办法》关于政府采购方式的要求，上述项目采用单一来源方式进行政府采购也取得了安庆市财政局的批准。因此，上述项目特许经营权以协议谈判方式取得符合相关法律法规的规定。

（2）以 BOO 及委托运营模式开展的业务。发行人取得望江县污水处理厂委托运营业务，系通过公开招投标程序取得该污水处理厂委托运营权。其他以 BOO 或委托运营模式开展的业务系与企业签订有关污水处理服务协议和委托运营合同，签订上述合同不属于《中华人民共和国招标投标法》等规定应履行公开招标程序的情

形，该等业务系发行人通过协议谈判方式取得。

2. 环境工程业务

发行人自政府部门、事业单位取得环境工程业务主要采取公开招标方式取得，有2项符合《中华人民共和国政府采购法》第二十九条、第三十条且未达到《工程建设项目招标范围和规模标准规定》规定标准的项目系通过竞争性磋商、协议谈判方式取得，相关合同金额分别为105万元、8万元。

发行人自国有企业取得环境工程业务主要采取公开招投标方式取得，有1项合同金额为25.8万元的项目系通过竞争性磋商方式取得，上述合同金额未达到《工程建设项目招标范围和规模标准规定》规定的标准，不属于依法必须进行招标的项目。

发行人自非国有企业取得环境工程业务是根据发包人资金来源、自身需求等因素而采取招标或协议谈判方式。

经核查，发行人在业务承接过程中依法参加招投标、竞争性磋商等活动，不存在因违反《中华人民共和国招标投标法》《中华人民共和国政府采购法》等法律法规而被处以行政处罚或承担其他法律责任的情形。

综上所述，中介机构认为，发行人承接业务不存在应履行公开招标程序而未履行的情形。

二、发行人经营相关资质是否齐全，是否存在超越资质承接业务的情形

根据发行人的主要业务合同、业务资质证书等资料，并经中介机构核查，发行人现拥有4项业务资质证书，且均在有效期内，具体如下：

（1）《安全生产许可证》，证书编号为（皖）JZ安许证字〔2014〕015573，有效期至2017年8月7日。

（2）《工程设计资质证书》，证书编号为A234014763，资质等级为环境工程（水污染防治工程）专项乙级，有效期至2020年12月7日。

（3）《建筑业企业资质证书》，证书编号为D234059009，资质等级为环保工程专业承包二级，有效期至2021年4月25日。

（4）《建筑业企业资质证书》，证书编号为D334059006，资质等级为市政公用工程施工总承包三级、机电工程施工总承包三级，有效期至2021年6月23日。

发行人目前主营业务为污水处理业务及环境工程业务。根据环境保护部《关于废止〈环境污染治理设施运营资质许可管理办法〉的决定》，发行人从事污水处理业务无须取得业务资质。发行人现拥有《工程设计资质证书》（水污染防治工程专项乙级）、《建筑业企业资质证书》（环保工程专业承包二级）、《建筑业企业资质证书》（市政公用工程施工总承包三级、机电工程施工总承包三级），可从事中型以下水污

染防治类环境工程业务的设计、建设工程总承包以及项目管理和相关的技术与管理服务业务，污染修复工程、生活垃圾处理处置工程大型以下及其他中型以下环保工程的施工业务，以及 8 万吨 / 日以下的给水厂；6 万吨 / 日以下的污水处理工程；10 万吨 / 日以下的给水泵站、10 万吨 / 日以下的污水泵站、雨水泵站，直径 1 米以下供水管道；直径 1.5 米以下污水及中水管道的施工总承包业务。发行人承接的环境工程业务未超过上述范围。

基于上述事实，中介机构认为，发行人经营相关资质齐全，不存在超越资质承接业务的情形。

三、发行人承接业务的合法合规性，是否存在商业贿赂或者不正当竞争承接业务的情形

根据发行人的招投标及中标文件、成交确认书、主要业务合同、主要内部制度、发行人相关业务部门负责人签署的访谈记录、政府主管部门出具的合法合规证明文件、合肥市人民检察院出具的《检察机关行贿犯罪档案查询结果告知函》、在中国裁判文书网的查询结果等资料，并经中介机构核查，发行人业务系通过招投标、竞争性磋商等合法方式取得，报告期内不存在违规取得业务及因此遭受行政处罚的情形。发行人长期重视商业贿赂、不正当竞争问题，建立了相关制度禁止报销与业务正常开展无关的费用。发行人 2014 年度、2015 年度、2016 年度销售费用依次为 73.71 万元、72.07 万元、87.52 万元，主要为职工薪酬、差旅费等，不存在商业贿赂或不正当竞争费用报销的情形。此外，发行人报告期内不存在因商业贿赂或不正当竞争受到审查起诉、司法判决的情形。

据上，中介机构认为，发行人业务承接合法合规，不存在商业贿赂或者不正当竞争承接业务的情形。

四、发行人相关资质能够承接的业务范围或限制

根据发行人的业务资质证书及有关资质标准等资料，并经中介机构核查，发行人相关业务资质及能够承接的业务范围或限制情况如下：

（1）发行人现持有安徽省住房和城乡建设厅颁发的《安全生产许可证》，证书编号为（皖）JZ 安许证字〔2014〕015573，有效期至 2017 年 8 月 7 日。根据《安全生产许可证条例》规定，建筑施工企业须取得《安全生产许可证》，方可开展生产经营活动。

（2）发行人现持有安徽省住房和城乡建设厅颁发的《工程设计资质证书》，证书编号为 A234014763，资质等级为环境工程（水污染防治工程）专项乙级，有效期至 2020 年 12 月 7 日。根据《环境工程专项设计资质标准》规定，取得上述资质证书可

从事的业务范围为中型以下规模水污染防治工程（含建筑物和非标准设备）专项设计、相应的建设工程总承包业务以及项目管理和相关的技术与管理服务。中型以下规模是指：工业废水治理废水量在5,000吨/日以下、COD负荷在10,000公斤/日以下；城镇污水处理污水量在20,000吨/日以下；污水回用污水量在10,000吨/日以下。

（3）发行人现持有安徽省住房和城乡建设厅颁发的《建筑业企业资质证书》，证书编号为D234059009，资质等级为环保工程专业承包二级，有效期至2021年4月25日。根据《建筑业企业资质等级标准》规定，取得上述资质证书可从事的业务范围为大型以下污染修复工程、生活垃圾处理处置工程以及其他中型以下环保工程的施工。大型污染修复工程是指投资额超过3,000万元的工程，大型生活垃圾处理处置工程是指处理量达到200吨/日以上的生活垃圾焚烧工程、500吨/日以上的生活垃圾卫生填埋工程、300吨/日以上的生活垃圾堆肥工程；中型以下其他环保工程包括处理量5,000吨/日以下或COD负荷10,000公斤/日以下的工业废水治理工程、污水量20,000吨/日以下的城镇污水处理工程、污水量10,000吨/日以下的污水回用工程等。

（4）发行人现持有合肥市城乡建设委员会颁发的《建筑业企业资质证书》，证书编号为D334059006，资质等级为市政公用工程施工总承包三级、机电工程施工总承包三级，有效期至2021年6月23日。根据《建筑业企业资质等级标准》规定，取得上述资质证书可从事的业务范围为单项合同额1,500万元以下的机电工程的施工；城市道路（不含快速路）工程、单跨25米以下的城市桥梁工程；8万吨/日以下的给水厂；6万吨/日以下的污水处理工程；10万吨/日以下的给水泵站、10万吨/日以下的污水泵站、雨水泵站，直径1米以下的供水管道；直径1.5米以下的污水及中水管道；2公斤/平方厘米以下中压、低压燃气管道、调压站、供热面积50万平方米以下热力工程、直径0.2米以下热力管道；单项合同额2,500万元以下的城市生活垃圾处理工程；单项合同额2,000万元以下的地下交通工程（不含轨道交通工程）；5,000平方米以下城市广场、地面停车场硬质铺装；单项合同额2,500万元以下的市政综合工程。

专家点评

鉴于国家法律法规对特定行业以及特定业务设置了准入门槛，企业从事相关业务需要事先取得相应的资质，否则无法开展相关业务。企业经营相关资质如果不具备，则企业的可持续经营能力将无法得到保证，不符合上市条件。企业经营相关资质如果对外借用，企业可能承担资质外借所带来的不利后果，如合同风险、被发现后可能面临资质降级或者取消的风险等，对企业的可持续经营和不确定性带来极大风险。就本案例而言，发行人目前主营业务为污水处理业务及环境工程业务，根据环境保护部《关于废止〈环境污染治理设施运营资质许可管理办法〉的决定》，发行人从事污水处理业务无须取得业务资质。

【案例 2】涉及特许经营权的——中环环保（股票代码：300692）

A 股上市情况：2017 年 7 月 5 日召开的中国证券监督管理委员会创业板发行审核委员会 2017 年第 54 次发审委会议审核：安徽中环环保科技股份有限公司（首发）获通过。

案例解读

这个案例也是中环环保的，涉及了特许经营权。监管部门要求中介机构核查公司各项目合同中是否存在明确的运营阶段收入确定原则或金额、明确的特许经营权期限，相关特许经营权取得的过程及合法合规性，是否均已履行必要的审批程序，项目收费来源是否明确并存在保障措施，相关特许经营权质押是否已履行必要审议程序或者取得相关部门的审批。

1. 各项目合同中是否存在明确的运营阶段收入确定原则或金额、明确的特许经营权期限

根据各项目特许经营协议等资料，并经中介机构核查，发行人签订的各项目合同中明确约定了运营阶段发行人污水处理费的收费原则，基本公式为：污水处理费 = 污水处理费单价 × 结算水量，发行人所签订协议中具有明确的单价及单价调整条款，在项目运营期中可根据项目运营成本要素价格变动系数调整污水处理单价，相关协议中还明确约定了基本水量的确定标准，当实际污水处理量小于基本水量时，则结算水量为基本水量；当实际污水处理量大于基本水量时，则结算水量为实际污水处理量。

发行人各项目合同中亦明确约定了特许经营权期限，具体如表 18-1 所示。

表18-1　发行人各项目合同特许经营权期限

序号	项目名称	特许经营期限
1	泰安市第二污水处理厂	自商业运营日起 25 年
2	泰安市第一污水处理厂	自商业运营日起 25 年

续表

序号	项目名称	特许经营期限
3	舒城县污水处理厂	自商业运营日起 30 年
4	寿县污水处理厂	自商业运营日起 30 年
5	桐城市城南污水处理厂	自商业运营日起 30 年
6	桐城市城南污水处理厂二期	与桐城市城南污水处理厂特许经营权同时期满
7	全椒县污水处理厂	自商业运营日起 30 年
8	安庆市马窝污水处理厂	自商业运营日起 30 年
9	宁阳县污水处理厂	自商业运营日起 30 年
10	宁阳县污水处理厂再生水利用 / 中水回用工程项目	至 2043 年 5 月 31 日
11	桐城市南部新区污水处理厂及配套污水管网工程 PPP 项目	至 2041 年 1 月 29 日
12	夏津县第二污水处理厂及配套管网项目	自商业运营日起 30 年

据上，中介机构认为，发行人各项目合同中存在明确的运营阶段收入确定原则或金额、明确的特许经营权期限。

2. 相关特许经营权取得的过程及合法合规性

根据发行人的特许经营合同、成交确认书、部分特许经营权授权方出具的确认文件、发行人收购子公司有关工商登记资料等资料，并经中介机构核查，发行人相关特许经营权取得过程如下：

发行人现有的 12 项特许经营权中，安庆市马窝污水处理厂、桐城市城南污水处理厂、泰安市第二污水处理厂、泰安市第一污水处理厂、舒城县污水处理厂、寿县污水处理厂、全椒县污水处理厂 7 项特许经营权系发行人通过收购拥有该等项目特许经营权的项目公司股权取得；其余 5 项特许经营权中，宁阳县污水处理厂、宁阳县污水处理厂再生水利用 / 中水回用工程、桐城市南部新区污水处理厂及配套污水管网工程 PPP 项目、夏津县第二污水处理厂及配套管网工程等 4 项特许经营权均系通过竞争性磋商取得，桐城市城南污水处理厂二期特许经营权系通过协议谈判取得。

根据《基础设施和公用事业特许经营管理办法》第十五条规定，特许经营项目应当通过招标、竞争性磋商等竞争方式选择特许经营者，发行人通过竞争性磋商取得宁阳县污水处理厂、宁阳县污水处理厂再生水利用 / 中水回用工程、桐城市南部新区污水处理厂及配套污水管网工程 PPP 项目、夏津县第二污水处理厂及配套管网工程等 4 项特许经营权符合前述规定。

桐城市城南污水处理厂二期项目内容系对桐城清源运营的桐城市城南污水处理厂进行扩建，以使桐城市城南污水处理厂污水处理规模达到5万吨/日。上述项目的建设、运营涉及桐城市城南污水处理厂原设施改造及扩建，项目部分设施需在污水处理厂一期用地范围内建设，通过招投标或竞争性磋商等方式选择项目经营者将导致项目难以实施。上述情形符合《中华人民共和国招标投标法实施条例》规定的“需要向原中标人采购工程、货物或者服务，否则将影响施工或者功能配套要求”可以不进行招标的情形，亦符合《政府和社会资本合作项目政府采购管理办法》关于政府采购方式的要求，上述项目采用单一来源方式进行政府采购也取得了安庆市财政局的批准。因此，上述项目特许经营权以协议谈判方式取得符合相关法律法规的规定。

据上，中介机构认为，发行人特许经营权取得过程合法合规。

3. 上述特许经营权取得是否均已履行必要的审批程序

根据有关项目特许经营协议、相关特许经营授权方出具的确认文件等资料，并经中介机构核查，发行人通过收购安庆清源、桐城清源、泰安清源、舒城清源、寿县清源、全椒清源股权取得安庆市马窝污水处理厂等7项特许经营权，就收购安庆清源等6家公司股权事宜，中环环保分别报请了安庆市住房和城乡建设委员会等特许经营权授权方批准，相关授权方分别同意相应公司股权变动事宜，并确认上述股权变动不影响安庆清源等公司在特许经营期限内享有有关项目的特许经营权。

发行人通过竞争性磋商、协议谈判取得宁阳县污水处理厂、宁阳县污水处理厂再生水利用/中水回用工程、桐城市南部新区污水处理厂及配套污水管网工程PPP项目、夏津县第二污水处理厂及配套管网工程、桐城市城南污水处理厂二期项目等5项特许经营权，相关特许经营权的授予均取得了县级以上人民政府的授权，符合《基础设施和公用事业特许经营管理办法》相关规定。

据上，中介机构认为，发行人特许经营权取得均已履行必要的审批程序。

4. 项目收费来源是否明确并存在保障措施

根据发行人签订的有关项目特许经营协议等资料，并经中介机构核查，发行人污水处理项目收费均应由特许经营授权方按相关协议约定支付。依据《水污染防治法》《城镇排水与污水处理条例》《污水处理费征收使用管理办法》有关规定，凡设区的市、县（市）和建制镇已建成污水处理厂的，均应当征收污水处理费，污水处理费专项用于城镇污水处理设施的建设、运行和污泥处理处置，征收的污水处理费不能保障城镇排水与污水处理设施正常运营的，地方财政应当给予补贴。

据上，中介机构认为，发行人项目收费来源明确，并且存在相应保障措施。

5. 相关特许经营权质押是否已履行必要审议程序或者取得相关部门的审批

根据发行人及其子公司签订的质押协议、特许经营权授权方出具的确认文件等资料，并经中介机构核查，宁阳县污水处理厂特许经营权、寿县污水处理厂特许经营权、舒城县污水处理厂、桐城市城南污水处理厂、全椒县污水处理厂、安庆市马窝污水处理厂特许经营收费权均存在质押情形，相关质押均取得了政府主管部门的审批。

专家点评

特许经营范围一般关系公司的主营业务，特许经营权的稳定与否涉及公司的可持续经营能力。特许经营权人应当依据《特许经营管理办法》依法办理审批备案，保证公司的特许经营权的权属清晰、权利取得的程序规范。公司取得特许经营权并在特许经营的范围内合法有序的经营是公司可持续经营的一个重要保证。

【案例3】军工保密方面的核查——中孚信息（股票代码：300659）

A股上市情况：2017年4月18日召开的中国证券监督管理委员会创业板发行审核委员会2017年第32次发审委会议审核：中孚信息股份有限公司（首发）获通过。

案例解读

根据招股说明书披露，发行人客户包含军队，但发行人并未披露相关生产及销售资质。请发行人说明其开展业务所需的各项资质是否齐备，部分资质有效期即将到期，能否及时延续及对发行人生产经营的影响。

请发行人根据《中华人民共和国保守国家秘密法》（以下简称"《保密法》"）《军工企业对外融资特殊财务信息披露管理暂行办法的规定》等法律法规的相关规定，说明其产品、技术、主要客户供应商、应收应付款对象、重大合同等是否涉及信息披露豁免或脱密处理，如是，发行人应在依法履行保密义务的前提下，对照《公开发行证券的公司信息披露内容与格式准则第28号——创业板公司招股说明书》（以下简称"《格式准则第28号》"）的要求，从满足投资者投资判断的需要出发，充分披露产品特点、业务模式、合同内容、财务信息分析等对投资者价值判断有重大影响的信息，在保守国家秘密基础上最大程度提高披露质量。请发行人及本次发行上市的中介机构落实如下事项：……（5）请中介机构对发行人对相关信息的脱密处理程序及其经过脱密处理后披露信息合法合规，不存在泄露国家秘密的风险出具专项核查意见并披露；……（10）请中介机构说明是否根据国防科工局的《军工涉密业务咨询服务安全保密监督管理办法》取得军工企业服务资质。

【问题回复】

一、关于发行人对相关信息的脱密处理程序、脱密处理后披露信息合法合规性及是否存在泄露国家秘密的风险

根据山东省国家保密局出具的《关于中孚信息股份有限公司首次公开发行股票并在创业板上市申报文件中信息披露指导意见的复函》(鲁保函〔2015〕113号)，对于发行人信息披露豁免或脱密处理的规定如下：

“为确保国家秘密安全，依据《中华人民共和国保守国家秘密法》《涉密信息系统集成资质管理办法》等法律法规，你公司在上市申报文件的编制及信息披露工作中，对涉密工程建设、涉密技术研发、生产销售等涉及国家秘密事项，不应公开披露。现将有关事项回复如下：

一、对于申报文件涉及的涉密集成类业务合同信息中客户供应商名称、合同金额、各期应收、应付款金额等信息可以披露，但技术方案、功能介绍说明书、主要建设内容等信息不得披露。

二、由你公司保密工作领导小组负责制定你公司上市申请材料涉密信息豁免披露或者涉密信息脱密处理具体方案，并组织实施。

三、由你公司保密工作领导小组负责组织对上市申请材料及信息公开内容进行保密审查，并出具审查信息。”

发行人保密工作领导小组根据相关规定对发行人上市申报材料进行了审查，发行人保密工作领导小组认为，发行人部分披露信息需要进行脱密处理。故发行人申请文件中招股说明书的披露中对部分信息进行了脱密处理。

就脱密后的申报文件信息披露是否涉及泄露国家秘密情形，发行人保密工作领导小组出具声明如下：

“领导小组认为，公司根据相关要求制作了本次申请发行并上市的申报材料，公司申报材料中披露的相关信息不涉及需要豁免披露的保密信息。公司申报材料中不存在泄露国家秘密的风险，公司已经并能够持续履行保密义务。”

经核查，发行人具有完备有效的保密内部控制机制，能够依法有效就相关事项进行定密和保密审核；山东省国家保密局已知悉发行人发行上市申报工作，并要求发行人保密工作领导小组做好申报材料保密审查工作；本次发行申请及信息披露文件已经发行人保密工作领导小组审核；发行人控股股东、实际控制人和董事、监事、高级管理人员已经充分履行保密管理职责，故中介机构认为，本次发行信息披露文件内容不存在泄露国家秘密的情形。

二、关于中介机构是否取得军工企业服务资质

根据国防科工委发布的《军工涉密业务咨询服务安全保密监督管理办法》（科工安密〔2011〕356号）的规定，军工涉密业务咨询服务是指，法人单位或者其他组织受军工企事业单位及民口配套单位（简称军工单位）委托，对军工涉密业务提供咨询、审计、法律、评估、评价、招标等服务。

根据《国家税务总局关于明确军工企业范围的通知》（国税发〔1994〕233号1994年10月28日），军工企业是指电子工业部、航空工业总公司、航天工业总公司、兵器工业总公司、核工业总公司、船舶工业总公司、中国工程物理研究院及各省国防工业办公室所属的承担国家下达的军事装备、产品研制、生产计划任务的企、事业单位。

根据国防科工委《关于加强地方民口配套单位军工资产管理的通知》（科工财〔2004〕1349号），各地方国防科技工业主管部门负责本行政区域内的地方民口配套单位。

2016年1月21日，中介机构走访了山东省国防科学技术工业办公室，经访谈确认，中孚信息不是"军工企事业单位及民口配套单位"，中介机构为中孚信息提供服务无须取得军工企业服务资质。

综上，中介机构认为，发行人不属于军工企业，相关中介机构不适用《军工涉密业务咨询服务安全保密监督管理办法》，相关各中介服务机构无须根据国防科工局的要求取得相应保密资质。

专家点评

拟上市公司义务涉及军工，需要按照《中华人民共和国保守国家秘密法》《涉密信息系统集成资质管理办法》《军工涉密业务咨询服务安全保密监督管理办法》《涉军企事业单位重组上市军工事项审查暂行办法》等法律法规的规定进行核查。国防科工局的前置批准是军工企业上市首先要过的第一关。有完备有效的保密内部控制机制是公司自身内控建设及上市不可或缺的条件。

【案例4】关于业务资质的核查——永福股份（股票代码：300712）

A股上市情况：2017年6月28日召开的中国证券监督管理委员会创业板发行审核委员会2017年第52次发审委会议审核：福建永福电力设计股份有限公司（首发）获通过。

案例解读

报告期内，发行人70%的业务来自招投标，其余业务来自客户直接委托。请发行人列表披露发行人开展业务必需的相关资质情况，是否存在违规开展业务的情形。请中介机构发表核查意见。

一、发行人开展业务必需的相关资质情况

1. 关于发行人开展业务所需资质的相关规定

发行人所处行业属于专业技术服务类中的工程技术服务业，主要产品（服务）包括：电力规划和工程建设前期咨询、发电工程勘察设计、输变电工程勘察设计、EPC工程总承包等。发行人开展业务需按照下述法规规定取得相关资质：

《建设工程勘察设计资质管理规定》第三条规定，从事建设工程勘察、工程设计活动的企业，应当按照其拥有的条件申请资质，经审查合格，取得建设工程勘察、工程设计资质证书后，方可在资质许可的范围内从事建设工程勘察、工程设计活动。

《建设工程勘察设计资质管理规定》第三十九条规定，取得工程勘察、工程设计资质证书的企业，可以从事资质证书许可范围内相应的建设工程总承包业务，可以从事工程项目管理和相关的技术与管理服务。

《工程咨询单位资格认定办法》第六条规定，工程咨询单位必须依法取得国家发展改革委颁发的《工程咨询资格证书》，凭《工程咨询资格证书》开展相应的工程咨询业务。

《测绘资质管理规定》第二条规定，从事测绘活动的单位，应当依法取得测绘资质证书，并在测绘资质等级许可的范围内从事测绘活动。

《压力管道设计单位资格认证与管理办法》第五条规定，从事压力管道设计单位必须取得国家质量技术监督局或省级质量技术监督行政部门颁发的《压力管道设计证书》，取得设计单位资格方可从事压力管道设计工作。

《工程造价咨询企业管理办法》第四条规定，工程造价咨询企业应当依法取得工程造价咨询企业资质，并在其资质等级许可的范围内从事工程造价咨询活动。

《对外承包工程资格管理办法》第三条规定，对外承包工程的单位依据本办法取得对外承包工程资格，领取《中华人民共和国对外承包工程资格证书》后，方可在许可范围内从事对外承包工程。

《中华人民共和国海关报关单位注册登记管理规定》第四条规定，除法律、行政法规或者海关规章另有规定外，办理报关业务的报关单位，应当按照本规定到海关办理注册登记。

2. 发行人开展业务取得的资质情况

经核查，截至本补充法律意见书出具日，发行人及其子公司所取得的资质情况如下：

（1）工程设计资质证书。

表18-2　工程设计资质证书

公司	证书编号	资质等级	业务范围	有效期限至	核发单位
永福设计	A135000067	电力行业甲级	可从事资质证书许可范围内相应的建设工程总承包业务以及项目管理和相关的技术与管理服务	2019.07.31	国家住房和城乡建设部
永福设计	A235000064	建筑行业（建筑工程）乙级 市政行业（热力工程）专业丙级	可承担建筑装饰工程设计、建筑幕墙工程设计、轻型钢结构工程设计、建筑智能化系统设计、照明工程设计和消防设施工程设计相应范围的乙级专项工程设计业务。可从事资质证书许可范围内相应的建设工程总承包业务以及项目管理和相关的技术与管理服务	2019.11.06	福建省住房和城乡建设厅
永福电通	A235007710	电力行业（变电工程、送电工程）专业丙级	可从事资质证书许可范围内相应的建设工程总承包业务以及项目管理和相关的技术与管理服务	2020.07.27	福州市城乡建设委员会
永福铁塔	A235007882	轻型钢结构工程设计专项乙级	可从事资质证书许可范围内相应的建设工程总承包业务以及项目管理和相关的技术与管理服务	2020.07.27	福州市城乡建设委员会
福思威特	A235005426	电力行业（变电工程、送电工程）专业丙级	可从事资质证书许可范围内相应的建设工程总承包业务以及项目管理和相关的技术与管理服务	2020.03.19	福建省住房和城乡建设厅

（2）工程勘察资质证书。

表18-3　工程勘察资质证书

公司	证书编号	资质等级	业务范围	有效期限至	核发单位
永福设计	B135000067	工程勘察专业类（岩土工程、工程测量、水文地质勘察）甲级	本专业资质范围内各类建设工程项目的工程勘察业务，其规模不受限制	2020.06.17	国家住房和城乡建设部

（3）工程咨询单位资格证书。发行人、永福电通现持有国家发改委核发的《工程咨询单位资格证书》，具体情况如表 18-4 所示。

表18-4 工程咨询单位资格证书

公司	证书名称/编号	等级	专业	服务范围	有效期限至
永福设计	工程项目管理资格	甲级	火电	全过程策划和准备阶段管理（可承担全过程策划和准备阶段具体业务）	2021.08.14
		丙级	通信信息	全过程策划（不承担建设准备和实施阶段具体业务）	
		丙级	其他（新能源）、岩土工程、工程测量、水文地质	全过程策划和准备阶段管理（可承担全过程策划和准备阶段具体业务）	
	工咨甲11520070024	甲级	火电	规划咨询、编制项目建议书、编制项目可行性研究报告、项目申请报告、资金申请报告、工程设计、工程项目管理（全过程策划和准备阶段管理）	2021.08.14
			其他（新能源）	编制项目建议书、编制项目可行性研究报告、项目申请报告、资金申请报告	
	工咨乙11520070024	乙级	通信信息	编制项目建议书、编制项目可行性研究报告、项目申请报告、资金申请报告	2021.08.14
	工咨丙11520070024	丙级	火电	评估咨询	2021.08.14
			其他（新能源）	规划咨询、评估咨询、工程设计、工程项目管理（全过程策划和准备阶段管理）	
			通信信息	规划咨询、评估咨询、工程项目管理（全过程策划）	
			市政公用工程（燃气热力）、生态建设和环境工程、建筑	规划咨询、编制项目建议书、编制项目可行性研究报告、项目申请报告、资金申请报告、评估咨询	
			水文地质、工程测量、岩土工程	规划咨询、编制项目建议书、编制项目可行性研究报告、项目申请报告、资金申请报告、评估咨询、工程设计、工程项目管理（全工程策划和准备阶段管理）	
永福电通	工咨丙11520130004	丙级	火电	编制项目建议书、编制项目可行性研究报告、项目申请报告、资金申请报告、工程设计	2018.08.13
			通信信息、其他（新能源）	编制项目建议书、编制项目可行性研究报告、项目申请报告、资金申请报告	

（4）测绘资质证书。

表18-5 测绘资质证书

公司	证书编号	专业范围	有效期限至	核发单位
永福设计	丙测资字3510559	乙级，摄影测量与遥感：摄影测量与遥感外业、摄影测量与遥感内业；工程测量：矿山测量（矿区控制面积200平方公里以下）、线路与桥隧测量（300公里以下的线路，多孔跨径总长在100oy以下的桥梁，4公里以下的隧道）、地下管线测量（管线长度300公里以下）、水利工程测量（不得承担特大型水利水电工程）、市政工程测量（特大城市一般道路、大中等城市主干道路、一般立交桥）、建筑工程测量（建筑范围1平方公里以下，单个建筑物10万平方米以下）、控制测量（三等以下）、地形测量（1:500比例尺，30平方公里以下；1:1000比例尺，50平方公里以下；1:2000比例尺，80平方公里以下；1:5000比例尺，100平方公里以下；1:10,000比例尺，200平方公里以下）、规划测量（总建筑面积50万平方米以下；国家重点建设工程不得承担）；丙级，地理信息系统工程；地理信息数据采集（县级行政区域以下）、地理信息数据处理（县级行政区域以下）、地理信息系统及数据库建设（县级行政区域以下）、地面移动测量（精度优于1米，不得承担；1米（不含）至10米，100平方公里以下；劣于10米，无限额限制。用于带状地形测量时：精度优于1米，不得承担；1米（不含）至10米，400公里以下；劣于10米，无限额限制）、地理信息软件开发；海洋测绘；海域权属测绘、海岸地形测量（50平方公里以下）、水深测量（50平方公里以下）、水文观测（50平方公里以下）	2019.12.31	福建省测绘地理信息局

（5）电力行业工程造价咨询企业资质证书。

表18-6 电力行业工程造价咨询企业资质证书

公司	证书编号	资质等级	有效期限至	核发单位
永福设计	甲 15061	电网甲级；发电甲级	2018.09.30	中国电力企业联合会

（6）对外承包工程资格证书。

表18-7 对外承包工程资格证书

公司	证书编号	经营范围	有效期限至	核发单位
永福设计	3500201000008	承包与其实力、规模、业绩相适应的国外工程项目；对外派遣实施上述境外工程所需的劳务人员	—	福建省商务厅

（7）特种设备设计许可证（压力管道）。

表18-8　特种设备设计许可证（压力管道）

公司	证书编号	经营范围	有效期限至	核发单位
永福设计	TS 1810539—2019	GB1、GB2级公用管道；GC（1）（2）（3）、GC2、GC3级工业管道；GD1、GD2级工业管道	2019.06.26	国家质量监督检验检疫总局

（8）中华人民共和国海关报关注册登记证书。

表18-9　中华人民共和国海关报关注册登记证书

公司	海关注册编码	企业经营类别	核发单位	有效期
永福设计	3501932314	进出口货物收发货人	中华人民共和国福州海关	长期
新创机电	35019629Q7	进出口货物收发货人	中华人民共和国福州海关	长期

二、发行人是否存在违规开展业务的情形

针对发行人是否存在违规开展业务的情形，中介机构进行了如下核查工作：

1. 发行人所取得主管部门出具的证明材料

根据发行人所属工商局、税务局、安全生产监督管理部门、质量技术监督部门、市场监督管理部门等政府机构出具的证明文件，发行人报告期内不存在因违规开展业务而受到行政处罚的记录。

2. 对主管部门进行访谈

中介机构对发行人所属的福建省工商行政管理局、福州市高新技术产业开发区国家税务局、福州市地方税务局高新分局、福建省住房和城乡建设厅、闽侯县国土资源局、闽侯县行政服务中心房管所、福州市高新技术产业开发区国土规划建设局进行了访谈，发行人报告期内不存在相关违法违规行为记录，未受到过相关行政处罚。

3. 网络检索

中介机构检索了国家企业信用信息公示系统、福建省国家税务局、福建省地方税务局、全国建筑市场监管公共服务平台、福建省住房和城乡建设厅、福州市城乡建设委员会、国家能源局及其福建监管办公室、福建省质量技术监督局、国家发展和改革委员会、福建省及福州市发展和改革委员会、福建省商务厅、中国海关企业进出口信用信息公示平台、国家外汇管理局福建分局、福州市国土资源局、福州市房地产联合信息网、福州市环保局、福建省环境保护厅、福州市社会劳动保险管理中心、福建省人力资源和社会保障厅、福建省直单位公积金管理中心、中国裁判文书网、全国法院被执行人信息查询网、百度、信用中国等网站，发行人报告期内不存在因违规开展业务而被主管部门处罚的情形。

经核查，中介机构认为，发行人拥有开展业务所必需的相关资质，不存在违规开展业务的情形。

专家点评

发行人作为一家工程技术服务类企业，其涉及的资质类型及内容较多，企业业务资质是企业可持续经营的基础，对企业业务资质的核查应当以主管机关的相应证明为主，以网络多渠道检索为辅，对企业是否违规开展业务进行充分核查，确保企业业务资质的完备且合法有效，保证企业可持续经营能力。

报告期内相关的法律法规依据：《建设工程勘察设计资质管理规定》《建设工程勘察设计资质管理规定》《工程咨询单位资格认定办法》《测绘资质管理规定》《压力管道设计单位资格认证与管理办法》《工程造价咨询企业管理办法》《对外承包工程资格管理办法》等。

【案例5】核查发行人及其子公司是否具备生产经营所必要的业务资质——英可瑞（股票代码：300713）

A股上市情况：2017年6月14日召开的中国证券监督管理委员会创业板发行审核委员会2017年第48次发审委会议审核：深圳市英可瑞科技股份有限公司（首发）获通过。

案例解读

请发行人补充披露生产经营各个环节需获得的审批、认证（含合格供应商认证）等事项；发行人及其子公司是否具备生产经营所必要的业务资质（说明相应的审批主体、资质或证书名称及有效期）。请中介机构进行核查并发表意见。

一、请发行人补充披露生产经营各个环节需获得的审批、认证（含合格供应商认证）等事项

根据发行人的说明并经中介机构核查，发行人主要从事高频开关电源及相关电子产品的研发、生产和销售。发行人的产品主要包括电动汽车充电设备、充电电源模块及系统、电力操作电源模块及系统以及其他电源产品。

1. 发行人生产经营各个环节相关的审批

（1）生产环节。根据《中华人民共和国工业产品生产许可证管理条例》《强制性

产品认证管理规定》及实施强制性产品认证的产品目录等规定，发行人所生产的产品不属于应该取得《全国工业产品生产许可证》和申请强制性产品认证的产品。

公司所在行业为“C38 电气机械及器材制造业”大类中的“C3824 电力电子元器件”小类的智能高频开关电源，不属于《中华人民共和国安全生产许可证条例》中规定的需要实行安全生产许可制度的企业。

（2）采购、销售环节。公司主要销售电动汽车充电设备、充电电源模块及系统、电力操作电源模块及系统以及其他电源产品，其原料中不含危险化学品，不涉及《中华人民共和国工业产品生产许可证管理条例》及相关目录中的产品。公司采购原料由供应商负责运输，销售产品由其他与公司无关联关系的运输公司负责。

因此，公司的生产、销售不涉及工业产品生产许可、强制性产品许可、安全生产许可、危险化学品相关许可、审批及运输相关资质。

2. 发行人获得的相关认证和型式检验

根据发行人的说明并经中介机构核查，从公司经营模式看，发行人的产品一般不直接面向终端用户，而是面向系统集成商的配套供应。发行人的直接客户系统集成商，有些也要求其向发行人采购的产品需要通过相关型式检验或产品认证。

发行人目前已经获得了 ISO 9001:2008 质量管理体系认证和泰尔认证及发行人子公司英源公司取得泰尔认证。报告期内，结合发行人业务发展和客户要求，发行人不同型号的智能高频开关电源、一体式整车充电机等主要产品已分别通过了许昌开普电器检测研究院开普实验室、国家继电保护及自动化设备质量监督检验中心、国家电网公司自动化设备电磁兼容实验室、国网电力科学研究院实验验证中心、中检集团南方电子产品测试（深圳）有限公司等相关机构的型式检验。

二、发行人及其子公司是否具备生产经营所必要的业务资质（说明相应的审批主体、资质或证书名称及有效期）。请中介机构进行核查并发表意见。

1. 生产经营必需的业务资质

发行人及其子公司目前已经取得了《营业执照》等生产经营所必需的全部业务资质，通过了相关工商行政管理部门、税务部门、质量监督部门、环保部门的审批，不涉及特殊审批资质。

2. 不涉及特许经营资质

发行人的产品主要包括电动汽车充电设备、充电电源模块及系统、电力操作电源模块及系统以及其他电源产品，且发行人的产品一般不直接面向终端用户，而是面向系统集成商配套供应，经核查国家质量监督检验检疫总局公告的《关于公布实行生产许可证制度管理的产品目录的公告》（2012 年第 181 号），发行人及其子公司所生产的产品中不包括需要许可管理的产品，根据发行人的说明并经本所经办律师核查现行有效的其他相关法律和行政法规，发行人上述产品无须取得特定资质或许可，发行人及其子公司从事业务不涉及特许经营资质。

专家点评

发行人作为从事高频开关电源及相关电子产品的研发、生产和销售的企业，生产型企业的生产、采购、销售均有可能涉及相应的资质审批，产品及采购原料涉及安全生产及强制认证关系企业是否需要相应资质。

报告期内主要法律法规依据：《中华人民共和国工业产品生产许可证管理条例》《强制性产品认证管理规定》《中华人民共和国工业产品生产许可证管理条例》等。

【案例6】对饲料生产企业业务资质的核查——佩蒂股份（股票代码：300673）

A股上市情况： 2017年5月10日召开的中国证券监督管理委员会创业板发行审核委员会2017年第40次发审委会议审核：佩蒂动物营养科技股份有限公司（首发）获通过。

案例解读

招股书披露：根据国家统计局2011年修订的《国民经济行业分类》（GB/T 4754—2011），公司属于“C13农副食品加工业”大类下的“C1320饲料加工”。发行人说明，国家的法律法规未对发行人及其子公司开展主要经营活动设定业务资质要求，其不属于相关法律、法规和规章强制规定需要生产许可等特殊资质或特许经营权的行业。请发行人：

（1）对照《饲料和饲料添加剂管理条例》相关规定，说明发行人生产宠物食品是否属于饲料、是否需取得饲料生产许可，如不属于请说明依据，发行人及其子公司江苏康贝、泰州乐派已取得《出口饲料生产、加工、存放企业检验检疫注册登记证》但未取得饲料生产许可是否冲突。

（2）根据发行人在全国股转系统披露的《公开转让说明书》，发行人子公司江苏康贝原持有江苏省农委2010年5月颁发的《饲料生产企业审查合格证》，请说明江苏康贝原持有的《饲料生产企业审查合格证》项下生产的饲料内容，报告期内江苏康贝的主营产品是否发生变化，未按照《饲料和饲料添加剂生产许可管理办法》第二十六条在2014年7月1日前申请取得饲料生产许可的原因。

（3）招股书披露：在国内市场，公司产品销售主要通过宠物实体店、电商平台开展，销售自主品牌产品及经授权的外国品牌产品。请说明发行人是否存在进口宠物食品并销售的情况，是否依照《进出口饲料和饲料添加剂检验检疫监督管理办法》（该文饲料六十九条定义包括宠物食品及咬胶）相关规定办理进口饲料的检验检疫和备案手续。

请中介机构说明在《反馈回复》前对上述事项的核查过程及结论。

一、对照《饲料和饲料添加剂管理条例》相关规定，说明发行人生产宠物食品是否属于饲料、是否需取得饲料生产许可，如不属于请说明依据，发行人及其子公司江苏康贝、泰州乐派已取得《出口饲料生产、加工、存放企业检验检疫注册登记证》但未取得饲料生产许可是否冲突

（一）发行人生产宠物食品是否属于饲料、是否需取得饲料生产许可

1. 发行人及子公司的主营业务情况

发行人主要从事宠物食品的研发、生产和销售，产品为畜皮咬胶、植物咬胶、营养肉质零食等系列产品，上述产品均系宠物零食。公司自设立以来主营业务、主要产品未发生重大变化。

2. 关于招股说明书中发行人行业分类的说明

《公开发行证券的公司信息披露内容与格式准则第 28 号——创业板公司招股说明书》（以下简称“《创业板招股说明书格式准则》”）第四十一条规定：发行人应结合所处行业基本情况披露其竞争状况。

根据国家统计局 2011 年修订的《国民经济行业分类》（GB/T 4754—2011），农副产品加工业（代码：C13）中的饲料加工（代码：C1320）系指“适用于农场、农户饲养牲畜、家禽的饲料生产加工，包括宠物食品的生产活动，也包括用屠宰下脚料加工生产的动物饲料，即动物源性饲料的生产活动”。发行人主要从事宠物食品的研发、生产和销售，符合“包括宠物食品的生产活动”的描述，因此，将其行业归类为“农副产品加工业（代码：C13）”中的“饲料加工”。

3. 相关政策法规规定

（1）《饲料和饲料添加剂管理条例》（以下简称“《管理条例》”）第二条规定：本条例所称饲料，是指经工业化加工、制作的供动物食用的产品，包括单一饲料、添加剂预混合饲料、浓缩饲料、配合饲料和精料补充料。

《管理条例》第四十九条对《管理条例》列明需要办理生产许可的饲料含义进一步明确如表 18–10 所示。

表18-10 需要办理生产许可的饲料含义

名称	含义
单一饲料	来源于一种动物、植物、微生物或者矿物质，用于饲料产品生产的饲料。
添加剂预混合饲料	由两种（类）或者两种（类）以上营养性饲料添加剂为主，与载体或者稀释剂按照一定比例配制的饲料，包括复合预混合饲料、微量元素预混合饲料、维生素预混合饲料。
浓缩饲料	主要由蛋白质、矿物质和饲料添加剂按照一定比例配制的饲料。
配合饲料	根据养殖动物营养需要，将多种饲料原料和饲料添加剂按照一定比例配制的饲料。
精料补充料	为补充草食动物的营养，将多种饲料原料和饲料添加剂按照一定比例配制的饲料。

（2）《饲料和饲料添加剂生产许可管理办法》（以下简称“《管理办法》”）第一条规定：为加强饲料、饲料添加剂生产许可管理，维护饲料、饲料添加剂生产秩序，保障饲料、饲料添加剂质量安全，根据《饲料和饲料添加剂管理条例》，制定本办法。

《管理办法》第二十五条对《管理条例》中添加剂预混合饲料的含义进行了进一步解释，具体为：本办法所称添加剂预混合饲料，包括复合预混合饲料、微量元素预混合饲料、维生素预混合饲料。

（3）《饲料原料目录》。农业部依据《管理条例》，制定《饲料原料目录》（以下简称“《目录》”）。《目录》列明《管理条例》项下“单一饲料”包含的所有品种，具体品种如下：

大麦蛋白粉、大米蛋白粉、大米酶解蛋白、干白酒糟、干黄酒糟、干酒精糟、干酒精糟可溶物、干啤酒糟、含可溶物的干酒精糟、谷朊粉、小麦水解蛋白、喷浆玉米皮、玉米蛋白粉、玉米浆干粉、玉米酶解蛋白、菜籽蛋白、菜籽粕、双低菜籽粕、大豆分离蛋白、大豆酶解蛋白、大豆浓缩蛋白、大豆糖蜜、豆粕、膨化大豆蛋白、膨化豆粕、花生蛋白、花生粕、棉籽蛋白、棉籽酶解蛋白、棉籽粕、脱酚棉籽蛋白、蚕豆粉浆蛋白粉、绿豆粉浆蛋白粉、豌豆粉浆蛋白粉、马铃薯蛋白粉、藻渣、裂壶藻粉、螺旋藻粉、拟微绿球藻粉、微藻粕、小球藻粉、油、油渣（饼）、肠膜蛋白粉、动物内脏粉、动物水解物、膨化羽毛粉、水解蹄角粉、水解畜毛粉、水解羽毛粉、蛋粉、蛋黄粉、蛋壳粉、蛋清粉、骨粉（粒）、肉粉、肉骨粉、酸化骨粉［骨质磷酸氢钙］、脱胶骨粉、血浆蛋白粉、血球蛋白粉、水解血粉、水解血球蛋白粉、水解珠蛋白粉、血粉、血红素蛋白粉、磷虾粉、虾粉、白鱼粉、水解鱼蛋白粉、鱼粉、鱼排粉、鱼溶浆、鱼溶浆粉、鱼虾粉、鱼油、腐植酸钠、发酵豆粕、发酵果渣、发酵棉籽蛋白、酿酒酵母发酵白酒糟、产朊假丝酵母蛋白、啤酒酵母粉、食品酵母粉、酵母水解物、酿酒酵母培养物、酿酒酵母提取物、酿酒酵母细胞壁、谷氨酸渣、核苷酸渣、赖氨酸渣、柠檬酸糟、甜菜糖蜜酵母发酵浓缩液、葡萄糖胺盐酸盐

4. 发行人产品并非《饲料和饲料添加剂管理条例》及《饲料和饲料添加剂生产许可管理办法》中界定的许可产品范围

（1）发行人产品并非单一饲料。单一饲料系用于饲料产品生产的饲料，是生产饲料的原料，发行人产品为畜皮咬胶、植物咬胶、营养肉质零食等，不属于《饲料原料目录》第四部分所列单一饲料品种。

（2）发行人产品并非添加剂预混合饲料、浓缩饲料、配合饲料、精料补充料。①发行人产品并非添加剂预混合饲料。《管理条例》对添加剂预混合饲料界定为“由两种（类）或者两种（类）以上营养性饲料添加剂为主，与载体或者稀释剂按照一定比例配制的饲料”，发行人主要原料系干牛皮、湿牛皮、鸡肉、淀粉等，并非营养性饲料添加剂。因此发行人产品并非添加剂预混合饲料。

②发行人产品并非浓缩饲料。《管理条例》对浓缩饲料界定为“主要由蛋白质、矿物质和饲料添加剂按照一定比例配制的饲料”，发行人主要原料系干牛皮、湿牛皮、鸡肉、淀粉等，并非蛋白质、矿物质和饲料添加剂，因此发行人产品并非浓缩饲料。

③发行人产品并非配合饲料。《管理条例》对配合饲料界定为“根据养殖动物营养需要，将多种饲料原料和饲料添加剂按照一定比例配制的饲料”。

宠物食品主要为宠物主粮和宠物零食。宠物主粮是根据宠物营养所需，为宠物提供最基础的生命保证、生长发育和健康所需的营养物质，系配合饲料，申请设立宠物主粮生产企业需申请办理生产许可。宠物零食的主要功能系在宠物主粮为宠物提供生长所必需的营养物质基础上，锻炼宠物牙齿、提高宠物咀嚼欲望、增强宠物食欲、训练宠物行为、促进人与宠物情感交流。发行人产品系宠物零食，并非根据宠物营养需要，将饲料原料和添加剂按照特定比例配制进行生产的产品。

④发行人产品并非精料补充料。《管理条例》对精料补充料界定为“为补充草食动物的营养，将多种饲料原料和饲料添加剂按照一定比例配制的饲料”。发行人主要产品为畜皮咬胶、植物咬胶、营养肉质零食，主要原料系干牛皮、湿牛皮、鸡肉、淀粉等，产品未用于食草动物，并非以为补充草食动物的营养为目的，因此发行人产品并非精料补充料。

5. 发行人不需要取得饲料生产许可证书。《管理条例》及《管理办法》规定，申请设立饲料生产企业，应当向饲料管理部门提出申请核发生产许可证。发行人产

品系畜皮咬胶、植物咬胶、营养肉质零食等，不是单一饲料、添加剂预混合饲料、浓缩饲料、精料补充料、配合饲料，不属于《管理条例》及《管理办法》等法律法规规定的饲料生产许可范围，无须办理饲料生产许可。

浙江省温州市农业局于2016年3月16日出具证明：佩蒂动物营养科技股份有限公司所生产的主要产品狗咬胶、营养肉质零食等均为宠物零食类产品，非宠物主食，目前不属于国务院《饲料和饲料添加剂管理条例》和农业部《饲料和饲料添加剂生产许可管理办法》等法律法规规定的饲料生产许可范围，无须主管部门颁发相关饲料生产许可证等许可类证书。

泰州市农业委员会于2016年3月3日出具证明：江苏康贝宠物食品有限公司所生产的主要产品植物咬胶、营养肉质零食、鸟食及小动物食品等均为宠物零食类产品，非宠物主食，不属于《饲料和饲料添加剂管理条例》和《饲料和饲料添加剂生产许可管理办法》中的有关饲料的调整范围；无须省、市农业主管部门颁发相关饲料生产许可证等许可类证书。

综上所述，发行人产品不属于国务院《管理条例》和农业部《管理办法》等法律法规规定的饲料生产许可范围，无须主管部门颁发相关饲料生产许可证等许可类证书。

（二）发行人及其子公司江苏康贝、泰州乐派已取得《出口饲料生产、加工、存放企业检验检疫注册登记证》但未取得饲料生产许可是否冲突

国家质量监督检验检疫总局《进出口饲料和饲料添加剂检验检疫监督管理办法》规定，从事出口饲料业务须办理《出口饲料生产、加工、存放企业检验检疫注册登记证》。《进出口饲料和饲料添加剂检验检疫监督管理办法》第六十九条对饲料具体含义进行了界定："饲料"指经种植、养殖、加工、制作的供动物食用的产品及其原料，包括饵料用活动物、饲料用（含饵料用）冰鲜冷冻动物产品及水产品、加工动物蛋白及油脂、宠物食品及咬胶、饲草类、青贮料、饲料粮谷类、糠麸饼粕渣类、加工植物蛋白及植物粉类、配合饲料、添加剂预混合饲料等。

发行人及其子公司江苏康贝、泰州乐派出口宠物咬胶等宠物食品，因此发行人及其子公司江苏康贝、泰州乐派需取得《出口饲料生产、加工、存放企业检验检疫注册登记证》，产品出口业务受国家质量监督检验检疫部门监管。

农业部门及质量监督检验检疫部门出台的相关法规政策对饲料的界定有一定区别，是由于其各自职责和监管要求不同导致，发行人及其子公司江苏康贝、泰州乐派无须办理饲料生产许可但已取得《出口饲料生产、加工、存放企业检验检疫注册登记证》并不冲突。

专家点评

发行人作为饲料生产企业，根据重要性原则，与其经营范围相关的重要资质为饲料生产许可证。主要相关法律法规为：《饲料和饲料添加剂管理条例》及《饲料和饲料添加剂生产许可管理办法》。

【案例7】对高新技术企业、软件企业的认定——民德电子（股票代码：300656）

A股上市情况：2017年4月11日召开的中国证券监督管理委员会创业板发行审核委员会2017年第30次发审委会议审核：深圳市民德电子科技股份有限公司（首发）获通过。

案例解读

监管部门要求中介机构核查：发行人是否符合高新技术企业、软件企业的认定条件。

一、经中介机构核查，2012年9月，发行人取得广东省科学技术厅、广东省财政厅、广东省国家税务局、广东省地方税务局联合颁发的编号为GF201244200063的《高新技术企业证书》，有效期为三年。2015年11月，发行人再次取得了广东省科学技术厅、广东省财政厅、广东省国家税务局、广东省地方税务局联合颁发的编号为GR201544201638的《高新技术企业证书》，有效期为三年。

根据《高新技术企业认定管理办法》（国科发火〔2008〕172号）（以下简称"《管理办法（2008）》"）第十条对高新技术企业认定条件规定如下："（一）在中国境内（不含港、澳、台地区）注册的企业，近三年内通过自主研发、受让、受赠、并购等方式，或通过5年以上的独占许可方式，对其主要产品（服务）的核心技术拥有自主知识产权，（二）产品（服务）属于《国家重点支持的高新技术领域》规定的范围，（三）具有大学专科以上学历的科技人员占企业当年职工总数的30%以上，其中研发人员占企业当年职工总数的10%以上，（四）企业为获得科学技术（不包括人文、社会科学）新知识，创造性运用科学技术新知识，或实质性改进技术、产品（服务）而持续进行了研究开发活动，且近三个会计年度的研究开发费用总额占销售收入总额的比例符合如下要求：①最近一年销售收入小于5,000万元的企业，比例不低于6%；②最近一年销售收入在5,000万~20,000万元的企业，比例不低于4%；③最近一年销售收入在20,000万元以上的企业，比例不低于3%。其中，企

业在中国境内发生的研究开发费用总额占全部研究开发费用总额的比例不低于60%。企业注册成立时间不足三年的，按实际经营年限计算，（五）高新技术产品（服务）收入占企业当年总收入的60%以上，（六）企业研究开发组织管理水平、科技成果转化能力、自主知识产权数量、销售与总资产成长性等指标符合《高新技术企业认定管理工作指引》的要求。”

中介机构通过查阅发行人的人员名册、专利获得情况、专项审计报告等资料，并对照《高新技术企业认定管理办法》及《高新技术企业认定管理工作指引》相关内容，对发行人是否符合高新技术企业条件进行了核查。主要情况如下：

（1）发行人2012年和2015年取得《高新技术企业证书》时，注册地址位于中国境内，通过自主研发的方式获得多项专利，对主要产品（服务）的核心技术拥有自主知识产权，符合《管理办法（2008）》第十条第（一）款的规定。

（2）发行人2012年和2015年取得《高新技术企业证书》时，主要产品包括手持式条码扫描器、固定式POS扫描器和固定式工业类扫描器，属于《国家重点支持的高新技术领域》中的电子信息技术领域，符合《管理办法（2008）》第十条第（二）款的规定。

（3）发行人2012年取得《高新技术企业证书》时，2011年的职工人数为40人，其中具有大学专科以上学历的科技人员为22人，占企业当年职工总数的55%；从事研究开发的人员为20人，占企业当年职工总数的50%，符合《管理办法（2008）》第十条第（三）款的规定。

发行人2015年再次取得《高新技术企业证书》时，2014年的职工人数为66人，其中具有大学专科以上学历的科技人员为42人，占企业当年职工总数的63.64%；从事研究开发的人员为39人，占企业当年职工总数的59.10%，符合《管理办法（2008）》第十条第（三）款的规定。

（4）发行人2012年取得《高新技术企业证书》时，2009—2011年研究开发费用总额403.51万元，其中境内研发费用总额403.51万元，研发费用总额占销售收入总额的比例为13.76%，境内研发费用比例占全部研发费用的比例为100%，符合《管理办法（2008）》第十条第（四）款的规定。

发行人2015年再次取得《高新技术企业证书》时，2012—2014年研究开发费用总额1481.71万元，其中境内研发费用总额1481.71万元，研发费用总额占销售收入总额的比例为7.82%，境内研发费用比例占全部研发费用的比例为100%，符合《管理办法（2008）》第十条第（四）款的规定。

（5）发行人2012年取得《高新技术企业证书》时，2011年度高新技术产品（服务）收入为1449.95万元，占企业2011年总收入的比例为95.96%，符合《管理办法（2008）》第十条第（五）款的规定。

发行人2015年再次取得《高新技术企业证书》时，2014年度高新技术产品（服务）收入为8,503.328万元，占企业2014年总收入的比例为96.73%，符合《管理办法（2008）》第十条第（五）款的规定。

（6）发行人2012年、2015年取得《高新技术企业证书》时，根据发行人的说明并经中介机构核查，发行人研究开发组织管理水平、科技成果转化能力、自主知识产权数量、销售与总资产成长性四项指标按对应的指标评价档次并以最低指标分数比例计算后均符合《高新技术企业认定管理工作指引》的相关要求，符合《管理办法（2008）》第十条第（六）款的规定。

综上所述，中介机构认为，发行人符合高新技术企业认定条件。

根据目前新修订的《高新技术企业认定管理办法》（国科发火〔2016〕32号）（以下简称"《管理办法（2016）》"）第十一条对高新技术企业认定条件规定如下：

"认定为高新技术企业须同时满足以下条件：（一）企业申请认定时须注册成立一年以上，（二）企业通过自主研发、受让、受赠、并购等方式，获得对其主要产品（服务）在技术上发挥核心支持作用的知识产权的所有权，（三）对企业主要产品（服务）发挥核心支持作用的技术属于《国家重点支持的高新技术领域》规定的范围，（四）企业从事研发和相关技术创新活动的科技人员占企业当年职工总数的比例不低于10%，（五）企业近三个会计年度（实际经营期不满三年的按实际经营时间计算，下同）的研究开发费用总额占同期销售收入总额的比例符合如下要求：①最近一年销售收入小于5,000万元（含）的企业，比例不低于5%；②最近一年销售收入在5,000万~2亿元（含）的企业，比例不低于4%；③最近一年销售收入在2亿元以上的企业，比例不低于3%。其中，企业在中国境内发生的研究开发费用总额占全部研究开发费用总额的比例不低于60%，（六）近一年高新技术产品（服务）收入占企业同期总收入的比例不低于60%，（七）企业创新能力评价应达到相应要求，（八）企业申请认定前一年内未发生重大安全、重大质量事故或严重环境违法行为。"

根据新修订的《管理办法（2016）》，企业仍符合上述认定条件，具体情况如下：

（1）发行人于2004年2月成立，符合《管理办法（2016）》第十一条第（一）款的规定。

（2）截至2016年12月31日，发行人通过自主研发的方式，拥有计算机软件著作权15项、发明专利9项、实用新型专利18项、外观设计专利11项，该等知识产权均用于发行人的主要产品并在技术上发挥核心支持作用，符合《管理办法

（2016）》第十一条第（二）款的规定。

（3）发行人主要产品包括手持式条码扫描器、固定式POS扫描器和固定式工业类扫描器，属于《国家重点支持的高新技术领域》中的电子信息领域，符合《管理办法（2016）》第十一条第（三）款的规定。

（4）截至2016年12月31日，发行人从事研究开发的人员为32人，占企业当年职工总数的48.48%，符合《管理办法（2016）》第十一条第（四）款的规定。

（5）2014—2016年研究开发费用总额为2294.07万元，其中境内研发费用总额为2294.07万元，研发费用总额占同期销售收入总额的比例为6.84%，境内研发费用比例占全部研发费用的比例为100%，符合《管理办法（2016）》第十一条第（五）款的规定。

（6）2016年度高新技术产品（服务）收入为11,689.47万元，占企业2016年总收入的95.95%，符合《管理办法（2016）》第十一条第（六）款的规定。

（7）发行人具有经验丰富的研发团队，发行人在知识产权、科技成果转化能力、研究开发组织管理水平以及企业成长性四个指标方面符合认定要求，企业创新能力评价达到相应要求，符合《管理办法（2016）》第十一条第（七）款的规定。

（8）截至2016年12月31日，发行人未曾发生过重大安全、重大质量事故或严重环境违法行为，符合《管理办法（2016）》第十一条第（八）款的规定。

综上所述，中介机构认为，发行人符合高新技术企业认定条件。

二、经中介机构核查，发行人现持有深圳市经济贸易和信息化委员会于2013年6月28日颁发的编号为深R-2012-0748的《软件企业认定证书》。

根据《软件企业认定管理办法》（工信部联软〔2013〕64号）第七条的规定“软件企业认定须符合财税〔2012〕27号文件的有关规定和条件”及《财政部、国家税务总局关于进一步鼓励软件产业和集成电路产业发展企业所得税政策的通知》（财税〔2012〕27号）第十条的规定“本通知所称符合条件的软件企业，是指以软件产品开发为主营业务并同时符合下列条件的企业：（一）2011年1月1日后依法在中国境内成立并经认定取得软件企业资质的法人企业；（二）签订劳动合同关系且具有大学专科以上学历的职工人数占企业当年月平均职工总人数的比例不低于40%，其中研究开发人员占企业当年月平均职工总数的比例不低于20%；（三）拥有核心关键技术，并以此为基础开展经营活动，且当年度的研究开发费用总额占企业销售（营业）收入总额的比例不低于6%；其中，企业在中国境内发生的研究开发费用金额占研究开发费用总额的比例不低于60%；（四）软件企业的软件产品开发销售（营业）收入占企业收入总额的比例一般不低于50%（嵌入式软件产品和信息系统集成产品开发销售（营业）收入占企业收入总额的比例不低于40%），其中软件产品自主开发销售（营业）收入占企业收入总额的比例一般不低于40%（嵌入式软件产品和信息系统集成产品开发销售（营业）收入占企业收入总额的比例不低于30%）；（五）主营业务拥有自主知识产权，其中软件产品拥有省级软件产业主管部门认可的软件检测机构出具的检测证明材料和软件产业主管部门颁发的《软件产品登记证书》；（六）具有保证设计产品质量的手段和能力，并建立符合软件工程要求的质量管理体系并提供有效运行的过程文档记录；（七）具有与软件开发相适应的生产经营场所、软硬件设施等开发环境（如EDA工具、合法的开发工具等），以及与所提供服务相关的技术支撑环境；《软件企业认定管理办法》由工业和信息化部、发展改革委、财政部、税务总局会同有关部门另行制定。”

中介机构通过查阅发行人的人员名册、专利获得情况、专项审计报告等资料，并对照《软件企业认定管理办法》（工信部联软〔2013〕64号）及《财政部 国家税务总局关于进一步鼓励软件产业和集成电路产业发展企业所得税政策的通知》（财税〔2012〕27号）相关内容，对发行人2013年进行软件企业认定时是否符合软件企业条件进行了核查。主要情况如下：

（1）发行人主营业务为条码识读设备的设计、研发、制造与销售，符合财税〔2012〕27号文件第十条“以软件产品开发为主营业务”的规定。

（2）2012年的月平均职工总人数为41人，其中签订劳动合同关系且具有大学专科以上学历的科技人员为35人，占企业当年职工总数的85.36%；从事研究开发的人员为22人，占企业当年职工总数的53.66%，符合财税〔2012〕27号文件第十条第（二）款的规定。

（3）发行人拥有核心关键技术，并以此为基础开展经营活动，2012年研究开发费用总额189.13万元，其中境内研发费用总额189.13万元，研发费用总额占企业销售收入的比例为6.27%，境内研发费用比例占全部研发费用的比例为100%，符合财税〔2012〕27号文件第十条第（三）款的规定。

（4）发行人嵌入式软件产品开发销售总额1,433.17万元，嵌入式软件产品开发销售收入占企业收入总额的比例为45.27%，嵌入式软件产品自主开发销售总额1,433.17万元，嵌入式软件产品自主开发销售收入占企业收入总额的比例为45.27%，符合财税〔2012〕27号文件第十条第（四）款的规定。

（5）发行人拥有多项核心的自主知识产权，取得已受理和已授权的专利27项，已受理和已授权的软件著作权9项，其软件产品拥有省级软件产业主管部门认可的软件检测机构出具的检测证明材料和软件产业主管部门颁发的《软件产品登记证书》，符合财税〔2012〕27号文件第十条第（五）款的规定。

（6）发行人建立了高效有序的质量管理体系，通过了ISO 9000系列认证，产品具备需求规格说明书、测试报告、用户手册等过程文档记录，符合财税〔2012〕27号文件第十条第（六）款的规定。

（7）发行人拥有与软件开发相适应生产经营场所、软硬件设施，主要包括办公场地、服务器、PC机、交换机、路由器，以及开发和测试工具、操作系统、系数库系统、网络系统等软件系统等，发行人建立《员工手册》《电脑系统管理办法》《固定资产管理办法》等企业经营管理制度，符合财税〔2012〕27号文件第十条第（七）款的规定。

综上所述，中介机构认为，发行人符合软件企业的认定条件。

根据《软件企业认定管理办法》（工信部联软〔2013〕64号）的规定，软件企业认定实行年审制度，未年审或年审不合格的企业，即取消其软件企业的资格，软件企业认定证书自动失效，不再享受有关鼓励政策。按照财税〔2012〕27号文件规定享受软件企业定期减免税优惠的企业，如在优惠期限内未年审或年审不合格，则在软件企业认定证书失效年度停止享受财税〔2012〕27号文件规定的软件企业定期减免税优惠政策。根据《软件产品管理办法》（中华人民共和国工业和信息化部令第9号）的规定，软件产品登记的有效期为5年，有效期届满前可以申请延续。同时，根据国务院于2015年2月24日发布并实施的《关于取消和调整一批行政审批项目等事项的决定》（国发〔2015〕11号）的规定，软件企业和集成电路设计企业认定及产品的登记备案事项已明确被取消。根据工业和信息化部《关于废止10件规章的决定》（中华人民共和国工业和信息化部令第34号）的规定，《软件产品管理办法》（2009年3月5日工业和信息化部令第9号公布）已于2016年5月26日废除。

基于上述，中介机构认为，发行人所取得的《软件企业认定证书》不需要进行年审。

综上所述，中介机构认为，发行人符合高新技术企业、软件企业的认定条件。

专家点评

鉴于存在已上市高新技术公司上市后因没有达到高新技术企业资格，而被税务部门认定需要补税，因此，对于拟上市的高新技术企业应关注发行人是否符合高新技术企业的实质条件，以确保发行人享受税收优惠的真实性和合法性。高新技术企业标准为：具备核心自主知识产权，属于国家重点支持的高新技术领域的范围，科研人员比例、研究开发费用占销售收入总额的比例、高新产品收入占当年收入的占比等符合《高新技术企业认定管理办法》的要求。根据国家税务总局《关于实施高新技术企业所得税优惠政策有关问题的公告》（国家税务总局公告2017年第24号）“二、对取得高新技术企业资格且享受税收优惠的高新技术企业，税务部门如在日常管理过程中发现其在高新技术企业认定过程中或享受优惠期间不符合《认定办法》第十一条规定的认定条件的，应提请认定机构复核。复核后确认不符合认定条件的，由认定机构取消其高新技术企业资格，并通知税务机关追缴其证书有效期内自不符合认定条件年度起已享受的税收优惠”的规定，被认定为高新技术企业，如被认定为不符合认定条件则存在补缴税收的风险。

【案例8】对高新技术企业认定条件的全面核查——海特生物（股票代码：300683）

A股上市情况：2017年6月1日召开的中国证券监督管理委员会创业板发行审核委员会2017年第46次发审委会议审核：武汉海特生物制药股份有限公司（首发）获通过。

案例解读

由于近些年，举报企业不符合高新技术企业资格的情况时有发生，监管部门也高度重视这个问题，案例7中民德电子的反馈意见中问到这个问题，在海特生物中仍然单独问到，因海特生物的答复较全面，在这里将其给监管部门的回复引用参考。

【核查情况】

中介机构查阅发行人高新技术企业证书、高新技术企业认定申请书、审计报告、专项审计等资料，计算相关比例，访谈发行人相关人员。

一、高新技术企业认定的依据及主要认定条件

（一）2008年1月1日—2015年12月31日实施的《高新技术企业认定管理办法》（2008年发布）

根据科技部、财政部、国家税务总局2008年4月1日印发的《高新技术企业认定管理办法》（国科发火〔2008〕172号）文件，高新技术企业认定须同时满足以下主要条件：“（一）在中国境内（不含港、澳、台地区）注册的企业，近三年内通过自主研发、受让、受赠、并购等方式，或通过5年以上的独占许可方式，对其主要产品（服务）的核心技术拥有自主知识产权。（二）产品（服务）属于《国家重点支持的高新技术领域》规定的范围。（三）具有大学专科以上学历的科技人员占企业当年职工总数的30%以上，其中研发人员占企业当年职工总数的10%以上。（四）企

业为获得科学技术（不包括人文、社会科学）新知识，创造性运用科学技术新知识，或实质性改进技术、产品（服务）而持续进行了研究开发活动，且近三个会计年度的研究开发费用总额占销售收入总额的比例符合如下要求：①最近一年销售收入小于5,000万元的企业，比例不低于6%。②最近一年销售收入在5,000万~20,000万元的企业，比例不低于4%。③最近一年销售收入在20,000万元以上的企业，比例不低于3%。其中，企业在中国境内发生的研究开发费用总额占全部研究开发费用总额的比例不低于60%。企业注册成立时间不足三年的，按实际经营年限计算。（五）高新技术产品（服务）收入占企业当年总收入的60%以上。”

（二）2016年1月1日期开始实施的《高新技术企业认定管理办法》（2016年修订）

根据科技部、财政部、国家税务总局2016年1月29日印发的《高新技术企业认定管理办法》（国科发火〔2016〕32号）文件，高新技术企业认定须同时满足以下主要条件：“（一）企业申请认定时须注册成立一年以上。（二）企业通过自主研发、受让、受赠、并购等方式，获得对其主要产品（服务）在技术上发挥核心支持作用的知识产权的所有权。（三）对企业主要产品（服务）发挥核心支持作用的技术属于《国家重点支持的高新技术领域》规定的范围。（四）企业从事研发和相关技术创新活动的科技人员占企业当年职工总数的比例不低于10%。（五）企业近三个会计年度（实际经营期不满三年的按实际经营时间计算，下同）的研究开发费用总额占同期销售收入总额的比例符合如下要求：①最近一年销售收入小于5,000万元（含）的企业，比例不低于5%。②最近一年销售收入在5,000万~2亿元（含）的企业，比例不低于4%。③最近一年销售收入在2亿元以上的企业，比例不低于3%。其中，企业在中国境内发生的研究开发费用总额占全部研究开发费用总额的比例不低于60%。

（六）近一年高新技术产品（服务）收入占企业同期总收入的比例不低于60%。”

二、发行人符合高新技术企业认定的依据

1. 发行人（注：本题中发行人均指海特生物，不含子公司，下同）符合：“（一）在中国境内（不含港、澳、台地区）注册的企业，近三年内通过自主研发、受让、受赠、并购等方式，或通过5年以上的独占许可方式，对其主要产品（服务）的核心技术拥有自主知识产权；”条件。

发行人拥有用有机溶剂病毒灭活法制备鼠神经生长因子的工艺（ZL200510019392.7）、利用大肠杆菌表达系统制备重组人神经生长因子的方法（ZL201210278039.0）两项核心发明专利技术，用于主要产品注射用鼠神经生长因子的生产，因此发行人满足对其主要产品的核心技术拥有自主知识产权。

2. 发行人符合“(二)产品(服务)属于《国家重点支持的高新技术领域》规定的范围；”条件。

发行人核心产品注射用鼠神经生长因子属于《国家重点支持的高新技术领域》之“二、生物与新医药技术”之“(一)医药生物技术”之“面向重大疾病——抗肿瘤蛋白药物(如肿瘤坏死因子)，心脑血管系统蛋白药物(如纤溶酶原，重组溶血栓)，神经系统蛋白药物尤其是抑郁药物，老年痴呆药物，肌肉关节疾病的蛋白质治疗药物，以及抗病毒等严重传染病蛋白药物的研究与产业化技术；”规定的范围。

3. 发行人符合“(三)具有大学专科以上学历的科技人员占企业当年职工总数的30%以上，其中研发人员占企业当年职工总数的10%以上；”条件。

2013年度，发行人职工总数209人，大专以上学历的科技人员164人，研发人员33人，具有大学专科以上学历的科技人员占企业当年职工总数的比例为78.47%，大于30%以上；其中研发人员占企业当年职工总数的15.79%，大于10%以上。

4. 发行人满足“(四)企业为获得科学技术(不包括人文、社会科学)新知识，创造性运用科学技术新知识，或实质性改进技术、产品(服务)而持续进行了研究开发活动，且近三个会计年度的研究开发费用总额占销售收入总额的比例符合如下要求：最近一年销售收入在20,000万元以上的企业，比例不低于3%。其中，企业在中国境内发生的研究开发费用总额占全部研究开发费用总额的比例不低于60%。企业注册成立时间不足三年的，按实际经营年限计算；”条件。

2011年、2012年和2013年，发行人销售收入分别为10,249.19万元、18,285.99万元、35,444.82万元，三年销售收入总额为63,980.00万元；研究开发费用分别为601.18万元、746.99万元、1,009.91万元，总额为2,358.08万元，均为在中国境内研发费用；近三个会计年度(2011年、2012年和2013年)的研究开发费用总额占销售收入总额的比例为3.69%，大于3%。

5. 发行人符合“(五)高新技术产品(服务)收入占企业当年总收入的60%以上；”条件。

2013年发行人高新技术产品收入为35,444.82万元，占发行人销售收入的比例99.57%，大于60%。

综上，发行人2014年申报时符合高新技术企业认定的条件。发行人于2014年10月14日取得《高新技术企业证书》，有效期三年。

三、发行人取得高新技术企业证书后持续符合高新技术企业主要指标

（一）2014年度发行人符合高新技术企业认定指标

2014年，发行人高新技术产品收入54,692.60万元，营业收入为54,879.11万元，高新技术产品收入占比为99.66%，大于60%；职工总人数204人，具有大专以上学历的科技人员169人，研发人员36人，具有大学专科以上学历的科技人员占企业当年职工总数的比例为82.84%，大于30%以上；其中研发人员占企业当年职工总数的17.65%，大于10%以上。

2012年、2013年和2014年发行人研发费用合计3,405.85万元，销售收入合计108,609.02万元，近三个会计年度的研究开发费用总额占销售收入总额的比例为3.14%，大于3%。

（二）2015年度发行人符合高新技术企业认定指标

2015年，发行人高新技术产品收入67,628.38万元，营业收入为67,940.66万元，高新技术产品收入占比为99.54%，大于60%；职工总人数247人，具有大专以上学历的科技人员182人，研发人员45人，具有大学专科以上学历的科技人员占企业当年职工总数的比例为73.68%，大于30%以上；其中研发人员占企业当年职工总数的18.22%，大于10%以上。

2013年、2014年和2015年发行人研发费用合计5,150.27万元，销售收入合计158,264.59万元，近三个会计年度的研究开发费用总额占销售收入总额的比例为3.25%，大于3%。

（三）2016年度发行人符合高新技术企业认定指标

根据科技部、财政部、国家税务总局2016年1月29日印发的《高新技术企业认定管理办法》（国科发火〔2016〕32号）文件，发行人满足高新技术企业认定条件，具体如下：

2016年，发行人高新技术产品收入76,647.97万元，营业收入为77,086.41万元，高新技术产品收入占比为99.43%，大于60%；职工总人数269人，企业从事研发和相关技术创新活动的科技人员54人，占企业当年职工总数的比例为20.07%，大于10%以上。

2014年、2015年和2016年发行人研发费用合计8,083.47万元，销售收入合计235,351.00万元，近三个会计年度的研究开发费用总额占销售收入总额的比例为3.43%，大于3%。

经核查，中介机构认为，发行人2014年申报时符合高新技术企业认定的条件，并在有效期内持续符合高新技术认定条件。

专家点评

对于拟上市的高新技术企业应关注发行人是否符合高新技术企业的实质条件，以确保发行人享受税收优惠的真实性和合法性。符合高新技术企业条件的上市企业应积极维持高新技术企业的标准，以保证不被税务部门追缴税收，维护正常利润水平。

【案例9】对建设工程设计企业业务资质的核查——杰恩设计（股票代码：300668）

A股上市情况：2017年5月5日召开的中国证券监督管理委员会创业板发行审核委员会2017年第37次发审委会议审核：深圳市杰恩创意设计股份有限公司（首发）获通过。

案例解读

请发行人补充披露：（1）我国对建筑工程设计企业及从业人员资质管理的具体情况，包括但不限于主管部门、法律法规及规范性文件名称，资质的分类分级及相应标准，各资质所对应的在业务范围、地域范围、规模等方面的要求及限制等，目前我国建筑设计企业及从业人员按资质分类分级的数量。（2）发行人及其子公司是否具备开展经营所必要的业务资质（说明相应的审批主体、资质或证书名称及有效期），是否存在所承接项目超出业务资质范围的情形。发行人拥有的具备相应业务资质的从业人员数量。发行人目前拥有的相关业务资质及从业人员的类别和数量是否满足发行人持续经营、业务发展的需要；发行人在业务资质和从业人员方面与同行业可比公司、主要竞争对手的差异情况；请在招股说明书竞争优势与劣势部分进行补充披露。请中介机构核查上述问题并发表意见。

中介机构就上述相关问题进行了补充核查，并逐一发表补充意见如下：

一、我国对建筑工程设计企业及从业人员资质管理的具体情况，包括但不限于主管部门、法律法规及规范性文件名称，资质的分类分级及相应标准，各资质所对应的在业务范围、地域范围、规模等方面的要求及限制等，目前我国建筑设计企业及从业人员按资质分类分级的数量

建筑室内设计的内容包括动线、空间、色彩、照明、艺术陈设等，旨在满足消费者对于空间、审美、舒适度及便利性等要求，其业务本身的开展并不需要特定资质。在实际业务执行中，当设计深度到达施工图设计，设计工作由艺术创意延伸至工程领域，具备建筑装饰工程设计资质的单位出具相应施工图文件。

建筑装饰工程设计资质属于工程设计资质，工程设计资质的主管部门主要为国家和地方各级住建管理部门等，相关的法律法规及规范性文件对工程设计领域内的资质分类、分级等进行了明确约定，具体情况如下：

1. 企业资质管理情况

（1）主管部门、法律法规及规范性文件名称。经核查，建筑工程设计行业资质的主管部门主要为国家及地方各级住建管理部门等，相关的法律法规及规范性文件主要包括《建设工程勘察设计管理条例》《建设工程勘察设计资质管理规定》《工程设计资质标准》。

（2）资质的分类分级及相应标准。经核查，工程设计资质分为工程设计综合资质、工程设计行业资质、工程设计专业资质和工程设计专项资质。工程设计综合资质只设甲级；工程设计行业资质、工程设计专业资质、工程设计专项资质设甲级、乙级。根据工程性质和技术特点，个别行业、专业、专项资质可以设丙级，建筑工程专业资质可以设丁级。相应标准如表 18–11 所示。

表18–11　工程设计资质分类分级及相应标准

类别	级别	资历和信誉	技术条件	技术装备及管理水平
工程设计综合资质	甲级	（1）具有独立企业法人资格。（2）注册资本不少于 6,000 万元人民币。（3）近 3 年年平均工程勘察设计营业收入在全国勘察设计企业排名列前 50 名以内；或近 5 年内 2 次企业营业税金及附加在全国勘察设计企业排名列前 50 名以内。（4）具有 2 个工程设计行业甲级资质，且近 10 年内独立承担大型建设项目工程设计每行业不少于 3 项，并已建成投产。或同时具有某 1 个工程设计行业甲级资质和其他 3 个不同行业甲级工程设计的专业资质，且近 10 年内独立承担大型建设项目工程设计不少于 4 项。其中，工程设计行业甲级相应业绩不少于 1 项，工程设计专业甲级相应业绩各不少于 1 项，并已建成投产	（1）技术力量雄厚，专业配备合理。（2）企业主要技术负责人或总工程师应当具有大学本科以上学历、15 年以上设计经历，主持过大型项目工程设计不少于 2 项，具备注册执业资格或高级专业技术职称。（3）拥有与工程设计有关的专利、专有技术、工艺包（软件包）不少于 3 项。（4）近 10 年获得过全国优秀工程设计奖、全国优秀工程勘察奖、国家级科技进步奖的奖项不少于 5 项，或省部级（行业）优秀工程设计一等奖（金奖）、省部级（行业）科技进步一等奖的奖项不少于 5 项。（5）近 10 年主编 2 项或参编过 5 项以上国家、行业工程建设标准、规范	（1）有完善的技术装备及固定工作场所，且主要固定工作场所建筑面积不少于 10,000 平方米。（2）有完善的企业技术、质量、安全和档案管理，通过 ISO 9000 族标准质量体系认证。（3）具有与承担建设项目工程总承包或工程项目管理相适应的组织机构或管理体系

续表

类别	级别	资历和信誉	技术条件	技术装备及管理水平
工程设计行业资质	甲级	（1）具有独立企业法人资格。（2）社会信誉良好，注册资本不少于600万元人民币。（3）企业完成过的工程设计项目应满足所申请行业主要专业技术人员配备表中对工程设计类型业绩考核的要求，且要求考核业绩的每个设计类型的大型项目工程设计不少于1项或中型项目工程设计不少于2项，并已建成投产	（1）专业配备齐全、合理，主要专业技术人员数量不少于所申请行业资质标准中主要专业技术人员配备表规定的人数。（2）企业主要技术负责人或总工程师应当具有大学本科以上学历、10年以上设计经历，主持过所申请行业大型项目工程设计不少于2项，具备注册执业资格或高级专业技术职称。（3）在主要专业技术人员配备表规定的人员中，主导专业的非注册人员应当作为专业技术负责人主持过所申请行业中型以上项目不少于3项，其中大型项目不少于1项	（1）有必要的技术装备及固定工作场所。（2）企业管理组织结构、标准体系、质量体系、档案管理体系健全。具有施工总承包特级资质的企业，可以取得相应行业的设计甲级资质
	乙级	（1）具有独立企业法人资格。（2）社会信誉良好，注册资本不少于300万元人民币	（1）专业配备齐全、合理，主要专业技术人员数量不少于所申请行业资质标准中主要专业技术人员配备表规定的人数。（2）企业主要技术负责人或总工程师应当具有大学本科以上学历、10年以上设计经历，主持过所申请行业大型项目工程设计不少于1项，或中型项目工程设计不少于3项，具备注册执业资格或高级专业技术职称。（3）在主要专业技术人员配备表规定的人员中，主导专业的非注册人员应当作为专业技术负责人主持过所申请行业中型以上项目不少于2项，其中大型项目不少于1项	（1）有必要的技术装备及固定工作场所。（2）有完善的质量体系和技术、经营、人事、财务、档案管理制度
	丙级	（1）具有独立企业法人资格。（2）社会信誉良好，注册资本不少于100万元人民币	（1）专业配备齐全、合理，主要专业技术人员数量不少于所申请行业资质标准中主要专业技术人员配备表规定的人数。（2）企业主要技术负责人或总工程师应当具有大学本科以上学历、10年以上设计经历，主持过所申请行业项目工程设计不少于2项，具有中级以上专业技术职称。（3）在主要专业技术人员配备表规定的人员中，主导专业的非注册人员应当作为专业技术负责人主持过所申请行业项目工程设计不少于2项	（1）有必要的技术装备及固定工作场所。（2）有完善的质量体系和技术、经营、人事、财务、档案管理制度

续表

类别	级别	资历和信誉	技术条件	技术装备及管理水平
工程设计专业资质	甲级	（1）具有独立企业法人资格。（2）社会信誉良好，注册资本不少于300万元人民币。（3）企业完成过所申请行业相应专业设计类型大型项目工程设计不少于1项，或中型项目工程设计不少于2项，并已建成投产	（1）专业配备齐全、合理，主要专业技术人员数量不少于所申请行业资质标准中主要专业技术人员配备表规定的人数。（2）企业主要技术负责人或总工程师应当具有大学本科以上学历、10年以上设计经历，且主持过所申请行业相应专业设计类型的大型项目工程设计不少于2项，具备注册执业资格或高级专业技术职称。（3）在主要专业技术人员配备表规定的人员中，主导专业的非注册人员应当作为专业技术负责人主持过所申请行业相应设计类型的中型以上项目工程设计不少于3项，其中大型项目不少于1项	（1）有必要的技术装备及固定工作场所。（2）企业管理组织结构、标准体系、质量体系、档案管理体系健全
	乙级	（1）具有独立企业法人资格。（2）社会信誉良好，注册资本不少于100万元人民币	（1）专业配备齐全、合理，主要专业技术人员数量不少于所申请行业资质标准中主要专业技术人员配备表规定的人数。（2）企业主要技术负责人或总工程师应当具有大学本科以上学历、10年以上设计经历，且主持过所申请行业相应专业设计类型的中型项目工程设计不少于3项，或大型项目工程设计不少于1项，具备注册执业资格或高级专业技术职称。（3）在主要专业技术人员配备表规定的人员中，主导专业的非注册人员应当作为专业技术负责人主持过所申请行业相应设计类型的中型以上项目工程设计不少于2项，其中大型项目不少于1项	（1）有必要的技术装备及固定工作场所。（2）有较完善的质量体系和技术、经营、人事、财务、档案管理制度
	丙级	（1）具有独立企业法人资格。（2）社会信誉良好，注册资本不少于50万元人民币	（1）专业配备齐全、合理，主要专业技术人员数量不少于所申请行业资质标准中主要专业技术人员配备表规定的人数。（2）企业主要技术负责人或总工程师应当具有大学本科以上学历、10年以上设计经历，且主持过所申请行业相应专业设计类型的工程设计不少于2项，具有中级及以上专业技术职称。（3）在主要专业技术人员配备表规定的人员中，主导专业的非注册人员应当作为专业技术负责人主持过所申请行业相应专业设计类型的项目工程设计不少于2项	（1）有必要的技术装备及固定工作场所。（2）有较完善的质量体系和技术、经营、人事、财务、档案管理制度

续表

类别	级别	资历和信誉	技术条件	技术装备及管理水平
	丁级	（1）具有独立企业法人资格。（2）社会信誉良好，注册资本不少于5万元人民币	企业专业技术人员总数不少于5人。其中，二级以上注册建筑师或注册结构工程师不少于1人；具有建筑工程类专业学历、2年以上设计经历的专业技术人员不少于2人；具有3年以上设计经历，参与过至少2项工程设计的专业技术人员不少于2人	（1）有必要的技术装备及固定工作场所。（2）有较完善的技术、财务、档案管理制度
工程设计专项资质	—	（1）具有独立企业法人资格。（2）社会信誉良好，注册资本符合相应工程设计专项资质标准的规定	专业配备齐全、合理，企业的主要技术负责人或总工程师、主要专业技术人员配备符合相应工程设计专项资质标准的规定	（1）有必要的技术装备及固定的工作场所。（2）企业管理的组织结构、标准体系、质量体系、档案管理体系运行有效

（3）各资质所对应的在业务范围、地域范围、规模方面的要求及限制。根据《工程设计资质标准》之规定，相应主体承担资质证书许可范围内的工程设计业务，承担与资质证书许可范围相应的建设工程总承包、工程项目管理和相关的技术、咨询与管理服务业务；承担设计业务的地区不受限制。

表18-12　工程设计资质相应业务承接范围

资质类型	等级	业务承接范围及规模
工程设计综合资质	甲	承担全部二十一个行业建设工程项目的设计业务，其规模不受限制；但在承接工程项目设计时，须满足本标准中与该工程项目对应的设计类型对专业及人员配置的要求。 承担其取得的施工总承包（施工专业承包）一级资质证书许可范围内的工程施工总承包（施工专业承包）业务
工程设计行业资质	甲、乙、丙	甲级承担对应行业建设工程项目主体工程及其配套工程的设计业务，其规模不受限制 乙级承担对应行业中、小型建设工程项目的主体工程及其配套工程的设计业务 丙级承担对应行业小型建设项目的工程设计业务
工程设计专业资质	甲、乙、丙、（丁）	甲级承担对应专业建设工程项目主体工程及其配套工程的设计业务，其规模不受限制 乙级承担对应专业中、小型建设工程项目的主体工程及其配套工程的设计业务 丙级承担对应专业小型建设项目的设计业务 丁级仅限于建筑工程设计
工程设计专项资质	甲、乙、丙	承担规定的专项工程的设计业务

2. 从业人员资质管理情况

经核查，建筑工程设计等工程技术服务业技术人员资质的主管部门为国家及地方各级住建管理部门，相关法规和规范性文件包括《勘察设计注册工程师制度总体框架及实施规划》《中华人民共和国注册建筑师条例》《勘察设计注册工程师管理规定》等。

经核查，我国建筑工程设计行业实行专业技术人员执业资格注册管理制度，执业注册资格主要包括注册工程师、注册建筑师。注册工程师专业包括土木、结构、公用设备、电气、机械、化工、电子工程、航天航空、农业、冶金、矿业/矿物、核工业、石油/天然气、造船、军工、海洋、环保等，除了注册结构工程师包括一级注册结构工程师、二级注册结构工程师外，其他不分等级；注册建筑师包括一级建筑师、二级建筑师。

建筑工程设计注册资格主要包括注册建筑师、注册结构工程师、注册公用设备工程师、注册电气工程师等。具体分类分级情况如表 18–13 所示。

表18–13　建设工程设计注册资格分类分级情况

名称	等级	业务承接范围及规模
注册建筑师	一级、二级	一级注册建筑师的执业范围不受建筑规模和工程复杂程度的限制；二级注册建筑师的执业范围不得超越国家规定的建筑规模和工程复杂程度。业务承接的地域范围不受限制
注册结构工程师	一级、二级	一级注册结构工程师的执业范围不受工程规模和工程复杂程度的限制；二级注册结构工程师的执业范围只限于承担国家规定的民用建筑工程等级分级标准三级项目。业务承接的地域范围不受限制
注册公用设备工程师	不分等级	执业范围包括暖通及空调工程、动力工程、给排水工程。业务承接的地域范围和规模方面不受限制
注册电气工程师	不分等级	执业范围包括发电、传输工程和供配电工程。业务承接的地域范围和规模方面不受限制

3. 我国建设工程勘察设计企业及从业人员按资质分类分级的数量

根据《中国建筑设计行业年度发展研究报告（2014—2015）》，2013—2014 年，我国建筑设计企业及从业人员按照资质分类分级的数量情况如表 18–14 所示。

表18–14　我国建筑设计企业及从业人员按照资质分类分级数量情况

分类	2014 年	2013 年
建筑设计和建筑设计专项企业（家）	8,459	8,514
其中：甲级资质（家）	3,249	3,155
乙级资质（家）	3,719	3,766
丙级资质（家）	1,373	1,465

续表

分类	2014 年	2013 年
其他（家）	118	128
注册建筑师（人）	28,316	28,690
其中：一级注册建筑师	16,735	16,674
二级注册建筑师	11,581	12,016
注册结构工程师（人）	21,773	21,838
一级注册结构工程师	17,347	17,615
二级注册结构工程师	11,581	12,016
注册土木工程师（岩土）（人）	1,665	1,598
注册公用设备工程师（人）	8,593	8,229
注册电气工程师（人）	5,035	5,094
注册化工工程师（人）	181	251
注册城市规划师（人）	5,228	4,708
注册监理工程师（人）	4,126	4,384
注册造价工程师（人）	4,372	4,479
注册建造工程师（人）	67,016	65,368
其中：一级注册建造工程师	29,213	27,830
二级注册建造工程师	37,803	37,538
其他注册工程师（人）	5,845	6,219

综上所述，我国建筑工程设计行业主管部门主要为国家及各级地方住建管理部门。建筑工程设计行业施行企业资质准入制度，相关部门依据相关文件的规定进行企业资质管理。

二、发行人及其子公司是否具备开展经营所必要的业务资质（说明相应的审批主体、资质或证书名称及有效期），是否存在所承接项目超出业务资质范围的情形。发行人拥有的具备相应业务资质的从业人员数量。发行人目前拥有的相关业务资质及从业人员的类别和数量是否满足发行人持续经营、业务发展的需要；发行人在业务资质和从业人员方面与同行业可比公司、主要竞争对手的差异情况；请在招股说明书竞争优势与劣势部分进行补充披露

1. 发行人及其子公司是否具备开展经营所必要的业务资质（说明相应的审批主体、资质或证书名称及有效期），是否存在所承接项目超出业务资质范围的情形

报告期内，发行人及其子公司主要从事建筑室内设计业务，建筑室内设计业务

有别于传统意义上的工程设计，在于利用空间要素、动线设置、色彩要求、艺术品陈列等各项创意元素，结合艺术特征进行室内空间的综合设计，以满足消费者对于空间、美感、行动效率等审美、舒适度及便利性要求。

在现行法规体系及市场实践中，室内设计作为一项集创意、艺术并深刻渗透现代商业理念的技术服务，本身并不需要工程设计领域的建筑装饰工程设计专项资质，而只是在施工图环节需要有建筑装饰工程设计专项资质的单位出具施工图并进行备案。

经核查，发行人已经取得了中华人民共和国住房和城乡建设部颁发的建筑装饰工程设计专项甲级资质证书，有效期至2020年1月8日。发行人及其子公司具备开展经营所必要的业务资质，不存在所承接项目超出业务资质范围的情形。

2. 发行人拥有的具备相应业务资质的从业人员数量。发行人目前拥有的相关业务资质及从业人员的类别和数量是否满足发行人持续经营、业务发展的需要

根据《工程设计资质标准》，获得建筑装饰工程设计专项甲级资质要求企业配备相应专业和数量的专业技术人员，该等技术人员中非注册人员应参与过大型建筑装饰工程设计项目不少于1项，或中型建筑装饰工程设计项目不少于2项，具备中级以上专业技术职称。《工程设计资质标准》中人员具体要求及发行人拥有的具备相应业务资质的从业人员数量情况如表18–15所示。

表18–15 《工程设计资质标准》人员要求及发行人现有人员情况

<table>
<tr><th>分类</th><th>环境艺术设计</th><th>室内设计</th><th>建筑</th><th>电气</th><th>给水排水</th><th>暖通空调</th><th>结构</th></tr>
<tr><td>人员要求</td><td colspan="3">5</td><td>1</td><td>1</td><td>1</td><td>2</td></tr>
<tr><td>发行人现有人员情况</td><td colspan="3">11</td><td>4</td><td>6</td><td>3</td><td>4</td></tr>
</table>

注：环境艺术设计专业、室内设计专业、建筑专业要求符合相应条件的技术人员一共5名。

综上所述，中介机构认为，发行人从业人员专业结构合理、专业人才较多，与发行人主营业务相匹配，满足发行人持续经营、业务发展的需要。

3. 发行人在业务资质和从业人员方面与同行业可比公司、主要竞争对手的差异情况

发行人在业务资质和从业人员方面与同行业可比公司、主要竞争对手的差异情况如表18–16所示。

表18–16 发行人在业务资质和从业人员方面与主要竞争对手差异情况

项目	发行人	山鼎设计	苏州设计	中衡设计
业务资质	建筑专项（装饰工程）甲级资质	建筑行业（建筑工程）甲级资质	建筑行业（建筑工程）甲级资质	建筑行业（建筑工程）甲级资质

续表

项目	发行人	山鼎设计	苏州设计	中衡设计
主营业务	建筑室内设计	建筑工程设计	建筑设计等工程技术服务	建筑专业领域的工程设计、工程总承包、工程监理及项目管理业务
人员合计（人）	406	476	773	1,667
主营业务收入（万元）	14,845.85	18,546.83	33,230.73	63,618.13

在业务资质方面，由于主营业务覆盖范围不同，发行人与同行业可比公司所获得资质不同。发行人目前已取得建筑专项（装饰工程）甲级资质，同行业上市公司取得了建筑行业（建筑工程）甲级资质，该等资质均为上述公司主营业务领域内的甲级资质，在相关领域内其承接业务的范围不受限制。

在从业人员方面，截至2015年12月31日发行人员工人数为406人，略低于同行业可比公司。由于设计类企业主要提供智力类服务，从业人员数量与业务规模相关。发行人员工人数略低于同行业可比上市公司，主要是其业务规模较小所致。发行人从业人员专业结构合理、专业人才较多，足以支撑业务发展。

综上所述，中介机构认为，在现行法规体系及市场实践中，室内设计作为一项集创意、艺术并深刻渗透现代商业理念的技术服务，本身并不需要工程设计领域的建筑装饰工程设计专项资质，而只是在施工图环节需要有建筑装饰工程设计专项资质的单位出具施工图并进行备案。发行人具备建筑装饰工程设计专项甲级资质证书，不存在在业务资质范围之外开展业务的情形。发行人从业人员专业结构合理、专业人才较多，与发行人主营业务相匹配，满足发行人持续经营、业务发展的需要。发行人在业务资质及从业人员方面与同行业可比公司、主要竞争对手不存在重大差异。

专家点评

与建筑工程设计行业相关的主要资质为工程设计综合资质、工程设计行业资质、工程设计专业资质和工程设计专项资质，相关的法律法规主要包括《建设工程勘察设计管理条例》《建设工程勘察设计资质管理规定》《工程设计资质标准》。建筑工程设计行业取得相应的资质是企业经营的必要基础，同时符合相应条件的从业人员也是满足企业持续经营不可或缺的条件，借用资质为上市审核所禁止，个人借用资质可以从劳动合同、工资关系、社保缴纳等方面进行核查。

【案例 10】未取得资质和资质到期无法续期是否构成上市的实质性障碍——澄天伟业（股票代码：300689）

A 股上市情况：2017 年 7 月 5 日召开的中国证券监督管理委员会创业板发行审核委员会 2017 年第 54 次发审委会议审核：深圳市澄天伟业科技股份有限公司（首发）获通过。

案例解读

智能卡产品涉及最终客户的信息保密、财产安全，须通过严格的认证方可取得业务资质，相关资质是进入行业的基本前提。请发行人：（1）补充说明所从事业务需要的强制性和非强制性的资质；（2）补充披露所拥有资质取得时间、有效期，是否存在未取得相关资质而从事相关业务的情形，是否存在相关资质到期后无法续期的风险，是否构成本次发行上市的法律障碍。请中介机构核查，说明核查过程及方法并发表明确意见。

一、核查过程

（1）查阅公司现行有效的《营业执照》。

（2）查阅公司提供的业务资质证书。

（3）查阅《审计报告》。

（4）查阅公司的主要业务合同。

（5）对公司的总经理和业务负责人进行访谈。

（6）查阅公司出具的书面确认文件。

（7）现场核查公司的生产经营场所。

二、核查情况及核查意见

公司及子公司、分公司目前持有的业务资质及认证如表 18-17 所示。

表18-17　澄天伟业及子公司、分公司持有业务资质及认证情况

序号	资质类别	资质名称	
1	强制性	印刷经营许可证	
2		全国工业产品生产许可证	
3		集成电路卡注册证书	
4		与银行卡业务相关的资质证书	银联标识产品企业资质认证证书
			VISA 标识产品企业资质认证证书
			MasterCard 标识产品企业资质认证证书
5		商用密码产品销售许可证	

续表

序号	资质类别	资质名称
6	非强制性	高新技术企业证书
7		SAS 证书
8		管理体系认证
9		安全生产标准化证书
10		邓白氏注册认证

1. 公司已取得的强制性业务资质及认证

根据公司现行有效的《营业执照》，公司的经营范围为"卡片的生产（由分支机构生产，具体范围凭环保批复经营）；塑胶证卡、IC 卡、读卡器及电子产品零件的技术开发、销售、安装及维修（维修为上门维修）；经营进出口业务（法律、行政法规、国务院决定禁止的项目除外，限制的项目须取得许可后方可经营）"。经中介机构核查，公司报告期内的主营业务为智能卡生产及综合制卡服务，公司的主要产品和服务包括电信卡、金融 IC 卡、ID 卡等智能卡产品及综合制卡服务。

（1）印刷经营许可证。公司的智能卡生产工艺包括卡基印刷，根据《印刷业管理条例》，应取得出版行政部门核发的《印刷经营许可证》。

①北京澄天报告期内曾持有（京）新出印证字 Q20071457 号《印刷经营许可证》，现持有北京市新闻出版局于 2014 年 3 月 14 日核发的（京）印证字 TTQTTT20071457 号《印刷经营许可证》，许可的经营范围为"其他印刷品印刷"，该《印刷经营许可证》已通过 2016 年年度检验。

②诚天智能卡报告期内曾持有沪新出印许字第 2500203250000 号《上海市印刷经营许可证》，现持有上海市浦东新区文化广播影视管理局于 2015 年 2 月 3 日核发的（沪浦）印证字 2500203250000 号《上海市印刷经营许可证》，许可项目为"其他印刷品印刷"，有效期至 2018 年 3 月 31 日。该《印刷经营许可证》已通过 2016 年年度检验。

③澄裕电子持有上海市浦东新区文化广播影视管理局于 2015 年 2 月 3 日核发的（沪浦）印证字第 1600206330000 号《上海市印刷经营许可证》，许可项目为"其他印刷品印刷"，有效期至 2018 年 3 月 31 日。该《印刷经营许可证》已通过 2016 年年度检验。

④深圳分公司持有深圳市龙岗区新闻出版局于 2014 年 1 月 21 日核发的（粤）新出印证字 4403003631 号《印刷经营许可证》，许可的经营范围为"包装装潢印刷品、其他印刷品印刷"，有效期至 2017 年 12 月 31 日。该《印刷经营许可证》已通

过 2016 年年度检验。

（2）全国工业产品生产许可证。根据《中华人民共和国工业产品生产许可证管理条例》和《关于公布实行生产许可证制度管理的产品目录的公告》，公司生产的 IC 卡属于集成电路卡，应取得《全国工业产品生产许可证》；公司生产的防伪票证亦列入实行生产许可证制度管理的产品目录，应办理上述证书。

2015 年 4 月 24 日，诚天智能卡取得中华人民共和国国家质量监督检验检疫总局核发的《全国工业产品生产许可证》，证书编号为 XK09-008-00406，被许可生产的产品名称及明细分别为集成电路卡及集成电路卡读写机、IC 卡（带触点）及 IC 卡（无触点），有效期至 2020 年 4 月 23 日。

2015 年 4 月 13 日，诚天智能卡取得中华人民共和国国家质量监督检验检疫总局核发的《全国工业产品生产许可证》，证书编号为 XK19-003-00463，被许可生产的产品名称为防伪票证，产品明细为防伪卡，有效期至 2020 年 4 月 12 日。

2015 年 10 月 19 日，深圳分公司取得中华人民共和国国家质量监督检验检疫总局核发的《全国工业产品生产许可证》，证书编号为 XK09-008-00424，被许可生产的产品名称为集成电路卡及集成电路卡读写机，产品明细为 IC 卡（带触点），有效期至 2020 年 10 月 18 日。

（3）集成电路卡注册证书。根据《集成电路卡注册管理办法》，IC 卡注册是指从事 IC 卡生产、发行和应用服务提供的机构，按照一定程序和要求，向国家 IC 卡注册管理机构申请，获得唯一注册标识号，并将其写入 IC 卡。经核查，公司已根据上述规定取得了《集成电路卡注册证书》，具体情况如下：

2016 年 1 月 15 日，诚天智能卡取得国家集成电路卡注册中心核发的《集成电路卡注册证书》，证书编号为 0243，注册标识号为 86CF，授权使用范围为带触点的集成电路卡制造、无触点的集成电路卡制造及双界面的集成电路卡制造，有效期至 2018 年 1 月 15 日。

（4）与银行卡相关的业务资质证书。公司拟开展银行卡的生产和经营，公司拟实施的募集资金投资项目亦涉及银行卡的生产和经营，因此，公司根据相关规定申请并取得了下述认证证书：

①银联标识产品企业资质认证证书。根据中国银联股份有限公司（以下简称“银联”）2014 年 3 月 1 日发布的《银联卡产品企业资质认证规则》，银联对从事银联卡生产印刷、IC 卡片封装、磁条信息个人化、IC 芯片信息个人化的企业进行资质认证。对通过资质认证的企业分配生产代码，允许其进行相应生产和加工。

2015 年 8 月 10 日，诚天智能卡取得银联标识产品企业资质认证办公室核发的

《银联标识产品企业资质认证证书》，企业编号为083，证书编号为C0106，通过认证的种类为磁条卡生产和IC卡封装，证书有效期至2017年9月30日。

2017年1月16日，诚天智能卡取得银联标识产品企业资质认证办公室核发的《银联标识产品企业资质认证证书》，企业编号为083，证书编号为C0152，通过认证的种类为磁条卡个人化和IC卡个人化，证书有效期至2019年3月31日。

根据《银联卡产品企业资质认证规则》，银联卡产品企业资质认证证书的有效期为两年，证书到期6个月前，企业应向资质认证办公室提交续期申请；截至证书到期日，仍未提出证书续期申请的企业，视为自动放弃认证资格。根据公司的陈述，诚天智能卡已向资质认证办公室提交银联卡产品企业资质认证续期涉及的样卡检测申请。根据公司的陈述并经中介机构核查，截至本补充法律意见书出具之日，诚天智能卡已向银联提交银联标识产品企业资质认证证书的续期申请。

② VISA标识产品企业资质认证证书。根据Visa World wide PteLtd（以下简称"Visa公司"）发布的《Visa Approved Vendor Program（AVP）》，Visa对从事卡片生产、IC芯片封装、IC芯片预个人化、IC卡个人化、磁条个人化等内容的企业进行授权，允许授权商使用VISA标识进行相应产品的生产和加工。

2016年10月14日，诚天智能卡取得Visa公司授权使用VISA标识从事卡片生产、IC芯片封装、IC芯片预个人化、IC卡个人化、磁条个人化等产品的生产及加工，证书有效期至2017年7月31日。

根据《Visa Approved Vendor Program Guide》，Visa公司对已授权商进行每年度的现场安全认证，通过现场安全认证及已缴纳年费的授权商将被继续授予认证。经与公司确认，因公司持有的VISA标识产品企业资质认证证书的有效期于2017年7月31日届满，目前Visa公司尚未对诚天智能卡进行年度认证。

③ MasterCard标识产品企业资质认证证书。根据Master Card Global Vendor Certification Program（以下简称"Master Card认证"）发布的《Card Vendor Certification Standards》，MasterCard公司对从事卡片生产、IC芯片封装、IC芯片预个人化、IC卡个人化、磁条个人化、卡编码、卡邮发等内容的企业进行授权，允许授权商使用MasterCard标识进行相应产品的生产和加工。

2016年6月6日，诚天智能卡取得Master Card认证核发的万事达卡商认证证书及授权，证书编号为16000279，通过认证及授权的种类为卡片生产、IC芯片封装、IC芯片预个人化、IC卡个人化、磁条个人化、卡编码、卡邮发，证书有效期至2017年4月30日。

根据《Card Vendor Certification Standards》，企业通过年度审核及有资质的会计师

的年度审计后，会于每年4月获发新的MasterCard标识产品企业资质认证证书。根据公司的陈述，目前诚天智能卡已通过Master年度审核，正等待发放新证。

（5）商用密码产品销售许可证。2016年2月23日，诚天智能卡取得国家密码管理局核发的《商用密码产品销售许可证》，证书编号为国密局销字SXS2625号，销售范围为销售经国家密码管理局审批并通过指定检测机构产品质量检测的商用密码产品，有效期至2019年2月22日。

根据公司的陈述，公司及子公司目前尚未生产及经营商用密码产品。

2. 公司已取得的非强制性业务资质及认证

（1）高新技术企业证书。公司持有深圳市科技创新委员会、深圳市财政委员会、深圳市国家税务局、深圳市地方税务局联合颁发的《高新技术企业证书》，证书编号为GF201544200261，证书颁发日期为2015年11月2日，证书有效期为3年。

诚天智能卡持有上海市科学技术委员会、上海市财政局、上海市国家税务局、上海市地方税务局联合颁发的《高新技术企业证书》，证书编号为GR201431000754，证书颁发日期为2014年9月4日，证书有效期为3年。

（2）SAS证书。根据GSM Association发布的《Security Accreditation Scheme for UICC Production Standard》，公司拟依据客户（国外订单）要求，公司拟实施的募集资金投资项目亦涉及符合SAS要求的通用集成电路卡（UICC）生产安全方案评估鉴定，因此，公司根据上述规定申请并取得了下述认证证书：

诚天智能卡取得GSM Association核发的SAS证书，证书编号为CN-SH-0817，通过认证的范围为通用集成电路卡（UICC）的个性化生产，证书有效期至2017年8月31日。

（3）管理体系认证。诚天智能卡的职业健康安全管理体系（适用于智能卡基和塑料证卡的生产和销售）已经NQA根据标准OHSAS 18001：2007审核和注册，有效期为2015年3月9日—2018年3月9日。

诚天智能卡的环境管理体系（适用于智能卡基和塑料证卡的生产和销售）已经NQA根据标准ISO 14001：2004审核和注册，有效期为2015年3月9日—2018年3月9日。

诚天智能卡的质量管理体系（适用于智能卡基及塑料证卡的生产和销售）已经NQA根据标准ISO 9001：2008审核和注册，有效期为2015年3月9日—2018年3月9日。

深圳分公司建立的管理体系，经万泰认证按照ISO 9001:2008标准评审合格，认证范围为智能卡卡基的生产，有效期自2014年8月25日—2017年8月24日。

北京澄天建立的管理体系，经万泰认证按照 ISO 14001:2004 标准评审合格，认证范围为智能卡、塑胶证卡的生产所涉及的环境管理，有效期自 2015 年 9 月 8 日—2018 年 9 月 7 日。

北京澄天建立的管理体系，经万泰认证按照 GB/T19001—2008idtISO 9001 ：2008 标准评审合格，认证范围为智能卡、塑胶证卡的生产，有效期自 2015 年 9 月 8 日—2018 年 9 月 7 日。

北京澄天建立的管理体系，经万泰认证按照 GB/T 28001—2011 标准评审合格，认证范围为智能卡、塑胶证卡的生产所涉及的职业健康安全管理，有效期自 2015 年 9 月 8 日—2018 年 9 月 7 日。

（4）安全生产标准化证书。2015 年 12 月 22 日，深圳分公司取得深圳市龙岗区安全生产技术协会核发的《安全生产标准化证书》，被认定为安全生产标准化达标小微企业，证书编号为粤 AQBXW2015003615，有效期至 2018 年 12 月。

2016 年 3 月，诚天智能卡取得上海市安全生产协会核发的《安全生产标准化证书》，被认定为安全生产标准化二级企业（轻工），证书标号为 AQBIIQG（沪）201500069，有效期至 2019 年 3 月。

（5）邓白氏注册认证。邓白氏注册服务是邓白氏公司在全球推广的企业资信展示服务。2016 年 5 月，诚天智能卡取得邓白氏注册认证企业证书，邓氏编码为 420137754，有效期至 2017 年 5 月。

基于上述核查，中介机构认为，公司已取得经营业务所需的业务资质和行政许可，不存在未取得相关资质从事相关业务的情形；上述资质证书均在有效期内，且目前不存在无法续期的风险。

专家点评

未取得相应资质或者资质到期将严重影响公司的持续经营能力，其中，强制性的资质对公司的持续经营能力是至关重要的。如果拟上市公司尚需取得该资质，那公司则需补充相应的解决办法；如果拟上市公司取得的资质即将到期，那公司则需提供相应的资质可延续证明或其他解决方法，充分保障公司的持续经营能力。

第十九章　税务问题

税务问题是拟上市企业面临的一个比较综合的问题，一般会涉及企业报告期内的经营成果在税务层面的反映、历次股权变动过程中股东完税情况这两个方面。

第一节　案例分析

【案例1】资本公积转增股本是否需要缴纳个人所得税——盘龙药业（股票代码：002864）

A 股上市情况：2017 年 9 月 26 日召开的中国证券监督管理委员会主板发行审核委员会 2017 年第 151 次发审委会议审核：陕西盘龙药业集团股份有限公司（首发）获通过。

案例解读

谢晓林以资本公积中的 2,400 万元进行增资，是否影响发行人股本的充足性、真实性和完整性；谢晓林以资本公积进行增资时，增资价格的确定依据及其公允性；结合相关法律法规，说明本次以资本公积转增股本是否需要缴纳个人所得税。请中介机构对上述进行核查，并发表明确意见。

就上述问题，中介机构通过以下方式进行了核查：

（1）核查了资本公积转增过程中的股东会决议、审计报告、验资报告等公司登记文件。

（2）核查了立信出具的《关于陕西盘龙药业集团股份有限公司注册资本实收情况的复核报告》（信会师报字〔2013〕第 610323 号）。

（3）核查了谢晓林向盘龙药业投入资金的相关付款凭证和访谈笔录。

（4）核查了当时的其他股东出具的关于该次资本公积转增的相关说明和承诺。

（5）要求谢晓林就该次资本公积转增事宜出具说明和承诺。

（6）要求盘龙药业就该次资本公积转增事宜出具说明和承诺。

（7）柞水县地方税务局出具了《关于陕西盘龙药业集团股份有限公司历史沿革中个人所得税缴纳事宜的确认函》。

一、谢晓林以资本公积中的2,400万元进行增资，是否影响发行人股本的充足性、真实性和完整性

当时有效的《公司法》第二十七条规定，"股东可以用货币出资，……。"第二十八条规定，"股东应当按期足额缴纳公司章程中规定的各自所认缴的出资额。……。"当时有效的《公司登记管理条例》第三十二条规定，"公司变更实收资本的，应当提交依法设立的验资机构出具的验资证明，并应当按照公司章程载明的出资时间、出资方式缴纳出资。……"

《公司注册资本登记管理规定》第三条规定，"公司的实收资本是全体股东或者发起人实际交付并经公司登记机关依法登记的出资额或者股本总额。"第三十一条规定，"公司变更注册资本的，应当提交依法设立的验资机构出具的验资证明。"第三十二条规定，"公司变更实收资本的，应当提交依法设立的验资机构出具的验资证明，并应当按照公司章程载明的出资时间、出资方式缴纳出资。公司应当自足额缴纳出资或者股款之日起30日内申请变更登记。"

经中介机构核查，谢晓林用于转增股本的资本公积，为谢晓林自2003年9月—2009年3月期间累计向盘龙制药投入形成的，在尚未经股东会决议增资前，记为"资本公积—谢晓林投资准备金"。该累计投入已经增资时的《审计报告》（陕兴审字〔2009〕3-165号）和《验资报告》（陕兴验字〔2009〕3-87号）审验确认，且已经《关于陕西盘龙药业集团股份有限公司注册资本实收情况的复核报告》（信会师报字（2013）第610323号）验资复核。因此，谢晓林对盘龙制药的累计投入真实有效。

同时，以资本公积金2,400万元转增股本已经股东会会议一致通过，且履行了验资和公司变更登记手续，符合当时有效的《公司法》等相关法律法规之规定。

中介机构认为，谢晓林以资本公积中的2,400万元进行增资，不影响盘龙药业股本的充足性、真实性和完整性。

二、谢晓林以资本公积进行增资时，增资价格的确定依据及其公允性

根据盘龙药业出具的说明和承诺并经中介机构核查，该次增资的增资价格为平价增资，即每1元注册资本的增资价格为1元。因在该次增资时，各股东无溢价增资的概念，且对平价增资均无异议。

根据盘龙药业提供的资产负债表，盘龙药业截至2009年3月31日的净资产为

23,380,403.57 元。虽然该次增资价格并未按照增资前的净资产确定，但当时的公司净资产与注册资本相近，且该增资价格已经 2009 年 4 月 9 日召开的股东会会议一致通过。因此，中介机构认为，增资价格基本公允。

三、本次以资本公积转增股本是否需要缴纳个人所得税

当时有效的《中华人民共和国个人所得税法》（2007 年修正）第二条规定，“下列各项个人所得，应纳个人所得税：……七、利息、股息、红利所得；”当时有效的《中华人民共和国个人所得税法实施条例》（2008 年修订）第八条规定，“税法第二条所说的各项个人所得的范围：……（七）利息、股息、红利所得，是指个人拥有债权、股权而取得的利息、股息、红利所得。”《国家税务总局关于股份制企业转增股本和派发红股征免个人所得税的通知》（国税发〔1997〕198 号）之规定，“股份制企业用资本公积金转增股本不属于股息、红利性质的分配，对个人取得的转增股本数额，不作为个人所得，不征收个人所得税。”

2017 年 7 月 14 日，柞水县地方税务局出具《关于陕西盘龙药业集团股份有限公司历史沿革中个人所得税缴纳事宜的确认函》，确认“根据当时有效的《个人所得税法》和《个人所得税法实施条例》之规定，个人拥有债权、股权而取得的利息、股息、红利所得应纳个人所得税。根据《国家税务总局关于股份制企业转增股本和派发红股征免个人所得税的通知》（国税发〔1997〕198 号）之规定，‘股份制企业用资本公积金转增股本不属于股息、红利性质的分配，对个人取得的转增股本数额，不作为个人所得，不征收个人所得税。’且根据相关审计报告、验资报告以及复核报告查明的事实，该用于转增股本的资本公积金的资金来源为股东谢晓林的个人投入，不属于股息、红利。因此，本局确认上述资本公积金转增股本不需要缴纳个人所得税。”

因此，中介机构认为，该次资本公积金转增股本不属于股息、红利性质的分配，资金来源为股东谢晓林的个人投入，不需要缴纳个人所得税。

专家点评

资本公积中转增股本时不征收个人所得税。根据《国家税务总局关于股份制企业转增股本和派发红股征免个人所得税的通知》（国税发〔1997〕198 号）的规定，股份制企业用资本公积金转增股本不属于股息、红利性质的分配，对个人取得的转增股本数额，不作为个人所得，不征收个人所得税。

盈余公积及未分配利润转增股本时应当缴纳所得税，股份制企业用盈余公积金及未分配利润转增股本属于股息、红利性质的分配，对个人取得的红股数额，应作为个人所得征税。

【案例2】公司整体变更时候个人所得税的缴纳——深南电路（股票代码：002916）

A股上市情况：2017年10月24日召开的中国证券监督管理委员会第十七届发行审核委员会2017年第10次发审委会议审核：深南电路股份有限公司（首发）获通过。

案例解读

关于发行人整体变更时自然人纳税政策的适用，现有分期缴纳安排的合法合规性及是否依法足额缴纳的补充核查。

一、关于发行人整体变更时自然人适用纳税政策的补充核查

经核查，关于发行人整体变更时自然人股东纳税情况的补充核查意见同时引用了财税〔2015〕41号文和财税〔2015〕116号文，上述引用存在错误，发行人仅适用财税〔2015〕41号文，不适用财税〔2015〕116号文的相关规定。发行人已在相关文件中对相关表述进行了修正。

二、关于现有分期缴纳安排是否合法合规，是否依法足额缴纳的补充核查深圳市人民政府办公厅于2009年4月23日印发《市中小企业上市培育工作领导小组会议纪要》（市府办会议纪要2009年190号）（以下简称"《会议纪要》"），要求"关于拟上市企业改制时转增股本自然人股东缴纳个人所得税问题，请市地税局研究具体办法，总的原则是要给予一定的宽限期，或延至成功上市时再缴纳"。

2015年3月31日，深圳市中小企业上市培育工作领导小组办公室向深圳市南山区地方税务局（以下简称"南山区地税局"）出具《深圳市上市培育办关于协调深南电路股份有限公司转增股本有关个人所得税问题的函》（深上市办字〔2015〕6947号），申请南山区地税局按照《关于研究协调加快推进我市中小企业改制上市有关问题的会议纪要》（市府办会议纪要2006年655号）、《关于扶持我市中小企业改制上市的若干措施》（深府办〔2009〕43号）和《会议纪要》的要求，对发行人自然人股东有关公积金、未分配利润转增股本应纳个人所得税的征税时点最长延缓至企业上市之日。基于上述文件规定，深南电路就整体变更设立股份有限公司时自然人股东个人所得税事项向南山区地税局提交了申请暂缓代扣代缴自然人股东个人所得税的备案资料。

2015年4月1日，财政部、国家税务总局发布的《关于个人非货币性资产投资有关个人所得税政策的通知》（财税〔2015〕41号）开始施行，根据该文件规定，个人以非货币性资产投资，纳税人一次性缴纳个人所得税有困难的，可合理确定分期

缴纳计划并报主管税务机关备案后，在5个公历年度内分期缴纳。鉴于此，发行人与南山区地税局进行了沟通，将原先申请暂缓代扣代缴自然人股东个人所得税的方案改为分期缴纳方案。

2016年10月25日，发行人取得南山区地税局对发行人、自然东及3家员工持股企业的个人所得税5年分期缴纳计划的备案。经南山区地税局批准，发行人的自然人股东可在2020年12月15日前分期缴纳整体变更为股份有限公司过程中因转增股本而应缴纳的个人所得税税额。按照上述在南山区地税局备案的5年分期缴纳税款计划，发行人、自然人股东及3家员工持股企业应从2016年12月15日开始缴纳第一期税款。经核查，上述第一期税款已缴纳。

为严格执行财税〔2015〕41号文，发行人按照《国家税务总局关于个人非货币性资产投资有关个人所得税征管问题的公告》(国家税务总局公告2015年第20号)的要求，重新制定分期缴税计划并向主管税务机关重新报送了《个人所得税分期缴纳备案表》，南山区地税局于2017年10月11日出具《税务文书资料受理回执》(深地税南受执〔2017〕060204号)，同意发行人、自然人股东及3家员工持股企业对原分期缴税计划进行变更，在2019年12月15日前分期缴纳完毕。

根据南山区地税局出具的证明，发行人自2013年1月1日—2017年6月30日期间不存在税务违法记录。

经核查，发行人整体变更过程中所涉及个人所得税的现有分期缴纳安排合法合规并已获得主管税务机关认可，相关自然人股东已按照经主管税务机关备案的分期缴纳计划足额缴纳了第一期税款。

三、发行人、自然东及3家员工持股企业合伙人的相关承诺

经核查，发行人、自然人股东及3家员工持股企业合伙人已就公司整体变更为股份公司所涉及的个人所得税问题出具了承诺函，具体内容为:“①本人于2019年12月15日前分期缴纳深南电路整体变更为股份有限公司过程中因转增股本而应缴纳的个人所得税税额。②如未来主管税务机关追缴发行人整体变更为股份有限公司时因转增股本而应缴纳的个人所得税税额，本人将以现金方式及时、无条件、全额承担应缴纳的税款及(或)由此产生的所有相关费用、罚款(如有)，并保证深南电路不会因此遭受任何经济损失。③如主管税务机关认定深南电路需履行代扣代缴义务，对于深南电路因此遭受的处罚等任何损失，本人同意按所持股份比例承担相应的损失份额。”

综上所述，中介机构认为，就发行人整体变更为股份有限公司过程中各自然人股东及3家员工持股企业合伙人应缴纳的个人所得税，发行人已按照相关文件规定

制定分期缴纳计划并依法报主管税务机关备案，主管税务机关亦出具了相应受理回执及发行人报告期内无税务违法记录的证明，现有分期缴纳安排合法合规。发行人自然人股东及3家员工持股企业合伙人等相关人员已按照经备案的计划缴纳了第一期税款并出具了相应承诺，从而保障发行人及其他股东利益不受损害。

专家点评

根据财税〔2015〕41号文规定：个人以非货币性资产投资，应按评估后的公允价值确认非货币性资产转让收入。非货币性资产转让收入减除该资产原值及合理税费后的余额为应纳税所得额。非货币性资产投资，包括以非货币性资产出资设立新的企业，以及以非货币性资产出资参与企业增资扩股、定向增发股票、股权置换、重组改制等投资行为。发行人自然人股东涉税进行分期缴纳安排取得了税务主管部门的审核同意。

【案例3】关于税收优惠补贴政策的核查——中新赛克（股票代码：002912）

A股上市情况：2017年9月22日召开的中国证券监督管理委员会主板发行审核委员会2017年第149次发审委会议审核：深圳市中新赛克科技股份有限公司（首发）获通过。

案例解读

请发行人补充披露报告期内享受的税收优惠、收到的政府补助的具体内容、金额及依据。请中介机构核查发行人享受的税收优惠、收到的政府补助是否合法合规，是否对税收优惠和政府补助存在依赖，发表核查意见。

中介机构查阅了发行人提供的政府补助明细表、相关政策文件及合同书、项目资金申报材料及批复文件、高新技术企业证书、软件登记证书、税收优惠备案表等资料及发行人出具的确认函，就本问题回复如下：

一、报告期内发行人享受的税收优惠的情况

报告期内，发行人及其控股子公司享受的税收优惠及其法律依据情况如下：

1. 软件产品增值税税收优惠

根据《财政部、国家税务总局关于软件产品增值税政策的通知》（财税〔2011〕100号）的规定，增值税一般纳税人销售其自行开发生产的软件产品，按17%税率征收增值税后，对其增值税实际税负超过3%的部分实行即征即退政策。南京市雨花台区国家税务局下发《税收优惠资格认定结果通知书》同意赛克科技销售的软件产品享受增值税软件产品优惠政策。根据发行人的确认，2014 年度、2015 年度及 2016 年度，赛克科技享受的增值税即征即退金额分别为 10,301,657.48 元、20,185,743.98 元及 2,898.57 万元。

2. 高新技术企业所得税优惠

赛克科技于 2015 年 10 月 10 日取得江苏省科学技术厅、江苏省财政厅、江苏省国家税务局、江苏省地方税务局下发的《高新技术企业证书》(GR201532003057 号)，有效期为三年。雨花台区国税局出具《企业所得税优惠事项备案表》，同意赛克科技 2013 年度、2014 年度、2015 年度享受 15% 的所得税优惠税率。

3. 税务守法情况

根据发行人提供的税务主管部门就发行人及其下属企业报告期内税务合法合规情况出具的证明文件，报告期内未发现发行人及其境内控股子公司存在税收违法记录。

基于上述，中介机构认为，报告期内发行人及其控股子公司享受的税收优惠均符合相关税收法律、法规的规定，并且已取得政府部门的相关批复文件。

二、报告期内发行人享受的政府补助的情况

报告期内，发行人及其控股子公司享受的政府补助及其法律依据情况如表 19-1 所示。

表19-1 发行人及其控股子公司享受的政府补助及其法律依据情况

序号	下发年度	项目	文件依据	金额（元）
1	2014	2013 年度雨花台区软件产业综合发展专项资金软件企业综合发展专项资金	关于组织申报 2013 年雨花台区软件及信息服务业发展专项资金的通知	441,008.22
2	2014	中国（南京）软件谷管理委员会补助	关于进一步加快软件及信息服务业发展的政策意见（雨委发〔2012〕22 号）、项目建议书	1,576,100
3	2014	2014 年度南京市软件产业专项软件产业化重点项目补助	关于组织申报 2014 年南京市软件和信息服务业发展专项资金的通知（宁经信软件〔2014〕183 号、宁财企〔2014〕375 号）	500,000
4	2014	2014 年省知识产权计划经费（第四批）专利专项资助资金	关于下达 2014 年度省级专利专项资助资金（国内专利）的通知（苏财教〔2014〕81 号）	4,000
5	2015	2014 年度雨花台区软件及产业发展专项资金软件企业产业化重点项目补助资金	关于组织申报 2014 年雨花台区软件及信息服务业发展专项资金的通知	200,000

续表

序号	下发年度	项目	文件依据	金额（元）
6	2015	2014 年度雨花台区软件产业发展专项资金软件企业资质认证奖励补助专项资金	关于组织申报 2014 年雨花台区软件及信息服务业发展专项资金的通知	20,000
7	2015	深圳市南山区财政局 2015 年度南山区自主创新产业发展专项资金补助款	关于开展南山区企业改制上市资助项目申报工作的通知	600,000
8	2015	中国（南京）软件谷管理委员会补助	关于进一步加快软件及信息服务业发展的政策意见（雨委发〔2012〕22 号）	832,100
9	2015	国家科技支撑计划课题补助资金	国科发计［2014］35 号科技部关于发布国家重点基础研究发展计划（含重大科学研究计划）、国家高技术研究发展计划、国家科技支撑计划 2015 年度项目申报指南的通知	355,400
10	2015	南京市 2015 年度省级专利资助专项资金	南京市 2015 年度省级专利资助专项批复	10,000
11	2015	2015 年南京市小微企业扶持资金项目	2015 年小微企业项目扶持资金计划的通知（宁财企〔2015〕706 号）	300,000
12	2015	2015 年第二届软件谷最具成长性软件企业奖励	关于开展第二届中国（南京）软件谷最具成长性软件企业评选的通知	100,000
13	2015	2015 年度省工业和信息产业转型升级专项资金项目补助资金	关于组织 2015 年度省工业和信息产业转型升级专项资金项目申报的通知（苏经信综合〔2015〕174 号）	1,100,000
14	2015	2014 年南京市新兴产业引导专项资金	关于组织申报 2014 年南京市新兴产业引导专项资金项目的通知（宁经信投资〔2014〕229 号、宁财企〔2014〕419 号）	300,000
15	2016	中国（南京）软件谷管理委员会补助	项目投资协议书、关于进一步加快软件及信息服务业发展的政策意见（雨委发〔2012〕22 号）、2015 年度中国（南京）软件谷知识产权补助的批复、中新赛克公司 2015 年度税收扶持奖励	3,454,800
16	2016	雨花台科技局发明专利授权补助经费	关于印发《雨花台区专利奖励及补助办法》的通知（雨政规字〔2011〕1 号）、南京市发明专利授权补助的批复	1,000
17	2016	国家科技支撑课题补助资金	科技部关于发布国家重点基础研究发展计划（含重大科学研究计划）、国家高技术研究发展计划、国家科技支撑计划 2015 年度项目申报指南的通知	820,900

续表

序号	下发年度	项目	文件依据	金额（元）
18	2016	企业改制上市培育项目	深圳市经贸信息委 深圳市财政委关于下达 2016 年深圳市民营及中小企业发展专项资金企业改制上市培育项目资助计划 的通知（深经贸信息中小字〔2016〕138 号）	500,000
19	2016	社保中心 2016 年稳岗补贴	关于印发《企业稳定岗位补贴申报审核办法》的通知（宁人社〔2016〕33 号）	361,853.96
20	2016	科技局市级专利补助	于下达南京市 2015 年度科技发展计划及科技经费指标的通知（第六批）（宁科〔2015〕260 号 宁财教〔2015〕931 号）、南京市发明专利授权补助的批复	2,000.00
21	2016	科技局知识产权战略专项	关于下达南京市 2015 年度科技发展计划及科技经费指标的通知（第六批）（宁科〔2015〕260 号 宁财教〔2015〕931 号）、南京市 2015 年度授权发明专利奖励资助明细表（江宁区）	1,000.00

基于上述，中介机构认为，发行人及其控股子公司享受的上述财政补贴事项已经有权政府部门批复或确认，符合有关法律、法规的规定。

三、是否对税收优惠和政府补助存在依赖

根据发行人的审计报告及发行人说明，报告期内税收优惠及政府补助金额对当期利润总额的影响如表 19–2 所示。

表19–2　2014—2016年度税收优惠及政府补助金露对当期利润总额的影响

序号	项目	2016 年度（万元）	2015 年度（万元）	2014 年度（万元）
1	研发费用加计扣除的影响	437.65	352.91	280.39
2	增值税即征即退	2,898.57	2,018.57	1,030.17
3	研发费用加计扣除、增值税退税小计	3,336.22	2,371.48	1,310.56
4	研发费用加计扣除、增值税退税占利润总额的比例	28.58%	23.57%	14.36%
5	计入报告期损益的政府补助	472.84	390.43	464.04
6	政府补助占利润总额的比例	4.05%	3.88%	5.09%
7	占比	32.63%	27.45%	19.45%

根据发行人的说明，发行人享受的税收优惠主要为所得税优惠、研发费用加计扣除、软件增值税即征即退，研发费用加计扣除影响和增值税退税金额较高，属于与发行人正常经营业务密切相关、符合国家政策规定且能够连续享受的税收优惠和政府补助，符合发行人作为软件企业的业务特征；发行人的利润主要来源于主营业务，计入报告期内损益的政府补助金额占利润总额的比例较低，发行人业绩对政府补助不存在依赖。

基于中介机构具备的法律专业知识所能够作出的判断，中介机构认为，报告期内发行人的利润主要来源于主营业务，发行人对税收优惠和政府补贴不存在依赖。

专家点评

发行人的经营成果不得严重依赖税收优惠，扣除税收优惠后，发行人仍应符合发行条件中对净利润绝对额的要求。税收优惠占利润的比重，且对利润的影响程度应当逐年递减；税收优惠必须存在有法定效力的政策文件支持。

第二节 基础知识

一、拟上市企业涉及的主要税务问题

第一，IPO 的税务问题主要有企业改制时资本公积、未分配利润转增股本税务问题。

第二，企业改制重组有关契税、营业税、土地增值税问题。

第三，企业改制重组有关个人所得税处理。

第四，企业改制重组有关股权支付特殊税务处理。

二、有限公司整体变更时净资产折股所涉及的所得税问题

有限责任公司整体变更时，除注册资本外的资本公积、盈余公积及未分配利润转增股本按以下情况区别纳税：

1. 资本公积、盈余公积及未分配利润中属于个人股东的部分

（1）资本公积中转增股本时不征收个人所得税。根据《国家税务总局关于股份制企业转增股本和派发红股征免个人所得税的通知》（国税发〔1997〕198 号）的规

定，股份制企业用资本公积金转增股本不属于股息、红利性质的分配，对个人取得的转增股本数额，不作为个人所得，不征收个人所得税。

（2）盈余公积及未分配利润转增股本时应当缴纳所得税，股份制企业用盈余公积金及未分配利润转增股本属于股息、红利性质的分配，对个人取得的红股数额，应作为个人所得征税。

2. 资本公积、盈余公积及未分配利润中属于法人股东的部分

根据《国家税务总局关于企业股权投资业务若干所得税问题的通知》（国税发〔2000〕118 号）规定，“除另有规定者外，不论企业会计账务中对投资采取何种方法核算，被投资企业会计账务上实际做利润分配处理（包括以盈余公积和未分配利润转增资本）时，投资方企业应确认投资所得的实现”。因此，有限责任公司整体变更为股份有限公司视同于利润分配行为，按以下原则处理：

（1）资本公积不属于利润分配行为，不缴纳企业所得税。

（2）盈余公积和未分配利润进行转增时视同利润分配行为。不同于个人股东，公司制企业进行分红时，法人股东是不需要缴纳所得税。但如果法人股东与公司所适用的所得税率不一致时，法人股东是需要补缴所得税差额部分。

财政部、国家税务总局《关于个人非货币性资产投资有关个人所得税政策的通知》（财税〔2015〕41 号）规定：个人以非货币性资产投资，属于个人转让非货币性资产和投资同时发生。对个人转让非货币性资产的所得，应按照“财产转让所得”项目，依法计算缴纳个人所得税。个人以非货币性资产投资，应按评估后的公允价值确认非货币性资产转让收入。非货币性资产转让收入减除该资产原值及合理税费后的余额为应纳税所得额。个人以非货币性资产投资，应于非货币性资产转让。非货币性资产投资，包括以非货币性资产出资设立新的企业，以及以非货币性资产出资参与企业增资扩股、定向增发股票、股权置换、重组改制等投资行为。

三、补缴历史年度欠缴税款问题

在申报上市过程中，很多企业涉及补缴历史年度欠缴税款问题，其原因是多方面的，比较典型的是由于政府出于发展地方经济、招商引资的考虑对企业采取了较为宽松的税收政策，其中一部分可能与国家税收政策存在一定程度的冲突，当然也有部分企业因综合税负太高，而产生避税的动机。从实践中看，拟上市企业在财务上往往很薄弱，对设置账外账、账目不清、信息失真、财务管理混乱等现象的规范难度大。很多企业的利润并没有实际释放出来，纳税申报表上的利润通常低于企业实际的利润水平。

补缴税款问题对拟上市企业的影响比较大的方面可能在于报告期内的税务合规问题。一个常见的问题是公司被收取税收滞纳金算不算情节严重的税收违法行为？《中华人民共和国税收征收管理法》第三十二条规定：“纳税人未按照规定期限缴纳税款的，扣缴义务人未按照规定期限解缴税款的，税务机关除责令限期缴纳外，从滞纳税款之日起，按日加收滞纳税款万分之五的滞纳金。”如果公司仅仅被收取税收滞纳金，这不算是情节严重的税收违法行为。

因此，律师在尽职调查时应调查企业是否有违反税收法律、行政法规，受到行政处罚，且情节严重的行为。这里需要注意的是，一般的税收违法行为并不影响企业上市，只有情节严重的税收违法行为才对上市构成实质性法律障碍。对于企业报告期内税收合规情况的判断，还应当以税收主管机关出具的合规证明认定的事实为准。

四、税收优惠问题

1. 如何认定企业执行的税收优惠政策的合法性

根据《中华人民共和国税收征收管理法实施细则》规定，与国家税收法律、行政法规相抵触，或未经过国家法律法规明确授权地方政府自行制定的地方性税收法规和地方政府规章，不能作为公司享受税收优惠的依据。

部分地方给予企业的税收优惠政策尽管与国家政策不符合，但只要地方的政策是明文规定的，且股东承诺如果发生被追缴的情况时承担补缴的责任，审核中一般是认可的。

2. 目前企业上市在税收优惠方面应重点关注哪些问题

（1）发行人报告期所享受的税收优惠政策与国家税收法规政策是否存在不符，如果企业享受的税收优惠政策存在与国家现行税收法律、行政法规不符或者越权审批的情况，申报企业应当提供省级税务部门出具的确认文件，并由律师出具法律意见。

如果地方税收优惠违反国家法律法规，需地方税收主管部门出具确认文件、在重大事项中作提示性说明、披露被追缴税款的责任承担主体。中介机构需对企业合规性发表明确意见，说明是否重大违法。如果税收方面受到过处罚，要求税收主管部门出具文件是否构成重大违法的确认文件。

（2）对于不符合国家税法规定的或者违反国家税法的地方性税收优惠政策可能存在被追缴（包括滞纳金）风险的，应在申报文件中作可能被追缴税款的风险提示，并要求由发行前原股东承诺承担。

五、核定征税问题

部分创业型企业在报告期内属于小规模纳税人，执行核定征收增值税的规定，在主板或创业板企业都不会出现。

2008 年颁布的《增值税暂行条例实施细则》第二十八条规定："条例第十一条所称小规模纳税人的标准为：（一）从事货物生产或者提供应税劳务的纳税人，以及以从事货物生产或者提供应税劳务为主，并兼营货物批发或者零售的纳税人，年应征增值税销售额在 50 万元以下（含本数，下同）的；（二）除本条第一款第（一）项规定以外的纳税人，年应税销售额在 80 万元以下的。本条第一款所称以从事货物生产或者提供应税劳务为主，是指纳税人的年货物生产或者提供应税劳务的销售额占年应税销售额的比重在 50% 以上。"因为小规模纳税人是指年销售额在规定标准以下，并且会计核算不健全，不能按规定报送会计资料，实行简易办法征收增值税的纳税人。

六、企业改制时将产权以股份形式量化到个人所涉及的个人所得税问题

根据《国家税务总局关于联想集团改制员工取得的用于购买企业国有股权的劳动分红征收个人所得税问题的通知》（国税函〔2001〕832 号）的税收要求，个人无偿获得的股份应当按以下方法缴纳：

第一，企业在公司制改造时将有关资产无偿以股份方式量化到个人时，包括企业将历年积存的劳动分红以股份形式量化到个人时，都必须按"工资、薪金所得"项目计征个人所得税，税款由公司代扣代缴。

第二，公司给员工免费赠送股票（股权），无偿给职工配股时，其实质上是公司将一部分股份无偿转让给雇员。对个人取得的这部分股份属于因受雇而取得的报酬，应按取得股权的公允价值（或市价），依照"工资薪金所得"项目征收个人所得税。

七、关于个人股票期权所得征收个人所得税问题

2005 年 4 月 19 日，财政部、国家税务总局发布了《关于个人股票期权所得征收个人所得税问题的通知》（财税〔2005〕35 号）对企业员工（包括在中国境内有住所和无住所的个人）参与企业股票期权计划而取得的所得征收个人所得税问题作了明确。

1. 关于员工股票期权所得征税问题

实施股票期权计划的企业授予该企业员工的股票期权所得，应按《中华人民共

和国个人所得税法》及其实施条例有关规定征收个人所得税。

企业员工股票期权（以下简称“股票期权”），是指上市公司按照规定的程序授予本公司及其控股企业员工的一项权利，该权利允许被授权员工在未来时间内以某一特定价格购买本公司一定数量的股票。

上述“某一特定价格”被称为“授予价”或“施权价”，即根据股票期权计划可以购买股票的价格，一般为股票期权授予日的市场价格或该价格的折扣价格，也可以是按照事先设定的计算方法约定的价格；“授予日”，也称“授权日”，是指公司授予员工上述权利的日期；“行权”，也称“执行”，是指员工根据股票期权计划选择购买股票的过程；员工行使上述权利的当日为“行权日”，也称“购买日”。

2. 关于股票期权所得性质的确认及其具体征税规定

员工接受实施股票期权计划企业授予的股票期权时，除另有规定外，一般不作为应税所得征税。

员工行权时，其从企业取得股票的实际购买价（施权价）低于购买日公平市场价（指该股票当日的收盘价，下同）的差额，是因员工在企业的表现和业绩情况而取得的与任职、受雇有关的所得，应按“工资、薪金所得”适用的规定计算缴纳个人所得税。

对因特殊情况，员工在行权日之前将股票期权转让的，以股票期权转让的净收入，作为工资薪金所得征收个人所得税。

员工行权日所在期间的工资薪金所得，应按下列公式计算工资薪金应纳税所得额：

股票期权形式的工资薪金应纳税所得额 =（行权股票的每股市场价 - 员工取得该股票期权支付的每股施权价）× 股票数量员工将行权后的股票再转让时获得的高于购买日公平市场价的差额，是因个人在证券二级市场上转让股票等有价证券而获得的所得，应按照“财产转让所得”适用的征免规定计算缴纳个人所得税。

员工因拥有股权而参与企业税后利润分配取得的所得，应按照“利息、股息、红利所得”适用的规定计算缴纳个人所得税。

3. 关于工资薪金所得境内外来源划分

按照《国家税务局关于在中国境内无住所个人以有价证券形式取得工资薪金所得确定纳税义务有关问题的通知》（国税函〔2000〕190 号）有关规定，需对员工因参加企业股票期权计划而取得的工资薪金所得确定境内或境外来源的，应按照该员工据以取得上述工资薪金所得的境内、外工作期间月份数比例计算划分。

4. 关于应纳税款的计算

认购股票所得（行权所得）的税款计算。员工因参加股票期权计划而从中国境内取得的所得，按本通知规定应按工资薪金所得计算纳税的，对该股票期权形式的工资薪金所得可区别于所在月份的其他工资薪金所得，单独按下列公式计算当月应纳税款：

应纳税额 =（股票期权形式的工资薪金应纳税所得额 / 规定月份数 × 适用税率 – 速算扣除数）× 规定月份数

上款公式中的规定月份数，是指员工取得来源于中国境内的股票期权形式工资薪金所得的境内工作期间月份数，长于 12 个月的，按 12 个月计算；上款公式中的适用税率和速算扣除数，以股票期权形式的工资薪金应纳税所得额除以规定月份数后的商数，对照《国家税务总局关于印发〈征收个人所得税若干问题的规定〉的通知》（国税发〔1994〕089 号）所附税率表确定。

转让股票（销售）取得所得的税款计算。对于员工转让股票等有价证券取得的所得，应按现行税法和政策规定免征个人所得税，即个人将行权后的境内上市公司股票再行转让而取得的所得，暂不征收个人所得税；个人转让境外上市公司的股票而取得的所得，应按税法的规定计算应纳税所得额和应纳税额，依法缴纳税款。

参与税后利润分配取得所得的税款计算。员工因拥有股权参与税后利润分配而取得的股息、红利所得，除依照有关规定可以免税或减税的外，应全额按规定税率计算纳税。

5. 关于征收管理

扣缴义务人。实施股票期权计划的境内企业为个人所得税的扣缴义务人，应按税法规定履行代扣代缴个人所得税的义务。

自行申报纳税。员工从两处或两处以上取得股票期权形式的工资薪金所得和没有扣缴义务人的，该个人应在个人所得税法规定的纳税申报期限内自行申报缴纳税款。

报送有关资料。实施股票期权计划的境内企业，应在股票期权计划实施之前，将企业的股票期权计划或实施方案、股票期权协议书、授权通知书等资料报送主管税务机关；应在员工行权之前，将股票期权行权通知书和行权调整通知书等资料报送主管税务机关。

扣缴义务人和自行申报纳税的个人在申报纳税或代扣代缴税款时，应在税法规定的纳税申报期限内，将个人接受或转让的股票期权以及认购的股票情况（包括种类、数量、施权价格、行权价格、市场价格、转让价格等）报送主管税务机关。

实施股票期权计划的企业和因股票期权计划而取得应税所得的自行申报员工，未按规定报送上述有关报表和资料，未履行申报纳税义务或者扣缴税款义务的，按

《中华人民共和国税收征收管理法》及其实施细则的有关规定进行处理。

6. 关于执行时间

该通知自 2005 年 7 月 1 日起执行。《国家税务总局关于个人认购股票等有价证券而从雇主取得折扣或补贴收入有关征收个人所得税问题的通知》（国税发〔1998〕9 号）的规定与本通知不一致的，按该通知规定执行。

八、企业高级管理人员获得股票认购权所涉及的个人所得税问题

第一，根据《中华人民共和国个人所得税法》和有关规定，企业有股票认购权的高级管理人员，在行使股票认购权时的实际购买价（行权价）低于购买日（行权日）公平市场价之间的数额，属于个人所得税“工资、薪金所得”应税项目的所得，应按照《国家税务总局关于个人认购股票等有价证券而从雇主取得折扣或补贴收入有关征收个人所得税问题的通知》（国税发〔1998〕9 号）的规定缴纳个人所得税，税款由企业负责代扣代缴。

第二，个人在股票认购权行使前，将其股票认购权转让所取得的所得，应并入其当月工资收入，按照“工资、薪金所得”项目缴纳个人所得税。

第三，对个人在行使股票认购权后，将已认购的股票（不包括境内上市公司股票）转让所取得的所得，应按照“财产转让所得”项目缴纳个人所得税。

九、科研机构、高等学校转化职务科技成果以股份或出资比例奖励个人时所涉及的个人所得税问题

根据财政部、国家税务总局《关于促进科技成果转化有关税收政策的通知》（财税〔1999〕45 号）的规定，科研机构、高等学校转化职务科技成果以股份或出资比例等股权形式奖励个人时，执行以下个人所得税政策：

科研机构、高等学校转化职务科技成果以股份或出资比例等股权形式给予个人奖励，获奖人在取得股份、出资比例时，暂不缴纳个人所得税；取得按股份、出资比例分红或转让股权、出资比例所得时，应依法缴纳个人所得税。

第二十章　同业竞争

同业竞争是指上市公司所从事的业务与其控股股东、实际控制人及其所控制的企业所从事的业务相同或近似，双方构成或可能构成直接或间接的竞争关系。

这个定义里提到了“控股股东”和“实际控制人”的概念。控股股东是指其出资额占有限责任公司资本总额 50% 以上或者其持有的股份占股份有限公司股本总额 50% 以上的股东；出资额或者持有股份的比例虽然不足 50%，但依其出资额或者持有的股份所享有的表决权已足以对股东会、股东大会的决议产生重大影响的股东。实际控制人是指虽不是公司的股东，但通过投资关系、协议或者其他安排，能够实际支配公司行为的人。

与“同业竞争”相对的概念是“同业不竞争”。同业不竞争，一般是指发行人与其控股股东、实际控制人及其所控制的企业所从事的业务相同或近似，但由于销售区域不同，销售对象不同等多种原因而不发生业务竞争的状况。例如，电力行业的发电企业，其所发的电实行统一上网，其价量由主管部门统一核定，企业之间就不视为同业竞争。再如，有的热电联产企业，其供热半径与股东的不重叠，也可以不视为同业竞争。

原则上来说，同业竞争属于监管红线，必须消除。因此，最好拟上市企业不要存在同业竞争的情况，即使有也应进行梳理并整改。

第一节　案例分析

【案例 1】对实际控制人的同业竞争核查——中环环保（股票代码：300692）

A 股上市情况：2017 年 7 月 5 日召开的中国证券监督管理委员会创业板发行审核委员会 2017 年第 54 次发审委会议审核：安徽中环环保科技股份有限公司（首发）获通过。

案例解读

监管部门要求核查公司实际控制人及其关联方控制或者投资的其他与发行人经营业务类似或者相同的企业是否均已被发行人收购、是否存在同业竞争或者利益冲突的情形。

根据中环环保实际控制人签署的调查表、《关于消除或避免同业竞争的承诺函》、实际控制人及其关联方控制或投资的其他企业营业执照、工商登记基本信息、部分企业财务资料、关于主营业务情况的确认文件等资料，并经中介机构核查，除发行人及其子公司外，报告期内中环环保的实际控制人及其关联方控制或投资的企业及其主营业务情况如表 20-1 所示。

表20-1 中环环保实际控制人及其关联方控制或投资的企业及其主营业务情况

序号	企业名称	与实际控制人的关联关系	主营业务
1	中辰投资	张伯中控制的其他企业	实业、项目及风险投资
2	中冠投资	张伯中姐姐张燕、张银华，弟弟张伯礼、张伯雄，妹夫颛孙胜利投资于该企业	除投资发行人外，无其他业务
3	中勤投资	张伯中妹妹张秀青及配偶颛孙胜利投资于该企业	除投资发行人外，无其他业务
4	中辰国际（香港）股份有限公司	张伯中控制的其他企业	股权投资
5	安徽省池州市九华资产投资运营有限公司	张伯中控制的其他企业	投资管理与咨询
6	安徽美安达房地产开发有限公司	张伯中控制的其他企业	房地产开发与销售
7	安徽中辰创富置业有限公司	张伯中控制的其他企业	房地产开发与销售
8	安徽省中通置业有限公司	张伯中控制的其他企业	房地产开发与销售
9	合肥中辰包装材料有限公司	张伯中控制的其他企业	软塑包装材料、塑钢门窗及配件生产、销售
10	安徽怡安传媒广告有限公司	张伯中控制的其他企业	广告设计、制作、发布及代理
11	安徽远大置业有限公司	张伯中控制的其他企业	房地产开发与销售
12	六安振东置业有限公司	张伯中控制的其他企业	房地产开发与销售
13	安徽省繁昌县中辰置业有限公司	张伯中控制的其他企业	房地产开发与销售
14	宿州市中辰地产有限责任公司	张伯中控制的其他企业	房地产开发与销售
15	合肥和基融创投资管理有限公司	张伯中控制的其他企业	项目投资

续表

序号	企业名称	与实际控制人的关联关系	主营业务
16	安徽江淮湿地与生态研究院	张伯中担任理事长，公司及中辰投资为举办单位	系民办非企业单位，非营利机构，主要从生态治理研究
17	安徽正安物业服务有限公司	张伯中持股 70%，公司董事袁莉持股 30%	物业服务
18	安徽美安达建设工程有限公司	张伯中弟弟张伯雄及配偶控制的企业	装饰工程
19	合肥新通节能科技有限公司	张伯中弟弟张伯雄及配偶控制的企业	塑钢、铝合金、节能门窗销售、安装
20	合肥通联新材料有限公司	张伯中弟弟张伯雄及配偶控制的企业	玻璃及其配件销售
21	合肥青柳园林绿化工程有限公司	张伯中妹夫颛孙胜利控制的企业	园林绿化、园林景观设计与施工
22	合肥科技农村商业银行股份有限公司	中辰投资持股 2.50%	吸收存款、发放贷款
23	安徽灵璧农村商业银行股份有限公司	中辰投资持股 9.44%	吸收存款、发放贷款
24	安徽宿州农村商业银行股份有限公司	中辰投资持股 9.97%	吸收存款、发放贷款
25	安徽金通安益投资管理合伙企业（有限合伙）	中辰投资持有该企业 2.36% 合伙份额	投资管理
26	宁阳磁窑中环水务有限公司	系中环有限与中辰投资于 2013 年 6 月共同设立，中辰投资、中环环保先后于 2013 年 8 月、2015 年 6 月将所持该公司 95%、5% 股权转让给黑龙江国中水务股份有限公司	污水处理项目运营，但中辰投资控制该企业期间，其尚未实质开展业务
27	润富科技	曾系中辰投资全资子公司，已于 2015 年 12 月注销	房屋租赁
28	明光金科置业有限公司	曾系中辰投资全资子公司，2016 年 8 月，中辰投资将所持 100% 股权转让给合肥辰龙房地产营销有限公司	房地产开发、销售
29	桐城市中辰城市建设运营有限公司	曾系中辰投资全资子公司；2016 年 7 月，注册资本由 1,000 万元增至 27,000 万元，新增股东桐城徽银中辰城镇化基金（有限合伙）持股 74.07%，中辰投资持股 25.93%	城市基础设施建设，包括市政道路及学校建设

续表

序号	企业名称	与实际控制人的关联关系	主营业务
30	安徽省池州市美安达置业有限公司	曾系安徽美安达房地产开发有限公司控股子公司，2016 年 10 月，安徽美安达房地产开发有限公司将所持该公司 66.69% 股权转让给安徽省无为县福曜置业有限公司	房地产开发与销售
31	美安达塑业科技（合肥）有限公司	曾系中辰投资控股子公司，已于 2017 年 4 月注销	塑胶制品、塑钢门窗生产、销售

上述发行人、实际控制人及其关联方控制或投资的企业中，仅宁阳磁窑中环水务有限公司（以下简称“磁窑中环”）主营业务与发行人相同或类似，但磁窑中环于 2013 年 6 月成立后仅两个月，中辰投资即将所持磁窑中环 95% 股权转让给上市公司黑龙江国中水务股份有限公司（以下简称“国中水务”），在中辰投资控制磁窑中环期间，磁窑中环尚未实质开展业务，与发行人不存在同业竞争或利益冲突情形。

据上，中介机构认为，发行人、实际控制人及其关联方控制或投资的与发行人经营业务类似或者相同的企业均已被发行人收购或转让给非关联方，不存在同业竞争或者利益冲突的情形。

专家点评

整体上市是基本的要求，要消除同业竞争，减少持续性关联交易，从源头上避免未来可能产生的问题，同业竞争的标准不能以细分行业、细分产品、细分客户、细分区域等界定同业竞争，生产、技术、研发、设备、渠道、客户、供应商等因素都要进行综合考虑。拟上市公司将竞争性业务关联公司的股权转让，是解决同业竞争的主要思路。转让途径可以有两种，一种是转让给无关联的第三方，另一种是转让给拟上市公司，成为其全资子公司。企业在申报材料的时候提供控股股东及实际控制人今后不再进行同业竞争的有法律约束力的书面承诺，也是必要的。

判断相关业务是否应纳入或剥离出上市主体，不能仅考虑该业务的直接经济效益，要同时考虑到该业务对公司的间接效益，正常情况（已持续经营）下不鼓励资产剥离、分立，为梳理同业竞争及关联交易进行的相关安排不能影响业绩计算的合理性、连续性。控股股东和实际控制人的亲属持有与发行人相同或相关联业务的处理必须进行整合，其他亲戚的业务之前跟发行人的业务是一体化经营后分家的也应进行整合，若亲戚关系不紧密、业务关系不紧密、各方面都独立运作（包括商标等）的，可考虑不纳入发行主体。

【案例2】对"董监高"人员是否存在同业竞争的核查——华大基因（股票代码：300676）

A股上市情况：2017年5月24日召开的中国证券监督管理委员会创业板发行审核委员会2017年第45次发审委会议审核：深圳华大基因股份有限公司（首发）获通过。

案例解读

发行人董事、监事、高级管理人员等核心人员控制的企业包括深圳碳基投资有限公司、深圳曦和生命科学有限公司等。请发行人说明其董事、监事、高级管理人员、其他核心人员及其关系密切的近亲属是否存在其他投资、投资的其他企业与发行人是否从事相同或相似业务，是否存在上下游关系，是否存在交易、资金往来，是否存在共用资产、分担成本等利益输送情形。请中介机构核查并发表明确意见。

一、关于发行人董事、监事、高级管理人员、其他核心人员及其关系密切近亲属的其他主要投资情况

根据发行人董事、监事、高级管理人员、核心技术人员出具的《基本情况调查表》，并经中介机构查询国家企业信用信息公示系统网站（http://gsxt.saic.gov.cn/）情况，截至2016年12月31日，除华大控股、华大三生园及发行人外，发行人董事、监事、高级管理人员及其关系密切的家庭成员其他主要对外投资的一级子公司及重要的二级子公司的情况如表20–2所示。

表20–2　发行人董事、监事、高级管理人员及其关系密切的家庭成员投资情况

序号	姓名	所投资企业名称	出资比例
1	汪建	华大小米	出资比例20%
		辉源生物科技（上海）有限公司	出资比例11.88%
		华大智造（BVI）	出资比例100%
		华大智造（Cayman）	出资比例100%
		华大智造（香港）	出资比例100%
2	尹烨	华大投资	出资比例0.9614%
3	孙英俊	华大投资	出资比例0.4507%

续表

序号	姓名	所投资企业名称	出资比例
4	王俊	深圳碳基投资有限公司	深圳碳云控股有限公司出资66.6667%
		深圳碳云投资企业（有限合伙）	深圳碳基投资有限公司持股99%
		深圳碳云智能科技有限公司	深圳碳基投资有限公司持股58.3333%，深圳碳云投资企业（有限合伙）持股21.6666%
		深圳碳基智能科技有限公司	深圳碳基投资有限公司持股100%
		深圳碳元科技有限公司	深圳碳基投资有限公司持股100%
		深圳碳原智能科技有限公司	深圳碳基投资有限公司持股100%
		深圳基智投资有限公司	出资比例30%
		华大投资	出资比例53.7932%，任执行事务合伙人
		深圳碳云控股有限公司（曾用名为深圳曦和生命科学有限公司）	出资比例90%
		深圳碳云数字生命科技有限公司	深圳碳云控股有限公司出资比例100%
		深圳曦和生命科学投资合伙企业（有限合伙）	出资比例99%
		深圳碳云曦和投资合伙企业（有限合伙）	深圳曦和生命科学投资合伙企业（有限合伙）出资比例99%；深圳碳云控股有限公司出资比例1%
5	李英睿	深圳基智投资有限公司	出资比例40.00%
		深圳碳基投资有限公司	出资比例16.6667%
		华大投资	出资比例1.0315%
6	李松岗	华大三生园	出资比例5%
		华大投资	出资比例0.8413%
7	王威	华大投资	出资比例0.4006%
8	王洪涛	北京高林投资有限公司	出资比例70%
		深圳弘泰资本投资有限公司	出资比例10%

续表

序号	姓名	所投资企业名称	出资比例
9	谢宏	贝因美集团有限公司	出资比例 72.135%
		贝因美婴童食品股份有限公司	持有贝因美集团有限公司 72.135% 的股权，贝因美集团有限公司持有贝因美婴童食品股份有限公司 33.06% 的股份
10	金春保	深圳市盛桥投资管理有限公司	出资比例 60%
		深圳市盛桥新视界投资合伙企业（有限合伙）	任有限合伙人，出资比例 90%
		深圳市创润投资合伙企业（有限合伙）	出资比例 85%
		深圳市盛桥新领域投资合伙企业（有限合伙）	出资比例 29.14%
		北京天学网教育科技股份有限公司	出资比例 0.4004%
		深圳市鸿效节能股份有限公司	出资比例 1%
11	蒋昌建	南京蒋大哥文化传媒工作室	出资比例 100%
		巴爷科技（上海）有限公司	出资比例 5%
		上海天狐创意设计股份有限公司	出资比例 0.6452%
		上海通游网络科技有限公司	出资比例 18%
		上海众妙电子科技有限公司	出资比例 20%
12	万定华（董事吴淳的母亲）	广州如华投资企业（有限合伙）	出资比例 10%
13	吴志明（董事吴淳的父亲）	广州如华投资企业（有限合伙）	出资比例 90%
14	刘丽（董事金春保的配偶）	深圳市创润投资合伙企业（有限合伙）	出资比例 2.50%
15	刘丙金（高级管理人员刘娜父亲）	诺维瑞科技（深圳）有限公司	出资比例 50%
16	褚家峰（高级管理人员刘娜配偶的弟弟）	吉林省千顺汽车贸易有限公司	出资比例 49%
		吉林省荣孚汽车贸易有限公司	出资比例 100%
17	刘安（高级管理人员张凌妹妹的配偶）	北京喜艺悦和信息咨询有限公司	出资比例 100%

二、关于上述投资企业与发行人是否从事相同或相似业务，是否存在上下游关系，是否存在交易、资金往来，是否存在共用资产、分担成本等利益输送情形

1. 上述投资企业与发行人是否从事相同或相似业务，是否存在上下游关系

根据招股说明书及发行人的说明，发行人的主营业务为通过基因检测等手段，为医疗机构、科研机构、企事业单位等提供基因组学类的诊断和研究服务。

经发行人董事、监事、高级管理人员等核心人员的调查表及说明，并经中介机构核查，上述董监高等核心人员及其关系密切的近亲属投资的企业的主营业务具体如表 20–3 所示。

表20–3　董监高及其关系密切的近亲属投资企业主营业务情况

序号	姓名	所投资企业名称	经营范围	主营业务	是否与发行人存在上下游关系
1	汪建	华大小米	初级农产品的购销；保健食品的研发；化肥、农药、机械的研发；农药、机械的购销。农作物种植；种子购销；初级农产品的加工、仓储、配送；动植物的育种；种子的生产繁育；食品的购销、加工；保健食品的生产、购销；化肥的生产、购销；农药、机械的生产	小米育种、种植	否
		辉源生物科技（上海）有限公司	从事治疗肿瘤、代谢性疾病、中枢神经系统及免疫系统疾病的药物的研究、开发；生物技术的研究、开发（人体干细胞、基因诊断与治疗技术的开发和应用除外）；转让自有技术；并提供相关技术咨询、技术服务	药物、生物技术的研究、开发	是
		华大智造（BVI）	投资控股	持股平台，无实际业务	否
		华大智造（Cayman）	投资控股	持股平台，无实际业务	否
		华大智造（香港）	投资控股	持股平台，无实际业务	否
2	尹烨	华大投资	股权投资；投资兴办实业（具体项目另行申报）；投资咨询、投资管理	股权投资	否
3	孙英俊	华大投资	股权投资；投资兴办实业（具体项目另行申报）；投资咨询、投资管理	股权投资	否

续表

序号	姓名	所投资企业名称	经营范围	主营业务	是否与发行人存在上下游关系
4	王俊	深圳碳基投资有限公司	投资兴办实业（具体项目另行申报）；投资管理、投资咨询	投资平台，无具体业务	否
		深圳碳云投资企业（有限合伙）	股权投资；投资兴办实业（具体项目另行申报）	投资平台，无具体业务	否
		深圳碳云智能科技有限公司	智能科技产品的技术开发及销售；信息技术、电子产品的技术开发、技术咨询、技术服务、技术转让；电子商务系统开发；通用软件、行业应用软件、嵌入式软件的开发；数据库服务；数据库管理；数据挖掘、数据分析与数据服务；移动互联网、物联网的技术开发；国内贸易；经营进出口业务。（以上各项涉及法律、行政法规、国务院决定禁止的项目除外，限制的项目须取得许可后方可经营）	围绕消费者的生命大数据、互联网和人工智能，建立健康管理大数据平台，通过数据挖掘和机器分析技术，提供健康指数分析和预测；目前尚无具体产品	是
		深圳碳基智能科技有限公司	智能科技产品的技术开发及销售；信息技术、电子产品的技术开发、技术咨询、技术服务、技术转让；电子商务系统开发；通用软件、行业应用软件、嵌入式软件的开发；数据库服务；数据库管理；数据挖掘、数据分析与数据服务；移动互联网、物联网的技术开发；国内贸易；经营进出口业务。（以上各项均不含法律、行政法规、国务院决定禁止或需审批的项目）	股权投资	否
		深圳碳元科技有限公司	智能产品的技术开发与销售；信息技术开发；电子产品的技术开发、技术咨询、技术转让；电子商务平台的技术开发；通用软件、行业应用软件、嵌入式软件的技术开发；数据库管理；计算机数据分析技术处理（不含限制项目）；移动互联网、物联网的技术开发；国内贸易（不含专营、专卖、专控商品）；经营进出口业务（法律、行政法规、国务院决定禁止的项目除外，限制的项目须取得许可后方可经营）	股权投资	否
		深圳基智投资有限公司	投资咨询、投资管理、股权投资（以上均不含限制项目）	股权投资	否
		华大投资	股权投资；投资兴办实业（具体项目另行申报）；投资咨询、投资管理	股权投资	否

续表

序号	姓名	所投资企业名称	经营范围	主营业务	是否与发行人存在上下游关系
		深圳碳云控股有限公司（曾用名为深圳曦和生命科学有限公司）	从事生命科学的研究、技术咨询、技术服务；投资兴办实业	投资平台，无具体业务	否
		深圳碳云数字生命科技有限公司	智能科技产品的技术开发及销售；信息技术、电子产品的技术开发、技术咨询、技术服务、技术转让；电子商务系统开发；通用软件、行业应用软件、嵌入式软件的开发；数据库服务；数据库管理；数据挖掘、数据分析与数据服务；移动互联网、物联网的技术开发；国内贸易；经营进出口业务。	无具体业务	否
		深圳曦和生命科学投资合伙企业（有限合伙）	从事生命科学的研究与投资、技术咨询、技术服务	投资平台，无具体业务	否
		深圳碳云曦和投资合伙企业（有限合伙）	投资兴办实业（具体项目另行申报）	投资平台，无具体业务	否
5	李英睿	深圳基智投资有限公司	投资咨询、投资管理、股权投资（以上均不含限制项目）	无具体业务	否
		深圳碳基投资有限公司	投资兴办实业（具体项目另行申报）；投资管理、投资咨询	投资平台，无具体业务	否
		华大投资	股权投资；投资兴办实业（具体项目另行申报）；投资咨询、投资管理	股权投资	否
6	李松岗	华大三生园	生物技术领域新产品、新工艺、新技术的研究开发及成果产业化；循环经济领域新产品、新工艺、新技术的研究开发及成果产业化；生物能源工程技术项目承包、技术受让取得、技术咨询；普通食品、功能性食品、保健食品、保健药品的新产品、新工艺、新技术的研究开发及成果产业化；日化产品及化妆品的研究开发及销售。国内外商品贸易；经营进出口业务。农业、养殖及产品深加工；农业领域动植物新品种培育；生物能源工程技术培训	投资平台，同时开展农业技术开发业务	否
		华大投资	股权投资；投资兴办实业（具体项目另行申报）；投资咨询、投资管理	股权投资	否

续表

序号	姓名	所投资企业名称	经营范围	主营业务	是否与发行人存在上下游关系
7	王威	华大投资	股权投资;投资兴办实业(具体项目另行申报);投资咨询、投资管理	股权投资	否
8	王洪涛	北京高林投资有限公司	投资管理	投资管理	否
		深圳弘泰资本投资有限公司	资产管理;投资管理(不含限制项目);投资咨询(不含限制项目);投资顾问(不含限制项目);经济信息咨询;股权投资;投资兴办实业(具体项目另行申报);受托管理股权投资基金	投资管理	否
9	谢宏	贝因美集团有限公司	一般经营项目:高科技开发及咨询,实业投资,投资咨询;批发、零售:服装,玩具,日用百货,机械设备,办公用品,初级食用农产品(除食品、药品),化肥、燃料油、润滑油、纺织化纤原料、化工原料及产品(除危险化学品及易制毒品),橡胶,金属材料,建筑材料,有色金属,纸制包装品,塑料制品,五金交电,仪器仪表,机械设备,棉花;计算机软件开发及应用服务;物业管理;日用品出租;货物进出口	投资管理及国际贸易业务	否
		贝因美婴童食品股份有限公司	开发、销售儿童食品、营养食品,并提供相关咨询等服务,预包装食品、乳制品(含婴幼儿配方乳粉)的批发兼零售	婴幼儿食品的研发、生产和销售	否
10	金春保	深圳市盛桥投资管理有限公司	受托资产管理;投资咨询、企业管理咨询、信息咨询(不含限制项目);兴办实业(具体项目另行申办)	投资	否
		深圳市盛桥新视界投资合伙企业(有限合伙)	受托资产管理,投资咨询,企业管理咨询(不含信托、证券、保险、银行业务、人才中介服务及其他限制项目);投资兴办实业(具体项目另行申报	投资	否
		深圳市创润投资合伙企业(有限合伙)	投资兴办实业(具体项目另行申报);投资咨询、投资管理(以上不含银行、证券、保险、基金、信托等金融业务、人才中介服务及其他限制项目)	投资	否
		深圳市盛桥新领域投资合伙企业(有限合伙)	投资兴办实业(具体项目另行申报);投资咨询;投资管理	投资	否

续表

序号	姓名	所投资企业名称	经营范围	主营业务	是否与发行人存在上下游关系
		北京天学网教育科技股份有限公司	技术开发、技术咨询、技术服务；教育咨询；销售计算机、软件及辅助设备；第二类增值电信业务中的信息服务业务（仅限互联网信息服务）（互联网信息服务不含新闻、出版、教育、医疗保健、药品和医疗器械、电子公告服务）（互联网信息服务增值电信业务经营许可证有效期至2017年5月4日）；图书、报纸、期刊、电子出版物、音像制品批发、零售（出版物经营许可证有效期至2022年4月30日）	为学校、教师与学生提供智能教育解决方案	否
		深圳市鸿效节能股份有限公司	二次供水系统设备的研发、工程设计、调试服务、上门维修及相关咨询服务；水泵、空调、电梯、照明灯具的节能设计及上门节能改造（不含限制项目）；电子产品、计算机软件、机电设备的技术开发、销售及上门安装（不含特种设备）；机电工程设计；国内贸易。（以上法律、行政法规、国务院决定禁止的项目除外，限制的项目须取得许可后方可经营）二次供水系统设备的生产、安装	二次供水系统设备的研发、生产、安装	否
11	蒋昌建	南京蒋大哥文化传媒工作室	商务信息咨询；文化艺术交流；多媒体策划与制作；计算机软件开发与推广；广告宣传策划与实施	文化传媒	否
		巴爷科技（上海）有限公司	从事计算机技术、网络技术、农业种植技术领域内的技术开发、技术咨询、技术转让、技术服务，货物运输代理，实业投资，创业投资，投资管理，资产管理，投资咨询（除金融、证券），商务咨询，企业营销策划，旅游咨询（不得从事旅行社业务），电子商务（不得从事增值电信、金融业务），电子产品、百货的销售	商务咨询	否
		上海天狐创意设计股份有限公司	品牌文化衍生产品的设计开发与销售，创意设计服务，企业形象策划，市场营销策划，会务服务，展览展示服务，企业管理咨询，室内装饰装修设计，工业产品设计；日用百货、宾馆用品、汽车用品、办公用品、工艺美术品、建材、家用电器、机电设备的销售；建筑装修装饰建设工程专业施工；从事货物与技术的进出口业务	产品设计	否
		上海通游网络科技有限公司	民用航空运输销售代理，票务代理，订房服务，计算机领域内的技术开发、技术咨询、技术服务、技术转让，电脑软硬件、服装的销售	民用航空运输销售代理，票务代理	否

续表

序号	姓名	所投资企业名称	经营范围	主营业务	是否与发行人存在上下游关系
		上海众妙电子科技有限公司	从事信息、计算机科技领域内的技术开发、技术转让、技术咨询、技术服务，电子产品、计算机、软件及辅助设备（除计算机信息系统安全专用产品）的销售	电子产品的销售	否
12	万定华（董事吴淳的母亲）	广州如华投资企业（有限合伙）	股权投资；企业自有资金投资；（依法须经批准的项目，经相关部门批准后方可开展经营活动）	股权投资	否
13	吴志明（董事吴淳的父亲）	广州如华投资企业（有限合伙）	股权投资；企业自有资金投资；（依法须经批准的项目，经相关部门批准后方可开展经营活动）	股权投资	否
14	刘丽（董事金春保的配偶）	深圳市创润投资合伙企业（有限合伙）	投资兴办实业（具体项目另行申报）；投资咨询、投资管理（以上不含银行、证券、保险、基金、信托等金融业务、人才中介服务及其他限制项目）	投资	否
15	刘丙金（刘娜父亲）	诺维瑞科技（深圳）有限公司	化工产品、化工材料、电子材料、电子产品、印刷设备的技术开发及购销，国内贸易	化工产品、电子产品的购销	否
16	褚家峰（高级管理人员刘娜配偶的弟弟）	吉林省千顺汽车贸易有限公司	汽车销售；二手车经销；经销汽车轮胎、汽车装饰、汽车配件、电子材料、导热材料、粘黏剂；汽车租赁，汽车代驾；汽车维修（依法须经批准的项目，经相关部门批准后方可开展经营活动）	汽车销售及维修	否
		吉林省荣孚汽车贸易有限公司	汽车销售，二手车经销，汽车配件、电子材料、电子设备销售，汽车租赁，汽车保险信息咨询，汽车贷款信息咨询，汽车零部件批发（以上经营项目，法律、法规和国务院决定禁止的，不得经营；许可经营项目凭有效许可证或批准文件经营；一般经营项目可自主选择经营）	汽车销售及维修	否
17	刘安（高级管理人员张凌妹妹的配偶）	北京喜艺悦和信息咨询有限公司	文化信息咨询、商务信息咨询（中介除外）；技术服务、技术开发；市场调查；会议服务；设计、制作、代理、发布广告；接受委托提供劳务服务；组织文化艺术交流活动（演出除外）；企业形象策划；承办展览展示；营销策划；销售办公用品、日用杂品、文化体育用品（音像制品除外）；租赁机械设备	文化信息咨询、商务信息咨询（中介除外）	否

根据发行人说明、董事、监事、高级管理人员等核心人员的说明及调查表、国家企业信用信息公示系统网站（http://gsxt.saic.gov.cn/）等资料，并经中介机构核查，中介机构认为：

（1）深圳碳云智能科技有限公司主营业务系围绕消费者的生命大数据、互联网和人工智能，建立健康管理大数据平台，通过数据挖掘和机器分析技术，提供健康指数分析和预测；目前尚无具体产品；日常经营中存在为取得数据，委托外部主体进行基因测序的可能性，与发行人存在业务上的上下游关系。

（2）辉源生物科技（上海）有限公司主营业务系药物、生物技术的研究、开发，日常经营存在委托外部主体进行基因测序的情况，与发行人存在业务上的上下游关系。

（3）上述其他企业中，部分企业主营业务为投资平台，无具体业务；部分企业主营业务、主要产品与发行人存在较大差异，因此均与发行人未从事相同或相似业务，不存在上下游关系。

2．上述投资企业与发行人是否存在交易、资金往来，是否存在共用资产、分担成本等利益输送情形

根据发行人出具的相关说明、董事、监事、高级管理人员等核心人员的说明及调查表、国家企业信用信息公示系统网站（http://gsxt.saic.gov.cn/）相关查询信息，并检索发行人客户、供应商名单，抽查发行人部分银行流水，中介机构认为，除发行人与华大控股、华大三生园及其所投资企业发生的交易外（具体情况请参见本补充法律意见书反馈意见问题4之回复内容），发行人董事、监事、高级管理人员、其他核心人员及其关系密切近亲属主要投资的上述企业与发行人不存在交易、资金往来，不存在共用资产、分担成本等利益输送情形。

专家点评

同业竞争问题不仅应关注控股股东、实际控制人，同样需要关注董监高及重要股东同业竞争的问题，需要个案分析，如果影响发行人利益，也需要清理，毕竟同业竞争是条红线。同业竞争核心是否构成相同或相似业务，相同业务容易理解，但是相似业务考量就比较困难。在实践当中应本着实质重于形式的原则，从产品、客户、销售范围、上游采购、核心技术构成等方面进行综合考虑。

第二节　同业竞争的基本情况

一、同业竞争的内涵

我国的法律法规和部门规章并没有对同业竞争有明确的定义，在企业上市中所谓的同业竞争其涵义来自《首次公开发行股票并上市管理办法》(简称《首发管理办法》)和《公开发行证券的公司信息披露内容与格式准则第1号——招股说明书》(证监发行字〔2006〕5号以下简称《招股说明书准则》)。《首发管理办法》第十九条规定，发行人的业务应当独立于控股股东、实际控制人及其控制的其他企业，与控股股东、实际控制人及其控制的其他企业间不得有同业竞争。《公开发行股票并在创业板上市管理暂行办法》第十八条也有类似规定。《招股说明书准则》第五十一条则进一步规定了什么是同业竞争。该条规定，发行人应披露是否存在与控股股东、实际控制人及其控制的其他企业从事相同、相似业务的情况。对存在相同、相似业务的，发行人应对是否存在同业竞争作出合理解释。结合上述两条规定，通常把同业竞争表述为"发行人的控股股东、实际控制人及其控制的其他企业从事与发行人相同、相似业务的情况"。但在上市实践中，同业竞争的内涵已经扩大了。通常情况下，不仅发行人的控股股东、实际控制人及其控制的其他企业，即使发行人的董事、监事、高管从事与发行人相同、相似业务也被视为同业竞争，应当予以避免。所谓的控股股东是指其出资额公司股本总额50%以上的股东；或虽然不足50%，但依其股份所享有的表决权已足以对股东会的决议产生重大影响的股东。实际控制人是指虽不是公司的股东，但通过投资关系、协议或者其他安排，能够实际支配公司行为的人。

同业竞争问题是公司在股票发行上市前进行资产重组过程中无法回避的问题。在IPO申报材料的审核中，同业竞争被高度关注且被禁止，其主要原因是：

(1)同业竞争不符合市场经济规律，属于不公平竞争，因此，世界各国立法通常都予以禁止。

(2)同业竞争可能会使上市公司转移利益，损害公司股东利益。

(3)同业竞争可能损害其他市场主体的利益。

(4)同业竞争造成上市公司与控股股东的利益冲突，可能会严重地影响甚至阻碍上市公司的发展。

（5）同业竞争问题的存在本身即会影响投资者的投资积极性，影响资本市场的健康发展。

二、如何判断是否同业竞争

对同业竞争的判断，主要看两个方面，一是可能构成同业竞争的主体，一是同业竞争的内容。与发行人可能构成同业竞争的主体包括发行人的控股股东、实际控制人及其控制的其他企业，这一点，由于有证监会的相关规定，容易判断。但如前述，实践中，可能构成同业竞争的主体不限于此，还包括发行人的董事、监事、高管，甚至实际控制人的亲属等。对上述这些人经营与发行人相同或相似业务的，都应对是否构成同业竞争进行披露，如存在同业竞争问题，同样会影响上市。对于国有控股企业，则不能因为同受国家控制而判定为构成同业竞争的主体。

判断同业竞争内容，主要看业务的性质、业务的客户对象、产品或劳务的可替代性、市场差别等方面，同时应充分考虑对发行人及其股东的客观影响。因此，单纯业务相同和相似，不能判定为同业竞争，就如中国的低端手表生产企业和瑞士的高端手表生产企业不构成同业竞争是一样道理。

三、解决同业竞争问题的方法

由于同业竞争必须消除，因此，解决的原则是必须彻底，不留隐患。解决同业竞争的方法很多，企业应根据自身情况，以详细的尽职调查为基础，仔细梳理企业存在的同业竞争关系，综合运用一种或多种方式予以解决。

避免同业竞争通常可采取以下措施：

（1）发行人收购同业竞争方拥有的竞争性业务或将竞争性的业务转让给同业竞争方。

（2）发行人收购同业竞争方。

（3）同业竞争方将竞争性的业务转让给无关联的第三方。

（4）发行人不再从事存在同业竞争的业务。

（5）发行人出售与同业竞争方存在同业竞争的业务给无关联的第三方；

（6）发行人的控股股东及实际控制人作出不再进行同业竞争书面承诺并在招股说明书中予以披露。

（7）在发行人章程中应当有相关规定。

第二十一章　关联交易

关联交易的概念初次出现见于财政部于1997年5月22日发布的《企业会计准则—关联方关系及其交易的披露》，这是我国第一个规范公司关联交易的规范性文件。2006年2月15日财政部发布了新的企业会计准则（以下简称“会计准则”）。“会计准则”规定，关联交易是指关联方交易是指在关联方之间发生转移资源或义务的事项，而不论是否收取价款。关联交易分为一般关联交易和重大关联交易，重大关联交易是指发行人与其关联方达成的交易总额高于人民币3000万元且高于最近经审计净资产绝对值的5%的关联交易。

在我国有关企业上市的规定中，关联交易所占营业收入或所贡献的利润的比例曾经被禁止超过30%，2006年的《首发管理办法》取消了关联交易比例不得超过30%的规定，《公开发行股票并在创业板上市管理暂行办法》也沿用了这种做法，但是对关联交易提出了更加严格的披露要求。

在上市过程中，关联交易主要指发行人与关联方的以下交易：（1）购销商品；（2）买卖有形或无形资产；（3）兼并或合并法人；（4）出让与受让股权；（5）提供或接受劳务；（6）代理；（7）租赁；（8）委托经营；（9）提供资金或资源；（10）协议或非协议许可；（11）担保；（12）合作研究与开发或技术项目的转移；（13）向关联方人士支付报酬；（14）合作投资设立企业；（15）合作开发项目；（16）其他对发行人有影响的重大交易等。以上这些关联交易都必须在招股说明书中予以披露。

第一节　案例分析

【案例1】对关联方资金往来的核查——中环环保（股票代码：300692）

A股上市情况：2017年7月5日召开的中国证券监督管理委员会创业板发行审核委员会2017年第54次发审委会议审核：安徽中环环保科技股份有限公司（首发）

获通过。

案例解读

监管部门要求中介机构核查公司报告期关联方资金往来的产生原因、资金来源及合法合规性、是否约定利息及确定原则，如未约定利息或者资金占用费，请说明原因，是否存在损害发行人利益的情形，测算关联方为发行人提供资金按市场利率测算的费用金额及对发行人报告期业绩的影响，发行人向关联方取得资金的用途及偿还资金来源，发行人向关联方提供资金的用途及去向；中辰投资将相关债权转让给中冠投资、信达安徽分公司的原因，发行人与中辰投资票据融资的产生原因及合法合规性、是否构成重大违法违规、是否取得相关主管机关的专项认定意见、相关款项用途。

一、报告期关联方资金往来的产生原因、资金来源及合法合规性

根据发行人及其关联方的说明、华普会计所出具的《审计报告》等资料，并经中介机构核查，发行人报告期关联方资金往来情况、产生原因等如下：

1. 关联方资金往来的情况

报告期内，发行人关联方资金往来具体情况如表 21-1 所示。

表21-1 2014—2016年度发行人关联方资金往来具体情况

单位：万元

借款方	出借方	款项性质	2016 年度	2015 年度	2014 年度
发行人	中辰投资	收到往来借款	—	—	10,415.00
		偿还往来借款及支付股权收购款	—	3,300.00	28,497.58
宜源环保	润富科技	收到往来借款	—	—	171.18
		偿还往来借款	—	—	463.65
中辰投资	宜源环保	收到往来借款	—	—	1,300.00
		偿还往来借款	—	1,036.20	303.00

2. 关联方资金往来的产生原因及资金来源

发行人与中辰投资之间的资金往来主要系因发行人当时开展收购和业务运营资金不足；宜源环保与润富科技、宜源环保与中辰投资之间的资金往来均发生于发行人收购宜源环保之前，发行人收购宜源环保后，因追溯调整合并报表而形成上述关联方资金往来。上述往来各企业所提供的资金均主要来源于自有流动资金。

3. 关联方资金往来的合法合规性

中介机构注意到，发行人与关联方上述资金往来不符合中国人民银行《贷款通则》第六十一条“各级行政部门和企事业单位、供销合作社等合作经济组织、农村

合作基金会和其他基金会，不得经营存贷款等金融业务。企业之间不得违反国家规定办理借贷或者变相借贷融资业务”的有关规定。但基于下列原因，中介机构认为，上述资金往来不会对发行人造成损失或风险，不会对本次发行构成实质性法律障碍：上述资金往来均已全部清理，不存在潜在纠纷；最高人民法院《关于审理民间借贷案件适用法律若干问题的规定》明确了法人之间资金融通属于民间借贷，相应债权依法受到法律保护；上述资金拆借系发行人开展业务需要及发行人收购子公司追溯调整合并报表而产生，不存在损害发行人及其他股东利益的情形。

二、报告期内关联方资金是否约定利息及确定原则，如未约定利息或者资金占用费，请说明原因，是否存在损害发行人利益的情形，测算关联方为发行人提供资金按市场利率测算的费用金额及对发行人报告期业绩的影响

根据发行人及其关联方的说明、华普会计所出具的《审计报告》等资料，并经中介机构核查，发行人与中辰投资、宜源环保与润富科技之间的资金往来未约定利息及确定原则，主要原因是中辰投资、宜源环保、润富科技均为同一控制下的公司，中辰投资为支持其下属企业及发行人业务发展，无息提供资金支持，不存在损害发行人利益的情形。宜源环保与中辰投资间资金往来约定的借款利率为基准利率上浮6%，宜源环保已收到中辰投资所偿还的全部本金及利息。

按市场利率测算，发行人与中辰投资、宜源环保与润富科技上述资金往来应支付费用金额及对发行人当年业绩影响情况如表21-2所示。

表21-2 发行人资金往来应支付费用金额及对发行人当年业绩影响情况 单位：万元

年份	借款总额	还款总额	资金占用费率	资金占用费（税后）	当年净利润	扣除资金占用费后净利润
2014	10,586.18	28,961.23	5.80%	603.44	3,314.48	2,711.04

注：1. 借款总额系发行人向中辰投资、宜源环保向润富科技借款合计金额，还款总额系发行人向中辰投资、宜源环保向润富科技还款合计金额。

2. 资金占用费采用年度人民币贷款平均基准利率，2014年1—11月，基准利率为6.00%，2014年12月基准利率为5.60%。

3. 资金占用费（税后）= 每笔借款 × 占用天数 /360 × 资金占用费率 ×（1-25%）。

4. 当年净利润采用当年扣除非经常损益后孰低净利润。

据上，扣除按市场利率测算的资金占用费后，发行人2014年度净利润为2,711.04万元，对发行人报告期业绩不构成重大影响。

三、发行人向关联方取得资金的用途、及偿还资金来源，发行人向关联方提供资金的用途及去向

根据发行人及其关联方的说明及其提供的有关财务资料、华普会计所出具的《审计报告》等资料，并经中介机构核查，发行人向中辰投资取得资金主要用于对外

投资、承接环境工程业务等，偿还资金主要来源于主营业务收入、向金融机构借款；宜源环保向润富科技取得资金主要用于所运营污水处理厂工程建设款，偿还资金主要来源于污水管网入网费及污水处理收入；中辰投资向宜源环保取得资金主要用于支付房地产业务工程款，偿还资金主要来源于房地产业务收入。

四、中辰投资将相关债权转让给中冠投资、信达安徽分公司的原因

根据中辰投资的说明、相关股权转让协议、《审计报告》等资料，并经中介机构核查，2012 年 8 月—2013 年 2 月，发行人先后自中辰投资收购了安庆清源 100% 股权、桐城清源 100% 股权、泰安清源 85% 股权、舒城清源 100% 股权、寿县清源 100% 股权、全椒清源 100% 股权，加之运营资金不足因而向中辰投资借款，发行人于 2012 年、2013 年形成了对中辰投资大量负债，截至 2013 年年末，发行人应付中辰投资的债务总额为 17,904.64 万元。

中辰投资分别于 2013 年 4 月、2014 年 5 月与中冠投资、信达安徽分公司签订债权转让协议，将对发行人的 5,525 万元、9,967 万元债权依次转让给中冠投资、信达安徽分公司，之后中冠投资又将对发行人的 5,525 万元债权转让给信达安徽分公司。中辰投资将上述相关债权进行转让主要系其房地产业务开展需进行资金周转。上述债权转让后，发行人已于 2015 年 7 月前将上述债务偿还完毕。

据上，中介机构认为，中辰投资上述债权转让具有合理性。

五、发行人与中辰投资票据融资的产生原因及合法合规性、是否构成重大违法违规、是否取得相关主管机关的专项认定意见、相关款项用途

根据发行人的说明、发行人提供的财务凭证、华普会计所出具的《审计报告》、中国人民银行合肥中心支行出具的《关于〈关于咨询无真实交易背景票据转让行为是否应受人民银行行政处罚的函〉的复函》等资料，并经中介机构核查，发行人与中辰投资票据融资的产生原因、合法合规性等情况如下：

1. 发行人与中辰投资票据融资的产生原因、相关款项用途

发行人因开展环境工程业务收到银行承兑汇票，为按期偿还信达安徽分公司及正奇租赁借款，发行人分别于 2015 年 3 月、2015 年 11 月以票面金额为 1,200 万元及 400 万元的未到期银行承兑汇票向中辰投资融资合计 1,600 万元。发行人将上述票据融资所取得的款项主要用于偿还信达安徽分公司及正奇租赁借款。

2. 发行人与中辰投资票据融资的合法合规性、是否构成重大违法违规、是否取得相关主管机关的专项认定意见

上述票据融资行为未严格遵守《票据法》第十条“票据的签发、取得和转让，应当遵循诚实信用的原则，具有真实的交易关系和债权债务关系”的规定，但相关

票据在到期时全部解付，未造成任何经济损失和纠纷。此外，经对照《票据法》第一百零二条、《票据法》第一百零三条、《票据管理实施办法》第三十条、《票据管理实施办法》第三十一条等关于票据违法行为法律责任的相关规定，发行人票据融资行为不属于上述规定中任一种应追究刑事责任或给予行政处罚的情形。

2017 年 3 月 16 日，中国人民银行合肥中心支行出具了《关于〈关于咨询无真实交易背景票据转让行为是否应受人民银行行政处罚的函〉的复函》，确认如下：

"1. 依据《中华人民共和国票据法》第十条"票据的签发、取得和转让，应当遵循诚实信用的原则，具有真实的交易关系和债权债务关系"、《票据管理实施办法》第四条"票据当事人应当依法从事票据活动，行使票据权利，履行票据义务"的规定，在无真实的交易关系和债权债务关系背景下，企业背书转让银行承兑汇票的行为已违反上述规定；

2. 在无真实交易背景的情形下，票据持有人将其合法取得的银行承兑汇票转让给他人的行为不属于《中华人民共和国票据法》第一百零二条、第一百零三条及《票据管理实施办法》第三十条、第三十一条规定之情形，亦不属于应受到我行行政处罚的重大违法违规行为。"

基于上述事实，中介机构认为，发行人票据融资行为不构成重大违法违规，并已取得了相关主管机关的专项认定意见。

专家点评

关联交易行为并非禁止，而是要进行规范，主要原因是关联交易的存在有其商业合理性，不能一棍子打死。根据《最高人民法院关于审理民间借贷案件适用法律若干问题的规定》，关联方相互之间为生产、经营需要订立的民间借贷合同，除存在合同法第五十二条、本规定第十四条规定的情形外，当事人主张民间借贷合同有效的，人民法院应予支持。从上市审核角度看，发行人在报告期内的关联资金往来，随着关联方的解决，会计报表进行合并，这些关联交易也不再过多关注，理由是这些偶发性的关联交易在合并报表以后，已经不会再发生。

【案例 2】对关联交易的全面核查——永福股份（股票代码：300712）

A 股上市情况：2017 年 6 月 28 日召开的中国证券监督管理委员会创业板发行审核委员会 2017 年第 52 次发审委会议审核：福建永福电力设计股份有限公司（首发）获通过。

案例解读

福建和盛高科技产业有限公司、厦门瑞新热电、南平兴峰水电为永福集团参股公司。报告期内，发行人与和盛高科、瑞新热电存在关联交易。发行人持有新能研发19%股权，公司实际控制人、副总经理陈强担任该公司董事、常务副总经理。

（1）请发行人补充披露永福参股的3家公司以及新能研发的具体情况，包括成立时间、注册资本、股东结构、主要从事业务的情况，永福集团、发行人参股背景和时间。

（2）请发行人补充披露报告期内发行人与上述公司交易背景，交易定价依据，是否存在利益输送情形，说明永福集团、发行人入股时是否就有关业务与发行人作出相关安排。

（3）请发行人结合报告期内2015年发行人向瑞新热电提供EPC工程总承包业务收入占同期同类业务收入的31.43%的情形，说明发行人该类业务是否对关联方存在重大依赖。

（4）报告期内，发行人与新能研发存在人员互借的情形，请发行人说明发行人在人员、资产、业务、机构等方面是否与关联方独立，上述情形对发行人独立性的影响。请中介机构发表核查意见，说明核查依据和过程。

一、永福集团、发行人参股公司的具体情况

中介机构核查了永福集团参股的和盛高科、瑞新热电、兴峰水电、昌明建材、漳浦光伏5家公司以及发行人参股的新能研发、福建永帆风电科技有限公司（以下简称“永帆风电”）2家公司自设立至今的工商档案，查阅了永福集团、发行人参股上述公司的董事会或股东会决策文件、出资凭证、工商登记资料等，查阅了上述公司报告期内的审计报告或财务报表并获取了该等公司出具的关于主营业务说明等资料。核查结果如下：

1．永福集团参股上述企业背景

（1）和盛高科。永福集团投资和盛高科的原因：和盛高科主营业务为电力行业的系统、硬件、通信等高新技术产品研发、制造、销售和技术服务，主要产品为变电站变电设备在线监测系统和变电站综合自动化系统。和盛高科成立时国内变电站变电设备状态监测与诊断技术刚起步，其应用能有效提高变电站安全运行水平和供电质量，符合电力科技发展方向和现实需要。随着变电站综合自动化程度要求提高，福建省大量110kV及以上电压等级的变电站都需要技改，加上新建项目的投入，变电站综合自动化项目具有良好的市场前景。

（2）瑞新热电。发电行业具备良好发展前景。

永福集团受让永福有限所持瑞新热电股权原因：2012年初永福有限开始筹划今后进入资本市场，为突出拟上市主体的主营业务，永福有限拟保留并重点发展勘察设计相关业务，同时剥离与该主营业务无关的对外投资，而瑞新热电经营的电力、热能生产业务属于前述拟剥离业务的范围，因此，永福有限将其所持瑞新热电股权全部转让给关联方永福集团。

（3）兴峰水电。永福集团投资兴峰水电的原因：当时国内电力供应紧张，电源项目为投资重点，发电行业具备良好发展前景。

（4）昌明建材。永福集团投资昌明建材原因：昌明建材主要从事淤泥环保多孔砖、墙体材料的研发、生产和销售，解决福州市地铁工程开挖出来的地下淤泥、闽江（内河）淤泥处理难的问题，符合国家循环经济的产业政策，市场前景较好。

（5）漳浦光伏。永福集团投资漳浦光伏原因：漳浦地区光伏项目经初步评估的经济评价指标较好，并且合资方国家电投集团福建新能源有限公司具有丰富的经验和良好的项目开发实力。

2．发行人参股企业

（1）新能研发。新能研发成立于2015年8月24日，成立时注册资本为2,000万元，股东为发行人、福建福船投资有限公司（福建省船舶工业集团有限公司全资子公司）、福建一帆资产管理有限公司共同出资组建，各方持股比例分别为30.00%、52.50%、17.50%。

发行人投资新能研发的背景：根据福建省委、省政府和国家能源局对福建省发展海上风电产业的指示精神和总体要求（国能科技〔2015〕162号文、省政府批办件2015B0273JH0149号文、闽发改能源函〔2015〕259号），为充分把握福建海上风电发展机遇，依托国家和福建省对建立海上风电研发中心的大力支持，有效整合行业资源，助力公司在海上风电勘测设计技术领域实现有效突破，并择机介入海上风电试验检测、海上风电场专业化运维服务等业务。

2015年12月2日，福建省发改委组织召开新能研发重组协调会议。经福建发改委、新能研发原股东同意，长江三峡集团控股子公司上海勘测设计研究院有限公司参股新能研发，按照会议拟定的新能研发重组后方案，发行人在新能研发的持股比例由30%下降至19%。2016年6月2日，新能研发对上述股权变动事宜进行了工商变更登记。

截至本补充法律意见书出具日，新能研发的注册资本为2,000万元，注册地址为福建省福州市马尾区湖里路27号1#楼2-16W室（自贸试验区内），法定代表人为蒋光遒，经营范围为“海上风力发电的技术研究及应用服务；风力发电技术开发、技术咨询、技术转让和技术服务；新能源技术开发；海上新能源设施研发；海洋工程安装设备租赁及技术咨询服务；海上风力发电项目投资、建设、运营管理；海洋工程专用设备的研发与销售；职业技能培训；自营或代理各类商品和技术的进出口，但国家限定公司经营或禁止进出口的商品和技术除外”。

新能研发的股权结构如表21–3所示。

表21–3 新能研发股权结构

序号	股东	出资额（万元）	持股比例
1.	上海勘测设计研究院有限公司	740	37%
2.	福建福船投资有限公司	680	34%
3.	永福设计	380	19%
4.	福建一帆资产管理有限公司	200	10%
合计		2,000	100%

新能研发主营业务与发行人主营业务的关系：新能研发主要从事海上风力发电的研究开发与相关技术咨询业务，此业务亦是发行人的战略发展方向，新能研发的主营业务与发行人的主营业务能形成较好的协同关系。

（2）永帆风电。永帆风电成立于2016年12月26日，注册资本为1,000万元，法定代表人为李刚，住所为福建省福州市马尾区琅岐镇新道路408号红星村民委员会办公楼第一层10149房（自贸试验区内），经营范围为“风力发电技术咨询（依法须经批准的项目，经相关部门批准后方可开展经营活动）”。永帆风电自成立至本补充法律意见书出具日股东未发生变更，其股权结构如表21–4所示。

表21–4 永帆风电股权结构

序号	股东	认缴出资额（万元）	持股比例
1	永福设计	190	19.00%
2	创智投资（福州）合伙企业（有限合伙）	385	38.50%
3	福建一帆资产管理有限公司	100	10.00%
4	福州永特投资有限公司	325	32.50%
合计		1,000	100%

发行人投资永帆风电的原因：福建省具有发展海上风电得天独厚的自然优势，海上风电正处于快速发展阶段，海上风电相关的机组检测、运维将有广阔的发展前景。

永帆风电主营业务与发行人主营业务的关系：永帆风电拟主要从事风力发电的技术咨询业务，此业务亦是发行人的战略发展方向，永帆风电的主营业务与发行人的主营业务能形成较好的协同关系。

二、报告期内发行人与上述公司交易背景，交易定价依据，是否存在利益输送

情形，说明永福集团、发行人入股时是否就有关业务与发行人作出相关安排

1. 和盛高科

2013—2016 年度，发行人与和盛高科发生如下关联交易：

表21-5 发行人与和感商科2013—2016年度关联交易情况 单位：元

交易内容	2016 年度	2015 年度	2014 年度	2013 年度
提供勘察设计（含规划咨询）服务	—	141,509.43	—	—
采购工程总承包业务所需设备	140,170.94	105,982.90	312,179.47	156,923.07

根据和盛高科出具的说明以及发行人与和盛高科的交易合同，和盛高科主营业务为电力行业的系统、硬件、通信等高新技术产品研发、制造、销售和技术服务。2015 年，和盛高科为了满足其生产部门关于智能变电站对辅助系统的要求，考虑到发行人在输变电设计领域的丰富经验和实力，委托发行人对其 220~500kV 户外智能变电站辅助系统配置方案提供专题研究报告。该合同的交易价格是根据工作量市场化计价并经双方协商确定。由于报告期内发行人不存在向第三方提供同类业务的情形，并且每个项目因项目内容、设计难度、工作量各不相同导致项目合同价格不尽相同，所以项目价格不具有可比性。因此，采用将该项目的毛利率与同期勘察设计业务的总体毛利率进行比较的方法来分析该项目定价的公允性，经测算，该项目的毛利率为 51%，与同期勘察设计业务的总体毛利率 59% 水平接近，交易定价公允，不存在损害发行人利益的行为，也不存在向发行人进行利益输送的情形。

由于发行人承接的变电类型的工程总承包需要采购电能质量监测装置，考虑到和盛高科的在线监测产品质量和口碑在省内电力系统中较好，为了保证工程的顺利投产，发行人于 2013—2016 年度陆续向和盛高科采购该装置。上述采购价格在发行人询价基础上经双方协商确定。报告期内发行人从和盛高科采购产品的价格与和其向其他客户销售的价格不存在明显差异，交易价格公允，不存在损害发行人利益的情形，也不存在向发行人进行利益输送的情形。

2. 瑞新热电

2013—2016 年度，发行人与瑞新热电发生如下关联交易，详见表 21-6。

表21-6 发行人与瑞新热电2013—2016年度关联交易情况 单位：元

交易内容	2016 年度	2015 年度	2014 年度	2013 年度
提供勘察设计（含规划咨询）服务	—	—	150,943.40	75,471.70
提供工程总承包服务	—	36,799,630.63	—	—

根据发行人说明并经核查发行人与瑞新热电的交易合同、入账凭证等，2013年、2014年发行人向瑞新热电提供关于锅炉电梯改造、CFB锅炉烟气脱硫脱硝改造工程可行性研究服务。由于发行人以往年度为瑞新热电的发电项目提供过勘察设计服务，对方基于发行人在该领域的经验委托发行人来承接此业务。该合同的交易价格是根据工作量市场化计价并经双方协商确定，该业务的工作量及交易价格与报告期内发行人向非关联方提供同类型技改项目可行性研究报告的工作量和价格水平相当，交易定价公允，不存在损害发行人利益的行为，也不存在向发行人进行利益输送的情形。

瑞新热电CFB锅炉烟气脱硫脱硝改造工程总承包项目是瑞新热电火力发电附属系统的技改工程，承接该项目需要具有相应资质，而发行人具有火力发电等相应的设计及总承包资质，同时瑞新热电建厂时发行人曾为其提供过勘察设计服务，2015年瑞新热电通过询价比选等市场化方式选择发行人承接此业务，交易定价公允，不存在损害发行人利益的行为，也不存在向发行人进行利益输送的情形。

3. 新能研发

2013—2016年度，发行人与新能研发发生如下关联交易，详见表21-7。

表21-7 发行人与新能研发2013—2016年度关联交易情况

单位：元

交易内容	2016年度	2015年度	2014年度	2013年度
向新能研发出租房产	520,533.34	179,200.00	—	—
向新能研发出租办公设备	191,496.28	—	—	—
为向新能研发垫代付借调人员工资	—	234,777.11	—	—
提供劳务服务（借调人员）	2,169,305.96	—	—	—
提供勘察设计（含规划咨询）服务	3,123,635.86	—	—	—

根据发行人说明并经核查发行人与新能研发的交易合同、入账凭证，新能研发的工商档案等资料，新能研发成立于2015年8月，为发行人参股公司，其作为福建省唯一的海上风电关键技术研究平台，从事的海上风力发电的研究开发与相关技术咨询业务亦是发行人的战略发展方向，在未来能与发行人的业务形成较好的协同关系。由于新能研发刚成立不久，为了协助其尽快开展业务，发行人于2015年下半年、2016年度向新能研发出租房产、办公设备，并借调人员至新能研发。同时2016年发行人针对其未来业务发展、申请国家能源海上风电研发中心以及福清东壁岛10万千瓦海上风电场实验项目申报，向其提供规划咨询的服务。具体如下：

（1）发行人将位于福州高新区“海西高新技术产业园”高新大道3号永福设计

办公大楼A座10层出租给新能研发作为日常办公使用，关于该项租赁的背景及具体情况详见本补充法律意见书关于《反馈意见》“问题13”回复。该项关联交易不存在损害发行人利益的行为，也不存在向发行人进行利益输送的情形。

（2）2015年年末，新能研发刚成立不久，为了支持其尽快开展工作，发行人将部分办公家具、电子设备出租给新能研发作为日常办公使用，租赁费参考上述设备年折旧费略微上浮。交易价格公允，不存在损害发行人利益的行为，也不存在向发行人进行利益输送的情形。截至2016年年末，该笔租赁已结束。

（3）2015年10—12月，发行人临时借调18名员工（8名管理人员、10名技术人员）至新能研发。该等人员借调期间的工资、福利、五险一金及各项保险费用由发行人代为发放，新能研发年末与发行人结算，由于新能研发成立之初尚未建立完备的薪酬福利制度，新能研发暂时参考借调人员在发行人的薪酬水平作为结算依据，截至2015年年末，该笔款项已结清。2016年年初，随着新能研发逐渐完善了薪酬制度，为了实现双方未来的长期合作，新能研发与发行人签订合作协议，协议约定新能研发因业务需要向发行人借用员工，协助其开展海上风电的相关业务，借用人员的工资、福利、五险一金及各项保险费用由新能研发承担，具体标准参考新能研发的薪酬管理制度。该笔费用仍由发行人先行支付，双方按照协议约定时间进行结算，结算后发行人向新能研发开具劳务费发票。报告期内新能研发向发行人借调人员产生的相关费用，是按照发行人或者新能研发的薪酬制度根据其岗位、职责决定的，最终均由新能研发承担，不存在损害发行人利益的行为，也不存在其他利益输送情形。

（4）发行人向新能研发提供规划咨询服务，交易价格是根据工作量市场化计价并经双方协商确定。发行人承接该业务系通过询价比选等市场化方式取得，交易价格公允，不存在利益输送情形。

4. 昌明建材

2013—2016年度，发行人与昌明建材发生如下关联交易，详见表21-8。

表21-8　发行人与昌明建材2013—2016年度关联交易情况　　单位：元

交易内容	2016年度	2015年度	2014年度	2013年度
向昌明建材出租房产	104,000.00	95,100.00	60,000.00	30,000.00

关于该项租赁的背景及具体情况详见本补充法律意见书关于《反馈意见》“问题13”回复。该项关联交易不存在损害发行人利益的行为，也不存在利益输送的情形。

5. 报告期内，发行人与兴峰水电、漳浦光伏、永帆风电未发生交易综上所述，中介机构认为，发行人与上述关联方交易定价公允、合理，不存在利益输送的情形，关联交易披露真实、准确、完整。

6. 永福集团、发行人入股时上述公司是否就有关业务与发行人作出相关安排

中介机构获取了永福集团、发行人出具的说明，以及永福集团、发行人投资上述公司的决策文件，上述公司的工商登记文件等资料，访谈和盛高科、瑞新热电、新能研发，并获取了永福集团、发行人对外投资企业出具的说明。中介机构认为，永福集团和发行人投资上述公司主要是基于优化投资结构以及对该等企业市场前景等考虑，不存在就有关业务与发行人作出相关安排的情形。

三、发行人 EPC 工程总承包业务是否对关联方存在重大依赖

根据发行人说明，并经核查发行人报告期内承接的工程总承包合同，2014—2016 年度，发行人向关联方提供工程总承包服务具体情况如表 21-9 所示。

表21-9 2014—2016年度发行人向关联方提供工程总承包服务情况

关联方	合同名称	签署日期	交易主要内容	合同金额（元）	报告期内交易金额（元）		
					2016 年度	2015 年度	2014 年度
瑞新热电	CFB 锅炉烟气脱硫脱硝改造工程设计、设备销售、施工总承包合同	2015.01	设计、设备销售、建筑安装等	41,590,000.00	—	36,799,630.63	—
中闽连江（注）	连江黄岐风电场 110kV 线路对侧 GIS 间隔工程设计、施工总承包合同	2015.05	设计、施工总承包	501,600.00	1,952.40	499,647.60	—
	连江黄岐风电场 110kV 升压站白云岭间隔工程	2015.05	设备采购	798,400.00	—	682,393.16	—
合计					1,952.40	37,981,671.39	—
占同期工程总承包业务收入比例					0.00%	32.43%	—
占公司营业收入的比例					0.00%	9.82%	—

注：中闽（连江）风电有限公司，为发行人 2016 年下半年新增关联方，以下简称“中闽连江”

2015 年发行人通过招投标方式承接和实施瑞新热电 CFB 锅炉烟气脱硫改造工程总承包项目，截至 2015 年末，该项目已全部完工。2015 年发行人通过招投标方式承接和实施连江黄岐风电场 110kV 线路对侧 GIS 间隔工程设计、施工总承包项目，连江黄岐风电场 110kV 升压站白云岭间隔工程项目，截至 2016 年末，上述两个项目已全部完工。报告期内，发行人未发生其他向关联方提供 EPC 工程总承包服务的情形。

除此之外，发行人亦承接了菲律宾 VALENZUELA8.5MW 并网光伏电站工程总承

包（合同总价：905.99 万美元）、菲律宾 VALENZUELA20.69MW 并网光伏电站工程总承包合同（合同总价：11,040 万元）、漳州核电厂 35kV 施工电源工程采购施工总承包（合同总价：2,390 万元）、吉县屯里镇 1 万千瓦光伏发电扶贫项目 EPC 总承包工程（合同总价：7,300 万元）、吉县屯里镇 2 万千瓦光伏发电扶贫项目 EPC 总承包工程（合同总价：15,500 万元）等大型国内外发电项目的工程总承包业务。同时，发行人报告期内承接 EPC 工程总承包业务的合同额及当年确认的收入逐年增加，具体如表 21-10 所示。

表21-10　发行人2013—2016年度承接EPC工程总承包业务情况

年度	业务承接（合同金额，万元）	收入确认（万元）
2013	11,530.09	7,310.07
2014	13,041.15	8,056.87
2015	13,875.00	11,710.26
2016	40,232.70	18,094.55

未来随着发行人 EPC 工程总承包管控能力和资金实力的增强，发行人 EPC 工程总承包业务的承揽和运营能力也将得到进一步提高，非关联方客户和资源将会得到大大的拓展，承接合同额以及收入额会得到进一步的提高。发行人 2015 年向瑞新热电、中闽连江提供 EPC 工程总承包业务不会对发行人该类业务的持续经营能力产生影响。

综上，报告期内发行人来自关联方的 EPC 工程总承包业务仅三单，并且发行人 EPC 工程总承包业务规模逐年扩大，中介机构认为，发行人 EPC 工程总承包业务对关联方不存在重大依赖。

四、报告期内，发行人与新能研发存在人员互借的情形，请发行人说明发行人在人员、资产、业务、机构等方面是否与关联方独立，上述情形对发行人独立性的影响

根据发行人说明并经核查发行人与新能研发关于借调人员方面的相关协议、人员费用结算凭证等相关资料，报告期内，存在发行人向新能研发借调人员情形，但不存在发行人借用新能研发人员的情形，因此，不存在人员“互借”的情形。

发行人虽然存在借调员工至新能研发的情形，但发行人在人员、资产、业务、机构方面与新能研发均相互独立，具体为：

（1）人员方面。借调员工在借调期间不参与发行人任何生产、经营、管理事宜，借调员工的工资、奖金、社会保险等费用最终均由新能研发承担。发行人独立管理

员工的劳动、人事、工资报酬以及相应的社会保障，发行人的人员独立于新能研发。

（2）资产方面。报告期内发行人存在向新能研发出租房产、办公设备的情形，该等租赁定价公允，不存在利益输送的情形；发行人与新能研发共有6项专利，基本情况如表21-11所示。

表21-11　发行人与新能研发6项专利基本情况

序号	专利权人	专利名称	专利类别	专利号
1	新能研发、永福设计	一种不等长腿海上风电导管架基础	实用新型	ZL201620487525.7
2	新能研发、永福设计	一种海上风机基础漂浮型防撞系统	实用新型	ZL201620487523.8
3	新能研发、永福设计	一种海上风电嵌岩单桩基础	实用新型	ZL201620493615.7
4	新能研发、永福设计	环形组合式超大直径海上风电单桩基础	实用新型	ZL201620530727.5
5	新能研发、永福设计	一种过渡段套多桩的海上风电桩基础	实用新型	ZL201620879727.6
6	新能研发、永福设计	一种新型导向架与导管架联合的海上风电基础	实用新型	ZL201621000821.6

根据相关法律规定以及发行人与新能研发的约定，该等专利的共有方均有权单独实施，因实施该等知识产权而产生的收益由实施方单独享有，因此上述共有专利对发行人资产的完整性、独立性不会产生不利影响。除此之外，发行人拥有与经营有关的土地、房屋、注册商标等财产的所有权或使用权，在资产方面独立于新能研发。

（3）业务方面。报告期内发行人存在向新能研发提供规划咨询服务的情形，交易价格是根据工作量市场化计价并经双方协商确定。该等业务系通过招投标等市场化方式承接，交易价格公允，不存在利益输送的情形。发行人主要从事电力工程勘察设计（含规划咨询）及EPC工程总承包等电力工程技术服务，具备了经营所需的相应资质，拥有从事经营业务所必须的和独立完整的业务体系、信息系统及管理系统，发行人的业务独立于新能研发。

（4）机构方面。发行人建立了独立完整的内部组织机构，各机构按照相关规定在各自职责范围内独立决策、规范运作。发行人独立行使经营管理权，与新能研发不存在机构混同的情形。

综上所述，中介机构认为，发行人在人员、资产、业务、机构等方面均独立于新能研发，报告期内发行人借调员工至新能研发的情形不会对发行人的独立性产生重大不利影响。

专家点评

关联交易核查：（1）程序上，关联交易一定要程序合规。（2）数量上，尽管没有了30%的量化的指标，监管层还是希望发行人尽量控制在30%以下。（3）发展趋势上，交易金额越来越少，交易内容越来越窄，交易占同类业务比例越来越低。（4）盈利上，对公司的核心盈利能力无重要作用。（5）不允许关联交易非关联化。（6）重点关注发行人的独立性是否存在问题，是否对关联方存在依赖。

【案例3】同业竞争和关联关系综合核查——英科医疗（股票代码：300677）

A股上市情况： 2017年5月17日召开的中国证券监督管理委员会创业板发行审核委员会2017年第43次发审委会议审核：山东英科医疗用品股份有限公司（首发）获通过。

案例解读

请发行人详细说明：（1）Basic International Inc.、上海英科绿林进出口有限公司、英科环保等刘方毅控制的公司及孙静持股100%的Maxcel LLC的主要经营业务、与发行人是否存在同业竞争的情形、报告期内是否存在替发行人分摊成本费用的情形；英科环保少数股东的背景信息，报告期英科环保是否存在向发行人销售原材料的情形；Maxcel LLC的经营所在地、报告期经营业绩情况、拥有的主要资产情况；上述企业与发行人主要客户、供应商是否存在重合或者关联关系。（2）PinnatLimited、山东英科国际贸易有限公司、IntcoIndustriesCo.，Ltd、上海英科拜朗医疗产品有限公司的主要经营业务、经营所在地、报告期经营业绩情况、与发行人是否存在同业竞争的情形，上述公司的注销原因、履行程序及合法合规性、报告期是否存在替发行人分摊成本费用的情形。（3）Basic International Inc.、上海英科绿林进出口有限公司报告期的经营业绩情况，2015年3月之前发行人通过Basic International Inc.对部分美国市场进行销售的原因及形成过程、其是否具备相关资质、是否取得相关客户认证、发行人与其业务交易量及向其销售金额占Basic International Inc.业务量及采购金额和销售金额的比例、销售价格的定价方式及公允性、销售产品数量，Basic International Inc.在美国拥有仓库数量及面积、占发行人仓库数量及总面积的比例、相关仓库的来源及价值和合法合规性、目前上述仓库的状况及用途、是否用于储存发行人产品，报告期发行人相关客户是否知悉Basic International Inc.销售货物来自发行人、相关客户不做进口贸易的原因、美国英科承接其职能的过程、其报告期经营业绩情况、是否需要重新取得相关客户认证及资质、Basic International Inc. 目前是否仍保留与发行人产品相关的销售渠道及其目前经营情况、相关客户是否知悉上述销售渠道的变动、变动前后存在哪些相同客户及新增客户、是否存在相关争议或纠纷，上述变动是否构成重大资产重组，发行人与 Basic International Inc. 报告期之间的交易是否存在损害上市公司利益或者利益输送的情形。Basic International Inc. 是否存在未来与发行人产品同业竞争的可能。（4）报告期发行人向上海英科绿林进出口有限公司销售及采购的原因、销售的相关产品来源及是否为发行人自产产品、相关客户名称、绿林进出口不直接向相关客户销售而是出口至发行人子公司英科香港的原因、绿林进出口的目前经营情况、是否仍保留相关采购和销售渠道、未来是否存在与发行人产品同业竞争的可能。（5）发行人自英科环保租赁的仓库用途、租赁的仓库面积占发行人总仓库面积的比例，美国英科向刘方毅和 Maxcel LLC 租赁房屋的具体用途、面积及占美国英科租赁总面积的比例，房屋来源及合法合规性，刘方毅和 Maxcel LLC 在美国租赁或拥有的房屋总面积、上述关联租赁的定价依据及租金公允性。报告期是否存在发行人销售货物储存于刘方毅和 Maxcel LLC 房屋处的情形。江苏英科将 1014 平方米的厂房租赁给关联方镇江英科环保机械有限公司的原因、厂房原来用途及目前用途、是否表明江苏英科存在产能闲置的情形。（6）报告期关联方资金拆借的原因、款项用途、来源及合法合规性、是否与相关关联方的资产规模匹配，涉及境外公司的，请说明资金如何出境及履行程序和合法合规性，逐项说明每笔资金的拆借及偿还时间，上述资金是否存在利息或费用、相关利息或费用的定价依据及公允性、实际支付情况，是否存在损害发行人利益或利益输送的情形。（7）2013—2015 年 6 月，发行人及子公司山东英科和上海英科存在自银行取得借款后转账给关联方绿林进出口和上海英妍再转回的情形。请发行人详细说明上述情形的产生原因、具体内容、涉及金额、款项用途及合法合规性、涉及银行名称、是否存在资金使用违法违规情形、是否存在潜在纠纷或相关法律责任的风险。（8）测算关联担保按市场担保费率应收取的担保费金额及对发行人报告期业绩的影响。（9）深圳市创新投资集团有限公司、苏州康博沿江创业投资中心（有限合伙）投资企业及主营业务情况、报告期与发行人是否存在竞争关系、与发行人主要客户、供应商是否存在重合或存在关联关系。

请中介机构对上述事项进行详细核查并发表明确意见，全面核查发行人及其主要股东、关联方、关联交易及商业合理性、关联资金往来的用途及合规性，并就相关信息披露是否充分完整发表明确意见。

就此问题，中介机构履行了包括但不限于下述核查程序：

（1）查验了Basic的注册资料。

（2）审查了Basic报告期内的审计报告/财务报表。

（3）查阅了美国FDA网站（www.fda.gov）关于制造商、美国代理人、初次进口商的有关规定。

（4）查阅了美国FDA网站（www.fda.gov）关于Basic、美国英科的注册信息。

（5）审查了DOUGLASA.FRYMER律师事务所出具的法律意见书。

（6）审查了发行人关于与Basic的关联销售的统计说明，及与向非关联方客户销售相比差异情况的统计说明。

（7）调取了上海英科绿林进出口有限公司（以下简称“绿林进出口”）的工商登记档案。

（8）审查了绿林进出口报告期的审计报告/财务报表。

（9）审查了发行人关于向绿林进出口销售商品、采购商品情况的统计说明。

（10）审查了刘方毅、Basic、绿林进出口出具的承诺。

（11）查验了发行人及其子公司报告期内的关联租赁合同、土地使用权证、房屋所有权证。

（12）调取了英科环保的工商登记档案。

（13）查验了山东富润土地房地产资产评估有限公司出具的《资产评估报告》。

（14）查验了Maxcel LLC的注册资料、房契，审查了其财务报表。

（16）通过网络查询等方式了解了Maxcel LLC、上海英妍所持物业的周边租赁价格。

（17）审查了Basic、绿林进出口、Maxcel LLC、英科环保等关联方出具的关于未替发行人分摊成本费用的承诺。

（18）查验了发行人及其子公司与关联方之间资金往来的流水。

（19）查验了Pinnat Limited、山东英科国际贸易有限公司、Intco Industries Co., Ltd、上海英科拜朗医疗产品有限公司的注销文件。

（20）审查了发行人关于与关联方银行借款往来的统计说明。

（21）查验了发行人与关联方银行借款往来的流水。

（22）审查了中国人民银行淄博支行出具的证明。

（23）查验了发行人关联方为发行人及其子公司提供担保的担保合同。

（24）查阅了《国务院办公厅转发发展改革委等部门关于加强中小企业信用担保体系建设意见的通知》（国办发〔2006〕90号）。

（25）审阅了深创投、康博沿江提供的对外投资企业名单。

中介机构经核查后确认。

一、发行人一次性手套业务的历史沿革

发行人实际控制人刘方毅在20世纪90年代于美国留学期间勤工俭学，开始接触一次性手套业务。刘方毅意识到一次性手套市场潜力巨大，故留学期间即开始零星从事一次性手套贸易业务。

1996年9月，刘方毅于美国加利福尼亚州设立Basic，开始由Basic经营一次性手套的国际贸易业务。

刘方毅借助其对北美市场的熟悉和对FDA规则的了解，匹配了北美市场对一次性医疗防护用品的需求与中国、东南亚地区优秀制造商的产品供给能力，在以一次性手套为主的医疗产品贸易中取得了成功。

自2003年5月起，刘方毅回国先后设立上海英科、英科心电图、江苏英科，创立了英科医疗的品牌。

2009年7月，刘方毅设立了淄博英科，正式从一次性手套的纯贸易业务向上游延伸，开始进入一次性手套的生产制造领域。

2010年8月，淄博英科设立子公司山东英科，投资建设丁腈手套生产线并进一步扩大了PVC手套的生产规模。

二、发行人报告期内关联业务往来情况

报告期内，发行人曾经与Basic、上海英科绿林进出口有限公司存在业务往来。

1. Basic

（1）Basic的历史沿革和业务演变。Basic系刘方毅于1996年9月5日在美国加利福尼亚州注册成立的有限责任公司，注册号为A0598950，注册地址为12390East End Avenue，ChinoCA91710，USA，由刘方毅持有全部股份并担任董事。

Basic自设立后曾从事多种商品的国际贸易业务，具体包括：

①在北美从事以一次性手套为主的医疗产品的贸易业务，其主要通过中国、东南亚等地的供应商采购一次性手套，再向北美的下游客户进行销售，该业务自2015年3月起由发行人子公司美国英科承接。

②仿木PS框条、仿木成品框等家居装饰品贸易，该业务自2011年起由英科环保承接。

③工艺品等杂项商品的进出口贸易。Basic最近三年的简要财务数据（其中2014年度的数据经GEORGE WANGGPCINC. 审计，2015、2016年度数据未经审计）如表21-12所示。

表21-12　Basic最近三年简要财务数据　　单位：万美元

项目	2016 年 12 月 31 日 / 2016 年度	2015 年 12 月 31 日 / 2015 年度	2014 年 12 月 31 日 / 2014 年度
营业收入	57.46	776.08	4,517.97
净利润	–22.40	–23.72	8.47
总资产	169.47	132.95	870.75
净资产	63.53	85.94	158.75

（2）Basic 的医疗产品业务。一次性医疗手套产品属于 FDA 监管要求下的 I 类医疗器械，FDA 对该类产品的进口监管要求主要包括：

①制造商（Manu Facturer）需通过 FDA 对相应产品的 510（k）认证。

②制造商需指定唯一的“美国代理人（USAgent）”，代理人的职责主要是协助 FDA 进行与产品有关的沟通、解答疑问、协助抽检及传递信息，代理人在美国境内应有住所。

③产品的初次进口商（Initial Importer）需在 FDA 进行注册登记。对于来自中国和东南亚地区的制造商而言，对美国的监管和市场环境相对陌生，需要具备专业能力的服务商协助进行产品的 510（k）认证，同时需要指定服务商担任自己的“美国代理人（USAgent）”；对于美国进口商而言，信誉良好的“美国代理人（USAgent）”背后代表了质量可靠、供货有保障的制造商，尽管进口商知悉产品的实际制造商，但对于一次性防护用品等低值产品，进口商可能并不愿意直接担任制造商的美国代理人；对于不愿意直接从事进口业务的美国贸易商而言，选择合适的“初次进口商（Initial Importer）”可以免除进口贸易和 FDA 注册登记的麻烦。

在上述背景下，早期的 Basic 既具备协助制造商取得产品 510（k）认证的能力，又成为多家医疗产品制造商指定的美国代理人，同时取得了 FDA 注册的初次进口商资格，匹配了北美市场对一次性医疗防护用品的需求与中国、东南亚地区优秀制造商的产品供给能力。该种医疗产品贸易业务即是 Basic 早期从事的医疗类业务。

随着贸易规模和品种的进一步扩大，发行人实际控制人刘方毅于 2003 年回国创立英科医疗，开始进入生产制造领域，Basic 的医疗业务也逐步转为对英科医疗自有产品的出口服务为主。

（3）美国英科承接 Basic 业务的过程。2015 年 3 月之前，Basic 的原业务模式如图 21–1 所示。

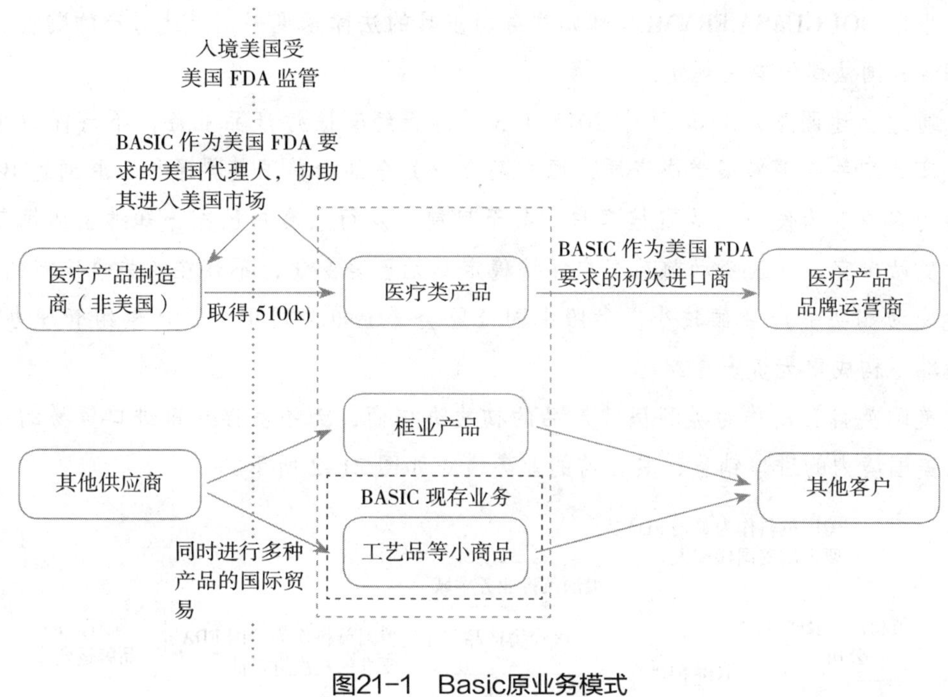

图21-1 Basic原业务模式

发行人全资子公司美国英科设立后，按以下程序承接了 Basic 的医疗类业务：

①美国英科完成在美国 FDA 的初次进口商（Initial Importer）登记，在发行人制造商的 510（k）注册中，其指定美国代理人（USAgent）变更为美国英科。

②发行人及 Basic 通知相关客户自 2015 年 3 月起销售渠道将发生变动，请求客户配合。美国英科作为贸易商，需要取得客户认可方可取得订单，但无需客户专门认证。

③ Basic 截至 2015 年 3 月 1 日正在履行的订单继续履行完毕，但不再承接新的订单。

④美国英科 2015 年 3 月按账面价值 725.55 万元采购 Basic 全部医疗产品存货和少量办公设备，部分人员转入美国英科工作。

⑤跟踪客户以确保其知悉销售渠道变动事宜，引导客户向美国英科进行下单、付款及交易。

⑥ 1999 年 8 月—2015 年 2 月期间，Basic 承租刘方毅位于 12390 East End Ave., Chino，CA91710、面积 1,386 平方米的一处房产，租金 7,908.13 美元 / 月。自 2015 年 3 月起，该房产由美国英科向刘方毅承租，直至 2016 年 1 月美国英科迁往新办公地址。刘方毅目前已将该房产租赁给非关联方 Relmex Inc. 使用，并未用于储存发行人产品。

根据 DOUGLASA.FRYMER 律师事务所出具的法律意见书，上述房产的购置、租赁符合美国法律的有关规定。

通过上述调整，Basic 已于 2015 年 3 月停止经营医疗产品业务，不再保留与发行人产品相关的销售渠道或资质，原有医疗业务全部由美国英科承接，原通过 Basic 销售的客户变为发行人的直接客户；截至目前，发行人客户已充分知悉上述销售渠道的变动事宜。本次变动前后客户保持稳定，无显著变化，不存在相关争议或纠纷，上述变动购买资产金额较小，参照中国证监会《上市公司重大资产重组管理办法》的标准不构成重大资产重组。

美国英科目前作为英科医疗产品的初次进口商，为不直接从事进口贸易的客户提供美国境内的进口销售，其目前的业务模式如图 21-2 所示。

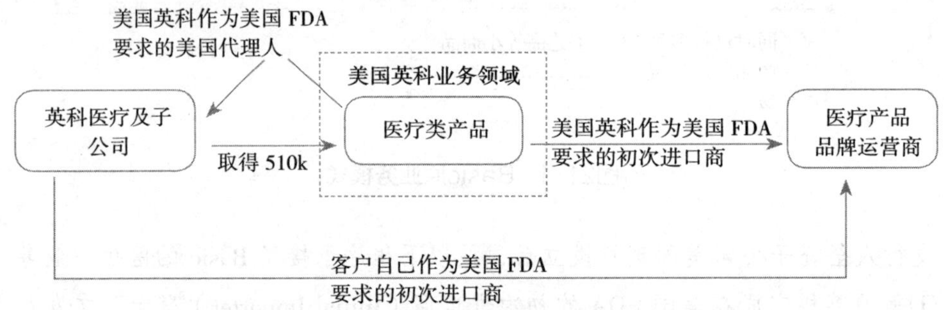

图21-2　美图英科业务模式

（4）Basic 的现状。Basic 自 2015 年停止医疗类业务后，不再被发行人国内工厂指定为制造商 510（k）注册的美国代理人（USAgent），其在美国 FDA 的初次进口商（Initial Importer）注册登记亦因不再更新而自动失效。

Basic 的其他业务，包括镜框、相框等装饰品的贸易业务也已逐步停止，目前全部收入均来源于零星的工艺品国际贸易，主要为个别老客户的延续服务，其中 2016 年约 90% 的收入、2017 年 1—2 月 100% 的收入均来自单一客户 VATRACORP。

按照规划，Basic 剩余的贸易业务未来将由刘方毅实际控制的 CSPIndustriesCo., Ltd 承接。目前，Basic 已经作出清算注销决定并逐步终止与现存客户的交易。

（5）与 Basic 的关联销售。报告期内，发行人与 Basic 的关联交易情况如表 21-13 所示。

表21-13　发行人与Basic关联交易情况　　单位：万元

交易内容	2015 年 1—2 月		2014 年度	
	金额	占营业收入比例	金额	占营业收入比例
销售商品	1,267.34	1.27%	20,207.21	22.84%
其中：PVC 手套	399.48	0.40%	11,625.93	13.14%
丁腈手套	273.33	0.27%	5,438.25	6.15%
其他产品	594.52	0.60%	3,143.03	3.55%
占 Basic 采购金额的比例	76.41%		93.80%	

其他产品包括轮椅、防护服、冷热敷和乳胶手套等。

报告期内，发行人向 Basic 销售 PVC 手套和丁腈手套的数量、销售单价及与其他非关联方客户同类商品的销售单价对比情况如表 21-14 所示。

表21-14　发行人向Basic销售商品与其他非关联方客户类商品对比情况

项目		2015 年 1—2 月		2014 年度	
		Basic	非关联销售	Basic	非关联销售
PVC 手套	销售收入（万元）	399.48	7,612.05	11,625.93	40,203.97
	销量（亿只）	0.44	7.97	12.63	42.73
	均价（元 / 千只）	89.92	95.46	92.02	94.09
	销售均价差异率	–5.81%		–2.21%	
丁腈手套	销售收入（万元）	273.33	1,076.16	5,438.25	9,249.10
	销量（亿只）	0.19	0.71	3.85	5.82
	均价（元 / 千只）	142.15	151.62	141.22	158.89
	销售均价差异率	–6.24%		–11.12%	

发行人向 Basic 销售的一次性手套均价略低于向非关联方的销售均价，原因主要为：①发行人补偿 Basic 作为“美国代理人”和“初次进口商”的运营成本；②发行人外销结算方式有 FOB 和 CIF，CIF 的销售价格包括海运费与保险费等，故 CIF 销售价格高于 FOB，而发行人与 Basic 的结算方式全部为 FOB，因此与采用 FOB 和 CIF 的其他非关联销售相比价格较低。

2. 绿林进出口

绿林进出口成立于 2003 年 5 月 19 日，注册地址为上海市闵行区新骏环路 188

号9幢301室，注册资本100万元，法定代表人为刘方毅。绿林进出口一直从事各类商品的国际贸易业务，目前主要贸易品类为玻璃制品、五金制品等。

绿林进出口作为贸易商经营一次性手套和防护服产品不需要取得相关资质或认证。绿林进出口报告期内的经营业绩情况（其中2014年度与2015年度财务数据经上海欣鹏会计师事务所审计，2016年度财务数据尚未经审计）如表21-15所示。

表21-15 绿林进出口2014—2016年度经营业绩情况

单位：万元

公司	2016年12月31日/2016年度	2015年12月31日/2015年度	2014年12月31日/2014年度
营业收入	1,318.87	3,378.54	5,033.40
净利润	10.97	3.92	2.76
总资产	1,083.94	950.99	2,061.82
净资产	199.14	187.17	183.24

（1）向绿林进出口销售商品的情况

发行人在2015年6月以前存在向绿林进出口销售商品的情况，全部为发行人自产产品，具体金额如表21-16所示。

表21-16 发行人向绿林进出口销售商品情况

单位：万元

交易内容	2016年度		2015年度		2014年度	
	金额	占发行人营业收入比例	金额	占发行人营业收入比例	金额	占发行人营业收入比例
一次性手套等	—	—	376.84	0.38%	471.82	0.53%

上述交易中，绿林进出口的唯一下游客户为上海绿安全贸易有限公司，该公司系在上海自贸区注册的日商独资企业，对该客户的商业关系最初由绿林进出口销售人员建立。由于日资企业对供应商变更手续较为复杂，故发行人在2014年和2015年通过绿林进出口与该客户进行交易。2015年7月后，绿林进出口和发行人均不再与该客户发生交易。

（2）向绿林进出口采购的情况。发行人在2015年6月之前，曾委托绿林进出口代为外购无纺布防护服等产品，具体金额如表21-17所示。

表21-17 发行人向绿林进出口采购情况

单位：万元

交易内容	2016年度		2015年度		2014年度	
	金额	占发行人采购总额比例	金额	占发行人采购总额比例	金额	占发行人采购总额比例
无纺布防护服等	—	—	1,676.47	2.80%	3,460.46	5.81%

为更好地发挥自身的渠道优势，发行人会在自产产品之外，采购相关的防护类产品向海外客户销售。目前，外部采购业务主要由子公司香港英科和上海英恩负责，其中，香港英科从事美元贸易，上海英恩从事人民币贸易。2015年6月上海英恩成立前，发行人为生产型企业，不能做贸易出口退税，当时该部分人民币贸易业务通过绿林进出口完成。

无纺布防护服类生产企业较为分散，以人民币贸易为主，2015年6月之前，发行人通过绿林进出口采购，再出口至香港英科，由香港英科统一对外销售；手套类外部供应商相对集中而且均为美元贸易，所以由供应商直接出口至香港英科。发行人子公司上海英恩成立后，发行人不再委托绿林进出口采购商品。

（3）绿林进出口的现状。绿林进出口在停止与发行人的交易后，未保留相关采购和销售渠道，未再采购和销售过医疗类产品，仅从事工艺品等小商品国际贸易。

发行人实际控制人刘方毅、绿林进出口承诺：自2015年8月起，绿林进出口将不再经营无纺布、手套等英科医疗产品的相关业务，不保留或申请上述业务相关的资质、认证（如有）。

综上，绿林进出口未来不存在与发行人产生同业竞争的可能。

三、发行人报告期内关联租赁情况发行人实际使用的房产情况

表21-18 发行人关联租赁及实际使用房产情况

<table>
<tr><th>使用方</th><th>用途</th><th>租赁面积（平方米）</th><th>自有面积（平方米）</th><th>所有权人</th></tr>
<tr><td rowspan="4">发行人</td><td>生产及办公</td><td>—</td><td>12,220.44</td><td>发行人</td></tr>
<tr><td>办公</td><td>456.00</td><td>—</td><td>英科环保</td></tr>
<tr><td rowspan="2">仓库：原材料、辅料及PVC手套成品存放</td><td>—</td><td>555.00</td><td>发行人</td></tr>
<tr><td>3,056.00</td><td>—</td><td>英科环保</td></tr>
<tr><td rowspan="2">山东英科</td><td>生产及办公</td><td rowspan="2">—</td><td>71,170.00</td><td>山东英科</td></tr>
<tr><td>仓库：原材料、辅料及PVC、丁腈手套成品存放</td><td>7,848.00</td><td>山东英科</td></tr>
<tr><td rowspan="2">江苏英科</td><td>生产及办公</td><td></td><td>29,893.13</td><td>江苏英科</td></tr>
<tr><td>仓库：原材料、辅料、零配件及冷热敷、轮椅产成品存放</td><td></td><td>13,604.66</td><td>江苏英科</td></tr>
<tr><td>英科心电图</td><td>生产及办公</td><td>1,200.00</td><td></td><td>上海英妍</td></tr>
<tr><td>上海英恩</td><td>办公</td><td>1,124.76</td><td></td><td>上海英妍</td></tr>
<tr><td>美国英科</td><td>办公及仓库：直销业务自有品牌产成品存放</td><td>5,899.34</td><td></td><td>MaxcelLLC</td></tr>
<tr><td colspan="2">合计</td><td>11,736.10</td><td>135,282.23</td><td>——</td></tr>
</table>

发行人及其子公司实际使用房产中，租赁面积占总使用面积的比例为7.98%。其中，美国英科使用房屋系100%承租自Maxcel LLC。

报告期内与发行人存在关联租赁的关联方具体情况如下：

1. 英科环保

（1）英科环保的基本情况。英科环保成立于2005年3月14日，其注册地址山东省淄博市临淄区齐鲁化学工业园清田路，注册资本9,600万元，英科环保共有4家直接或间接子公司，英科环保是主要从事可再生PS塑料回收、再生、深加工的环保再生资源类制造企业。英科环保的业务模式是将回收的可再生PS塑料，通过再生造粒设备制造为再生PS塑料粒子，用于直接销售给塑料制品企业或者加工成仿木PS框条、相框、画框和镜框等产品。

（2）英科环保的少数股东。刘方毅及孙静通过淄博雅智投资有限公司、英科投资（香港）有限公司和淄博英智企业管理咨询合伙企业（有限合伙）合计持有英科环保61.56%的股份，英科环保其他少数股东的情况如表21-19所示。

表21-19 英科环保其他少数股东情况

背景类型	名称	对英科环保的持股比例	对发行人的持股比例
境外投资机构	TopNewDevelopmentLimited	6.2327%	-
	盈懋有限公司	4.0000%	-
	Zero2IPOCV1Limited	0.9793%	-
	YunQiYKInvestmentLimited	1.974%	-
境外私人公司	泛洲贸易（香港）公司	1.3488%	—
境内专业投资机构	深创投	7.0000%	12.97%
	淄博创投	2.0000%	4.68%
	上海君义	3.5000%	3.73%
	武汉火炬创业投资有限公司	2.5000%	—
	浙江盈瓯创业投资有限公司	2.0000%	—
	浙江瓯联创业投资有限公司	2.0000%	—
员工持股平台	淄博英翔投资管理有限公司	3.0020%	—
	淄博英萃投资管理有限公司	1.9000%	—

（3）发行人与英科环保的关联交易。报告期内，发行人与英科环保发生的关联交易情况如下：

①2014年3月，发行人向英科环保承租456平方米办公楼及3,056平方米仓库，

月租金分别为 13,680 元 / 月、27,504 元 / 月。

根据山东富润土地房地产资产评估有限公司于 2015 年 7 月 31 日出具的《资产评估报告》，发行人所租赁的钢结构车间在资产评估基准日 2015 年 7 月 29 日的市场租赁价值为：办公用房市场租赁价值为日租金 1 元 / 平方米，钢结构车间市场租赁价值为日租金 0.3 元 / 平方米，中介机构据此认为发行人承租英科环保仓库的租金公允。

②发行人子公司江苏英科自 2010 年 10 月起向英科环保子公司镇江英科环保机械有限公司出租一处 1,014 平方米的厂房，租金 1.52 万元 / 月，并发生水电费交易，报告期各年度分别为 1.69 万元、1.71 万元和 1.60 万元。

江苏英科拥有的厂房建筑面积为 43,497.79 平方米，其出租给镇江英科环保机械有限公司的厂房占江苏英科厂房总面积的比例为 2.3%，其占比较小，不存在江苏英科产能闲置的情形。

③发行人投资建设的“余热回收利用系统”投入使用，2016 年度利用富裕热能向英科环保办公室供暖，收取暖气费 18.09 万元。

综上，中介机构认为，英科环保所从事的业务与发行人不同，与发行人之间无业务往来，不存在同业竞争，不存在替发行人分摊成本费用的情形，报告期内不存在向发行人销售原材料的情形。

2. Maxcel LLC

Maxcel LLC 成立于 2015 年 7 月，其注册资本为 350 万美元，系由孙静持股 100% 的有限责任公司，其注册地址为 805Barrington Ave Ontario CA。Maxcel LLC 持有位于美国加利福尼亚州安大略市、面积 5,899 平方米的一处物业，该处物业目前由美国英科承租，用于办公、仓储，租金为 34,290 美元 / 月。除持有物业并因此负担银行房屋贷款外，Maxcel LLC 未实际从事其他业务。

Maxcel LLC 自设立至 2016 年的财务数据（未经审计）如表 21-20 所示。

表21-20 Maxcel LLC 2015—2016年度财务数据 单位：万美元

项目	2016 年 12 月 31 日 /2016 年度	2015 年 12 月 31 日 /2015 年度
营业收入	41.15	—
净利润	-2.91	—
总资产	842.87	864.99
净资产	312.09	314.99

3. 上海英妍

上海英妍除持有并对外出租两处物业外，未实际从事其他业务。其向发行人出租房产的情况如表21-21所示。

表21-21 上海英研向发行人出租房产情况

出租方	租赁面积（平方米）	用途	承租方	租金
上海英妍	1,200.00	厂房	英科心电图	0.9万元/月
	1,124.76	办公	上海英恩	3.3万元/月

上述租金标准系参考周边同类物业的价格确定。

综上所述，中介机构认为，上述公司与发行人不存在同业竞争的情形，报告期内不存在替发行人分摊成本费用的情形。

四、与关联方的资金往来情况

表21-22 发行人与关联方资金往来情况

单位：万元

涉及关联方	期间	期初余额	本期拆出	本期收回	期末余额
向关联方拆出资金					
绿林进出口	2014年	7,845.00	400.00	8,245.00	—
CSPIndustriesCo.,Ltd	2014年	689.58	2,280.55	2,970.13	—
IntcoIndustriesCo.,Ltd.	2014年	199.91	21.30	221.21	—
PinnatLimited	2014年	422.83	—	422.83	—
MaxcelLLC	2015年	—	324.68	324.68	—
刘方毅	2014年	—	300.00	300.00	—
	2015年	—	350.00	350.00	—
上海英妍	2014年	103.12	—	26.00	77.12
	2015年	77.12	—	77.12	—
从关联方拆入资金					
Basic	2014年	—	6,119.00	6,119.00	—
	2015年	—	974.04	974.04	—
刘方毅	2015年	—	300.00	300.00	—

发行人与关联方之间的关联资金往来，其资金的借出与归还均发生在发行人境外子公司与境外关联方之间、发行人及其境内子公司与境内关联方之间，不涉及资金进出境的情况。

以上资金拆借均未计提利息费用。相关资金的拆借主要是在股份公司成立之前，公司的规范运营意识不强，相关方出现资金运转需求而进行拆借形成。股份公司成立之后，公司逐步清理相关资金拆借的余额，目前已清理完毕资金拆借。自2016年1月1日起，发行人与关联方之间未发生关联资金往来，不存在损害发行人利益或利益输送的情形。

五、报告期内已注销的其他关联公司

Pinnat Limited、山东英科国际贸易有限公司、Intco Industries Co.，Ltd、上海英科拜朗医疗产品有限公司的具体情况及其注销原因如表21-23所示。

表21-23 已注销的其他关联公司具体情况及注销原因

名称	主营业务	所在地	报告期经营业绩情况	注销原因
PinnatLimited	手套的国际贸易业务	英属维尔京群岛	2013年3月注销，报告期内无经营业绩数据	清理离岸公司
IntcoIndustriesCo.,Ltd	手套、防护服等的国际贸易业务	英属维尔京群岛	2013年4月注销，报告期内无经营业绩数据	清理离岸公司
山东英科国际贸易有限公司	无实际经营	山东省	2013年3月注销，报告期内无经营业绩数据	无实际经营
上海英科拜朗医疗产品有限公司	擦拭纸的进口业务	上海市	2013年3月注销，报告期内无经营业绩数据	不再从事擦拭纸业务

上述公司的注销程序如下：

（1）2013年3月27日，英属维尔京群岛公司事务登记处签发证明，确认Pinnat Limited已于2013年3月27日注销。

（2）2013年4月9日，英属维尔京群岛公司事务登记处签发证明，确认Intco Industries Co.，Ltd已于2013年4月9日注销。

（3）2012年2月23日，潍坊市商务局下发潍商务外资字（2012）第33号批文，批准山东英科国际贸易有限公司解散。

2012年3月1日，潍坊市工商行政管理局对山东英科国际贸易有限公司成立的清算组予以备案。

2012年3月1日，山东英科国际贸易有限公司于《山东商报》刊登注销公告。

2012年5月14日，潍坊市商务局出具潍商务外资备案字〔2012〕第25号证明，经审核同意对山东英科国际贸易有限公司的清算报告予以备案，并缴销其外商投资批准证书。

2013年3月16日，潍坊市工商行政管理局经审核对山东英科国际贸易有限公司准予注销登记。

（4）2012年6月11日，上海英科拜朗医疗产品有限公司股东会决议同意注销公司。

2012年6年13日，上海市工商行政管理局闵行分局对上海英科拜朗医疗产品有限公司成立的清算组予以备案。

2012年6月14日，上海英科拜朗医疗产品有限公司于《新闻晨报》刊登注销公告。

2013年3月1日，上海市工商行政管理局闵行分局经审核对上海英科拜朗医疗产品有限公司准予注销登记。

中介机构认为，上述公司已按相关法律履行注销程序，合法、合规。

中介机构认为，Pinnat Limited、山东英科国际贸易有限公司、Intco Industries Co.,Ltd、上海英科拜朗医疗产品有限公司均已于2013年注销，报告期内与发行人不存在同业竞争的情形，不存在替发行人分摊成本费用的情形。

六、与绿林进出口、上海英妍的银行借款往来情况

《流动资金贷款管理暂行办法》第二十六条规定，“具有以下情形之一的流动资金贷款，原则上应采用贷款人受托支付方式：（一）与借款人新建立信贷业务关系且借款人信用状况一般；（二）支付对象明确且单笔支付金额较大；（三）贷款人认定的其他情形”；第二十七条规定，“采用贷款人受托支付的，贷款人应根据约定的贷款用途，审核借款人提供的支付申请所列支付对象、支付金额等信息是否与相应的商务合同等证明材料相符。审核同意后，贷款人应将贷款资金通过借款人账户支付给借款人交易对象”。

为了按照相关规定获取银行贷款，满足自身生产经营活动对资金的需求，提高融资和资金使用效率，报告期内，发行人向贷款银行提供的采购合同中，与关联方绿林进出口、上海英妍的采购合同在签订后未实际履行，银行将借款资金划入公司资金账户后，将借款资金采取受托支付的方式划入上述关联方账户，上述关联方将收到的相应款项及时划至发行人账户，由发行人使用并负责向银行偿还贷款及利息。具体情况如表21-24所示。

表21-24　发行人与绿林进出口、上海英研银行借款往来情况

涉及关联方	贷款银行	发生时间	涉及金额（万元）
绿林进出口	齐商银行	2013	2,768.04
		2014	2,224.10
		2015	561.78
	潍坊银行	2013	1,500.00
上海英妍	临淄农村商业银行	2014	1,700.00

发行人上述通过关联方取得银行贷款的情形，不符合其与银行签订的《贷款合同》及《贷款通则》第七十一条的相关规定，但鉴于发行人所取得上述贷款并未用于国家禁止生产、经营的领域和用途，发行人已如期偿还上述全部银行贷款本息，未给贷款人造成损失，且中国人民银行淄博支行于2017年3月10日出具证明，确认“英科医疗的上述情形不构成重大违法行为，本行不会就此对英科医疗予以行政处罚”，中介机构据此认为，发行人不存在资金使用重大违法违规情形，不存在潜在纠纷或相关法律责任的风险，上述情形不会对发行人本次发行并在创业板上市构成实质性法律障碍。

七、关联担保情况

根据《国务院办公厅转发发展改革委等部门关于加强中小企业信用担保体系建设意见的通知》(国办发〔2006〕90号)，为促进担保机构的可持续发展，对主要从事中小企业贷款担保的担保机构，担保费率实行与其运营风险成本挂钩的办法。基准担保费率可按银行同期贷款利率的50%执行，具体担保费率可依项目风险程度在基准费率基础上上下浮动30%~50%，也可经担保机构监管部门同意后由担保双方自主商定。

根据发行人银行借款性质和上述定价依据，结合发行人的实际情况及同期银行贷款利率，按年担保费率1%和2.5%分别测算关联方应收取的担保费。报告期内，按照上述担保费率计算的应收取的担保费金额及占报告期内的营业利润的比例情况如表21-25所示。

表21-25　关联担保及营业利润占比情况　　单位：万元

类别		2016年度	2015年度	2014年度
营业利润		10,021.72	7838.10	3,973.99
担保费金额测算	1%费率	171.24	210.68	210.64
	2.5%费率	428.11	526.71	526.59
占营业利润的比例	1%费率	1.71%	2.69%	5.30%
	2.5%费率	4.27%	6.72%	13.25%

中介机构认为，发行人关联担保按市场担保费率应收取的担保费金额占发行人营业利润的比例较小且逐年下降，对发行人报告期业绩的影响较小。

八、深创投、康博沿江投资企业情况

根据深创投提供的资料，截至2017年1月30日，深创投对外投资的企业共有700余家，其中属于医疗器械行业的共有4家，其具体情况如表21-26所示。

表21-26 深创投对外投次企业情况

序号	公司名称	主营业务/主要产品
1	广州迪克医疗器械有限公司	微创耗材、外科植入体及人工器官等新型医疗器械
2	深圳市尚荣医疗股份有限公司	医院系统集成、医院系统设备
3	北京中科美伦医疗股份有限公司	数字化X光机和数字化医疗软件的研发
4	深圳微点生物技术股份有限公司	微电子机械技术、临床检验分析仪器、生物芯片、检测仪器
5	上海丰汇医学科技股份有限公司	临床生化检验试剂系列产品

截至本法律意见书出具日，康博沿江的对外投资企业情况如表21-27所示。

表21-27 床博沿江对外投资企业情况

序号	公司名称	主营业务/主要产品
1	上海十月妈咪网络股份有限公司	孕妇时装及孕婴用品
2	上海奥图环卫设备有限公司	垃圾桶、垃圾收集设备、垃圾清扫车辆等环卫设备
3	深圳市福荫食品集团有限公司	农产品、豆制品、米、面制品、素食品、饮料

中介机构经核查后确认，深创投、康博沿江投资企业与发行人不存在竞争关系，与发行人主要客户、供应商不存在重合或关联关系。

综上所述，中介机构认为：

（1）除Basic、绿林进出口报告期内曾与发行人之间存在关联业务往来外，截至本补充法律意见书出具日，刘方毅夫妇控制的其他企业与发行人不存在同业竞争的情形，与发行人主要客户、供应商不存在重合或关联关系；报告期内不存在替发行人分摊成本费用的情形，英科环保不存在向发行人销售原材料的情形。

（2）Pinnat Limited、山东英科国际贸易有限公司、Intco Industries Co.，Ltd、上海英科拜朗医疗产品有限公司等公司的注销程序合法、合规，报告期内不存在替发行人分摊成本费用的情形。

（3）发行人销售渠道的变动不存在相关争议或纠纷，不构成重大资产重组；发行人与Basic报告期之间的交易公允，不存在损害发行人利益或利益输送的情形；Basic拟予以注销，不存在未来与发行人产生同业竞争的可能。

（4）绿林进出口未保留与发行人业务相关的采购和销售渠道，未来不存在与发行人产生同业竞争的可能。

（5）发行人报告期内关联租赁的租金公允；截至本补充法律意见书出具日，除美国英科承租Maxcel LLC房屋并存放货物外，不存在发行人销售货物储存于刘方毅和Maxcel LLC其他房屋处的情形；江苏英科出租厂房部分占比较小，不存在产能闲置的情形。

（6）报告期内关联方拆借资金来源为日常经营形成，合法合规，与相关关联方的资产规模相匹配；相关资金拆借不涉及资金跨境；上述资金拆借均发生在发行人整体变更之前，发行人已逐步清理完毕；自2016年起，发行人与关联方之间未发生关联资金拆借，不存在损害发行人利益或利益输送的情形。

（7）发行人的贷款转回资金均系用于企业生产经营，且均已偿还完毕，根据中国人民银行淄博支行出具的证明，发行人不存在资金使用重大违法违规情形，不存在潜在纠纷或相关法律责任的风险。

（8）发行人关联担保按市场担保费率应收取的担保费金额占发行人营业利润的比例较小且逐年下降，对发行人报告期业绩的影响较小。

（9）深创投、康博沿江投资企业与发行人不存在竞争关系，与发行人主要客户、供应商不存在重合或关联关系。

中介机构经全面核查发行人及其主要股东、关联方、关联交易、关联资金往来等情况后确认，发行人的关联交易具有商业合理性，往来资金途合法、合规，发行人相关信息披露充分、完整。

专家点评

整体上市是基本的要求，要消除同业竞争，减少持续性关联交易，从源头上避免未来可能产生的问题，为梳理同业竞争及关联交易进行的相关安排不能影响业绩计算的合理性、连续性，控股股东和实际控制人持有与发行人相同或相关联业务的处理必须进行整合。同业竞争的标准不能以细分行业、细分产品、细分客户、细分区域等界定同业竞争，生产、技术、研发、设备、渠道、客户、供应商等因素都要进行综合考虑。拟上市公司将竞争性业务关联公司的股权转让，是解决同业竞争的主要思路。转让途径可以有两种，一种是转让给无关联的第三方，另一种是转让给拟上市公司，成为其全资子公司。企业在申报材料的时候提供控股股东及实际控制人今后不再进行同业竞争的有法律约束力的书面承诺，也是必要的。关联交易程序上一定要程序合规，关联交易对公司的核心盈利能力应该无重要作用。

【案例4】从核查的方式和过程来看对关联交易的审查——盛弘股份（股票代码:300693）

A股上市情况：2017年7月12日召开的中国证券监督管理委员会创业板发行审核委员会2017年第57次发审委会议审核：深圳市盛弘电气股份有限公司（首发）

获通过。

案例解读

发行人关联企业较多，部分关联企业工商登记的经营范围与发行人相似。请发行人补充说明：（1）上述关联企业成立时间、注册资本、主营业务、报告期内主要财务数据；与发行人是否存在同业竞争或上下游关系。（2）报告期内，上述关联企业与发行人的主要客户、供应商是否重叠，是否存在交易或资金往来，是否存在替发行人分担成本或费用的情况。（3）实际控制人控制的关联企业是否存在因违反工商、税收、土地、环保、海关以及其他法律法规而受到行政处罚情形或存在其他重大违法违规行为。（4）报告期内集中对一些关联方转让或注销的原因。（5）注销的关联企业情况，注销的原因，是否存在较多的债务或持续的亏损，设立以来的生产经营情况，存续期间是否合法经营，注销前从事的业务及与发行人的业务、资产、技术、营销网络等方面之间的关系，注销后管理人员和生产人员的去向，与发行人的人员是否重叠。提供注销前一年的财务报表和注销的相关证明文件，注销履行的内部决策程序和债权人告知程序以及是否存在纠纷和潜在纠纷。（6）对外转让的关联企业，受让方有关情况，与发行人是否存在关联关系，是否存在未来回购安排，转让后与发行人是否仍存在交易及资金往来情况。（7）发行人、发行人的股东、发行人的实际控制人和发行人的其他关联方（含其直接或间接投资的企业或与自然人股东关系密切的家庭成员）在申报期内与发行人的客户和供应商是否存在关联关系，是否存在包括不限于购销业务、资金往来等交易。（8）发行人的职工（含离职员工）、发行人的股东、PE股东的出资人（自然人）、PE股东的实际控制人、发行人的实际控制人、发行人的董监高及其他核心人员（包括与上述自然人关系密切的家庭成员）是否在发行人的客户或供应商（或上述客户或供应商存在关联关系的单位，或上下级单位，或上下级公司）任职或担任股东。请中介机构进行核查，并就关联方（包括已注销）是否存在为发行人承担成本或费用的情况发表核查意见；请中介机构核查说明发行人是否存在除招股说明书披露外的关联关系和关联交易，并对关联事项出具意见。

一、上述关联企业成立时间、注册资本、主营业务、报告期内主要财务数据；与发行人是否存在同业竞争或上下游关系

1. 核查方式与过程

（1）查阅公司股东、董事、监事、高级管理人员回复的调查表。

（2）查阅公司关联企业回复的调查表。

（3）登陆全国企业信用系统网站查询公司关联企业的工商登记信息。

（4）查阅公司关联企业 2014—2016 年资产负债表、利润表及明细账。

2. 核查情况

根据公司的说明，公司主要从事电力电子设备的研发、生产、销售和服务。截至本补充法律意见书出具之日，公司关联企业中与公司经营范围相似或存在上下游关系的企业情况如表 21–28 所示。

表21–28 公司关联企业中与公司经营范围相似或存在上下游关系的企业情况

公司名称	关联关系	是否为上下游关系	经营范围
深圳可立克科技股份有限公司	实际控制人之方兴的配偶肖瑾持有可立克科技有限公司 50% 股权，可立克科技有限公司持有深圳可立克科技股份有限公司 34.86% 股权；肖瑾担任董事及高管	是	开发、生产经营高低频变压器、电源产品及相关电子零配件、ADSL 话音分离器、电感、滤波器、电路板（不含印刷电路板）、连接器、镇流器及电脑周边产品；从事货物及技术进出口（不含分销、国家专营专控商品）；普通货运；自有物业租赁（艺华花园）
深圳市南泽智能科技有限公司	实际控制人之盛剑明持有 100% 股权并担任执行董事	否	计算机及网络产品的研发与销售；计算机软件产品的研发与销售（不含计算机信息系统集成及限制项目）；变电站、互联网数据中心机房、基站的动力环境监控系统集成、安装和调试以及代维和设备维修服务；信息化、数字化工程咨询、方案设计与施工；安全防范、智能家居、智能门锁、自动化控制以及电子产品的设计、开发、生产、安装及销售（以上不含专营、专控、专卖商品的销售及限制项目）；智能楼宇、智慧社区、智慧城市安防工程咨询、方案设计与施工（不含特种设备的安装及限制项目）
深圳市亚安信实业有限公司	实际控制人之盛剑明持有 23.50% 股权	否	机电产品（不含特种设备及供电设施）、通信产品、电子产品、网络产品、计算机软硬件的开发、销售安装（仅限上门安装服务）；智能卡管理系统及相关产品的系统集成（需资质证书的凭资质证书经营），国内商业、物资供销业（不含专营、专控、专卖商品）
东莞市兴康机电科技有限公司	实际控制人之盛剑明之胞兄盛剑青持有 28% 股权，实际控制人之方兴之妹夫项勇持有 22% 股权	是	研发、设计、制造、销售：通用机械、电子产品、汽车零配件、通信设备及配件、新能源产品、光机电产品、安防设备、五金产品；货物进出口、技术进出口；实业投资。（依法须经批准的项目，经相关部门批准后方可开展经营活动）

续表

公司名称	关联关系	是否为上下游关系	经营范围
湖南省中能科技发展有限公司	实际控制人之盛剑明持有25%股权	否	信息系统集成服务；信息技术咨询服务；电子产品生产（限分支机构）。（依法须经批准的项目，经相关部门批准后方可开展经营活动）
深圳市智佳能自动化有限公司	实际控制人之盛剑明持有48%股权、盛剑明之胞兄盛剑青持有6%股权并担任监事	否	电子生产设备、货架的生产和销售；国内商业、物资供销业、货物及技术进出口（不含法律、行政法规、国务院决定禁止及规定需前置审批项目）
中电博瑞技术（北京）有限公司	公司5%以上股东肖舟担任执行董事，并与新疆安通纳股权投资合伙企业(有限合伙）合计持有100%股权	否	专业承包；工程咨询；技术开发、技术转让、技术咨询、技术培训、技术服务、技术推广；软件开发；销售软件；货物进出口、技术进出口、代理进出口；产品设计。（依法须经批准的项目，经相关部门批准后方可开展经营活动）（领取本执照后，应到住房城乡建设部门、国家发展改革委取得行政许可；应到区县商务委备案。）
成都谍翼科技有限公司	公司5%以上股东肖舟持有57%股权并担任执行董事	否	航空、航天科学技术开发、技术服务；无人机技术开发；信息技术产品的开发、销售及技术咨询；软件开发；信息系统集成服务；信息技术咨询；电子、通信与自动控制技术开发、技术服务；摄影服务；销售：仪器仪表、家用电器、机械设备、五金产品、电子产品；生产工业自动控制系统装置（工业行业另设分支机构经营或另选经营场地经营）；产品特征、特性检验服务；公共安全检测服务。（依法须经批准的项目，经有关部门批准后方可开展经营活动）
南京国电环保科技有限公司	公司5%以上股东肖舟间接持有51%股权	否	环保新技术新产品的开发、应用、生产、销售及服务；环保工程和机电设备安装工程的设计、施工、调试、监理及服务；电气及自动化控制系统的设计、集成及技术服务；仪器仪表的生产和销售；节能项目设计、改造、运行管理服务；软件开发、销售；信息系统集成与咨询服务；从事货物及技术的进出口业务。（依法须经批准的项目，经相关部门批准后方可开展经营活动）
深圳市能诺威科技有限公司	公司副总经理史建军持有59.20%股权、能睿有限公司持有25%股权	否	节能产品、智能电表、能源监控设备、网络技术、信息技术领域内的技术开发、技术咨询、技术服务；转让自行开发的技术成果；经济信息咨询、企业管理咨询

上述关联企业的成立时间、注册资本、主营业务、报告期内主要财务数据如下：

（1）深圳可立克科技股份有限公司（以下简称“可立克科技”）可立克科技成立于2004年3月1日，于2015年12月在深圳证券交易所上市，股票代码为002782，注册资本42,600万元。

报告期内，可立克科技的主要财务数据（经审计）如表21-29所示。

表21-29 可立克科技2014—2016年度主要财务数据 单位：万元

财务指标	2016年12月31日或2016年	2015年12月31日或2015年	2014年12月31日或2014年
总资产	103,510.16	96,239.57	66,317.63
净资产	81,754.26	77,568.69	44,124.78
营业收入	83,064.03	74,397.84	74,272.51
净利润	5,889.57	5,718.63	5,855.32

可立克科技主要从事电子变压器和电感等磁性元件以及电源适配器、动力电池充电器和定制电源等开关电源产品的开发、生产和销售。可立克科技向公司销售电感、变压器，与公司存在上下游关系，不存在同业竞争的情况。报告期内，可立克与公司的交易金额分别为259.66万元、1021.94万元、408.82万元，占可立克营业收入的比例较小。

（2）深圳市南泽智能科技有限公司（以下简称“南泽智能”）。南泽智能成立于2001年1月12日，注册资本为1,000万元。报告期内，南泽智能的主要财务数据（未经审计）如表21-30所示。

表21-30 南泽智能2014—2016年度主要财务数据 单位：万元

财务指标	2016年12月31日或2016年	2015年12月31日或2015年	2014年12月31日或2014年
总资产	455.47	161.54	186.93
净资产	202.59	56.39	61.72
营业收入	201.93	68.26	125.60
净利润	–3.80	–5.33	5.75

南泽智能主要从事安防领域产品的研发、生产、销售和服务，主要产品包括停车场管理系统、门禁考勤管理系统、通道闸系统、智能巡更管理系统，与公司不存在同业竞争或上下游关系。

（3）深圳市亚安信实业有限公司（以下简称“亚安信实业”）。亚安信实业成立于2003年9月12日，注册资本为100万元。报告期内，亚安信实业的主要财务数据（未经审计）如表21-31所示。

表21-31 亚安信实业2014—2016年度主要财务数据

单位：万元

财务指标	2016年12月31日或2016年	2015年12月31日或2015年	2014年12月31日或2014年
总资产	38.02	18.36	33.61
净资产	17.67	17.58	17.56
营业收入	141.35	122.12	112.31
净利润	0.09	0.02	0.05

亚安信实业主要从事智能卡“一卡通”系统的开发与销售，主要应用包括门禁系统、考勤系统、通道闸系统、停车场系统等，与公司不存在同业竞争或上下游关系。

（4）东莞市兴康机电科技有限公司（以下简称“兴康机电”）。兴康机电成立于2010年12月14日，注册资本为1,500万元。报告期内，兴康机电的主要财务数据（未经审计）如表21-32所示 。

表21-32 兴康机电2014—2016年度主要财务数据

单位：万元

财务指标	2016年12月31日或2016年	2015年12月31日或2015年	2014年12月31日或2014年
总资产	6,081.33	4,470.91	2,229.17
净资产	1,130.02	–502.78	–687.08
营业收入	11,431.79	7,225.46	2,589.40
净利润	472.42	132.91	–500.30

兴康机电主要从事机箱机柜、散热器、五金冲压产品等五金结构件的生产和销售。兴康机电向公司销售机箱、电源连接器、散热器等五金类产品，与公司存在上下游关系，不存在同业竞争的关系。最近三年，兴康机电与公司的交易金额为60.41万元、40.58万元、180.62万元，占兴康机电营业收入的比例较小。

（5）湖南省中能科技发展有限公司（以下简称“中能科技”）

中能科技成立于2009年8月6日，注册资本为500万元。报告期内，中能科技的主要财务数据（未经审计）如表21-33：

表21-33 中能科技2014—2016年度主要财务数据 单位：万元

财务指标	2016年12月31日或2016年	2015年12月31日或2015年	2014年12月31日或2014年
总资产	474.35	474.93	482.75
净资产	435.55	438.62	445.60
营业收入	27.36	0.81	2.62
净利润	-3.07	-6.98	-7.29

最近三年，中能科技销售少量的电气火灾监控探测器、监控设备。2012年，中能科技曾经销公司生产的有源滤波器，经销该产品与公司发生的交易额为10万元（不含税），至今未再与公司发生交易。中能科技与公司不存在同业竞争或上下游关系。

（6）深圳市智佳能自动化有限公司（以下简称“智佳能自动化”）。智佳能自动化成立于2003年7月7日，注册资本为1,000万元。报告期内，智佳能自动化的主要财务数据（未经审计）如表21-34所示。

表21-34 智佳能自动化2014—2016年度主要财务数据 单位：万元

财务指标	2016年12月31日或2016年	2015年12月31日或2015年	2014年12月31日或2014年
总资产	1,065.92	742.77	587.95
净资产	304.12	186.89	98.90
营业收入	1,216.87	138.23	145.90
净利润	60.84	-17.01	0.11

智佳能自动化主要生产和销售流水线、工作台等自动化设备，流水线主要包括皮带式、滚筒式、链板式等，主要功能是输送货物，提升工厂的自动化水平。2015年和2016年，公司向智佳能自动化采购流水线、工作台、打包机等产品，不含税交易额分别为31.35万元、5.25万元，为偶发性交易。智佳能自动化与公司不存在同业竞争或上下游关系。

（7）中电博瑞技术（北京）有限公司（以下简称“中电博瑞”）。中电博瑞成立于2014年2月24日，注册资本为5,000万元。报告期内，中电博瑞技术（北京）有限公司的主要财务数据如表21-35所示。

续表

表21-35　中电博瑞2014—2016年度财务数据

单位：万元

财务指标	2016年12月31日或2016年	2015年12月31日或2015年	2014年12月31日或2014年
总资产	194.84	503.08	1,450.49
净资产	–758.63	278.46	1,317.30
营业收入	98.43	43.58	241.61
净利润	–1,039.25	–1,038.84	–682.70

注：2014年和2015年财务数据经审计，2016年未经审计。

中电博瑞销售少量高压滤波补偿装置FC、特高压变电实训设备、建设高压试验基地进行面向电网客户的技术开发。盛弘电气主要从事低压领域的电能质量设备开发与销售。中电博瑞与公司之间不存在直接竞争关系，不存在上下游关系。

（8）成都谍翼科技有限公司（以下简称"谍翼科技"）。谍翼科技成立于2016年10月26日，注册资本为2,000万元。报告期内，谍翼科技的主要财务数据（未经审计）如表21-36所示。

表21-36　谍翼科技2014—2016年度主要财务数据

单位：万元

财务指标	2016年12月31日或2016年	2015年12月31日或2015年	2014年12月31日或2014年
总资产	—	—	—
净资产	—0.02	—	—
营业收入	—	—	—
净利润	—0.02	—	—

谍翼科技尚未开展实际经营活动，未来拟从事无人机技术及产品的开发和研究。谍翼科技与公司不存在同业竞争或上下游关系。

（9）南京国电环保科技有限公司（以下简称"南京国电"）。南京国电成立于2008年10月27日，注册资本为11,000万元。报告期内，南京国电的主要财务数据如表21-37所示。

表21-37　南京国电2014—2016年度主要财务数据

单位：万元

财务指标	2016年12月31日或2016年	2015年12月31日或2015年	2014年12月31日或2014年
总资产	51,396.53	63,986.10	59,283.43

续表

财务指标	2016 年 12 月 31 日或 2016 年	2015 年 12 月 31 日或 2015 年	2014 年 12 月 31 日或 2014 年
净资产	15,588.11	21,353.40	16,995.28
营业收入	33,368.25	64,515.63	40,355.87
净利润	3,628.57	6,358.12	4,217.42

注：2014 年和 2015 年财务数据经审计，2016 年未经审计

南京国电的生产及销售的主要产品包括电除尘器电源产品、便携式氨逃逸分析仪、氨逃逸在线监测系统、烟气排放连续监测系统、发电厂燃料智能化管理系统等，主要客户为发电厂，与公司不存在同业竞争或上下游关系。

（10）深圳市能诺威科技有限公司（以下简称“能诺威科技”）。能诺威科技成立于 2010 年 6 月 12 日，注册资本为 500 万元。报告期内，能诺威科技的主要财务数据（未经审计）如表 21–38 所示。

表21–38 能诺威科技2014—2016年度主要财务数据

单位：万元

财务指标	2016 年 12 月 31 日或 2016 年	2015 年 12 月 31 日或 2015 年	2014 年 12 月 31 日或 2014 年
总资产	92.97	96.08	121.62
净资产	–861.39	–858.28	–840.88
营业收入	—	—	30.59
净利润	–3.11	–17.40	–142.68

能诺威科技曾从事节能改造咨询以及节能工程项目。2014 年能诺威科技的主要收入来源为销售智能联网电力测控仪、电能表、水能表、热量表。最近两年，能诺威科技未开展实际经营，与公司不存在同业竞争或上下游关系。

3. 核查结论

经中介机构核查，公司关联方从事的主营业务与发行人均不相同，不存在与公司发生同业竞争的情形。报告期内，与公司存在上下游关系关联方包括：可立克科技、兴康机电。

二、报告期内，上述关联企业与发行人的主要客户、供应商是否重叠，是否存在交易或资金往来，是否存在替发行人分担成本或费用的情况

1. 核查方式与过程

（1）查阅公司关联企业在报告期内主要银行账户的对账单，并对资金流水进行核查。

（2）查阅公司关联企业提交的其报告期内的主要客户、供应商名单，并与公司

报告期内的主要客户、供应商名单进行比对。

（3）查阅公司报告期内主要客户、供应商提交的调查表。

2. 核查情况及核查结论

（1）报告期内，公司上述部分关联方与公司的主要客户、供应商存在重叠，与公司主要客户、供应商存在经营性资金往来的交易，具体金额及内容如表21-39所示。

表21-39　关联方与公司客户、供应商资金往来交易情况

名称	关联关系	与公司客户或供应商存在的交易或资金往来	交易金额（万元）		
			2016 年	2015 年	2014 年
中电博瑞技术（北京）有限公司	公司 5% 以上股东肖舟持有 96% 的股权并担任执行董事	向公司客户ft东电工电气集团新能科技有限公司销售特高压变电实训设备	—	42.54	—
		向公司供应商北京晶川电子技术发展有限责任公司采购半导体及驱动模块	—	0.62	—
深圳市亚安信实业有限公司	实际控制人之盛剑明持有23. 50% 股权	向公司客户艾默生网络能源有限公司销售门禁系统及维护服务	12.99	7.67	21.73
深圳市智佳能自动化有限公司	实际控制人之盛剑明持有 48% 股权、盛剑明之胞兄盛剑青持有 6% 股权	向公司客户哈尔滨光宇电源股份有限公司销售自动物流系统、针床设备	891.67	—	—
		向公司客户欣旺达电子股份有限公司销售液压升降小推车	1.03	—	—
东莞市兴康机电科技有限公司	实际控制人之盛剑明之胞兄盛剑青持有28%股权，实际控制人之方兴之妹夫项勇持有 22% 股权	向公司客户艾默生网络能源有限公司销售五金结构件	35.95	33.05	25.42

除上述情况外，发行人 5% 以上股东肖舟于 2017 年 1 月 16 日通过宁波梅山保税港区德禾股权投资基金合伙企业（有限合伙）受让国电科学技术研究院持有的南京国电环保科技有限公司 51% 股权。2014—2016 年，南京国电环保科技有限公司存在向发行人主要供应商北京晶川电子技术发展有限责任公司采购材料的情形。

（2）经核查，上述关联方与发行人部分主要客户、供应商基于双方业务发展及正常经营所需发生交易，不存在为盛弘电气分担成本费用的情形及其他利益输送

行为。

三、实际控制人控制的关联企业是否存在因违反工商、税收、土地、环保、海关以及其他法律法规而受到行政处罚情形或存在其他重大违法违规行为

1. 核查方式与过程

（1）登陆国家企业信用信息公示系统网站、深圳市人居环境委员会网站查询实际控制人目前控制的关联企业千百盈投资、盛欣投资、南泽智能是否列入严重违法失信企业名单、是否存在行政处罚。

（2）查阅千百盈投资、盛欣投资、南泽智能的工商、税务等主管机关出具的无违规证明。

（3）查阅千百盈投资、盛欣投资、南泽智能出具的其成立以来不存在重大违法违规行为的声明。

2. 核查情况及核查结论

经核查，实际控制人目前控制的关联企业包括千百盈投资、盛欣投资、南泽智能。

经查询国家企业信用信息公示系统网站公示的信息，千百盈投资、盛欣投资、南泽智能不存在行政处罚信息，亦未被列入严重违法失信企业名单；经检索深圳市人居环境委员会网站公开的环境行政执法信息、深圳市规划和国土资源委员会网站公开的行政处罚信息，千百盈投资、盛欣投资、南泽智能未受到环保、土地主管部门的行政处罚。

根据深圳市市场和质量监督管理委员会、深圳市国家税务局、深圳市地方税务局、深圳市人力资源和社会保障局向千百盈投资、盛欣投资出具的最近三年无违法记录证明；深圳市市场和质量监督管理委员会、深圳市国家税务局、深圳市地方税务局、深圳市人力资源和社会保障局、深圳海关企业管理处、深圳出入境检验检疫局向南泽智能出具的最近三年无违法记录证明，并经千百盈投资、盛欣投资、南泽智能出具最近三年不存在重大违法违规行为的声明，上述企业报告期内不存在违反工商、税收、土地、环保、海关以及其他法律法规而受到行政处罚情形或存在其他重大违法违规行为。

四、报告期内集中对一些关联方转让或注销的原因

1. 核查方式与过程

（1）登陆全国企业信用信息公示系统网站查询报告期内已转让股权或注销的关联企业的工商登记信息。

（2）查阅关联企业注销前的财务报表、纳税申报表、清算报告、税务和工商注

销通知书，并取得工商、税务等主管部门出具的无违法记录证明。

（3）对公司注销的关联企业注销前的股东进行访谈。

（4）对公司关联企业的股权受让方进行访谈，并取得股权受让方出具的声明与承诺，查阅被转让关联企业的财务报表、业务说明等。

2. 核查情况及核查结论

报告期内，公司关联方转让或注销的情况如表21–40所示。

表21–40　公司关联方转让或注销情况

公司名称	与发行人关联关系	主营业务	转让或注销原因
深圳市富鑫康科技有限公司	实际控制人之方兴曾持有50%股权；该公司已于2014年2月完成注销	生产和销售机箱、散热器等五金结构件	主要客户迁厂至内地，对公司产品的交期和运输成本造成影响，因此将公司注销
深圳市兴康精密机械有限公司	实际控制人之方兴曾持有50%股权；该公司已于2017年4月完成注销	生产和销售机箱、五金冲压产品等五金结构件	公司管理层考虑到深圳的房租及用工成本上升较快，因此将工厂搬迁至东莞，将公司注销
重庆正通自动化系统工程有限公司	实际控制人之肖学礼曾持有28.67%股权；2015年12月肖学礼将所持股权对外转让	销售阻容、二极管、三极管、稳压管等电子元器件，客户群体位于重庆地区	肖学礼未参与公司经营管理，因此将股权转让给经营方
深圳市盈杉投资有限公司	实际控制人方兴、肖学礼和盛剑明曾合计持有100%股权；该公司已于2017年3月完成注销	未开展具体经营业务	原计划以该公司作为员工持股公司，后通过千百盈投资和盛欣投资两家合伙企业实施，因此将该公司注销

五、注销的关联企业情况，注销的原因，是否存在较多的债务或持续的亏损，设立以来的生产经营情况，存续期间是否合法经营，注销前从事的业务及与发行人的业务、资产、技术、营销网络等方面之间的关系，注销后管理人员和生产人员的去向，与发行人的人员是否重叠。提供注销前一年的财务报表和注销的相关证明文件，注销履行的内部决策程序和债权人告知程序以及是否存在纠纷和潜在纠纷

1. 核查方式与过程

（1）查阅报告期内注销的关联企业的工商内档文件，包括注销的股东会决议、清算报告、注销公告和工商局出具的核准注销通知书等文件。

（2）查阅关联企业注销前的财务报表、纳税申报表、清算报告，并取得工商、税务等主管部门出具的无违法记录证明。

（3）对注销的关联企业的原股东进行访谈。

2. 核查情况

（1）注销的关联企业的情况及注销的原因请参见本题回复内容“四、报告期内集中对一些关联方转让或注销的原因”。

（2）注销的关联企业债务、经营及资产、人员等相关情况如下：

①深圳市富鑫康科技有限公司（以下简称“富鑫康科技”）。根据富鑫康科技注销前的业务负责人说明，深圳市富鑫康科技有限公司注销前的主营业务为生产和销售机箱、散热器等五金结构件。富鑫康科技成立于2007年，2009—2011年的年收入在1,000万~1,500万元之间。2012年富鑫康科技启动注销程序并处理剩余的应收款、存货、应付款等事宜。2012年7月、2013年11月及2014年2月，富鑫康分别完成国税、地税及工商注销手续。富鑫康在存续期间不存在较多的债务或持续的亏损。

根据深圳市市场和质量监督管理委员会、深圳市国家税务局、深圳市人力资源和社会保障局、深圳出入境检验检疫局、深圳海关管理处等主管部门出具的无违法记录证明，富鑫康科技在存续期间合法经营，不存在重大违法违规行为。

经与富鑫康科技注销前的业务负责人进行访谈，富鑫康科技在注销过程中，将经营设备转让给了股东投资的另一企业深圳市兴康精密机械有限公司，富鑫康科技的多数员工在公司注销后就职于深圳市兴康精密机械有限公司。富鑫康科技和盛弘电气不存在同业竞争，其业务、资产、技术、营销网络等方面与盛弘电气保持独立，曾经的管理人员和生产人员与盛弘电气不存在重叠。

②深圳市兴康精密机械有限公司（以下简称“深圳兴康”）。根据深圳兴康注销前的业务负责人说明，深圳兴康注销前的主营业务为生产和销售机箱、五金冲压产品等五金结构件。深圳兴康成立于2005年，2011—2016年的主要财务数据（未经审计）如表21-41所示。

表21-41　深圳兴康主要财务数据

单位：万元

财务指标	2016年末或2016年	2015年末或2015年	2014年末或2014年	2013年末或2013年	2012年末或2012年	2011年末或2011年
总资产	13.55	1,031.21	2,824.05	3,288.78	2,769.79	2,116.13
净资产	30.97	1,011.83	1,186.48	1,082.75	1,026.83	833.13
营业收入	—	2,822.81	6,261.87	6,357.83	6,164.18	4,796.49
净利润	–4.07	–175.83	105.68	105.87	148.09	119.98

深圳兴康管理层考虑到深圳的房租及用工成本上升较快，因此将工厂搬迁至东莞，将深圳兴康注销。2016年4月，深圳兴康成立清算组，并于2017年1月完成地税注销手续，2017年4月完成国税、工商注销手续。深圳兴康在存续期间不存在较

多的债务或持续的亏损。

根据深圳市市场和质量监督管理委员会、深圳市国家税务局、深圳市人力资源和社会保障局、深圳出入境检验检疫局等主管部门出具的无违法记录证明，深圳兴康在存续期间合法经营，不存在重大违法违规行为。

根据深圳海关企业管理处出具的文件，2014 年 5 月，深圳兴康因申报出口散热片规格和实际规格不一致被处罚 1,000 元，案件性质为“违规”。深圳兴康的上述海关违规行为系《中华人民共和国海关行政处罚实施条例》第十五条规定的申报不实的情形，属于被处以罚款金额的下限，不属于走私等重大违法行为。此外，根据《中华人民共和国海关企业分类管理办法》（中华人民共和国海关总署令第 170 号）第三十条规定，“警告以及罚款额在 1 万元以下的违反海关监管规定行为，不作为企业分类管理评定记录”。因此，深圳兴康的上述海关违规行为不属于违反海关监管的重大违法行为。

经与深圳兴康的业务负责人访谈，深圳兴康在注销过程中，将经营设备转让给了股东投资的另一企业兴康机电，深圳兴康的多数员工在公司注销后就职于兴康机电。深圳兴康和盛弘电气不存在同业竞争，其业务、资产、技术、营销网络等方面与盛弘电气保持独立，曾经的管理人员和生产人员与盛弘电气不存在重叠。

③深圳市盈杉投资有限公司（以下简称“盈杉投资”）。根据盈杉投资注销前的主要负责人说明，盈杉投资成立于 2014 年，自成立以来未开展具体经营业务，未聘用生产及经营人员，其业务、资产、技术、营销网络等方面与盛弘电气不存在关系。2014—2016 年，盈杉投资的主要财务数据（未经审计）如表 21-42 所示。

表21-42　盈杉投资2014—2016年度主要财务数据　　单位：万元

财务指标	2016 年末或 2016 年	2015 年末或 2015 年	2014 年末或 2014 年
总资产	19.77	20.16	19.85
净资产	19.77	19.85	19.85
营业收入	—	—	—
净利润	–0.08	–0.0024	–0.15

盈杉投资在存续期间不存在较多的债务或较大且持续的亏损。

根据深圳市市场和质量监督管理委员会、深圳市国家税务局、深圳市人力资源和社会保障局等主管部门出具的无违法记录证明，盈杉投资在存续期间合法经营，不存在重大违法违规行为。

（3）注销的关联企业履行的内部决策程序及债权人告知程序情况如下：

①富鑫康科技的注销程序。

2012年7月6日，富鑫康科技股东会作出决议，全体股东一致同意注销公司和成立清算组，并在深圳市市场监督管理局备案。

2012年7月11日，深圳市宝安区国家税务局松岗税务分局向富鑫康科技出具了注销税务登记通知书；2013年11月12日，深圳市宝安区地方税务局向富鑫康科技出具了注销税务登记通知书。

2013年11月18日，富鑫康科技股东会作出决议，全体股东一致同意调整清算组成员并继续办理注销程序。

2013年11月23日，富鑫康科技在《新快报》A25版公告栏刊登了清算公告。

根据富鑫康科技及其全体股东、清算组成员签署的《清算报告》，富鑫康科技债权申报期间无债权人申报；债权在清算之前已全部收回，债务在清算之前已全部支付完毕；清算费用、职工工资已支付完毕；国税、地税税费已于清算之前支付完毕并已注销相关的税务登记信息；剩余资产已按股东投资比例分配完毕。

2014年2月26日，深圳市市场监督管理局向富鑫康科技出具了企业注销通知书。

②深圳兴康的注销程序。

2016年3月18日，深圳兴康股东会作出决议，全体股东一致同意注销公司和成立清算组，并在深圳市市场监督管理局备案。

2016年5月11日，深圳兴康在《深圳特区报》A2版刊登了清算公告。根据深圳兴康及全体股东、清算组成员签署的《清算报告》，深圳兴康债权申报期间无债权人申报；不存在未收回的债权和未支付的债务；清算费用、职工工资已支付完毕；税款已于清算之前支付完毕并已注销相关的税务登记。

2017年1月16日，深圳市宝安区地方税务局向深圳兴康出具了《税务事项通知书》，核准深圳兴康注销税务登记。2017年4月20日，深圳市宝安区国家税务局向深圳兴康出具了《税务事项通知书》，核准深圳兴康注销税务登记。

2017年4月24日，深圳市市场监督管理局向深圳兴康出具了企业注销通知书。

③盈杉投资的注销程序。

2015年12月12日，盈杉投资股东会作出决议，全体股东一致同意注销公司和成立清算组，并在深圳市市场监督管理局备案。

2016年11月30日，盈杉投资在《晶报》A21版刊登了清算公告。

根据盈杉投资及全体股东、清算组成员签署的《清算报告》，盈杉投资债权申报期间无债权人申报；不存在未收回的债权和未支付的债务；清算费用、职工工资已支付完毕；税款已于清算之前支付完毕并已注销相关的税务登记；剩余资产已按股东投资比例分配完毕。

2016 年 11 月 2 日，深圳市南山区地方税务局向盈杉投资出具了《税务事项通知书》，核准盈杉投资注销税务登记。2017 年 2 月 14 日，深圳市南山区国家税务局向盈杉投资出具了《税务事项通知书》，核准盈杉投资注销税务登记。

2017 年 3 月 7 日，深圳市市场监督管理局向盈杉投资出具了企业注销通知书。

3. 核查结论

基于上述核查，中介机构认为：

（1）发行人报告期内注销的关联企业在存续期间合法经营，注销前从事的业务与发行人的业务、资产、技术、营销网络等方面不存在关系，注销后管理人员和生产人员未转入发行人，与发行人的人员不存在重叠的情形。

（2）发行人报告期内注销的关联企业按照《公司法》的规定履行了股东会决议、公告通知债权人、成立清算组、工商注销登记手续等法律规定的注销程序，符合相关法律、法规和规范性文件的规定，不存在纠纷或潜在纠纷。

六、对外转让的关联企业，受让方有关情况，与发行人是否存在关联关系，是否存在未来回购安排，转让后与发行人是否仍存在交易及资金往来情况

1. 核查方式与过程

登陆全国企业信用信息公示系统网站查询报告期内已转让股权的关联企业的工商登记信息。

七、关联关系，是否存在包括不限于购销业务、资金往来等交易。

1. 核查方式与过程

（1）对可立克科技、可立克科技有限公司、深圳市盛妍投资有限公司相关负责人员进行访谈。

（2）查阅公司关联企业提交的调查表。

（3）登陆全国企业信用系统网站查询公司关联企业的工商登记信息。

（4）查阅公司股东、董事、监事、高级管理人员回复的调查表。

（5）查阅发行人关联企业工商信息，查阅关联企业最近三年财务报表、银行对账单等资料。

2. 核查情况

（1）经核查，发行人、发行人股东、发行人的实际控制人和发行人的其他关联方（含其直接或间接投资的企业或与自然人股东关系密切的家庭成员）在申报期内

与发行人的客户和供应商存在的关联关系如表 21-43 所示。

表21-43　关联方与发行人客户、供应商关联关系情况

序号	关联方	与客户、供应商存在的关联关系
1	实际控制人之方兴的配偶肖瑾	公司供应商深圳可立克科技股份有限公司的董事及高级管理人员
2	可立克科技有限公司	公司供应商深圳可立克科技股份有限公司的股东
3	深圳市盛妍投资有限公司	公司供应商深圳可立克科技股份有限公司的股东

（2）经核查，发行人、发行人的股东、发行人的实际控制人和发行人的其他关联方（含其直接或间接投资的企业或与自然人股东关系密切的家庭成员）在报告期内与发行人客户、供应商存在交易情况如表 21-44 所示。

表21-44　关联方与发行人客户、供应商交易情况

名称	与发行人关系	与公司客户或供应商存在的交易或资金往来	交易金额（万元）		
			2016 年	2015 年	2014 年
中电博瑞技术（北京）有限公司	公司 5% 以上股东肖舟持有 96% 的股权并担任执行董事	向公司客户山东电工电气集团新能科技有限公司销售特高压变电实训设备	—	42.54	—
		向公司供应商北京晶川电子技术发展有限责任公司采购半导体及驱动模块	—	0.62	—
深圳市亚安信实业有限公司	实际控制人之盛剑明持有 23.50% 股权	向公司客户艾默生网络能源有限公司销售门禁系统及维护服务	12.99	7.67	21.73
深圳市智佳能自动化有限公司	实际控制人之盛剑明持有 48% 股权、盛剑明之胞兄盛剑青持有 6% 股权	向公司客户哈尔滨光宇电源股份有限公司销售自动物流系统、针床设备	891.67	—	—
		向公司客户欣旺达电子股份有限公司销售液压升降小推车	1.03	—	—
东莞市兴康机电科技有限公司	实际控制人之盛剑明之胞兄盛剑青持有 28% 股权，实际控制人之方兴之妹夫项勇持有 22% 股权	向公司客户艾默生网络能源有限公司销售五金结构件	35.95	33.05	25.42

发行人 5% 以上股东肖舟于 2017 年 1 月 16 日通过宁波梅山保税港区德禾股权投资基金合伙企业（有限合伙）受让国电科学技术研究院持有的南京国电环保科技有限公司 51% 股权。2014—2016 年，南京国电环保科技有限公司存在向发行人主要

供应商北京晶川电子技术发展有限责任公司采购材料的情形。

3. 核查结论

综上所述，除上述情形外，发行人、发行人的股东、发行人的实际控制人和发行人的其他关联方（含其直接或间接投资的企业或与自然人股东关系密切的家庭成员）在申报期内与发行人的客户和供应商不存在其他关联关系及发生购销业务、资金往来的情况。

八、发行人的职工（含离职员工）、发行人的股东、PE股东的出资人（自然人）、PE股东的实际控制人、发行人的实际控制人、发行人的董监高及其他核心人员（包括与上述自然人关系密切的家庭成员）是否在发行人的客户或供应商（或上述客户或供应商存在关联关系的单位，或上下级单位，或上下级公司）任职或担任股东

1. 核查方式与过程

（1）查阅发行人在职、离职的中高层管理人员回复的调查表。

（2）查阅发行人的股东、PE股东的自然人出资人、PE股东的实际控制人回复的调查表或确认函。

（3）查阅发行人的董事、监事、高级管理人员回复的调查表。

（4）查阅发行人报告期内部分客户、供应商回复的调查表或确认函。

（5）登陆国家企业信用信息公示系统查询：发行人的股东、发行人企业股东及其各级股东、发行人报告期内主要客户、供应商的工商登记信息。

2. 核查情况

（1）发行人的在职职工、离职的中高层管理人员在客户、供应商任职或担任股东情况

经核查发行人在职员工回复的调查表、离职的中高层管理人员提交调查表，比对了离职人员与发行人报告期内主要客户、供应商股东、董事、高级管理人员的工商登记信息、核查实地走访发行人报告期内主要客户和供应商时就发行人的职工及离职的中高层管理人员在其任采购或销售人员等情况进行确认并签署的访谈笔录，不存在发行人的在职员工及离职的中高层管理人员在发行人报告期内主要客户、供应商中担任董事、高级管理人员、采购人员、销售人员等重要职务或担任股东的情况。

（2）发行人的股东（包括实际控制人）在客户、供应商任职或担任股东情况

经核查发行人股东（包括实际控制人）回复的调查表，不存在发行人的股东（包括实际控制人）在发行人报告期内主要客户、供应商中担任董事、高级管理人

员、采购人员、销售人员等重要职务或担任股东的情况。

（3）PE 股东的出资人（自然人）、PE 股东实际控制人

经核查发行人 PE 股东的出资人（自然人）、PE 股东实际控制人回复的调查表及确认函，发行人的 PE 股东的出资人（自然人）、PE 股东实际控制人未在发行人报告期内主要客户、供应商中担任董事、高级管理人员、采购人员、销售人员等重要职务或担任股东的情况。

（4）发行人的董监高及其他核心人员

经核查发行人董监高及其他核心人员回复的调查表，发行人的董监高及其他核心人员在发行人报告期内未在主要客户、供应商中担任董事、高级管理人员、采购人员、销售人员等重要职务或担任股东的情况。

（5）与上述自然人关系密切的家庭成员

与上述自然人关系密切的家庭成员在公司主要客户、供应商的任职或担任股东的情况如表 21–45 所示。

表21–45　与自然人关系密切的家庭成员任职及担任股东情况

名称	亲属关系	在客户、供应商任职或担任股东情况
宁军颖	发行人销售人员徐大建之配偶	在客户普天新能源有限责任公司财务部任会计
肖瑾	发行人实际控制人方兴之配偶	在公司供应商深圳可立克科技股份有限公司中任董事及高管，并持有可立克科技有限公司 50% 股权，可立克科技有限公司持有公司供应商可立克科技股份有限公司 34.86% 的股权

3. 核查结论

除上述披露的情形外，发行人的在职员工及离职的中高层管理人员、发行人的股东、PE 股东的出资人（自然人）、PE 股东的实际控制人、发行人的实际控制人、发行人的董监高及其他核心人员（包括与上述自然人关系密切的家庭成员）未在发行人的主要客户或供应商（或上述客户或供应商存在关联关系的单位、或上下级单位、或上下级公司）担任董事、高级管理人员、采购人员、销售人员等重要职务或担任股东。

专家点评

关联方的核查从以下几个方面入手：

一、关联方认定：《“关联方”按企业会计准则第 36 号——关联方披露》规定执行，关联方定义：一方控制、共同控制另一方或对另一方施加重大影响，以及两方

或两方以上同受一方控制、共同控制或重大影响的，构成关联方。控制，是指有权决定一个企业的财务和经营政策，并能据以从该企业的经营活动中获取利益。共同控制，是指按照合同约定对某项经济活动所共有的控制，仅在与该项经济活动相关的重要财务和经营决策需要分享控制权的投资方一致同意时存在。重大影响，是指对一个企业的财务和经营政策有参与决策的权力，但并不能够控制或者与其他方一起共同控制这些政策的制定。

二、确认关联方交易的类型：购买或销售商品、购买或销售商品以外的其他资产、提供或接受劳务、担保、提供资金（贷款或股权投资）、租赁、代理、研究与开发项目的转移、许可协议、代表企业或由企业代表另一方进行债务结算、关键管理人员薪酬。

三、关联交易要求：①程序上必须按照公司章程和制度进行决策。②定价必须按照市场价格，评估价格可以被接受。③在实质上不得影响公司的独立性。

四、总体判断：是否属于经常性关联交易，对关联人的独立性是否产生负面影响。

【案例5】从关联交易看公司的内控——富满电子（股票代码：300671）

A股上市情况：2017年5月10日召开的中国证券监督管理委员会创业板发行审核委员会2017年第40次发审委会议审核：深圳市富满电子集团股份有限公司（首发）获通过。

案例解读

招股说明书披露：申报材料后，控股子公司深圳市云矽半导体有限公司向实际控制人刘景裕及其妹刘美琪租赁位于深圳市宝安区龙华街道梅观高速公路东北侧星河丹堤花园B区6栋2单元302室，租赁面积约212.76平方米，月租金为22,000元。请发行人：（1）补充说明上述关联交易的合理性和必要性，定价依据是否公允。（2）补充说明发行人内控制度是否健全有效。请中介机构发表核查意见，并说明对发行人以及对其董监高关于发行上市相关法律法规及其法定义务责任的辅导培训情况。

一、关联交易的合理性和必要性，定价是否公允

1. 必要性和合理性

云矽半导体成立于2015年4月7日，其主要业务重点是快充电源管理芯片的研发、设计，是发行人研发体系的重要组成部分。截至2016年12月31日，云矽半导

体有研发人员 14 名，因原有办公室条件较差，为使云矽半导体研发人员拥有较为安静良好的研发环境，2016 年 12 月 1 日，云矽半导体租赁了实际控制人刘景裕及其胞妹共有的闲置房产星河丹堤花园 B 区 6 栋 2 单元 302 室，以供云矽半导体员工研发办公使用。

2. 定价是否公允

根据截至 2017 年 4 月 25 日房屋租赁网站的查询结果，分别在“房天下”“58 同城”等房屋租赁网站抽取了租赁房屋所在地星河丹堤花园面积在 200~300 平方米的房屋的租赁价格，信息如表 21-46 所示。

表21-46 星河丹提花园小区房屋租赁信息

小区名称	信息来源网站	平方米	租金（元 / 月）
星河丹堤花园	“房天下”网站：http://zu.sz.fang.com/house/h37-kw%d0%c7%ba% d3%b5%a4%b5%cc/	275	27,000
		273	30,000
		269	28,000
		268	32,000
		245	23,000
		245	25,000
		213	22,000
		213	25,000
	“58 同城”网站：http://sz.58.com/zufang/pn2/? key=%E6%98%9F%E6%B2%B3%E4%B8%B9%E5%A0%A4&PGTID=0d300008-0000-4242-1103-79aa98cc6f35&ClickID=4	245	25,000
		278	28,000
		300	25,000
		278	28,000
		275	32,000
		269	36,000
		297	30,000
		275	28,000

由上表可知，租赁房屋所在地同小区同类型房屋租赁的市场均价为 105 元 / 平方米 · 月。根据房屋租赁网站的抽查统计结果以及房屋中介机构的咨询意见，中介

机构认为，云矽半导体向刘景裕及其妹刘美琪租赁星河丹堤花园212.76平方米的房屋，租赁价格22,000元/月，均价为103.4元/平方米·月，与同小区同类型房产租赁的市场价格相符，价格公允，不存在利益输送的情形。

二、发行人的内控制度是否健全有效

根据发行人提供的制度文件、立信会计师出具的《内部控制鉴证报告》并经中介机构核查，发行人建立了合理的组织结构，制定了完整的部门职责条例，对部门职责分工及权限相互制衡监督机制作了明确规定。发行人内部控制制度的建设考虑了内部环境、风险识别与评估、控制活动、信息沟通、检查监督等要素，控制活动涵盖公司财务管理、固定资产管理、投融资管理、物资采购、信息披露等方面，制定并完善了《货币资金管理办法》《生产物料采购及安全库存管理制度》《原材料、产成品；货物流转管理制度》《采购管理控制程序》《固定资产管理制度》《对外投资管理制度》《关联交易决策制度》《内部审计制度》等一系列基本管理制度。

1. 基本控制制度

（1）发行人的公司治理结构。发行人已根据《公司法》以及中国证券监督管理委员会有关文件规定的要求，建立了股东大会、董事会、监事会和以及在董事会领导下的经理层，并按照中国证监会2001年8月16日颁布的证监发〔2001〕102号文《关于在上市公司中建立独立董事的指导意见》的精神建立了独立董事制度并聘任了三位独立董事，形成了公司法人治理机构的基本框架，并明确了股东大会和股东、董事会和董事、监事会和监事、经理层和高级管理人员在内的机构和人员在内部控制中的职责。

发行人按照相关法律法规的要求制定了《公司章程》，并先后制定了《股东大会议事规则》《董事会议事规则》《监事会议事规则》《独立董事工作制度》《董事会秘书工作细则》《薪酬与考核委员会工作细则》《战略委员会工作细则》《审计委员会工作细则》《提名委员会工作细则》《对外担保管理制度》《关联交易决策制度》《对外投资管理制度》等多项与公司治理相关的内部控制制度。

（2）发行人的日常管理。发行人以基本制度为基础，制定了涵盖财务管理、采购、销售、对外投资等整个经营过程的一系列制度，规范业务流程，加强资金管理确保各项工作都有章可循，形成了规范的管理体系。

（3）发行人的人力资源管理。发行人已建立《人事行政制度》《人力资源管理控制程序》《薪酬管理制度》以及《员工培训管理制度》等人力资源管理制度，对各职能部门的职责、员工聘用、试用、任免、调岗、解职、交接、奖惩等事项进行明确规定，确保相关人员能够胜任；制定并实施人才培养方案，以确保经理层和全体员工能够有效履行职责；发行人现有人力资源政策能够保证人力资源的稳定和发行人各部门对人力资源的需求。

2. 业务控制制度

（1）采购供应管理。发行人实行统一采购政策，已建立起稳定的供应商供货渠道，对供应商资质、质量管理能力、交付能力和供货价格进行评审，确保所采购的原材料供应方能满足与保障发行人经营的需要。发行人建立了《生产物料采购及安全库存管理制度》《辅料采购管控规定》《采购下单管理控制程序》《供应商管理控制程序》等采购管理制度，从采购申请、招投标要求、合同签订、款项支付等审批权限和审批程序作出了详细规定，促使物料和非物料采购方面得到较好的管控。

（2）销售管理。发行人制定了《业务员报价管理规定》等相关制度，保证应收账款的安全，优化了相关销售流程，为销售目标的实现提供相关安全保障。同时发行人实行波段供应商品计划、推进配货制、库存控制。

3. 资产管理控制制度

（1）货币资金方面。发行人建立了《货币资金管理办法》《收款收据、快递代收款、对账单及货币资金管控流程》等制度，规定了货币资金从限额、收付、申请及核定、申领及报销、预算管理等各方面的管理与控制。报告期内公司资金管理方面的制度得到了有效执行。

（2）存货管理方面。发行人建立了采购、储存、领料和发货业务的岗位责任制，明确相关部门和岗位的职责、权限，确保采购、储存、领料和发货业务环节间不相容岗位相互分离、制约和监督。并根据企业的特点建立了自盘和年中、年底盘存控制制度，较好地实现了仓储与生产循环的内部控制。

（3）固定资产管理方面。发行人建立了固定资产管理制度，明确有关部门和有关人员的责任。对固定资产购置、处置实行授权批准制度，严格履行审批程序。

4. 对外投资管理、对外担保、关联交易控制制度

（1）对外投资方面。《公司章程》明确了股东大会和董事会审议对外投资的审批权限，发行人制定了《对外投资管理制度》，对发行人对外投资项目的决策、投资风险、管理等内容进行了明确规定，规避投资风险，强化决策责任，规范了公司的投资管理。

（2）对外担保的内部控制。为规范对外担保行为，有效控制对外担保风险，发行人在《公司章程》《对外担保管理制度》中明确规定了股东大会、董事会对外担保事项的审批权限，对担保对象、范围、担保限额、禁止担保、反担保、担保的审查与审批、担保的权限等作了详细的规定。报告期内，发行人未发生对外担保事项。

（3）关联交易的内部控制。发行人制定了《关联交易决策制度》，规定了关联交易应遵循的基本原则、关联方的范围、关联方的界定及其控制，关联交易的内容、关联交易的决策程序等，明确了股东大会、董事会对关联交易事项进行审批的程序、权限和回避表决要求。发行人严格按照相关法规要求实施关联交易，履行审批程序和信息披露义务，保证了发行人与关联方之间订立的关联交易合同符合公开、公平、公正的原则，确保关联交易情况不损害公司和股东的利益。报告期内，发行人发生的关联交易均经过了股东大会/董事会的审批及确认，独立董事对关联交易发表了独立的核查意见。

报告期内，立信会计师对发行人报告期内的财务报告进行了审计，并出具了标准无保留意见的信会师报字〔2017〕第ZI10133《审计报告》，对发行人管理层对2016年12月31日与财务报表有关的内部控制有效性的认定进行了鉴证，并出具了信会师报字〔2017〕第ZI10134号《内部控制鉴证报告》，认为发行人按照《内部会计控制规范——基本规范（试行）》和相关规定于2016年12月31日在所有重大方面保持了与财务报表相关的有效的内部控制。

综上所述，中介机构认为，发行人内控控制制度健全有效。

三、规范情况

为进一步减少关联交易，提升公司规范运作水平，发行人积极进行了规范，具体如下：

1. 云矽半导体于2017年4月25日与刘景裕及其胞妹刘美琪签订了《房屋租赁解除协议》，并承诺于2017年5月底之前完成搬迁。

2. 发行人承诺将加强实际控制人、董事、监事以及高级管理人员对上市相关法律法规的学习，加强对公司制度的学习，增强合规意识和规范运作意识，提高履职水平，保证发行人上市之后规范运行。

四、结论意见

综上所述，中介机构认为，云矽半导体向刘景裕及其妹妹刘美琪租赁房屋，该等关联交易的租金与同小区同类型房屋租赁的市场价格相符，价格公允，不存在利益输送的情形；发行人内部控制制度健全有效。发行人通过解除租赁协议终止了该等关联交易，亦承诺进一步完善内部控制制度，加强实际控制人、董事、监事以及高级管理人员对上市相关法律法规的学习，保证发行人上市之后规范运行。

专家点评

发行人内部控制系统通过制定《关联交易决策制度》、确定职责分工，严格各种

手续、审批程序、检查监督手段等，有效地控制本单位关联交易活动顺利进行，保证实现发行人关联交易的法制化、合理化，保证发行人的独立性及持续发展能力。

第二节　基础概念

一、有关关联交易的规定

财政部的“会计准则”、证监会颁布的《上市公司信息披露管理办法（中国证券监督管理委员会令第40号）》《公开发行股票并在创业板上市管理暂行办法》《上市公司章程指引》《到境外上市公司章程必备条款》《上市公司治理准则》《公开发行证券的公司信息披露内容与格式准则第1号——招股说明书》（2006年5月修订）《以下可简称“《招股说明书准则》”以及《上海证券交易所股票上市规则》（2006）、《深圳证券交易所股票上市规则》（2006）等文件对关联交易均有详细规定。其中，中国证监会《公开发行证券的公司信息披露内容与格式准则第1号——招股说明书》（证监发行字〔2006〕5号）第七节“同业竞争及关联交易”规定：

发行人应根据《公司法》和《企业会计准则》的相关规定披露关联方、关联关系和关联交易。

发行人应根据交易的性质和频率，按照经常性和偶发性分类披露关联交易及关联交易对其财务状况和经营成果的影响。

购销商品、提供劳务等经常性的关联交易，应分别披露最近三年及一期关联交易方名称、交易内容、交易金额、交易价格的确定方法、占当期营业收入或营业成本的比重、占当期同类型交易的比重以及关联交易增减变化的趋势，与交易相关应收应付款项的余额及增减变化的原因，以及上述关联交易是否仍将持续进行。

偶发性的关联交易，应披露关联交易方名称、交易时间、交易内容、交易金额、交易价格的确定方法、资金的结算情况、交易产生利润及对发行人当期经营成果的影响、交易对公司主营业务的影响。

发行人应披露是否在章程中对关联交易决策权力与程序作出规定。公司章程是否规定关联股东或利益冲突的董事在关联交易表决中的回避制度或做必要的公允声明。

发行人应披露最近三年及一期发生的关联交易是否履行了公司章程规定的程序，

以及独立董事对关联交易履行的审议程序是否合法及交易价格是否公允的意见。

发行人应披露拟采取的减少关联交易的措施。

中国证监会《上市公司章程指引》(2006年修订)规定:

公司的控股股东、实际控制人员不得利用其关联关系损害公司利益。违反规定,给公司造成损失的,应当承担赔偿责任。

公司控股股东及实际控制人对公司和公司社会公众股股东负有诚信义务。控股股东应严格依法行使出资人的权利,控股股东不得利用利润分配、资产重组、对外投资、资金占用、借款担保等方式损害公司和社会公众股股东的合法权益,不得利用其控制地位损害公司和社会公众股股东的利益。

公司对股东、实际控制人及其关联方提供的担保须经股东大会审议通过。

股东大会拟讨论董事、监事选举事项的,股东大会通知中将充分披露董事、监事候选人的详细资料与本公司或本公司的控股股东及实际控制人是否存在关联关系。

股东大会审议有关关联交易事项时,关联股东不应当参与投票表决,其所代表的有表决权的股份数不计入有效表决总数;股东大会决议的公告应当充分披露非关联股东的表决情况。

董事应当遵守法律、行政法规和本章程,对公司负有下列忠实义务,不得利用其关联关系损害公司利益。

董事会应当确定对外投资、收购出售资产、资产抵押、对外担保事项、委托理财、关联交易的权限,建立严格的审查和决策程序;重大投资项目应当组织有关专家、专业人员进行评审,并报股东大会批准。

董事与董事会会议决议事项所涉及的企业有关联关系的,不得对该项决议行使表决权,也不得代理其他董事行使表决权。该董事会会议由过半数的无关联关系董事出席即可举行,董事会会议所作决议须经无关联关系董事过半数通过。出席董事会的无关联关系董事人数不足3人的,应将该事项提交股东大会审议。监事不得利用其关联关系损害公司利益,若给公司造成损失的,应当承担赔偿责任。

交易所的规定更为详细,对企业上市实践更具指导意义,下面介绍《上海证券交易所股票上市规则》中有关关联交易的规定,虽然是规范已上市公司的,但可供拟上市企业参考。

1. 上市公司董事会审议关联交易事项时,关联董事应当回避表决。关联董事回避后董事会不足法定人数时,应当由全体董事(含关联董事)就将该等交易提交公司股东大会审议等程序性问题作出决议,由股东大会对该等交易作出相关决议。

2. 上市公司股东大会审议关联交易事项时,关联股东应当回避表决。

3. 上市公司与关联自然人发生的交易金额在 30 万元以上的关联交易，应当及时披露。

4. 上市公司与关联法人发生的交易金额在 300 万元以上，且占公司最近一期经审计净资产绝对值 0.5% 以上的关联交易，应当及时披露。

5. 上市公司与关联人发生的交易金额在 3000 万元以上，且占上市公司最近一期经审计净资产绝对值 5% 以上的关联交易，除应当及时披露外，还应当根据有关规定，聘请具有执行证券、期货相关业务资格的中介机构，对交易标的进行审计或者评估，并将该交易提交股东大会审议。所述与日常经营相关的关联交易所涉及的交易标的，可以不进行审计或者评估。

6. 关联交易涉及“提供财务资助”“提供担保”和“委托理财”等事项时，应当以发生额作为披露的计算标准，并按交易类别在连续十二个月内累计计算，经累计计算的发生额达到规定标准的，分别适用以上各条的规定。

7. 关联交易预计：

（1）上市公司与关联人首次进行上述与日常经营相关的关联交易时，应当按照实际发生的关联交易金额或者以相关标的为基础预计的当年全年累计发生的同类关联交易总金额，适用上述披露的规定。

（2）公司在以后年度与该关联人持续进行前款所述关联交易的，应当最迟于披露上一年度的年度报告时，以相关标的为基础对当年全年累计发生的同类关联交易总金额进行合理预计。预计交易总金额达到规定标准的，应当在预计后及时披露；预计达到规定的标准的，除应当及时披露外，还应当将预计情况提交最近一次股东大会审议。

（3）对于预计总金额范围内的关联交易，如果在执行过程中其定价依据、成交价格和付款方式等主要交易条件未发生重大变化的，上市公司可以免予再表决，但应当在定期报告中对该等关联交易的执行情况作出说明，并与已披露的预计情况进行对比，说明是否存在差异及差异所在和造成差异的原因。

（4）关联交易超出预计总金额，或者虽未超出预计总金额但主要交易条件发生重大变化的，公司应当说明超出预计总金额或者发生重大变化的原因，重新预计当年全年累计发生的同类关联交易总金额，并按照规定履行披露义务和相关审议程序。

上述这些规定体现了对关联交易进行规制的三个主要方面，一是对关联交易必须进行披露，二是关联交易必须由对此交易没有利害关系的股东独立投票通过，三是关联股东、董事等应接受相应的权利限制。《公开发行股票并在创业板上市管理办法》对关联交易的规定只有第十八条规定有公司不得存在严重影响公司独立性和显

失公正的关联交易。

二、创业企业申请发行上市应披露的关联方

《创业板公司招股说明书》(征求意见稿)及《创业板上市公告书》(征求意见稿)中都规定按照《企业会计准则——关联方关系及其交易的披露》披露关联方。因此，创业企业应披露的关联方主要有直接或间接地控制其他企业或受其他企业控制，以及同受某一企业控制的两个或多个企业；合营企业；联营企业；主要投资者个人、关键管理人员或与其关系密切的家庭成员；受主要投资者个人、关键管理人员或与其关系密切的家庭成员直接控制的其他企业。另外，由于创业板企业规模小、多数为高科技企业，核心技术对企业至关重要，要在创业板上市特别强调还应披露核心技术人员关联方的有关情况；披露的关联关系应包括股权关系、人事关系、管理关系及商业利益关系，根据实质重于形式的原则，由发行人董事判断其关系的实质，而不仅仅是法律形式。

关联交易是指上市公司及其附属公司与其关联方之间发生的转移资源或义务的事项。根据《创业板市场规则咨询文件》(征求意见稿)，应披露的关联交易包括在规定的会计期间内向关联方累计购买量占其总采购量5%且金额达到人民币100万元的，或向关联方销售收入占其总销售收入5%且金额达到人民币100万元以上的，对企业的财务状况和经营成果有重大影响的关联交易。企业应当披露关联交易在营业收入或营业成本中的比例、产生的损益，关联交易的名称、数量、单价、总金额、占同一业务的比例、定价政策及其决策依据，并说明独立董事及监事会对关联交易公允性的意见。企业还应说明关联交易是否符合决策程序的规定，关联股东和关联董事在审议时是否回避，以及独立董事和监事会是否发表不同意见等。

三、如何判定关联交易

要准确地判断关联交易，首先要准确地界定关联方；会计准则第36号《关联方披露》规定：一方控制、共同控制另一方或对另一方施加重大影响，以及两方或两方以上同受一方控制、共同控制或重大影响的，构成关联方。另外，交易所的上市规则规定：上市公司的关联方(关联人)包括关联法人和关联自然人。

上市公司的关联法人包括：

(1)直接或间接地控制上市公司的法人。

(2)由前项所述法人直接或间接控制的除上市公司及其控股子公司以外的法人。

（3）关联自然人直接或间接控制的、或担任董事、高级管理人员的，除上市公司及其控股子公司以外的法人。

（4）持有上市公司百分之五以上股份的法人或一致行动人。

（5）在过去十二个月内或未来十二个月内，存在上述情形之一的。

（6）证监会、证券交易所或上市公司根据实质重于形式的原则认定的其他与上市公司有特殊关系，可能或已经造成上市公司对其利益倾斜的法人。

上市公司的关联自然人包括：

（1）直接或间接持有上市公司百分之五以上股份的自然人。

（2）上市公司董事、监事及高级管理人员。

（3）直接或间接地控制上市公司的法人的董事、监事及高级管理人员。

（4）上述第（1）、（2）项所述人士的关系密切的家庭成员，包括配偶、父母及配偶的父母、兄弟姐妹及其配偶、年满十八周岁的子女及其配偶、配偶的兄弟姐妹和子女配偶的父母。

（5）在过去十二个月内或未来十二个月内，存在上述情形之一的。

（6）证监会、证券交易所或上市公司根据实质重于形式的原则认定的其他与上市公司有特殊关系，可能或已经造成上市公司对其利益倾斜的自然人。

其次，要判定是否存在关联关系。关联关系是指公司控股股东、实际控制人、董事、监事、高级管理人员与其直接或者间接控制的企业之间的关系，以及可能导致公司利益转移的其他关系。但是，国家控股的企业之间不仅因为同受国家控股而具有关联关系。

对关联方和关联关系作出判定后，即可据此判定是否存在关联交易。基于“会计准则”的要求，会计师的审计报告中会对关联交易有详细说明，因此在企业上市业务实践中，律师通常可以据此来判断[①]。

四、如何减少并规范关联交易

《公开发行股票并在创业板上市管理办法》第十八条就关联交易仅仅规定发行人不得存在严重影响公司独立性或者显失公允的关联交易。但是编者认为，对在创业板上市的企业来讲，减少并规范关联交易仍然是必需的，不仅仅是规范主板企业上市的《首发管理办法》对发行人有这样的要求。《首发管理办法》规定发行人应完整披露关联方关系并按重要性原则恰当披露关联交易。关联交易价格公允，不存在通

① 陈菊香．企业改制与发行上市法律实务［M］．北京：法律出版社，2007.

过关联交易操纵利润的情形。对与控股股东、实际控制人及其控制的其他企业在原材料采购和产品销售方面存在重大关联交易的发行人，要求在招股说明书中详细披露控股股东或实际控制人的生产经营情况和财务状况。证监会还要求在《招股说明书》中按照经常性和偶发性分类披露关联交易，以及有关关联交易履行的决策程序和独立董事对关联交易公允性发表的意见。

减少关联交易主要有以下方法：

第一，确定关联企业后通过收购等方式将关联企业或关联业务纳入到发行人之内，即企业外部的交易行为变为内部的服务行为。

第二，发行人从参股的关联企业中撤出股份或将股份转让给非关联方。

第三，要求关联自然人从关联企业中撤出股份或将股份转让给非关联方，变关联企业为非关联企业。例如，发行人的董事、监事或高管在某企业中有股份，而该企业与发行人有交易往来，则应使发行人的董事、监事或高管从该企业中撤出股份或将股份转让给非关联方，从而使该关联企业变为非关联企业。

第四，通过调整人员减少关联交易。例如，发行人的董事、监事或高管在某企业中有股份，而该企业与发行人有交易往来，则在该董事、监事或高管不愿意从该企业中撤出股份或将股份转让给非关联方的情况下，可动员其离开发行人处或将其职务调整为一般职务。如此，该企业则不再成为关联企业，该关联交易得以消除，从而达到总体上减少关联交易的目的。

有些关联交易对某些发行人来说是不可避免的，则对此类关联交易存在一个如何规范的问题。通常规范的方式有两类，一是通过建章立制进行规范，如在发行人的公司章程中规定关联交易的审批程序，如董事会审议，重大关联交易由股东大会审议，关联人员回避表决，独立董事就关联交易的公允性发表意见等。二是实际执行中严格按市场经济的原则签订相关的协议，并披露所有关联交易的情况等。

第二十二章　环保问题

环境保护问题一直以来就是企业走向资本市场过程被高度关注的问题，高污染的企业或者缺乏有效环保措施的企业都可能因为违规而对社会造成危害，所以对拟上市企业在这方面的审核是严格的。

不同类型的企业对环保的要求也是不同的，其中对于能源型企业有特殊的要求。能源型企业通常都会对地质、空气等环境造成损害，如化工、水泥、煤炭开采、焦化等企业，其在生产经营过程中会制造一系列的废水、废气、废渣等有毒有害物质，对周边环境造成破坏性影响。中国的环保理念已经逐步深入全体国民的内心，目前从政策、法律的角度，都在加大加强对环境保护的力度和强度，对于影响环保的企业，国家将执行更为严格的标准，而且未来的趋势是对环保的监控必将成为企业发展中的重点要求内容。因此，对于环保问题，不同的创业型企业也要根据自身的实际情况予以解决。

第一节　案例分析

【案例1】重污染企业的环保核查——华森制药（股票代码：002907）

A股上市情况：2017年9月5日召开的中国证券监督管理委员会主板发行审核委员会2017年第136次发审委会议审核：重庆华森制药股份有限公司（首发）获通过。

案例解读

请中介机构补充核查并披露：（1）发行人是否属于重污染行业，是否符合国家和地方环保要求、是否发生环保事故、发行人有关污染处理设施的运转是否正常有效，有关环保投入、环保设施及日常治污费用是否与处理公司生产经营所产生的污染相匹配等问题。（2）请补充披露发行人及其子公司报告期内是否存在环保违法违规行为；公司环保情况是否符合上市要求、是否需要取得环保部上市环保核查、有无整改意见以及整改意见落实情况。

一、发行人是否属于重污染行业，是否符合国家和地方环保要求、是否发生环保事故、发行人有关污染处理设施的运转是否正常有效，有关环保投入、环保设施及日常治污费用是否与处理公司生产经营所产生的污染相匹配等问题

发行人是否属于重污染行业

1. 根据《国家环境保护总局关于对申请上市的企业和申请再融资的上市企业进行环境保护核查的通知》（环发〔2003〕101号），重污染行业暂定为：冶金、化工、石化、煤炭、火电、建材、造纸、酿造、制药、发酵、纺织、制革和采矿业。根据原环办函〔2008〕373号《关于印发〈上市公司环保核查行业分类管理名录〉的通知》（该文已于2016年7月13日废止），制药包括化学药品制造（含中间体）、化学药品制剂制造、生物、生化制品的制造及中成药制造。报告期内，发行人主要从事中成药、化学药的研发、生产和销售。因此，根据前述规定，发行人的药品生产业务属于重污染行业，药品销售和零售不属于重污染行业。根据《环境保护综合名录（2015年版）》，发行人生产的药品不属于高污染、高环境风险产品。

2. 是否符合国家和地方环保要求、是否发生环保事故、发行人有关污染处理设施的运转是否正常有效

（1）是否符合国家和地方环保要求。①已取得排污许可证。发行人目前持有重庆市荣昌区环境保护局于2017年5月27日核发的《重庆市排放污染物许可证》[渝（荣）环排证〔2017〕0043号]，准许发行人按规定和要求排放污染物，有效期为2017年5月27日—2020年5月26日。华森生物目前持有重庆市环境保护局两江新区分局于2017年5月15日核发的《重庆市排放污染物许可证》（渝（两江）环排证〔2017〕0062号），准许华森生物按规定和要求排放污染物，有效期为2017年5月15日—2018年5月14日。

②建设项目已取得的环境影响评价批复。

表22-1 建设项目已取得的环境影响评价批复

项目	建设主体	环境影响评价批复
生产基地新建厂房（一期项目）	华森制药	渝（市）环评表〔1999〕43号《环境保护局审批意见》，同意在符合荣昌县总体规划的前提下在拟建地开工建设
二期建设项目	华森制药	渝（市）环评审〔2003〕158号《重庆市建设项目环境影响评价审批意见》，原则同意《重庆市板桥工业园区环境影响报告书》的评价结论及其提出的环境保护措施

续表

项目	建设主体	环境影响评价批复
三期工程建设项目	华森制药	渝（荣）环准〔2008〕90 号《重庆市建设项目环境影响评价文件批准书》，原则同意《环境影响报告表》的结论及其提出的环境保护措施，批准该项目在重庆市荣昌板桥工业园区昌州大道东段 27 号建设
GMP 配套用房及相关设施（四期项目）	华森制药	荣环（房）准〔2012〕20 号《重庆市建设项目环境影响评价文件批准书》，批准该项目在荣昌县板桥工业园区重庆华森制药有限公司内建设
职工食堂及新建库房	华森制药	渝（荣）环准〔2014〕048 号《重庆市建设项目环境影响评价文件批准书》，批准该项目在重庆市荣昌县工业园区重庆华森制药有限公司厂区内建设
生物技术研发中心及药品 GMP 生产基地	华森生物	渝（高）环准〔2007〕13 号《重庆市建设项目环境保护批准书》，批准“华森药物制剂 GMP 生产基地”建设项目在北部新区高新园大竹林组团 0 标准分区 011-1-1 号地块建设
第五期新建 GMP 生产基地项目	华森制药	渝（荣）环准〔2016〕002 号《重庆市建设项目环境影响评价文件批准书》，原则同意重庆市环境保护工程设计研究院有限公司编制的该项目环境影响报告书的结论及其提出的环保措施

③环保机关现场检查与监察。

根据报告期内重庆市荣昌区环境监察大队历次对发行人荣昌厂区进行环境保护现场监察后出具的记录单，历次现场检查过程中，均无环境违法行为。

④政府部门证明及公开渠道检索与核查。

根据重庆市荣昌区环境保护局出具的证明并经中介机构通过国家企业信用信息公示网、重庆市环境保护局、重庆市荣昌区环境保护局等公开渠道检索，发行人及其子公司不存在违反环境保护法律法规的情形。

综上，发行人符合国家和地方环保要求，不存在违反环境保护法律法规的行为。

（2）是否发生环保事故。根据重庆市荣昌区环境保护局及重庆市环境保护局两江新区分局出具的证明，发行人及其子公司不存在违反环境保护法律法规的行为。

通过国家企业信用信息公示网、重庆市环境保护局、重庆市荣昌区环境保护局等公开渠道检索并根据发行人出具的确认，报告期内，发行人未发生环保事故。

（3）发行人有关污染处理设施的运转是否正常有效。发行人主要负责生产的场地为位于荣昌区的厂区，中介机构抽查了报告期内重庆市荣昌区环境监察大队对发行人荣昌厂区进行环境保护现场监察后出具的记录单，根据该等记录单记载的现场检查情况，发行人污水处理站运行正常，相关环保手续齐全，建立有环境风险防范制度，未有环境违法行为。

根据发行人的说明并经核查，发行人采取严格的环保措施控制生产过程中产生的废气、废水和固体废弃物等各类污染物，具体情况如下：

①废气：对于污水污泥产生的废气，发行人配置了专门的回收塔，尾气火炬点燃处置。对其他废气，主要是生产车间粉碎、混料过程产生的少量粉尘，通过生产设备配套的袋式收尘设施就地治理后排放，浓度很小；燃气锅炉燃料采用的是清洁燃料天然气，燃烧产生的污染物量很少，排放满足《锅炉大气污染物排放标准》DB 50/658—2016 的要求。

②废水：废水主要来自生产废水和生活污水。发行人安装了 24 小时动态在线监测设备，生产中产生的废水经公司的污水处理站处理达到《荣昌区板桥园区污水处理厂设计进水浓度限值》要求，通过管网输送至荣昌区板桥工业园区污水处理厂进行处理后外排。

③固体废弃物：一般固体废弃物主要包括中药提取产生的药渣、生活垃圾、废弃包装材料等。药渣、生活垃圾由市政管理部门专车送往城市垃圾处理场处置；废弃包装材料，送往废品回收站回收利用。危险废弃物主要为质检部检验及实验室小试产生的少量废有机溶剂、废化学试剂玻璃瓶和生产车间布袋除尘器的收集粉尘、报废药品等。公司设有危险废弃物暂存间，集中存放。发行人每年与有资质的公司签订危险废弃物处置协议，定期集中送外处置。

中介机构现场核实了发行人的污染处理设施，发行人的污染处理设施运转正常有效。

3. 有关环保投入、环保设施及日常治污费用是否与处理公司生产经营所产生的污染相匹配等问题

报告期内，发行人环保投入及日常治污费用情况如表 22-2 所示。

表22-2　2014—2016年度发行人环保投入及日常治污费用情况

单位：万元

项目	2016 年	2015 年	2014 年
环保设施投入	1.6	524.68	0
环保运行费用	90.14	60.04	40.64

报告期内环保设施投入包括污水处理站扩建、锅炉房扩建、燃气锅炉安装、排污沟扩宽及清理等，环保运行费用包括排污费、排污权购买费用、危险废物处理费用、污水站营运外包费、废水废气处理费等。发行人 2015 年的环保设施投入费用较高系因为当年新建了污水处理站，因此，当年投入较高。

报告期内，发行人的相关环保设施、日常治污费用与处理公司生产经营所产生的污染相匹配情况如表 22-3 所示。

表22-3 发行人相关环保设施日常治污费用与处理公司生产经营所产生的污染相匹配情况

主要污染物	环保投入项目	环保设施	日常治污费用
废水	废水收集和处理设施支出	1000T 污水处理站 1 座	废水处理费用、排污费
废气	废气收集和处理设施支出	单机布袋除尘器5台套、天然气锅炉烟囱2根	废气治理费用
固体废物	固体废物存放设施	可回收废品间 1 个生活垃圾站 1 个、危废暂存间 1 个	委托第三方所支付的处理费

由上表可见，发行人主要污染物均有对应的污染防治处理，并发生相应治污费用，相关环保设施、日常治污费用与处理公司生产经营所产生的污染相互对应、相互匹配。

综上，发行人的药品生产业务属于重污染行业，药品销售和零售不属于重污染行业，发行人生产的药品不属于高污染、高环境风险产品，发行人的生产经营符合国家和地方环保要求，不存在违反环境保护法律法规的行为，报告期内未发生环保事故；发行人有关污染处理设施的运转正常有效，有关环保投入、环保设施及日常治污费用与处理公司生产经营所产生的污染相互对应匹配。

二、请补充披露发行人及其子公司报告期内是否存在环保违法违规行为；公司环保情况是否符合上市要求、是否需要取得环保部上市环保核查、有无整改意见以及整改意见落实情况

1. 发行人及其子公司报告期内是否存在环保违法违规行为

根据中介机构通过国家企业信用信息公示网、重庆市环境保护局、重庆市荣昌区环境保护局等公开渠道检索以及根据重庆市荣昌区环境保护局、重庆市环境保护局两江新区分局出具的证明，报告期内，发行人及其子公司不存在环保违法违规行为。

公司环保情况是否符合上市要求、是否需要取得环保部上市环保核查、有无整改意见以及整改意见落实情况

根据环境保护部于 2014 年 10 月 19 日发布的环发〔2014〕149 号《关于改革调整上市环保核查工作制度的通知》，环境保护部及地方各级环保部门自该通知发布之日起，停止受理及开展上市环保核查工作，上市环保核查的要求不再执行。根据环境保护部办公厅 2015 年 2 月 10 日发布的目前仍生效的《关于对环保核查工作制度有关问题解释的复函》（环办函〔2015〕207 号），环境保护部不再直接组织开展重点

行业环保核查，之前各类文件中发布的有关行业环保核查的相关要求不再执行。

依据上述，发行人无需取得环境保护部上市环保核查，无相关整改意见需要落实。

综上所述，本所认为，发行人的药品生产业务属于重污染行业，药品销售和零售不属于重污染行业，发行人生产的药品不属于高污染、高环境风险产品，未发生环保事故，发行人有关污染处理设施的运转正常有效，有关环保投入、环保设施及日常治污费用与处理公司生产经营所产生的污染相匹配，发行人及其子公司报告期内不存在环保违法违规行为，目前不需要取得环保部上市环保核查，无相关整改意见需要落实。

专家点评

对生产型公司上市环保问题的核查重点包括以下内容：

一、发行人生产项目建设前是否取得环境影响报告书、主管环保部门的批准意见；建成后，是否进行了“三同时”验收及主管环保部门验收意见。

二、是否持有合法有效排污许可证书，排污缴费是否正常，环保支出是否正常，环保设施是否正常运作，是否按照排污许可证登记的内容进行污染物排放。

三、环保主管部门在报告期内是否对发行人进行行政处罚。

【案例2】产能超过环评的情况——赛隆药业（股票代码：002209）

A股上市情况：2017年7月25日召开的中国证券监督管理委员会主板发行审核委员会2017年第113次发审委会议审核：珠海赛隆药业股份有限公司（首发）获通过。

案例解读

请发行人结合子公司岳阳赛隆存在的产能超出环评批复的产量的情况，说明其未来是否可能受到环保行政部门的处罚。请中介机构发表核查意见。

一、岳阳赛隆针对报告期内存在的超出经环评批复的产量的情况，已主动补办环评批复手续并获得环保主管部门的核准

2015年12月31日，岳阳市环保局向岳阳赛隆核发了《关于湖南赛隆药业有限公司单唾液酸四已糖神经节苷脂钠原料药生产线（年产400公斤）清洁生产项目环境影响报告书的批复》（岳环评〔2015〕145号），岳阳赛隆于2007年落户华容县工业园，原有生产能力为年产200万支脑蛋白水解物粉针剂、150万支脑蛋白水解物注

射液及单唾液酸四已糖神经节苷脂钠，其中单唾液酸四已糖神经节苷脂生产能力为150公斤/年。为提高产品收率，增强企业的经济效益，公司采用自主知识产权，对原150公斤/年单唾液酸四已糖神经节苷脂钠生产线进行技术改造，本次改造不新增土地，不改变车间平面布局，不新增生产线，供电、给排水、蒸汽及污水处理工程均依托现有工程，GM1制剂生产原料药仍为新鲜猪脑且用量保持不变（1280吨），辅料种类、生产工艺均保持不变，项目主要通过对提取工艺和纯化工序工艺技术的改造来提高产品出率，最终实现技术改造后单唾液酸四已糖神经节苷脂钠的产能为400公斤/年。本次技术改造完成后，废水、废气及固体废物产生量均在一定程度上有所减少，实现了增产减污清洁生产的环保目标，同意该项目建设。

2016年2月4日，华容县环保局向岳阳赛隆核发了《关于湖南赛隆药业有限公司年产1200万支冻干粉针剂和600万支水针剂生产线项目环境影响报告表的批复》（华环评〔2016〕002号），岳阳赛隆年产1200万支冻干粉针剂和600万支水针剂生产线项目位于华容县三封工业园。主要在占地2000平方米的制剂生产车间进行生产（已建），其他均依托已有建筑物，原则同意该项目按照《关于湖南赛隆药业有限公司年产1200万支冻干粉针剂和600万支水针剂生产线项目环境影响报告表》所列地点、性质、规模、采用的生产工艺及环境保护措施建设。

二、发行人子公司已经取得了环保部门出具的无违法记录的书面证明文件

2016年1月5日，华容县环保局出具了《证明》，岳阳赛隆自公司成立之日起至本证明出具日，未发生重大环境污染事故，未发生因环境污染而引起的上访事件，能按时按量缴纳排污费，各污染治理设施均能正常稳定运行，污染物排放浓度、强度均符合国家标准，无环保违法记录。

2016年7月25日，华容县环保局出具了《证明》，岳阳赛隆自公司成立之日起至本证明出具日，未发生重大环境污染事故，未发生因环境污染而引起的上访事件，能按时按量缴纳排污费，各污染治理设施均能正常稳定运行，污染物排放浓度、强度均符合国家标准，无环保违法记录。

2017年1月10日，华容县环保局出具了《证明》，岳阳赛隆自2016年7月25日至本证明出具之日，未发生重大环境污染事故，未发生因环境污染而引起的上访事件，能按时按量缴纳排污费，各污染治理设施均能正常稳定运行，污染物排放达标，无环保违法记录。

三、法律后果

经中介机构核查，截至上述两项批复核发前，岳阳赛隆存在产能超出经岳阳市环保局批准产量的情况。根据《中华人民共和国环境影响评价法》（以下简称“《环

境影响评价法》”）第二十四条，建设项目的环境影响评价文件经批准后，建设项目的性质、规模、地点、采用的生产工艺或者防治污染、防止生态破坏的措施发生重大变动的，建设单位应当重新报批建设项目的环境影响评价文件。根据《环境影响评价法》第三十一条，建设单位未依法报批建设项目环境影响评价文件，或者未依照本法第二十四条的规定重新报批或者报请重新审核环境影响评价文件，擅自开工建设的，由有权审批该项目环境影响评价文件的环境保护行政主管部门责令停止建设，限期补办手续；逾期不补办手续的，可以处五万元以上二十万元以下的罚款，对建设单位直接负责的主管人员和其他直接责任人员，依法给予行政处分。

发行人子公司岳阳赛隆已主动提出补办环评批复手续申请并获得岳阳市环保局及华容县环保局批复。

四、核查意见

综上所述，中介机构认为岳阳赛隆虽然在报告期内存在超过经环评批复的产量的情况，但是岳阳赛隆已经主动补办了环评手续并获得了环保部门批复核准，同时岳阳赛隆已经取得了环境主管部门出具的无环境违法记录的书面证明文件，岳阳赛隆报告期内相关违法行为不构成重大违法违规，未来不存在被环保部门行政处罚的风险。

专家点评 >>>

发行人虽然在报告期内存在超过经环评批复的产量的情况，但是发行人已经主动补办了环评手续并获得了环保部门批复核准，同时发行人已经取得了环境主管部门出具的无环境违法记录的书面证明文件，报告期内相关违法行为不构成重大违法违规，未来不存在被环保部门行政处罚的风险。

【案例3】对公司是否存在环保违法违规行为的核查——深南电路（股票代码：002916）

A股上市情况：2017年10月24日召开的中国证券监督管理委员会第十七届发行审核委员会2017年第10次发审委会议审核：深南电路股份有限公司（首发）获通过。

案例解读 >>>

招股说明书披露，发行人生产过程中会产生废气、废水、废物和噪声等污染。请发行人在“业务和技术”中补充披露公司生产经营中主要排放污染物及排放量、环保设施的处理能力及实际运行情况、募投项目所采取的环保措施及相应的资金来源和金额、环保投入与排污量的匹配情况等。请中介机构对公司的生产经营和拟投资项目是否符合国家环境保护的有关规定、在建和拟建项目是否已通过环境影响评价、已投产项目是否执行环境保护"三同时"制度、公司是否存在环保违法违规行为发表核查意见，并说明核查过程、方式、依据。

一、对公司的生产经营和拟投资项目是否符合国家环境保护的有关规定、在建和拟建项目是否已通过环境影响评价、已投产项目是否执行环境保护"三同时"制度等事项的补充核查

截至2016年12月31日，发行人共有无锡深南、天芯互联、南通深南、欧博腾、美国深南5家子公司并设立龙岗分公司。

发行人位于深圳南山区总部，已于2015年4月26日停产，在其生产期间根据广东省环境技术中心出具的《深南电路股份有限公司申请上市环保核查报告（华侨城工厂报告）》，华侨城工厂已落实了建设项目环境影响评价制度和"三同时"竣工环保验收；主要污染物实际排放满足许可排放量，主要污染物及特征污染物达标排放；污染物排放满足环评批复要求；自愿进行清洁生产审核；产品及原辅材料均未含有国家法律、法规、规章和我国签署的国际公约等规定的禁用物质，也不涉及新化学物质的使用；按照ISO 14001/96版标准，全面、正式推行环境管理体系；企业自生产以来，未因环保问题引发群体事件或上访事件。现该工厂已改造为办公场所，负责统一协调发行人及其子公司、分公司采购、生产、销售、研发等经营活动，已不存在生产过程。

欧博腾、美国深南负责发行人国际化的前沿技术和高端人才对接及市场开发，不存在生产过程；龙岗分公司为发行人主要的生产基地，负责印制电路板、封装基板及电子装联产品的研发、生产；天芯互联主要负责统级封装产品及新型元器件的研发、制造；无锡深南部分已投产项目主要负责电子装联、印刷电路板的生产，未投产项目仍在建设中；南通深南属于发行人在建项目。

经核查，属于发行人生产或建设的公司分别为无锡深南、天芯互联、南通深南和龙岗分公司，其环境保护及环境影响评价情况分别如下：

1. 无锡深南的环境保护情况

根据广东省环境技术中心2016年11月出具的《深南电路股份有限公司申请上市环保核查报告（无锡分报告）》，无锡深南落实了建设项目环境影响评价制度和"三同时"竣工环保验收；主要污染物实际排放满足许可排放量，主要污染物及特征污染物达标排放；污染物排放满足环评批复要求；自愿进行清洁生产审核；产品及

原辅材料均未含有国家法律、法规、规章和我国签署的国际公约等规定的禁用物质，也不涉及新化学物质的使用；按照 ISO 14001/96 版标准，全面、正式推行环境管理体系；已制定《无锡深南电路有限公司突发性环境事件应急预案》，企业自生产以来，未因环保问题引发群体事件或上访事件。

2. 天芯互联的环境保护情况

2015 年 12 月 7 日，无锡市环保局出具了《关于无锡天芯互联科技有限公司年产模组产品 4200 万套 SIP 封装产品 19500 万颗新建项目环境影响报告表的审批意见》（锡环表新复〔2015〕248 号），同意该项目按照报告表中的建设内容在拟定地点进行建设。

2017 年 3 月 31 日，无锡市新吴区安全生产监督管理和环境保护局出具了《关于无锡天芯互联科技有限公司年产模组产品 4200 万套 SIP 封装产品 19500 万颗新建项目的竣工环境保护验收意见》（锡环管新验〔2017〕69 号），2017 年 3 月 13 日，新吴区环境监察大队对该项目进行了现场监察，并出具了该项目符合环评批复要求的监察意见。

3. 南通深南的环境保护情况

2015 年 10 月 31 日，南通市通州区环保局出具了《关于南通深南电路有限公司数通用高速高密度多层印制电路板投资项目环境影响报告书的批复》（通环建〔2015〕236 号），同意数通用高速高密度多层印制电路板投资项目在拟建地址建设。

4. 龙岗分公司的环境保护情况

根据广东省环境技术中心 2016 年 11 月出具的《深南电路股份有限公司申请上市环保核查报告（龙岗分公司报告）》，深南电路龙岗分公司落实了建设项目环境影响评价制度和“三同时”竣工环保验收；已进行排污申报登记，依法领取了排污许可证并按时足额缴纳排污费；主要污染物实际排放满足许可排放量，主要污染物及特征污染物达标排放；污染物排放满足环评批复要求；自愿进行清洁生产审核；产品及原辅材料均未含有国家法律、法规、规章和我国签署的国际公约等规定的禁用物质，也不涉及新化学物质的使用；按照 ISO 14001/96 版标准，全面、正式推行环境管理体系；已制定《深南电路有限公司龙岗分公司突发性环境事件应急预案》，已到深圳市环紧监察支队备案（备案号：SZZD20130224），未因环保问题引发群体事件或上访事件。

二、对公司是否存在环保违法违规行为的补充核查

中介机构查阅了深圳市环保局网站（深圳人居环境网）、无锡市环保局网站（无锡政务大厅网站）、南通市环保局网站公示信息，不存在无锡深南、天芯互联、南通

深南、龙岗分公司因环境保护相关违法违规行为被立案调查、受到监管部门行政处罚的情形。

三、核查过程、方式、依据

1. 获得报告期内由广州环境技术中心出具的《环保情况核查报告》。

2. 查询主要公开网站及环保部门网站，在主要公开网站及环保部门网站进行了以发行人及其子公司、分公司作为关键词的检索，未查询到发行人及其子公司、分公司存在环保方面重大违法违规的情况。

3. 实地走访生产现场，了解发行人报告期内是否存在环保事故赔偿或环保部门处罚情况。

4. 核查发行人及其子公司、分公司报告期内营业外支出明细，确认其是否存在环保事故赔偿或环保部门处罚支出。

综上，中介机构认为，发行人及其子公司的生产经营和拟投资项目符合国家环境保护的有关规定、在建和拟建项目已通过环境影响评价、已投产项目已执行环境保护“三同时”制度，不存在环保方面重大违法违规情况。

专家点评

发行人及其子公司的生产经营和拟投资项目符合国家环境保护的有关规定、在建和拟建项目已通过环境影响评价、已投产项目已执行环境保护“三同时”制度，不存在环保方面重大违法违规情况。

【案例4】公司环保是否符合上市的要求——宇环数控（股票代码：002903）

A股上市情况：2017年8月22日召开的中国证券监督管理委员会主板发行审核委员会2017年第127次发审委会议审核：宇环数控机床股份有限公司（首发）获通过。

案例解读

请中介机构补充核查并披露：（1）发行人是否属于重污染行业，是否符合国家和地方环保要求、是否发生环保事故、发行人有关污染处理设施的运转是否正常有效，有关环保投入、环保设施及日常治污费用是否与处理公司生产经营所产生的污染相匹配等问题。（2）请补充披露发行人及其子公司报告期内是否存在环保违法违规行为；公司环保情况是否符合上市要求、是否需要取得环保部上市环保核查、有无整改意见以及整改意见落实情况。

一、发行人是否属于重污染行业，是否符合国家和地方环保要求、是否发生环保事故、发行人有关污染处理设施的运转是否正常有效，有关环保投入、环保设施及日常治污费用是否与处理公司生产经营所产生的污染相匹配

【核查手段】

中介机构进行了如下核查：

1. 查阅了湖南省环境保护科学研究院出具的《宇环数控机床股份有限公司上市环保核查技术报告》《宇环智能装备有限公司上市环保核查技术报告》。

2. 查阅了环境主管部门出具的关于发行人及其子公司宇环智能建设项目环境影响批复等文件。

3. 查阅了发行人的排污许可证、排污费缴纳凭证。

4. 查阅了报告期内发行人及其子公司的环境监测报告。

5. 网络检索了发行人及其子公司所在地的环境主管部门网站。

6. 访谈了发行人及其子公司的环保部门负责人。

7. 书面咨询了湖南葆华环保有限公司（系湖南省环境保护科学研究院脱钩改制后单位）。

8. 现场查看了发行人的环保设施。

【回复意见】

1. 发行人不属于重污染行业

根据国家环境保护总局发布的《关于对申请上市的企业和申请再融资的上市企业进行环境保护核查的规定》（环发〔2003〕101 号），重污染行业包括冶金、化工、石化、煤炭、火电、建材、造纸、酿造、制药、发酵、纺织、制革和采矿业等十三类行业。

发行人的主营业务为数控磨削设备及智能装备的研发、生产、销售与服务，根据《国民经济行业分类》（GB/T 4754—2011），发行人所属行业为“金属切削机床制造（C3421）”下的数控磨床行业。根据中国证监会颁布的《上市公司行业分类指引》（2012 年修订），发行人所属行业为“制造业”大类的“通用设备制造业（C34）”。

发行人所属通用设备制造业不属于《关于对申请上市的企业和申请再融资的上市企业进行环境保护核查的规定》所列举的重污染行业范围。

据此，中介机构认为，发行人不属于重污染行业。

2. 发行人符合国家和地方环保要求，未发生环保事故

（1）根据湖南省环境保护科学研究院出具的《宇环数控机床股份有限公司上市环保核查技术报告》以及《宇环智能装备有限公司上市环保核查技术报告》，发行人

及其子公司宇环智能现有主要环保治理设施运转良好，生产过程中产生的废气、废水、噪声和固体废弃物等均已得到妥善处理，各污染物均能实现达标排放。宇环数控和宇环智能在各项目实施过程中，基本执行了环境影响评价审批制度和环保“三同时”制度。根据该院与各地方环保部门沟通调查，发行人及其子公司在核查时段内未发生环境污染事故，未因违反环保法律法规而受到处罚。

（2）经核查发行人及其子公司建设项目环评报告、环评批复、环评验收批复，发行人建设项目履行的环保审批情况如表 22-4 所示。

表22-4 发行人建设项目履行的环保审批情况

主体	建设项目	环评批复	环评验收
宇环数控	专用数控磨床产业化基地建设项目	浏环复〔2008〕72 号	浏环验〔2012〕14 号
	研发中心技术升级改造项目	浏环复〔2016〕35 号	项目尚未开工建设
	精密高效智能化磨削设备升级扩能建设项目	浏环复〔2016〕34 号	项目正在建设中
宇环智能	自动化智能装备建设项目	长管产（环）〔2014〕83 号	长经开环验函〔2016〕11 号
	智能制造及物流产业基地项目	长经开环发〔2016〕8 号	项目尚未开工建设

（3）发行人已取得编号为 43018116040017 的《排污许可证》，允许排放的污染物为废水、废气、噪声，有效期至 2021 年 4 月 20 日。

发行人子公司宇环智能目前无须办理《排污许可证》，具体情况如下：

①根据《排污许可证管理暂行规定》第四条，应当实行排污许可管理的企业包括：“（一）排放工业废气或者排放国家规定的有毒有害大气污染物的企业事业单位。（二）集中供热设施的燃煤热源生产运营单位。（三）直接或间接向水体排放工业废水和医疗污水的企业事业单位。（四）城镇或工业污水集中处理设施的运营单位。（五）依法应当实行排污许可管理的其他排污单位。”根据与宇环智能的生产负责人、环保负责人的访谈，宇环智能不属于上述应当实行排污许可管理的企业，其目前阶段无须取得《排污许可证》。

②根据宇环智能出具的书面说明并经中介机构访谈宇环智能环保负责人、书面咨询湖南葆华环保有限公司（该公司前身湖南省环境保护科学研究院系发行人及其子公司上市环保核查报告的出具单位），由于宇环智能目前不存在工业废气、有毒有害气体、工业废水排放，外排废水主要为生活废水，长沙市经开区产业环保局未对宇环智能单独核发排污总量，因此宇环智能目前无须单独办理排污许可证。

（4）根据湖南省环境保护科学研究院、长沙市宇驰检测技术有限公司、湖南澄源检测有限公司出具的环境监测报告，报告期内宇环数控、宇环智能的污染物排放情况均达标。

（5）根据发行人及其子公司宇环智能出具的书面确认，并经中介机构网络检索发行人及其子公司所在地的环境主管部门网站，报告期内，发行人未发生环保事故，不存在重大环境污染纠纷及其他环境违法行为，亦不存在因违反环境保护法律法规而受到环境主管部门行政处罚的情况。

综上，中介机构认为，发行人符合国家和地方环保要求，报告期内未发生环保事故。

3. 发行人有关污染处理设施的运转是否正常有效

（1）根据发行人建设项目的环境影响评价批复、发行人与相关污染物处理单位签署的危险废物处置合同、湖南省环境保护科学研究院出具的上市环保核查技术报告、发行人出具的书面确认，并经本所现场查看发行人的环保设施，访谈发行人及其子公司环保负责人，发行人及其子公司生产经营过程中产生的污染物、污染来源及污染处理措施情况如表22-5、表22-6所示。

①发行人生产经营过程中产生的污染物、污染来源及污染处理措施情况。

表22-5　发行人生产经营过程中产生污染物、污染来源及污染处理措施情况

<table>
<tr><th>序号</th><th>污染物</th><th>污染源／污染工序</th><th>污染处理设施</th><th>污染处理、防治措施</th><th>是否运转正常</th></tr>
<tr><td rowspan="2">1</td><td rowspan="2">废水</td><td>设备、地面清洁废水</td><td>沉淀池</td><td>隔油沉淀池处理后排入市政管网</td><td rowspan="2">是</td></tr>
<tr><td>生活污水</td><td>化粪池</td><td>化粪池处理后排入市政管网</td></tr>
<tr><td rowspan="2">2</td><td rowspan="2">废气</td><td>粉尘、焊接废气</td><td>—</td><td>车间通风排放</td><td rowspan="2">是</td></tr>
<tr><td>油漆废气、烘干废气</td><td>喷漆房、油漆房</td><td>过滤棉＋活性炭吸附处理后由排气筒排放</td></tr>
<tr><td>3</td><td>噪声</td><td>车床、磨床、空压机</td><td>减震垫片、厂房隔声、消声器等</td><td>选用低噪声设备、基础减震、车间封闭隔音</td><td>是</td></tr>
<tr><td rowspan="3">4</td><td rowspan="3">固废</td><td>金属废料</td><td>—</td><td>回收公司回收</td><td rowspan="3">是</td></tr>
<tr><td>废油、废过滤棉、废活性炭</td><td>—</td><td>车间暂存后定期送有危废处理资质单位处置</td></tr>
<tr><td>生活垃圾</td><td>—</td><td>环卫部门清理外运</td></tr>
</table>

②发行人子公司宇环智能生产经营过程中产生的污染物、污染来源及污染处理措施情况。

表22-6　发行人子公司生产经营过程中产生污染物、污染来源及污染处理措施情况

序号	污染物	污染源／污染工序	污染处理设施	污染处理、防治措施	是否运转正常
1	废水	生活污水	依托蓝色产业园化粪池	化粪池处理后排入市政管网	是
2	废气	粉尘、磨削、切割废气	—	室内通风	是
3	噪声	车床、锯床、切割机	减震垫片、厂房隔声	选用低噪声设备、专用机床减震垫脚、车间封闭隔音	是
4	固废	金属边角料	—	回收公司回收	是
		含油铁屑、废切削液、废润滑油	—	车间暂存后定期送有危废处理资质单位处置	
		生活垃圾	—	环卫部门清洁外运	

（2）根据湖南省环境保护科学研究院出具的《宇环数控机床股份有限公司上市环保核查技术报告》以及《宇环智能装备有限公司上市环保核查技术报告》，宇环数控和子公司宇环智能现有主要环保治理设施运转良好，生产过程中产生的废气、废水、噪声和固体废弃物等均已得到妥善处理，各污染物均能实现达标排放。

据此，中介机构认为，报告期内发行人污染处理设施的运转正常有效。

4. 发行人环保投入、环保设施及日常治污费用与处理公司生产经营所产生的污染是否匹配

经中介机构查阅发行人环保投入明细情况说明、排污费缴纳凭证、危险废物处置合同及付款凭证等，并访谈发行人及其子公司的环保负责人，发行人及其子公司在环保方面的支出主要包括排污权有偿使用费、废水排放及固废处理费用、环保设施折旧费用、日常环境维护所需的保洁、绿化、环境监测、检测等费用。经核查相关凭证资料，2014年、2015年、2016年、2017年1—6月，发行人及其子公司宇环智能环保支出（包括环保投入、环保设施及日常治污费用等）分别为125,167元、173,908元、220,760.4元、65,122.15元。

根据中介机构现场核查的情况及报告期内湖南省环境保护科学研究院、长沙市宇驰检测技术有限公司、湖南澄源检测有限公司就发行人及其子公司污染物排放情况出具的《检测报告》，结合发行人建设项目环评批复、发行人环保设施投入情况说明，发行人已按照经建设项目环评批复的相关要求落实了各项污染防治措施，相应环保设施已投入使用并运行正常。报告期内，发行人各项环保支出保障了环保设施的正常运转和污染物的达标排放与合规处理，环保支出与发行人生产经营所产生的污染具有匹配性。

据此，中介机构认为，发行人的环保投入、环保设施及日常治污费用与处理公司生产经营所产生的污染相匹配。

二、请补充披露发行人及其子公司报告期内是否存在环保违法违规行为；公司环保情况是否符合上市要求、是否需要取得环保部上市环保核查、有无整改意见以及整改意见落实情况

【核查手段】

中介机构进行了如下核查：

1. 查阅了湖南省环境保护科学研究院出具的《宇环数控机床股份有限公司上市环保核查技术报告》《宇环智能装备有限公司上市环保核查技术报告》。

2. 查阅了发行人出具的书面确认。

3. 网络检索了发行人及其子公司所在地的环境主管部门网站。

4. 访谈了发行人及其子公司的环保部门负责人。

5. 查阅了上市环保核查相关规定。

【回复意见】

1. 发行人及其子公司报告期内不存在环保违法违规行为

根据发行人出具的书面声明、湖南省环境保护科学研究院出具的上市环保核查技术报告，并经中介机构网络检索发行人及其子公司所在地的环境主管部门网站，发行人及子公司报告期内不存在环保违法违规行为。

2. 公司环保情况是否符合上市要求、是否需要取得环保部上市环保核查、有无整改意见以及整改意见落实情况

根据发行人建设项目环评批复、报告期内湖南省环境保护科学研究院、长沙市宇驰检测技术有限公司、湖南澄源检测有限公司就发行人污染物排放情况出具的《检测报告》，并经中介机构网络检索发行人及其子公司所在地的环境主管部门网站，发行人的生产经营活动及募集资金投资项目均符合国家及地方环保要求，不存在对环境产生重大污染的情形，不存在因重大违法违规行为被环保行政管理部门处罚的情形，发行人环保情况符合上市要求。

根据国家环境保护总局《关于对申请上市的企业和申请再融资的上市企业进行环境保护核查的通知》（环发〔2003〕101 号）、《关于进一步规范重污染行业生产经营公司申请上市或再融资环境保护核查工作的通知》（环发〔2007〕105 号）等文件对上市环保核查行业的界定，发行人当前生产经营和募投项目的投向不属于上市公司环保核查行业目录，无需进行上市环保核查。且根据环境保护部于 2014 年 10 月发布的《关于改革调整

上市环保核查工作制度的通知》（环发〔2014〕149 号），环保部停止受理及开展上市环保核查。

据此，中介机构认为，发行人及其子公司报告期内不存在环保违法违规行为；发行人环保情况符合上市要求，发行人不需要取得环保部上市环保核查，不存在整改意见以及整改意见落实的情形。

专家点评

公司所处的行业属于重污染行业；但公司环保建设项目取得了环境影响报告书，得到了主管环保部门的批准，取得了环保验收合格文件，取得了排污许可证文件，污染物达标排放，环保设施运行状况正常，公司环保事项合法合规。

【案例 5】因为环保违法被处罚的情况——中欣氟材（股票代码：002915）

A 股上市情况：2017 年 10 月 20 日召开的中国证券监督管理委员会第十七届发行审核委员会 2017 年第 5 次发审委会议审核：浙江中欣氟材股份有限公司（首发）获通过。

案例解读

关于公司因环保违法被处罚 10 万元有关情况。请中介机构核查并补充披露：（1）发行人的具体整改措施和环保设施改善情况，有关整改情况是否有效，是否能避免类似问题的发生。（2）发行人是否已经建立和完善严格的环保内控制度，是否能确保今后不再发生违法排污和环保事故。

回复：

一、整改措施及其有效性

表22-7　处罚及整改措施

处罚时间	处罚决定书	原因	整改措施
2015.03.05	虞环罚字〔2015〕34 号	中科白云老污水处理系统因中转泵故障，员工私自将未经有效处理的废水通过临时架设的管道，直接排入污水厂外排管道。中欣氟材污水站正处在调试阶段，生化效果不够稳定，暂未接收中科白云研发废水	1. 立即拆除与污水厂连接的临时外排管道，纳入产品工艺污水管网，增加一台中转泵，做到一备一用，确保正常使用；2. 提高污水站生化处理能力，请专家对污水站的组合生化系统进行诊断，提出了相应改进措施，并付之实施；3. 加强污水站的日常管理，对排放污水进行严格监控，增加外排污水监测频次，确保达标排放；4. 对相关责任人进行通报批评并处罚，组织相关人员认真学习环境保护相关法律法规，提高全体员工的环境保护意识

上述环境违法情况发生后，中科白云制定并落实了相应整改措施，上述整改措施经主管环保部门确认和现场检查，达到预期效果。

一达环保咨询对报告期内发行人环保情况进行审查和现场核查，并于2016年6月出具《浙江中欣氟材股份有限公司上市环保核查技术报告》，认为发行人现有主要环保治理设施运转情况良好，废水和废气污染物均能做到达标排放。核查期内，发行人全资子公司中科白云受到过一次当地环保部门处罚，受到处罚后中科白云已立即改正相应违法行为并足额缴纳罚款。整改后，发行人生产经营涉及各个项目均能执行环境影响评价审批制度和环保“三同时”制度。

经核查，自落实上述整改措施至今，发行人及其子公司未再受到任何有关环保的行政处罚。

二、环保设施改善情况

为保证废水的达标排放，发行人建立了车间预处理以及末端治理相结合的、完善的环保处理系统。相关核心措施和治理目标如表22-8所示。

表22-8 核心措施和治理目标

<table>
<tr><th>主体</th><th>环保方式</th><th>污染物类型</th><th>核心措施</th><th>治理目标</th></tr>
<tr><td>中科白云</td><td>末端治理</td><td>废水</td><td>芬顿氧化＋生化系统</td><td>现已停止使用，和中欣氟材公用一套污水处理设施</td></tr>
<tr><td rowspan="6">中欣氟材</td><td rowspan="3">车间预处理</td><td rowspan="3">废水</td><td>除氟沉淀</td><td>含氟废水的预处理，提高含氟废水的处理效率</td></tr>
<tr><td>次钠氧化</td><td>减少高浓废水对微生物的毒害</td></tr>
<tr><td>高浓度废水的初蒸系统分质分类收集</td><td>减少末端治理压力，提高废水处理能力分质处理</td></tr>
<tr><td rowspan="3">末端治理</td><td rowspan="3">废水</td><td>中转泵</td><td>增加一台中转泵，做到一备一用，确保正常使用</td></tr>
<tr><td>混凝沉淀＋脉冲水解+A/O组合生化＋气浮＋混凝沉淀</td><td>请专家对污水站的组合生化系统进行诊断、优化改善，保障污水达标排放</td></tr>
<tr><td>污水站的监测系统</td><td>加强污水站的日常管理，对排放污水进行严格监控，增加外排污水监测频次，确保达标排放</td></tr>
</table>

2015年4月，发行人的污水处理设施调试运行成功后，中科白云的污水处理设施停止使用，与发行人共用一套污水处理系统。发行人废水处理稳定达标排放，至今未出现过超标情况，且废水处理量稳定上升。发行人的污水处理设施与生产经营

所产生的污染量相匹配，能够接收中科白云的研发废水，并且为后续增长的产能留有一定余量。

三、关于环保内控制度的实施情况

发行人根据国家颁布的有关环境保护的政策法规以及环境主管部门对公司的日常监管要求，组织编制了《环境保护控制程序》等一系列内部控制管理制度，明确了每个部门的环保管理职责，对废气、固废、污水处理的各个环节进行严格把控。在污水处理方面，实施污染源头控制，制定各车间废水总量及污染物控制指标，对指标进行严格控制，并纳入车间考核进行奖罚；污水处理后，需经相关领导审批后方可排放。发行人通过对各个环保设施管理人员及生产管理人员定期开展环保培训，提升公司整体环保管理意识和水平，保证环保内控制度得到有效执行。

四、环保部门证明

2016 年 5 月 4 日，绍兴市上虞区环境保护局就对中科白云前述处罚出具《证明》：“中科白云及时缴纳罚款并对上述问题积极落实整改，截止本证明出具日，中科白云已根据环境保护相关法律法规管理的要求整改到位。”

2016 年 5 月 18 日，绍兴市上虞区环境保护局出具证明：“上虞中科白云精细化工研究中心有限公司 2013 年 1 月 1 日至今未发生严重污染环境的违法行为。”

2017 年 2 月 28 日，绍兴市上虞区环境保护局出具证明：“绍兴中科白云化学科技有限公司遵守国家环保法律法规，自 2016 年 1 月 1 日至今未发生污染事故和严重污染环境的违法行为，未受到我局行政处罚。”

2017 年 8 月 4 日，绍兴市上虞区环境保护局出具证明：“绍兴中科白云化学科技有限公司遵守国家环保法律法规，建设项目环境影响登记表已经过环评备案，近一年以来未发生污染事故和严重污染环境的违法行为，未受到我局行政处罚。”

五、核查意见

经核查，中介机构认为，中科白云环境违法情况发生后，发行人及时制定并有效落实了相应整改措施，能够避免类似问题的发生；报告期内发行人关于环保的内控制度健全有效，能够确保今后不再发生违法排污和环保事故。

专家点评

环保行政处罚关注以下要点：①是否构成重大违法违规，如是则“一票否决”；②遭受行政处罚的原因，偶发性可减轻此处罚的负面影响，主观恶意应予排除；③是否据此已建立全面有效的内控制度，相关内控制度是否已有效执行，可否杜绝此类问题的再次发生。

第二节　基本要求

第一,《首次公开发行股票并上市管理办法》第二十五条规定，发行人不得有下列情形：……最近36个月内违反环保法律、行政法规，受到行政处罚，且情节严重……

第二,《公开发行证券公司信息披露的编报规则第12号——公开发行证券的法律意见书和律师工作报告》规定，律师工作报告的必备内容有：发行人的生产经营活动和拟投资项目是否符合有关环境保护的要求，有权部门是否出具意见；近三年是否因违反环境保护方面的法律、法规和规范性文件而被处罚。

股票发行上市时涉及环保问题，就需要找当地的区、县、市甚至省环保局去调查核实拟发行上市的公司环保方面有无问题。

第三，为督促重污染行业上市企业认真执行国家环境保护法律、法规和政策，避免上市企业因环境污染问题带来投资风险，调控社会募集资金投资方向，根据中国证监会对上市公司环境保护核查的相关规定，国家环保总局2003年6月16日发布了《关于对申请上市的企业和申请再融资的上市企业进行环境保护核查的规定》,具体如下：

一、核查对象

（一）重污染行业申请上市的企业；

（二）申请再融资的上市企业，再融资募集资金投资于重污染行业。

重污染行业暂定为：冶金、化工、石化、煤炭、火电、建材、造纸、酿造、制药、发酵、纺织、制革和采矿业。

二、核查内容和要求

（一）申请上市的企业

1. 排放的主要污染物达到国家或地方规定的排放标准；

2. 依法领取排污许可证，并达到排污许可证的要求；

3. 企业单位主要产品主要污染物排放量达到国内同行业先进水平；

4. 工业固体废物和危险废物安全处置率均达到100%；

5. 新、改、扩建项目“环境影响评价”和“三同时”制度执行率达到100%,并经环保部门验收合格；

6. 环保设施稳定运转率达到 95% 以上；

7. 按规定缴纳排污费；

8. 产品及其生产过程中不含有或使用国家法律、法规、标准中禁用的物质以及我国签署的国际公约中禁用的物质。

（二）申请再融资的上市企业

除符合上述对申请上市企业的要求外，还应核查以下内容：

1. 募集资金投向不造成现实的和潜在的环境影响；

2. 募集资金投向有利于改善环境质量；

3. 募集资金投向不属于国家明令淘汰落后生产能力、工艺和产品，有利于促进产业结构调整。

三、核查程序

申请上市的企业和申请再融资的上市企业应向登记所在地省级环保行政主管部门提出核查申请，并申报以下基本材料：

（一）企业（含本企业紧密型成员单位）基本情况；

（二）报中国证券监督管理委员会待批准的上市方案或再融资方案；

（三）证明符合本规定第三条的相关文件；

（四）企业登记所在地省级环保行政主管部门要求的其他有关材料。

省级环境保护行政主管部门自受理企业核查申请之日起，于 30 个工作日内组织有关专家或委托有关机构对申请上市的企业和申请再融资的上市企业所提供的材料进行审查和现场核查，将核查结果在有关新闻媒体上公示 10 天，结合公示情况提出核查意见及建议，以局函的形式报送中国证券监督管理委员会，并抄报国家环保总局。

火力发电企业申请上市和申请再融资应由省级环保部门提出初步核查意见上报国家环保总局。国家环保总局组织核定后，将核定结果在总局政府网站上公示 10 天，结合公示情况提出核查意见及建议，以局函的形式报送中国证券监督管理委员会。

对于跨省从事重污染行业生产经营活动的申请上市企业和申请再融资的上市企业，其登记所在地省级环境保护行政主管部门应与有关省级环境保护行政主管部门进行协调，将核查意见及建议报国家环保总局，由国家环保总局报送中国证券监督管理委员会。

四、环境保护部于 2014 年 10 月 19 日发布的环发〔2014〕149 号《关于改革调整上市环保核查工作制度的通知》，环境保护部及地方各级环保部门自该通知发布之日起，停止受理及开展上市环保核查工作，上市环保核查的要求不再执行。根据环境保护部办公厅 2015 年 2 月 10 日发布的目前仍生效的《关于对环保核查工作制度有关问题解释的复函》(环办函〔2015〕207 号),环境保护部不再直接组织开展重点行业环保核查,之前各类文件中发布的有关行业环保核查的相关要求不再执行。

第二十三章　法人治理

企业的法人治理是企业上市中国证监会审核重点关注的问题，企业法人治理审核的要点是：

1. 三会制度是企业规范运作的基础。

2. 独立董事制度和董事会秘书制度作为必备的补充。

3. 企业的高级管理人员需要参加相应的培训。

企业进行改制的目的是为了发行上市，而发行上市对企业的要求是具备现代股份制企业形式，这其中，对企业的法人治理结构提出很高的要求。企业上市之后成为公众公司，需要接受市场的监督，之前不规范的运作模式将被改变，企业要按照法律、法规、规范性文件和中国证券市场的规章制度来进行生产经营。

企业的法人治理有狭义（依据股东中心理论）和广义（依据利益相关者理论）之分。前者是在公司内部组织管理架构上对利益的利用和对权力的监控制约之间的安排和处理，或者说是股东、董事会和经营层之间的相互激励、相互制衡的组织结构安排的形式。后者是指公司治理的范畴要扩大到公司外部，即劳动者、消费者、贷款者、供应商和企业所在地区的居民都要参与企业的法人治理，其治理方向是限制大股东的权利，防止小股东及其他利益方的利益被剥夺。

在这里特别要讲的是，中国中小企业有相当大的比例是家族型的民营企业，民营企业与家族经营是密不可分的，家族企业往往集所有权与经营权于一身，缺乏有效的监督机制；产权界定不清还会导致家族企业的所有权与经营权不分。为此，需建立健全包括股东大会、董事会、监事会、独立董事、关联交易回避表决等制度在内的公司治理结构，使公司发挥最大经营效益，并减少股东与经营者之间的利益冲突。

在本文中，企业的法人治理主要是讲“三会”即股东大会、董事会、和监事会。对“三会”的规范运作，是企业的法人治理的主要内容。

第一节　案例分析

【案例1】采取相关措施保证法人治理结构的完善——中环环保（股票代码：300692）

A股上市情况：2017年7月5日召开的中国证券监督管理委员会创业板发行审核委员会2017年第54次发审委会议审核：安徽中环环保科技股份有限公司（首发）获通过。

案例解读

关于控制实际控制人通过关联企业侵害公司利益风险的措施及有效性，是否能够保证发行人具有完善的公司治理结构的核查意见。

根据发行人《公司章程》《关联交易决策制度》等法人治理制度、实际控制人出具的有关承诺等资料，并经中介机构核查，发行人制定了股东大会议事规则、董事会议事规则、监事会议事规则、总经理工作细则、董事会秘书工作规定、独立董事任职及议事制度、关联交易决策制度、对外担保管理制度、对外投资管理制度、重大财务决策制度、非日常经营交易事项决策制度等完备的法人治理制度，明确规定了对外投资、收购出售资产、资产抵押、对外担保事项、委托理财、关联交易等事项的决策权限，建立了严格的审查和决策程序。并且，发行人建立健全了股东大会、董事会、监事会及经营管理层等完善的法人治理结构，能够保证各项法人治理制度得到有效执行。

此外，发行人实际控制人就关联交易、同业竞争、避免资金占用等事宜分别出具了如下书面承诺：

"1. 本人将严格按照《公司法》等相关法律法规以及《安徽中环环保科技股份有限公司章程（草案）》的有关规定行使股东权利；2. 在股东大会对有关涉及本人事项的关联交易进行表决时，履行回避表决的义务；3. 在任何情况下，不要求中环环保向本人提供任何形式的担保；4. 在双方的关联交易上，严格遵循市场原则，尽量避免不必要的关联交易发生；5. 对于无法避免或者有合理原因而发生的关联交易，将遵循市场公正、公平、公开的原则，并依法签订协议，履行合法程序，按照《安徽中环环保科技股份有限公司章程（草案）》、有关法律法规和《深圳证券交易所创业板股票上市规则》等有关规定履行信息披露义务和办理有关审议程序，保证不通过关联交易损害中环环保及其他股东的合法权益。6. 若违反前述承诺，本人将在中环环保股东大会和中国证监会指定报刊上公开说明未履行的具体原因并向股东和社会公众投资者道歉，并在限期内采取有效措施予以纠正，造成中环环保或其他股东利益受损的，本人将承担全额赔偿责任。”。

“1. 本人目前没有直接或间接地从事任何与中环环保实际从事业务存在竞争的任何业务活动。自承诺函签署之日起，本人及本人直接或间接控制的公司或企业或其他经营实体将不会直接或间接地以任何方式（包括但不限于独资经营、合资经营和拥有在其他公司或企业的股票或权益）从事与中环环保的业务有竞争或可能构成竞争的业务或活动。2. 本人及本人直接或间接控制的公司或企业将来不会以任何方式从事或参与生产任何与中环环保产品相同、相似或可能取代中环环保产品的业务活动；如从任何第三方获得的商业机会与中环环保经营的业务有竞争或可能竞争，则将立即通知中环环保，并将该商业机会让予中环环保；不利用任何方式从事影响或可能影响中环环保经营、发展的业务或活动。3. 本人及本人直接或间接控制的公司或企业将严格和善意地履行其与中环环保签订的关联交易协议，该等关联交易价格公允，不会损害中环环保及其他股东利益。本人承诺将不会向中环环保谋求任何超出上述协议规定以外的利益或收益。4. 如未来中环环保或其子公司认定本人及本人未来可能控制的其他企业的业务与中环环保及其子公司业务存在同业竞争，则本人及本人未来可能控制的其他企业将在中环环保或其子公司提出异议后及时转让或终止该业务。5. 本人确认该承诺函所载的每一项承诺均为可独立执行之承诺，任何一项承诺被视为无效或终止将不影响其他各项承诺的有效性。6. 如果本人违反上述声明、保证与承诺，并造成中环环保经济损失的，本人同意无条件退出竞争并赔偿中环环保相应损失。7. 本承诺自本人签字之日起持续有效，直至本人不再持有中环环保股份之日起满两年为止。”

“本人将严格按照中华人民共和国公司法、中环环保公司章程及其他规范性法律文件和中环环保规范治理相关制度的规定，严格履行股东义务、依法行使股东权利，不直接或间接地借用、占用或以其他方式侵占中环环保的资金款项。若今后发生本人直接或间接占用中环环保资金情形，本人将在中环环保股东大会及中国证监会指定报刊上公开说明具体原因并向中环环保股东和社会公众投资者道歉，并在限期内将所占用资金及利息归还中环环保。同时，中环环保有权直接扣减分配给本人的现金红利，用以偿还本人所占用的资金。就本人所控制企业与中环环保在本承诺函出具日之前发生的资金拆借行为，若中环环保因此受到行政处罚或遭受其他损失，则全部责任和损失由本人承担。”

据上，中介机构认为，发行人采取了控制实际控制人通过关联企业侵害公司利益风险的措施，相关措施切实、有效，能够保证发行人具有完善的公司治理结构。

专家点评

上市条件要求：发行人已经依法建立健全股东大会、董事会、监事会、独立董事、董事会秘书制度，相关机构和人员能够依法履行职责。发行人具备完善的公司治理结构，才能在上市后保护中小股东利益，形成持续盈利能力。

【案例 2】亲属在公司持股和任职是否对公司法人治理构成不利影响——智动力（股票代码：300686）

A 股上市情况：2017 年 6 月 1 日召开的中国证券监督管理委员会创业板发行审核委员会 2017 年第 46 次发审委会议审核：深圳市智动力精密技术股份有限公司（首发）获通过。

案例解读

请发行人补充说明实际控制人吴加维、陈奕纯的多名亲属直接或间接持有发行人股份或者在发行人处任职的背景、合理性、是否存在利益输送，日常经营中发行人对该等人员进行管理的具体制度安排、执行情况及有效性，上述情形对发行人公司治理的健全性、有效性是否构成重大不利影响。

根据发行人提供的员工花名册、劳动合同、社保清单并经发行人书面确认，实际控制人吴加维、陈奕纯的亲属中，持有发行人股权或在发行人处任职的具体情形如表 23-1 所示。

表23-1 实际控制人亲属持有发行人股权及任职情况

序号	姓名	直接或间接持股数额（万股）	与实际控制人的关系	在发行人处任职情况	入职时间
1	吴加和	512.80	吴加维的兄弟	2013 年 2 月前担任监事	2004.07.26
2	陈丹华	79.99	陈奕纯的堂妹	发行人董事、副总经理；香港智动力、智动力投资董事	2004.07.26
3	陈晓升	35.90	陈奕纯的弟弟	智和轩执行董事、总经理	2004.07.26
4	周厚英	25.00	吴加维姐夫	智和轩生产部经理	2004.07.26
5	林雄源	15.99	吴加维外甥	研发工程部经理	2004.07.26
6	吴少丽	15.01	吴加维外甥女	采购部专员	2006.05.22

续表

序号	姓名	直接或间接持股数额（万股）	与实际控制人的关系	在发行人处任职情况	入职时间
7	吴雄涛	15.01	吴加维侄子	采购部专员	2004.07.26
8	吴雄壮	5.02	吴加维侄子	市场部员工	2007.01.27
9	周岳鹏	—	吴加维外甥	行政部经理	2007.04.09
10	吴木全	—	吴加维表弟	行政部员工	2005.05.14
11	吴少霞	—	吴加维外甥女	市场部员工	2009.06.25
12	吴少丹	—	吴加维外甥女	市场部员工	2009.08.01
13	林雄弟	—	吴加维外甥	市场部员工	2011.06.27
14	吴雄彪	—	吴加维侄子	市场部员工	2012.04.10
15	吴雄展	—	吴加维侄子	品质部员工	2012.10.08

上述自然人均在发行人任职多年，熟悉其岗位及发行人业务流程，在发行人业务快速发展过程中尤其是发展初期发挥了重要作用。实际控制人近亲属均未在公司财务部和审计部任职。

根据立信出具的《内部控制鉴证报告》，发行人建立了规范的治理结构和完善的控制体系，建立了公司生产过程控制程序、生产计划和实施控制程序、采购过程控制程序和供应商管理程序、营销管理办法、财产管理制度、人事管理制度、财务及会计管理制度、内部审计制度、信息披露管理制度等，覆盖了公司运营的各层面和各环节，形成了规范的管理体系。上述制度适用于发行人所有员工，各项业务均严格按照上述制度执行。

经对实际控制人近亲属参与的销售、采购及财务会计流程等进行控制测试及细节测试，发行人各项控制制度设计合理，不相容职务分离，且执行情况良好，能够有效防止实际控制人亲属侵犯发行人利益，保证各项业务正常进行，各项制度安排是有效的。

综上所述，中介机构认为，发行人已经建立了较为完善的经营、管理制度体系，且执行情况良好，实际控制人亲属在公司任职的情形，对公司治理的健全性、有效性不构成重大影响。

专家点评

根据证监会审核理念，上市家族企业的董事、高管不能主要由家族成员担任，监事不能由家族成员担任。对于家族企业内部的兼职，不一定必须清理，但需要对发行人独立性不产生负面影响。

【案例3】从关联交易的内控制度是否完善来看公司的法人治理——富满电子（股票代码：300671）

A股上市情况：2017年5月10日召开的中国证券监督管理委员会创业板发行审核委员会2017年第40次发审委会议审核：深圳市富满电子集团股份有限公司（首发）获通过。

案例解读 >>>

招股说明书披露：申报材料后，控股子公司深圳市云矽半导体有限公司向实际控制人刘景裕及其妹刘美琪租赁位于深圳市宝安区龙华街道梅观高速公路东北侧星河丹堤花园B区6栋2单元302室，租赁面积约212.76平方米，月租金为22,000元。请发行人：（1）补充说明上述关联交易的合理性和必要性，定价依据是否公允。（2）补充说明发行人内控制度是否健全有效。请中介机构发表核查意见，并说明对发行人以及对其董监高关于发行上市相关法律法规及其法定义务责任的辅导培训情况。

一、关联交易的合理性和必要性，定价是否公允

1. 必要性和合理性

云矽半导体成立于2015年4月7日，其主要业务重点是快充电源管理芯片的研发、设计，是发行人研发体系的重要组成部分。截至2016年12月31日，云矽半导体有研发人员14名，因原有办公室条件较差，为使云矽半导体研发人员拥有较为安静良好的研发环境，2016年12月1日，云矽半导体租赁了实际控制人刘景裕及其胞妹共有的闲置房产星河丹堤花园B区6栋2单元302室，以供云矽半导体员工研发办公使用。

2. 定价是否公允

根据截至2017年4月25日房屋租赁网站的查询结果，分别在"房天下""58同城"等房屋租赁网站抽取了租赁房屋所在地星河丹堤花园面积在200~300平方米的房屋的租赁价格，信息如表23-2所示：

表23-2 星河丹堤花园小区房屋租赁信息

小区名称	信息来源网站	平方米	租金（元/月）
星河丹堤花园	"房天下"网站：http://zu.sz.fang.com/house/h37-kw%d0%c7%ba%d3%b5%a4%b5%cc/	275	27,000
		273	30,000
		269	28,000
		268	32,000
		245	23,000
		245	25,000

续表

小区名称	信息来源网站	平方米	租金（元／月）
		213	22,000
		213	25,000
		245	25,000
	“58 同城”网站：http://sz.58.com/zufang/pn2/?key=%E6%98%9F%E6%B2%B3%E4%B8%B9%E5%A0%A4&PGTID=0d300008-0000-4242-1103-79aa98cc6f35&ClickID=4	278	28,000
		300	25,000
		278	28,000
		275	32,000
		269	36,000
		297	30,000
		275	28,000

由上表可知道，租赁房屋所在地同小区同类型房屋租赁的市场均价为 105 元 / 平方米 · 月。根据房屋租赁网站的抽查统计结果以及房屋中介机构的咨询意见，中介机构认为，云矽半导体向刘景裕及其妹刘美琪租赁星河丹堤花园 212.76 平方米的房屋，租赁价格 22,000 元 / 月，均价为 103.4 元 / 平方米 · 月，与同小区同类型房产租赁的市场价格相符，价格公允，不存在利益输送的情形。

二、发行人的内控制度是否健全有效

根据发行人提供的制度文件、立信会计师出具的《内部控制鉴证报告》并经中介机构核查，发行人建立了合理的组织结构，制定了完整的部门职责条例，对部门职责分工及权限相互制衡监督机制作了明确规定。发行人内部控制制度的建设考虑了内部环境、风险识别与评估、控制活动、信息沟通、检查监督等要素，控制活动涵盖公司财务管理、固定资产管理、投融资管理、物资采购、信息披露等方面，制定并完善了《货币资金管理办法》《生产物料采购及安全库存管理制度》《原材料、产成品、货物流转管理制度》《采购管理控制程序》《固定资产管理制度》《对外投资管理制度》《关联交易决策制度》《内部审计制度》等一系列基本管理制度。

1. 基本控制制度

（1）发行人的公司治理结构。发行人已根据《公司法》以及中国证券监督管理委员会有关文件规定的要求，建立了股东大会、董事会、监事会和以及在董事会领导下的经理层，并按照中国证监会 2001 年 8 月 16 日颁布的证监发〔2001〕102 号文《关于在上市公司中建立独立董事的指导意见》的精神建立了独立董事制度并聘任了三位独立董事，形成了公司法人治理机构的基本框架，并明确了股东大会和股东、董事会和董事、监事会和监事、经理层和高级管理人员在内的机构和人员在内部控制中的职责。

发行人按照相关法律法规的要求制定了《公司章程》，并先后制定了《股东大会议事规则》《董事会议事规则》《监事会议事规则》《独立董事工作制度》《董事会秘书工作细则》《薪酬与考核委员会工作细则》《战略委员会工作细则》《审计委员会工作细则》《提名委员会工作细则》《对外担保管理制度》《关联交易决策制度》《对外投资管理制度》等多项与公司治理相关的内部控制制度。

（2）发行人的日常管理。发行人以基本制度为基础，制定了涵盖财务管理、采购、销售、对外投资等整个经营过程的一系列制度，规范业务流程，加强资金管理确保各项工作都有章可循，形成了规范的管理体系。

（3）发行人的人力资源管理。发行人已建立《人事行政制度》《人力资源管理控制程序》《薪酬管理制度》以及《员工培训管理制度》等人力资源管理制度，对各职能部门的职责、员工聘用、试用、任免、调岗、解职、交接、奖惩等事项进行明确规定，确保相关人员能够胜任；制定并实施人才培养方案，以确保经理层和全体员工能够有效履行职责；发行人现有人力资源政策能够保证人力资源的稳定和发行人各部门对人力资源的需求。

2. 业务控制制度

（1）采购供应管理。发行人实行统一采购政策，已建立起稳定的供应商供货渠道，对供应商资质、质量管理能力、交付能力和供货价格进行评审，确保所采购的原材料供应方能满足与保障发行人经营的需要。发行人建立了《生产物料采购及安全库存管理制度》《辅料采购管控规定》《采购下单管理控制程序》《供应商管理控制程序》等采购管理制度，从采购申请、招投标要求、合同签订、款项支付等审批权限和审批程序作出了详细规定，促使物料和非物料采购方面得到较好的管控。

（2）销售管理。发行人制定了《业务员报价管理规定》等相关制度，保证应收账款的安全，优化了相关销售流程，为销售目标的实现提供相关安全保障。同时发行人实行波段供应商品计划、推进配货制、库存控制。

3. 资产管理控制制度

（1）货币资金方面。发行人建立了《货币资金管理办法》《收款收据、快递代收款、对账单及货币资金管控流程》等制度，规定了货币资金从限额、收付、申请及核定、申领及报销、预算管理等各方面的管理与控制。报告期内公司资金管理方面的制度得到了有效执行。

（2）存货管理方面。发行人建立了采购、储存、领料和发货业务的岗位责任制，明确相关部门和岗位的职责、权限，确保采购、储存、领料和发货业务环节间不相容岗位相互分离、制约和监督。并根据企业的特点建立了自盘和年中、年底盘存控制制度，较好地实现了仓储与生产循环的内部控制。

（3）固定资产管理方面。发行人建立了固定资产管理制度，明确有关部门和有关人员的责任。对固定资产购置、处置实行授权批准制度，严格履行审批程序。

4. 对外投资管理、对外担保、关联交易控制制度

（1）对外投资方面。《公司章程》明确了股东大会和董事会审议对外投资的审批权限，发行人制定了《对外投资管理制度》，对发行人对外投资项目的决策、投资风险、管理等内容进行了明确规定，规避投资风险，强化决策责任，规范了公司的投资管理。

（2）对外担保的内部控制。为规范对外担保行为，有效控制对外担保风险，发行人在《公司章程》《对外担保管理制度》中明确规定了股东大会、董事会对外担保事项的审批权限，对担保对象、范围、担保限额、禁止担保、反担保、担保的审查与审批、担保的权限等作了详细的规定。报告期内，发行人未发生对外担保事项。

（3）关联交易的内部控制。发行人制定了《关联交易决策制度》，规定了关联交易应遵循的基本原则、关联方的范围、关联方的界定及其控制，关联交易的内容、关联交易的决策程序等，明确了股东大会、董事会对关联交易事项进行审批的程序、权限和回避表决要求。发行人严格按照相关法规要求实施关联交易，履行审批程序和信息披露义务，保证了发行人与关联方之间订立的关联交易合同符合公开、公平、公正的原则，确保关联交易情况不损害公司和股东的利益。报告期内，发行人发生的关联交易均经过了股东大会/董事会的审批及确认，独立董事对关联交易发表了独立的核查意见。

报告期内，立信会计师对发行人报告期内的财务报告进行了审计，并出具了标准无保留意见的信会师报字〔2017〕第ZI10133《审计报告》，对发行人管理层对2016年12月31日与财务报表有关的内部控制有效性的认定进行了鉴证，并出具了信会师报字〔2017〕第ZI10134号《内部控制鉴证报告》，认为发行人按照《内部会计控制规范——基本规范（试行）》和相关规定于2016年12月31日在所有重大方面保持了与财务报表相关的有效的内部控制。

综上所述，中介机构认为，发行人内控控制制度健全有效。

三、对发行人以及董监高关于发行上市相关法律法规及其法定义务责任的辅导培训情况

保荐机构于2015年5月28日与发行人正式签订辅导协议，制订辅导计划，开始对发行人进行辅导，于2015年6月8日向中国证券监督管理委员会深圳监管局申请辅导备案，于2015年12月10日向中国证券监督管理委员会深圳监管局申请辅导验收并通过验收。

辅导期间，辅导机构督促发行人董事（包括独立董事）、监事、高级管理人员及持有5%以上（含5%）股份的股东代表进行全面的法规知识学习培训。辅导机构于2015年10月26日、27日对上述人员进行了集中授课，授课内容主要包括公司规范运作、创业板相关法律法规等；辅导机构主要通过集中授课、召开中介机构协调会和现场讨论会、现场指导相结合的互动式辅导方法，确信接受辅导的人员理解了发行上市有关法律、法规和规则，理解了作为公众公司规范运作、信息披露和履行承诺等方面的责任和义务；加深对规范运作的认识和理解，促进发行人的董事、监事和高级管理人员增强法制观念和诚信意识。

辅导券商认为，发行人及其董事、监事、高级管理人员已能够按照《公司法》《证券法》及相关法律法规的规定进行运作，人员、机构、业务、资产、财务独立，日常运作规范，达到了辅导的预期目的，符合《公司法》《证券法》《首次公开发行股票并在创业板上市管理办法》等相关法律法规的要求。

四、规范情况

为进一步减少关联交易，提升公司规范运作水平，发行人积极进行了规范，具体如下：

1. 云矽半导体于2017年4月25日与刘景裕及其胞妹刘美琪签订了《房屋租赁解除协议》，并承诺于2017年5月底之前完成搬迁。

2. 发行人承诺将加强实际控制人、董事、监事以及高级管理人员对上市相关法律法规的学习，加强对公司制度的学习，增强合规意识和规范运作意识，提高履职水平，保证发行人上市之后规范运行。

五、结论意见

综上所述，中介机构认为，云矽半导体向刘景裕及其妹妹刘美琪租赁房屋，该等关联交易的租金与同小区同类型房屋租赁的市场价格相符，价格公允，不存在利益输送的情形；发行人内部控制制度健全有效。发行人通过解除租赁协议终止了该等关联交易，亦承诺进一步完善内部控制制度，加强实际控制人、董事、监事以及高级管理人员对上市相关法律法规的学习，保证发行人上市之后规范运行。

专家点评

控股股东和实际控制人亲属持有与发行人相同或相关联业务的处理：如果是直系亲属，必须进行资产重组，将其业务整合到上市体系中。若系一般亲戚关系、业务关联度不大，对发行人独立运作无影响，可考虑不纳入发行主体，但应该如实进行信息披露。对于关联交易定价应当公允，决策程序应严格按照《公司章程》《关联交易决策制度》的规定进行，以保障发行人内部控制的有效性。

第二节 股东大会

一、股东大会基本概念

《公司法》相关规定：

第九十九条 股份有限公司股东大会由全体股东组成。股东大会是公司的权力机构，依照本法行使职权。

第一百条 本法第三十八条第一款关于有限责任公司股东会职权的规定，适用于股份有限公司股东大会。

股东大会是企业的最高权力机构，其职责主要包括：决定公司的经营方针和投资计划；选举和更换非由职工代表担任的董事、监事，决定有关董事、监事的报酬事项；审议批准董事会的报告；审议批准监事会或者监事的报告；审议批准公司的年度财务预算方案、决算方案；审议批准公司的利润分配方案和弥补亏损方案；对公司增加或者减少注册资本作出决议；对发行公司债券作出决议；对公司合并、分立、解散、清算或者变更公司形式作出决议；修改公司章程；公司章程规定的其他职权。

二、法律规定

第一百零一条 股东大会应当每年召开一次年会。有下列情形之一的，应当在两个月内召开临时股东大会：

（一）董事人数不足本法规定人数或者公司章程所定人数的三分之二时；

（二）公司未弥补的亏损达实收股本总额三分之一时；

（三）单独或者合计持有公司百分之十以上股份的股东请求时；

（四）董事会认为必要时；

（五）监事会提议召开时；

（六）公司章程规定的其他情形。

第一百零二条　股东大会会议由董事会召集，董事长主持；董事长不能履行职务或者不履行职务的，由副董事长主持；副董事长不能履行职务或者不履行职务的，由半数以上董事共同推举一名董事主持。

董事会不能履行或者不履行召集股东大会会议职责的，监事会应当及时召集和主持；监事会不召集和主持的，连续九十日以上单独或者合计持有公司百分之十以上股份的股东可以自行召集和主持。

第一百零三条　召开股东大会会议，应当将会议召开的时间、地点和审议的事项于会议召开二十日前通知各股东；临时股东大会应当于会议召开十五日前通知各股东；发行无记名股票的，应当于会议召开三十日前公告会议召开的时间、地点和审议事项。

单独或者合计持有公司百分之三以上股份的股东，可以在股东大会召开十日前提出临时提案并书面提交董事会；董事会应当在收到提案后二日内通知其他股东，并将该临时提案提交股东大会审议。临时提案的内容应当属于股东大会职权范围，并有明确议题和具体决议事项。

股东大会不得对前两款通知中未列明的事项作出决议。

无记名股票持有人出席股东大会会议的，应当于会议召开五日前至股东大会闭会时将股票交存于公司。

第一百零四条　股东出席股东大会会议，所持每一股份有一表决权。但是，公司持有的本公司股份没有表决权。

股东大会作出决议，必须经出席会议的股东所持表决权过半数通过。但是，股东大会作出修改公司章程、增加或者减少注册资本的决议，以及公司合并、分立、解散或者变更公司形式的决议，必须经出席会议的股东所持表决权的三分之二以上通过。

第一百零五条　本法和公司章程规定公司转让、受让重大资产或者对外提供担保等事项必须经股东大会作出决议的，董事会应当及时召集股东大会会议，由股东大会就上述事项进行表决。

第一百零六条　股东大会选举董事、监事，可以依照公司章程的规定或者股东大会的决议，实行累积投票制。

本法所称累积投票制，是指股东大会选举董事或者监事时，每一股份拥有与应选董事或者监事人数相同的表决权，股东拥有的表决权可以集中使用。

第一百零七条　股东可以委托代理人出席股东大会会议，代理人应当向公司提交股东授权委托书，并在授权范围内行使表决权。

第一百零八条　股东大会应当对所议事项的决定作成会议记录，主持人、出席会议的董事应当在会议记录上签名。会议记录应当与出席股东的签名册及代理出席的委托书一并保存。

三、相关注意事项

《首次公开发行股票并在创业板上市管理办法》对发行人的组织机构要求：

发行人具有完善的公司治理结构，依法建立健全股东大会、董事会、监事会以及独立董事、董事会秘书、审计委员会制度，相关机构和人员能够依法履行职责。该条还规定了发行人应当具有完善的公司治理结构，并保证这些组织和人员的运作符合法律、法规的规定。

关于股东大会，在企业改制过程中需要注意的是：

1. 什么情况下才能召开股东大会？

根据《公司法》的规定，股东大会应当每年召开一次年会。出现下列情形之一的，应当在两个月内召开临时股东大会：

（1）董事人数不足公司法规定人数或者公司章程所定人数的三分之二时；

（2）公司未弥补的亏损达实收股本总额三分之一时；

（3）单独或者合计持有公司百分之十以上股份的股东请求时；

（4）董事会认为必要时；

（5）监事会提议召开时；

（6）公司章程规定的其他情形。

很多企业存在股份公司的“三会”在同一天开的情况，虽然从企业运作的实际情况看很普遍，但却不符合“三会”召开的合法程序，根据《公司法》的规定，“三会”不可以在一天召开。应当是董事会和监事会召开之后，才按照程序召开了股东大会。对这样情况的补救措施应在上市前由企业再召开一次股东大会对以前的一些事项进行确认。

2. 召开股东大会的程序

（1）会议的通知

召开年度股东大会会议，应当将会议召开的时间、地点和审议的事项于会议召开二十日前通知各股东；临时股东大会应当于会议召开十五日前通知各股东；发行无记名股票的，应当于会议召开三十日前公告会议召开的时间、地点和审议事项。

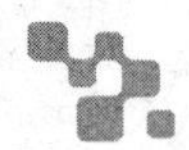

目前，公司公开发行并上市的股票均为记名股票。企业在召开股东大会之时，可以通过书面或者电子邮件等方式通知，本文中不提倡电话或者口头进行会议通知，股东大会是企业法人治理的重要环节，应当具有严格的程序。

（2）会议的决议

股东大会作出的决议，在实体和程序方面应当符合法律、法规以及公司章程的要求。在实体方面，一是要求股东大会的决议不得违反法律、法规的规定；二是要求这些决议不得危害其他股东的合法利益，尤其是中小股东，也不得侵犯债权人利益以及第三人如员工的合法利益。在程序方面，股东大会作出决议，必须经出席会议的股东所持表决权过半数通过。但是，股东大会作出修改公司章程、增加或者减少注册资本的决议，以及公司合并、分立、解散或者变更公司形式的决议，必须经出席会议的股东所持表决权的三分之二以上通过。

3. 企业召开股东大会，需要重视会议书面文件的制作和书面文件的档案整理，参加会议的股东的签名要真实，股东代表要有合法的授权委托书，企业的人员应当做好股东大会的通知、会议记录、会议决议归档等工作，股东大会的书面文件应当作为企业重要的文件进行备案存放。

股东大会应有会议记录，由董事会秘书负责。会议记录记载以下内容：1. 会议时间、地点、议程和召集人姓名或名称；2. 会议主持人以及出席或列席会议的董事、监事、经理和其他高级管理人员姓名；3. 出席会议的股东和代理人人数、所持有表决权的股份总数及占公司股份总数的比例；4. 对每一提案的审议经过、发言要点和表决结果；5. 股东的质询意见或建议以及相应的答复或说明；6. 律师及计票人、监票人姓名；7. 本章程规定应当载入会议记录的其他内容。

股东大会的召集人应当保证会议记录内容真实、准确和完整。出席会议的董事、监事、董事会秘书、召集人或其代表、会议主持人应当在会议记录上签名。会议记录应：当与现场出席股东的签名册及代理出席的委托书、网络及其他方式表决情况的有效资料一并作为公司档案由董事会秘书保存。

4. 企业在召开股东大会的时候应当依法行使职权，对股东大会的召集、通知、表决和决议不仅要满足公司法的要求，还应当参照《上市公司治理准则》《上市公司章程指引》《上市公司股东大会规范意见》的规定。

5. 目前在上海、深圳证券交易所挂牌的上市公司，在召开股东大会的时候，是应当聘请律师对股东大会的相关事项出具法律意见并公告的。企业在改制成为股份公司之后，按照上市公司的要求进行规范是比较合适的，在条件允许的情况下，企业可以聘请律师对股东大会的会议召集、召开程序是否符合法律、行政法规和公司章程的规定、出席会议人员的资格、召集人资格是否合法有效、会议的表决程序、表决结果是否合法有效、其他问题出具法律意见。

四、实际案例

1. 某公司在股东大会的会议通知中没有以明显文字说明：全体股东均有权出席股东大会，并可以书面委托代理人出席会议和参加表决，该股东代理人不必是公司的股东，不符合《上市公司章程指引》的有关规定。该公司的股东大会会议记录没有记载对每一提案的发言要点，董事会会议记录没有记载董事的发言要点，不符合《上市公司章程指引》的有关规定。

2. 某公司个别股东大会的股东授权委托书、董事会的董事授权委托书、监事会的监事授权委托书均缺少对所审议议案明确的授权指示，违反了公司章程关于授权委托的相关规定。

3. 某公司部分重大担保事项未经股东大会审议。2006 年 9 月 26 日公司与中国银行广东省分行签订最高额保证合同，为国控 X X 申请的 31000 万元或等值外汇授信融资项下债务提供保证，单笔担保超过最近一期经审计净资产的 10%，未提交股东大会审议。

4. 某公司部分重大事项存在先实施后审议的情况。如 2006 年 11 月与 XX 公司转让相关物业权益等资产处置事项签署协议，产生收益占该公司 2005 年度净利润的 72.05%；2006 年 12 月 20 日该公司就某房产转让事项签署协议，产生收益占 E 公司 2005 年经审计净利润的 137.03%。对上述事项，该公司直至 2007 年 4 月才提交股东大会审议。

第三节 董事会

一、基本概念

根据《公司法》的规定：

第一百零九条 股份有限公司设董事会，其成员为五人至十九人。

董事会成员中可以有公司职工代表。董事会中的职工代表由公司职工通过职工代表大会、职工大会或者其他形式民主选举产生。

本法第四十六条关于有限责任公司董事任期的规定，适用于股份有限公司董事。

本法第四十七条关于有限责任公司董事会职权的规定，适用于股份有限公司董事会。

董事由股东大会选举产生。董事会对股东大会负责，行使下列职权：召集股东会会议，并向股东会报告工作；执行股东大会的决议；决定公司的经营计划和投资方案；制订公司的年度财务预算方案、决算方案；制订公司的利润分配方案和弥补亏损方案；制订公司增加或者减少注册资本以及发行公司债券的方案；制订公司合并、分立、解散或者变更公司形式的方案；决定公司内部管理机构的设置；决定聘任或者解聘公司经理及其报酬事项，并根据经理的提名决定聘任或者解聘公司副经理、财务负责人及其报酬事项；制定公司的基本管理制度；公司章程规定的其他职权。

二、法律规定

第一百一十条　董事会设董事长一人，可以设副董事长。董事长和副董事长由董事会以全体董事的过半数选举产生。

董事长召集和主持董事会会议，检查董事会决议的实施情况。副董事长协助董事长工作，董事长不能履行职务或者不履行职务的，由副董事长履行职务；副董事长不能履行职务或者不履行职务的，由半数以上董事共同推举一名董事履行职务。

第一百一十一条　董事会每年度至少召开两次会议，每次会议应当于会议召开十日前通知全体董事和监事。

代表十分之一以上表决权的股东、三分之一以上董事或者监事会，可以提议召开董事会临时会议。董事长应当自接到提议后十日内，召集和主持董事会会议。

董事会召开临时会议，可以另定召集董事会的通知方式和通知时限。

第一百一十二条　董事会会议应有过半数的董事出席方可举行。董事会作出决议，必须经全体董事的过半数通过。

董事会决议的表决，实行一人一票。

第一百一十三条　董事会会议，应由董事本人出席；董事因故不能出席，可以书面委托其他董事代为出席，委托书中应载明授权范围。

董事会应当对会议所议事项的决定作成会议记录，出席会议的董事应当在会议记录上签名。

董事应当对董事会的决议承担责任。董事会的决议违反法律、行政法规或者公司章程、股东大会决议，致使公司遭受严重损失的，参与决议的董事对公司负赔偿责任。但经证明在表决时曾表明异议并记载于会议记录的，该董事可以免除责任。

三、对董事会理解的总结

1. 董事责任的主要方面

经营决策：为公司创造价值

公司治理：通过规范运作维护公司利益

信息披露：告诉投资者一个真实的公司

2. 公司治理责任

一是董事会集体决策，对公司事务要通过董事会决议形式集体行使职权，不能存在绕过董事会从事个人行为。

二是出席董事会，根据勤勉义务的原则，董事应当亲自出席董事会，如其他原因不能亲自出席的，应当书面委托其他董事参加。委托不可以全权委托，只就具体的事项进行委托；如存在关联交易，也不能委托关联董事；对董事会材料事先要认真阅读，如材料不全，则提议暂缓表决。

三是对公司事务的合理关注，要作到“知情”决策，认真阅读财务报告，持续关注经营管理，适当关注媒体报道；及时反映重大问题，不以不直接从事经营管理或不知情为由推卸责任。

四是对经理层的监督，促使公司建立科学的内控制度，对经理层进行合理的授权，并监督其在授权范围内行事，及时对潜在问题提出质疑，并制止经理层的越权行为。

五是董事的忠实义务，董事要如实的披露个人资料，避免利益冲突，关联董事的回避表决，保密责任。

3. 信息披露责任

上市公司及其董事应当保证信息披露的及时、真实、准确和完整；支持董秘的工作，促使公司及时、公平的披露重大信息；做好保密工作，慎重对待新闻采访。

四、相关注意事项

关于董事会，在企业改制过程中需要注意的是：

1. 董事会每年度至少召开两次会议，每次会议应当于会议召开十日前通知全体董事和监事。 代表十分之一以上表决权的股东、三分之一以上董事或者监事会，可以提议召开董事会临时会议。董事长应当自接到提议后十日内，召集和主持董事会会议。公司可以制定临时董事会通知及方式。

董事会的举行与股东大会的召开不同，是以人数来计算的，会议需要有过半数

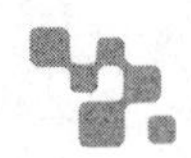

的董事出席方可举行。董事会作出决议，必须经全体董事的过半数通过。在这里还要再次提请注意，董事会召集、召开的程序与股东大会召集、召开程序的不同。

2. 关于董事会的构成。董事会的人数和人员构成应符合法律、法规的要求，确保董事会能够进行富有成效的讨论，作出科学、迅速和谨慎的决策。董事会成员应具备合理的专业结构，其成员应当具备履行职务所必需的知识、技能和素质。企业的董事会可以按照股东大会的有关决议，设立战略、审计、提名、薪酬与考核等专门委员会。

（1）战略委员会的主要职责是对公司长期发展战略和重大投资决策进行研究并提出建议。

（2）审计委员会的主要职责是：提议聘请或更换外部审计机构；监督公司的内部审计制度及其实施；负责内部审计和外部审计之间的沟通；审核公司财务信息及其披露；审核公司内控制度。

（3）提名委员会的主要职责是：研究董事、经理人员的选择标准和程序并提出建议；广泛搜寻合格的董事和经理人员的人选；对董事候选人和经理人选进行审查并提出建议。

（4）薪酬和考核委员会的主要职责是：研究董事与经理人员的考核标准，进行考核并提出建议；研究和审查董事和高级经理人员的薪酬政策与方案。

上述四个委员会是企业规范运作的一个重要制度性建设，目前很多企业并不具备这四个委员会的制度设置，实际情况是普通“三会”制度的推行和完善都无法得到保障。企业在改制过程中，是否要设立该四个委员会？编者认为，从制度上，设立这四个委员会非常重要，但实际运行并起到作用是需要前提条件的，这个前提条件就是必须在企业的“三会”已经规范运行的情况，根据企业的实际情况，选择合适的独立董事，与企业的人员共同建设这四个委员会，并使其发挥最佳的作用。

3. 董事会是企业的实际运行和管理的机构，因此董事会的运作对企业的法人治理有着重要的作用。

企业在改制过程中应当按照上市公司的要求来规范自身，一般情况下，企业在中介机构的配合下会在企业的章程中规定规范的董事会议事规则，确保董事会高效运作和科学决策。董事会应定期召开会议，并根据需要及时召开临时会议。董事会会议应有事先拟定的议题。

企业的董事会会议应严格按照规定的程序进行。董事会应按规定的时间事先通知所有董事，并提供足够的资料，包括会议议题的相关背景材料和有助于董事理解公司业务进展的信息和数据。当2名或2名以上独立董事（“独立董事”会在后面介绍。）认为资料不充分或论证不明确时，可联名以书面形式向董事会提出延期召开董事会会议或延期审议该事项，董事会应予以采纳。

董事会会议记录应完整、真实。董事会秘书（“董事会秘书”会在后面介绍。）对会议所议事项要认真组织记录和整理。出席会议的董事、董事会秘书和记录人应在会议记录上签名。董事会会议记录应作为公司重要档案妥善保存，以作为日后明确董事责任的重要依据。

董事会授权董事长在董事会闭会期间行使董事会部分职权的，企业应在公司章程中明确规定授权原则和授权内容，授权内容应当明确、具体。凡涉及公司重大利益的事项应由董事会集体决策。

企业董事与董事会会议决议事项所涉及的企业有关联关系的，不得对该项决议行使表决权，也不得代理其他董事行使表决权。该董事会会议由过半数的无关联关系董事出席即可举行，董事会会议所作决议须经无关联关系董事过半数通过。出席董事会的无关联关系董事人数不足二人的，应将该事项提交上市公司股东大会审议。

4. 按照《公司法》的规定，经理是下属于董事会的。

《公司法》的规定：

第一百一十四条　股份有限公司设经理，由董事会决定聘任或者解聘。

本法第五十条关于有限责任公司经理职权的规定，适用于股份有限公司经理。

经理对董事会负责，行使下列职权：

（1）主持公司的生产经营管理工作，组织实施董事会决议；

（2）组织实施公司年度经营计划和投资方案；

（3）拟订公司内部管理机构设置方案；

（4）拟订公司的基本管理制度；

（5）制定公司的具体规章；

（6）提请聘任或者解聘公司副经理、财务负责人；

（7）决定聘任或者解聘除应由董事会决定聘任或者解聘以外的负责管理人员；

（8）董事会授予的其他职权。

公司章程对经理职权另有规定的，从其规定。经理列席董事会会议。

第一百一十五条　公司董事会可以决定由董事会成员兼任经理。

第一百一十六条　公司不得直接或者通过子公司向董事、监事、高级管理人员提供借款。

第一百一十七条　公司应当定期向股东披露董事、监事、高级管理人员从公司获得报酬的情况。

5. 企业的董事长担任企业的法人代表的情况相对较多，也有部分企业是董事长与经理是同一人，根据《公司法》的规定，公司可以自行决定由董事长或者经理来担任公司的法定代表人。

五、实际案例

1. 某公司目前董事会由七名董事组成，其中四名为内部董事，违反了《公司章程》中关于"兼任总经理或者其他高级管理人员职务的董事以及由职工代表担任的董事，总计不得超过公司董事总数的1/2"的规定。

2. 某公司采用通讯方式召开董事会时，未建立相关制度确保董事充分行使职权，并保障监事的知情权和监督权。公司董事会近七成的会议采用通讯方式召开，并以董事联签方式通过多项涉及重大决策（如审议在电子财务公司存款、第四届董事会换届选举、变更会计师事务所）的董事会决议。但公司未建立相关制度确保全体董事充分行使职权，并充分保障监事的知情权和监督权。

3. 某公司大部分董事会决议以联签的方式进行，且部分决议只有部分董事联签，无法保证其他董事充分行使职权。部分重大事项如2003年4月为××物业发展有限公司楼宇按揭额度贷款人民币1亿元提供担保及回购担保，2006年5月审议公司股权分置改革方案等，董事会均采取联签的方式进行。检查发现，公司未建立规范联签方式产生董事会决议的相关制度，不利于董事充分行使职权，也不能充分保证监事的知情权。部分联签通过的董事会决议甚至只是由兼任公司管理人员的董事加上一两位外部董事作出，侵害了其他董事的权利。

4. 某公司部分重大事项未经董事会审议，董事会权力受到侵蚀。2006年10月，该公司之子公司之一与另一公司签署《××承包施工合同》，承包合同总价为2.4亿元。2007年1月合同双方签订对原合同条款作出实质性变更的补充协议。承包合同的签订、变更没有经过该公司董事会审议直接由经营层决定。

2007年1—5月间，该公司通过二级市场将从戊公司股票和已股票陆续全部出售，出售金额合计2.18亿元，产生投资收益1.95亿元。出售股票事宜对该公司2007年业绩具有重大影响，但出售事宜仅由该公司部分董事和相关高管决定。

5. 某公司2006年修订的《内部控制制度总则》由副总经理核准，未提交董事会进行审批，违反了《公司法》第四十七条规定制定公司的基本管理制度是董事会职权的规定。

6. 某公司存在总裁办公会议代替董事会会议决策的倾向。该公司《公司章程》规定，总裁办公会议可以决定金额不超过公司最近一期经审计净资产10%的包括借贷、购买或者出售资产、对外业务投资等经济活动开支，与公司董事会的权限差异不大。该公司董事会在部分事项上对总裁的制约作用未能体现。如该公司《融资管理规定》曾规定，根据股东大会审议批准的年度财务预算，经总裁同意各公司即可向金融机构申请办理贷款，经总裁批准各公司所贷款项即可挪作他用。

7. 某公司董事会将部分重大事项决策权授予经营层，未切实履行其应尽职责。如，在土地使用权竞拍事项的决策过程中，该公司董事会只针对公司是否参与土地竞标作出决议，将土地竞拍价格的决策权全部授权经营层决定。又如，2007 年 4 月，该公司董事会授权经营班子与甲公司签订 ×× 旧城改造项目《补充协议书》，由于授权过于笼统，致使出现《补充协议书》对原《投资协议》的主要内容作出重大更改，而董事会多数成员不知情的情况。

8. 决策程序倒置。

（1）某公司与甲公司签订协议，向其出售房产，交易金额为人民币 3181.28 万元，该公司预计该事项将产生收益 2,700 万元，占公司 2003 年度经审计净利润的 180%，公司董事会在公告该事项时明确说明，该事项须提交股东大会审议批准。2005 年 5 月 27 日，该公司股东大会审议批准该事项。但在 2005 年 2 月 1 日，该公司就已经与 ×× 公司签署了正式的房产买卖合同，2 月 2 日办理了房地产过户手续。又如，该公司 2005 年 10 月 12 日签订《关于 ×× 市 ×××× 公司改制并增资扩股的协议》并生效，2005 年 10 月 26 日董事会才对此事项作出决议，决策程序倒置。

（2）某公司董事会通过决议设立甲公司，但实际上该公司在 2006 年 12 月取得设立甲公司的批文和外商投资企业批准证书，并取得工商管理部门企业名称预先核准通知书，在 2007 年 6 月 4 日向甲公司投入资本金 600 万元并经注册会计师验资。该公司在此事项上的决策程序倒置。

9. 董事长与总经理职责划分不清晰。公司《章程》规定了董事长的职权为主持股东大会和召集、主持董事会会议、督促检查董事会决议的执行及董事会授予的其他职权，《总经理工作细则》也规定了总经理负责公司日常经营管理的职责。检查发现，公司董事长与总经理工作职责在实际执行中划分不清晰，仍由董事长主持领导公司日常经营管理，如签批公司经营管理业务文件、签批付款单等，不符合《公司章程》第一百一十二条的规定。

10. 某公司在未经董事会审议的情况下，擅自以董事会名义出具董事会决议文件。该公司《关于同意出售公司部分房产的决议》的董事会文件和《关于同意出售 ×× 花园 A 座 28A 房产的决议》的董事会文件均未经董事会审议。

第四节　监事会

一、基本概念

根据《公司法》的规定：

第一百一十八条　股份有限公司设监事会，其成员不得少于三人。

监事会应当包括股东代表和适当比例的公司职工代表，其中职工代表的比例不得低于三分之一，具体比例由公司章程规定。监事会中的职工代表由公司职工通过职工代表大会、职工大会或者其他形式民主选举产生。

监事会设主席一人，可以设副主席。监事会主席和副主席由全体监事过半数选举产生。监事会主席召集和主持监事会会议；监事会主席不能履行职务或者不履行职务的，由监事会副主席召集和主持监事会会议；监事会副主席不能履行职务或者不履行职务的，由半数以上监事共同推举一名监事召集和主持监事会会议。

董事、高级管理人员不得兼任监事。

本法第五十三条关于有限责任公司监事任期的规定，适用于股份有限公司监事。

第一百一十九条　本法第五十四条、第五十五条关于有限责任公司监事会职权的规定，适用于股份有限公司监事会。

监事会行使职权所必需的费用，由公司承担。

监事会的职责是：检查公司财务；对董事、高级管理人员执行公司职务的行为进行监督，对违反法律、行政法规、公司章程或者股东会决议的董事、高级管理人员提出罢免的建议；当董事、高级管理人员的行为损害公司的利益时，要求董事、高级管理人员予以纠正；提议召开临时股东会会议，在董事会不履行本法规定的召集和主持股东会会议职责时召集和主持股东会会议；向股东会会议提出提案；对董事、高级管理人员依法提起诉讼；公司章程规定的其他职权。监事可以列席董事会会议，并对董事会决议事项提出质询或者建议。监事发现公司经营情况异常，可以进行调查；必要时，可以聘请会计师事务所等协助其工作，费用由公司承担。

二、法律规定

第一百二十条　监事会每六个月至少召开一次会议。监事可以提议召开临时监事会会议。

监事会的议事方式和表决程序，除本法有规定的外，由公司章程规定。

监事会决议应当经半数以上监事通过。

监事会应当对所议事项的决定作成会议记录，出席会议的监事应当在会议记录上签名。

三、实际案例

1. 某公司职工监事的当选程序不合规。该公司职工监事周 ×× 以工会函形式任命，没有履行民主选举程序，违反了《公司法》第一百一十八条“监事会中的职工代表由公司职工通过职工代表大会、职工大会或者其他形式民主选举产生”的规定。

2. 某公司 2007 年年度股东大会选举朱 ×× 为公司监事，朱 ×× 现任公司财务部经理，该项监事任职安排削弱了监事会履行对公司财务管理和会计核算监督职能的有效性。

第五节　董事、监事、高级管理人员的任职资格

一、基本概念

《公司法》第二百一十七条规定：

（一）高级管理人员，是指公司的经理、副经理、财务负责人，上市公司董事会秘书和公司章程规定的其他人员。

有下列情形之一的，不得担任公司的董事、监事、高级管理人员：

（1）无民事行为能力或者限制民事行为能力；

（2）因贪污、贿赂、侵占财产、挪用财产或者破坏社会主义市场经济秩序，被判处刑罚，执行期满未逾五年，或者因犯罪被剥夺政治权利，执行期满未逾五年；

（3）担任破产清算的公司、企业的董事或者厂长、经理，对该公司、企业的破产负有个人责任的，自该公司、企业破产清算完结之日起未逾三年；

（4）担任因违法被吊销营业执照、责令关闭的公司、企业的法定代表人，并负有个人责任的，自该公司、企业被吊销营业执照之日起未逾三年；

（5）个人所负数额较大的债务到期未清偿。

公司违反前款规定选举、委派董事、监事或者聘任高级管理人员的，该选举、委派或者聘任无效。

董事、监事、高级管理人员在任职期间出现上述所列情形的，公司应当解除其职务。

根据《证券市场禁入规定》第五条，违反法律、行政法规或者中国证监会有关规定，情节严重的，可以对有关责任人员采取 3 至 5 年的证券市场禁入措施；行为恶劣、严重扰乱证券市场秩序、严重损害投资者利益或者在重大违法活动中起主要作用等情节较为严重的，可以对有关责任人员采取 5 至 10 年的证券市场禁入措施；有下列情形之一的，可以对有关责任人员采取终身的证券市场禁入措施：

（1）严重违反法律、行政法规或者中国证监会有关规定，构成犯罪的；

（2）违反法律、行政法规或者中国证监会有关规定，行为特别恶劣，严重扰乱证券市场秩序并造成严重社会影响，或者致使投资者利益遭受特别严重损害的；

（3）组织、策划、领导或者实施重大违反法律、行政法规或者中国证监会有关规定的活动的；

（4）其他违反法律、行政法规或者中国证监会有关规定，情节特别严重的。

2006 年 6 月 29 日通过的《刑法》修正案（六）第五条规定，将刑法第 161 条修改为："依法负有信息披露义务的公司、企业向股东和社会公众提供虚假的或者隐瞒重要事实的财务会计报告，或者对依法应当披露的其他重要信息不按照规定披露，严重损害股东或者其他人利益，或者有其他严重情节的，对其直接负责的主管人员和其他直接责任人员，处三年以下有期徒刑或者拘役，并处或者单处二万元以上二十万元以下罚金。"

第九条规定，在刑法第 169 条后增加一条，作为第 169 条之一："上市公司的董事、监事、高级管理人员违背对公司的忠实义务，利用职务便利，操纵上市公司从事下列行为之一，致使上市公司利益遭受重大损失的，处三年以下有期徒刑或者拘役，并处或者单处罚金；致使上市公司利益遭受特别重大损失的，处三年以上七年以下有期徒刑，并处罚金：

（1）无偿向其他单位或者个人提供资金、商品、服务或者其他资产的；

（2）以明显不公平的条件，提供或者接受资金、商品、服务或者其他资产的；

（3）向明显不具有清偿能力的单位或者个人提供资金、商品、服务或者其他资产的；

（4）为明显不具有清偿能力的单位或者个人提供担保，或者无正当理由为其他单位或者个人提供担保的；

（5）无正当理由放弃债权、承担债务的；

（6）采用其他方式损害上市公司利益的。

上市公司的控股股东或者实际控制人，指使上市公司董事、监事、高级管理人员实施前款行为的，依照前款的规定处罚。犯前款罪的上市公司的控股股东或者实际控制人是单位的，对单位判处罚金，并对其直接负责的主管人员和其他直接责任人员，依照第一款的规定处罚。”

二、董事、监事、高级管理人员的兼职问题

董事、监事、高级管理人员的兼职问题主要是指这些人员兼职的许可与限制的情况。

企业的总经理、副总经理、财务负责人和董事会秘书等高级管理人员不得在企业的控股股东、实际控制人及其控制的其他企业中担任除董事、监事以外的其他职务，不得在控股股东、实际控制人及其控制的其他企业领薪；发行人的财务人员不得在控股股东、实际控制人及其控制的其他企业中兼职。

企业的董事长与股东单位的董事长可以为同一人。

企业的董事长与总经理可以是同一人，企业上市无此限制。

上市之后企业的总经理及其他高管人员在控股股东担任一个部门副职是可以的。

高管在控股方担任党的职务问题。高管在控股方不得担任除董事以外的其他职务，可以担任党的职务，但不能影响企业的独立性。

董事、高级管理人员不得兼任监事。

董事、监事、高级管理人员的兼职问题还涉及到企业的独立性，例如企业的董事、监事、高级管理人员到股东单位领薪的情况，企业在改制过程要注意解决此类问题可能带来的麻烦。

三、董事、监事、高级管理人员履职情况的案例

1. 某公司部分董事长时间委托他人表决，如 2003 年董事纪 × 有 9 次、2004 年董事程 ×× 有 10 次会议均委托董事吴 ×× 表决。

2. 某公司个别董事违背忠实义务。该公司董事施 ×× 先生担任成立于 2003 年 10 月的甲公司法定代表人，甲公司非 E 公司投资，经营与 E 公司同类的电动车、自行车等业务。董事施 ×× 违反了《公司法》第一百四十九条和《公司章程》第九十七条关于董事不得经营或为他人经营与所任职公司同类业务的规定。

第六节 董事会秘书

《公司法》规定：

第一百二十四条 上市公司设董事会秘书，负责公司股东大会和董事会会议的筹备、文件保管以及公司股东资料的管理，办理信息披露事务等事宜。

企业在改制上市过程中，一般会按照上市公司的制度对企业进行规范，其中，设立董事会秘书是其中一项任务。

董事会秘书由董事长提名，经董事会聘任或解聘。公司董事或者其他高级管理人员可以兼任公司董事会秘书。

董事会秘书对公司和董事会负责，履行如下职责：

（1）负责公司和相关当事人与交易所及其他证券监管机构之间的及时沟通和联络，保证交易所可以随时与其取得工作联系；

（2）负责处理公司信息披露事务，督促公司制定并执行信息披露管理制度和重大信息的内部报告制度，促使公司和相关当事人依法履行信息披露义务，并按规定向交易所办理定期报告和临时报告的披露工作；

（3）协调公司与投资者关系，接待投资者来访，回答投资者咨询，向投资者提供公司披露的资料；

（4）按照法定程序筹备董事会会议和股东大会，准备和提交拟审议的董事会和股东大会的文件；

（5）参加董事会会议，制作会议记录并签字；

（6）负责与公司信息披露有关的保密工作，制订保密措施，促使公司董事会全体成员及相关知情人在有关信息正式披露前保守秘密，并在内幕信息泄露时，及时采取补救措施并向交易所报告；

（7）负责保管公司股东名册、董事名册、控股股东及董事、监事、高级管理人员持有公司股票的资料，以及董事会、股东大会的会议文件和会议记录等；

（8）协助董事、监事和高级管理人员了解信息披露相关法律、行政法规、部门规章、本规则、交易所其他规定和公司章程，以及上市协议对其设定的责任；

（9）促使董事会依法行使职权；在董事会拟作出的决议违反法律、行政法规、部门规章、本规则、交易所其他规定和公司章程时，应当提醒与会董事，并提请列席会议的监事就此发表意见；如果董事会坚持作出上述决议，董事会秘书应将有关监事和其个人的意见记载于会议记录上，并立即向交易所报告；

（10）《公司法》和交易所要求履行的其他职责。

在实践操作中，企业的财务负责人兼任董事会秘书的情况比较普遍，原因是企业的财务总监对企业的了解程度最为深刻，在企业改制上市过程中，财务总监扮演了一个重要的角色，因此，董事会秘书在企业规范治理的初期，由财务总监来兼任的情况就比较多。但是随着企业的发展，企业法人治理的规范运作，财务总监无法全面地负责董事会秘书的职责，就必须考虑将这个职务真正地分离出来，由专人负责。

第七节　独立董事

《公司法》规定：

第一百二十三条　上市公司设立独立董事，具体办法由国务院规定。

目前很多上市公司中，由于大股东持股比例占 2 / 3 以上，使得占绝对控股权的大股东拥有了对公司的绝对控制权，而这种控制权往往为大股东谋求种种不正当利益提供了便利。在这种背景下，《公司法》规定在上市公司董事会中引入独立董事，对完善上市公司董事会功能是非常有实际意义的。企业改制，仿效上市公司的做法，一般也会设立独立董事制度。

根据有关规定，上市公司董事会成员中应当有三分之一以上独立董事，其中至少有一名会计专业人士。

独立董事主要有以下三点作用：

（1）有利于公司的专业化运作。独立董事们能利用其专业知识和经验为公司发展提供有建设性的建议，为董事会的决策提供参考意见，从而有利于公司提高决策水平，提高经营绩效。

（2）有利于检查和评判。独立董事在评价总经理、高级管理人员等的绩效时能发挥非常积极的作用。独立董事相对于内部董事容易坚持客观的评价标准，并易于组织实施一个清晰的形式化的评价程序，从而避免内部董事“自己为自己打分”，以最大限度地谋求股东利益。

（3）有利于监督约束，独立董事在监督总经理和高级管理人员等方面也有重要

的作用。

（4）平衡大小股东之间的利益。独立董事由于在公司董事会中处于独立地位，不代表任何利益主体的利益，同时在表决中赋予了一定的特别权力，对利益主体之间有一定的平衡作用。

为了充分发挥独立董事的作用，独立董事除了应当具有《公司法》和其他相关法律、法规赋予董事的职权外，上市公司还应当赋予独立董事以下特别职权：

（1）重大关联交易应由独立董事认可后，提交董事会讨论；独立董事做出判断前，可以聘请中介机构出具独立财务顾问报告，作为其判断的依据。

（2）向董事会提议或解聘会计师事务所。

（3）向董事会提请召开临时股东大会。

（4）提议召开董事会。

（5）独立聘请外部审计机构和咨询机构。

（6）可以在股东大会召开前公开向股东征集投票权。

独立董事除了履行上述职责外，还应当对以下事项向董事会或股东大会发表独立意见：

（1）提名、任免董事。

（2）聘请或解聘高级管理人员。

（3）公司董事、高级管理人员的薪酬。

（4）上市公司的股东、实际控制人及其关联企业对上市公司现有或新发生的总额高于300万元或高于上市公司最近经审计净资产值的5%的借款或其他资金往来，以及公司是否采取有效措施回收欠款。

（5）独立董事认为可能损害中小股东权益的事项。

（6）上市公司管理层、员工收购本公司时，收购要约条件是否公平合理、收购可能对公司产生的影响等事项。

（7）公司章程规定的其他事项。

第八节　关于累积投票制度

累积投票制，是指股东大会选举董事或者监事时，每一股份拥有与应选董事或者监事人数相同的表决权，股东拥有的表决权可以集中使用，可以防止控股股东完全操纵选举，避免一股一票表决制度存在的弊端。

例如，某公司要选5名董事，公司股份共100股。股东20人，其中两名大股东拥有51%的股权，其他18名股东共计拥有49%的股权。以一般的投票方法，两名大股东就可以使自己的5名董事全部当选，每名51票。但累积投票制方式，每股的表决权是5票，大股东总票数为255票（51×5），其他股东是245票，这样，理论上其他股东可以选出2名董事（一名123票，一名122票），大股东最多只能选出3名董事。

这里特别要提示的是：累积投票仅在差额选举中有效果。

股东大会选举董事、监事，可以依照公司章程的规定或者股东大会的决议，实行累积投票制。

《上市公司治理准则》规定，控股股东控股比例在30%以上的上市公司，选举董监事时应当采用累积投票制。

采取累积投票制度的企业应当在公司的章程中规定该制度的实施细则。

第二十四章 产品质量

涉及到产品质量的核查，根据公开披露的信息，最近几年监管机构反馈的较为频繁，社会公众对此类问题的关注度也高，因此整理了最新的案例供读者参考。

【案例1】对产品质量问题的全面核查——名臣健康（股票代码：002919）

A股上市情况：2017年9月28日召开的中国证券监督管理委员会主板发行审核委员会2017年第152次发审委会议审核：名臣健康用品股份有限公司（首发）获通过。

案例解读

关于产品质量相关问题。监管部门要求发行人进一步说明：（1）报告期内和截至目前，发行人关于产品质量的内控制度是否健全并得到有效执行；（2）发行人产品是否发生质量问题和/或安全事故，是否因此受到行政监管部门的处罚及媒体报道、消费者关注等，是否存在因产品质量问题引发的纠纷或诉讼；（3）发行人的生产经营是否符合《化妆品卫生监督条例》《化妆品标识管理规定》等法律、行政法规的相关规定，发行人是否符合《首次公开发行股票并上市管理办法》第十一条、第十七条的相关规定。请中介机构发表核查意见，并详细说明对发行人产品质量问题进行核查的方法、过程及结论。

一、报告期内和截至目前，发行人关于产品质量的内控制度是否健全并得到有效执行

中介机构就上述问题进行核查的方法、过程及具体情况如下：

查阅发行人各部门设置、部门职能说明及管理文件、发行人建立的质量管理体系及其配套的质量管理手册、计量管理手册等制度及程序文件、正中珠江出具的《名臣健康用品股份有限公司内部控制鉴证报告》（广会专字［2017］G14011650410号）（以下简称“《内控鉴证报告》”）、发行人持有的质量管理体系认证证书及计量体系合格证、发行人出具的说明等，实地考查发行人的生产工艺流程并与发行人品管

部负责人访谈，以核查发行人关于产品质量的内控制度是否健全并得到有效执行。

中介机构已将上述核查工作中取得的相关资料作为底稿并留存。基于上述核查工作，中介机构发表意见如下：

（一）发行人已建立实施完善的质量管理体系

发行人通过质量管理认证体系 GB/T19001-2008/ISO 9001:2008 的认证并于 2013 年 7 月 9 日取得《质量管理体系认证证书》，后于 2016 年 6 月 22 日取得现行有效的《质量管理体系认证证书》，发行人依据 ISO 9001:2008 质量管理体系并结合发行人的组织架构、公司运营实际情况，建立健全质量、计量手册、程序文件、规章制度、工艺流程图、QC 工程表、检验规范、设备操作说明、作业指导书、职责说明书、外来文件等技术文件，依法依规进行有效管理。发行人制定实施了《质量管理手册》《生产过程管理程序》《产品识别追溯与不合格品管理程序》等质量控制程序文件，发行人持有广东省汕头市质量技术监督局于 2015 年 9 月 17 日颁发的现行有效的《计量体系合格证》（粤［2015］040010 号）。

经中介机构实地考查发行人的生产工作流程，与发行人的品管部负责人进行访谈，查阅《内控鉴证报告》及发行人持有现行有效的《质量管理体系认证证书》并经发行人说明，报告期内和截至目前，发行人已依据国家法律、法规、规范性文件、相关行业标准制定产品质量方面的内控制度，该等内控制度健全并得到有效执行。

（二）发行人已设立品管部作为质量控制中心

发行人设有品管部为质量控制中心，下设常规实验室、超常规实验室、中控室三个部门，各部门主要职能如下：常规实验室负责所有原料、半成品、成品、包材的检验，检验内容包括微生物检验、PH 值检验、菌类检验、理化检验、包材内容物相容性检验等。超常规实验室负责破坏性试验，检测产品在各类恶劣环境的存放期，观测产品是否会发生变质等情况。中控室负责半成品、成品的初步检验，主要针对 PH 值、粘度、颜色等重点要素，并将检验结果反馈给生产部，确保生产质量及稳定性。

发行人的品管部的质量控制职能覆盖采购、生产、销售等环节。采购方面，品管部针对拟采购的所有原材料内容物的含量、浓度、粘稠度等各种指标进行测试；针对包材会做相容性测试，确保包材与原液的相容性达标。生产方面，中控室负责对生产过程实时监控，常规实验室负责抽检所有成品，超常规实验室负责对新品的检测。销售方面，销售环节中如发现质量问题，品管部会对退回产品进行检测并反馈给生产部加以处理改进。品管部已制定完善的书面工作手册、指引，以保证检验的准确、及时性。

二、发行人产品是否发生质量问题和/或安全事故，是否因此受到行政监管部门的处罚及媒体报道、消费者关注等，是否存在因产品质量问题引发的纠纷或诉讼

中介机构就上述问题进行核查的方法、过程具体情况如下：

审阅第三方检验机构为发行人的部分产品出具的检验报告、发行人出具的说明，查阅发行人的《审计报告》、汕头市工商行政管理局、汕头市澄海区质量技术监督局、汕头市澄海区食品药品监督管理局分别出具的《证明》，并登陆全国法院被执行人信息查询系统、中国裁判文书网及通过百度、搜狗等互联网搜索引擎进行公开信息检索，走访发行人主要经销商，与发行人品管部主要负责人进行访谈，以核查发行人产品是否发生质量问题和/或安全事故，是否因此受到行政监管部门的处罚及媒体报道、消费者关注等，是否存在因产品质量问题引发的纠纷或诉讼。

中介机构已将上述核查工作中取得的相关资料作为底稿并留存。基于上述核查工作，中介机构发表意见如下：

（一）发行人产品未发生质量问题和/或安全事故，也未因此受到行政监管部门的处罚及媒体报道、消费者关注等

经中介机构抽查报告期内上海市疾病预防控制中心、广东省食品药品检验所、中山大学附属第三医院等第三方检验机构为发行人的部分产品出具的检验报告，发行人送检产品通过微生物学检验、卫生化学检验、毒理学检验，各项指标均符合要求，未产生不良反应。

经发行人说明及中介机构通过百度、搜狗等互联网搜索引擎进行公开信息检索，发行人不存在因产品质量问题和/或安全事故受到的媒体报道及消费者关注。经中介机构走访发行人主要经销商并就产品质量、诉讼或争议等相关事项进行核查，报告期内发行人不存在因质量问题而被要求退货或消费者投诉的情况。

经中介机构查阅发行人的《审计报告》并根据汕头市工商行政管理局出具的《证明》，报告期内发行人未因违反工商行政管理法律法规而被该局予以行政处罚。

经中介机构查阅发行人的《审计报告》并根据汕头市澄海区质量技术监督局出具的《证明》，发行人报告期内不存在违反质量技术监督法律法规的行为，也未因违反质量技术监督方面的有关法律法规而受到该局行政处罚。

经中介机构查阅发行人的《审计报告》并根据汕头市澄海区食品药品监督管理局出具的《证明》及通过互联网公开信息检索，发行人报告期内的生产经营活动符合有关化妆品生产、流通管理法律、法规和规章的要求，没有因违反有关化妆品管理方面的法律、法规和规章或者因生产、销售化妆品而受到该局行政处罚的情形。

（二）发行人不存在因产品质量问题引发的纠纷或诉讼

经中介机构查阅《审计报告》、发行人出具的说明并经中介机构登陆全国法院被执行人信息查询系统、中国裁判文书网、百度、搜狗等检索媒体公开信息，访谈发行人品管部主要负责人，走访发行人主要经销商并就产品质量、退换货的约定、报告期内的退换货金额、相关索赔情况及诉讼或争议等相关事项进行核查，报告期内发行人不存在因质量问题而被要求退货的情况，未因质量争议而发生应收未收账款；发行人不存在因产品质量问题引发的纠纷或诉讼，不存在因产品质量问题而支出任何诉讼费用、违约金或损失赔偿等。

综上所述，中介机构认为，发行人不存在因产品质量问题引发的纠纷或诉讼。

专家点评

我国现行的产品质量标准，从标准的适用范围和领域来看，主要包括：国际标准、国家标准、行业标准（或部颁标准）和企业标准等。国际标准是指国际标准化组织（ISO）、国际电工委员会（IEC），以及其他国际组织所制定的标准。国家标准是对需要在全国范围内统一的技术要求，由国务院标准化行政主管部门制定的标准，该标准强制推行。行业标准又称为部颁标准，由国务院有关行政主管部门制定并报国务院标准行政主管部门备案，在公布国家标准之后，该项行业标准即行废止。当某些产品没有国家标准而又需要在全国某个行业范围内统一的技术要求，则可以制定行业标准，该标准可参照执行。企业标准主要是针对企业生产的产品没有国家标准和行业标准的，制定企业标准作为组织生产的依据而产生的，该标准不具备强制性。

本案例中介机构对公司产品质量流程控制的肯定意见，独立第三方检验机构对产品的检验报告是认定公司的质量标准符合法律法规规定的关键。

【案例 2】从内控角度核查产品质量——盘龙药业（股票代码：002864）

A 股上市情况：2017 年 9 月 26 日召开的中国证券监督管理委员会主板发行审核委员会 2017 年第 151 次发审委会议审核：陕西盘龙药业集团股份有限公司（首发）获通过。

案例解读

盘龙药业及子公司盘龙植物药业存在因产品质量不符合规定被相关食品药品监督管理局通报、受到柞水县市场和质量监督管理局行政处罚的情况。但保荐机构认为，“盘龙药业与盘龙植物药业的生产符合《药品生产质量管理规范》，盘龙医药药品经营符合《药品经营质量管理规范》；盘龙药业及子公司盘龙医药、盘龙植物药业不存在产品质量责任纠纷，亦不存在因违反质量技术监督法律法规而被处罚的情况。”（1）请中介机构补充说明上述结论是否准确，是否存在前后不一致情形。（2）请中介机构结合报告期内存在大量的产品质量问题的情形，就发行人内部控制尤其是产品质量控制的有效性进行核查，并发表明确意见。

就盘龙药业内部控制尤其是产品质量控制有效性的问题，中介机构通过以下方式进行核查：

（1）核查了盘龙药业《生产管理制度》《安全生产管理制度》《质量管理部制度》等安全生产和质量控制的相关制度文件。

（2）中介机构对盘龙药业实际控制人、盘龙药业及子公司盘龙植物药业负责生产及质量控制的高级管理人员进行了访谈，并要求盘龙药业出具了说明和承诺。

（3）核查了盘龙药业出具的《关于内部控制的自我评价报告》以及立信出具的《内部控制鉴证报告》。

（4）实际走访查看了盘龙药业和盘龙植物药业生产车间及质量检测环节的运行情况，获取部分药品现场检查报告。

（5）通过药智数据（https://db.yaozh.com/ypzl）及各省药监局网站查询涉及公司的质量公告情况；登录柞水县人民政府网站（http://www.snzs.gov.cn/index.html）、商洛市食品药品监督管理局网站（http://www.slsfda.gov.cn）、商洛市安全监管网（http://ajj.shangluo.gov.cn）、陕西省食品药品监督管理局网站（http://www.sxfda.gov.cn/sxfda/z/index.html）、陕西省安全生产监督管理局网站（http://www.snsafety.gov.cn）等查询盘龙药业及其子公司报告期内受到通报、行政处罚的情形。

（6）核查了盘龙植物药业召回商品的清单及核销不合格产品的相关原始资料。

（7）查验了柞水县市场和质量监督管理局出具的《行政处罚决定书》《涉案财物清单》《关于对陕西商洛盘龙植物药业有限公司药品行政处罚有关事项的说明》《关于陕西盘龙药业集团股份有限公司产品在省外药品质量公告有关事项的说明》和证明以及柞水县药监局、柞水县安全生产监督管理局出具的证明。

（8）核查了盘龙植物药业缴纳罚款及上交违法所得的凭证。

（一）盘龙药业整改情况

经中介机构核查，报告期内，盘龙药业共有三黄片、抗骨增生片等 8 个品种 14 个批次的药品由于性状、重量差异及含量测定等项目不合格被安徽、广东等省食品药品监督管理局通报。

经盘龙药业自查，其相关质量公告中涉及的不合格产品情况，主要系个别批次药品的性状、重量差异和含量测定导致，相关药品的出厂检验结果均为合格，出现不合格情况均非生产环节所致。其中，因性状和重量差异原因产生的不合格药品，主要是由于运输路途较远、当地储藏条件湿度较大等多种原因导致；因含量测定不合格的项目，主要是由于该批次药品痰咳净片的质量标准（卫生部药品标准中药成方制剂第二十册）中碘滴定液浓度的检测与肇庆市食品药品监督管理局在执行标准中使用的碘滴定液浓度不一致，盘龙药业已积极开展分析研究，对咖啡因含量检验标准进行修订，并按照相关程序向国家食品药品监督管理总局反映。

2017 年 5 月 19 日，柞水县市场和质量监督管理局出具《关于陕西盘龙药业集团股份有限公司产品在省外药品质量公告有关事项的说明》，针对相关不合格产品质量公告，对盘龙药业不予以追究和处罚。盘龙药业根据上述运输和医药商业公司储存过程中可能出现的质量变化情况，已对自身质量检测及产品生产工艺进行多项改进并加强对下游医药商业公司的筛选。具体如下：

（1）针对黄连上清片、柴黄片等性状易受外界环境因素影响的品种，改进药品包衣工艺，增加隔离层和粉衣层，延长包衣时间，增加对片芯包裹的严密性；改进包装工艺，在铝塑板外增加一层铝塑套袋，有效隔绝空气中的温度和湿气对药品的影响。

（2）对不稳定的糖衣片品种，研究用薄膜包衣方法，提高产品质量稳定性。

（3）及时修订和改进问题品种的生产工艺或质量检验方法，并报上级药监部门审批，建立更科学可控的检测标准，更好地控制产品出厂的质量。

（4）加强对医药商业公司的筛选，确保药品流通环节符合 GSP 要求，保持与医药商业公司的沟通，及时消除质量隐患。

（二）盘龙植物药业整改情况

盘龙植物药业对相关不合格批次中药饮片进行复查，并已将不合格产品查明问题原因，全部召回、销毁。2017 年 5 月及 7 月，柞水县市场和质量监督管理局分别就盘龙植物药业行政处罚事项出具《关于对陕西商洛盘龙植物药业有限公司药品行政处罚有关事项的说明》，盘龙植物药业生产的不合格产品质量问题，为一般产品质量问题，对其进行的行政处罚不属于重大违法违规事项。

经企业自查，产品不合格情况主要是由检测标准执行不统一、个别检测人员操作失误以及部分检测仪器存在误差等原因造成，针对产品质量不合格情况，盘龙植物药业采取以下方面的具体整改措施：

盘龙植物药业在受到通报和行政处罚后，对相关不合格产品批次的中药饮片进行检查，并已将不合格产品全部召回、销毁，查明问题原因，于2017年2月25日起进行全面停产整改。经企业自查，产品不合格情况主要是由检测人员操作失误以及部分检测仪器存在误差等原因造成。针对上述原因，盘龙植物药业进行以下方面的整改：

（1）盘龙植物药业已于2017年2月25日起进行全面停产整改，除按照规定将受到处罚的不合格产品召回销毁外，对公司发运至代销商的产品（发出商品）全部召回，并对公司所有存货进行全面自检，将检测不合格的产品予以销毁。

（2）对公司现有的质量标准、产品工艺规程进行了修订完善，对现行检验操作规程进行了补充完善。新建产品检验操作规程488个，修订产品质量标准165个，修订产品工艺规程165个。

（3）增加质量检验人员，新增人员均经过严格考核，相关人员经过食品药品监督管理部门备案批准。加强对各级技术及检测人员的专业培训，包括质量标准、操作规程及GMP法规的培训。将检验人员派送至有关食药检部门进行业务技能培训。

（4）安排专业人员对现有生产设备和厂房设施进行了全面清点和巡检。确保洁净厂房无死角，洁净室内洁净、密封，车间布局合理，符合生产工艺要求。

（5）自查并增加质量检测所需的对照物质、实验耗材以及试剂、试药等100余个品种；根据不同检测项目，新增部分质量检测仪器，包括高效液相色谱仪、荧光检测器、蒸发光检测器、气相色谱仪、原子吸收分光光度计等；同时，按照GMP要求对现有检测设备进行检查和重新校验，确保其检测结果的准确、可靠。

截至目前，盘龙植物药业自身整改已经结束，并于7月14日通过商洛市食品药品监督管理局5月飞行检查的整改验收。

（三）产品质量控制的运行情况

报告期内，盘龙药业、盘龙植物药业已通过国家新版药品GMP认证，并且公司已制定了《生产管理制度》《质量管理制度》《安全生产管理制度》等相关制度规范，加强公司对生产和质量管理的内部控制。盘龙药业已建立了较严格的生产管理控制制度，在生产过程中严格执行新版药品GMP规范，在生产各环节进行质量控制，并对最终产品进行较严格的检测，以保证产品质量。公司内部控制有效。立信出具“信会师报字［2017］第ZF10097号”《内部控制鉴证报告》，认定盘龙药业内部控制有效。

报告期内，盘龙药业被相关食品药品监督管理局通报的产品，均并非因盘龙药业生产环节出现质量不合格的情况，其主导产品盘龙七片质量一直稳定，报告期内不存在质量不合格而被通报或处罚的情况。

虽然子公司盘龙植物药业部分批次中药饮片存在质量问题，但发生质量问题的产品数量小，货值小，为一般产品质量问题，不存在生产劣药的主观故意行为，不属于重大违法违规事项。

针对报告期内的产品质量不合格情况，盘龙植物药业已经积极采取了措施予以整改。

综上所述，中介机构认为，盘龙药业及盘龙植物药业已对自身质量检测环节进行全面整改，盘龙药业的内部控制有效。

专家点评

1972 年，美国审计准则委员会（ASB）对内部控制提出了如下定义：内部控制是在一定的环境下，单位为了提高经营效率、充分有效地获得和使用各种资源，达到既定管理目标，而在单位内部实施的各种制约和调节的组织、计划、程序和方法。内控制度薄弱的公司，不能达到规范运作，这也是 IPO 被否决的重要原因之一。质量控制体系属于内控制度的一部分，构成包括：作业标准、作业流程、作业记录以及监督检查组织机构。其中，作业标准和作业流程属于质量控制依据，类似于有形产品生产的技术要求，它们和作业记录都属于质量控制文件，监督检查组织机构属于实施质量控制的组织，各个环节协调运行从而达到控制产品质量，使之符合质量技术要求。